Menschen mit Demenz in der partizipativen Entwicklung von Technik

Manuela Weidekamp-Maicher

Menschen mit Demenz in der partizipativen Entwicklung von Technik

Möglichkeiten und Grenzen einer besonderen Kooperation

 Springer VS

Manuela Weidekamp-Maicher
FB Sozial- und Kulturwissenschaften
Hochschule Düsseldorf
Düsseldorf, Nordrhein-Westfalen, Deutschland

ISBN 978-3-658-33380-5   ISBN 978-3-658-33381-2 (eBook)
https://doi.org/10.1007/978-3-658-33381-2

Die Deutsche Nationalbibliothek verzeichnet diese Publikation in der Deutschen Nationalbibliografie; detaillierte bibliografische Daten sind im Internet über http://dnb.d-nb.de abrufbar.

Planung/Lektorat: Stefanie Eggert
Springer VS ist ein Imprint der eingetragenen Gesellschaft Springer Fachmedien Wiesbaden GmbH und ist ein Teil von Springer Nature.
Die Anschrift der Gesellschaft ist: Abraham-Lincoln-Str. 46, 65189 Wiesbaden, Germany

Vorwort

Die Inspiration für das Buch entstand im Projekt „*Nutzerorientierung bei der Entwicklung technikgestützter Lebenswelten unter besonderer Berücksichtigung ambienter Technologien für die Lebensqualität von Menschen mit Demenz*" – kurz: **NutzerWelten**.[1] Es war der interdisziplinäre Charakter dieses Vorhabens, der zu der Idee dieses Buches führte und sie nach der Beendigung des Projektes weiter reifen ließ. Auslöser waren die Verständigungsschwierigkeiten in der gemeinsamen Projektarbeit, die sich auch andernorts einstellen, wenn Wissenschaftler*innen aus unterschiedlichen Disziplinen an gleichen Themen, jedoch mit unterschiedlichem Verständnis des gleichen Gegenstandes arbeiten. Das Buch will daher einen Überblick über verschiedene Ansätze partizipativer Forschung geben und damit einen Weg zur Entschärfung disziplinärer Differenzen in diesem Themenfeld aufzeigen. Das Anliegen, ausgewählte Wissensbestände aus mehreren Disziplinen zusammenzutragen und sie um Erkenntnisse der Demenzforschung zu ergänzen, stellte sich jedoch schnell als ein Unterfangen heraus, das komplexer war als zunächst erwartet. Mit der Verbindung theoretischer Grundlangen partizipativer Forschung mit den Ideen partizipativer Technikentwicklung und Erkenntnissen partizipativer Alterns- und Demenzforschung wuchs der Umfang dieses Buches. Durch die an Dynamik gewinnende Fachdebatte zur Digitalisierung stieg zudem die Zahl der Publikationen, die laufend gesichtet werden wollten. Angesichts der Vielzahl relevanter Inhalte versteht sich dieses Buch daher als ein Kompromiss, der unweigerlich damit einhergeht, dass einige Gedankengänge nicht bis zu Ende verfolgt und manche Diskussionen verkürzt dargestellt

---

[1] Die Laufzeit des Projektes betrug vier Jahre und erstreckte sich von Anfang 2014 bis Ende 2017. Das Projekt wurde gefördert durch das Ministerium für Innovation, Wissenschaft und Forschung des Landes Nordrhein-Westfalen.

werden. Trotz der Herausforderung, eine gewisse Expertise in „fremden Gewäs-
sern" erlangen zu müssen, war die Motivation groß, das Projekt dennoch zu
beenden. Schließlich geht es um die Beteiligung von Menschen mit Demenz
an der Entwicklung von Technik, d. h. um ein Thema, welches das Potenzial
dazu hat, mehr Teilhabegerechtigkeit bei der Gestaltung der Zukunft herzustellen. Wie wichtig die Einbeziehung dieser Personengruppe in die Gestaltung neuer
Technik ist, zeigen die Erfahrungen aus der Teilstudie SICHERHEIT, in der Menschen mit Demenz und ihre Angehörigen an der Evaluation eines AAL-Systems
mitwirkten. Gewidmet ist dieses Buch deshalb den Teilnehmer*innen dieser Studie, die mit großer Ausdauer, hoher Motivation und besonderem Interesse an ihr
arbeiteten. Es ist wünschenswert, dass Menschen mit Demenz deutlich stärker als
bisher in die Entwicklung von Technik eingebunden werden, allerdings auf eine
Weise, die ihnen mehr Mitbestimmung einräumt. Gleichzeitig gilt zu beachten,
dass Technisierungsprozesse die Unterschiedlichkeit individueller Bedürfnisse
und Lebenslagen berücksichtigen müssen und Technik keinesfalls als „Lösung
für Alle und Alles" verstanden werden darf. Ein Plädoyer für partizipative Technikentwicklung ist daher der Selbstbestimmung des Einzelnen nachgeordnet und
setzt voraus, dass Technik als Teil des eigenen Alltags tatsächlich gewollt ist.

Düsseldorf   Manuela Weidekamp-Maicher
2020

Inhaltsverzeichnis

Einführung

1.1 Die partizipative Wende in Forschung und Entwicklung

Bürger*innenbeteiligung, Partizipation, Teilhabe, Empowerment – die Präsenz der Begriffe ist nicht nur im Kontext politischer (Mit-)Entscheidung, sondern auch in der Forschung und Entwicklung unübersehbar. So haben in der Vergangenheit **plebiszitäre Elemente** Einzug in viele Landesverfassungen gehalten und auch Kommunen ziehen Bürger*innen in strittige Entscheidungen immer häufiger ein. Einem Wandel unterliegt auch das Verständnis politischer Beteiligung, das eine zunehmende Verlagerung von repräsentativen zu partizipativen Formen der Demokratie erfährt. Neben politischen Entscheidungsprozessen, für deren Umsetzung oder Akzeptanz die Meinung von Bürger*innen eingeholt wird, lässt sich ein Trend zur Bürger*innenbeteiligung auch bei sog. **Zukunftsthemen** beobachten, bei deren Ausgestaltung sowohl die Öffentlichkeit als auch Akteure der Zivilgesellschaft befragt werden (Hahn und Seitz 2015, S. 233). Als sog. Zukunftsthemen gelten verschiedene Aspekte des gesellschaftlichen Wandels, zu denen auch der technologische Wandel inkl. seiner Ausgestaltung gehört. Letzterer scheint jedenfalls unter dem Stichwort der Digitalisierung immer mehr Sphären des privaten und öffentlichen Lebens zu berühren, so dass nicht nur die mit ihm verbundenen Chancen, sondern auch altgeglaubte Selbstverständlichkeiten neu bewertet werden müssen. Ein Dialog mit der Bevölkerung wird daher gerade in diesem Bereich als besonders dringlich betrachtet.

Der Ruf nach mehr Beteiligung zeigt sich nicht nur in der Politik, sondern auch in der **Wissenschaft**. Dabei werden die **Ziele einer stärkeren Bürger*innenbeteiligung** unterschiedlich begründet und reichen von instrumentellen

© Der/die Autor(en), exklusiv lizenziert durch Springer Fachmedien Wiesbaden GmbH, ein Teil von Springer Nature 2021
M. Weidekamp-Maicher, *Menschen mit Demenz in der partizipativen Entwicklung von Technik*, https://doi.org/10.1007/978-3-658-33381-2_1

Zweckbestimmungen, die Beteiligung an Forschung als Instrument der Akzeptanzförderung neuartiger Technologien betrachten, über Ermächtigungsziele, deren Intention im Empowerment und der Stärkung der Rechte von Bevölkerungsgruppen liegt, die von gesellschaftlicher Teilhabe besonders ausgeschlossenen werden, bis hin zur gesellschaftspolitischen Zielen, die Bürger*innenbeteiligung als Teil einer nachhaltigen und verantwortungsvollen Forschung und Entwicklung oder als Instrument der Demokratisierung verstehen. So kann die frühzeitige Kenntnis der Einstellungen zu bestimmten Technologien hilfreich sein, um etwa technische Entwicklungen oder bestimmte Formen ihrer Anwendung, die gesamtgesellschaftlich auf wenig Akzeptanz stoßen, zu verhindern oder einen auf Akzeptanz beruhenden Einstellungswandel zu initiieren, um mehr „Hinnahmebereitschaft" für besonders zukunftsweisende Technologien zu schaffen. Diese **funktional-instrumentelle** Perspektive unterscheidet sich von Ansätzen, die sich dem Prinzip der Demokratisierung von Forschung verpflichtet fühlen und Bürger*innenbeteiligung als einen emanzipatorischen Prozess verstehen, in dem Macht, die *in* und *durch* Forschung generiert wird, an Menschen übertragen wird, die vom **Zugang zur Macht** ausgeschlossen bleiben. Das diesem Ansatz zugrundeliegende und aus der Aktionsforschung stammende Gedankengut hebt den Aspekt der gerechten Ressourcenkontrolle und der Selbstbestimmung hervor. Es spiegelt sich etwa in der „user-controlled reseach" (Beresford und Croft 2012), die als wichtiges Instrument der Selbstermächtigung betrachtet wird (Faulkner 2017; Kara 2018). Die **gesellschaftspolitische Idee** der Bürger*innenbeteiligung beruht wiederum auf einem Verständnis von Forschungspartizipation als einem Kernelement verantwortungsvoller Forschung und Entwicklung (Stilgoe et al. 2013), in der es darum gehen muss, negative Folgen technischer Innovationen in ihrem Entstehungskern zu erkennen und zu verhindern, ein Verantwortungsbewusstsein für diese zu schaffen und einer Wissenschaftspolitik den Weg zu ebnen, die (berechtigte) Interessen verschiedener gesellschaftlicher Gruppen in die Entwicklung neuer Technologien einbezieht (Gudowsky et al. 2015; Mayntz 2015).

Als **Beispiele für die Forderung nach mehr Forschungsbeteiligung** lassen sich der EU-Aktionsplan „Science in Society", der darauf bedacht ist, den Dialog zwischen Forscher*innen und Zivilgesellschaft zu fördern, sowie das Querschnittsthema „Responsible Research and Innovation" des EU-Forschungsrahmenprogramms Horizon 2020, in dem eine innovationskonstituierende Einbeziehung relevanter Akteure gefordert wird (Gudowsky et al. 2015, S. 241; Bogner et al. 2018), benennen. Der forschungspolitische Ansatz der „Responsible Research and Innovation" (RRI) definiert auch Erwartungen an die Beteiligung von Bürger*innen an Forschungsrahmenprogrammen. Wie Hahn und

Seitz schreiben, wird „Partizipation hier oft als „die" entscheidende Methode dargestellt, welche (Technik-)Konflikte löst, Akzeptanz von Innovationen fördert und Technologien anhand gesellschaftlicher Werte formen kann." (2015, S. 231). Ähnlich fordert der Deutsche Ethikrat (2020) am Beispiel der Robotik in der Pflege, die „Perspektive der auf Pflege oder Unterstützung angewiesenen Menschen wie auch der Pflegekräfte und möglicherweise weiterer Betroffener (…) in der Entwicklung von robotischen Systemen" zu berücksichtigen (ebenda, S. 49). Auch der in Großbritannien initiierte „Patient and Public Involvement"-Ansatz (kurz PPI) gilt nicht nur als verpflichtendes Element der in der gesundheitlichen Versorgung öffentlich geförderten Forschung, sondern steht auch im Zusammenhang mit einer professionell organisierten Struktur, die Beteiligung an Forschung unterstützt, indem sie z. B. geschulte Co-Forschende an Projekte vermittelt (Department of Health 2006).[1]

Die Beteiligung von Bürger*innen sowie Akteuren der Zivilgesellschaft an Forschung und Entwicklung spielt vor allem im **Feld der Technikentwicklung** eine zentrale Rolle. Dort ist der Begriff der Partizipation keinesfalls neu. Er hat allerdings verschiedene Ursprünge, deren Begründungslogiken in Abhängigkeit von der jeweiligen disziplinspezifischen Verortung abhängig sind, in ihrer konkreten Gestalt aber auch einem gewissen Wandel unterliegen. Dieser wird durch bestimmte Disziplinen oder Kooperationen zwischen ihnen geprägt, entfaltete sich in der näheren Vergangenheit jedoch vor allem im Kontext von Förderprogrammen, die ein bestimmtes Verständnis von Partizipation prägten. Als **Beispiel** kann das Programm zur Entwicklung von Technologien im Feld des „Ambient Assisted Living" (AAL) herangeführt werden, das die Entwicklung neuer Technik für ältere Menschen in den vergangenen Jahren besonders stark bestimmte. Beteiligungselemente spielten hier vom Anfang an eine wichtige Rolle. Während sie sich jedoch zu Beginn auf eine schlichte Ermittlung von Nutzer*innenbedürfnissen und -erwartungen (z. B. in Form eines eigenen Meilensteins) beschränkten, führte der „participatory turn" in der Forschungsförderung dazu, dass partizipative Forschungsdesigns prioritär behandelt oder gar explizit eingefordert wurden (Spinsante et al. 2017). Diese Entwicklung begünstigte jedoch einige Paradoxien und entfachte verschiedene Zielkonflikte mit nachhaltigen Folgen für die jeweiligen Vorhaben sowie den Diskurs über Forschungspartizipation. So scheint es zum einen zu einer gewissen inflationären Verbreitung partizipativer Ansätze in Forschung und Entwicklung gekommen zu sein, zum anderen entstanden dadurch neue Anforderungen, die forschungspraktisch kaum eingelöst werden

---

[1] Kritisch dazu vgl. Charlesworth (2018).

konnten. So kommentiert Sixsmith (2013, S. 15), dass technikorientierte Forschung und Entwicklung nach wie vor stark technologiedominiert sei, auch
dann, wenn sich die Vorhaben selbst als „partizipativ" betrachten. Gegen „echte" Bürger*innenpartizipation sprechen dagegen die Antragslogik sowie fehlende
Möglichkeiten der Inanspruchnahme der für partizipative Forschung notwendi-
gen Flexibilität oder der Beantragung ausreichender Finanzmittel, die für die
Ausschöpfung von Partizipationspotenzialen notwendig wären. Zugleich gerät
Partizipation in Konflikt zu anderen Programmzielen, z. B. der Erwartung,
Projektergebnisse bereits vor Beginn des Vorhabens festzulegen und diese in
einer bestimmten Zeit umzusetzen. Für Projektvorhaben, die einer typischen
Programmlogik folgen (müssen), birgt eine echte partizipative Forschung und
Entwicklung zudem auch Risiken, da Nutzer*innenorientierung nicht per se zu
innovativen Ergebnissen und Entwicklungen führen muss (Sixsmith 2013), Innovation allerdings als zentrales Ziel technologischen Fortschritts betrachtet wird.
Die Idee, dass Bürger*innen als (potenzielle) Nutzer*innen neuer Technologien
eine wesentliche Quelle von Innovation darstellen können (Peine und Herrmann
2012), ist in der Technikentwicklung stark verankert. Bürger*innenbeteiligung
stellt jedoch gleichzeitig ein Risiko für Innovation dar, da gerade sog. Citizen
Science, die auf der Integration von Laien-Forschenden beruht, einen möglichst
schnellen Praxistransfer von Ergebnissen wünscht, der sich als entscheidende
Barriere für Innovation herausstellen kann. Der Blick auf forschungspolitische
Steuerungsprozesse zeigt daher eine Diskrepanz zwischen der politischen Rhetorik und den Möglichkeiten bzw. der Bereitschaft, echte Partizipation umzusetzen
bzw. die Ergebnisse der Partizipation in Vorhaben aufzunehmen. Angesichts dieser Situation fordern etwa Hahn und Seitz (2015), dass Partizipation niemals
unreflektiert stattfinden sollte und äußerst kritisch zu betrachten ist, „wenn sie
zur Akzeptanzbeschaffung für den wissenschafts- bzw. technologiepolitischen
Mainstream instrumentalisiert wird" (Hahn und Seitz 2015, S. 233). „Echte" partizipative Forschung und Entwicklung ist voraussetzungsvoll, insbesondere dann,
wenn es um die Entwicklung innovativer Technologien geht und sie zugleich
unter der Beteiligung besonders vulnerabler Personengruppen, z. B. Menschen
mit Demenz, durchgeführt werden soll.

1.2   Menschen mit Demenz in Forschung und Entwicklung

Betrachtet man die bisherige Beteiligung von Menschen mit Demenz an Forschung und Entwicklung, so gehört diese Personengruppe zu den am stärksten
exkludierten Gruppen überhaupt (Gove et al. 2018; Bartlett 2014a; Wilkinson

2002; Dewing 2007). Ob als Beforschte oder als Co-Forschende – Menschen mit Demenz werden nach wie vor selten in Forschung – medizinische Forschung inbegriffen (Taylor et al. 2012; McKeown et al. 2010; Digby et al. 2016) – inkludiert. Historisch betrachtet, war es der Zweifel an der Reliabilität und Validität ihrer Aussagen, der zu einer doppelten Stigmatisierung – als *ältere* Menschen und als Menschen mit *eingeschränkter Kognition* – führte (Dewing 2002). Während bis in die 1990er Jahre Demenz vornehmlich als ein medizinisches Phänomen betrachtet wurde (Wilkinson 2002), so dass Menschen mit Demenz in der Forschung nur als Kranke bzw. als Patient*innen auftauchten, geschieht die Exklusion heute eher implizit, z. B. aufgrund hoher formaler Zugangsbarrieren, die sowohl Betroffene als auch Forschende an einer Kooperation im Rahmen von Forschung hindern. Ob hohe Erwartungen an die informierte Einwilligung, Probleme bei der Rekrutierung von Studienteilnehmer*innen, hohe Risiken für einen vorzeitigen Studienausstieg oder die „schützende" Hand sog. Gatekeeper, die über die Einwilligung Betroffener und ihre Beteiligung „wachen": Alle diese Faktoren führen dazu, dass Forschende lieber auf nahe Angehörige oder professionelle Akteure zurückgreifen, weil sie sich dadurch einen einfacheren Zugang zum Feld, ein unkompliziertes methodisches Vorgehen, eine bessere Planbarkeit des Vorhabens sowie weniger Probleme bei der informierten Einwilligung versprechen. Nicht zuletzt führt die Annahme einer generalisierten Vulnerabilität, aus der besondere Schutzbedürfnisse abgeleitet werden, dazu, dass Betroffene vermeintlich in ihrem eigenen Interesse von der Beteiligung an Forschung und Entwicklung ferngehalten werden (Poland und Birt 2018, S. 384).

Ist der Forschungszugang für Menschen mit Demenz an sich erschwert, sind die Zugangsbarrieren noch höher, wenn es um partizipative sowie technikorientierte Forschung geht, bei der häufig angenommen wird, dass für sie eine besondere methodische oder technische Expertise vorliegen muss (Hendriks et al. 2015). Eine Marginalisierung von Menschen mit Demenz ist jedoch keinesfalls auf das Feld der Technikentwicklung beschränkt, sondern auch in anderen Bereichen, z. B. der Versorgungsforschung, zu finden (Span et al. 2013, Schmidt et al. 2017, Gove et al. 2018, Miah et al. 2019). Forschungskooperationen, in deren Rahmen beispielsweise die Entwicklung neuer Technologien zur Verbesserung der Versorgung verfolgt wird, sind daher nicht per se ein Garant für mehr Partizipation. Trotz bestehender Barrieren nahm die Beteiligung von Menschen mit Demenz an technikorientierter Forschung und Entwicklung jedoch kontinuierlich zu. Darauf weisen u. a. Meiland et al. (2017) im Rahmen ihres Positionspapiers hin, in dem sie den internationalen Forschungs- und Entwicklungsstand zu Technologien für Menschen mit Demenz zusammentragen sowie Beispiele

guter Praxis für technikorientierte Vorhaben aufzeigen. Während es viele Beispiele guter Praxis für Menschen mit beginnender oder mittelschwerer Demenz
gibt, gilt dies nicht für Menschen mit fortgeschrittener bzw. schwerer Demenz.
Neben der Schwere der Erkrankung spielt auch die Wohnsituation eine entscheidende Rolle. Besondere Zugangsbarrieren zur beteiligenden Forschung bestehen
demnach dann, wenn Menschen mit Demenz in einer Pflegeeinrichtung leben
(Backhouse et al. 2016, S. 343; Cowdell 2008).

Trotz der recht zögerlichen Integration von Menschen mit Demenz in partizipative Forschung, lässt sich eine Reihe an Argumenten aufzeigen, **warum die
unmittelbare Beteiligung von Menschen mit Demenz an der Entwicklung neuer
Technik wichtig ist**! Dazu gehört zunächst die Verhinderung weiterer Marginalisierung, Stereotypisierung und Exklusion bei gleichzeitiger Verbesserung der
Qualität von Forschungserkenntnissen, verbunden mit positiven Wirkungen auf
die beteiligten Akteure. Ältere Menschen, insbesondere Menschen mit Demenz,
werden nach wie vor anhand **typischer Altersstereotype** wahrgenommen. Der
politische Diskurs, der die Relevanz technologischer Forschung und Entwicklung begründet, scheint die Stereotypisierung bisher eher zu reproduzieren als
sie zu hinterfragen. Indem die Entwicklung innovativer Technologien für ältere
Menschen als Notwendigkeit zur Lösung gesellschaftlicher Probleme und Herausforderungen legitimiert wird, verstärkt sie ein Verständnis vom gesellschaftlichen
Altern als Problem. Ein demografischer Wandel, der durch steigende Pflege- und
Unterstützungsbedarfe bei gleichzeitigem Rückgang allgemeiner sozialer Unterstützung gekennzeichnet ist, wurde zu einer Argumentationslogik, die auch ein
bestimmtes Bild des individuellen Alter(n)s schuf: das des pflege- und betreuungs-
bedürftigen älteren Menschen, der isoliert bzw. einsam ist, sowohl körperliche
als auch kognitive und soziale Verluste zu beklagen hat und von Unterstützung anderer abhängig ist. Dieses Bild bestimmt die Zielgruppenimagination
unter Technikentwickler*innen und -gestalter*innen und prägt damit eine Vorstellung vom Altern, die sich in Form bestimmter technischer Anwendungen
materialisiert (Peine et al. 2015; Östlund 2015). Ein Verständnis technologischer
Entwicklung, das auf instrumentelle Funktionen reduziert wird, indem technische
Anwendungen etwa als Instrument zur Lösung anderer, insbesondere gesellschaftlicher Probleme reduziert werden, (re-)konstruiert ein Altersbild, das vor allem
durch Einschränkungen gekennzeichnet ist. Das sich auf diese Weise reproduzie-
rende Bild des Alters ist nicht nur mit dem Risiko einer weiteren Medikalisierung
des hohen Alters behaftet, sondern auch mit der Gefahr verbunden, einen strukturellen Ageism in der Gesellschaft und ihren Institutionen zu etablieren bzw. zu
stabilisieren (Peine et al. 2015, S. 2).

Paternalistische **Ansätze des „design for"** verstärken diese Tendenz und tragen in sich das Risiko, stereotype Vorstellungen vom Alter und/oder Demenz zu stabilisieren, während **Ansätze des „design with"** die Möglichkeit (aber keine Garantie) bieten, das dem Alter und der Demenz anhaftende gesellschaftliche Stigma zu verändern (Bechtold und Capari 2019). Durch eine partnerschaftliche (Mit-)Gestaltung technischer Objekte als Teil ihrer eigenen materiellen Umwelt können Menschen mit Demenz zu aktiven Konstrukteur*innen ihrer Identität werden und einen Beitrag dazu leisten, das gesellschaftliche Bild des Alter(n)s zu formen bzw. zu verändern. Die Integration Betroffener in Forschung kann daher als ein wichtiger Schritt zur Überwindung des Stigmas, das der Erkrankung nach wie vor anlastet, sowie als zentraler Beitrag zur sozialen (Neu-)Konstruktion von Demenz verstanden werden (Wilkinson 2002, S. 10; Alzheimer Europe 2011). Eine pauschale Exklusion von Menschen mit Demenz aus Forschungsvorhaben verstärkt dagegen die Stigmatisierung von Betroffenen und zementiert deren negatives Bild in der Öffentlichkeit (Vernooij-Dassen et al. 2005; Werner und Heinik 2008; Wilkonson 2002). Jede Forschung *für* Menschen mit Demenz, die sie nicht unmittelbar integriert, führt zu Erkenntnissen, deren Validität in Frage gestellt werden muss, so Swaffer (2014). Es ist das Fehlen der „gelebten Erfahrung" (lived experience), das die Qualität derartiger Erkenntnisse beeinträchtigt. Selbst Professionelle und Angehörige, deren Perspektiven häufig mit jener der Betroffenen gleichgesetzt werden, können die gelebte Erfahrung und die Perspektive von Menschen mit Demenz in ihrer Ganzheit und Vollständigkeit nicht verstehen. Wichtig ist daher, dass die Prioritäten von Menschen mit Demenz nicht nur in der Forschung, sondern auch in den für sie wichtigen Ressourcenentscheidungen berücksichtigt werden.

Ein weiteres Argument, das für Forschungspartizipation spricht, folgt der Beobachtung, dass Partizipation, z. B. als Co-Forschende, nicht nur einen **positiven Einfluss auf die Forschungsergebnisse, sondern auch auf die beteiligten Personen** haben kann (Tanner 2012; Astell et al. 2009 b; Hanson et al. 2007; Robinson et al. 2009; Edvardsson und Nordvall 2007), vorausgesetzt, die Beteiligten nehmen ihre Teilnahme als sinnvoll wahr und erfahren persönliche Wertschätzung und Anerkennung (Robinson 2002; Savitch et al. 2006). Eine Beteiligung Betroffener als Co-Entwickler*innen kann Prozesse des Empowerments in Gang setzen und Selbstbestimmung bestärken (Hellström et al. 2007; Nygard 2006; Hanson et al. 2007; Robinson et al. 2009; Tanner 2012). Zentral ist dabei, dass Menschen mit kognitiven Einschränkungen nicht als „Sondergruppe" wahrgenommen werden, sondern als Personen, für die der kognitive Status zu einem Teil ihrer Entwicklung und Alltagsbewältigung geworden ist. Daraus folgt keinesfalls der Schluss, bestimmte Formen der Neurodegeneration als Teil des „normalen" Alter(n)s zu verstehen, sondern als alternstypische Herausforderungen, die vor allem in ihrer strukturellen Nicht-Berücksichtigung zur Beeinträchtigung sozialer Teilhabe führen (können). Auf die Förderung sozialer Teilhabe bedarf es in der partizipativen Technikentwicklung daher eines doppelten Blicks: Sie darf sich nicht nur auf die *Förderung von Forschungsbeteiligung* beschränken, sondern sollte die *Entwicklung von Technologien anstoßen, die der Förderung von Teilhabe* von Menschen mit Demenz und ihrer Familien dienen. Betrachtet man Evaluationen von Forschungsbeteiligung, so sprechen viele Befunde dafür, dass die Qualität technischer Neuerungen sowie technisch unterstützter Dienstleistungen für Menschen mit Demenz steigt, wenn sie an deren (Weiter-)Entwicklung unmittelbar beteiligt waren. Als einfaches Beispiel kann die Evaluation der Nutzer*innenfreundlichkeit angeführt werden, die mit gesunden Personen kaum durchführbar ist, da es für „Nicht-Betroffene" nur sehr schwer vorstellbar ist, wie sich ein Leben mit Demenz „anfühlt". Ein Verzicht auf Forschungsbeteiligung wäre daher mit einem Verzicht auf Fortschritte in Forschung und Entwicklung für Betroffene und ihre Familien gleichzusetzen, wie auch damit, Einfluss auf unerwünschte Wirkungen neuer Technologien nehmen zu können. Neue Technologien verfügen nicht nur über Chancen, sondern auch über Risiken, z. B. in die Selbstbestimmung, Privatheit oder Teilhabe von Menschen einzugreifen und ihre Persönlichkeitsrechte zu beschneiden. Ethische Konflikte und Herausforderungen sollten daher gemeinsam mit Betroffenen analysiert und diskutiert werden (Nagenborg 2014a, S. 219). Ob die Realisierung sozialer Teilhabe nachhaltig gelingt, ist allerdings nicht nur von technologischen Entwicklungen, sondern auch von deren Verzahnung mit sozialen Prozessen und Dienstleistungen, d. h. dem Transfer in konkrete Versorgungssettings, abhängig. Beteiligung von Menschen mit Demenz ist daher wichtig, um optimale Transferwege zu ergründen und mögliche Barrieren der Implementierung zu erkennen und bewältigen zu können.

Neben der Förderung sozialer Teilhabe wird innovativen Technologien ebenfalls das Potenzial zugetraut, die Autonomie, die Gesundheit und die Sicherheit von Menschen mit Demenz und ihrer Familien zu unterstützen. Angesichts dieser Gegebenheiten ist es moralisch nicht begründbar, künftige Nutzer*innen von den Möglichkeiten der Partizipation an technischen Entwicklungen auszuschließen. Aus Sicht der biomedizinischen Ethik steht eine generelle Exklusion im Widerspruch zum Kriterium der **Gerechtigkeit**, so dass es gar geboten erscheint, Betroffene selbst in die Forschung einzubinden (Hellström et al. 2007; Alzheimer Europe 2011, S. 25). Auch wenn Schutzbedürftigkeit und die Vermeidung von Vulnerabilität ein wichtiges Argument gegen Forschungspartizipation von Menschen mit Demenz darstellen, ist zu bedenken, dass eine paternalistische

Abschirmstrategie die Vulnerabilität Betroffener erhöhen kann. Wie Monteverde und Kesselring (2012) betonen: „Wer folglich aus einer protektionistischen Haltung heraus Vulnerabilität „vermeiden" will, läuft die Gefahr, ausgerechnet sensible Personengruppen, die von Forschung profitieren könnten, auszuschließen. Sehr wohl muss aber bei der Planung und Durchführung von Forschung der spezifischen Vulnerabilität der Forschungsteilnehmer Rechnung getragen werden." (S. 150). Partizipative Forschung und partizipative Technikentwicklung müssen sich daher nicht nur ihrer gesellschaftlichen Verantwortung, sondern auch der Verantwortung für das Wohl der einbezogenen Akteure stellen und dieses sowohl bei der Gestaltung von Beteiligungsprozessen als auch bei den zu entwickelnden Technologien als zentrales Leitprinzip anerkennen.

Um die besondere Relevanz partizipativer Technikentwicklung mit einem letzten Argument abzurunden, soll auf die Notwendigkeit einer differenzierten Sicht des Alters eingegangen werden. Eine weitere Begründung für die Integration von Menschen mit Demenz in technikbezogene Forschung und Entwicklung besteht demnach darin, das **chronologische Alter als eine zentrale kumulative Variable für bestimmte Bedürfnisse bzw. Bedarfe aufzugeben** bzw. die Variable Alter durch das Verständnis für altersabhängige bzw. -bezogene Differenzen zu ersetzen. „The goal of research on aging and technology is to replace the age variable with an understanding of the source of the age-related differences", schreiben Rogers und Fisk (2010, S. 646). Das (hohe) kalendarische Alter ist vor allem als prädiktive bzw. erklärende Variable bei der Vorhersage und/oder Erklärung von Nutzungsmustern, Nutzungsproblemen oder -präferenzen ungeeignet. Die Herausforderung besteht somit darin, erklärende Variablen zu finden, die zwar mit dem Alter (teilweise) verbunden sein können, jedoch die „eigentlichen" Ursachen, z. B. für bestimmte Nutzungsstile, darstellen (z. B. Arbeitsgedächtnis, Technikkompetenzen, biographische Erfahrungen). In der Fokussierung auf „das Alter" spiegeln sich häufig die bisherigen Dilemmata der Technikentwicklung wieder, die daraus folgen, dass technische Objekte „für die älteren Menschen" gestaltet werden sollen. Dabei bleibt das Alter aufgrund hoher interindividueller Differenzen eine vage Kategorie oder wie Eriksson (2016, S. 10) es genannt hat: „...age is a non-accurate way to characterize users". Auch Menschen mit Demenz stellen keine homogene Gruppe dar, sondern zeichnen sich durch eine hohe Diversität aus. Durch die Beteiligung von Betroffenen an Forschung und Entwicklung kann dieser Unterschiedlichkeit jedoch besser begegnet werden. Die Frage nach dem konkreten „Wie" muss jedoch letztendlich in den einzelnen Vorhaben individuell beantwortet werden. So sehen Meiland et al. (2017) die zentrale Herausforderung bei der Entwicklung assistiver Technologien darin, dass sie personalisiert bzw. auf die gegebene Situation individuell angepasst werden müssen. „A „one size fits all" is not an optimal solution because of the individual variations in needs and abilities" schreiben Meiland et al. (2017, S. 4). Eine weitere Herausforderung besteht darin, entwickelte Technologien in die individuelle Wohnumgebung von Betroffenen und ihren Familien zu integrieren. Auch diesen beiden Aufgaben muss sich partizipative Technikentwicklung stellen.

Dass eine aktive, über Konsultationen und Nutzungstests hinausgehende Beteiligung von Menschen mit Demenz in Forschung gelingen kann, zeigt das Positionspapier der Europäischen Alzheimer-Gesellschaft (Gove et al. 2018). Auch wenn dieses die Versorgungsforschung, insbesondere das Feld der sog. PPI-Forschung (patient and public involvement), adressiert, lassen sich viele Ansätze einer sinnvollen Beteiligung auf das Feld technologischer Entwicklung übertragen. Demnach können Menschen mit Demenz etwa an der Identifikation relevanter Forschungsthemen oder der Priorisierung von Forschungsideen beteiligt werden. Ihre Mitwirkung kann allerdings auch bei ethischen Debatten, z. B. zu unerwünschten Folgen bestimmter Technologien oder zur Gestaltung von Beteiligungsprozessen, relevant sein. Schließlich können Menschen mit Demenz in die Entwicklung geeigneter Forschungsdesigns, in die Anpassung von Forschungsmethoden, in die Erfassung und Interpretation von Daten oder den Transfer von Forschungsergebnissen eingebunden werden (Gove et al. 2018, S. 724). Diese Beispiele zeigen, dass in der technikbezogenen Forschung und Entwicklung viele ungenutzte Potenziale für die Förderung von Partizipation von Menschen mit Demenz bestehen.

1.3   Was ist Technik?

Wenn in diesem Buch von *Technik* gesprochen wird, was ist damit gemeint? Nicht nur in der philosophischen oder sozialwissenschaftlichen, sondern auch in der ingenieur- und gestaltungswissenschaftlichen Denktradition lässt sich kein einheitlicher und durchgehend anerkannter Begriff von Technik finden. So machen Mitcham und Briggle (2012, S. 36) darauf aufmerksam, dass sich in der aktuellen wissenschaftlichen Literatur mindestens 20 verschiedene Technikbegriffe unterscheiden lassen, die unter „Technologie" sehr Unterschiedliches verstehen. Um diese Vielfalt zu ordnen, schlagen die beiden Autoren eine Systematisierung vor, in der sie vier übergeordnete Definitionsgruppen unterscheiden: a) Technologie im Sinne von Regeln, Theorien oder Denksystemen, die grundsätzlich auf der Ebene von *Wissen* angesiedelt sind (*technology as knowledge*), b) Technologie im Sinne von Motiven, Intentionen oder Zielen (*technology as volition*), c) Technologie im

Sinne von Aktivitäten bzw. „Techniken", wie Konstruktion, Gestaltung oder Erfindung (*technology as activity*) sowie d) Technologie als vergegenständlichte Kultur in Form konkreter Objekte (*technology as object*). Dieser Systematisierung folgend, werden Technologien im Rahmen dieses Buches grundsätzlich als Objekte verstanden, die durch ihre materielle Gestalt als **Teil der materiellen Umwelt**, z. B. der Wohnumwelt, betrachtet werden können.

Trotz ihrer materiellen Gestalt sollen Technologien bzw. ihre konkreten Anwendungen keinesfalls auf das Materielle reduziert werden, sondern auch als soziale, kulturelle und – im weitesten Sinne – als symbolische Objekte verstanden werden. So zeigt z. B. Pelizäus-Hoffmeister (2013), dass Technologien über verschiedene Deutungs- bzw. Wirkdimensionen verfügen. Dazu zählt z. B. ihr **Werkzeugcharakter**, der in der Regel instrumentellen Zielen folgt, sowie ihr **Selbstzweckcharakter**, der – ähnlich einem Kunstwerk – eine bestimmte symbolische Kraft entfalten kann. Auch wenn diese beiden Seiten von Technik analytisch getrennt werden können, verschmelzen sie in konkreten Gegenständen zu einer Ganzheit. Obwohl Technik meist als etwas Gegenständlich-Materielles betrachtet wird, erlangt sie ihre Funktion und Bedeutung erst im **sozialen Kontext**. So kann sie zwar eingesetzt werden, um bestimmte Ziele zu erreichen, wirkt aber zugleich durch ihr Dasein, ihre Funktion und Symbolik auf soziale Beziehungen ein. Schließlich sind Technologien und ihre materialisierten Anwendungen auch Ergebnisse sozialer Interaktionen und gesellschaftlicher Verhältnisse, so dass sie als ein „Akt" materialisierter Kultur verstanden werden können. Da Technik ihre Wirkung und Bedeutung nicht nur im materiellen, sondern vor allem erst im sozialen Kontext erlangt, muss sie nicht nur in beiden betrachtet, sondern auch analysiert – und ggf. – modifiziert werden. Technik kann, wie Pelizäus-Hoffmeister (2013) betont, zugleich nicht isoliert von ihrer Nutzung und ihren Nutzer*innen betrachtet werden. In Anlehnung an Winner (1986, S. 9, in ebenda, S. 109) bezeichnet sie daher „technische Artefakte (als, *d.A.*) gesellschaftliche Institutionen, die über soziokulturelle Lebensformen, über Deutungsmuster, Wertordnungen und die Organisation des sozialen Lebens mitbestimmen". In der hier vorgelegten Publikation werden Technologien daher als gegenständlich-materielle Artefakte verstanden, denen mindestens eine instrumentelle Funktion innewohnt. Sie werden allerdings zugleich in ihrer „sozialen Gestalt" (Rammert 2007, S. 14) als „embedded technology" (Grunwald 2013, S. 8) gedacht, d. h. als Objekte, Anwendungen und Medien, die sowohl ihre instrumentelle Funktion als auch ihre vielfältigen Wirkungen und Symboliken im gesellschaftlichen Kontext erlangen (Verbeek 2009). Wird beispielsweise von Technologien für Menschen mit Demenz, gesprochen soll es keinesfalls nur um ihre Funktionen, sondern auch um die verschiedenen Formen der „Embeddedness" gehen, z. B. die Frage, *wie* sie im Rahmen eines Forschungsprozesses, der als sozialer Prozess verstanden wird, konstruiert werden, *wie* sie in die Lebenswelten von Menschen mit Demenz Eingang finden (können) und *wie* sie es schaffen, zwischen dem Alltag und den Handlungen Betroffener zu vermitteln.

Ausgehend von den Überlegungen von (Mayntz 2015, S. 31) wird in diesem Buch davon ausgegangen, dass die Entwicklung neuer Technologien keiner linearen Logik folgt, der zu Folge neues Wissen unmittelbar in die Entwicklung konkreter Technologien fließt, die wiederum unvermittelt zur Anwendung gelangen (Mayntz 2015, S. 31).[2] Vielmehr ist „die praktische Anwendung neuen Wissens (immer, d.A.) sozial geprägt" (ebenda), was bedeutet, dass es auf dem Weg von der Generierung neuen Wissens, über die Entwicklung einer neuen Basistechnologie bis hin zu ihrer konkreten Anwendung verschiedene (sozial geprägte) Entscheidungspunkte und Gelegenheitsstrukturen gibt, die das Aufkommen bestimmter technischer Entwicklungen prägen bzw. bestimmen. Da konkrete Basistechnologien zudem immer mehr als eine konkrete Anwendung erlauben, schaffen bestimmte Innovationen Nutzungsmöglichkeiten, die zum Zeitpunkt der Wissensgenerierung ggf. nicht in aller Konsequenz bekannt sind. „Die Folgen" – schreibt schließlich Rammert (2007, S. 14) – „sind nicht durch die Technik direkt determiniert, sondern durch die Gestalt, die wir ihr geben, die Weise, wie wir sie institutionell einbetten, und den Stil, wie wir mit ihr umgehen." (S. 14). Diese „soziale Gestalt" von Technik, d. h. die Formen ihrer Anwendung, zu der sich politische Auswahl- und Förderstrategien gesellen, können zwar nicht vorhergesagt werden, erhalten jedoch zu gewissen Zeitpunkten den Charakter von Auswahl- bzw. Entscheidungsnotwendigkeiten, indem sie zu einem Teil des öffentlichen Diskurses – oder schlichtweg des Alltags – werden. Es reicht daher keinesfalls, die Entwicklung von Basistechnologien (z. B. unter ethischen Gesichtspunkten) zu reflektieren, sondern auch die Prozesse ihrer Anwendung und Implementierung begleitend (neu) zu bewerten.

Um welche Art von Technologie handelt es sich in diesem Buch? Der Hauptfokus liegt auf Forschungs- und Entwicklungskontexten für neue, d. h. *innovative Technologien*, die sich an Menschen mit Demenz und an ihr nahes soziales Umfeld richten. Angesichts aktueller Entwicklungen legt das Buch den Hauptfokus auf Informations- und Kommunikationstechnologien, die im Zusammenhang mit *Smart*

---

[2]Die Annahme, Technikfolgen ließen sich einfach vorhersagen, beruht häufig auf einem linearen und stark deterministischen Verständnis von Technikentwicklung, das u. a. von Gehlen (1986) geprägt wurde. Diese These findet sich in öffentlicher Meinung häufig insofern wieder, indem davon ausgegangen wird, dass es prospektiv möglich sei, eine grundsätzliche Unterscheidung zwischen „guter" und „schlechter" Technologie zu treffen.

Home- und *Ambient Assisted Living-*Anwendungen stehen und aktuell unter dem Stichwort *Digitalisierung* diskutiert werden. Betrachtet man die aktuellen Taxonomien in diesem Feld, so besteht kein Begriff, der explizit auf Technologien für Menschen mit Demenz verweist. Vor dem Hintergrund der Vielfalt und fehlender Eindeutigkeit bestimmter Kategorien wie etwa „Gerontechnologien" oder etwa „technologies for wellbeing" (Magnusson et al. 2004, S. 224), soll es weniger um eine konkrete Auswahl technischer Anwendungen gehen, als vielmehr um grobe Grenzziehungen unter der Berücksichtigung dessen, dass Technologien einem ständigen Wandel unterliegen (Astell et al. 2019). Zudem muss beachtet werden, dass sich hinter Bezeichnungen wie Telehealth, Telecare oder Smart Home nicht nur Technologien im Sinne von Objekten, sondern ebenfalls verschiedene Dienstleistungen verbergen. Darüber hinaus beziehen sich bestimmte Bezeichnungen, wie der Begriff des *Ambient Assisted Living* (kurz AAL) verdeutlicht, weniger auf konkrete Technologien, als vielmehr auf etablierte Forschungs- und Entwicklungsfelder, die ohne eine einheitliche und verbindliche Definition von Technik auskommen und zudem einem bestimmten Wandel unterliegen. So unterscheiden z. B. Blackman et al. (2016, S. 57 f) anhand der Entwicklung des Feldes in den vergangenen ca. 30 Jahren drei Generationen von AAL-Technologien:

- Die *erste AAL-Generation*, in der Geräte wie z. B. der Alarmknopf, entwickelt wurden. Typisch für die Geräte der ersten Generation war, dass Nutzer*innen sie selbst bedienen bzw. steuern mussten.
- Die *zweite AAL-Generation* wird durch Technologien repräsentiert, die – z. B. auf der Grundlage von Sensorik – in der Lage sind, „Probleme" autonom zu erkennen und bestimmte Aktionen auszulösen, ohne dass Nutzer*innen zwingend eingreifen müssen.
- Die *dritte AAL-Generation* zeichnet sich wiederum durch intelligente Systeme aus, die auch eine präventive Rolle einnehmen können, z. B. Monitoring-Systeme, die über Lernoptionen verfügen und das Leben der Nutzer*innen eigenständig „manipulieren" können.

In der hier vorlegten Publikationen sind alle AAL-Technologien mitgedacht, ohne dass bestimmte Entwicklungen explizit ausgeschlossen werden. Der Schwerpunkt liegt allerdings auf technischen Anwendungen, die explizit für Menschen mit Demenz bzw. Menschen mit kognitiven Einschränkungen oder ihr soziales Umfeld entwickelt wurden sowie Anwendungen, die allgemein verbreitet sind, jedoch für die Bedürfnisse von Menschen mit Demenz oder ihr soziales Umfeld in besonderer Weise angepasst wurden. In diese beiden Gruppen fällt eine Reihe verschiedener

Technologien, die Sugihara et al. (2015, S. 87) im Rahmen einer "Technology Roadmap" für assistive Technologien für Menschen mit Demenz in fünf Gruppen einordnen:

(1) *Screening (screening)* – hierzu zählen Technologien wie Computerspiele, computergestützte Testverfahren oder andere Anwendungen, die in der Lage sind, kognitive Veränderungen zu erkennen und sie zu analysieren.

(2) *Erinnerungshilfen (memory-aid)* – umfassen eine Reihe verschiedener Systeme, die Menschen mit Demenz an bevorstehende Aktivitäten erinnern, sie bei einer Entscheidung unterstützen oder Informationen über vergangene Aktivitäten organisieren.

(3) *Monitoring bei Gesundheit und Sicherheit (monitoring health and safety)* – umfasst verschiedene Systeme, die u. a. mithilfe von Sensorik, GPS oder Kameras operieren. Sie können eine detektierende (d. h. Risikosituationen erkennende) und eine präventive (d. h. ein riskantes Verhalten erkennende) Funktion haben.

(4) *Informationsaustausch und Telecare (information sharing and tele-care)* – adressieren in der Regel Pflegende und dienen der Unterstützung häuslicher Pflege, der Kommunikation unter Pflegenden und/oder Professionellen oder der Versorgung aus der Ferne.

(5) *Kommunikationsunterstützung und Therapie (communication support and therapy)* – umfasst verschiedene IKT-Anwendungen, z. B. für Kommunikation, für Reminiszenz, „therapeutic entertainment" oder emotive bzw. therapeutische Robotik, von denen positive Effekte auf subjektives Wohlbefinden erwartet werden.

Eine weitere – an bestimmten Funktionen von Technik orientierte – Taxonomie findet sich bei Lorenz et al. (2017), die auf der Basis eines Review von 146 unterschiedlichen Technologien für Menschen mit Demenz und ihr Umfeld entstanden ist und insgesamt von sieben Technologiearten ausgeht: Technologien, die (1) der Unterstützung von Gedächtnisfunktionen, (2) der Unterstützung einer Behandlung, (3) der Förderung von Sicherheit, (4) der Unterstützung beim Training, (5) der Unterstützung bei Pflege, (6) der Förderung sozialer Kontakte sowie (7) der Unterstützung anderer Funktionen dienen (vgl. dazu auch Schulz et al. 2015). Angesichts der hohen Flexibilität moderner Informations- und Kommunikationstechnologien, die als wesentliche Basistechnologien der o. g. Entwicklungen gelten, erscheint es wenig sinnvoll, die o. g. Kategorien als überschneidungsfrei zu betrachten. Da der Erfolg digitaler Technologien gerade ihrer Flexibilität, einfacher Veränderbarkeit und Anpassbarkeit an neue Bedürfnisse und Kontexte sowie ihrer ortsunabhängigen Nutzung geschuldet sein dürfte, soll es daher in diesem Buch um Entwicklungskontexte von Technik gehen, die im Zusammenhang mit den oben genannten Anwendungen stehen.

1.4   Ziele des Buches

Menschen mit Demenz in technikorientierte Forschung und Entwicklung einbinden: In Anbetracht der oben genannten Nachteile einer nicht beteiligenden Technikentwicklung sowie einer Forschung, die mehr durch technische Innovationsgetriebenheit als durch konkrete Bedarfe gekennzeichnet ist, will das Buch zur Beteiligung von Menschen mit Demenz ermuntern. Auch wenn eine Vielzahl partizipativer Beteiligungsformate und -erfahrungen vorliegt, sind es nach wie vor Professionelle oder nahe Angehörige, die stellvertretend für Menschen mit Demenz in den Fokus der Entwicklung geraten (Wilson et al. 2015, S. 464). Eine **konsequente Person-zentrierte Vision** der Entwicklung neuer Technologien für Menschen mit kognitiven Einschränkungen fehlt jedoch bisher. Dieses Buch widmet sich daher dieser spezifischen, wachsenden und zugleich häufig als vulnerabel betrachteten Gruppe potenzieller Nutzer*innen neuer Technik – Menschen mit Demenz. Von einer *Technik-zentrierten* zu einer *Person-zentrierten* Technikentwicklung zu kommen – getreu dem Aufruf „Hearing the Voice of People with Dementia" (Goldsmith 1996) – kann allerdings nicht alleine darin bestehen, vorliegende „Partizipationstools" an diese Zielgruppe anzupassen, sondern bedarf der reflektierten Auseinandersetzung mit der Situation von Menschen im hohen Alter, insbesondere mit einer Demenz. Das Buch versteht sich daher weniger als eine Sammlung praktischer Tipps, die möglichst schnell in die Forschungs- und Entwicklungspraxis überführt werden können, sondern als eine Einladung dazu, sich dem Altern und der mit ihm assoziierten Veränderbarkeit zuzuwenden. Altern ist ein dynamischer Prozess, der durch Kontinuität und Diskontinuität geprägt ist. Technologien für hochaltrige Menschen mit Demenz zu gestalten bedeutet, sich dieser Dynamik bewusst zu werden und sie als zentrale Richtschnur für Forschung und Entwicklung heranzuziehen (Lim und Newell 2017, S. 160; Milne et al. 2005). Daher will das Buch auch die für das Feld der Technologieentwicklung typische Betrachtung von „Smartness" verlassen und dafür plädieren, einen anderen Begriff „technologischer Intelligenz" einzuführen – einen, der sich weniger durch Merkmale der Technologie (z. B. Innovationsgrad) auszeichnet, sondern einen, der unter „Smartness" die reale Alltagsnützlichkeit und -freundlichkeit der auf sie angewiesenen Menschen versteht. Die Beteiligung Betroffener an einer derartig ausgerichteten Forschung und Entwicklung ist dafür unverzichtbar. Eine Reihe von Projekten zeigt zudem, dass dies möglich ist. Vor diesem Hintergrund will das Buch Forschende ermutigen, Menschen mit Demenz in technische Forschung und Entwicklung einzubinden. Es zeigt unter Zuhilfenahme konkreter Beispiele konzeptionelle Wege auf, wie verschiedene Formen der Beteiligung gelingen können, macht jedoch gleichzeitig auf Grenzen partizipativer Forschung aufmerksam, die in theoretischen, methodischen, ethischen als auch organisatorischen Aspekten von Partizipation begründet sein können.

Einen Beitrag zum Empowerment von Menschen mit Demenz leisten: Neben der Ermutigung, Menschen mit Demenz an technikorientierter Forschung und Entwicklung zu beteiligen, will das Buch ebenfalls ein Plädoyer für eine Form von Forschungsbeteiligung einbringen, die sich zur emanzipatorischen Forschung bekennt. Dabei muss betont werden, dass die Verwendung partizipativer Methoden alleine kein Garant für Emanzipation, Empowerment und Selbstbestimmung ist (Wilkinson 2002, S. 12). Das Buch will daher verschiedene Wege der Inklusion Betroffener in technikorientierte Forschung und Entwicklung aufzeigen, dabei jedoch einen differenzierten Blick auf jene Aspekte werfen, die der Emanzipation dienen können. Studien, die Menschen mit Demenz einbeziehen, machen darauf aufmerksam, dass es verschiedene Voraussetzungen für eine am Empowerment orientierte Beteiligung Betroffener gibt. In diesem Buch wird es daher darum gehen, den Wegen zur Förderung von Empowerment nachzuspüren sowie über Möglichkeiten für weitere, kreative, gleichzeitig jedoch sichere und machbare Methoden nachzudenken. Mithilfe vorliegender Erfahrungen aus technikorientierten Vorhaben wird aufgezeigt, wo in diesem Kontext geeignete Räume für Partizipation von Menschen mit Demenz liegen und wie diese genutzt und gestaltet werden können. Dabei wird Forschungspartizipation nicht instrumentell verstanden, sondern als Ausdruck des Rechts auf gesellschaftliche Teilhabe, das auch dann eingelöst werden darf, wenn Betroffene nicht in alle Schritte eines Forschungsprozesses in gleichem Umfang einbezogen werden können. Forschende sollten Möglichkeiten der direkten Beteiligung kennen, aber auch dafür sensibilisiert sein, „Maßstäbe der Bewertung von Ergebnissen und Angeboten … zu entwickeln" (Arbeitskreis Kritische Gerontologie und Aner 2016, S. 143) – und zwar aus Sicht von Menschen mit Demenz. Das Recht auf gesellschaftliche Teilhabe sollte sich aus der Sicht dieses Buches nicht alleine auf politische oder kulturelle Teilhabe beschränken und im Zusammenhang mit neuen Technologien keinesfalls nur das Recht auf deren Nutzung umfassen, sondern die Möglichkeiten der Gestaltung technologischen Fortschritts inkludieren.

Digitaler Spaltung entgegenwirken: Im Zusammenhang mit dem Zugang zu neuen Technologien steht auch das Problem der technologischen, vor allem der digitalen Spaltung. Von letzterer sind vor allem Angehörige jener Kohorten bedroht, die aufgrund ihrer biographischen Erfahrung keinen Zugang zu digitalen Technologien erworben haben (Stiftung Digitale Chancen 2018). Besonders verschärft ist das Risiko bei Menschen mit Demenz, die in der Diskussion um digitale Spaltung weitgehend unsichtbar sind. Um digitale Spaltung zu vermeiden, reicht es bei weitem nicht aus, nur an der Gestaltung und Implementierung neuer Technologien anzusetzen. Dies betonen u. a. Lorenzen Huber et al., indem sie schreiben:„…overcoming the digital divide among elders requires more than appropriate design and implementation. It demands deep consideration of the ways in which technology mediates, influences, and is shaped by human relationships" (2013, S. 441). Eine der wichtigsten sozialen Beziehungen von Menschen mit Demenz bildet die Beziehung zu nahen Angehörigen, d. h. zu jenen Personen, die den Großteil der Pflege und Betreuung übernehmen. Die Beziehungsqualität zu sog. Hauptpflegepersonen leistet einen entscheidenden Beitrag zum psychologischen, subjektiven und physischen Wohlbefinden der Betroffenen. Technologien, die Eingang in den Alltag von Menschen mit Demenz finden, wirken grundsätzlich auf diese Beziehung ein. Dies ist einer der Gründe, warum es relevant sein kann, auch diese Personengruppe in die Entwicklung von Technik einzubinden. Um dies zu würdigen, befasst sich das Buch ebenfalls mit den Möglichkeiten und Risiken der Integration sog. Proxies in technikorientierte Forschung und Entwicklung.

Ethische Aspekte diskutieren: Schließlich wird es in diesem Buch nicht nur um methodische, sondern auch um ethische Aspekte technikorientierter Forschung und Entwicklung gehen, z. B. um mögliche – auch negative – *Folgen des Einsatzes von Technik* sowie um *Folgen der Integration* Betroffener in den Entwicklungsprozess. Die übergreifende Zielsetzung des technisch-wissenschaftlichen Fortschritts besteht nach Grunwald in der „Vergrößerung der Wahlmöglichkeiten zwischen verschiedenen Optionen und damit (…) [*der*, d.A.] Verringerung der menschlichen Abhängigkeit von der Natur und der eigenen Tradition" (Grunwald 2013, S. 2). Sollten technologische Neuentwicklungen diesen Anspruch einlösen und nicht etwa dazu führen, Wahlmöglichkeiten zu begrenzen, müssen sie im Hinblick auf ihre moralischen Implikationen und ethischen Konflikte diskutiert werden. So geht technischer Fortschritt auch immer mit Ambivalenzen einher, die sich u. a. aus den nicht vorhersehbaren bzw. nichtintendierten Folgen technischer Entwicklungen ergeben. Ambivalenzen des Einsatzes neuer Technologien werden vor allem dann sichtbar, wenn durch deren Nutzung wünschenswerte Ziele, wie Selbstbestimmung und Teilhabe, in Konflikt zueinander geraten. Darüber hinaus berühren vor allem neue digitale Technologien die „Zukunft der Natur des Menschen" (Habermas 2001 in Grunwald 2013, S. 3), d. h. die Frage nach dem Ausmaß, in dem das Menschsein auch künftig durch die ihm „zugewiesene" Natur bestimmt sein soll. Darüber hinaus geht das Buch davon aus, dass Technik niemals wertneutral sein kann, sondern sie immer bestimmte Werte vermittelt, indem sie diese in besonderer Weise betont. Ähnliches gilt für Technikwissenschaften, die hier als Handlungswissenschaften und damit nicht als wertfrei betrachtet werden (acatech 2013; Banse et al. 2006). Bezogen auf Menschen mit Demenz bedeutet dies, dass jeglicher Technik eine bestimmte Wertung, z. B. in Form einer „Defizitdiagnose", innewohnt: Technik „kompensiert", „gleicht aus" oder „ersetzt" Fähigkeiten bzw. Kompetenzen, die Menschen „nicht mehr" ausführen können. Selbst bei positiv konnotierten Zielen der Technikentwicklung, wie Selbstbestimmung, bleibt die Ambivalenz der Defizitdiagnose bestehen. Bestimmte Wertungen sind jedoch nicht nur der Technik als Artefakt immanent, sondern werden auch im Prozess ihrer Entwicklung transportiert. Partizipative Entwicklung von Technik bedarf daher einer mehrperspektivischen Befassung mit Ethik, die mindestens dreier Formen der Reflexion bedarf: a) aus der *Perspektive der Forschungsbeteiligung*, indem ethische Aspekte von Partizipation reflektiert werden, b) aus der *Perspektive der künftigen Nutzung von Technologien*, die im Rahmen partizipativer Forschung entwickelt werden, c) aus der *Perspektive symbolischer Prozesse*, die den Prozess der Technikentwicklung hinsichtlich der (Re-)Konstruktion bestimmter Wertvorstellungen begleiten, formen oder determinieren. Daher nimmt das Buch an vielen Stellen einen kritischen Blick ein, der nicht als innovationshindernd verstanden werden soll, sondern als Beitrag zur verantwortungsvollen und reflektierten Innovationsentwicklung gilt.

Interdisziplinäre Verständigung ermöglichen: Sowohl das Argument der Vulnerabilität als auch das der Diversität machen deutlich, dass es bei der Forschungspartizipation von Menschen mit Demenz weniger um das *Ob*, als vielmehr um das *Wie* der Beteiligung gehen muss, wobei das *Wie* sowohl fachliche, methodisch-methodologische als auch ethische Aspekte umfassen muss. Dazu gehört jedoch nicht nur die Gestaltung geeigneter Schritte und Methoden der Partizipation, sondern auch eine multidisziplinäre Verständigung über grundsätzliche Ziele und Verständnisse von Partizipation. Da die Entwicklung neuer Technologien heute meist auf Innovationen im Kontext von Informations- und Kommunikationstechnologien beruht, speist sich das dort dominierende Partizipationsverständnis meist aus Ansätzen der *Mensch-Technik-* bzw. *Mensch-Computer-Interaktion* (HCI), in denen der Integration künftiger Nutzer*innen in den Entwicklungsprozess eine wichtige Rolle zugeschrieben wird. Hier verkörpern vor allem die Ansätze des *Human* sowie des *User Centered Design (HCD, UCD)* den führenden theoretischen Rahmen, in den sich verschiedene weitere Ansätze mit jeweils unterschiedlichen Verständnissen von Partizipation integrieren. Inwiefern die aus diesen Programmen resultierende Forschung auch in nachhaltiger Weise theorie- und methodenbildend wirken wird, wie das Beispiel der *Integrierten Forschung* zeigt (Gransche und Manzeschke 2020), lohnt einer eigenen Analyse. Trotz dessen verfügt der Begriff „partizipativ" nach wie vor über unterschiedliche Bedeutungen. Selbst in Disziplinen, die an der Technikentwicklung stark mitwirken, wie den ingenieurwissenschaftlichen und gestalterischen Disziplinen, ist der Partizipationsbegriff nicht auf einen bestimmten Ansatz, eine bestimmte Theorie oder Methode festgelegt. Trotz vielfältiger interdisziplinärer Kooperationen ist es jedoch bisher kaum zu einem Diskurs über die – zum Teil *unvereinbaren* – Verständnisse von Partizipation gekommen. Dieser Mangel mag dadurch begründet sein, dass es im Zuge des „participatory turn" (Jasanoff 2003, S. 235 f) – verbunden mit einer beschleunigten Entwicklung digitaler Technologien und ihrer Ausdehnung auf neue Zielgruppen – eher zu einer Nachfrage nach gut integrierbaren methodischen „Lösungen" und differenznivellierenden Handlungsansätzen als einer theoretischen Weiterentwicklung oder einer Reflexion der Nachhaltigkeit praktizierter Beteiligungsformen kam. Ein kritischer Diskurs unter besonderer Berücksichtigung unterschiedlicher Grundverständnisse von Partizipation ist im Kontext der auf schnelle Innovation beruhenden Forschung jedenfalls fundamental erschwert, während Literatur, die der Förderung der Kommunikation über gegensätzliche Vorstellungen von Partizipation dienen kann, rar ist.

Das Buch will sich daher als Beitrag zur **Förderung eines kritischen Dialogs** verstehen. In Abgrenzung zu der sog. Integrierten Forschung, deren Ziel darin liegt, „viele unterschiedliche disziplinäre Erkenntnisse in ein orientierendes Bild (…) [zu integrieren, d.A.], das dann ein einheitliches Handeln aus sich heraussetzt" (Gransche und Manzeschke 2020, S. 5), geht es in dieser Publikation vielmehr darum, Differenzen aufzuzeigen, ohne sie unter die Handlungsmaxime eines (integrierenden) Konsenses zu stellen. Sie richtet sich an Forschende aus dem Feld der Sozial-, Verhaltens-, Gesundheits- und Pflegewissenschaften sowie an Forschende aus dem Feld der Ingenieur- und Gestaltungswissenschaften, denen sie eine Grundlage bieten will, ein Grundverständnis für die jeweils andere Perspektive zu entwickeln. Auch wenn sich das Buch als eine Art „Übersetzungsunterstützung" im Sinne multi- und interdisziplinärer Verständigung versteht, liegt seine Intention keinesfalls darin, verschiedene disziplinäre Perspektiven in einen gemeinsamen konzeptionellen Rahmen zu gießen. Vielmehr geht es darum, nach *Gemeinsamkeiten und Differenzen* in den verschiedenen theoretischen Perspektiven zu suchen, in der Hoffnung, dass diese Auseinandersetzung den interdisziplinären Diskurs im Sinne der Verständigung – aber auch Abgrenzung – befruchtet. Ausgehend vom Verständnis der Interdisziplinarität als „gemeinsamer Durchschnitt" zwischen verschiedenen Disziplinen

(Gethmann 2018, S. 25), möchte das Buch einen Beitrag dazu leisten, diese Schnittmengen zu erkennen. Es soll jedoch nicht bei der Suche nach Gemeinsamkeiten
bleiben, sondern vor allem um das (An-)Erkennen von Widersprüchen und Konflikt-
linien gehen, die konträre Positionen enthalten. Verbunden damit ist auch das Ziel,
gegensätzliche und unvereinbare theoretische Perspektiven aufzuzeigen in der Hoffnung, dass die damit einhergehende Erkenntnis zu mehr Transparenz im Kontext
der interdisziplinären Forschung und Technikentwicklung beitragen wird. Trotz der
teilweise stark auf Wissenschaft fokussierten Perspektive, richtet sich das Buch nicht
nur an Forschende, sondern auch an die in der Versorgung wie Technikentwicklung
tätigen Akteure, die einen Einblick in das Feld partizipativer Technikentwicklung
mit Menschen mit Demenz wünschen. Grundsätzlich will das Buch **mehr sein als
eine Sammlung von „Regeln" oder „Leitlinien"**, die der gelungenen partizipativen
Technikentwicklung dienen. Trotz des hohen Stellenwertes derartiger Publikationen
soll es hier eher darum gehen, einen theoretisch fundierten Verstehenshintergrund
zu schaffen, auf dessen Basis die Entwicklung derartiger „Regeln" möglich wird.

Sich mit Folgen der Beteiligung befassen: Trotz der teilweise bestehenden Forderungen nach partizipativen Ansätzen weisen z. B. Di Lorito et al. (2016) darauf hin,
dass wenig über die konkreten Wirkungen bzw. Folgen der Beteiligung von Menschen mit Demenz an Forschung bekannt ist (Barber et al. 2012). Ähnlich verhält
es sich mit partizipativen bzw. nutzerzentrierten Ansätzen im Feld der Technikentwicklung. So liegen beispielsweise nur wenige systematische Erkenntnisse zu
den Bedingungen vor, unter denen Beteiligung als ein Weg zur *Verbesserung von
Forschungsergebnissen* verstanden werden darf. Ebenso unterbeleuchtet bleibt die
Analyse der Folgen – aber auch der Möglichkeiten – einer beteiligenden Technikentwicklung als Instrument *gesellschaftlicher Entwicklung*. Dabei wäre eine
derartige Öffnung der Debatte mehr als notwendig, nicht nur deshalb, weil „Technik
(…) erstrebte Wirkungen erzielt und gleichzeitig nicht-intendierte Wirkungen, so
genannte Nebenfolgen erzeugt" (Rammert 2007, S. 81 f). So bedeutsam die Beschäftigung mit potenziellen Nebenfolgen neuer Technik ist, ebenso wichtig bleibt die
Frage danach, was die Beteiligung von Bürger*innen an der Entwicklung und
Gestaltung neuer Technik bewirken kann, wo ihre (machbaren) Ziele liegen und wo
ihre Grenzen (an-)zu erkennen sind. Dafür bedarf es jedoch möglicherweise auch der
Erweiterung disziplinärer Perspektiven über die der Technikfolgenabschätzung hinaus. Denn auch wenn es zu ihren Aufgaben gehört, „das Wesen und die Ergebnisse
von Wissenschaft und Technik in Abhängigkeit von gesellschaftlichen Akteuren
zu bewerten und in einem transparenten Prozess auszuhandeln" (Ehrenberg-Silies
2012, S. 1) und sich selbst „nicht mehr ausschließlich als „Ort der Wissenschaft"",
sondern als „neutraler Moderator zwischen den Akteuren" zu verstehen (ebenda),

bedarf es einer Antwort auf die Frage, ob die bisher praktizierten Formen der Beteiligung den an sie herangetragenen Zielen gerecht werden können oder ob sie etwa im Gegensatz zu ihren eigentlichen Zwecksetzungen in ihrer Gesamtheit zu etwas geführt haben, das nicht auf der Agenda der Programme stand. Dazu könnte z. B. eine bestimmte Form der Verantwortungsdiffusion gehören, die aus der Delegation politischer Verantwortung für Technisierungsprozesse auf partizipative Vorhaben und die an ihnen beteiligten – auch zivilgesellschaftlichen – Akteure folgt. Der Blick auf verschiedene Folgen partizipativer Technikentwicklung soll daher die Diskussion in diesem Buch abschließen, auch dann, wenn eine sichere Beantwortung der mit ihm verbundenen Fragen heute noch nicht möglich ist.

Partizipative Forschung und Entwicklung im Kontext von Multi-, Inter- und Transdisziplinarität

Theoretische Ansätze zu Partizipation sind in vielen wissenschaftlichen Disziplinen verankert. Ein Blick auf jene Wissenschaften, die an der Entwicklung von Technik gewöhnlich mitwirken, zeigt, dass entsprechende Theorien, Methoden und Diskurse einen festen Platz in ihnen haben. Will man sich den **Gemeinsamkeiten** der verschiedenen Ansätze zuwenden, so kann zunächst festgehalten werden, dass die Betonung einer – mehr oder minder partnerschaftlichen – Beteiligung von nicht professionell Forschenden am Forschungsprozess den wichtigsten Baustein eines geteilten Verständnisses von Forschungspartizipation bildet. Nach Cargo und Mercer (2008) handelt es sich bei der partizipativen Forschung um „a systematic inquiry, with the collaboration of those affected by the issue being studied, for the purposes of education and of taking action or effecting change" (S. 328). Darüber hinaus verfolgt partizipative Forschung grundsätzlich eine doppelte Zielsetzung, die sich nicht alleine darin erschöpft, zur gemeinsamen Wissensproduktion beizutragen, sondern vor allem zur praktischen Veränderung zu gelangen. Der Wille zur Initiierung eines gewissen Wandels macht partizipative Forschung zu einem Vorgehen, das gelegentlich auch als ein methodischer Ansatz zur Einleitung (sozialer) Veränderungsprozesse betrachtet wird (von Kardorff und Schönberger 2010). Nach Higginbottom und Liamputtong (2015) können zentrale Aspekte partizipativer Forschung auf die sog. drei „P" zurückgeführt werden: „Central to the concept of PR (participatory research, d.A.) is an acknowledgement of the trilogy of power, people and praxis" (S. 3). Demnach stellt partizipative Forschung einen Ansatz dar, der die Umverteilung von Macht auf vielfältige Weise praktiziert, der die Beziehung unter (Co-)Forschenden als wesentliche Grundlage des Forschungsprozesses begreift und der die Veränderung einer bestimmten Praxis durch Forschung und Aktion als wichtige Grundlage des eigenen Tuns betrachtet. Neben der Beteiligung von

M. Weidekamp-Maicher, *Menschen mit Demenz in der partizipativen Entwicklung von Technik*, https://doi.org/10.1007/978-3-658-33381-2_2

sog. Laien-Forschenden, zeichnet sich partizipative Forschung durch gemeinsame Lernprozesse aus, die sich sowohl an professionelle wie nichtprofessionelle Forschende richten (Robertson und Simonsen 2013, S. 2 f.).

Trotz der auf den ersten Blick bestehenden Ähnlichkeiten, die durch den gemeinsam verwendeten Begriff der Partizipation sowie einige gemeinsame Leitsätze suggeriert werden, zeichnen sich die verschiedenen Partizipationsansätze jedoch durch mehr oder weniger große **Differenzen** aus, die verschiedene Ursachen haben (können). Sie entspringen zum Teil den Grundprämissen der theoretischen Fundamente, auf deren Grundlage sich die aktuellen Ansätze entwickelten, sowie den ideologisch-normativen Fundierungen, die den Entwicklungsprozess der Ansätze prägten. Darüber hinaus entstanden in ihnen verschiedene methodologisch-methodische Verständnisse von Partizipation, die zur Entwicklung bestimmter partizipativer Methoden führten. Schließlich unterliegen sie disziplinspezifischen Wissenschaftsverständnissen, die partizipative Ansätze rahmen und ihnen einen bestimmten Platz innerhalb der jeweiligen Disziplin zuzuweisen. Eine weitere Unterschiedlichkeit besteht darin, dass partizipative Ansätze hinsichtlich ihres wissenschaftstheoretischen Verständnisses uneinheitlich definiert werden. Während einige Autor*innen dafür plädieren, bei der partizipativen Forschung von einem *methodisch-methodologischen Ansatz* zu sprechen, plädieren andere dafür sie als einen *Forschungsstil* oder gar eine *Forschungsstrategie* zu betrachten, die sich dadurch auszeichnet, dass „an verschiedenen Entscheidungspunkten immer wieder die Frage aufgeworfen (…) [wird, d.A.], inwieweit und in welcher Form die Akteure und Praktiker/innen als Expert/innen ihrer sozialen Lebenswelt am Forschungsprozess als kollaborative Mitforscher/innen partizipieren können" (Bergold und Thomas 2010, S. 333). Wieder andere sehen darin ausschließlich eine Sammlung von Methoden, die der effektiven Einbindung bestimmter Zielgruppen in Forschung und Entwicklung dienen. Aus diesen Gründen besteht heute eine **große Vielfalt der Diskurse zur partizipativen Forschung**, die eine ständige Ausdifferenzierung erfährt, u. a. deshalb, weil es neben „tradierten" Ansätzen zu einer Vielzahl eigenständiger, kontext- und zielgruppenspezifischer konzeptioneller Entwicklungen kommt.

Als prägnantes Beispiel dieser Vielfalt und der o. g. Weiterentwicklungen gilt die **technikorientierte Forschung, insbesondere die Forschung im Kontext von Informations- und Kommunikationstechnologien**, in der verschiedene Traditionen der Forschungsbeteiligung bestehen. Neben der Orientierung an bestimmten Partizipationsansätzen (z. B. des UCD), zeichneten sich viele Forschungsprojekte der vergangenen Jahre dadurch aus, dass an ihnen mehrere Disziplinen beteiligt waren. Der größte Teil führender Forschungsvorhaben hatte daher einen multi- oder interdisziplinären Charakter. In Anbetracht hoher Anforderungen, die an die Entwicklung neuer Technologien gestellt werden (die vor allem darin begründet sind, dass es neben der Entwicklung von Prototypen auch um ihre Markttauglichkeit, Implementierung und Finanzierung geht), bedarf es jedoch häufig **transdisziplinärer Kollaborationen** (vgl. Info-Box 2.1). Nach Boger et al. (2017) steigt damit die Komplexität der Vorhaben, die z. B. aus der Verwobenheit verschiedener gesellschaftlicher Bereiche resultiert und sich meist in erschwerter Kommunikation zwischen verschiedenen Stakeholdern bemerkbar macht. Die Notwendigkeit transdisziplinärer Kollaboration erwächst dabei aus dem technologischen Wandel selbst sowie dem Wunsch nach seiner Steuerung und Gestaltung. So begründen etwa Hester und Adams (2013, in Boger et al. 2017, S. 482) die Relevanz transdisziplinärer Forschung aus dem Wandel vom sog. *„machine age"*, d. h. der Prägung technologischer Entwicklung durch einzelne, in sich geschlossene Maschinen, zum *„systems age"*, d. h. einer Stufe des technologischen Wandels, die durch miteinander verbundene Systeme gekennzeichnet ist, deren (breite) Implementierung der Expertise sehr unterschiedlicher Akteure bedarf. Da technologische Entwicklung zudem immer auch ein gesamtgesellschaftlicher bzw. sozialer Prozess ist (vgl. Peine et al. 2015), wird es wichtiger denn je, die Einbettung technologischer Entwicklungen im gesamtgesellschaftlichen Zusammenhang zu beachten. Der damit verbundenen Komplexität kann in diesem Fall nur mit entsprechenden Strategien der Kollaboration begegnet werden. In den Fokus der Gestaltung von Kollaboration geraten dabei auch partizipative Ansätze, da sie in der einen oder anderen Form zur Umsetzung von Beteiligung herangezogen werden. Die Gestaltung partizipativer Technikentwicklung muss daher nicht nur vor dem Hintergrund der Vielfalt partizipativer Ansätze, sondern meistens auch im Kontext transdisziplinärer Zusammenarbeit betrachtet werden.

Multi-, Inter- und Transdisziplinarität – Begriffliche Klärung

Multi-, Inter- und Transdisziplinarität bezeichnen unterschiedliche Arten der Forschungskooperation, an denen Vertreter*innen unterschiedlicher wissenschaftlicher Disziplinen mitwirken. Hinter den drei Begriffen verbergen sich verschiedene Wege des Umgangs mit geteiltem Wissen sowie spezifische Modi, wie dieses im Rahmen eines Vorhabens angewandt wird. Daraus resultieren unterschiedliche Niveaus gemeinsamer Verständigung, gemeinsamer Sprache und des gemeinsamen Engagements für die Entwicklung neuer Wissensbestände.

- Von **Multidisziplinarität** wird dann gesprochen, wenn verschiedene Disziplinen einen Input in ein gemeinsames Vorhaben einbringen, der

Wissenstransfer aber unidirektional bleibt. Dies bedeutet, dass Wissen aus einer Disziplin nicht in die Wissensbestände anderer Disziplinen fließt, so dass kein neues, aus der Sicht verschiedener Disziplinen konstruiertes Wissen entsteht. Vielmehr bleiben disziplinspezifische Beiträge im Rahmen eines Vorhabens klar erkennbar bzw. identifizierbar.

- **Interdisziplinäre** Formen der Kollaboration zeichnen sich durch einen stärkeren Grad des Wissensaustausches aus, so dass der Wissenstransfer bidirektional ist. Dies bedeutet, dass Forschende aus den beteiligten Disziplinen nicht nur ihr spezifisches Wissen in das Vorhaben einbringen, sondern auch Erkenntnisse aus weiteren beteiligten Disziplinen erwerben. Im Zuge interdisziplinärer Zusammenarbeit entstehen z. B. theoretische Modelle, in denen sich die Perspektiven verschiedener Disziplinen sinnvoll ergänzen.
- Der **Ansatz der Transdisziplinarität** will dagegen das Wissen verschiedener Disziplinen und Handlungsfelder verbinden und dieses in neue Theorien, Rahmenmodelle, Konzepte, Methoden und Sprache transferieren. „Transdisciplinary collaboration", so Boger et al. (2017, S. 481), „seeks to integrate and amalgamate knowledge from different backgrounds, synthesizing, fuzing and extending concepts, methods and theories by transcending traditional boundaries to systematically create comprehensive, workable and novel approaches; transdisciplinary working is the cooperative creation of a consensus rather than a search for 'fact' or 'truth'."

Info-Box 2.1: Multi-, Inter- und Transdisziplinarität – begriffliche Klärung.

Da es in der transdisziplinären Forschung weniger um die konkurrierende Durchsetzung disziplin- bzw. handlungsfeldspezifischer Erkenntnisinteressen geht, sondern um Bildung eines gemeinsamen Problemverständnisses, kann diese Art der Kollaboration auch als eine spezifische "Art" partizipativer Forschung betrachtet werden. Durch die gemeinsame Bildung, Gestaltung, Anwendung und Verwertung von Wissen weist transdisziplinäre Kollaboration grundsätzlich Züge partizipativen Vorgehens auf. Aufgrund ihrer immanenten Mehrperspektivität verfügen transdisziplinäre Vorhaben über die besten Voraussetzungen, „transformative Veränderungen" einzuleiten (Boger et al. 2017, S. 481). Der Blick in die Forschungspraxis zeigt jedoch, dass partizipative Technikforschung und Entwicklung kaum transdisziplinär (u. a. im Sinne der o. g. Definition) erfolgt. Neben besonderen Herausforderungen an diese Art der Kollaboration bestehen keine verbindlichen Kriterien für Transdisziplinarität, die z. B. in entsprechende Evaluationsmodelle überführt werden könnten, so dass der Begriff in der Forschungspraxis meist von der jeweiligen Auslegung der Forschenden abhängig ist. Zugleich sind aus den aktuellen Vorhaben bisher keine transdisziplinär erarbeiteten Theoriemodelle zur Partizipation an technikorientierter Forschung und Entwicklung erwachsen. Wie in der Einleitung bereits angemerkt, fehlt es zunächst an interdisziplinärer Verständigung und (An-)Erkennung von Differenz. Daher gibt dieses Kapitel zunächst einen Einblick in partizipative Ansätze, die der geistes- bzw. sozialwissenschaftlichen Forschungstradition entspringen, und ergänzt sie um einen Einblick in partizipative Ansätze aus der ingenieurwissenschaftlichen und gestalterischen Sicht. Dabei sei angemerkt, dass es sich keinesfalls um eine systematische Darstellung des jeweiligen Feldes handeln wird, sondern um die Herausarbeitung eines Grundverständnisses, das Forschenden aus verschiedenen Disziplinen ermöglichen soll, zentrale Gemeinsamkeiten sowie Unterschiede der Ansätze zu erkennen und zu verstehen.

2.1 Partizipative Forschung aus sozialwissenschaftlicher Sicht

2.1.1 Definition(en) und Merkmale

Aus Sicht der Sozialwissenschaften gilt partizipative Forschung als „ein Oberbegriff für Forschungsansätze, die soziale Wirklichkeit partnerschaftlich erforschen und beeinflussen" (von Unger 2014, S. 1). Dabei lässt sich partizipative Forschung nur schwerlich als ein einheitliches Verfahren bzw. eine bestimmte „Technologie" verstehen, sondern gilt als ein Forschungsstil, der Verschränkungen zwischen Wissenschaft und Praxis bewusst initiiert, um bestimmte Änderungen zu bewirken. Die Entwicklung sozialwissenschaftlich ausgerichteter partizipativer Ansätze geht auf Kurt Lewin zurück, der bereits in den 1940er Jahren die *Action Research* konzipierte. Der Anlass dafür war die Förderung einer Forschung, die der Entfremdung zwischen Theorie und Praxis entgegenwirkt (Häseler-Bestmann 2019). So schreibt etwa McTaggart (1994, S. 315): „Action research is not a 'method' or a 'procedure' but a series of commitments to observe and problematise through practice the principles for conducting social enquiry". „Nicht Forschung *über* Menschen und auch nicht *für* Menschen, sondern Forschung *mit* Menschen – dies ist der Anspruch und die grundlegende erkenntnistheoretische Position von partizipativer Forschung" (Bergold und Thomas 2010, S. 333). Für Wright et al.

(2013, S. 147) besteht das zentrale Merkmal partizipativer Forschung darin, dass
an ihr Menschen beteiligt werden, deren Lebensverhältnisse erforscht oder durch
Forschung und Entwicklung in besonderer Weise beeinflusst werden sollen bzw.
können. Kemmis et al. (2014, S. 67) betonen wiederum, dass das Wesen kritischer partizipativer Aktionsforschung vor allem darin besteht, Beteiligte bei der
Transformation 1) des Verständnisses und 2) der Ausübung ihrer Praktiken sowie
3) der Veränderung von Bedingungen, denen ihre Praktiken unterworfen sind,
zu unterstützen, damit deren Lebensvollzüge rationaler, produktiver, nachhaltiger,
gerechter und inklusiver werden (können). Während partizipative Ansätze anfäng-
lich den Akzent auf Aktion bzw. Veränderung legten (so z. B. in der Partizipativen
Aktionsforschung, in der die sozialwissenschaftlich ausgerichteten partizipativen
Ansätze ihren Ursprung haben (von Unger 2014, S. 13 ff.)), dürfte der Schwerpunkt heutiger Ansätze eher auf der Beteiligung bzw. Teilhabe liegen und weniger
auf Aktion, die einem bestimmten Zweck gewidmet ist (von Unger 2014, S. 3).

Angesichts der Ausdifferenzierung partizipativer Ansätze kann heute keinesfalls von einem gemeinsamen Ansatz partizipativer Forschung gesprochen
werden, sondern von einer Vielfalt theoretischer Ansätze und Modelle, die sich
zugleich verschiedener Begriffe von Partizipation bedienen. Kara (2018) zählt
partizipative Forschung zu Ansätzen, die sich dem Prinzip der **Demokratisierung von Forschung und einem emanzipatorischen Forschungsverständnis**
verpflichtet fühlen. Hierzu zählen u. a. der feministische Forschungsansatz,
Community-Based Research, Ansätze, die einem dekolonialisierenden Verständnis von Methodologie und Wissen folgen, sowie die Partizipative Aktionsforschung. Dabei handelt es sich bei der verwendeten Terminologie keinesfalls um
einen Kanon mit formalisiertem Konsensus, sondern um Begriffe, die von den
Forscher*innen unterschiedlich verwendet und ausgelegt werden. Aufgrund der
recht kurzen Geschichte partizipativer Forschung und fehlender wissenschaftlicher Institutionalisierung unterliegen die Begriffe einer gewissen Dynamik,
die auch daraus erwächst, dass die einzelnen Ansätze – neben dem Element
der Partizipation – zusätzlichen Prinzipien folgen, wie z. B. dem Prinzip der
(Forschung-)Gerechtigkeit (*research justice*), dem Prinzip der Demokratisierung
von Forschung (*democratizing research*) oder dem Prinzip der Emanzipation
durch Forschung (*emancipatory research*) (Kara 2018, S. 103). Darüber hinaus
wurden einzelne Ansätze in verschiedenen Ländern adaptiert und in Abhängigkeit von den jeweiligen Kontexten und Zielen in unterschiedlicher Weise
weiterentwickelt. Vor dem Hintergrund der theoretischen Vielfalt sowie der sehr
unterschiedlichen Deutung ihrer Entstehungsgeschichte soll auf eine detaillierte

Darstellung an dieser Stelle verzichtet werden.[1] Festgehalten werden kann jedoch, dass ein zentrales und zugleich verbindendes Element der Ansätze die Machtsensibilität und der Wille zur Machtumverteilung bilden, und zwar in dem Sinne, dass Macht, die *in* und *durch* Forschung generiert oder getragen wird, an Menschen, die aus dem Zugang zur Macht ausgeschlossen bleiben, „weitergereicht" bzw. zu ihren Gunsten umverteilt wird. Die Beschreibung, Analyse, Reflexion und Umverteilung von Macht spielen daher eine zentrale Rolle im Rahmen sozialwissenschaftlich orientierter partizipativer Forschung.

Dabei werden weder Macht noch Empowerment einheitlich betrachtet oder definiert. Vielmehr lässt sich heute eine Vielfalt verschiedener Empowermentverständnisse aufzeigen. Herriger (2020) übersetzt den Begriff des Empowerments mit „Selbstbefähigung", „Selbstbemächtigung" und „Stärkung von Eigenmacht und Autonomie" (S. 13). Dabei unterscheidet er vier unterschiedliche Zugänge zu einer Definition von Empowerment (ebenda S. 14 ff.):

a) **Politisches Verständnis von Empowerment**, aus dessen Perspektive *Macht als politische Einflussnahme* verstanden wird, wobei Empowerment als ein „Prozess der Umverteilung von politischer Macht, in dessen Verlauf Menschen oder Gruppen von Menschen aus einer Position relativer Machtunterlegenheit austreten und sich ein Mehr an demokratischem Partizipationsvermögen und politischer Entscheidungsmacht aneignen" definiert wird (Herriger 2020, S. 14).

b) **Lebensweltliches Verständnis von Empowerment**, in dem Macht als Kompetenz, Stärke oder Zuwachs an Wissen und Fähigkeiten verstanden wird, so dass Empowerment das *individuelle Vermögen* darstellt, zu einem selbstbestimmten Alltag und einer gelingenden Lebensbewältigung zu gelangen.

c) **Reflexives Verständnis von Empowerment**, das die *Selbstermächtigung* in den Mittelpunkt stellt; demnach ist es das Individuum, das aus eigenem Bestreben, eigenem Antrieb und Interesse ein Mehr an Lebenssouveränität erwirbt, wobei sich Selbstermächtigung sowohl auf die Alltagsgestaltung als auch politische Teilhabe beziehen kann.

d) **Transitives Verständnis von Empowerment**, nach dem andere Menschen dazu beitragen, bestimmten Personen zu mehr Selbstbestimmung und damit Eigenmacht zu verhelfen.

---

[1] Stattdessen kann auf einige kurze Übersichten, z. B. bei Higginbottom und Liamputtong (2015), Altrichter (2008), Reid und Frisby (2008), Minkler und Wellerstein (2008) sowie umfassende Buchpublikationen von Kemmis et al. (2014) und Reason und Bradbury (2012) verwiesen werden.

Während die zwei letztgenannten Verständnisse von Empowerment eine Unterscheidung danach treffen, ob Ermächtigung eher eigen- oder fremdinitiiert wird (bzw. werden kann), beziehen sich die beiden erstgenannten Begriffe auf den Gegenstand von Ermächtigung. Partizipative Forschung schließt dabei keine Form von Empowerment aus, sondern betrachtet sie alle als relevant. Welche Form von Empowerment schließlich zentral wird, hängt von den Zielen konkreter Vorhaben ab. Grundsätzlich gilt jedoch, dass Beteiligte nicht nur spezifisches Wissen, Fähigkeiten oder Kompetenzen erwerben (psychologisches Empowerment), sondern auch einen Zugewinn an politischer Macht (politisches Empowerment) erfahren sollen. **Politisches** und **psychologisches Empowerment** gelten dabei nicht als konkurrierende, sondern einander voraussetzende und gegenseitig ergänzende Prozesse, wonach etwa Selbstvertrauen und Selbstwert (als Aspekte von psychologischem Empowerment) die Voraussetzung für die Aneignung politischer Macht (als politisches Empowerment) bilden, während politische Einflussnahme erst ausgeübt werden kann, wenn genug Selbstvertrauen vorliegt.

Vom Ansatz der partizipativen Sozialforschung ausgehend, nennt von Unger (2014, S. 35 ff.) **drei zentrale Grundprinzipien** eines partizipativen Forschungsdesigns:

a) Beteiligung von Co-Forschenden am Forschungsprozess
b) Förderung individueller und kollektiver (Selbst-)Befähigung und Ermächtigung der beteiligten Akteure
c) Verbindung von Forschen und Handeln (um soziale Wirklichkeit nicht nur zu verstehen, sondern sie zugleich zu verändern).

Eine der zentralen methodologischen Annahmen der partizipativen Forschung besteht zudem darin, dass sie durch gegenseitige Verschränkung verschiedener Perspektiven einen Zugang zum spezifischen Wissen schafft und dadurch besondere **Räume für Selbstreflexion** eröffnet (Bergold und Thomas 2010, S. 337). Dazu gehören etwa Kommunikationsräume, in denen schwer erfassbare Forschungsgegenstände, wie z. B. Alltagspraxen und Alltagsverständnisse, in einem reflexiven Rahmen erforscht werden können.

2.1.2 Zentrale Leitlinien und -prinzipien

2.1.2.1 Beteiligung von Co-Forschenden am Forschungsprozess

Partizipation in der (sozialwissenschaftlich orientierten) partizipativen Forschung stellt kein „Alles-oder-Nichts-Prinzip" dar, sondern kann verschiedene Formen

bzw. Stufen einnehmen (Bergold und Thomas 2010, S. 337). In Abhängigkeit
von dem jeweils betrachteten Ansatz lassen sich verschiedene **Stufen bzw. Phasen der Partizipation** unterscheiden, die zum Teil eine klare Trennung zwischen
Partizipation und Nicht-Partizipation vornehmen. Für diese Trennung werden
unterschiedliche Kriterien herangezogen, unter denen die Machtverteilung bzw.
-kontrolle eine zentrale Rolle spielt. An diesem Kriterium orientiert sich u. a. das
von Arnstein (1969) entwickelte Stufenmodell der Bürger*innenbeteiligung, das
bis heute als Ausgangspunkt verschiedener Partizipationsansätze dient und Partizipation gegenüber anderen Formen der Beteiligung und Nichtbeteiligung abgrenzt.
Das Modell unterscheidet verschiedene Stufen der Beteiligung, wobei von Partizipation nur dann gesprochen wird, wenn Co-Forschende über ein Mindestmaß
an Machtkontrolle verfügen (vgl. Tabelle 2.1).

Tabelle 2.1   Stufenmodell der Bürgerbeteiligung nach Arnstein (1969)

Stufennummer	Stufenbezeichnung	Formen der (Nicht-)Beteiligung
Stufe 1	Manipulation (manipulation)	Nicht-Beteiligung
Stufe 2	Therapie (therapy)	
Stufe 3	Informiert werden (informing)	Schein-Beteiligung
Stufe 4	Beratung (consultation)	
Stufe 5	Scheinbeteiligung (placation)	
Stufe 6	Partnerschaft (partnership)	Partizipation bzw. verschiedene Stufen der Machtkontrolle
Stufe 7	Partielle Machtübertragung (delegated power)	
Stufe 8	Vollständige Kontrolle (citizen control)	

Ein weiteres Modell stammt aus der Gesundheitsforschung (Wright et al. 2010,
S. 42). Es unterscheidet insgesamt neun Stufen der (Nicht-)Beteiligung, wobei
die Stufen 1 bis 5 als Nicht-Partizipation bzw. ihre Vorstufen betrachtet werden.
Auch in diesem Modell ist das Kriterium der Entscheidungsmacht zentral, so
dass von Partizipation erst dann gesprochen werden kann, wenn Co-Forschende
an Entscheidungen mindestens beteiligt werden (vgl. Tabelle 2.2).

Ein etwas komprimierteres Modell einer siebenstufigen Partizipationspyramide
entwerfen Straßburger und Rieger (2014, S. 23 ff). Sie orientieren sich dabei
sowohl an dem von Wright et al. (2010, S. 42 ff) entwickelten Modell sowie
einem weiteren, von Lüttringhaus (2000, S. 38 ff) vorgeschlagenen Konzept. Die
sieben Stufen des Modells werden demnach wie folgt beschrieben:

Tabelle 2.2 Stufen der (Nicht-)Partizipation nach Wright et al. (2010, S. 42)

Stufennummer	Stufenbezeichnung	Phase der Partizipation
Stufe 9	Selbstorganisation	Geht über Partizipation hinaus
Stufe 8	Entscheidungsmacht	Partizipation
Stufe 7	Teilweise Entscheidungskompetenz	
Stufe 6	Mitbestimmung	
Stufe 5	Einbeziehung	Vorstufen der Partizipation
Stufe 4	Anhörung	
Stufe 3	Information	
Stufe 2	Anweisung	Nicht-Partizipation
Stufe 1	Instrumentalisierung	

1) *Informieren* – Teilnehmende erhalten Informationen über getroffene Entscheidungen und zur Verfügung stehende Angebote; dadurch wird Transparenz über getroffene Entscheidungen hergestellt.

2) *Meinung erfragen* – Teilnehmende werden um eine Einschätzung bzw. Bewertung anstehender Entscheidungen gebeten, ohne Zusicherung für deren Berücksichtigung im Entscheidungsprozess.

3) *Lebensweltexpertise einholen* – Teilnehmende werden um Beratung aus ihrer eigenen Sicht gebeten, ohne Zusicherung für deren Berücksichtigung im Entscheidungsprozess.

4) *Mitbestimmung zulassen* – Teilnehmende werden in Entscheidungen einbezogen, indem sie mit abstimmen dürfen.

5) *Entscheidungskompetenz teilweise abgeben* – Entscheidungen für bestimmte Bereiche werden an Beteiligte vollständig abgegeben.

6) *Entscheidungsmacht übertragen* – Teilnehmende entscheiden in allen Fragen eigenständig und werden von Fachkräften unterstützt, um eine Entscheidung treffen zu können.

7) *Zivilgesellschaftliche Eigenaktivitäten* – Betroffene organisieren sich selbst und setzen ihr Vorhaben eigenständig um, ohne Beteiligung von Professionellen an ihren Entscheidungen.

Auch hier werden die ersten drei Stufen als Vorstufen der Partizipation verstanden, während Partizipation erst dort beginnt, wo Betroffene eine rechtlich, formal oder konzeptionell abgesicherte Rolle in Entscheidungsprozessen haben.

Ein weiteres Stufenmodell der Beteiligung entwickelten Chung und Lounsbury (2006, S. 2131 ff). Dabei unterscheiden sie vier Formen der Teilnahme an Forschung, von denen jedoch nur die vierte Stufe – die stärkende Partnerschaft – als partizipative Forschung betrachtet wird:

- **Konforme Teilnahme** ist die niedrigste Stufe der Beteiligung, die der „üblichen" Forschungspraxis entspricht. Demnach werden Studienteilnehmer*innen über die Ziele des Vorhabens aufgeklärt, erteilen ihre Zustimmung und nehmen an bestimmten Formen der Datenerhebung teil.
- **Gesteuerte, gezielte Beratung** stellt eine höhere Stufe der Beteiligung dar, in deren Rahmen Studienteilnehmer*innen um Auskunft (z. B. im Expert*inneninterview) zu bestimmten Aspekten des Vorhabens gebeten werden, jedoch keinen Einfluss auf die Umsetzung ihrer Interessen haben.
- **Gegenseitige Beratung** geht einen Schritt weiter; sie stützt sich auf eine längere Zusammenarbeit (z. B. im Projektbeirat), die alle Aspekte eines Vorhabens und seiner Gestaltung betrifft, jedoch mit keinerlei Entscheidungsmacht verbunden ist.
- **Stärkende Partnerschaft** – erst diese Form der Beteiligung entspricht dem Verständnis von Partizipation. Sie stützt sich auf gleichberechtigte Zusammenarbeit und geteilte Entscheidungsmacht sowie auf gemeinsame Projektkontrolle.

Während die bisher genannten Modelle eine Trennung zwischen Beteiligung und Nicht-Beteiligung vornehmen und Partizipation als eine besondere und voraussetzungsvolle Form der Beteiligung betrachten, lassen sich ebenfalls Rahmenmodelle finden, die sich weniger der Abgrenzung zwischen Beteiligung und Nicht-Beteiligung, sondern einer detaillierten Abgrenzung verschiedener Stufen bzw. Formen der Beteiligung bzw. Partizipation zuwenden. Ein solches Modell wurde von einer Forscher*innengruppe entwickelt, die sich mit ethischen Herausforderungen partizipativer Forschung im Rahmen der Community-Based-Research befasste. Das Modell unterscheidet vier verschiedene Arten partizipativer Vorhaben in Abhängigkeit davon, wie die Kontrolle über das Projekt zwischen Community-Mitgliedern und Wissenschaftler*innen verteilt ist, wobei als Community-Mitglieder verschiedene Akteure eines Feldes, d. h. sowohl Professionelle als auch Bürger*innen, verstanden werden (Centre for Social Justice and Community Action 2011, S. 6):

1) Forschungsprojekte, die von Community-Mitgliedern kontrolliert und gesteuert werden, ohne Beteiligung professioneller Forschung

2) Forschungsprojekte, die von Community-Mitgliedern kontrolliert und gesteuert werden, mit Beteiligung professioneller Forschung, deren Tätigkeit jedoch durch Community-Mitglieder bestimmt wird

3) Forschungsprojekte, in denen eine gleichberechtigte Partnerschaft zwischen professioneller Forschung und Community-Mitgliedern praktiziert wird, so dass Kontrolle, Steuerung und Durchführung gemeinsam stattfinden (Co-Produktion)

4) Forschungsprojekte, die durch professionelle Forschung kontrolliert und gesteuert wird, die jedoch verschiedene Formen der Partnerschaft mit Community-Mitgliedern beinhaltet, z. B. Beteiligung an Arbeitsgruppen und Steuerungskreisen oder partizipative Methoden der Datengewinnung.

In der sozialwissenschaftlichen Debatte um Forschungspartizipation besteht keinesfalls Konsens über die verschiedenen Modelle, sondern auch **Kritik**. Diese entzündet sich u. a. an den definitorischen Unschärfen und konzeptionellen Schwächen des Partizipationsbegriffes, dem es häufig an Kriterien einer klaren Eingrenzung „echter" Partizipation fehlt. Dies führt dazu, dass auch der zentrale Begriff des Empowerments in idealisierender und unkritischer Weise genutzt wird, was zu naiven Annahmen führt, z. B. dass (jegliche Form der) Partizipation automatisch zum Empowerment führt. Kritik besteht allerdings auch an den hierarchisch orientierten Partizipationsmodellen, in denen die Allokation von Macht als einziges bzw. zentrales Kriterium der Bürger*innenbeteiligung betrachtet wird. So kritisieren z. B. Tritter und McCallum (2006) das von Arnstein (1969) entwickelte Modell, das die Macht(-übernahme) und Entscheidungskontrolle durch Bürger*innen als entscheidendes Qualitätsmerkmal „echter" Partizipation definiert. Das Modell unterstellt eine Reihe von Annahmen, z. B. dass die Einflussnahme der Beteiligten nur durch deren vollständige Kontrolle garantiert sei und dass Macht eine begrenzte Ressource sei, die auf einem Nullsummenspiel basiert, so dass der Zugang zu ihr zwangsweise Konkurrenz (um Machtumverteilung) voraussetzt. Dem Modell wird zudem eine geringe Komplexität unterstellt sowie die Vernachlässigung notwendiger Differenzierung. Tritter und McCallum (2006, S. 161 ff.) plädieren deshalb dafür, von dem hierarchischen Modell Abstand zu nehmen und Partizipation als einen dynamischen Prozess zu verstehen, in dem verschiedene Stufen der Beteiligung (neben- und nacheinander) durch verschiedene Rollenträger*innen realisiert werden können. Es bedarf nicht nur eines differenzierteren Blickes auf verschiedene Arten der Beteiligung und die damit verbundenen Ziele, Methoden und Anforderungen, sondern ebenfalls einer vertikalen Erweiterung, indem verschiedene Felder der Partizipation betrachtet werden. Schließlich gilt es zu beachten, dass eine Machtübernahme durch Bürger*innen keine Garantie dafür sei, dass alle Bürger*innen in gleichem Umfang Zugang zur Macht erhalten und etwa auch Interessen von Minderheiten genug Beachtung finden.

2.1.2.2 Förderung individueller und kollektiver (Selbst-)Befähigung und Ermächtigung

Neben der Beteiligung von Co-Forschern stellen Prozesse des Empowerments, d. h. individueller und/oder kollektiver Selbstbefähigung und Ermächtigung, ein weiteres zentrales Element sozialwissenschaftlich orientierter partizipativer Forschung dar (von Unger 2014). Dies bedeutet, dass die Beteiligung von Co-Forschenden nicht ausschließlich der Gewinnung neuer Erkenntnisse auf Seiten der Forschenden, sondern vor allem der Erkenntnisgewinnung und Kompetenzentwicklung der Co-Forschenden dient. Partizipative Forschung zeichnet sich in dieser Perspektive dadurch aus, dass **Prozesse des Empowerments** nicht als zufälliges oder wünschenswertes Nebenprodukt, sondern als eine *zentrale Zielsetzung der Beteiligung an Forschung* verstanden werden. Eine wichtige Aufgabe partizipativer Projekte besteht somit darin, Prozesse der individuellen und kollektiven Befähigung und Selbstermächtigung zu initiieren, aufrechtzuerhalten und mithilfe konkreter Maßnahmen zu unterstützen. Dabei wird angenommen, dass (Selbst-)Ermächtigung nicht ausschließlich durch die Initiierung konkreter Maßnahmen, wie z. B. Schulungen und Trainings, die etwa der Wissens- und Kompetenzgewinnung von Co-Forschenden dienen, eingeleitet werden kann, sondern ebenfalls durch gemeinsame Lern- und Reflexionsprozesse, gemeinsames Handeln und Aktion sowie schließlich durch den Zugang zur Macht und Kontrolle zustande kommt. Der Zugewinn neuer Perspektiven aus Sicht der beteiligten Akteure sowie Prozesse des Empowerments, verbunden mit der Förderung gesellschaftlicher Teilhabe von Co-Forschenden, bilden daher kein individuelles, sondern ein gemeinsam wirkendes, tragendes Element partizipativer Forschung.

Eine wichtige Voraussetzung von Ermächtigung und gleichberechtigter Partizipation stellen – neben Begleit- und Unterstützungsmaßnahmen – **Schulungen für Co-Forschende** dar. Trotz einer umfassenden Diskussion über Inhalte und Formate derartiger Schulungen, u. a. in partizipativen Vorhaben mit älteren Menschen (u. a. Clough et al. 2006; Leamy und Clough 2006) oder Menschen mit Demenz (Thoft et al. 2018), wird erkennbar, dass Ermächtigungsprozesse an eine Reihe ermöglichender Rahmenbedingungen geknüpft sind, u. a. an zusätzliche Zeit- und Finanzressourcen, die für eine angemessene Qualifizierung sowie Entschädigung von Co-Forschenden zur Verfügung stehen müssen. Die Qualität der Partizipation hängt zudem entscheidend davon ab, ob Wissenschaftler*innen bereit sind, Laien-Forschende zu begleiten und sie in ihren Kompetenzen zu fördern (Wistow et al.

2011). Schließlich geht es im Rahmen partizipativer Forschung keinesfalls nur um Wissensgewinn und Erwerb neuer (Forschungs-)Kompetenzen, sondern um psychologisches Empowerment, d. h. auch um Gewinn von Selbstwert, Selbstvertrauen und Selbstkontrolle. Psychologisches Empowerment stellt demnach mehr als den Aufbau neuer Kompetenzen, der im Rahmen des sog. *Capacity Building* realisiert wird. Da Selbstermächtigung und Kompetenzerweiterung jedoch geeigneter Rahmenbedingungen sowie gleichberechtigter Co-Produktion bedürfen, stellt sich die Frage, ob partizipative Forschung die selbst gesetzten Ziele eines nachhaltigen Empowerments überhaupt erfüllen kann. Derartige Fragen sollten u. a. Gegenstand von Evaluationsstudien sein, die sich u. a. der Bewertung von Ergebnissen partizipativer Forschung widmen.

2.1.2.3 Verbindung von Forschen und Handeln

Neben der Hervorbringung neuen Wissens, besteht eine wesentliche Zielsetzung partizipativer Forschung in der **Veränderung sozialer Wirklichkeit.** Den Kern des gemeinsamen Handelns bzw. der gemeinsamen Aktion stellt die Herausbildung neuer Handlungsansätze und -alternativen dar, die im Wesentlichen an die spezifischen Ziele partizipativer Projekte gebunden sind. Der sog. Aktion als dem dritten konstitutiven Element partizipativer Forschung geht jedoch das **Verstehen sozialer Wirklichkeit** voraus. Im Zentrum des theoretischen Erkenntnisinteresses stehen daher in der Regel die „Laien-Theorien" der beteiligten Akteure. Das Ziel besteht hier allerdings weniger darin, subjektive Erklärungsansätze der Co-Forschenden aufzudecken, sondern diese zu einer gemeinsamen Theorie zu vereinen, die zugleich Bezüge zur (sozialen) Umwelt herstellt. Nach Wright et al. (2015) können solche Theorien eine unterschiedliche Reichweite haben und von „lokalen Theorien", die auf Lebens(um)welten der beteiligten Akteure beschränkt bleiben, bis hin zur verallgemeinerbaren Theorien mit generalisierbarem Anspruch reichen.

Ein zentrales Dilemma der stark auf Aktion ausgerichteten partizipativen Forschung besteht in der Beständigkeit struktureller Ungleichheit (z. B. nach Alter, Geschlecht, ethnischem Hintergrund, Bildungsgrad), die durch einzelne Vorhaben kaum verändert werden kann. Der Veränderungsanspruch partizipativer Vorhaben muss daher relativiert werden, wenn Strukturen auf Meso- und Makroebene angesprochen sind, die über die Wirkungsreichweite von Forschung hinausgehen und einer anderen Art der Intervention bedürfen als Aktion, die durch partizipative Forschung möglich ist. Vor diesem Hintergrund liegt der Fokus partizipativer Vorhaben in der Regel auf Teilveränderungen sowie der Schaffung eines Verständnisses sozialer Wirklichkeit, auf dessen Grundlage Co-Forschende ihre eigene,

z. B. durch Benachteiligung gekennzeichnete, Situation besser verstehen können, um ihr Handeln danach ausrichten zu können.

2.1.2.4 Zentrale Voraussetzungen partizipativer Forschung

Eine erfolgreiche Durchführung partizipativer Vorhaben ist grundsätzlich an eine Reihe von Voraussetzungen geknüpft. Hierzu zählen verschiedene Aspekte, die auf der Makro-, Meso- und Mikroebene angesiedelt sind und sowohl strukturelle, organisatorische, ressourcenbezogene als auch personelle Aspekte umfassen. In der sozialwissenschaftlich orientierten partizipativen Forschung finden sich zahlreiche Beispiele – sowohl innerhalb von Primärstudien als auch in Form mehr oder weniger systematisch zusammengestellter Übersichten – die auf die Notwendigkeit bestimmter Rahmenbedingungen für partizipative Vorhaben hinweisen. Auf der Basis einer systematischen Literaturanalyse von Studien mit Bürgerbeteiligung im gesundheitlichen und pflegerischen Sektor in Großbritannien, deren Ergebnisse zwischen 1995 und 2010 publiziert wurden, entwickelten Brett et al. (2010, S. 48 f) eine „Architektur" der Bürger*innenbeteiligung, die insgesamt 17 relevante Voraussetzungen einer „gelungenen" Beteiligung umfasst (vgl. Info-Box 2.2).

Voraussetzungen gelungener Partizipation:
1) Das Projektbudget sollte angemessene finanzielle Spielräume für die Beteiligung von Co-Forschenden vorsehen (z. B. für finanzielle Entschädigung, Reisen, Schulungen und Trainings).
2) Der erhöhte Zeitaufwand, der durch Beteiligung von Laien-Forschenden entsteht, sollte bei der Projektplanung in ausreichendem Maße berücksichtigt werden können.
3) Co-Forschende sollten von Beginn an einbezogen werden und ihre Teilnahme über das gesamte Vorhaben hinweg fortsetzen.
4) Die Rollen verschiedener Stakeholder und Wissenschaftler*innen sollten für einzelne Projektschritte, -aktivitäten oder -meilensteine klar definiert sein.
5) Laien-Forschende sollten im Hinblick auf notwendiges Wissen und Kompetenzen (z. B. projektbezogenes Wissen, methodische Kompetenzen) geschult werden.
6) Wissenschaftler*innen sollten im Hinblick auf Laien-Beteiligung geschult werden sowie eine positive Einstellung gegenüber der Beteiligung haben.

7) Es sollte genügend Zeit für die Suche nach Co-Forschenden sowie ausreichend Zeit für den Beziehungsaufbau zwischen Bürger*innen und Wissenschaftler*innen bestehen.

8) Es sollte Respekt gegenüber den Kompetenzen, dem Wissen und den Erfahrungen der beteiligten Bürger*innen entgegengebracht werden.

9) Im Rahmen des Vorhabens sollte persönliche Unterstützung für beteiligte Bürger*innen zur Verfügung gestellt werden.

10) Es sollten Voraussetzungen für eine offene Kommunikation geschaffen werden, die der Prävention als auch Lösung von Konflikten dienlich ist und der Ausgrenzung einzelner Teilnehmer entgegenwirkt.

11) Bürger*innen sollten in verschiedene Schritte des Vorhabens involviert werden, z. B. die Gestaltung der Öffentlichkeitsarbeit, der Einwilligungsprozedur oder der Befragungsinstrumente.

12) Bürger*innen sollten an der Akquise von Studienteilnehmer*innen (z. B. für Befragungen) partizipieren.

13) Bürger*innen sollten nach Möglichkeit in die Datenerhebung einbezogen werden, indem sie Befragungen selbst durchführen oder die Befragungen begleiten.

14) Bürger*innen sollten in die Datenanalyse einbezogen werden.

15) Die Wirkungen und der Nutzen der Bürger*innenbeteiligung sollten im Rahmen von Publikationen dargestellt werden.

16) Der Projektbericht sollte mindestens eine für Laien verständliche Zusammenfassung zentraler Ergebnisse enthalten.

17) Nach dem Abschluss des Vorhabens sollten konkrete Formen der Interessenvertretung beteiligter Bürger*innengruppen etabliert werden, damit initiierte Veränderungen nachhaltig sind und ein Transfer erworbener Kompetenzen an andere Betroffene möglich ist.

Info-Box 2.2: Zentrale Voraussetzungen gelungener Bürger*innenbeteiligung nach Brett et al. (2010, S. 48 f.).

Eine Zusammenstellung verschiedener Voraussetzungen für Partizipation erarbeitete ebenfalls Straßburger (2014). Weniger von der Beteiligung an Forschung, sondern von der Partizipation an der Gestaltung der Versorgungspraxis ausgehend, benennt die Autorin eine Reihe von (personenbezogenen) Merkmalen, die als Bestandteile einer **partizipativen Haltung** verstanden werden können. Die daraus entwickelten Leitsätze richten sich zwar an Professionelle, die in sozialen

Berufen tätig sind, können aber auch auf Forschende übertragen werden. Hierzu zählen (ebenda, S. 60 ff.):

- **Flexibilität**, d. h. Offenheit und Bereitschaft, von gewohnten Vorstellungen abzuweichen, zwischenzeitliche Zielunsicherheiten auszuhalten sowie zu akzeptieren, dass erzielte Ergebnisse von eigenen Absichten abweichen können.
- **Geduld**, d. h. Ausdauer und Akzeptanz zeitlicher Mehrbedarfe und Verzögerungen.
- **Zulassung menschlicher Begegnung**, d. h. Interesse an den Beteiligten als Subjekte, ihren individuellen Besonderheiten und Ressourcen.
- **Sinnhaftigkeit individueller Verhaltensweisen anerkennen**, d. h. Anerkennung subjektiver Perspektiven und des subjektiven Sinns individueller Handlungen.
- **Trennung zwischen Personen und ihrem Verhalten**, d. h. die Förderung von Partizipation auch dann, wenn das Verhalten der Beteiligten von gesellschaftlichen Normen abweicht.
- **Unterstützungsbedürftigkeit nicht als Nachteil verstehen**, d. h. Beziehungen mit vulnerablen Personengruppen auf Augenhöhe gestalten; Akzeptanz dessen, dass Hilfebedürftigkeit ein Merkmal aller Menschen ist; Anerkennung gesellschaftlicher Konstruktion von Vulnerabilität und Bedürftigkeit.

Die partizipative Haltung ist zudem an eine Reihe von Kompetenzen gebunden, die vor allem Professionelle in partizipative Vorhaben einbringen müssen. Nach Straßburger (2014) sind drei Bündel von Kompetenzen ganz entscheidend dafür, ob Partizipation gelingt: 1) die Kompetenz, sich auf Sichtweisen und Interessen anderer Personen einlassen zu können, 2) die Kompetenz, die Einzigartigkeit jeder Person anzuerkennen und ihre Stärken fördern zu können sowie 3) die Kompetenz, „gemeinsame Sache zu machen" und Eigenständigkeit fördern zu können. Die Kompetenzbündel sowie die verschiedenen Einzelkompetenzen (vgl. Info-Box 2.3) stellen Voraussetzungen dar, die Professionelle in eine partnerschaftliche Zusammenarbeit mit Laien einbringen sollten.

Kompetenzen zur professionellen Gestaltung partnerschaftlicher Kooperation:
- Auf Menschen zugehen können.
- Offen für neue Wege und Ergebnisse sein.

- Professionelle Zurückhaltung üben können als auch zu erkennen, wann ein Wechsel vom Modus der Zurückhaltung zum Modus der Begleitung oder der Führung angemessen ist.
- Wechselseitiges Geben und Nehmen zulassen, d. h. wechselseitige Lernprozesse initiieren sowie Gelegenheiten für Teilhabe und „Teilgabe" schaffen zu können.
- Akzeptieren können, dass eigene Vorstellungen hinsichtlich „richtiger" Ziele und Vorgehensweisen von anderen Menschen abgelehnt werden können.
- Sicherheit vermitteln und eine gute (Arbeits-)Atmosphäre schaffen zu können.
- Grenzen der Mitbestimmung thematisieren und einen transparenten Umgang mit bestehendem Machtgefälle zwischen Professionellen und Co-Forschenden üben können.
- Spannungsfelder reflektieren sowie Ziel- und Wertekonflikte erkennen und thematisieren können.

Info-Box 2.3: Kompetenzen zur professionellen Gestaltung partnerschaftlicher Zusammenarbeit nach Straßburger (2014).

Neben den Voraussetzungen gelungener Partizipation auf der Mikroebene, lassen sich ebenfalls Voraussetzungen auf der Meso- und Makroebene benennen. Zu diesen können strukturelle, organisatorische oder ressourcenorientierte Aspekte gehören. Sie können sich vor allem in der Form von Zugangsbarrieren bemerkbar machen, die bestimmte Zielgruppen an der Partizipation hindern können. Barrierefreiheit, Erreichbarkeit, Zugänglichkeit, Integrierbarkeit in den eigenen Alltag oder inhaltliche Hochschwelligkeit sind Beispiele dafür, wie strukturelle und organisatorische Rahmenbedingungen tatsächliche Beteiligung einschränken können. Dies betrifft vor allem jene Personengruppen, die durch eine machtschwache Position gekennzeichnet sind. Vor diesem Hintergrund besteht die Notwendigkeit, die Formen der Beteiligung zu reflektieren. Bergold und Thomas (2010, S. 337) benennen zwei Voraussetzungen, die dabei einer besonderen Reflexion bedürfen. Dazu zählt die Wirkungsmacht institutioneller Rahmenbedingungen, zu denen auch bestimmte Umgangsformen, rechtliche Regelungen – aber auch Forschungsmethoden – gehören können, sowie die Hochschwelligkeit durch Erwartungen an bestimmte Ressourcen, z. B. zeitlicher, monetärer, räumlicher, psychologischer Art. Partizipative Vorhaben dürfen die Bedeutung der verschiedenen Voraussetzungen nicht unterschätzen und müssen vor allem die

Wirkmächtigkeit struktureller Rahmenbedingungen reflektieren, die in einzelnen Projekte nicht immer zu entkräften sind.

2.1.3 Der partizipative Forschungsprozess – Verlauf und ausgewählte Schritte

Sozialwissenschaftliche Ansätze partizipativer Forschung weisen einen geringen Grad der Formalisierung auf. So verzichten sie weitgehend auf formale Schritt-abfolgen und grenzen sich damit bewusst von einem Trend zur „Methodisierung" und „Manualisierung" ab (Bergold und Thomas 2010, S. 338). Bedeutsamer als die Orientierung an einem starren Methodenkanon ist die „Initiierung eines offe-nen Prozesses der zielorientierten Interaktion und der selbstkritischen Reflexion" (ebenda). Anstatt einer (Selbst-)Verpflichtung zu fixen methodischen Schritten, sollten „prozedurale Vorkehrungen zur Sicherung von Partizipation immer wieder neu ins Spiel gebracht werden" (ebenda). Demnach ist partizipative Forschung in den Sozialwissenschaften stärker **prinzipiengeleitet** und weniger auf bestimmte Methoden fokussiert. Zu zentralen Prinzipien gehören etwa die Vermeidung sozia-ler Ausschlussformen, Sensibilität für Gruppendynamiken und ein präventives, begleitendes „Gegenregulieren". Aus diesem Grund kommen im Rahmen partizi-pativer Vorhaben alle Verfahren der Datenerhebung und –auswertung in Betracht, ohne dass bestimmten Methoden Vorrang gewährt wird. Partizipative Vorha-ben unterliegen zugleich einer unterschiedlichen Ausgestaltung in Abhängigkeit davon, wer Beteiligungsprozesse konkret initiiert oder sie einfordert. Eine Initiie-rung durch professionelle Fachkräfte oder durch Wissenschaftler*innen führt ggf. zu anderen Formen der Beteiligung als in Projekten, die durch Bürger*innen initi-iert werden (Heite et al. 2015; Straßburger und Rieger 2014). Trotz der geringen Formalisierung entstanden in der Vergangenheit einige Prozessmodelle, die auf-grund theoretischer Überlegungen oder konkreter Erfahrungen eine Reihenfolge bestimmter Arbeitsschritte empfehlen. Als Beispiel kann das Prozessmodell der Partizipativen Aktionsforschung (participatory action research, kurz: PAR) ein-gebracht werden, das aus vier sich wiederholenden Schritten „planning, acting, observing and reflecting" besteht (Lennie 2005, S. 394). Ein anderes Modell schlagen Bergold und Thomas (2010, S. 339) vor.[2] Dabei gleicht der Forschungs-prozess einer Spirale, in der sich einzelne Schritte durchaus wiederholen können. Zu diesen zählen folgende Aktivitäten:

---

[2]Weitere Beispiele für Modelle finden sich etwa bei Heron (1996) sowie bei Cargo und Mercer (2008).

- Beginn des partizipativen Prozesses als Unterbrechung von Routinehandlungen
- Suche nach Expert*innen (z. B. aus der Praxis, aus der Wissenschaft)
- Klärung individueller und kollektiver Interessen
- Klärung der Frage, ob gemeinsame Forschung erforderlich ist; falls ja, Klärung der Forschungsfrage(n)
- Herstellung einer Vertrauensbasis, Erlernen von Perspektivübernahme
- Auswahl brauchbarer Forschungsmethoden und Trainings
- Forschungsprozess durchführen, Daten sammeln
- Kommunikation und Verständigung, gemeinsame Sprache finden
- Dateninterpretation und Diskussion
- Veränderungsmöglichkeiten erkennen und Veränderungen einleiten
- Praktische und theoretische Folgen analysieren
- Neue „Forschungsspirale" (nach Bedarf) initiieren.

Im weiteren Verlauf des Kapitels werden ausgewählte Schritte eines partizipativen Vorgehens detaillierter vorgestellt. Dabei geht es weniger um eine systematische Darstellung aller Arbeitsschritte, sondern um die Beschreibung jener Schritte, die einen zentralen Stellenwert haben und mit besonderen methodischen wie praktischen Herausforderungen verbunden sind.

2.1.3.1 Partizipative Forschung initiieren

Von Unger (2014, S. 50 ff.) geht davon aus, dass dieser Schritt aus mindestens drei Teilschritten besteht: a) der Identifikation betroffener Personengruppe(n), b) der Identifikation gemeinsamer Themen bzw. Themenschwerpunkte sowie c) der Definition von Bedarfen und der Durchführung erster Recherchen. Nach Bergold und Thomas (2010, S. 339) beginnt partizipative Forschung jedoch viel früher, und zwar lange bevor Co-Forschende bekannt sind und der erste Kontakt zwischen Forschungspartner*innen zustande kommt. Wird die Initiative für ein Projekt durch Wissenschaftler*innen ergriffen, bedarf es zunächst der Überzeugung, dass der Erkenntnisgewinn durch partizipative Forschung realisiert werden kann und dass die Einleitung von Veränderungen in bestimmten Kontexten mindestens genauso wichtig ist wie der Erkenntnisgewinn an sich.

Welche Ziel- bzw. Personengruppen als Co-Forschende einbezogen werden, gestaltet sich unterschiedlich in Abhängigkeit von dem betrachteten Ansatz partizipativer Forschung. Grundsätzlich gehen alle Ansätze davon aus, dass an partizipativen Vorhaben alle Personengruppen und Institutionen beteiligt werden sollten, die von den zu erwartenden Ergebnissen unmittelbar tangiert sein könnten. Im Rahmen der Community-based Research wird z. B. explizit zwischen zwei Beteiligtengruppen unterschieden: sog. Community-Partner*innen sowie

Praxispartner*innen. Während Community-Partner*innen in der Regel Laien-Forschende sind, z. B. Bürger*innen, Patient*innen oder Nutzer*innen, stellen Praxispartner*innen in der Regel professionelle Fachkräfte dar, die als Interessensvertreter*innen von Einrichtungen, Organisationen oder sonstigen Institutionen fungieren (von Unger 2014, S. 35). Nach Bergold und Thomas (2010, S. 336) ergibt sich die Identifikation relevanter Personengruppe(n) wiederum aus der Analyse bestehender Machtstrukturen in jenen Kontexten, in denen konkrete Veränderungen angestoßen werden sollen. Da Beteiligung grundsätzlich von der Ressourcenausstattung abhängig ist und der Zugang zu institutionellen Machtstrukturen eine ungleich verteilte Ressource darstellt, gehört der Blick auf die Machtverteilung zu den ersten Schritten, bevor partizipative Projekte implementiert bzw. durchgeführt werden. Zu beteiligen sind insbesondere jene Personengruppen, die aus dem Zugang zur Macht ausgeschlossen werden. Einen ähnlichen Ansatz verfolgt die Aktionsforschung, die vor allem Angehörige marginalisierter Gruppen in den Mittelpunkt ihrer Forschung stellt, wobei die Ermächtigung dieser Personengruppen die zentrale normative Zielsetzung dieses Ansatzes bildet. Bei der Definition von Co-Forschenden rekurrieren partizipative Vorhaben teilweise auch auf das von Guba und Lincoln (1989, S. 40 f.) entwickelte *Konzept der Stakeholder*, das von drei zentralen Personengruppen ausgeht: a) den Professionellen, b) den Nutzer*innen und c) den „Opfern". Dabei zeigt die Erfahrung, dass die Interessen der beiden erstgenannten Gruppen (Professionelle, Nutzer*innen) häufig berücksichtigt werden, auch wenn sog. Nutzer*innen nicht immer direkt einbezogen werden. Als „Opfer" werden dagegen Personengruppen bezeichnet, die negative Konsequenzen einer initiierten Veränderung befürchten müssen, in Forschung aber nur selten einbezogen werden, auch deshalb, weil sie nicht immer eindeutig identifiziert werden können. Ausgehend vom Prinzip der demokratischen Repräsentation fordern daher Bergold und Thomas (2010, S. 336), dass gerade die Interessen der letztgenannten Gruppe(n) im Forschungsprozess explizit berücksichtigt werden müssen. Im Zweifel sollten sie durch ausgewiesene Expert*innen vertreten werden, z. B. dann, wenn deren direkte Beteiligung nicht gelingt. Trotz ihrer Berechtigung, geht diese Forderung mit einigen ethischen Konflikten einher, die sich vor allem auf die konkrete Auslegung des Prinzips demokratischer Repräsentation beziehen. Soll es im Rahmen partizipativer Forschung etwa um die Ermächtigung besonders benachteiligter Gruppen gehen, besteht die erste Herausforderung darin, eine angemessene Definition von Benachteiligung zu finden. Damit verbunden ist nicht nur die Festlegung bestimmter Einschluss- und Ausschlusskriterien, sondern auch die Konstruktion von Zuschreibungen der Benachteiligung oder Marginalisierung. Eine zweite ethische wie methodische Herausforderung entsteht ggf. bei der Bestimmung von

Personen, die kollektive Interessen einer Gemeinschaft oder Gruppe repräsentieren sollen. Zu einer besonderen Herausforderung wird diese „Bestimmung" dann, wenn es zu Konflikten zwischen individuellen und kollektiven Interessen kommt und keinerlei Möglichkeiten bestehen, den Umgang mit dieser Art der Konflikte zu reflektieren (Centre for Social Justice and Community Action 2011).

Eine kritische Entscheidung stellt darüber hinaus die Einbeziehung von sog. Machtträger*innen dar, d. h. Professionellen, die bereits mit vielfältigen Entscheidungsbefugnissen ausgestattet sind. Während einige Forschende für eine eindeutige Einbeziehung dieser Personengruppe plädieren und davon ausgehen, dass deren Partizipation erst die Voraussetzungen für die Nachhaltigkeit initiierter Veränderungen schafft, weisen andere auf zu erwartende Konfliktpotenziale hin, die im geplanten Vorhaben eingefangen und bearbeitet werden müssen. Grundsätzlich gilt, dass die Wahrscheinlichkeit für Konflikte steigt, je mehr verschiedene Co-Forschendengruppen einbezogen werden. So vertreten z. B. Wissenschaftler*innen andere Interessen als Vertreter*innen professioneller Praxis; diese beiden Gruppen unterscheiden sich wiederum im Hinblick auf ihre Interessen von lebensweltlichen Akteuren. Da sich verschiedene Akteure anderen Bezugssystemen verpflichtet fühlen, stoßen partizipative Vorhaben nicht selten an Systemgrenzen. Diese nachhaltig zu verändern liegt wiederum kaum in der Macht temporär begrenzter Vorhaben. Für sie erwächst allerdings daraus die Aufgabe, Unterschiede zwischen Systemen zu erkennen und deren Wirkung zu reflektieren. Es gehört daher zu den Erfolgsfaktoren partizipativer Forschung, inwiefern es ihnen gelingt, nicht nur die gemeinsam zu erforschenden Themen zu identifizieren (z. B. zu Beginn des Forschungsprozesses), sondern auch die Reflexion ungleicher Machtpositionen und -beziehungen vorzunehmen. Auch wenn sie im Rahmen eines Projektes nivelliert werden, wirken sie im Alltag fort. Die Verständigung über Probleme, die aus ungleicher Machtverteilung resultieren, sollte daher zu einem festen Bestandteil allgemeiner Verständigung im Projekt werden (von Unger 2014, S. 86). Dies verdeutlicht, dass die Auswahl von Co-Forschenden kein einfacher, sondern ein komplexer, mehrstufiger Entscheidungsprozess sein kann, in dessen Verlauf Beteiligungsentscheidungen und -erweiterungen – ggf. in Abhängigkeit von neuen Aufgaben und Zielen – getroffen werden müssen. Von der Auswahl der Co-Forschenden hängt allerdings auch die Ausrichtung des Vorhabens, die Gestaltung des Forschungsprozesses sowie der Projektkommunikation ab. Die Erkennung und Benennung gegensätzlicher Interessenspositionen muss daher zu einem Gegenstand projektbegleitender Kommunikation werden, vor allem dann, wenn divergente Stakeholder in den Prozess einbezogen werden.

2.1.3.2 Festlegung gemeinsamer Ziele und des Forschungsdesigns

Wie oben bereits angemerkt, lassen sich im Rahmen partizipativer Forschung grundsätzlich zwei Arten von Zielen unterscheiden: *Erkenntnisziele* (z. B. welches Wissen wird benötigt? Welches Wissen soll gewonnen werden?) und *Handlungs- bzw. Praxisziele* (z. B. Was soll erreicht werden? Was soll verändert werden?). Dabei hängt die Umsetzung von Veränderungen in der Regel von der Erreichung der erstgenannten Ziele ab. Ein genuines Merkmal partizipativer Forschung stellt zudem die *bedarfsbezogene Ableitung* beider Zielarten dar. Sie werden nicht auf der Grundlage des empirischen Forschungsstandes oder theoretischer Überlegungen ausgewählt, sondern ergeben sich in erster Linie aus den Bedarfsbekundungen Beteiligter. Wesentlich dabei ist, dass – im Gegenteil zur „positivistischen Rationalität" von Forschung – das Erfahrungswissen Beteiligter inkl. ihrer Subjektivität als „State-of-the-Art" betrachtet wird, was zugleich bedeutet, dass dieses Wissen auch in die Theoriebildung fließt, wie etwa Heron und Reason aus Sicht der partizipativen Aktionsforschung betonen (Heron und Reason 2008).

Die Entscheidung über gemeinsame Erkenntnis- und Aktionsziele kann ein langwieriger Prozess sein, insbesondere dann, wenn Vertreter*innen verschiedener Beteiligtengruppen auf Exklusivität bzw. hohe Priorisierung eigener Interessen pochen. Flexibilität, Kompromissbereitschaft und Moderationsfähigkeit sind daher Anforderungen, die bereits in den ersten Phasen partizipativer Vorhaben von hoher Relevanz sind. Diskrepante Erwartungen entstehen vor allem hinsichtlich der Handlungs- bzw. Praxisziele, mit denen konkrete Veränderungen verbunden sind. Um diese zu definieren, schlagen Wright et al. (2010b, S. 63) fünf (sog. „SMART"-)Kriterien vor. Demnach sollten Ziele so beschaffen sein, dass sie *spezifisch, messbar, für alle akzeptabel, realistisch und terminiert* sind. Auch wenn diese Kriterien keine inhaltliche Priorisierung unterstützen, führen sie dazu, dass eine kriteriengeleitete Abstufung von Zielen möglich wird.

Eine weitere Aufgabe der initialen Phase stellt die gemeinsame Planung erster organisatorischer Arbeitsschritte dar. Neben Klärungen der Verteilung zentraler Aufgaben sollte es ebenfalls darum gehen, die Bedingungen und die Grundsätze der Zusammenarbeit abzustimmen. Trotz dessen muss allen Beteiligten klar sein, dass Partizipation nicht bis ins letzte Detail geplant werden kann und dass zu Beginn einer jeden neuen Projektphase ein neuer Aushandlungsprozess initiiert werden muss, in dem gemeinsame Schnittmengen und Kompromisse gefunden werden müssen. Sowohl Erkenntnis- als auch Handlungsziele lassen sich nur dann partizipativ realisieren, wenn Ziele immer wieder adjustiert und nach Bedarf auch Teilziele akzeptiert werden.

Nicht zuletzt hängen die angestrebten Ziele vom gewählten Forschungsdesign ab, dessen Abstimmung ebenfalls eines gemeinsamen Klärungsprozesses bedarf. Eine Besonderheit partizipativer Forschung bildet die Vermittlung notwendiger methodischer Kompetenzen an beteiligte Laien-Forschende. Sollen diese an methodologisch-methodischen Entscheidungen beteiligt werden, ist es notwendig, entsprechende Schulungen und/oder Supervision möglichst früh einzuplanen. Spätestens bei der Festlegung des Studiendesigns, das auch die Öffentlichkeitsarbeit berücksichtigen sollte, bedarf es der Verständigung über die Qualität angestrebter Ergebnisse.

2.1.3.3 Datenerhebung und Reflexion als iterativer Prozess

Nach der initialen Phase stellt der iterative Prozess, in dem sich Schritte der Datenerhebung, Datenauswertung mit Schritten der Reflexion und Initiierung konkreter Veränderungsprozesse abwechseln, das Kernstück partizipativer Vorhaben dar. Ein zentrales Anliegen partizipativer Forschung besteht darin, möglichst alle Beteiligten in diesen Prozess einzubinden und Wege zu finden, wie dieser Prozess im Rahmen vorhandener Ressourcen gelingen kann (Bergold und Thomas 2010, S. 340 f.). Alle Schritte sollten dokumentiert (u. U. auch visuell) und gemeinsam reflektiert werden, wobei die Zielsetzung der aufeinanderfolgenden Zyklen von Aktion und Reflexion der Gewinnung eines vertieften Verständnisses über den untersuchten Gegenstand sowie der Generierung neuer Handlungsansätze dienen soll.

Eine besondere Herausforderung stellen in der partizipativen Forschung bestimmte **Datenerhebungsmethoden** dar. Gerade bei der Anwendung komplexer Methoden sind hier die Möglichkeiten und Grenzen der Laien-Forschenden zu berücksichtigen. Der Wunsch nach anspruchsvollen Erhebungsmethoden kann daher schnell zum Problem werden, z. B. dann, wenn es um die Erhebung nummerischer Daten geht. In derartigen Situationen kann daher die gemeinsame Anpassung bestehender oder die Entwicklung neuer Methoden – unter besonderer Berücksichtigung der Ressourcen der Co-Forschenden – eine realistische Option für Co-Forschung sein. Im Hinblick auf Forschungsmethoden können grundsätzlich übliche Methoden der qualitativen und quantitativen Forschung eingesetzt werden als auch Kreativitätstechniken wie etwa Weltcafes, Open Space, Mapping-Verfahren, Videoaufnahmen und vieles mehr. Bergold und Thomas (2010, S. 340 f.) empfehlen dabei vier verschiedene Arten von Erhebungsmethoden, die es Co-Forschenden in besonderer Weise ermöglichen, sich an der Datenerhebung in gleichberechtigter Weise zu beteiligen. Dazu gehören z. B.:

- Interviews, Gruppendiskussionen sowie an den Alltag angelehnte Metho-
  den, z. B. Erzählen von Geschichten, Erinnern von Ereignissen aus der
  Vergangenheit, Erzählwerkstatt, Verfassen von Tagebüchern oder Blogs
- Dokumentenanalyse, z. B. Briefe oder Zeitungsartikel
- Analyse von Artefakten bzw. Objekten aus dem Alltag, Erfassung deren
  Bedeutung(en) sowie der mit ihnen verbundenen Nutzungsmuster
- Performative Erhebungsmethoden, z. B. Fotografie, Zeichnungen, Video oder
  improvisiertes Theater.

Neben der Datenerhebung besteht eine weitere Herausforderung darin, gewonnene
Daten gemeinsam auszuwerten. In Abhängigkeit von den jeweiligen Entscheidungen hinsichtlich der Auswahl der Erhebungsverfahren sowie den Anforderungen
an die Qualität der zu erwarteten Ergebnisse, sind bei der Datenauswertung unterschiedliche Vorgehensweisen anzustreben. Die höchsten Anforderungen an die
Datenauswertung bestehen bei der *Anwendung etablierter Methoden* der qualitativen oder quantitativen Forschung. In diesen Fällen bedarf es einer kritischen
Prüfung, ob eine Schulung und/oder Supervision der Co-Forschenden letztlich
ausreichen kann oder ob diese Maßnahmen zur Überforderung führen können. In diesen Fällen könnte erwogen werden, ob Abweichungen von üblichen
Gütekriterien akzeptiert werden können. So plädiert z. B. Nind (2011) dafür,
Auswertungsverfahren so anzupassen, dass sie von Co-Forschenden grundsätzlich verstanden und angewandt werden können. Die Autorin begründet dies damit,
dass der Anspruch an die Datenauswertung in partizipativer Forschung nicht darin
besteht, wissenschaftlichen Gütekriterien zu genügen, sondern Reflexion für alle
Teilnehmenden zu ermöglichen. Gemeinsame Datenauswertung kann allerdings
auch darin bestehen, dass gemeinsame Leitlinien und Grundsätze zunächst für
die Datenauswertung festgelegt und die Interpretation der Daten anschließend
in Workshops oder Werkstätten erarbeitet wird. So könnten etwa Wissenschaftler*innen die Verantwortung für komplexe Datensätze übernehmen, während
Laien-Forschende in die Interpretation der Daten einbezogen werden. Eine ebenso
große Herausforderung stellt die Anwendung von Auswertungsmethoden dar, für
die ein *spezielles Fachwissen und/oder eine besondere Erfahrung* erforderlich sind.
In einer derartigen Situation kann es notwendig sein, arbeitsteilig vorzugehen
und Auswertungsverfahren, die besondere Kenntnisse erfordern, Expert*innen
zu überlassen, während diese die gewonnen Erkenntnisse in die gemeinsame
Arbeit einspeisen. Wichtig sind verständliche Darstellungen der Ergebnisse, intensive Diskussionen mit Co-Forschenden sowie entsprechende Validierungen im
Gespräch.

Da die Erhebung und statistische Auswertung nummerischer Daten Laien-Forschende vor besondere Herausforderungen stellt, greifen die meisten partizipativen Vorhaben auf qualitative Erhebungsmethoden zurück. Trotz der vermeintlichen „Einfachheit" dieser Ansätze können jedoch auch sie zu spezifischen Herausforderungen führen. So können beispielsweise latente Einstellungen und Sinndeutungen der Co-Forschenden den Prozess der gemeinsamen Interpretation einschränken, während eine offene Interpretation zum Teil als Zumutung verstanden werden kann. Ein hermeneutisches Vorgehen kann zu besonderen Problemen führen, die im Rahmen der Forschung mit Laien besonderer Erläuterungen bzw. einer besonderen Sorgfalt bedürfen.

Die direkte Beteiligung von Co-Forschenden am Auswertungsprozess stellt trotz aller Herausforderungen die zentrale Maxime partizipativer Forschung dar. Eine besondere Verantwortung kommt dabei professionellen Wissenschaftler*innen zu: Ihre Rolle sollte nicht darin bestehen, den eigenen wissenschaftlichen Status zu untermauern, sondern vielmehr darin, sich als Teilnehmer*innen einer gleichberechtigten Diskussionsgruppe und als Co-Lernende zu begreifen. Daher stellt – neben der **Reflexion** der Ergebnisse – die begleitende Reflexion der eigenen Rolle für alle Beteiligten eine wichtige Aufgabe dar. Für professionelle Forschende ist es dabei wichtig, die eigene Dominanz aufzugeben, ohne auf eine kritische Distanz zu den Forschungspartner*innen, der Forschungssituation und dem Forschungsgegenstand zu verzichten. Eine Rollenreflexion ergibt sich allerdings nicht „von alleine", sondern muss immer wieder bewusst initiiert und eingeleitet werden, auch unter Zuhilfenahme von Supervision, Forschungstagebüchern, Memos, Forschungswerkstätten, internen oder externe Audits usw. (Bergold und Thomas 2010, S. 338). Die Herstellung einer Balance zwischen dem sich Einlassen auf Co-Forschende, ohne deren Denkmuster selbst ungefragt zu übernehmen, sowie der Selbstreflexion und der Verantwortung für die Projektgeschicke stellt eine sehr hohe Anforderung an die Wissenschaftler*innen dar, da ihnen – insbesondere bei selbst initiierten Vorhaben – die Aufgabe zukommt, einen offenen Diskurs immer wieder zu fördern, ohne die Projektziele aus dem Blick zu verlieren. Nach Bergold und Thomas (2010, S. 337) „sollen alle Beteiligten die Bereitschaft mitbringen, die Perspektive der jeweils anderen anzuerkennen und einzunehmen, sodass als allgemeines Erkenntnisziel eine gemeinsam erarbeitete Sach-, Handlungs- und Problemanalyse steht" (ebenda, S. 337 f.). Trotz dieser Erwartung können verschiedene Beteiligte dabei zu unterschiedlichen Einsichten gelangen, die auch verschiedene Bereiche des sozialen Systems spiegeln. Die Zielsetzung partizipativer Projekte beinhaltet daher auch immer die Erkenntnis darüber, wie viel Partizipation unter welchen Bedingungen möglich ist. Die in diesem Zusammenhang entstehenden Konflikte müssen jedoch nicht zwangsläufig als Hindernis gelten, sondern können auch als Qualitätsmerkmal betrachtet werden, etwa dafür, dass alle Akteure ihre Interessen einbringen können. Konflikte ermöglichen häufig (Selbst-)Reflexivität, die in partizipativen Vorhaben nicht vorausgesetzt, sondern erst ermöglicht werden muss, beispielsweise indem Interessen einzelner Gruppen erst durch einen Interessenskonflikt erkannt werden können (von Unger 2014, S. 86).

Zu den Zielen partizipativer Vorhaben gehört ebenfalls das gemeinsame Handeln, d. h. die Veränderung sozialer Wirklichkeit. Individuelle und/oder kollektive Selbstermächtigungsprozesse gehen dieser in der Regel voraus. Die durch partizipative Forschung initiierten Lernprozesse können dabei zu einer Rollendiffusion bei den Teilnehmenden führen. Prozesse individueller Ermächtigung können in Konflikt geraten mit strukturellen Grenzen, die aus eigener Kraft nicht verändert werden können. Die damit verbundene Frustration kann zu einer starken Belastung für Teilnehmende werden. Da die Transformation gewonnener Ergebnisse eine zentrale Zielsetzung der partizipativen Forschung ist, greift diese häufig direkt in das Leben der Beteiligten ein. Dabei kann der individuelle Transfer, d. h. die Umsetzung der Erkenntnisse im Alltag, einen teilweise beschwerlichen, durch Angst und Selbstkritik besetzten und durch erhöhte Selbstaufmerksamkeit begleiteten Prozess darstellen. Partizipative Forschung stellt daher häufig *hohe Anforderungen an emotionale und kognitive Ressourcen* der Beteiligten und greift damit in ihr eigenes Leben ein. So kann es zu Erkenntnissen kommen, die von den Co-Forschenden zwar als ermächtigend, gleichzeitig aber auch als schmerzvoll erlebt werden.

2.1.3.4 Abschlussphase partizipativer Vorhaben

Ein grundsätzliches Merkmal partizipativer Forschung besteht darin, dass gewonnene Erkenntnisse bereits während des Forschungsprozesses in die Praxis transferiert werden. Dabei soll die Darstellung der Ergebnisse sowie deren Verwertung partnerschaftlich durchgeführt werden. Um den spezifischen Kompetenzen der Co-Forschenden gerecht zu werden, sind verschiedene, auch kreative Möglichkeiten (z. B. Theater) denkbar. Grundsätzlich gilt es, zentrale Adressat*innen der Ergebnisse auszuwählen und in Abhängigkeit davon die Formate der Ergebnisdarstellung festzulegen. Hier sind die besonderen Forderungen der Politik, der Wissenschaft, der Praxis und der Betroffenen zu berücksichtigen. Im optimalen Fall werden verschiedene Formate angewandt um unterschiedliche Zielgruppen zu erreichen.

Eine besondere Herausforderung partizipativer Projekte stellt deren Beendigung dar. Während sich Wissenschaftler*innen nach Beendigung „konventioneller" Forschungsprojekte den nächsten Themen und Ideen widmen, bleiben

Wissenschaftler*innen bei partizipativen Projekten an aufgebaute Beziehungen in gewisser Weise gebunden. Die Aufrechterhaltung dieser Beziehungen kann verschiedene Gründe haben, wie z. B. hohe Erwartungen der Co-Forschenden an weitere Aktionen oder an ein nachhaltiges Engagement der Wissenschaftler*innen in der Praxis. Diese Beobachtungen zeigen, dass gemeinsame Aufgaben, die mit der Veränderung sozialer Wirklichkeit verbunden sind, realistisch bewertet und bereits in den Anfangsstufen des Projektes festgelegt werden sollten. Dennoch erwächst – trotz Absprachen – eine ethisch begründete Verantwortung professioneller Wissenschaftler*innen, den Kontakt zu den Co-Forschenden eine Zeitlang aufrechtzuerhalten und insbesondere die Beziehung zu vulnerablen Gruppen nicht abrupt zu beenden. Es kann zudem nützlich sein, über bestimmte Formen der Kontinuität nachzudenken oder spezifische Aktivitäten einzuplanen, die ein Ende des Projektes symbolisch unterstreichen (Flicker et al. 2010, S. 3).

Ein besonderes Thema der Abschlussphase stellt der Umgang mit den Ergebnissen bzw. dem Transfer dar. Dazu gehört etwa die Abstimmung von Publikationstätigkeit, die Klärung des Umgangs mit unterschiedlichen bzw. gegensätzlichen Deutungen der Ergebnisse sowie die Festlegung der Rechte bei der Nutzung und Verbreitung gemeinsam gewonnener Daten und Ergebnisse. Tangiert sind vor allem Aspekte der Datenkontrolle, der Vertraulichkeit von Daten, der Interpretation der Ergebnisse, des Eigentums von Daten sowie der geeigneten Dissemination (Centre for Social Justice and Community Action 2011, S. 8). Besondere Probleme entstehen z. B. dann, wenn sich bestimmte Personengruppen durch die Publikation von Ergebnissen als stigmatisiert oder in ihrer Privatheit verletzt sehen. Da Ergebnisse partizipativer Forschung beim Projektbeginn häufig nicht bekannt sind, lassen sich diese Arten der Konflikte nicht immer im Voraus erkennen und lösen. Nach Holcombe (2010) besteht zudem eine zentrale Anforderung partizipativer wie ethnographischer Forschung darin, Co-Forschende bei der Autorenschaft von Publikationen angemessen zu berücksichtigen. In einer Welt, in der Wissen immer wichtiger wird und Publikationen eine Ware darstellen, sei es besonders wichtig, Co-Forschende nicht nur in die Entscheidung über die Form der Dissemination einzubeziehen, sondern sie auch an der Dissemination zu beteiligen.

2.1.4 Ethische Aspekte partizipativer Forschung aus sozialwissenschaftlicher Sicht

In den Sozialwissenschaften besteht eine lange Tradition theoretischer Fachdebatten zum normativen (oder auch moralischen) Handeln in Wissenschaft und Forschung, die z. B. in der Philosophie, der Soziologie, aber auch in anderen, verwandten Disziplinen geführt werden. Die **Ethik** als Teildisziplin der Philosophie befasst sich z. B. mit moralischen Prinzipien, Werten und Regeln, die auf bestimmte, z. B. kritische Entscheidungen – entweder in allgemeiner Weise oder in spezifischen Kontexten – angewandt werden können. Ein typisches Vorgehen besteht etwa darin, dass aus ethischen Ansätzen allgemeingültige Prinzipien abgeleitet werden, die auf konkrete Entscheidungssituationen übertragen werden (können). Bei kritischen Entscheidungssituationen in der Forschung kann somit durch Einbeziehung ethischer Prinzipien und ihrer spezifischen Kontextualisierung versucht werden, zu ethisch fundierten Antworten auf mehr oder weniger komplexe Fragestellungen zu kommen.

Der Blick in die aktuellen Diskurse zur Forschungsethik hinterlässt schnell den Eindruck, dass die **Biomedizinische Ethik** in vielen Bereichen dominiert und auch dann zur Anwendung kommt, wenn es um technikorientierte partizipative Forschung geht. Als leitend können hier die von Beauchamp und Childress (2009) vorgeschlagenen Prinzipien gelten: Achtung der Autonomie, Schadensvermeidung, Fürsorge und Gerechtigkeit. Auch wenn diese Prinzipien in den Sozialwissenschaften eine wichtige Rolle spielen, gestalten sich die Risiken sozialwissenschaftlicher Forschung in anderer Weise als etwa Risiken, die in der medizinischen Forschung entstehen (Kämper 2016). Daher bedarf es in den Sozialwissenschaften anderer Ansätze, ggf. auch solcher, die die **Beziehung zwischen Forschenden und Beforschten** stärker thematisieren. Zusammenfassend betrachtet, ist das **Spektrum ethischer Diskurse in den Sozialwissenschaften** jedoch sehr umfassend. Neben der Beschäftigung mit allgemeinen sowie spezifischen Risiken empirischer Forschung und den Wegen, wie diese in der Forschungspraxis entschärft werden können (worauf eine Reihe von Ethik-Kodizes hinweist), befasst sich sozialwissenschaftliche Forschungsethik ebenfalls mit Fragen, die über den „Tellerrand" einer einzigen Disziplin hinausgehen. Erkennbar wird dies daran, dass sie an Debatten mitwirkt, die in multi- oder interdisziplinärer Weise geführt werden (z. B. im Austausch mit Rechtswissenschaften, Verhaltenswissenschaften usw.).

Will man – trotz der großen Vielfalt ethischer Aspekte in sozialwissenschaftlicher Forschung – einen zusammenfassenden Überblick formulieren, so kann festgehalten werden, dass forschungsethische Fragen zum einen mit methodischen Fragen eng verknüpft sind. Wie von Unger et al. (2014, S. 2) feststellt, stellen sie: „zwei Seiten einer Medaille [dar, d.A.]. Fast jede methodische Frage hat auch eine forschungsethische Komponente". Ethische Fragen und Konflikte lassen sich grundsätzlich an allen Stufen eines sozialwissenschaftlichen – qualitativen oder quantitativen – Forschungsprozesses festmachen, so dass methodische

Entscheidungen und Festlegungen immer auch mit ethischen Fragen und Herausforderungen verbunden sind (Guillemin und Gillam 2004). Die Gestaltung des Forschungsprozesses mit seinen verschiedenen Schritten bildet den Gegenstand, der in ethischer Analyse am häufigsten aufgegriffen wird. Da Forschung jedoch immer auch einen sozialen Prozess darstellt, in dem Beziehungen zwischen Forschenden und Beforschten entstehen, spielen zum anderen auch Fragen der relationalen Ethik eine wichtige Rolle. **Relationale Ethik**, so Ellis (2007, S. 4), „recognises and values mutual respect, dignity, and connectedness between researcher und researched, and between researchers and the communities in which they live and work". Relationale Ethik betrachtet somit jene Aspekte, die sich auf die Beziehungsgestaltung zwischen Wissenschaftler*innen und anderen Stakeholdern beziehen und befasst sich mit Dilemmata, die sich aus den Besonderheiten dieser Beziehung ergeben.

Ethische Fragen und Debatten sind jedoch nicht nur auf der Mikroebene der Methoden oder der Beziehungen zwischen Forschenden und Beforschten verortet, sondern auch auf institutioneller und gesellschaftlicher Ebene. So besteht in der sozialwissenschaftlichen Debatte ein breiter Diskurs über die Institutionalisierung forschungsethischer Fragen bzw. Prüfverfahren (z. B. wie die Diskussion über die Bedeutung von Ethik-Kommissionen zeigt) sowie die gesamtgesellschaftliche Rolle von Sozialforschung (z. B. unter besonderer Betrachtung hegemonialer Machtverhältnisse). Grundsätzlich geht es dabei um den Beitrag von (Sozial-)Wissenschaft und Wissen zur Konstruktion gesamtgesellschaftlicher Verhältnisse und deren Reflexion. Letztgenannter Aspekt wird vor allem – in Abgrenzung zur sog. traditionellen Ethik – häufig durch neue, z. B. feministische Ansätze aufgegriffen, die neue, kontextualisierte Lesarten und Deutungen sozialethischer Aspekte einbringen. Neben den Debatten im Kontext der Forschungsethik, die für sich genommen verschiedene Disziplinen tangieren und enge Bezüge zu rechtlichen Fragen aufwerfen, zeigt sich, dass ethische Aspekte und Fragen in den Sozialwissenschaften ein integraler Bestandteil von Forschung sind. Demnach sind auch die Entstehung und die Entwicklung partizipativer Forschung eng mit Fragen von Moral und Ethik verbunden. Schließlich entstanden alle zentralen Ansätze partizipativer Forschung aus moralischen Erwägungen, die sich auch heute bis zur Entwicklung eigener Methoden fortsetzen.

Betrachtet man die **Anfänge der sozialwissenschaftlichen partizipativen Forschung**, so lässt sich beobachten, dass sich Vorhaben, die dem partizipativen Ansatz folgten, teilweise als ethisch unbedenklich(er) betrachteten, z. B. in Abgrenzung zur traditionellen, insbesondere quantitativen empirischen Sozialforschung. Diese Begründungslogik entspringt teilweise der Entstehungsgeschichte partizipativer Ansätze, die aus der Kritik an traditioneller Sozialforschung entstanden sind, der u. a. eine Verdinglichung der Subjekte, ein Mangel an praktischem Einfluss und an gesellschaftlicher Theorie vorgeworfen wurde (Altrichter 2008, S. 30). Als Begründung der „ethischen Unbedenklichkeit" partizipativer Forschung erfolgte häufig der Verweis auf zwei zentrale Argumente: die unmittelbare, partnerschaftliche Einbeziehung verschiedener Personen (und damit verschiedener Interessen) in den Forschungsprozess sowie den bewussten und reflektierten Umgang mit Macht. Vor allem die Thematisierung ungleicher Machtverhältnisse sowie die Förderung der Ermächtigung marginalisierter Personengruppen – so die Annahme – führe zu einer bewussten Reflexion ethischer Aspekte während des gesamten Forschungsgeschehens (Flicker et al. 2007; Centre for Social Justice and Community Action 2011). Nach mehreren Jahrzehnten partizipativer Forschung weisen viele Forscher*innen jedoch auf die besonderen ethischen Herausforderungen dieser Forschung hin. Sie verweisen etwa auf die erhöhte Komplexität der Machtverhältnisse, auf unklare Verantwortlichkeiten, auf Schwierigkeiten in der Gestaltung partnerschaftlicher Beziehungen, auf Rollenkonflikte sowie auf Probleme bei der Wahrung von Anonymität – allesamt Probleme, die im Rahmen partizipativer Forschung eine besondere Dimension erfahren (Flicker et al. 2007, S. 489). Trotz dessen, dass viele ethische Konflikte aus den spezifischen Forschungsthemen und der Zusammenarbeit mit besonderen Beteiligtengruppen resultieren, muss konstatiert werden, dass bestimmte ethische Herausforderungen dem besonderen Format des partizipativen Vorgehens geschuldet sind. Vor diesem Hintergrund plädieren Forschende immer wieder für die Entwicklung spezifischer Grundsätze oder Kodizes für partizipative Forschung, die eine Orientierung für Forschende und Ethikkommissionen bieten können (Flicker et al. 2010, von Unger 2014).

Obwohl die Beschäftigung mit ethischen Aspekten partizipativer Forschung in den Sozialwissenschaften über die Entwicklung konkreter Regelwerke deutlich hinausgeht, entstanden in den vergangenen Jahren verschiedene heuristische Sammlungen ethischer Prinzipien und Kriterien, wie z. B. die Sammlung des Centre for Social Justice and Community Action (2012), in dem sieben ethische Prinzipien partizipativer Forschung entwickelt wurden (vgl. Info-Box 2.4).

Beispiel 1: Ethische Prinzipien partizipativer Forschung:
1) Gegenseitiger Respekt
2) Gleichberechtigung und Inklusion
3) Demokratische Partizipation

4) Aktives Lernen
5) Ziel der Veränderung
6) Kollektives Handeln
7) Persönliche Integrität
Info-Box 2.4: Zentrale ethische Prinzipien partizipativer Forschung (Centre for Social Justice and Community Action 2012).

Darüber hinaus besteht eine Reihe systematischer Übersichten, in denen Forschende auf der Grundlage ihrer eigenen Forschung oder der Forschung Anderer zentrale ethische Prinzipien entwickelten (Flicker et al. 2010, S. 3). Was den vorliegenden Sammlungen jedoch fehlt, ist die theoretische Fundierung, d. h. ein verbindender theoretischer Rahmen, der sich jedoch von den Ansätzen der Biomedizinischen Ethik abgrenzt. Da sich ethische Konflikte in der partizipativen Forschung meist aus den Besonderheiten der Beziehung zwischen professionell Forschenden und Co-Forschenden ergeben, fordern viele Forschende, dass vor allem Ansätze der Gerechtigkeit (ethics of justice) oder Ansätze der relationalen Ethik (relational ethics, ethics of care) hier eine zentrale Rolle einnehmen sollten. Nach Austin (2015) bildet die **Relationale Ethik** die wichtigste Grundlage für partizipative Forschung. Ausgehend von den Arbeiten von Bergum (z. B. Bergum und Dossetor 2005) schlägt sie daher ein Rahmenmodell vor, das zentrale ethische Aspekte partizipativer Forschung benennt (Austin 2015, S. 3) (vgl. Info-Box 2.5).

Beispiel 2: Prinzipien partizipativer Forschung in Anlehnung an Austin (2015):

Übergeordnete Prinzipien	Ausgewählte Teilaspekte
1) Gegenseitiger Respekt *(mutual respect)*	• Respektvolle Einbindung von Personen und Communities • Respekt durch Transparenz • Respekt für individuelle Perspektiven der Beteiligten • Respekt durch informierte Einwilligung

Übergeordnete Prinzipien	Ausgewählte Teilaspekte
2) Relationales Engagement *(relational engagement)*	• Gemeinsames Forschen • Vertrauenswürdigkeit • Produktiver Umgang mit Macht • Gemeinschaftliche Dissemination
3) Umgang mit Emotionen, Unsicherheit, Vulnerabilität *(embodiment, uncertainty, vulnerability)*	• Akzeptierender Umgang mit Emotionen • Akzeptierender Umgang mit Unsicherheit • Auseinandersetzung mit eigener und fremder Vulnerabilität
4) Ethik in Kontextabhängigkeit *(interdependent environment)*	• Akzeptanz der Abhängigkeit ethischer Analysen vom Kontext • Akzeptanz geringer Regulierungsgrade

Info-Box 2.5: Ethische Prinzipien partizipativer Forschung in Anlehnung an Austin (2015).

Das von Austin (2015) entwickelte Modell verdeutlicht, dass ethische Konflikte an verschiedenen Stellen eines partizipativen Forschungsprozesses entstehen können. Dabei stellen sie aus Sicht der Autorin keinen Nachteil dar, sondern bilden einen genuinen Bestandteil partizipativer Forschung an sich, der allerdings einer produktiven „Umwandlung" bedarf. Um dies zu verdeutlichen, werden im Weiteren ausgewählte Beispiele typischer ethischer Konflikte in partizipativer Forschung erläutert.

Eine besondere Quelle ethischer Konflikte bildet das **Rollenverständnis**, insbesondere die **Rolle der wissenschaftlich Forschenden**. Da sie eine Art „Partnerschaft auf Zeit" eingehen, stehen sie in besonderer Verantwortung gegenüber den Co-Forschenden. Moralische Dilemmata ergeben sich dabei aus den konfligierenden Ansprüchen an die Gestaltung vertrauensvoller Beziehungen „auf Augenhöhe", die in Konflikt zum professionellen Selbstverständnis geraten können. Um Vertrauen herzustellen, werden partizipative Vorhaben durch intensive Kommunikation begleitet, die u. a. zum Ziel hat, bestehende Machtdifferenzen auszugleichen. Trotz des Strebens nach Partnerschaftlichkeit sind es allerdings – gerade in drittmittelfinanzierten Projekten – meist professionelle Wissenschaftler*innen, die die Gesamtverantwortung (z. B. für die Ergebnisse) übernehmen und damit teilweise in Widerspruch zu ihrer Rolle als Partner*innen geraten. Dieses Beispiel zeigt, dass es in partizipativer Forschung eines offenen Kommunikationsraumes bedarf, in dem nicht nur Rollenkonflikte thematisiert werden, sondern nach Möglichkeit ein gemeinsames Verständnis über das Niveau des Engagements, die Verbindlichkeit gemeinsamer Absprachen oder etwa die Rollen der Beteiligten – auch nach Beendigung des Projektes – erarbeitet wird.

Eine weitere Quelle ethischer Konflikte stellen **ungleiche Machtpositionen** der beteiligten Stakeholder dar. Diese haben verschiedene Ursachen, speisen sich u. a. aus einem ungleichen Zugang zum Wissen oder ungleicher Entscheidungskompetenz. Zu Konflikten kann es z. B. dann kommen, wenn sich innerhalb partizipativer Projekte Personengruppen begegnen, deren Positionen in der Alltagswelt durch Trennung oder Abgrenzung gekennzeichnet sind. Arbeiten beispielsweise Professionelle aus der gesundheitlichen Versorgung gemeinsam mit Patient*innen, kann es beiden Seiten schwerfallen, einen gegenseitigen Zugang zum individuellen (Erfahrungs-)Wissen zuzulassen. Machtunterschiede können verschiedene Arten der Belastung provozieren, deren Komplexität und nachhaltige Wirkung erst während des Projektes erkannt werden. Daher bedarf es im Rahmen partizipativer Forschung der Bildung von Allianzen, die sich jedoch erst durch (An-)Erkennung, Thematisierung und Reflexion von Differenz konstituieren können. Durch die Anerkennung von Differenz auf der einen Seite und die Konstruktion von Gemeinsamkeit auf der anderen, kann die partizipative Forschung zu einem Ort werden, in dem das Verständnis von Macht thematisiert und ihre produktive Seite genutzt werden kann. So macht etwa Gallagher (2008) darauf aufmerksam, dass Macht nicht nur als etwas Negatives, sondern auch als etwas Produktives verstanden und genutzt werden kann.

Aus bestimmten Rollen und Machtpositionen resultieren **Interessenskonflikte**, die zu verschiedenen Zeitpunkten des Forschungsprozesses sichtbar werden können. Interessenskonflikte betreffen nicht nur professionelle Forschende, sondern auch Laien-Forschende. Sie entstehen dann, wenn Teilnehmende im Rahmen des Vorhabens mehrere Rollen einnehmen, die in Widerspruch zueinander geraten. Interessenskonflikte sind besonders wahrscheinlich, wenn im Rahmen der Teilnehmer*innenakquise Co-Forschende aus Netzwerken bestehender Beteiligter gewonnen werden, wenn Co-Forschende in eine Rollendiffusion geraten oder wenn es nicht klar ist, in welcher Rolle andere Personen, z. B. aus dem professionellen Kontext, ihnen begegnen. Interessenskonflikte sind aber auch dann denkbar, wenn verschiedene Stakeholder gegensätzliche Erwartungen an das Projekt haben und sich davon etwas anderes versprechen. Austin (2015) fordert daher eine authentische Transparenz, die damit verbunden ist, dass die Regeln des Umgangs mit Konflikten in einer möglichst frühen Phase des Projektes angesprochen werden. Damit kann auch die Entwicklung gemeinsamer „Kommunikationsregeln" verbunden sein, die für alle Teilnehmer*innen in gleicher Weise gelten.

Anonymität, Schutz der Privatsphäre und Vertraulichkeit gehören nicht nur zu relevanten Anforderungen an partizipative Forschung, sondern ebenfalls zu Anforderungen, bei deren Auslegung ethische Konflikte entstehen können. Um dies zu vermeiden, ist eine Reihe von Fragen zu klären, z. B. welche Rechte hinsichtlich der Vertraulichkeit gewonnener Forschungsergebnisse beteiligte Stakeholder beanspruchen können, wie die Anonymität der Beteiligten gewährleistet werden kann (z. B. bei der Publikation von Ergebnissen oder der Öffentlichkeitsarbeit) und welche Informationen weitergegeben werden dürfen. Eine besondere Herausforderung in diesem Zusammenhang stellt die Anonymisierung der Daten dar. Auch wenn Anonymisierung eine wichtige Voraussetzung für Vertraulichkeit und den Schutz der Privatsphäre darstellt, wird in der partizipativen Forschung kritisch diskutiert, inwiefern eine vollständige Umsetzung dieses Prinzips möglich ist. Da die Teilnehmer*innen das Projektgeschehen stark mitgestalten und in konkrete Handlungen eingebunden sind, lässt sich die Gewährleistung einer vollständigen Anonymität nicht immer herstellen. Ob eine Person dabei zu Schaden kommt, kann sehr unterschiedlich gesehen und bewertet werden. Vor diesem Hintergrund bedarf es einer Abwägung, wo eine Schadensbegrenzung oder -minimierung möglich und wo sie gar notwendig ist. Vor diesem Hintergrund plädieren viele Forschende dafür, interne Regeln dafür festzulegen, wie mit vertraulicher Information umgegangen werden soll sowie entsprechende Schulungen vorzusehen, die nicht nur professionell Forschenden, sondern allen Teilnehmenden zur Verfügung stehen (Centre for Social Justice and Community Action 2011).

Mit besonderen ethischen Herausforderungen geht auch die Gestaltung der **informierten Einwilligung** in partizipativen Projekten einher. Eine Einwilligung zur Teilnahme gilt in der Regel erst dann als „informiert", wenn die Teilnehmer*innen den Forschungsprozess und einzelne Arbeitsschritte, mögliche Vor- und Nachteile der Partizipation oder etwa den geplanten Umgang mit den Forschungsergebnissen kennen. Da es jedoch im Rahmen partizipativer Forschung nicht (immer) möglich ist, den Projektverlauf inkl. seiner Ergebnisse vorwegzunehmen, bedarf es einer prozessbegleitenden informierten Einwilligung. Zugleich sollte – insbesondere in der Zusammenarbeit mit Professionellen – geprüft werden, ob es sich um eine informierte Einwilligung handelt oder gar die Notwendigkeit besteht, einen Kooperationsvertrag mit einer bestimmten Einrichtung abzuschließen. Dies kann wichtig sein, bevor bestimmte Ergebnisse oder Aktionen, die in Konflikt zu beruflichen Tätigkeiten professioneller Akteure geraten, negative Folgen für beteiligte Stakeholder haben.

Ein sowohl in der biomedizinischen Ethik als auch der partizipativen Forschung als zentral erachtetes Prinzip ist der Grundsatz der **Schadensvermeidung** bzw. der Nichtschädigung. Während in sozialwissenschaftlich orientierten Vorhaben es unwahrscheinlich ist, dass Teilnehmer*innen körperliche Schäden erleiden, kann allerdings nicht ausgeschlossen werden, dass es zu psychischen Belastungen kommt, z. B. durch das Austragen von Konflikten, durch Aufklärung oder durch zusätzliche Aufgaben. Das Risiko einer **emotionalen Belastung** besteht nicht nur auf Seiten der Co-Forschenden, sondern auch der professionell Forschenden. In einigen Fällen kann daher eine psychologische Begleitung oder Supervision sinnvoll sein. Austin (2015) macht allerdings darauf aufmerksam, dass es im Rahmen partizipativer Forschung eines anderen Umgangs mit Emotionen bedarf, die in der traditionellen Forschung als Gegenteil von Rationalität und damit als nachteilig bewertet werden. Die Autorin betrachtet sie dagegen als ein wichtiges „Verkörperungselement" relationaler Ethik. Die Nutzung von Emotionen als Information kann im Rahmen partizipativer Forschung daher sinnvoll sein, z. B. indem sie ausgesprochen und reflektiert werden können.

Schließlich kann auch der Grundsatz der **Gerechtigkeit** zu ethischen Konflikten führen. Dies könnte dann geschehen, wenn trotz der Thematisierung von Machtungleichheit diese in der gemeinsamen Arbeit fortwirkt und dazu führt, dass bestimmte Stakeholder das Gefühl bekommen, wenig Einfluss auf das Projektgeschehen nehmen zu können. Ein die Gerechtigkeit ebenfalls tangierender Aspekt ist der Nutzen, den verschiedene Stakeholder aus den Projektergebnissen generieren können. Da der Nutzen in vielen Fällen ungleich verteilt sein dürfte, sollten partizipative Vorhaben ggf. Leitlinien dafür entwickeln, wie Co-Forschende für ihre Teilnahme entschädigt bzw. entlohnt werden und wie sie an dem Nutzen – und zwar im gleichen Ausmaß wie professionell Forschende – partizipieren können. Eine ausschließlich rhetorische Betonung von Partizipation – ohne Entschädigung und Nutzen – birgt das Risiko der Instrumentalisierung und führt zu ausbeuterischen Praktiken in Projekten.[3]

2.1.5 Partizipative Forschung aus gerontologischer Sicht

2.1.5.1 Partizipative Forschung mit älteren Menschen

Die Förderung der Teilhabe älterer Menschen an allen gesellschaftlichen Bereichen gehört zu den zentralen Postulaten der Sozialen Gerontologie. Beginnend mit verschiedenen Möglichkeiten des bürgerschaftlichen und zivilgesellschaftlichen

---

[3]Ein Überblick über ethische Herausforderungen – dargestellt am Beispiel des Feldes der Community-Based Participatory Research – findet sich bei Wilson et al. (2018).

Engagements, über Beteiligung an politischen Gremien bis hin zur Selbstorganisation lassen sich viele Beispiele einer aktiven Mitwirkung Älterer am gesellschaftlichen Leben aufzeigen (Serrat et al. 2020). Nach wie vor selten – zumindest in Deutschland – ist die gleichberechtigte Beteiligung älterer Menschen an Forschung und Entwicklung.[4] Trotz vieler positiver Beispiele weisen vergleichende Analysen partizipativer Studien darauf hin, dass ältere Menschen – sofern sie beteiligt werden – selten als gleichberechtigte Partner mit relevanten Entscheidungskompetenzen eingebunden werden, wie etwa Corrado et al. (2019) anhand der Auswertung von 40 partizipativen Projekten mit älteren Menschen zeigen. Nach Liamputtong (2015) sind die Ursachen dieser Situation in der biomedizinisch orientierten Forschungstradition zu sehen, die in der Gerontologie lange Zeit eine dominante Position einnahmen. Das dort vorherrschende Bild des Alters war vor allem durch körperliche und individuelle Probleme geprägt, die folglich auch die Forschungsagenda der Gerontologie bestimmten. Die zusätzlich dazu bestehende Unsichtbarkeit älterer Menschen in anderen Forschungstraditionen (z. B. der partizipativen Forschung) führte dazu, dass sie zunächst als Forschungsobjekte, später auch als Forschungssubjekte, allerdings selten als Forschungspartner*innen wahrgenommen wurden. Darüber hinaus gerieten ältere Menschen häufig als Träger*innen bestimmter Rollen in Erscheinung, etwa als Rentner*innen, Patient*innen, Pflegebedürftige oder Klient*innen. Die ihnen zugewiesenen Rollen – meist als Empfänger*innen wohlfahrtsstaatlicher Transferleistungen – schufen ein Rollenverständnis, das vor allem durch Passivität gekennzeichnet war und besonders stark mit dem durch Aktivität geprägten (Selbst-)Verständnis kontrastierte, das Professionelle, die mit älteren Menschen befasst waren, für sich in Anspruch nahmen.

Neben der Hervorhebung „individueller Altersprobleme", die die Forschung über ältere Menschen lange Zeit bestimmten (Ray 2007), folgte auch der gesellschaftliche Diskurs über das Alter einer ähnlichen Rhetorik. Die auf „soziale Probleme" ausgerichtete Narration dominiert auch heute den politischen Altersdiskurs, in dem die Alter(n)sforschung vordergründig zur **Bewältigung des demographischen Wandels** beitragen soll (Peine et al. 2015; Endter 2018). Die aus zunehmender Alterung der Gesellschaft abgeleitete Notwendigkeit dient nicht nur der Legitimation bestimmter Forschungsprogramme, sondern rekonstruierte bisher mindestens zwei Altersbilder, die sich auch in der partizipativen (Technik-)Forschung spiegeln: Ein eher positives, durch Aktivität und Selbstbestimmung

---

[4]Im Gegensatz dazu liegen etwa in Großbritannien viele Erfahrungen mit der Integration älterer Menschen in partizipative Forschung vor (Wistow et al. 2011; Leamy und Clough 2006; Clough et al. 2006; Older People's Steering Group 2004).

gekennzeichnetes Bild, sowie ein negatives Bild, das durch Hilfsbedürftigkeit und Abhängigkeit bestimmt ist. Das Argument der Zunahme älterer Menschen an der Bevölkerung geriet zwar auch zum Argument für mehr Beteiligung älterer Menschen, u. a. an der Gestaltung von Forschungsprogrammen, wie die Durchführung der sog. Demografie-Werkstattgespräche des BMBF mit dem Titel „Forschung für mich – Forschung mit mir" zeigt (BMBF 2013). In der Gesamtschau müssen jedoch derartige Initiativen als singuläre Beispiele betrachtet werden.

Widmet man sich dem aktuellen Ruf nach mehr Teilhabe älterer Menschen, so gesellt sich dieses vor allem zu einem Altersbild des „**Active Ageing**", eines Ansatzes, der seitens der WHO entwickelt und durch die EU-Politik adaptiert wurde (WHO 2002).[5] Beteiligung Älterer gehört zu den zentralen Bestandteilen dieses Ansatzes, der in der Gerontologie über eine lange Tradition verfügt und als eine internationale (post-)moderne Form des in den 1950er begründeten Aktivitätsansatzes verstanden werden kann (Havinghurst und Albrecht 1953; Tartler 1961). Die Forderung nach mehr Teilhabe wird allerdings nicht nur aus Sicht des Aktivitätsansatzes unterstützt, sondern ebenfalls aus Sicht der Kritischen Gerontologie, einer Forschungsrichtung, die (in den 1970-er Jahren) aus der Kritik an einer positivistischen und medizinisch geprägten Sicht auf das Alter entstand. Zu den Anliegen der kritischen Gerontologie gehört nicht nur die kritische Reflexion dominanter gesellschaftspolitischer Deutungen des Alter(n)s, sondern auch die Hervorhebung eines bestimmten Verständnisses von Partizipation, das aktive Beteiligung als Chance betont, deren Gelingen aber an die Veränderung von Machtstrukturen geknüpft ist (Kollewe 2015, S. 195 f.). Die **Kritische Gerontologie**, deren Wurzeln in der Politischen Ökonomie liegen, wobei sie dort zunächst aus der Kritik an struktureller Abhängigkeit als einer Formel des Alters entstand, hat inzwischen verschiedene Erweiterungen erfahren, u. a. durch Feministische Ansätze sowie den Ansatz der Menschenrechte (Holstein und Minkler 2007). Ihre Vertreter*innen verfolgen ein durch Partnerschaftlichkeit geprägtes Verständnis von Partizipation, das auch in der heutigen Gerontologie weiterentwickelt wird.

Dieser stark komprimierte Rückblick auf vergangene und aktuelle Deutungen des Alters soll den Blick dafür schärfen, dass das jeweilige Verständnis von Partizipation, z. B. die Partizipationsziele, immer im Zusammenhang mit einem bestimmten theoretischen und politischen Leitbild des Alters standen und stehen. Um das in der aktuellen Gerontologie vorherrschende Verständnis von Partizipation darzustellen, legte der Arbeitskreis „Kritische Gerontologie" der

---

[5]Wie etwa die europäische Innovationspartnerschaft für aktives und gesundes Altern (European Innovation Partnership on Active and Healthy Aging zeigt (Quelle: https://ec.europa.eu/eip/ageing/about-the-partnership_en).

Deutschen Gesellschaft für Gerontologie und Geriatrie ein Diskussionspapier zur **Partizipation** und partizipativen Methoden in der Gerontologie vor (Aner 2016). Demnach bezieht sich Partizipation auf „Fragen der Teilhabe an Prozessen der Gestaltung gesellschaftlicher Verhältnisse im weitesten Sinne" (ebenda, S. 143). Es kann sich dabei um Teilhabe an Entscheidungen oder aber um „praktische Tätigkeiten, die gesellschaftlich wirksam sind", handeln (ebenda). Das Papier fordert ein Partizipationsverständnis, das sich einem **demokratischen Partizipationsansatz** verpflichtet fühlt, und grenzt sich gleichzeitig von einem **konsument*innenorientierten Partizipationsverständnis** ab (Ray 2007; Wistow et al. 2011, S. 53 f.). Dabei fungieren ältere Menschen im konsumentenorientierten Partizipationsansatz vor allem als *Nutzer*innen* sozialer Dienstleistungen, während sich das demokratische Partizipationsverständnis an der Rolle Älterer als *Bürger*innen* orientiert. In dieser Rolle sollten sie in möglichst viele Stufen der Forschung und Entwicklung eingebunden werden und nicht etwa nur zur Verbesserung bestehender Dienstleistungen befragt werden (Callaghan und Wistow 2006, zit. in Wistow et al. 2011, S. 54; vgl. dazu Info-Box 2.12).

	Demokratischer Partizipationsansatz	**Konsument*innenorientierter Partizipationsansatz**
Fokus der Partizipation/Zielgruppe	Alle älteren Menschen ohne Spezifikation bzw. Zuordnung zu bestimmten Gruppen	Ältere Menschen in ihrer Rolle als Servicenutzer*innen und Leistungsempfänger*innen
Spezifische Probleme innerhalb der Zielgruppe	Menschen, denen es i. d. R. schwer fällt, ihre zukünftigen Bedürfnisse und Bedarfe (z. B. Hilfebedarfe) zu antizipieren	Menschen, die u. a. aufgrund ihrer aktuellen Lebenssituation eingeschränkt sind und daher als „schwer erreichbar" gelten
Was wird evaluiert?	Alle Leistungen, die für ältere Menschen entwickelt und angeboten werden	Leistungen, die von älteren Menschen genutzt werden

	Demokratischer Partizipationsansatz	Konsument*innenorientierter Partizipationsansatz
Spezifische Ziele der Partizipation	Ganzheitliche Verbesserung der Qualität der Ergebnisse	Weiterentwicklung der Dienste im Sinne besserer Outcomes
Übergeordnete Ziele der Partizipation	Förderung der Unabhängigkeit und des Wohlbefindens	Verbesserung der Outcomes und der Qualität sozialer Dienste
Entscheidungskompetenz	Agenda und Beteiligungsprozesse werden durch Beteiligte in eigener Verantwortung gestaltet	Agenda und Beteiligungsprozesse werden durch Professionelle, z. B. Anbieter sozialer Dienste, gestaltet

Info-Box 2.12: Demokratischer und konsument*innenorientierter Partizipationsansatz unter besonderer Betrachtung älterer Menschen als Nutzer*innen sozialer Dienstleistungen (angelehnt an Kollewe 2015, S. 202 ff.).

Nach Beresford (2002) stellen diese beiden Ansätze keine Pole eines ineinander übergehenden Kontinuums dar, sondern zwei unvereinbare theoretische Positionen, die auf unterschiedlichen ideologischen und philosophischen Grundannahmen beruhen. Der demokratische Ansatz betont die Relevanz kollektiver Aktion und legitimiert sie durch Bürger*innen- bzw. Menschenrechte. Aus dessen Perspektive wird die Forschungsagenda grundsätzlich durch ältere Menschen bestimmt und kontrolliert, während die Ergebnisse der Forschung vor allem positive Veränderungen im Lebenszusammenhang der Beteiligten bewirken sollen. Im konsument*innenorientierten Ansatz wird die Forschungsagenda, ebenso wie die Form der Beteiligung, durch professionelle Stakeholder bestimmt, während die Ergebnisse meist der Absicherung der Wettbewerbsfähigkeit der gleichen Stakeholder dienen (Ray 2007, S. 75). Weitere Differenzen zwischen den beiden Ansätzen bestehen im Umgang mit struktureller Machtungleichheit. So versteht sich der demokratische Partizipationsansatz explizit als politisch und strebt danach, bestehende Praxen der Diskriminierung und Machtungleichheit, z. B. durch Thematisierung und Bearbeitung bestehender Konflikte, zu verändern. Der konsument*innenorientierte Ansatz setzt Beteiligung dagegen instrumentell ein, auch um bestehende Machtstrukturen zu erhalten. So schreiben etwa Lupton et al. (1998, S. 48, zit. in: Ray 2007, S. 76): „By channelling interaction to a limited agenda, attention can be diverted from areas of potential conflict that those with power wish to avoid. Seen in this way, participatory mechanisms can serve as a means of social control by preventing challenges to the status quo." Daher lehnt ein Teil der Gerontolog*innen konsument*innenorientierte Ansätze der Partizipation grundsätzlich ab (Aner 2016); andere plädieren wiederum für die Notwendigkeit beider Ansätze, betonen jedoch, dass die mit ihnen verbundenen Intentionen klar voneinander zu trennen sind, um etwa neue Formen eines professionellen Paternalismus zu vermeiden (Beresford 2002).

In Anbetracht der vielfältigen Forderungen nach mehr Beteiligung Älterer – insbesondere in Forschung, Entwicklung und Evaluation – zeichnet sich inzwischen auch in der gerontologischen Forschung eine inflationäre Zunahme partizipativer Vorhaben ab, deren Beteiligungspraxen bei kritischer Prüfung jedoch den als erforderlich betrachteten Kriterien der Kritischen Gerontologie nicht standhalten. So weist etwa Kollewe (2020) darauf hin, dass sich „partizipative (Forschungs-)Projekte mit älteren Menschen vor allem in jenen Ländern verbreiten, in denen der Wohlfahrtsstaat durch eine neoliberale Politik zurückgedrängt wird (…). Ältere und alte Menschen werden dabei als eine Ressource betrachtet, die zur Aufrechterhaltung des Gemeinwohls beitragen können." (Kollewe 2020, S. 671).[6] Viele Vertreter*innen der (Kritischen) Gerontologie sehen daher die Idee einer **„echten Partizipation" in Gefahr**. Nutzer*innenpartizipation wird zunehmend zum globalen Phänomen und gleichzeitig zum Schaustück „guter Intentionen" einer am Ersatz von Wohlfahrt interessierten Politik. So schreibt Cary: „For some time now participation as political project has moved beyond the parameters of critical social research. Indeed it can now be seen as part of a grand, and seemingly ever expanding, industry; and one that is supported by governments, policy initiatives, legislation, professional groups, committees, managers, institutions, and so forth" (Carey 2010, S. 2). Partizipation kann zur Legitimation für die Durchsetzung bestimmter Interessen oder zur Begründung bestimmter Entscheidungen instrumentalisiert werden (Aner 2016). Zudem führen verschiedene Formen der „Scheinpartizipation" nicht nur zur Instrumentalisierung (z. B. im Feld der Politikberatung), sondern zum einseitigen „Abgreifen" des Wissens beteiligter Akteure, ohne sie dafür angemessen zu entschädigen (Bergold und Thomas 2010, S. 337; Ray 2007).

Vor diesem Hintergrund dominiert in der Alter(n)sforschung, insbesondere in der Kritischen Gerontologie, ein Diskurs, der auf einer Unterscheidung zwischen

---

[6]Vgl. dazu auch die Diskussion bei Beresford (2019), der die Widersprüche einer den Wohlfahrtsstaat schwächenden Politik schildert, die zugleich mehr Beteiligung und Bürger*innenpartizipation fordert.

(echter) Partizipation (*participation*) und anderen Formen der **Beteiligung** (*involvement*) bzw. Kollaboration (*collaboration*) besteht. Da viele Vorhaben, die sich als „partizipativ" bezeichnen, eher auf Beteiligung beruhen, zeichnen sich ebenfalls viele Bemühungen ab, den Begriff der Beteiligung genauer einzugrenzen. So definieren z. B. Twiddy et al. (2013, S. 7) die Beteiligung an Forschung wie folgt: „When we talk about ‚involvement in research' we are talking about being carried out 'with' or 'by' care home residents, relatives or friends". Diese Definition, die im Rahmen eines Workshops mit dem Titel „Public Involvement in Care Home Research" entstand, beinhaltet die Übernahme einer aktiven Forscher*innenrolle ein (z. B. durch die Erstellung von Datenerhebungsinstrumenten, Durchführung von Datenerhebungen und -analysen oder Publikation von Ergebnissen). Sie umfasst ebenfalls andere Aktivitäten, wie z. B. die Beteiligung an der Identifikation relevanter Forschungsthemen, an der Formulierung von Forschungsfragen, an der Lenkungs- bzw. Steuerungsgruppe eines Projektes sowie der Planung bzw. Antragstellung eines Projektes. Als Beteiligung gilt in diesem Verständnis dagegen nicht die Einbeziehung Älterer als Studienteilnehmer*innen, die Dissemination von Projektergebnissen an ehemalige Studienteilnehmer*innen oder etwa die Durchführung von Öffentlichkeitsarbeit und Kampagnen zur Stärkung der öffentlichen Wahrnehmung von Interessen älterer Menschen.

Aus Sicht der in Großbritannien entstandenen Initiative INVOLVE wird Beteiligung von Bürger*innen als „…an active partnership between the public and researchers in the research process" verstanden (INVOLVE 2007 o. S., in Brett et al. 2010, S. 21), wobei diese Form der aktiven Partnerschaft verschiedene Formen oder Schwerpunkte einnehmen kann: "Active involvement may take the form of consultation, collaboration or user control. Many people define public involvement in research as doing research „with" or „by" the public, rather than „to", „about" or „for" the public. This would include, for example, public involvement in prioritising research, advising on a research project, assisting in the design of a project, or in carrying out the research" (ebenda). Die Beteiligung an Forschung wird wiederum von sog. **User-Controlled** oder **User-Led Research** abgegrenzt. Dazu schreiben z. B. Beresford und Croft (2012, S. 2): „User controlled research is research that is actively controlled, directed and managed by service users and their service user organisations. Service users decide on the issues and questions to be looked at, as well as the way the research is designed, planned and written up. The service users will run the research advisory or steering group and may also decide to carry out the research." (INVOLVE 2007, o. S., in Beresford und Croft 2012, S. 3). Zusammenfassend betrachtet, unterscheiden Beresford und Croft daher drei Arten beteiligender Forschung:

a) **Forschung *mit* Nutzer*innenbeteiligung**: d. h. Vorhaben, in denen die Beteiligung von Bürger*innen der Forschung „hinzugefügt" wurde (Beteiligungsprinzip: Konsultation)

b) **Kollaborative Forschung**: d. h. Vorhaben, in denen Bürger*innen bzw. ihre (Selbst-)Organisationen gemeinsam mit Wissenschaftler*innen an der Initiierung, Durchführung etc. von Forschung arbeiten (Beteiligungsprinzip: Kollaboration)

c) **Durch Bürger*innen kontrollierte oder geleitete Forschung**: d. h. Vorhaben, die durch Bürger*innen oder deren (Selbst-)Organisationen initiiert, durchgeführt und kontrolliert werden (Beteiligungsprinzip: Kontrolle).

Diese drei Arten der Forschung können zum einen als *konzeptionelle Forschungsansätze*, zum anderen aber auch als *Leitprinzipien für einzelne Forschungsphasen*, in denen Bürger*innen unterschiedliche Rollen innerhalb eines und des gleichen Vorhabens einnehmen, betrachtet werden. Ältere Menschen zählen generell zu jenen Bevölkerungsgruppen, die vor allem in der User-Controlled-Research stark unterrepräsentiert sind (Beresford und Croft 2012), was jedoch kaum verwundern dürfte, da sie (vor allem Hochaltrige) selbst in allgemeinen Bevölkerungsumfragen und anderen Studien in der Regel unterrepräsentiert sind (u. a. Zulman et al. 2011). In der Gerontologie wird daher seit Langem über **Barrieren** der Forschungsteilnahme und -partizipation diskutiert. Gerontologische Studien haben in den vergangenen Jahren eine Reihe von Erkenntnissen über derartige Barrieren zusammengetragen. So benennen z. B. Wistow et al. (2011) folgende Beteiligungsbarrieren:

- Einschränkungen bei der Teilnahme an Arbeitstreffen, die sich aus der zeitlichen (Zeitpunkt), räumlichen (Treffort) oder ressourcenbezogenen (Kosten) Gestaltung eines Projektes ergeben
- Sprachliche und aus Bildungsdifferenzen resultierende Barrieren, Schwierigkeiten in der Artikulation eigener Interessen, der Verfolgung einer Diskussion und der Anwendung von Fachsprache
- Unkenntnis formalisierter Abläufe in Forschung und Entwicklung
- Geringe Wertschätzung seitens Professioneller (z. B. patronisierende Kommunikation).

Über hinderliche als auch förderliche Faktoren der Beteiligung Älterer an Forschung und Entwicklung berichten auch Heite et al. (2015). Ausgehend von den Erkenntnissen des Projektes „Lebensqualität Älterer im Wohnquartier" (LiW)

konnte eine Reihe von Faktoren herausgearbeitet werden, die sich für die
Beteiligung älterer Menschen als besonders hinderlich herausgestellt haben:

- *Fehlen eines authentischen Umgangs mit Partizipation*: Ein hohes Engagement,
  das für partizipative Vorhaben notwendig ist, kann nur dann erwartet werden,
  wenn Co-Forschende so früh wie möglich in den Prozess einbezogen werden
  und ihre Beiträge einen wirksamen Einfluss auf Entscheidungen haben.
- *Fehlende Anschlussfähigkeit*: Dies gilt vor allem für Vorhaben, denen die
  Einbettung in einen größeren Gesamtkontext, der den formalen Rahmen für
  Nachhaltigkeit garantieren könnte, fehlt. Ein Engagement kann nicht erwartet
  werden, wenn für die Weiterentwicklung partizipativ entwickelter Ideen die
  Anschlussfähigkeit fehlt.
- *Fehlende Nachhaltigkeit*: Soll ein Vorhaben zur Selbstermächtigung der Co-
  Forschenden führen, muss für das Fortwirken des Engagements gesorgt
  werden. Eine authentische Beteiligung darf nicht Prozesse des „Empower-
  ments auf Zeit" hervorrufen, sondern muss zur Festigung des Empowerments
  führen. Dafür bedarf es entsprechender Ressourcen, die nach Beendigung des
  Vorhabens zur Verfügung stehen (Heite et al. 2015, S. 421 ff.).
- *Ambivalente bzw. kritisch-ablehnende Haltung gegenüber Beteiligung*: Haben
  beteiligte Stakeholder, z. B. professionelle Forschende, keine wertschätzende
  Haltung gegenüber älteren Beteiligten, führt dies zu Verzögerungen bis hin
  zum Zerfall des Vorhabens.
- *Fehlen einer begleitenden Moderation*: Es bedarf bereits zu Beginn eines
  partizipativen Vorhabens einer sensiblen und erfahrenen Moderation. Deren
  Aufgaben umfassen die Entwicklung einer zugewandten, professionellen Rolle,
  das Aushalten von Irritationen, Initiierung und Begleitung von Lernprozessen sowie das Sichtbarmachen von „Erfolgen" der Partizipation inkl. deren
  Präsentation in der Öffentlichkeit.

Der Blick auf Barrieren von Forschungspartizipation lässt erkennen, dass sich
hinter hinderlichen Faktoren nicht nur Merkmale der jeweiligen Projekte verbergen, d. h. Dinge, die durch Projektverantwortliche eigenmächtig verändert werden
könnten, sondern auch strukturelle Rahmenbedingungen, wie z. B. Strukturen von
Drittmittelvergabe oder Strukturen sozialer Ungleichheit, die durch Forschende
selbst nicht kurzfristig beeinflusst werden können. Darüber hinaus sind Parti-
zipationsprozesse grundsätzlich als mehrdimensional zu verstehen, so dass eine
und die gleiche Form der Beteiligung sowohl zur Instrumentalisierung als auch
der Erweiterung von Kompetenzen führen kann. Um unerwünschten, negativen

Wirkungen von Beteiligung entgegenzuwirken, formuliert der Arbeitskreis Kritische Gerontologie der DGGG (Aner 2016) einige **zentrale Kriterien**, die an das Verständnis von Partizipation und an partizipative Methoden in gerontologischer Forschung angelegt werden sollen (Info-Box 2.13).

Anforderungen an einen Partizipationsbegriff bei partizipativer Forschung mit älteren Menschen:

- Einbindung von Projekten in einen größeren Kontext, damit Demokratisierungsprozesse möglich werden
- Reflexion des jeweiligen Kontextes sowie der in ihm vorherrschenden Machtverhältnisse
- Transparenz der Interessens- und Ausgangspositionen der beteiligten Akteure
- Abgabe von Macht an Beteiligte, um die Qualität von Entscheidungen zu fördern
- Analyse der erwünschten (z. B. Stärkung der Subjektrolle) und unerwünschten Wirkungen der Partizipation
- Einbeziehung verschiedener Betroffenengruppen mit besonderer Berücksichtigung einer adäquaten Einbeziehung von Personen mit geringer Partizipationserfahrung
- Beachtung von Diversität der Zielgruppe(n), um Ausschlüsse zu vermeiden
- Herstellung einer Passung zwischen Partizipationsstufen, -methoden und -zielen inkl. der Reflexion des erreichten Partizipationsniveaus in den jeweiligen Projektphasen
- Gemeinschaftliche (Weiter-)Entwicklung des Partizipationsprozesses
- Einsatz partizipativer Methoden zum Lernen aller Beteiligten
- Partizipation ist mehr als eine einmalige Beteiligung

Info-Box 2.13: Anforderungen an einen Partizipationsbegriff bei partizipativer Forschung mit älteren Menschen (nach Aner 2016).

Mit der Bestimmung konkreter Leitsätze – auch im Sinne von **Qualitätskriterien** partizipativer Forschung mit älteren Menschen – befassen sich ebenfalls Blair und Minkler (2009). Ausgehend von den Ideen der partizipativen Aktionsforschung leiten sie nicht nur einen aus ihrer Sicht geeigneten **Partizipationsbegriff** ab, sondern auch eine Reihe von Leitprinzipien, die sie auf der Grundlage eines Literatur-Review zu partizipativen Projekten mit älteren Erwachsenen gewinnen

(Blair und Minkler 2009) (vgl. Info-Box 2.14). Mit den erarbeiteten Erfolgs
kriterien für Partizipation machen sie (ebenda, S. 659 ff.) vor allem darauf
aufmerksam, dass partizipative Aktionsforschung mit älteren Beteiligten sehr
voraussetzungsvoll sein kann und professionellen Wissenschaftler*innen spezifische Kompetenzen wie Abwägungsprozesse abverlangt. Dazu gehört z. B. die
Abwägung zwischen dem Streben nach hoher methodischer Güte und dem Bemühen um eine möglichst hohe Diversität der Beteiligten. So zeigt beispielsweise
die Forschungspraxis, dass ältere Menschen mit kognitiven Einschränkungen
aus partizipativer Forschung vor allem dann ausgeschlossen werden, wenn hohe
Erwartungen an die Kompetenzen zur Anwendung von Forschungsmethoden
bestehen. Führen derartige Entscheidungen zum Ausschluss bestimmter Personengruppen, mündet dies in einem Sample, in dem Interessen von Minderheiten
unberücksichtigt bleiben. Dies berührt wiederum Fragen der internen Validität,
z. B. wenn die Homogenität der Gruppe zur Entwicklung von Forschungsfragen führt, die nur für einen Teil einer Community von Relevanz sind. Die
Heterogenität des Samples steigt vor allem dann, wenn eher schwer erreichbare Personengruppen an den Vorhaben partizipieren. Je diverser die Gruppe,
umso höher dagegen die Anforderungen an gemeinschaftliche Konsensbildung,
an Konflikt- und Ambiguitätstoleranz sowie das Niveau des Engagements (vgl.
dazu auch Wistow et al. 2011). Schließlich weist Aner (2016, S. 145) darauf
hin, dass häufig erst die Einbindung unterschiedlicher Gruppen Älterer zur Aufdeckung und Thematisierung bestehender Konflikte führt, was allerdings hohe
Anforderungen an die Moderation der Projekte stellt.

Leitprinzipien partizipativer Aktionsforschung mit älteren Erwachsenen	Erfolgsfaktoren partizipativer Aktionsforschung mit älteren Erwachsenen
Partizipative Aktionsforschung mit älteren Menschen… • unterstützt eine auf Kollaboration und Gleichberechtigung beruhende Partnerschaft in allen Phasen des Forschungsprozesses • fördert Empowerment • ist ein Co-Lernprozess • leistet einen Beitrag zum Machtabbau und Veränderung von Strukturen • hält eine Balance zwischen Forschung und Aktion • ist ein längerfristiger Prozess • leistet einen Beitrag zur Nachhaltigkeit	• Anerkennung der Lebenserfahrung älterer Beteiligter • Aufbau eines tragenden bidirektionalen Vertrauens(-verhältnisses) • Ausreichende Vorbereitung auf die Rolle in partizipativen Projekten • Sorgfältiges Abwägen zwischen einer hohen Güte des methodischen Vorgehens und der Variabilität des Samples • Persönliche Motivation für Teilhabe und Umgang mit der Akzeptanz langfristiger Änderungsprozesse.

Info-Box 2.14: Leitprinzipien und Erfolgsfaktoren partizipativer Aktionsforschung mit älteren Erwachsenen (nach Blair und Minkler 2009).

Trotz dessen, dass die Förderung partizipativer Forschung mit älteren Menschen aus Sicht der Gerontologie als besonders wichtig betrachtet wird, machen viele Projekte auf **besondere Herausforderungen** einer derartigen Forschungspartnerschaft aufmerksam. So betonen Blair und Minkler (2009), dass es bei der Beteiligung älterer Menschen einer Abwägung der Projektziele in Abhängigkeit von dem Zeithorizont der zu generierenden Ergebnisse bedarf. Dabei stellt sich die Frage, welches Engagement von älteren Beteiligten beansprucht werden darf bei Vorhaben, deren mögliche Erfolge erst in ferner Zukunft zu erwarten sind. Diese Frage umfasst mindestens zwei Aspekte, von denen sich der eine auf die Pragmatik (z. B. Beteiligungsmotivation), der andere auf die Ethik (z. B. gerechte Verteilung des Projektnutzens) bezieht. Haben etwa hochaltrige Menschen das Gefühl, dass Projekte keinen Fortschritt erzielen, kann dies einen negativen Einfluss auf deren Beteiligungsmotivation haben (Östlund 2008). Je älter die Beteiligten sind, umso bedeutsamer ist es daher, dass sie durch ihr Engagement in der Gegenwart profitieren. Dies schließt deren Einbindung in langfristige Veränderungsprozesse zwar nicht aus, schafft jedoch eine andere Bewertungsgrundlage für das Verhältnis von weit in die Zukunft reichenden Ergebnissen zu kurzfristig erreichbaren Zielen. Da die Umsetzung konkreter Veränderungsprozesse durch partizipative Forschung auch mit dem daraus resultierenden Nutzen verbunden ist, spielt ebenfalls dessen gerechte Verteilung eine wichtige Rolle. Scheint der individuelle Nutzen der Beteiligung in sehr weiter Zukunft zu liegen, können gerade hochaltrige Menschen davon nicht (mehr) profitieren. Dies kann vor allem in der partizipativen Aktionsforschung zu Konflikten führen, weil ihre Anliegen vor allem darin liegen, benachteiligende Strukturen langfristig zu verändern. Da strukturelle Gegebenheiten allerdings resistent sind, brauchen derartige Vorhaben häufig einen „langen Atem". Daher ist es wichtig, gerade partizipative Aktionsforschung mit älteren Menschen so zu gestalten, dass sie durch ihr Engagement auch im hier und jetzt profitieren können. Dies bedeutet, dass Engagement und dessen (auch kurzfristige) Erfolge nicht nur sichtbar gemacht werden sollten, sondern auch auf Bedürfnisse eingegangen werden muss, die in der Gegenwart erfüllbar sind (z. B. Förderung sozialer Kontakte; Carvalho und Ribeirinho 2019).

Als eine weitere Herausforderung partizipativer Vorhaben mit älteren Menschen gilt die Erreichbarkeit bestimmter Personengruppen und damit die Gewährleistung einer möglichst guten Abbildung der bestehenden Diversität älterer Menschen. Viele Projekte weisen darauf hin, dass sich das Engagement in der Regel auf eine **kleinere Gruppe besonders aktiver Beteiligter** konzentriert, während die Mehrheit älterer Menschen ausgeschlossen bleibt. Je länger die Dauer des erwarteten Engagements, umso stärker der Selektionseffekt. Dadurch bleiben bestimmte Diversitätsdimensionen, wie z. B. im Hinblick auf Herkunft, Lebensstile oder Generationen, unberücksichtigt. Dabei ermächtigt sich häufig die Gruppe der besonders Aktiven der Interessen(-vertretung) derjenigen, die an partizipativen Vorhaben nicht teilnehmen können. Dieses Beispiel verdeutlicht, dass verschiedene Barrieren wie eine „Selektionsspirale" wirken, die nicht selten zur Herausbildung besonders ehrgeiziger Gruppen führt, die allerdings auch ohne partizipative Forschung in der Lage wären, ihre Interessen eigenständig zu vertreten. Auch bestimmte Altersbilder führen dazu, dass es zur Bildung homogener Gruppen kommt. So führt das Bild des aktiven Alters beispielsweise zum Ausschluss all jener, die dem Bild nicht entsprechen bzw. sich durch dieses nicht angesprochen fühlen. Derartige Dynamiken können – sofern sie systematisch sind – zu langfristigen gesellschaftlichen Interessenskonflikten führen, weil gesamtgesellschaftliche Ressourcen einseitig, d. h. zugunsten bestimmter Gruppen verteilt werden. Wistow et al. (2011) plädieren deshalb dafür, die Diversität der Beteiligten zu erhöhen, indem ein Mix verschiedener Maßnahmen eingeplant wird. Dazu zählen z. B. Transporte zu Gruppensitzungen, Benennung fester Ansprechpersonen, barrierefreie Arbeitsunterlagen oder Besuche zu Hause.

Zu systematischen Selektionsprozessen kann es auch dann kommen, wenn in der Akquise von Co-Forschenden eine bereits bestehende Personengruppe mit „Insider-Status" weitere Mitglieder rekrutiert. Von Unger (2014, S. 42 f.) weist darauf hin, dass der Zugang über eine sog. „**Mittler-Gruppe**" problematisch sein kann, wenn dadurch bestimmte Kriterien guter Forschung, wie z. B. die Transparenz der Ergebnisse und Methoden, verletzt werden. Darüber hinaus provoziert eine derartige Akquise mögliche Rollenkonflikte, die in Verbindung mit intersektionalen Verschränkungen stehen und dazu führen können, dass Forschungsergebnisse aufgrund möglicher Konflikte verzerrt werden. Eine derartige Forschungspraxis kann ebenfalls zu Rollenkonflikten bei professionellen Forschenden führen, während sie bei der Beteiligung vulnerabler Personengruppen möglicherweise ethische Dilemmata „produziert". Schließlich verfügen auch sog. „Insider" über „blinde Flecken", die durch eine selektive Auswahl der Beteiligten möglicherweise reproduziert werden.

Eine andere Form der systematischen Ausgrenzung geschieht dann, wenn ältere Menschen für partizipative Forschung nicht angesprochen werden, weil Ihnen Merkmale zugeschrieben werden, die den Forschungsprozess negativ beeinflussen könnten. Häufig handelt es sich dabei um **vulnerable Personen**, von denen erwartet wird, dass sie das Vorhaben möglicherweise vorzeitig verlassen könnten. Littlechild et al. (2015, S. 31) machen im Rahmen ihrer Analyse auf einige Beispiele derartiger Forschung aufmerksam, in der ausschließlich Personen ausgewählt wurden, die den Erwartungen an eine langfristige Projektplanung und -entwicklung entsprachen. In einigen Projekten wiederum wurden Co-Forschende bewusst aus der Datenauswertung und -interpretation ausgeschlossen, so dass es ihnen nicht möglich war, Einfluss auf die Ergebnisse zu nehmen. Vor diesem Hintergrund fordern u. a. Littlechild et al. (2015), partizipative Forschung und Entwicklung grundsätzlich einer begleitenden Evaluation zu unterziehen, die Transparenz einfordert und den Fokus auf den Prozess der Beteiligung legt, wobei sie hier nicht nur positive, sondern explizit auch negative Wirkungen von Forschungsbeteiligung erfassen muss.

Exklusionsprozesse wirken nicht nur in Form von Beteiligungsbarrieren, sondern können auch durch eine spezifische Gruppendynamik ausgelöst werden. Besondere Gruppendynamiken entstehen z. B. dann, wenn die Vielfalt der Interessen unter den Beteiligten wächst, was auch die Wahrscheinlichkeit für gegensätzliche Interessen erhöht. Eine hohe Diversität innerhalb der Gruppe älterer Menschen repräsentiert zwar die Vielfalt bestehender Interessen, führt aber gleichzeitig dazu, dass deren Gegensätzlichkeit sichtbar wird (Wistow et al. 2011, S. 59). Dies bedarf wiederum entsprechender Kompetenzen zum produktiven Umgang mit den sich dadurch anbahnenden Konflikten. Da auch notwendige

Kompetenzen ungleich verteilt sind, schlagen Wistow et al. (2011) vor, nicht nur einen Stakeholdermix anzustreben, sondern auch die Gruppendynamik zu reflektieren, um mögliche Exklusionsprozesse zu vermeiden. Besonders riskant ist es, wenn privilegierte Akteure eigene Interessen als Interessen „der Älteren" darstellen und partizipative Projekte zu deren Durchsetzung nutzen (Older People's Steering Group 2004). Dadurch wächst die Gefahr, dass die Anliegen einer besonders bevorzugten Minderheit eine hohe Wirkmächtigkeit erhalten, während die Mehrheit älterer Menschen von partizipativer Forschung nicht profitiert. Eine derartige Dynamik kann zum politischen Disempowerment (Lennie 2005) führen, d. h. zur weiteren Verstärkung der „schwachen" Position bestimmter Akteure, und damit einhergehen, dass sie sich aus partizipativer Forschung zurückziehen.

Das Risiko für **politisches Disempowerment** steigt vor allem dann, wenn Partizipation zu einem absoluten Gütekriterium auf der förderpolitischen Agenda wird, unabhängig von den Wirkungen der Beteiligung auf Forschungsergebnisse und beteiligte Co-Forschende. So zeigen Littlechild et al. (2015) am Beispiel einer Kampagne für mehr Forschungsbeteiligung älterer Nutzer*innen sozialer Dienste, welche negativen Folgen der nachhaltige Ausschluss bestimmter Personengruppen haben kann. Im geschilderten Fall führte die durch starke Exklusionsprozesse betriebene Rekrutierungspraxis dazu, dass marginalisierte Gruppen älterer Menschen nicht nur systematisch ausgeschlossen wurden, sondern sie mehr Benachteiligung erfuhren als ohne die Initiierung „partizipativer Forschung". Im Rahmen nachfolgender Evaluationen wurden die Ergebnisse zu Wirkungen der partizipativen Projekte jedoch fast durchgehend in einem positiven Licht dargestellt, auch wenn deren methodisches Vorgehen fraglich war. Daher plädieren die Autor*innen für eine systematische und unabhängige Erfassung und Analyse der verschiedenen – positiven als auch negativen – Wirkungen von Forschungspartizipation. Auf Erkenntnislücken zu den Wirkungen der Partizipation älterer Menschen auf Projektergebnisse weisen auch Does et al. (2007) und Wistow et al. (2011) hin. Dabei machen sie darauf aufmerksam, dass vor allem in retrospektiven Evaluationen, in denen Beteiligte am Projektende zu deren Nutzen befragt werden, ein hohes Risiko für positive Verzerrungen besteht. Der Blick in derartige Erhebungen zeigt jedenfalls, dass der berichtete Nutzen (interner Nutzen) meist positiv ist. Es gilt daher zu prüfen, ob derartige „Rhetoriken" nicht nur der Legitimation der Projekte dienen und dafür zu sorgen, dass auch der externe Nutzen der Projekte einer systematischen Erfassung unterzogen wird.

Schließlich sei auf eine besondere Zielgruppe älterer Menschen hingewiesen – **Bewohner*innen stationärer Pflegeeinrichtungen**. In einem systematischen Review analysierten Backhouse et al. (2016) Vorhaben, die mindestens den Status kollaborativer Forschung hatten. Für die Publikationsjahre 1995 bis 2014 konnten

19 Publikationen aus 11 verschiedenen Studien berücksichtigt werden. Im Rahmen ihrer Analysen stellten die Autor*innen fest, dass sich in den analysierten Vorhaben zwei verschiedene **Typen der Beteiligung** unterscheiden lassen, die im Zusammenhang mit der Größe der Vorhaben stehen:

a) In größeren Studien fand Beteiligung nicht durchgehend statt, sondern war Bestandteil ausgewählter Meilensteine. In diesen wurde sie mithilfe sehr unterschiedlicher Methoden realisiert. Pflegeheimwohner*innen wurden an bestimmten Aufgaben – häufig in der Rolle als Berater*innen – beteiligt, bildeten in den Vorhaben eine unter vielen Stakeholdergruppen, wobei ihnen keine prioritäre Bedeutung und keine Entscheidungskompetenz zukam (die Leitung der Projekte lag allesamt bei Wissenschaftler*innen).

b) In kleineren Studien variierten die Formen der Beteiligung stark und bewegten sich zwischen partnerschaftlicher Zusammenarbeit mit Entscheidungskompetenz und sporadischer Beratung bzw. Kollaboration. Während größere Studien in der Regel einem Mixed-Method-Ansatz folgten, orientierten sich kleinere Studien am Participatory Action Design (wenn die Forschung nur in einer einzigen Einrichtung stattfand) oder am Co-Design (wenn Bewohner*innen mehrerer Einrichtungen teilnahmen). Auch kleinere Studien integrierten andere Stakeholder in das Vorhaben; ihnen kam jedoch nicht immer eine prioritäre Rolle zu.

Die Ergebnisse des Reviews umfassen ebenfalls eine Reihe **förderlicher als auch hinderlicher Faktoren für die Beteiligung von Pflegeheimbewohner*innen** als Forschungspartner*innen oder Co-Forschende. Backhouse et al. (2016) ordnen sie in folgende Kategorien ein:

- **Soziale Faktoren**: Eine auf hohem Vertrauen basierende Beziehung zwischen Bewohner*innen und Wissenschaftler*innen war eine zentrale Voraussetzung für die Zustimmung zur Beteiligung. Entscheidend dafür war die Gewissheit der Bewohner*innen, dass die mitgeteilten Informationen absolut vertraulich behandelt werden. Weitere Voraussetzungen waren Transparenz, hohes Engagement der Wissenschaftler*innen sowie die Schaffung einer sicheren Projektatmosphäre. Hinderlich waren fehlendes Vertrauen und ein generelles Misstrauen gegenüber Neuerungen.
- **Kompetenzen**: Auf Seiten der Bewohner*innen stellten kognitive Beeinträchtigungen und Agitiertheit relevante Barrieren für Partizipation dar. Auch körperliche und sensorische Einschränkungen (Hören, Sehen usw.) sowie Mobilitätseinbußen wurden als Barriere erlebt. Daher war es wichtig, dass

Projekttreffen direkt in den Einrichtungen stattgefunden haben. Als essenziell stellten sich kommunikative und soziale Kompetenzen auf Seiten der Wissenschaftler*innen dar, die notwendig waren, um eine unterstützende, motivierende und moderierende Rolle zu übernehmen, aber auch als Stifter*innen positiver sozialer Beziehungen zwischen verschiedenen Stakeholdern zu agieren.

- **Ressourcen**: Begrenzte zeitliche und finanzielle Ressourcen wurden häufig als Barriere wahrgenommen. Besonders nachteilig waren sie, wenn nicht alle Interessierten in das Vorhaben einbezogen werden konnten, wenn Ergebnisse keinen Eingang in die Praxis fanden und wenn beteiligte Bewohner*innen kein (adäquates) Feedback auf ihr Engagement erhalten haben.
- **Einrichtungsleitung und Organisation**: Als förderlich galt vor allem die Unterstützung durch die Leitung, Offenheit gegenüber neuen Ideen sowie eine flexible Organisationskultur. Hinderlich waren fragmentierte und diffuse Leitungsstrukturen sowie negative Einstellungen verantwortlicher Akteure innerhalb beteiligter Einrichtungen.
- **Organisation des Forschungsvorhabens**: Zu förderlichen Faktoren gehörte Flexibilität bei der Durchführung des Vorhabens (z. B. wenn es nicht zwingend erforderlich war, an allen geplanten Schritten festzuhalten), Schaffung von Freiräumen für informelle Gespräche sowie die Entwicklung einer „Projektkultur", in der Bewohner*innen das Vorhaben als ihr eigenes betrachteten. Die Voraussetzung für den letztgenannten Aspekt war, dass die Ziele des Vorhabens durch die Bewohner*innen definiert wurden. Einen ambivalenten Charakter hatte wiederum spontane Erreichbarkeit. Sowohl Wissenschaftler*innen als auch Bewohner*innen erwarteten diese zwar vom Gegenüber, empfanden sie aber als Anforderung an die eigene Person als hinderlich.

Angemahnt wird im Rahmen partizipativer Vorhaben mit älteren Menschen – aber auch darüber hinaus – eine stärkere Auseinandersetzung mit **den kurz-, mittel- bis langfristigen Wirkungen der Beteiligung** – und zwar auf verschiedenen Ebenen. Konkret bezieht sich diese Forderung auf die Makroebene des Outputs partizipativer Vorhaben, umfasst aber auch deren Wirkung auf der Mesoebene, z. B. auf gesetzte Forschungsziele und -ergebnisse. Schließlich stellt sich die Frage nach dem persönlichen Nutzen der Co-Forschenden bzw. den positiven und negativen Effekten auf Teilnehmende und andere Stakeholder. Die meisten bisher durchgeführten Studien unterstellen, dass Partizipation und Beteiligung ausschließlich positive Wirkungen haben; unabhängige Evaluationsstudien fehlen jedoch weitgehend.

Einige Antworten auf die Frage, warum die Wirkungen von Forschungspartizipation äußerst selten erfasst werden, geben Littlechild et al. (2015). Die
Autor*innen weisen zum einen darauf hin, dass sich **Wirkungen der Beteiligung
an Forschung und Entwicklung nur schwer messen lassen.** So können in Vorhaben, an denen verschiedene Stakeholdergruppen beteiligt waren, die Ergebnisse
nicht dem Engagement bestimmter Akteure zugeordnet werden. In partizipativen
Projekten, in denen unterschiedliche Beteiligte an der Umsetzung mehrerer Ziele
über längere Zeiträume hinweg gemeinschaftlich arbeiten, kann weder die Qualität der gemeinsamen Forschung, noch deren Ergebnisse retrospektiv angemessen
bewertet werden. Da konkrete Ergebnisse in vielen Projekten erst nach mehreren
Jahren des gemeinsamen Tuns greifbar sind, wie es bei technikorientierten Vorhaben etwa bei Prototypen ist, erscheinen meist nur begleitende Evaluationen als
sinnvoll. Für derartige Aufgaben fehlt es jedoch an **finanziellen Ressourcen.** Die
Beschäftigung mit den Wirkungen von Beteiligung gerät daher zu einer Aufgabe,
die den Charakter einer freiwilligen Selbstverpflichtung hat. Entsprechend gering
ist daher die Zahl partizipativer und kollaborativer Vorhaben, die dieser Aufgabe
nachgehen. Im Rahmen einer systematischen Analyse von 35 partizipativen Vorhaben mit älteren Menschen beobachteten Fudge et al. (2007), dass sich lediglich
zwei der untersuchten Studien der systematischen Erfassung von Effekten der
Beteiligung gewidmet haben. Beide Studien richteten ihren Fokus allerdings nur
auf **positive Einflüsse von Partizipation,** während mögliche negative Aspekte
nicht beachtet wurden.

Mit einer sekundäranalytischen Betrachtung von Wirkungen von Co-
Forschung mit älteren Menschen im Feld gesundheitlicher und pflegerischer
Versorgung befassten sich ebenfalls Littlechild et al. (2015). Dabei stellten die
Auto*rinnen fest, dass diese Studien zwei Wirkungsdimensionen besonders stark
hervorhoben: Die **Qualität der gewonnenen Daten** und den Einfluss auf Co-
Forschende. Auf die erstgenannte Dimension hatte die Beteiligung von älteren
Co-Forschenden, z. B. als Interviewer*in, sowohl positive als auch negative Aus-
wirkungen. So betonen einige Untersuchungen, dass durch den Einsatz älterer
Interviewer*innen vor allem ältere Befragte eine höhere Bereitschaft entwickel-
ten, sich im Gespräch zu öffnen. Aus der Perspektive professioneller Forschender
waren ältere Interviewer*innen nicht nur in der Lage, besonders geeignete Nachfragen zu stellen, sondern leisteten einen zentralen Beitrag zum Verständnis der
Daten. In einigen Projekten führte der Einsatz älterer Co-Forschender jedoch zur
Beeinträchtigung der Objektivität, z. B. wenn ältere Co-Forschende ihre eigenen
Erfahrungen als „ältere Person" wenig reflektierten und diese als Richtschnur für
die Interviewführung und Datenanalyse verwendeten. Einige Studien berichten
wiederum, dass es in kleinräumigen Kontexten problematisch sein kann, wenn

ältere Menschen durch gleichaltrige Co-Forschende aus ihrem Wohnort befragt werden. Eine derartige Konstellation kann zwar in einigen Fällen vertrauensfördernd wirken, bei einigen Themen kann sie jedoch hinderlich sein, z. B. wenn Befragte anonym bleiben möchten.

Neben dem Einfluss der Co-Forscher*innen auf die Qualität der Daten und Ergebnisse, stellt der **Einfluss der Beteiligung auf Laien-Forschende** ein wesentliches Ergebnis der Partizipation dar. Zu derartigen Wirkungen zählten u. a. eine höhere Lebenszufriedenheit, Selbstwirksamkeit, Selbstvertrauen, das Gefühl an einer sinnvollen Aufgabe beteiligt zu sein sowie der Erwerb von Wissen und Kompetenzen. Für die Beteiligung von Pflegeheimbewohner*innen stellen Shura et al. (2011, S. 221) fest, dass partizipative Aktionsforschung vor allem die Möglichkeit bietet, nicht nur bestimmte Formen eines als sinnvoll erlebten Engagements zu initiieren, sondern auch das Rollenverständnis von Pflegeheimbewohner*innen zu verändern. Durch Forschungspartizipation erhalten Bewohner*innen ein neues Rollenmodell, mit dem sie das ihnen zugewiesene Bild von Hilflosigkeit, Passivität und Abhängigkeit ablegen können. In ihrer Analyse von Motiven und Erwartungen an Forschungspartizipation sowie des damit verbundenen Nutzens, hebt Liamputtong (2015, S. 5 ff.) sowohl den erwarteten als auch den nachträglich wahrgenommen Mehrwert aus Sicht älterer Menschen hervor. Dabei beteiligen sich ältere Menschen an Forschung vor allem dann, wenn sie dadurch einen Beitrag zur Verbesserung der Versorgungssituation leisten können, von der andere Menschen (z. B. ältere Menschen an ihrem Wohnort) profitieren könnten. Als Motiv gilt auch die Unterstützung einer Forschung (über Ältere), die mit der Beteiligung älterer Menschen durchgeführt wird. Schließlich kommt sozialen Motiven, z. B. dem Aufbau neuer sozialer Kontakte (vor allem bei alleine Lebenden), sowie dem Wunsch nach Reziprozität, z. B. Wissen teilen zu können sowie Zugang zu Erfahrungen anderer Menschen zu gewinnen, ebenfalls eine wichtige Bedeutung zu. In den meisten Fällen benennen jedoch ältere Menschen altruistische Motive für ihr Engagement in Forschung, in denen sich meist ein hoher Grad der Generativität spiegelt. Das „Geben" hat demnach einen höheren Stellenwert als das „Nehmen", z. B. in Form eines persönlichen Nutzens (Dewar 2010; Doyle und Timonen 2010). Die hohe Diversität älterer Menschen spiegelt sich aber auch in der hohen Diversität ihrer Beteiligungsmotive. Professionelle Forschende müssen daher die Vielfalt der Beteiligungsmotive anerkennen und wertschätzen, sie aber auch im Rahmen von Forschungspartizipation ansprechen (Liamputtong 2015). Schließlich muss partizipative Forschung auch angemessene Räume zur Thematisierung divergenter Anliegen und Interessen schaffen. Die einseitige Ausrichtung an vermeintlich „harmonischer" Zusammenarbeit, die als linearer Prozess zum Erfolg (im Sinne positiver Outcomes) führt, dürfte dabei eher kontraproduktiv sein, weil sie das Risiko birgt, zu ungewollter Nivellierung nicht thematisierter Differenz zu führen. Forschungsbeteiligung kann daher auch emotional belastend sein, weil sie Differenzen zulässt, allerdings mit dem Ziel, sie nachhaltig zu bearbeiten. Forschungsbeteiligung kann allerdings auch enttäuschend sein, wenn z. B. bestimmte Kompetenzen nicht weiter eingesetzt werden können, weil es zu Einschnitten bei den Projektmitteln oder zur Beendigung der Projektarbeit kommt. Auch emotionale Belastung ist nicht selten, z. B. durch Erzählungen in Interviews, durch Erinnerung an negative Erfahrungen aus der Co-Forschung oder durch Überforderung aufgrund der Verantwortungsübernahme für schwer erreichbare Ziele (Littlechild et al. 2015). Wichtig ist daher der Blick auf die **Verteilung bzw. das Verhältnis von Nutzen und Risiken.** In der Gerontologie werden derartige Aspekte zwar aus theoretischer Sicht betrachtet, in der Forschungspraxis wurden sie bisher jedoch nur wenig untersucht. Begleitende Evaluationen partizipativer Forschung sind daher wichtig, um etwa ausbeuterisch wirkende Praktiken zu vermeiden, z. B. in Fällen, in denen Beteiligung unter belastenden Bedingungen durchgeführt wird (Carey 2010, S. 17).

Auf **negative Wirkungen** der Beteiligung älterer Menschen an Forschung im Feld der gesundheitlichen und pflegerischen (öffentlichen) Versorgung weist auch Dewar (2005) hin. So berichtet die Autorin u. a., dass ältere Co-Forschende einen hohen Grad der Verwirrung erlebten und sich im Rollenkonflikt sahen, wenn innerhalb des Projektes eine klare Rollendefinition fehlte. Konflikte zeichneten sich auch dann ab, wenn der Erwerb von Forschungskompetenzen ältere Beteiligte überforderte und sie deren Bedeutung systematisch hinterfragten. Um derartige Dynamiken zu vermeiden, entwickelte die Autorin (ebenda) ein Rahmenkonzept, das folgende Leitprinzipien enthält:

- Formalisierung der Rollen älterer Co-Forschender inkl. der Definition von Entscheidungskompetenzen, Aufgaben und Erwartungen
- Verbindliche Integration von Trainingsprogrammen für Professionelle zur angemessenen Gestaltung der Unterstützung von Co-Forschenden
- Klärung der Frage, wie unterschiedliches Wissen und unterschiedliche Kompetenzen auf jeweils andere, aber gleichgewichtige Weise in das Vorhaben eingebracht werden können
- Durchführung begleitender Evaluationen der Arbeitsprozesse und der Ergebnisse
- Im Falle begrenzter Möglichkeiten der Partizipation – Schaffung systematischer Austauschmöglichkeiten zwischen ausgeschlossenen Gruppen (z. B. bei Menschen mit fortgeschrittener Demenz) und anderen Stakeholdern.

Mit dem programmatischen Charakter von Partizipation hat die Zahl partizipativer Vorhaben mit älteren Menschen sichtbar zugenommen. Dieser Trend betrifft nicht nur technikorientierte Forschung und Entwicklung, sondern auch die Erforschung sozialer, gesundheitlicher und pflegerischer Dienstleistungen. Das Vorhandensein partizipativer Elemente ist hier vielfach zum wichtigen Kriterium der Projektförderung geworden. Daher warnt Visse davor, das Augenmerk auf Quantität anstatt auf **Qualität der Beteiligung** zu legen (Visse et al. 2012, S. 159): „Sometimes attention for quantity dominates: involving as many stakeholders as possible. This might lead to "pseudo-involvement": stakeholders are involved, but their viewpoint is not genuinely included or listened to." In diesem Zusammenhahg plädieren sie ausdrücklich für das Konstrukt einer verantwortungsvollen Evaluationsforschung *(responsive evaluation)*. Aus deren Sicht wird zwar die Einbeziehung unterschiedlicher Stakeholder- bzw. Interessensgruppen als relevant erachtet, Forschende müssen aber die mit ihr verbundenen normativen Gegensätzlichkeiten berücksichtigen. Als ein Risikofaktor gilt in diesem Zusammenhang der Ressourcendruck. Eine unter starkem Druck stattfindende partizipative Forschung mündet eher in der Tendenz, konflikt- und damit zeitschonend vorzugehen. Eine Diskussion über entgegengesetzte Wertvorstellungen findet daher nicht statt, und falls doch, dann in einer Weise, die sich einer relationalen, d. h. auf einen authentischen zwischenmenschlichen Austausch bezogenen Dimension entzieht.: „However, the narratives show that simply thinking and communicating about these values did not necessarily mean relational work was being done. An important responsibility in relational work such as a responsive evaluation, is also to express one´s own values, responsive evaluators have the responsibility to be "in relation", truly being responsive. This is a prerequisite for genuinely being "included"." (Visse et al. 2012, S. 159). Die Autor*innen plädieren daher für ein Umdenken im Rahmen partizipativer Forschung, so dass Forschungsbeteiligung grundsätzlich als reflexiv verstanden wird und einem relationalen Forschungsverständnis folgt. Zu den Mindestkriterien eines derartigen Forschungsverständnisses gehören: die *Narration von Werten, die Narration der eigenen Identität als Forschende und die Narration der während des Forschungsund Entwicklungsprozesses gebildeten Beziehungen.* Ein ähnliches Risiko sehen Littlechild et al. (2015) schließlich **darin, wenn sich partizipative Forschung alleine anhand ihrer Methoden als partizipativ** definiert. Im Gegensatz dazu betonenn die Autor*innen, dass: „participatory research is defined not by particular theories or methods, but by who defines research problems…" (Littlechild et al. 2015, S. 29). Zusammenfassend betrachtet, kann daher festgehalten werden, dass Vorhaben, die sich partizipativer Methoden bedienen, über das Potenzial zur

Stärkung von Interessen Beteiligter verfügen; sie verfügen jedoch im gleichen Maße über das Potenzial, Beteiligte „zum Schweigen zu bewegen" (ebenda). Einen kritischen Blick auf **die Praxis partizipativer Forschung mit älteren Menschen im Kontext der Entwicklung sog. Gerontechnologien** werfen auch Merkel und Kucharski (2019). In einem systematischen Literaturreview, in dem 26 Publikationen ausgewertet werden konnten, zeigen die Autoren, dass sich derartige Vorhaben in drei Gruppen einordnen lassen: (1) Vorhaben, die nach neuen Nutzungsmöglichkeiten einer bereits bestehenden Technologie suchen, (2) Vorhaben, die der Entwicklung neuer Anwendungen oder Geräte dienen und (3) Vorhaben, die der Testung und/oder Modifikation von Prototypen dienen. Dabei weisen sie auf verschiedene Probleme der Projekte hin. Dazu gehört z. B. die soziale Selektion, die bei der Auswahl der Teilnehmer*innen entsteht. Da die meisten Projekte beim Zugang zum Feld die Unterstützung von Senior*innenorganisationen suchen, sind es schließlich besonders stark integrierte Ältere, die an den Projekten teilnehmen. Die Verwendung qualitativer Methoden mit kleinen Samples verstärkt den Selektionseffekt dahingehend, dass besonders benachteiligte Personen eine geringere Wahrscheinlichkeit für Partizipation haben (ebenda, S. 6). Diese Art der Auswahl hat wiederum zu Folge, dass Technologien entwickelt werden, die die Bedürfnisse einer besonderen Gruppe älterer Menschen ansprechen. Bedürfnisse von Menschen in benachteiligten Lebenslagen werden dabei systematisch vernachlässigt. Die Ergebnisse des Review zeigen zudem, dass ältere Menschen – sofern sie als Beteiligte einbezogen werden – eher selten am gesamten Entwicklungsprozess partizipieren. Die Autoren beobachteten, dass sog. Laienforschende am häufigsten in die Phase des Designs bzw. Re-Designs sowie die Phase der Prototypentestung einbezogen wurden, während sie in der Phase der Ideengenerierung eher eine passive Rolle einnahmen (Merkel und Kucharski 2019, S. 6). Zudem unterscheiden die Autoren verschiedene Grade der Partizipation: 1) keine Partizipation, 2) geringe Partizipation, 3) mittelgradige Partizipation und 4) vollständige Partizipation. Die vierte Stufe der Partizipation, die einer vollständigen Entscheidungsmacht in allen Stufen der Entwicklung entsprach, kam dabei am seltensten vor. Darüber hinaus befasste sich keines der analysierten Vorhaben mit der Evaluation der Partizipation(-sziele), z. B. in Form nachträglicher Befragungen der Teilnehmenden; lediglich vereinzelte Erhebungen fanden statt.

Der Blick auf die Diskussion über Wirkungen und Bedingungen (gelungener) Forschungspartizipation zeigt, dass es bei der Einbeziehung älterer Menschen in partizipative Forschung gewisse Risiken gibt, die vor allem dann entstehen, wenn theoretisch als erforderlich geltende Prinzipien nicht erfüllt werden (können). Die Diskussion macht aber zugleich auf die Komplexität der Zusammenhänge in partizipativen Vorhaben aufmerksam. So lassen sich auf der Basis

aktueller Erkenntnisse verschiedene Prinzipien einer partnerschaftlichen Forschung mit älteren Menschen benennen. Sie lassen es allerdings nicht zu, zu
einem einheitlichen „gold standard" der Partizipation zu gelangen. Die Planung und Durchführung partizipativer Forschung mit älteren Menschen beinhaltet
grundsätzlich eine Reihe von Abwägungsprozessen, deren Ausgang von den
spezifischen Projektzielen, den Interessen der Beteiligten und dem Gesamtkontext abhängig ist. Deutlich erkennbar wird dies beispielsweise an der Forderung
nach einer uneingeschränkt gleichberechtigten und alle Schritte des Forschungsprozesses beinhaltenden Zusammenarbeit mit Älteren, die in der Regel durch
professionelle Forschende geäußert wird. Die Forschungspraxis zeigt jedoch, dass
diese Forderung gelegentlich im Widerspruch zu den Wünschen älterer Menschen
steht. So sind nicht alle Personen daran interessiert, an allen Phasen eines partizipativen Vorhabens in gleich intensiver Weise mitzuwirken (Blair und Minkler
2009). Dies verdeutlicht, dass es im Hinblick auf das Wesen von Forschungspartizipation mit Älteren keinesfalls um die Suche nach einem „gold standard", d. h.
einer allgemeinen Regel, die für alle gilt, gehen kann, sondern um die Gestaltung
reflektierter Partizipationspraxis, die sich der verschiedenen Verschränkungen und
ihrer Folgen bewusst ist (Doyle und Tomonen 2010, S. 248). Ein hohes Engagement muss etwa nicht zwingend als ein hoher Grad der Mitwirkung an allen
Forschungsaufgaben und -schritten verstanden werden, sondern kann in bestimmten Kontexten auch als Teilhabe definiert werden, die z. B. aus der Teilhabe am
Wissen (gemeinschaftlich generiertes Wissen teilen) – und weniger als Beteiligung an Forschungsaufgaben – erwächst. Ein differenzierter und gleichzeitig
kritischer Blick auf partizipative Forschung mit älteren Menschen scheinen dabei
geeignete Strategien zu sein, um den vielfältigen Interessen der Älteren gerecht
zu werden.

2.1.5.2 Partizipative Forschung mit Menschen mit Demenz
Der Einblick in die aktuelle partizipative Forschung – unabhängig von technikorientierten Vorhaben – verdeutlicht, dass nicht nur ältere Menschen, sondern
vor allem Menschen mit Demenz selten in derartige Vorhaben eingebunden werden. Trotz vorliegender Erkenntnisse zur Relevanz beteiligender Elemente in
Forschung – z. B. für die Weiterentwicklung gesundheitlicher und pflegerischer
Versorgung (WHO 2015) – gehören Menschen mit Demenz zu einer Personengruppe, deren Perspektiven und Interessen weniger durch direkte Beteiligung, als
durch die Einbindung sog. Stellvertreter*innen eingebracht werden (Bethell et al.
2018). Ausgehend von Recherchen in den EU-Ländern finden z. B. Miah et al.
(2019) lediglich 20 Studien, in denen Menschen mit Demenz im Rahmen von
„Patient and Public Involvement" (PPI) in die Versorgungsforschung eingebunden

wurden. Davon wurden 19 Studien in Großbritannien durchgeführt, wo die Vergabe öffentlicher Fördermittel in der Versorgungsforschung an die Integration von PPI-Elementen gebunden ist. Diese Situation spiegelt die Rolle, die Menschen mit Demenz in der Forschung nach wie vor zugewiesen wird: als Empfänger*innen von Transferleistungen, als Zielgruppe professioneller Interventionen oder als Erkrankte, die von fremder Hilfe abhängig sind. Eine durch Partnerschaftlichkeit gekennzeichnete Rolle wird ihnen in der Forschung bisher selten anvertraut.

Die theoretisch begründete Vorstellung, dass Menschen mit Demenz ihre Interessen – auch im Rahmen von Forschung – aktiv vertreten können, zeigt sich erst seit den Arbeiten von Kitwood (u. a. 1995). Die Weiterentwicklung dieser Idee zu einer Person-zentrierten partizipativen Forschungspraxis wurde bisher allerdings nur zögerlich verfolgt. So weist etwa KcKeown (2017) darauf hin, dass es – ähnlich wie in der Praxis – auch in der Forschung mit Menschen mit Demenz eines Person-zentrierten Ansatzes bedarf. Einer ähnlichen Argumentation folgt Cowdell (2008), nach der Forschungsaktivitäten im ersten Schritt den Bedürfnissen von Menschen mit Demenz dienen sollten, während andere Ziele als nachgeordnet zu betrachten sind. Trotz vorhandener Forschungslücken liegen heute einige Erfahrungen aus partizipativen Vorhaben sowie **theoretische Modelle** und **Leitlinien** vor, die für die Beteiligung von Menschen mit Demenz an Forschung entwickelt wurden. Im Rahmen dieses Unterkapitels sollen vor allem derartige Leitlinien und Prinzipien vorgestellt werden. Sie entstanden entweder auf Grundlage umfassender Literaturrecherchen oder durch Erfahrungen in konkreten Projekten. Bei den hier betrachteten Arbeiten handelt es sich um ausgewählte Beispiele, die ihren Schwerpunkt nicht zwingend auf die Erforschung oder Entwicklung von Technologien gelegt haben. Trotz dessen lassen sich deren Ergebnisse auch auf Vorhaben im Feld technologischer (Neu-)Entwicklung übertragen.

Es ist vor allem die Europäische Alzheimer Gesellschaft, die bereits im Jahr 2009 eine Reihe detaillierter Empfehlungen zur Integration von Menschen mit Demenz in Forschung vorlegte (Alzheimer Europe 2011) und im Rahmen eines Nachfolgeprojektes fundierte Vorschläge für den Umgang mit ethischen Aspekten in der Forschung mit Menschen mit Demenz entwickelte (Alzheimer Europe 2019). Im Hinblick auf partizipative Forschung ist es wiederum die in Großbritannien organisierte Alzheimer Gesellschaft, die sich für die Beteiligung von Menschen mit Demenz an Forschung engagiert (Alzheimer's Society UK 2018). Auch wenn der Fokus der erstgenannten Publikationen nicht ausschließlich auf partizipativer Forschung beruht, fordern die Autor*innen nach Möglichkeit eine frühzeitige Beteiligung Betroffener an Forschung. Damit ist eine Beteiligung in der Planungsphase gedacht, da nur auf diesem Wege die Möglichkeit besteht, an der Bestimmung der Forschungsthemen mitzuwirken.[7] Bei der Integration von Menschen mit Demenz in Forschung ist es zudem notwendig, verschiedene Gruppen von Betroffenen anzusprechen. Damit verbunden ist die Herstellung einer gewissen Diversität innerhalb einbezogener Teilnehmer*innen, z. B. im Hinblick auf ethnische Zugehörigkeit, Lebenslage, Art der Demenz oder das Krankheitsstadium. Antragsteller*innen sollten zudem beachten, dass Co-Forschung mit Betroffenen einer entprechenden Zeit- und Ressourcenplanung bedarf. So sind z. B. zusätzliche Zeitfenster für die Akquise, die Durchführung von Veranstaltungen und Interviews sowie zusätzliche finanzielle Ressourcen einzuplanen, z. B. für die Anreise der Co-Forschenden und für fachgerechte Begleitung während des Vorhabens.

Aus den Erkenntnissen kollaborativer Forschung im Bereich der gesundheitlichen und pflegerischen Versorgung mit Menschen mit Demenz leiten Swarbrick et al. (2016) insgesamt drei allgemeine **Grundprinzipien** ab, die in derartigen Vorhaben Anwendung finden sollten:

1) Menschen mit Demenz sollten grundsätzlich ermächtigt, keinesfalls behindert werden, an Forschungsvorhaben zu partizipieren.
2) Partizipative Vorhaben sollten eine an die Bedürfnisse der Co-Forschenden mit Demenz angepasste Unterstützung leisten, für deren Gestaltung das Individuum – und keinesfalls die Erkrankung – leitend sein soll.
3) Die Forschungsbeziehung mit Betroffenen sollte (mindestens) auf Kollaboration und einem reziproken Verständnis von Partnerschaft basieren (Swarbrick et al. 2016, S. 2).

Neben der Zusammenstellung bestimmter Grundprinzipien entstanden im Rahmen partizipativer Projekte ebenfalls theoretische **Modelle**, die verschiedene Bausteine eines partizipativen Entwicklungsprozesses definieren. Ein derartiges Modell – das sog. *Balanced Participation Model* – entwickelten Thoft et al. (2018). Es entstand in einem partizipativen Vorhaben mit Menschen mit beginnender Demenz, in dem sie eine qualitative Interviewstudie durchführten und in dem ein strukturiertes Training für Co-Forschende mit beginnender Demenz entwickelt wurde. Das o. g. Modell umfasst insgesamt fünf Projektphasen:

1) Phase 1: Akquise von Co-Forschenden und informierte Einwilligung

---

[7]Der Blick in das von Miah et al. (2019) vorgelegte Review verdeutlicht, dass selbst die PPI-Forschung, die in England gezielt finanziell unterstützt wird, Menschen mit Demenz nicht in alle Phasen der Projekte einbezieht. Von den analysierten 20 Studien sind Menschen mit Demenz nur in acht Studien in alle Projektphasen einbezogen worden.

2) Phase 2: Projektplanung und Umsetzung mit kontinuierlicher Anpassung an Unterstützungsbedarfe der Co-Forschenden
3) Phase 3: Begleitendes und in die Forschung integriertes Training, das Co-Forschende für die selbstbestimmte Wahrnehmung ihrer Rolle als Co-Forschende qualifiziert.
4) Phase 4: Begleitende Evaluation des Forschungs- und Beteiligungsprozesses.
5) Phase 5: Dissemination der Forschungsergebnisse.

Ein weiteres theoretisches Modell entwickelte die Initiative INVOLVE[8], in der sich verschiedene Akteure für die Stärkung gesellschaftlicher Teilhabe von Menschen mit Demenz engagieren. Das Modell schlägt insgesamt sechs Bausteine vor, die in einen iterativen Co-Forschungsprozess eingebunden sind:

1) Menschen mit Demenz unterstützen (*Supporting us*)
2) Identifikation von Forschungsprioritäten (*Identifying research priorities*)
3) Gestaltung des Forschungsdesigns (*Designing the research*)
4) Datenerfassung (*Collecting data*)
5) Ergebnisse (*The findings*)
6) Transfer (*Getting the results „out there"*).

Als eine Weiterentwicklung des Basismodells kann das sog. COINED-Modell (*„CO-researcher Involvement and Engagement in Dementia"*) betrachtet werden, das auf der Grundlage des partizipativen Projektes mit dem Titel: *„Neighbourhoods and Dementia Study"* entstand. Dieses Modell, das gemeinsam mit Betroffenen entwickelt wurde, wird als konzeptionelle Grundlage für die Einbeziehung von Menschen mit Demenz in partizipative Forschung verstanden (Swarbrick et al. 2016, S. 5; Swarbrick und Open Doors 2018) (vgl. Abbildung 2.1).

---

[8]Weitere Informationen unter: https://www.involve.org.uk/

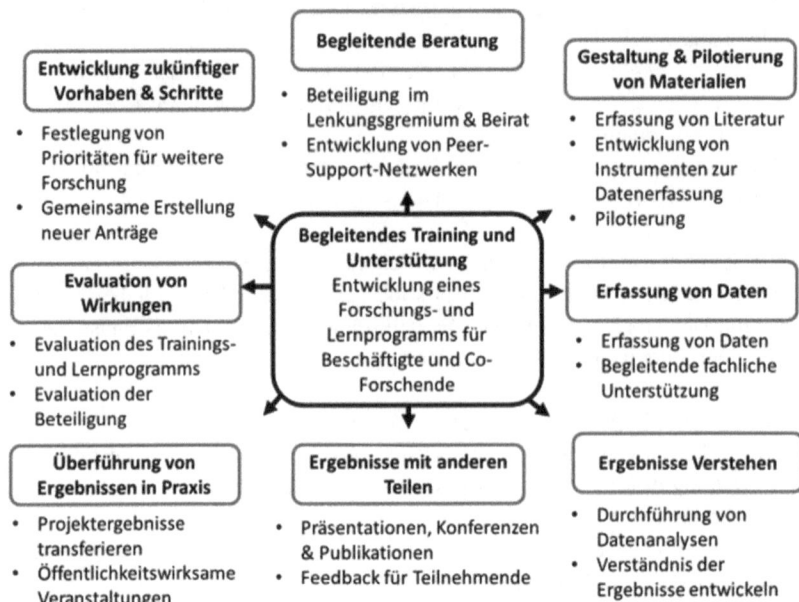

Abbildung 2.1 „CO-researcher Involvement and Engagement in Dementia" (COINED-Modell) (Swarbrick et al. 2016, S. 5; eigene Übersetzung)

Sowohl bei der Entwicklung als auch der konkreten Umsetzung des COINED-Modells sammelten beteiligte Projektteams eine Reihe wertvoller Erfahrungen, die als Leitprinzipien bzw. Erfolgskriterien von Co-Forschung mit Menschen mit Demenz betrachtet werden können. Als besonders relevant kristallisierten sich folgende Elemente heraus:

- *Projektbegleitende Unterstützung und Training*, die durchgehend zur Verfügung stehen müssen. Als optimal gelten zwei Formen der Unterstützung: 1) Formal, d. h. durch geschultes Personal oder Wissenschaftler*innen, 2) Informell, d. h. durch Peer-Support und andere Netzwerke (Swarbrinck et al. 2016, S. 4)
- *Gelebte Erfahrung (lived experience) als Leitprinzip*, d. h. als zentrale Leitlinie des Vorhabens, an der sich alle Projektbausteine orientieren mit der Maßgabe, dass Co-Forschende mit Demenz an allen Projektschritten beteiligt sind (ebenda).

- *Empowerment von Co-Forschenden mit Demenz als zentrales Ziel von Forschungspartizipation:* Während die Beteiligung von Menschen mit Demenz bisher vor allem im Hinblick auf ihre Relevanz für die Forschung diskutiert wurde (z. B. Tanner 2012), fordern Swarbrick et al. (2016, S. 6), dass sie in erster Linie unter dem Primat des persönlichen Nutzens der Beteiligten bewertet wird. Ziel partizipativer Vorhaben sollte im Empowerment Betroffener liegen und nicht etwa der Förderung von Forschung *durch* Partizipation. Diese Prioritätensetzung erfordert, dass z. B. Forschungsmethoden an Bedürfnisse der Co-Forschenden angepasst werden – und nicht etwa umgekehrt, dass Menschen mit Demenz sich an „starre" methodische Schritte anpassen.

Die Beteiligung von Menschen mit Demenz als Co-Forschende basiert auf vier **Arten des spezifischen Wissens** Betroffener, die über den gesamten Forschungsprozess hinweg beachtet werden sollten (Swarbrick und Open Doors 2018):

- *Erfahrungswissen (experiential knowing),* das aus der eigenen *Erfahrung des Lebens mit Demenz* resultiert; da Co-Forschende mit Demenz diese Erfahrung mit anderen Stakeholdern teilen, können sie besser verstanden werden, während andere Akteure mehr Empathie gegenüber Menschen mit Demenz entwickeln können.
- *Darstellungsbezogenes Wissen (presentational knowing),* das aus der *Kommunikation der eigenen Erfahrung* als Mensch mit Demenz resultiert; es handelt sich dabei um spezifisches Wissen darüber, wie eigene Erlebnisse, die anderen Menschen verborgen bleiben, in optimaler Weise mitgeteilt werden können.
- *Deutungsbezogenes Wissen (propositional knowing),* das sich auf die Art und Weise bezieht, wie Menschen ihre Erfahrungen *deuten* und sie in ihre *Identität integrieren.*
- *Praktisches Wissen (practikal knowing),* das auf der Basis der o. g. Wissensarten entsteht und sich auf die *praktische Umsetzung individueller Ziele und Anliegen* – unter den Bedingungen einer Demenz – bezieht.

Schließlich erarbeitete die Scottish Dementia Working Group (SDWG) zusammen mit Wissenschaftler*innen der Universität Edinburgh sechs Leitprinzipien zur Integration von Menschen mit Demenz in Forschung (SDWG 2013). Die sechs Kernprinzipien beziehen sich nicht ausschließlich auf partizipative Forschung, sondern können als allgemeine Regeln der Integration Betroffener in Forschung verstanden werden (Info-Box 2.15).

Leitprinzipien der Integration von Menschen mit Demenz in Forschung

1) Selbstbestimmung & Informationsvermittlung

- Menschen mit Demenz bestimmen, *ob, wann und wie* sie in Forschung eingebunden werden.
- Menschen mit Demenz werden über die Forschung informiert und bestimmen, *wann und wie* sie über den Projektverlauf und die Ergebnisse in Kenntnis gesetzt werden.
- Forschungsergebnisse werden transparent dargestellt, ohne negative Aspekte zu verschweigen.
- An- und Zugehörige dürfen an der Forschung teilnehmen bzw. werden über das Vorhaben regelmäßig informiert; Menschen mit Demenz bestimmen jedoch eigenständig, wer sie bei der Wahrnehmung von Forschungsaufgaben unterstützt.
- Professionelle, zu denen Menschen mit Demenz ein Vertrauensverhältnis haben, werden auf Wunsch Betroffener ebenfalls einbezogen oder über die Forschung informiert.

2) Erfahrungswissen von Menschen mit Demenz als Wissen annehmen

- Menschen mit Demenz werden in die Formulierung von Forschungsprioritäten und -zielen einbezogen, so dass sie die Erkenntnisgewinnung über Demenz bestimmen können.
- Wissenschaftler*innen gestalten den gesamten Forschungsprozess auf eine Weise, die Menschen mit Demenz eine gleichberechtigte Teilnahme (inkl. Begleitung und Training) ermöglicht.
- Wissenschaftler*innen betrachten die Erfahrungen von Menschen mit Demenz als Wissen und schaffen Möglichkeiten, die Ergebnisse von Forschung selbstbestimmt mitzugestalten.

3) Herstellung einer geschützten Umgebung

- Wissenschaftler*innen sorgen für eine sichere Teilnahme, vertrauensvolle Atmosphäre und für Wohlbefinden – sowohl während einzelner Forschungsschritte als auch nach deren Beendigung.
- Menschen mit Demenz werden an die Freiwilligkeit ihrer Teilnahme immer wieder erinnert, erhalten emotionale Unterstützung, bestimmen den Interviewort und können Wissenschaftler*innen vertrauen.
- Wissenschaftler*innen stellen eine positive Atmosphäre her, in der sie sich selbst wohl fühlen.

4) Verständliche Kommunikation und vorurteilsfreie, nichtstigmatisierende Sprache

- Wissenschaftler*innen nutzen einfache Sprache, erläutern unverständliche Begriffe bei jedem Gebrauch und geben nach längeren Ausführungen eine kurze Zusammenfassung.
- Alle schriftlichen Unterlagen sind verständlich verfasst.
- Wissenschaftler*innen sind sich der Risiken der Stigmatisierung bewusst und vermeiden Bewertungen jeglicher Art.

5) Sich der Erkrankung bewusst sein

- Wissenschaftler*innen verfügen über Empathie, Toleranz, Verständnis, Respekt, Wissen über Demenz, eine nicht patronisierende Haltung und können Stille bzw. längere Pausen aushalten.
- Wissenschaftler*innen prüfen vor Forschungsbeginn, ob sie eine Schulung brauchen.
- Wissenschaftler*innen erkennen die Diversität von Menschen mit Demenz an und berücksichtigen dies im Forschungsprozess und dessen Gestaltung.

6) Zeitliche Gestaltung beachten & anpassen

- Wissenschaftler*innen berücksichtigen die Zeitbedarfe von Menschen mit Demenz, auch bei der Erinnerung an die Vergangenheit.
- Wissenschaftler*innen sorgen für den richtigen Interviewzeitpunkt und Pausengestaltung.
- Menschen mit Demenz werden an Termine erinnert; Wissenschaftler*innen sorgen dafür, dass der Zeitpunkt für Interviews passend ist.
- Wissenschaftler*innen halten sich an zeitliche Vereinbarungen, sind aber flexibel, falls Betroffene davon abweichen.
- Wissenschaftler*innen haben Verständnis dafür, wenn Menschen mit Demenz Termine verschieben bzw. absagen oder aus der Untersuchung ausscheiden.

Info-Box 2.15: Leitprinzipien der Integration von Menschen mit Demenz in Forschung (Scottish Dementia Working Group (SDWG) 2013; eigene Übersetzung)

Der kurze Einblick in partizipative Forschung mit Menschen mit Demenz zeigt, dass die Anzahl entsprechender Aktivitäten in diesem Feld vor allem in den vergangenen Jahren merklich zugenommen hat. Trotz einiger Prozessmodelle und Erkenntnisse über notwendige Rahmenbedingungen partizipativer Forschung mit Menschen mit Demenz, überwiegt hier die Suche nach geeigneten Konzepten und der Sammlung weiterer (empirischer) Erfahrungen. Sehr wenig ist dagegen über die tatsächlichen Wirkungen partizipativer Forschung bekannt, z. B. auf Co-Forschende, auf den Forschungsprozess oder dessen Ergebnisse. Auch wenn inzwischen eine rege Debatte um positive und negative Wirkungen der Beteiligung an Forschung – auch mit Menschen mit Demenz, z. B. im Zusammenhang mit sog. PPI-Ansätzen („Patient and Public Involvement") – zu beobachten ist, nehmen nur wenige Studien die Mühen einer **Evaluation der Beteiligung in Kauf**. So zeigen z. B. die Ergebnisse des bereits oben erwähnten Review von Miah et al. (2019), dass unter den 20 analysierten Studien nur drei Vorhaben eine formale Evaluation der Beteiligung der Co-Forschenden durchgeführt haben. Dabei bedienten sie sich meist bestimmter Befragungsmethoden, mit deren Hilfe Co-Forschende zu ihren individuellen Beiträgen zur Forschung sowie ihrem wahrgenommenen Nutzen befragt wurden (z. B. quantitative Erhebung, leitfadengestütztes Interview, Fokusgruppen). Die Ergebnisse weisen überwiegend auf positive Wirkungen hin. Da sich die Mehrheit aktueller Evaluationen partizipativer Forschung meist keiner anerkannten Forschungsmethoden bedient und die berichteten Erkenntnisse eher den Status einer anekdotischen Evidenz aufweisen, bedarf es weiterer Forschung in diesem Feld. Von wesentlicher Bedeutung sind auch differenzierte Erkenntnisse über die Möglichkeiten und Grenzen der Beteiligung von Menschen mit Demenz, z. B. darüber, in welchen Phasen der Forschung sie effektiv beteiligt werden können.[9]

2.2   Partizipative Forschung aus ingenieurwissenschaftlicher und gestalterischer Sicht

2.2.1   Definition(en) und Merkmale

Ähnlich wie in der sozialwissenschaftlichen Forschung, lässt sich auch aus ingenieurwissenschaftlicher und gestalterischer Sicht kein einheitlicher partizipativer Ansatz ausmachen. Selbst im Feld der Mensch-Computer-Interaktion besteht eine große Heterogenität partizipativer Modelle, die verschiedenen Disziplinen entstammen, unterschiedliche Traditionen repräsentieren und aufgrund eines raschen Wandels digitaler Technologien einer großen Dynamik unterliegen. Die Vielfalt bestehender Ansätze wird besonders sichtbar, wenn neben methodologischen Ansätzen die zunehmende Entwicklung singulär verwendeter Methoden, Techniken und Tools betrachtet wird. Dieser, auch als „Methodenorientierung" oder „Methodisierung" bezeichnete, Trend führte zwar dazu, dass die Beteiligung potenzieller Nutzer*innen an Technikentwicklung zugenommen hat, löste jedoch einzelne Methoden zunehmend von ihren theoretischen „Wurzeln"

---

[9]Zur detaillierten Diskussion der Wirkungen von Forschungspartizipation auf Menschen mit Demenz vgl. Abschnitt 4.1.4.

und vernachlässigte dadurch nicht nur die Rolle der dazugehörigen Methodologien, sondern auch die Auseinandersetzung mit der Rolle der Designer*innen im Entwicklungsprozess (Steen 2011, S. 46 f.).

Ähnlich wie in den Sozialwissenschaften, verweisen partizipative Ansätze im Feld der HCI auf unterschiedliche Traditionen. Nach Steen (2011) lassen sich aus der Perspektive der Gestaltung mindestens zwei derartige Traditionslinien unterscheiden: die **nutzerzentrierte** (user-centred design, kurz: UCD) sowie die **menschzentrierte Gestaltung** (human-centred design, kurz: HCD).[10] Während in Ansätzen, die sich der erstgenannten Traditionslinie zuordnen, beteiligte Laien-Forschende hauptsächlich in ihrer Rolle als Nutzer*innen (z. B. technischer Entwicklungen) angesprochen werden, steht in der zweitgenannten Traditionslinie der Mensch im Mittelpunkt der Entwicklung, ohne dass er auf eine bestimmte Rolle (z. B. als Nutzer*in) reduziert wird, noch dass gewisse Kriterien, wie z. B. Nutzung, Nützlichkeit oder Nutzer*innenfreundlichkeit die Forschungsbeteiligung bestimmen. Während nutzerzentrierte Ansätze ihren Ursprung in der Entwicklung technischer Artefakte, insbesondere im Feld der Softwareentwicklung, haben bzw. mit dieser eng verbunden sind, sehen sich die in der zweitgenannten Traditionslinie stehenden Ansätze einem breiteren Verständnis von Gestaltung verpflichtet (Robertson und Simonsen 2013). Ihr Augenmerk liegt auf einer partizipativen Gestaltung von Praxis im weiteren Sinne, z. B. der Gestaltung von Kommunikations-, Organisations-, Lern- und Koordinationsstrukturen und -prozessen (Mareis 2013). Technische Artefakte können, müssen jedoch nicht zwingend Teil der zu gestaltenden Praxis sein. Die Reduktion des Menschen auf die Rolle als Nutzer*in hat zudem ethische Implikationen und ist mit der Methodologie vieler partizipativer Ansätze des HCD nicht vereinbar.

Das Feld der Mensch-Computer-Interaktion stellt ein interdisziplinäres Forschungsfeld dar, in das theoretische Ansätze verschiedener Disziplinen hineinfließen. Bei der Entwicklung bzw. Gestaltung digitaler Technologien kommt den theoretischen Ansätzen der Ingenieurwissenschaften und den Design-Ansätzen eine besondere Bedeutung zu.[11] Während aus Sicht der Ingenieurwissenschaften

---

[10]Die Begriffe „Gestaltung", „Design" oder „Entwurf" verweisen nicht immer auf gleiche Gegenstandsbereiche; im Rahmen dieses Kapitels werden sie jedoch als Synonyme verwendet, so dass z. B. die Bezeichnungen nutzerzentrierter Entwurf, nutzerzentrierte Gestaltung und nutzerzentriertes Design als gleichbedeutend verstanden werden können.

[11]Im Feld des Designs wird nicht durchgehend von einer Designwissenschaft gesprochen. Der Vorstoß, eine derartige Wissenschaft zu etablieren, ist vergleichsweise neu (Romero-Tejedor und Jonas 2010). Zudem bestehen zum Teil Differenzen im Verständnis von Design, z. B. zwischen der Designwissenschaft, der Designtheorie und der Designpraxis. Wenn in diesem Buch von Design- oder gestalterischen Ansätzen gesprochen wird, werden damit

die Bezeichnungen UCD und HCD häufig gleichbedeutend und daher als austauschbar betrachtet werden, verfügen sie im Design nicht nur über unterschiedliche Konnotationen, sondern gehen auf andere theoretische Ansätze sowie ein anderes Menschenbild zurück. Widmet man sich zunächst den Gemeinsamkeiten beider Ansätze, so lassen sich die Hervorhebung multidisziplinärer Forschungs- und Entwicklungskontexte sowie die aktive Einbeziehung von Laien-Forschenden als ihre verbindenden Merkmale benennen. Mit der Forschungsbeteiligung werden allerdings teilweise unterschiedliche Ziele verbunden. So dient die Beteiligung aus Sicht einiger Ansätze einem besseren Verständnis der Bedürfnisse und Erfahrungen der Nutzer*innen oder der Herstellung einer sinnvollen Balance zwischen den beiden Foki: Mensch und Technik (UCD). In anderen Ansätzen dient die Beteiligung dagegen der Entwicklung innovativer Zukunftsvisionen oder der Förderung von Demokratisierungsprozessen in ausgewählten gesellschaftlichen Bereichen (HCD). Folglich ist auch die konkrete Umsetzung der beiden Ansätze in der Forschungs- und Entwicklungspraxis i. d. R. mit unterschiedlichen Partizipationszielen verbunden. Nach Carroll und Rosson (2007) lassen sich im Feld der HCI grundsätzlich zwei verschiedene Bündel von Partizipationszielen unterscheiden: ethisch-moralische sowie pragmatische Motive. Dabei bezieht sich die erste Art der Motive auf gegenseitige Lernprozesse zwischen Co-Forschenden und Entwickler*innen, die eine politische Wirkung entfalten sollen. Als pragmatische Motive gelten dagegen instrumentelle Ziele, wie z. B. die Technikakzeptanz und der Markterfolg künftiger Produkte, von denen angenommen wird, dass sie besser zu erreichen sind, wenn sich Nutzer*innen an der Gestaltung der Artefakte beteiligen. Schließlich lassen sich anhand der Trennlinie zwischen UCD und HCD auch unterschiedliche Grade bzw. Niveaus der Beteiligung unterscheiden. Während in dem an Nützlichkeit und Nutzer*innenfreundlichkeit orientiertem Beteiligungsverständnis die Einbindung der Nutzer*innen häufig erst in der mittleren oder gar der letzten Phase des Innovations(entwicklungs-)prozesses geschieht, sieht der dem HCD zugrunde liegender Beteiligungsansatz vor, Co-Forschende so früh wie möglich in den Gestaltungsprozess einzubinden (Lengwiler 2008). Dabei orientieren sich ingenieurwissenschaftlich dominierte Vorhaben häufiger am Ansatz des UCD. Die als pragmatisch bezeichneten Ziele stehen dabei im Vordergrund der konkreten Ausgestaltung von Beteiligung. HCD-Ansätze streben dagegen eine Verbesserung der Lebenswelt der Beteiligten an. Zu den Ansätzen, die sich dem HCD zuordnen, zählt Steen (2011) den partizipatorischen bzw. partizipativen

---

theoretische Modelle bzw. Methodologien bezeichnet, die dem praktischen Feld des Designs entstammen, unabhängig davon, ob sie sich in ihrem Selbstverständnis zur Designtheorie oder der Designwissenschaft zuordnen.

Ansatz (**Participatory Design**), die **Ethnographie**, den **Lead User Approach**, den Ansatz des kontextuellen Design (**Contextual Design**), den Ansatz des **Co-Design** sowie den Ansatz des empathischen Design (**Empathetic Design**). Unter ihnen nimmt nach Mareis (2013 S. 16) der Ansatz des „participatory design" eine gewisse Vormachtstellung ein, indem er als eine Denkrichtung verstanden wird, der sich verschiedene „Schulen" unterordnen. Dabei sind die „Verfahren des partizipatorischen Designs (…) weder auf die Planung von urbanen Räumen, noch auf informations- und kommunikationstechnische Interaktionen begrenzt. Sie umfassen vielmehr sämtliche Konstellationen und Aktivitäten, in denen professionelle und nicht-professionelle Designer in Gestaltungs- und Entwicklungsprozessen als Co-Designer zusammenarbeiten" (ebenda).

Aus der Auseinandersetzung mit den Bedarfen besonderer Zielgruppen, z. B. Menschen mit Behinderung, entstanden in den vergangenen Jahrzehnten weitere spezifische Ansätze. Dazu gehört das **Universal Design** (UD), das **Inclusive Design** sowie das **Design for All** – allesamt Ansätze, die sich vom sog. „mainstream design" abgrenzen (Newell et al. 2011, S. 235). Motiviert schließlich durch Debatten über Werte im Design, insbesondere die Frage wie Werte durch Gestaltung die Lebenswelt bestimmen, sich dort materialisieren oder reproduzieren, entwickelten sich quer bzw. parallel zu den o. g. Trendlinien weitere gestalterische Ansätze, die sich einem bestimmten normativen Verständnis von Design verpflichtet fühlen. Dazu gehören u. a. das **Value Sensitive Design** sowie das **Design for Capabilities**. Die Beteiligung von Laien-Forschenden spielt auch hier eine wichtige Rolle, obwohl sie nicht als entscheidendes Leitprinzip dieser Ansätze betrachtet wird.

Um die begonnene Erläuterung zentraler Begriffe abzurunden, soll abschließend auf den im Design als zentral geltenden Begriff der **(situativen) Praktik(en)** eingegangen werden. Dahinter verbergen sich u. a. „Routinen von „Praxis" und „Arbeit" (…), welche die Grenzen rationalen Handelns oder technischer Rationalität übersteigen. Eine der basalen Überzeugungen in dem Feld besagt mithin, dass Praxis nicht bloß als funktionaler Vollzug rationaler oder technischer Vorgaben, sondern als eine soziale Aktivität verstanden werden muss." (Mareis 2013, S. 16). Dabei ist es keinesfalls so, dass dieser Begriff im Design einheitlich verstanden wird. Aus Sicht des Co-Design geht es nach Björgvinsson (2008, S. 89) bei Praktiken darum, „how emerging communicative practices are part of an encompassing competent engagement within communities of practice including its members´ identities". Ergänzend kann hinzugefügt werden, dass unter „communities" verschiedene Gruppen verstanden werden, die in einem Gestaltungsprozess aufeinandertreffen. Der Begriff der (individuellen wie kollektiven)

Praktik ist hier insofern wichtig, weil im Kontext des Designs davon ausgegangen wird, dass die *Stabilisierung* oder die *Veränderung von Praktiken* zwei Modi darstellen, denen im Rahmen eines partizipativen Entwurfs eine entscheidende konzeptionelle Bedeutung zukommt.

Der kurze Überblick verdeutlicht, dass es im Kontext der Ingenieurwissenschaften und des Designs unterschiedliche partizipative Ansätze gibt, die sich im Hinblick auf ihre Ziele, das Verständnis von Beteiligung, den Grad ihrer theoretischen Fundierung und die Umsetzung einer eigenen Methodologie stark voneinander unterscheiden. Neben Ansätzen, die klare theoretische Grundlagen aufweisen, bestehen ebenfalls Ansätze, die eher als Handlungskonzepte oder Sammlungen von Leitlinien verstanden werden können. Angesichts dieser Situation dürfte die Unterschiedlichkeit zwischen den verschiedenen Ansätzen größer sein als jene Differenzen, die zwischen den partizipativen Ansätzen in den Sozialwissenschaften bestehen. Aus diesem Grund werden im Rahmen der nachfolgenden Unterkapitel ausgewählte Ansätze detaillierter vorgestellt.

2.2.2 Zentrale Leitlinien und -prinzipien

Partizipative Forschungsansätze aus ingenieurwissenschaftlicher und gestalterischer Sicht entspringen unterschiedlichen Traditionen, so dass sowohl das Verständnis von Partizipation als auch das Verständnis von Forschungsbeteiligung mit mehr oder weniger großen Differenzen verbunden sind. Steen (2008, zit. in Span et al. 2013, S. 537) unterscheidet im Feld partizipativer Technikgestaltung verschiedene Grade der Beteiligung, die von den Projektzielen abhängig sind und damit auch die Rollen der Beteiligten bestimmen. Teilnehmer*innen können demnach als (Forschungs-)Objekte, als „Informant*innen", als Co-Designer*innen oder als Partner*innen einbezogen werden. In einigen Fällen wird von Partizipation selbst dann gesprochen, wenn Proxy-Personen[12] die Nutzer*innenperspektive in die Forschung einbringen. Daher erfolgt im partizipativen Entwurf nicht selten eine Unterscheidung zwischen Projektphasen (oder Iterationen), die dem Modell des „**design with**" folgen, sowie Phasen, die sich am Modell des „**design for**" orientieren (Grönvall und Kyng 2013, S. 390). Ein Rückgriff auf das „design for" erfolgt vor allem dann, wenn im Rahmen technischer Entwicklungsvorhaben ein vertieftes technisches Wissen erforderlich ist, das von Laien nur unter großem Aufwand erworben werden kann.

---

[12]Von einer Proxy-Person oder Proxy-Meinung wird dann gesprochen, wenn die Sicht einer Person durch eine Stellvertreterperson (proxy) wiedergegeben wird.

Nach Steen (2011) lassen sich die **Gemeinsamkeiten und Unterschiede** gestalterischer Partizipationsansätze anhand von **zwei zentralen Differenzlinien** beschreiben:

1) Zum einen, ob sie eine Annäherung des Wissens- bzw. Erfahrungshorizontes der Laien-Forschenden an den Wissens- bzw. Erfahrungshorizont der Gestalter*innen anstreben oder ob es um eine umgekehrte *Form der Annäherung* gehen soll. Gestalter*innen und beteiligte Bürger*innen verfügen nicht nur über unterschiedliches Wissen, sondern auch über unterschiedliche Grenzen der Wissensaneignung und -erweiterung. Unterschiede zwischen den Ansätzen bestehen demnach darin, wie stark sie methodische Schritte hervorheben, die der Annäherung der „Welt" der Gestalter*innen an die der Bürger*innen dienen, oder jene, die es Laien-Forschenden ermöglichen sollen, professionelles Wissen der Gestalter*innen zu erwerben bzw. nachzuvollziehen.
2) Zum anderen, ob sie die Entwicklung von Artefakten stärker an der *Gegenwart* oder an der *Zukunft* ausrichten. Während im ersten Fall die Gegenwart als Ausgangspunkt der Gestaltung dient, so dass sich der Entwicklungsprozess an den Praktiken gegenwärtiger Nutzer*innen orientiert und die Gestaltung der Artefakte unter dem Primat der Beibehaltung von Merkmalen der Gegenwart geschieht, dient im zweiten Fall die (zu konstruierende) Zukunft als Ausgangspunkt des Entwurfs. Ansätze, die auf zukünftige bzw. visionäre Praktiken fokussieren, bedienen sich in der Regel spezifischer Methoden, mit deren Hilfe ein „Anders-Sein-Können" zur Grundlage von Technikentwicklung wird.

Diese Differenzlinien können zu Widersprüchen führen, wenn im Rahmen eines Vorhabens gegensätzliche Logiken bzw. Methodologien Verwendung finden. Für Gestalter*innen ist es daher wichtig, die aus der theoretischen Unterschiedlichkeit erwachsenden Konfliktpotenziale zu (er)kennen und sie in der Forschungs- und Entwicklungspraxis zu lösen. Die unten dargestellte Abbildung (vgl. Abbildung 2.2) verdeutlicht die jeweiligen Schwerpunkte der verschiedenen Ansätze des HCD (Steen 2011, S. 48).

2.2.2.1 User Centered Design (UCD)

Hinter dem Begriff des UCD verbergen sich Ansätze, deren Zielsetzung darin besteht, Nutzer*innen in den Forschungs- und Entwicklungsprozess einzubeziehen bzw. deren Perspektiven bei den zu entwickelnden Artefakten, z. B. im Hinblick auf Funktionalität, Gebrauchstauglichkeit (Usability) sowie Ästhetik, zu berücksichtigen. Der Grad der Nutzerorientierung ist davon abhängig, wie stark Nutzer*innen in den Mittelpunkt des Entwicklungsprozesses gestellt werden und

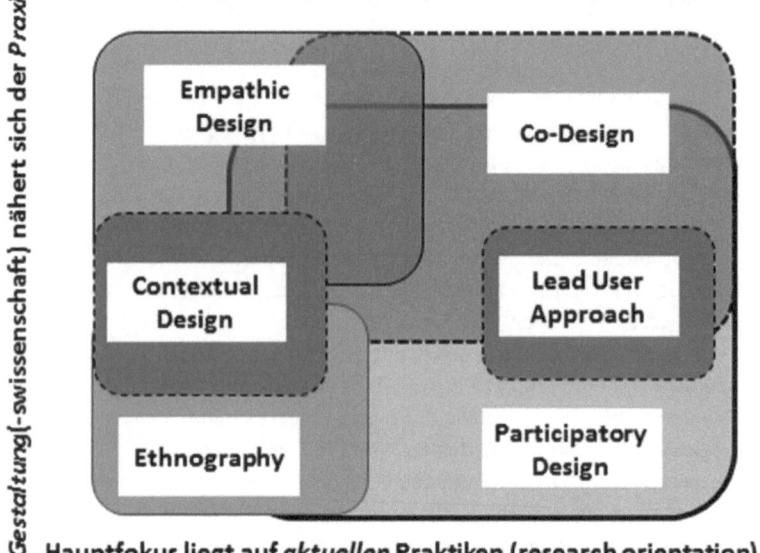

Abbildung 2.2 Ansätze der HCD nach Steen (2011, S. 48; eigene Darstellung)

mithilfe welcher Methoden die Nutzer*innenintegration umgesetzt wird.[13] Eine direkte Beteiligung der Nutzer*innen am Gestaltungsprozess bildete ursprünglich ein zentrales Prinzip des UCD. Im Zuge zunehmender Diversifikation partizipativer Methoden ist es jedoch zunehmend zu Vermischung verschiedener Verständnisse von Beteiligung gekommen, so dass Nutzerzentrierung nicht per se mit der unmittelbaren Partizipation von Nutzer*innen gleichgesetzt wird. Stattdessen konzentrieren sich viele Methoden darauf, die besonderen Bedürfnisse bestimmter Nutzer*innengruppen im Forschungs- und Entwicklungsprozess zu erheben und angemessen zu berücksichtigen (Björgvinsson 2008, S. 86). Werden Nutzer*innen direkt in einen Entwicklungsprozess integriert, wird häufiger auch vom nutzerinvolvierenden (= *user-involved*) oder auch partizipativen Design (= *participatory design*) gesprochen.

---

[13]Eine Übersicht über verschiedene partizipative Methoden findet sich u. a. bei Rekha Devi et al. (2012).

Der Ansatz des UCD ist stark mit dem Feld der Mensch-Computer-Interaktion (HCI) verbunden, wobei die Ursprünge des UCD-Ansatzes vor allem auf Erfordernisse der Arbeitswelt zurückgehen. Erste Methoden dienten insbesondere dazu, Beschäftigte in die Entwicklung der am Arbeitsplatz verwendeten Technologien einzubinden. Im Zusammenhang mit den Anforderungen der Arbeitswelt standen auch Bewertungskriterien, an denen die Güte neuer Technologien beurteilt wurde, z. B. Schädigungsfreiheit, Beeinträchtigungslosigkeit, Zumutbarkeit und Persönlichkeitsförderlichkeit (Reiterer und Geyer 2013, S. 434). Vor dem Hintergrund der zunehmenden Allgegenwärtigkeit von Computern wurden diese Kriterien weiterentwickelt. Ein Alleinstellungsmerkmal kam dabei der **Usability** zu (DIN-Übersetzung: Gebrauchstauglichkeit), die bei der Entwicklung von Software anhand der Kriterien: **Effektivität** (die Software muss die erwarteten Funktionen zu Bearbeitung bestimmter Aufgaben erfüllen), **Effizienz** (die Software muss unter möglichst geringem Aufwand bedient werden können) sowie **Zufriedenheit** (die Software muss von Benutzer*innen akzeptiert werden) bewertet wurde. Usability fand ihren Niederschlag auch in der internationalen Normung DIN EN ISO 9241, in der die Einbeziehung künftiger Nutzer*innen in die Entwicklung von Mensch-System-Interaktion gefordert wird. Der darin enthaltene Prozess der Nutzerbeteiligung ist jedoch als ein grober Orientierungsrahmen zu verstehen, der für bestimmte Zielgruppen einer konkreten – auch theoretisch fundierten – Auslegung bedarf. Der Prozess folgt der Logik der Arbeitswissenschaft, orientiert sich jedoch nicht explizit an einer gestalterischen Methodologie, so dass dessen Konkretisierung im Rahmen von Forschungs- und Entwicklungsvorhaben durch gestalterische Ansätze erst geschaffen werden muss (Eriksson 2016).

Im Zuge des Vordringens interaktiver Computertechnologien in viele Lebensbereiche des Alltags, gewann – neben der Gebrauchtauglichkeit (Usability) – ein neues Gestaltungsziel an Relevanz: die Wahrnehmung bzw. das Erleben der Technik durch Nutzer*innen. Damit rückten die unmittelbaren Erfahrungen, Assoziationen und Einstellungen der Nutzer*innen einem Artefakt gegenüber in den Mittelpunkt der Betrachtung. Die Nutzererfahrung bzw. „**User Experience**" (kurz UX) (DIN-Übersetzung: Benutzererlebnis) wurde konzeptionell in die ISO 9241-210 aufgenommen und umfasst subjektive, emotionale, ästhetische und identitätsrelevante Aspekte der Mensch-Computer-Interaktion, aber auch das Erleben der mit bestimmten Artefakten verbundenen Serviceleistungen, Marketingkonzepte usw. Während der Begriff der Usability grundsätzlich auf die (aktuelle) Nutzungssituation fokussiert (z. B. die Effektivität und Effizienz hervorhebt), umfasst UX (nach der (neuen) ISO 9241-210) „Effekte, die ein Produkt bereits vor der Nutzung (antizipierte Nutzung) als auch nach der Nutzung (Identifikation mit dem Produkt) auf den Nutzer hat". Um das „Benutzererlebnis" zu berücksichtigen, ist die unmittelbare Einbeziehung der künftigen Nutzer*innen zu einem zentralen Element der Forschung und Entwicklung im Feld der HCI geworden. Die stärkere Betonung der Nutzererfahrung hat ihren Ursprung in der Veränderung der Nutzer*innengruppen für Artefakte der HCI. Während die typischen Nutzer*innen vor einigen Jahrzehnten in der Arbeitswelt zu finden waren, entsprechen typische Nutzer*innen heute der privaten Person in ihrer Rolle als Verbraucher*innen digitaler Technologien. Damit verändert sich auch die Art symbolischer Bedeutungen, durch die digitale Technologien Nutzer*innen ansprechen sollen (mehr Erlebnis anstatt Funktionalität). Das Konstrukt des UX folgt dieser Anforderung mit dem Ziel, die Nutzererfahrung technischer Artefakte nicht erst im Nachhinein, sondern bereits während des Prozesses ihrer Entwicklung zu berücksichtigen. Das Nutzererlebnis soll daher im Mittelpunkt der Entwicklung und Gestaltung von Technik stehen (DIN EN ISO 9241-210).

2.2.2.2 Human Centered Design

Historisch betrachtet, geht die Entwicklung der theoretischen Leitgedanken des HCD auf Arbeiten von Kristen Nygaard, eines norwegischen Computerwissenschaftlers, zurück, der Forschungs- und Entwicklung von Computersystemen mit der Chance zur Beteiligung und Demokratisierung der Arbeitswelt verband. Die von ihm durchgeführten Projekte in der Stahlindustrie, in denen die Entwicklung neuer Systeme erstmalig mit der Partizipation der Beschäftigten und damit der Stärkung der Position von Gewerkschaften verbunden war, hatten einen prägenden Einfluss auf andere Gestalter*innen, u. a. den schwedischen Designer Pelle Ehn, der die Debatte um das Participatory Design seit den 1980er Jahren prägt und als zentrale Figur des „skandinavischen Co-Designs" gilt (Bannon und Ehn 2013). Sein Ansatz, der aus der Integration von Design mit dem Gedankengut der partizipativen Aktionsforschung entstand, erfuhr in den vergangenen Jahren eine stetige methodische Weiterentwicklung, wobei Ehn diese bereits zu Beginn seiner Tätigkeit beeinflusste (z. B. durch das „low-tech prototyping", d. h. die konkrete Arbeit an Modellen, die eine Einbeziehung von „Laien-Designer*innen" ermöglichte). Einen Leitcharakter haben nach wie vor seine in der Stahlindustrie durchgeführten Vorhaben, insbesondere das Projekt UTOPIA (1981–1985), das von Ehn als „the first Participatory Design project with a clear focus on design issues" bezeichnet wird (Bannon und Ehn 2013, S. 43). Leitend dabei war nicht die Entwicklung neuer Technologien, wenn auch genau diese im Mittelpunkt des Gestaltungsprozesses standen, sondern vielmehr die Neugestaltung von Arbeitsprozessen zwecks Verbesserung der Arbeitsbedingungen und Mitbestimmungsrechte der Beschäftigten. Forschungs- und Entwicklungspartizipation aller relevanten Stakeholder wurden dabei als Schlüssel zur Demokratisierung verstanden. Die darin eingebettete Entwicklung neuer Technologien diente dazu, die Neuorganisation partizipativer Entscheidungen zu unterstützen und sie durch die Entwicklung neuer Technologien zu stabilisieren (Ehn und Kyng 1987; Sanders und Stappers 2008, zitiert in Lim und Newell 2017, S. 159; Bødker und Sundblad 2008).

Der auf Partizipation gründende skandinavische Ansatz war lange Zeit durch die besondere historische Situation geprägt, die durch Entwicklung neuer, interaktiver Technologien für die Arbeitswelt gekennzeichnet war. Bødker und Sundblad (2008), die sich der Entwicklung partizipativer Design-Ansätze im HCI-Kontext widmen, bezeichnen diese Entwicklungsstufe als die „zweiten Welle" der HCI, die sich dadurch auszeichnete, dass die Beteiligung an der Entwicklung neuer Technologien mit einer an Demokratisierung orientierten Neuorganisation von Gruppenprozessen verbunden war. Betrachtet man die Felder der HCI, so vollzieht sich seit Längerem ein Wandel dahingehend, dass neue Computertechnologien in den Bereich des privaten Konsums – Wohnen, Freizeit und Hobbys – eindringen. Diese Entwicklung stellt den skandinavisch geprägten partizipativen Ansatz vor neue Herausforderungen, die vor allem darin bestehen, die Verzahnung von Technikentwicklung und Selbstermächtigung neu zu definieren. Bødker und Sundblad (2008, S. 295) sprechen in diesem Zusammenhang von einer „dritten Welle" der HCI. Hier begegnen Gestalter*innen den Co-Forschenden nicht in ihrer Rolle als Arbeitnehmer*innen, sondern als Privatpersonen, so dass zugleich bestimmte „Elemente des individuellen menschlichen Lebens", wie Erfahrung oder Emotionen, Eingang in die Gestaltung von HCI finden. Darüber hinaus entwickelten sich viele Ideen des partizipativen Ansatzes zum „Mainstream-Gedankengut" im Feld der HCI und werden heute in neuen Formaten, z. B. des Living Labs, fortgeführt, ohne jedoch die genuine politische Grundidee des Ansatzes zu übernehmen (kritisch dazu auch Bannon und Ehn 2013). Diese Verschiebungen stellen eine besondere Herausforderung an den als politisch verstandenen und an der Förderung von Demokratisierungsprozessen orientierten partizipativen Ansatz dar, da sowohl die Rolle der Designer*innen als auch die der Co-Forschenden (als Konsument*innen) einer Neudefinition bedarf.

2.2.2.2.1 Participatory design

Das „*participatory design*" (PD) versteht sich als ein spezifischer partizipative Ansatz, der Ähnlichkeiten zum Co-Design aufweist, sich jedoch zum Teil als ein eigenständiger Ansatz versteht. Seine Anfänge liegen in den 1960er und 70er Jahren und stehen im Zusammenhang mit den sozialen, politischen und bürgerrechtlichen Bewegungen dieser Zeit (Robertson und Simonsen 2013). Eine erste ideologische Präzisierung erfuhr der Ansatz auf der im Jahr 1985 durchgeführten Konferenz mit dem Titel „*Computers and Democracy*", auf der nicht nur das politische Gerüst des Ansatzes, sondern auch seine enge Verknüpfung mit der (Demokratisierung und der Verbesserung der) Arbeitswelt festgehalten wurden (Bjerknes et al. 1987). Eine gewisse Etablierung erlangte die Bezeichnung „*Participatory Design*" jedoch erst, nachdem der Skandinavische Ansatz (damals unter dem Namen „*cooperative design*") in den USA bekannt wurde und dort mehr Popularität erlang. Eine theoretische Präzisierung des Ansatzes nahmen Namioka und Schuler (1990, in Halskov und Hansen 2015, S. 87) vor, indem sie erstmalig Kernprinzipien des PD definierten. Empowerment der Arbeitnehmer*innen, vor allem der Arbeiter*innen, bildete dabei ein zentrales Element, so dass der Ansatz auch häufiger als ein „politischer Prozess" bezeichnet wurde.

Die starke politische Ausrichtung sowie der zentrale Stellenwert der Beziehung zwischen Gestalter*innen und Laien-Forschenden, die – ähnlich wie in der skandinavischen Tradition – als Co-Designer*innen bezeichnet werden, unterscheiden das PD vom Co-Design, der sich als ein eigenständiger Ansatz etablierte. Nach Kyng (2010, S. 49 f.) ist „PD (participatory design, d.A.) (…) about design and about participation in design by people who are potential users. (…) PD is also about how to do design in ways that support the participating users in pursuing their own goals and interest as a supplement to a management agenda. Thus several PD research papers address different aspects of user interests in relation to PD and often do so in the context of a political agenda for democratization". Um Demokratisierungsprozesse in Gang zu setzen, geht der PD-Ansatz weniger vom „aktuellen", sondern von „künftigen" Nutzer*innen aus, die im Rahmen des Gestaltungsprozesses auf ihre neue Rolle vorbereitet werden sollen, indem sie unter den Bedingungen einer Partnerschaft in den Forschungs- und Entwicklungsprozess eingebunden werden (Kensing und Blomberg 1998). Dabei grenzt sich der Ansatz explizit von funktional-instrumentellen Verständnissen von Beteiligung ab und betrachtet unter „genuiner Partizipation" nur jene Formen des Engagements, in denen der Status als „being legitimate and acknowledget participant in the design process" (Robertson und Simonsen 2013, S. 5) verwirklicht wird.

Auf der Grundlage einer systematischen Analyse von Publikationen aus den Jahren 2002 bis 2012 benennen Halskov und Hansen (2015, S. 89) fünf fundamentale Prinzipien des PD (vgl. Info-Box 2.6) und rekonstruieren auf der Basis von 102 wissenschaftlichen Beiträgen das aktuelle Verständnis und die Ziele von Partizipation im PD (ebenda, S. 86). Die Ergebnisse der Analyse zeigen, dass in vielen Arbeiten zum PD das Verständnis von Partizipation sowie deren konkrete Umsetzung nur mäßig spezifiziert werden, außer dass in einigen Fällen auf bestehende theoretische Arbeiten verwiesen wird. Außer jener Arbeiten, in denen

Partizipation sehr stark durch gegenseitige Lernprozesse definiert wird, basieren viele Arbeiten auf einem wenig konturierten und stark erweiterten Verständnis von Partizipation, aus dem nicht immer erkennbar wird, ob Beteiligung eher dazu dient, dass Co-Designer*innen von professionellen Gestalter*innenn lernen sollen oder ob Partizipation eher dem Ziel dient, dass Gestalter*innen die Lebenswelt der Co-Designer*innen besser verstehen können. Ausgehend von der ersten (Neu-)Konzipierung des Ansatzes durch Namioka und Schuler (1990) zeigen die aktuellen Entwicklungen ebenfalls, dass sich das politische Fundament des PD verändert hat, indem der Begriff der Partizipation diffuser geworden ist. Zugleich scheinen sich einige Gestalter*innen von der Idee der Demokratisierung gelöst zu haben, so dass die Integration von Co-Forschenden nicht zwingend der Idee des politischen Empowerments folgt. Auf eine Nivellierung verschiedener Ziele der Beteiligung weist ebenfalls Greenbaum (1993, in Steen 2011, S. 49) hin, der neben dem im PD verankerten Recht der Nutzer*innen auf eine selbstbestimmte Gestaltung eigener Lebensbedingungen auch den „pragmatischen" Grund, d. h. die Verbesserung der Qualität der Ergebnisse sowie methodologisch-methodische Gründe, d. h. die Nutzung des PD-Ansatzes als konzeptionell-leitenden und dadurch „organisierenden" Rahmen, hervorhebt. Trotz dessen lassen sich auf der anderen Seite auch Konturen einer Weiterentwicklung des politischen Gedankenguts des PD-Ansatzes erkennen, u. a. durch theoretische Übernahmen aus der Akteur-Netzwerk-Theorie und den Science and Technology Studies (Mareis 2013; Smith et al. 2017).

Zentrale Prinzipien des PD – Ergebnisse einer systematischen Analyse nach Halskov und Hansen (2015):

a) Politik (politics) – Menschen, deren Leben durch bestimmte politische Entscheidungen tangiert wird, sollten die Möglichkeit haben, diese zu beeinflussen

b) Menschen (people) – Menschen spielen eine zentrale Rolle im Design, indem sie als Expert*innen ihrer eigenen Lebenswelt fungieren

c) Kontext (context) – der situative bzw. Nutzungs-Kontext ist der zentrale Ausgangspunkt für die Prozessgestaltung

d) Methoden (methods) – Methoden sind Instrumente für „Nutzer*innen", mit deren Hilfe sie Einfluss auf den Entwicklungsprozess nehmen sollen

e) Produkt (product) – Das zentrale Ziel von Partizipation ist die Gestaltung von Alternativen, die der Verbesserung von Lebensbedingungen und Lebensqualität dienen

Info-Box 2.6: Zentrale Prinzipien des PD – Ergebnisse einer systematischen Analyse nach Halskov und Hansen (2015, S. 89).

2.2.2.2.2 Co-Design

Das Co-Design (manchmal auch als *co-creation* bezeichnet) stellt einen gestalterischen Ansatz dar, in dem Forscher*innen, Entwickler*innen, Designer*innen und andere Beteiligte *gemeinschaftlich* an – in der Regel – neuen oder visionären – Ideen arbeiten. Das Co-Design gründet auf dem Prinzip der Partnerschaft, so dass alle Beteiligten – unabhängig von ihrer professionellen Expertise und sozialer Position – die gleiche Entscheidungsmacht haben und an allen Stufen eines Entwicklungsprozesses in gleichberechtigter Weise mitwirken (Rodgers 2017; Sanders 2000). Dabei fungieren Laien-Forschende explizit nicht als Nutzer*innen, sondern als Co-Designer*innen, die als Expert*innen ihrer eigenen Lebenswelt betrachtet werden, wobei deren individueller Erfahrung im Sinne von Expertise der gleiche Status zugemessen wird wie der professionellen Expertise anderer Teilnehmer*innen. Das Co-Design versteht sich daher als ein konsequenter Ansatz des „designing-with", in dem Beteiligte nicht als Forschungsobjekte, -subjekte oder Nutzer*innen, sondern explizit als Partner*innen verstanden werden (Sanders und Stappers 2014; Day et al. 2000; Orpwood et al. 2005).

Eine zentrale Zielsetzung des Co-Designs besteht in der **Entwicklung von Visionen**. In der gestalterischen Praxis bedeutet dies konkret, dass das Verstehen *gegenwärtiger* Praktiken nur insofern von Bedeutung ist, indem es der Gestaltung *künftiger* Praktiken dient. Um visionäre Praktiken zu entwickeln, bedient sich das Co-Design verschiedener kreativer Techniken, gepaart mit einer „innovativen" Zusammensetzung von Gruppen nach der Devise, Menschen zusammenzubringen, die bisher (noch) nicht miteinander gearbeitet haben, wobei die Einbeziehung von sog. „everyday people" explizit erwünscht ist. Ähnlich wie das PD, stellt das Co-Design einen recht breiten und flexiblen Ansatz dar, so dass aus Sicht einiger Gestalter*innen das Co-Design als eine moderne Form des PD betrachtet wird. Die Unterschiede zwischen den beiden Ansätzen bestehen lediglich darin, dass das Co-Design besondere Erwartungen an die Zusammensetzung der Gruppenteilnehmer*innen stellt, während das PD auch mit bereits bestehenden Gruppen, z. B. Arbeitsteams, umgesetzt werden kann. Zudem orientiert sich das PD nicht ausschließlich an zukünftigen bzw. innovativen Entwicklungen, sondern kann auch im Sinne bewahrender Entwicklung agieren.

Um Co-Design-Prozesse zu initiieren, wurde eine Reihe sog. „**generative tools**" entwickelt, d. h. eine Reihe von Techniken, die ein partnerschaftliches Arbeiten unterstützen sollen. Neben den – häufig kreativen – Techniken, sind im Co-Design die Entwicklung und die Verwendung **gemeinschaftlicher Sprache** wichtig. Eine besondere Bedeutung kommt ebenfalls der Visualisierung von Ideen zu, die als Bausteine der gemeinsamen Verständigung betrachtet werden. Ein weiteres Element des Co-Designs bildet das bereits von Ehn entwickelte Konzept des „**design-by-doing**". Während einiger Gestalter*innen davon ausgehen, dass erst die Gestaltung eines Systems (z. B. bestehend aus Hardware und Software) bestehende Praktiken verändern kann, betrachten viele Designer*innen das Co-Design in erster Linie als einen Prozess der (Weiter-)Entwicklung von Praktiken und nicht als einen Prozess der Entwicklung von Maschinen (Ehn und Sjögren 1991, S. 254, in Björgvinsson 2008, S. 87). So betont etwa Björgvinsson: „Design-by-doing was conceived as a broad, open-ended activity of play and a possibility to open up for new practices, where existing software and hardware would play a role, but not the defining role for framing the design situation" (2008, S. 87; vgl. auch Ehn 2013). Das Konzept des design-by-doing, in dem „nicht mehr die Gestaltung finaler Designprodukte im Vordergrund steht, sondern die Veränderung von Möglichkeitsräumen medialer und damit auch gesellschaftlicher Interaktion" (Mareis 2013, S. 14), wurde explizit als ein sozialer Prozess verstanden. Neben dem „design-by-doing" stellt das Konzept des „**dritten Raumes**" (Bossen et al. 2012, S. 31) eine weitere methodische Idee des Co-Designs dar. Dahinter verbirgt sich nicht nur ein konkreter Ort, sondern auch ein Erfahrungsraum, verstanden als ein Bereich, der ebenso wenig der Forschung wie der Lebenswelt der Teilnehmenden gehört, sondern einen Aktivitätsraum bildet, in dem neues Lernen angeregt werden kann. Daran wird ersichtlich, dass das Co-Design als ein der **Aktionsforschung** nahestehender Ansatz verstanden werden kann, der Forschung mit Handlung verbindet und eine partizipative Entwicklung von Produkten und Dienstleistungen nutzt, um demokratische Partizipation zu initiieren und die Lebensumstände der Teilnehmer*innen nachhaltig zu verändern (Hayes 2011).

Unter dem Dach des Co-Designs entstanden in den vergangenen Jahren verschiedene Neuentwicklungen, die z. B. zentrale Leitprinzipien des Ansatzes auf neue Zielgruppen oder Kontexte übertragen. Ein Beispiel stellt das Konzept des sog. „disruptive design" vor, das einen besonderen Stellenwert auf Partnerschaftlichkeit und auf Intervention legt (Rodgers und Tennant 2014). Der interventionistische Ansatz legt einen großen Stellenwert auf intuitive Lernprozesse durch das Arbeiten „am Fehler". Eine weitere Neuentwicklung stellt der Ansatz des „Experience-Based Co-Design" (EBCD) (Donetto et al. 2015) dar, in dem der Lern- und Erfahrungsraum der Gestalter*innen durch eine gezielte Reflexion negativer Erfahrungen strukturiert wird. Neben Ansätzen, die die Leitprinzipien des Co-Designs für bestimmte Zielgruppen oder Kontexte erweitern, zeichnet sich die Weiterentwicklung des Ansatzes durch eine starke Methodenentwicklung aus. Dieser Wandel wird seitens vieler Designer*innen als Entfremdung von den methodologischen Grundlagen des Ansatzes, verbunden mit einer Diffusion der Rolle der Designer*innen, kritisiert. Daher lassen sich verschiedene Bemühungen um eine Standortbestimmung, Selbstvergewisserung bzw. Re-Strukturierung des Co-Designs beobachten. Beispiele dafür bilden konkrete theoretische Weiterentwicklungen (z. B. des design-by-doing, Björgvinsson 2008) sowie strategische Neustrukturierungen der aus dem Co-Design entstandenen Methoden inkl. deren Integration in die Denklogik des Ansatzes (Sanders und Stappers 2008).

2.2.2.2.3 Empathic Design

Der Ansatz des Empathic Design (kurz: ED) postuliert, dass es für Gestalter*innen von zentraler Bedeutung ist, Erfahrungen jener Menschen, deren materielle Lebenswelt durch professionelles Design beeinflusst wird, zu verstehen bzw. nachempfinden zu können, um deren Bedürfnisse vollständig nachvollziehen zu können. „The key to empathic design is an understanding of how the user sees, experiences and feels some object, environment or service in the situation in which he or she uses the object" (Koskinen und Batterbee 2003, S. 45). Dabei geht der Ansatz davon aus, dass Menschen, die spezifische Bedürfnisse haben (z. B. Kinder, Menschen mit Handicap), nicht immer in der Lage sind, diese vollständig, d. h. in ihrer gesamten Komplexität, mitzuteilen. Vor diesem Hintergrund bedient sich das ED verschiedener Techniken, die dabei helfen sollen, sich in die Situation bestimmter Persongruppen hineinzuversetzen und deren Wahrnehmung im Umgang mit bestimmten Artefakten nachzuvollziehen.[14] Eine besondere Rolle spielen dabei bestimmte Unterstützungshilfen, wie Brillen, Anzüge oder Rollstühle.

Der für das ED zentrale Begriff der **Empathie** zeichnet sich durch ein spezifisches Verständnis aus, das auf einer grundlegenden Identifikation mit „dem Nutzer" beruht. Im Mittelpunkt des Entwurfs steht nicht nur die Idee, die Bedürfnisse und das Erleben einer Zielgruppe zu verstehen, sondern eine emotionale (Ver-)Bindung zu dieser zu entwickeln. So schreibt Holt: „…it involves identifying with the user, and this identification does not occur solely on the level

---

[14] Ein Beispiel einer solchen Methode stellen sog. „empathy probes" (Mattelmäki und Battarbee 2002; Sanders und Stappers 2014) dar, mit deren Hilfe Gestalter*innen das emotionale Erleben der Zielgruppe nachempfinden sollen.

of representation but at the affective, emotional level: the designer absorbs and is absorbed by the user´s own situation, self-understanding, and the user's own expert knowledge." (Holt 2011, S. 152). Der Einbeziehung der Nutzer*innen in das Design kommt daher eine transformative Bedeutung zu. Deren Mitwirkung soll dazu beitragen, dass sich Designer*innen mit der Zielgruppe emotional verbunden fühlen und ihre Erfahrungen nicht nur rational, sondern auch emotional nachempfinden können. Den Anspruch auf Eigenständigkeit bezieht das ED vor allem aus der Abgrenzung gegenüber „kognitiv orientierten" Modellen, die aus Sicht einiger Designer*innen, wie z. B. Ilpo Koskinen, den Stellenwert und die Bedeutung von Emotionen vernachlässigen. Dabei – so die zentrale Annahme des Ansatzes – kommt den Emotionen gerade bei der Bewertung technischer Artefakte ein entscheidender Stellenwert zu, da sie Einstellungen gegenüber bestimmten Technologien beeinflussen können. Gestalter*innen, die sich diesem Ansatz nahe fühlen, befassen sich mit menschlicher Emotion sowie der Frage, wie Menschen diese wahrnahmen, wie sie darüber kommunizieren und sie diese mit anderen Menschen teilen.

Nach Mattelmäki et al. (2014) weist das ED ebenfalls eine Nähe zum ethnographischen Ansatz auf. Genau wie dieser, richtet sich das ED auf das alltägliche Erleben, unterscheidet sich jedoch von diesem insofern, dass das ED nicht nach dem Verhalten, sondern nach wahrgenommenen Emotionen und der Stimmung fragt. Hinsichtlich seiner Leitprinzipien steht der Ansatz des ED ebenfalls dem Ansatz des Co-Designs nahe. Während es im Co-Design jedoch darum geht, zusammen mit potenziellen Nutzer*innen an gemeinsamen Projektzielen zu arbeiten, geht es im ED darum, sich „auf den Weg" zu machen, um die „Nutzerwelt" zu erleben (Koskinen und Battarbee 2003, S. 37). Daher beruht der Ansatz auf einem spezifischen Verständnis von Partizipation, nach dem die Beteiligung der Nutzer*innen nicht etwa deren Integration in den Entwicklungsprozess dient, sondern dem Ziel folgt, dass Gestalter*innen spezifische Kompetenzen zur Entwicklung von Empathie erwerben. Zu diesen Kompetenzen zählt etwa „empathische Sensitivität", die als spezifische Offenheit gegenüber menschlichem Erleben verstanden wird, gepaart mit Reflexionsfähigkeit im Hinblick auf den Gestaltungsprozess und auf machtvolle Entscheidungsprozesse (z. B. in Organisationen). In der Debatte um das spezifische Verständnis von Empathie kommt es häufig zur Abgrenzung zwischen „empathy" und „sympathy". Dazu schreibt Holt: „The user-centred approach to designing is founded on a desire to not only improve products and services by listening to the Other (sympathy) but by engaging directly in the Others's "life-world" (empathy). In the place of the Other: this is empathy understood as a "feeling-as", not a "feeling-for", or even a "feeling-with" (sympathy)." (Holt 2011, S. 155). Diese Form der Empathie, die darin besteht, „to feel (…)

as-the-other-feels" (ebenda, S. 154), stellt Gestalter*innen vor einige Herausforderungen und zeigt zugleich die Grenzen des Ansatzes auf. Nach Koskinen und
Batterbee (2003) hat das ED seinen Platz in der Produktentwicklung, wobei es
dort in einer frühen Phase der Produktentwicklung sinnvoll ist, z. B. der Phase der
Konzeptsuche. Der Ansatz kann zudem nicht als Lösung eines jeden Designpro-
blems verstanden werden, z. B. nicht dort angewandt werden, wo Gestalter*innen
an Grenzen der Identifizierbarkeit mit dem Gegenüber stoßen (Holt 2011).

2.2.2.3 Universal design, Design for All, Inclusive Design

Partizipative Ansätze in technikorientierter Forschung und Entwicklung weisen –
neben den o. g. Traditionen des UCD und des HCD – eine weitere Traditionslinie
auf, die in ihrem Gegenstandsbereich durch die Partizipative Aktionsforschung
(Participatory Action Research, kurz: PAR) und die Behindertenbewegung beeinflusst wurde. Ausgehend von dem grundlegenden Verständnis, dass die Gestaltung
materiell-räumlicher Umwelten die Teilhabe von Menschen mit Behinderung in
relevanter Weise beeinflusst, entstanden verschiedene Ansätze, die dem Element
der Beteiligung an Forschung und Entwicklung ebenfalls einen wichtigen Stellenwert zumessen. Zwei in diesem Zusammenhang häufig genannte Ansätze sind
das **Universal Design** (kurz: UD) sowie das **Design for All** (kurz: DfA). Beide
Ansätze verfolgen ähnliche Ziele. Als gemeinsames Prinzip gilt die Gestaltung
von Produkten und Dienstleistungen, die durch möglichst viele Menschen in möglichst unterschiedlichen Kontexten genutzt werden können (Europäisches Institut
Design für Alle in Deutschland e. V 2003). Wesentliche **Differenzen** zwischen
den beiden Ansätzen bestehen im Hinblick auf den politisch-kulturellen Hintergrund und einige weitere Leitprinzipien, die im Weiteren kurz erläutert werden
sollen.

Das **Konzept des UD** wurde am Center for Universal Design der North
Carolina State University entwickelt und durch die Aktivitäten der dortigen
Gestalter*innen stark geprägt. Während der Ansatz anfangs für das Produktde-
sign gedacht war, lassen sich heute verschiedene Weiterentwicklungen in anderen
Bereichen beobachten, wie z. B. das Konzept des Universal Design for Learning
zeigt. Der Ansatz versteht sich als integrativ und betont Werte wie Inklusion, Integration, Beachtung von Heterogenität bzw. von Diversität. Durch die Anwendung
des UD sollte vor allem vermieden werden, dass Menschen mit Einschränkungen
durch eine spezifische Gestaltung von Produkten und materiellen Lebensumwelten stigmatisiert bzw. ausgeschlossen werden. Die konzeptionelle Ausrichtung
des UD weist daher Überschneidungen mit Kriterien der Barrierefreiheit auf. Die
zentralen Prinzipien des Ansatzes, die in der „Geburtsstätte" des UD formuliert

wurden, gehen allerdings über Barrierefreiheit hinaus und lassen sich anhand von sieben zentralen Leitlinien umschreiben (vgl. Info-Box 2.7).

Zentrale Prinzipien des Universal Design:

Prinzip 1 – *Equitable use* (gleichberechtigte Nutzbarkeit) – Neuentwicklungen sollen für alle Menschen, unabhängig von einer vorhandenen Einschränkung, nutzbar sein und eine Ästhetik aufweisen, die ihre Nutzer*innen nicht als „anders", „abweichend" oder „krank" erscheinen lässt

Prinzip 2 – *Flexibility in use* (Flexibilität der Nutzung) – Neuentwicklungen sollen flexibel sein und sich an neue Situationen, Kontexte oder Personengruppen einfach anpassen lassen, ohne dass Nutzer*innen auf eine externe Fachexpertise angewiesen sind.

Prinzip 3 – *Simple and intuitive use* (einfache und intuitive Nutzung) – Neuentwicklungen sollen so gestaltet sein, dass ein Lernaufwand im Umgang mit ihnen auf ein Minimum reduziert wird und ein Artefakt nicht die Kontrolle über die Nutzer*innen übernimmt.

Prinzip 4 – *Perceivable information* (erkennbare Information) – Neuentwicklungen sollten verschiedene Modi der Informationsvermittlung enthalten und sich dadurch auszeichnen, dass sie von jeder Person auf einfache Weise verstanden werden.

Prinzip 5 – *Tolerance for error* (Fehlertoleranz) – Artefakte sollten zuverlässig funktionieren und intelligent sein in dem Sinne, dass riskante Nutzungsmuster vermieden werden.

Prinzip 6 – *Low physical effort* (geringer körperlicher Aufwand) – Neuentwicklungen sollten möglichst geringe Anforderungen an den Einsatz von Körperkraft und Koordination stellen.

Prinzip 7 – *Size and space for approach and use* (Anpassbarkeit) – Neuentwicklungen sollten bei allen Funktionen eine individuelle Anpassbarkeit zulassen.

Info-Box 2.7: Zentrale Prinzipien des Universal Design (angelehnt an Boman et al. 2012, S. 360).

Während der Ansatz des Universal Design in den USA entwickelt wurde, stellt der **Ansatz des Design for All** eine europäische Konzeption dar. Der ihr zugrundeliegender Gestaltungsprozess legt einen besonderen Akzent auf die Optimierung der Zugänglichkeit und Nutzbarkeit. Hinter dem Begriff „Design for All" verbirgt sich allerdings mehr als ein Gestaltungsansatz. So dient das Konzept heute als Grundlage einer Europäischen Strategie, die sich der Entwicklung und Optimierung des European Concept for Accessibility (ECA) („Europäisches Konzept für Zugänglichkeit") verpflichtet fühlt (Europäisches Institut Design für Alle in Deutschland e. V. 2003, 2013). Im Zuge der Ratifizierung der UN-Konvention über die Rechte von Menschen mit Behinderungen verpflichtete sich die Bundesrepublik Deutschland zur Realisierung eines Nationalen Aktionsplans, in dem auch das Design für Alle seinen Platz findet (BMAS 2011, S. 17). Ähnlich wie das UD, folgt auch das DfA bestimmten Kriterien (vgl. Info-Box 2.8). Zentrales Leitthema bildet die Beachtung der Diversität, die als Voraussetzung von Zugänglichkeit für alle verstanden wird. Im Hinblick auf seine Spezifizierung kann der Ansatz als ein aus fünf Prinzipien bestehender, konzeptioneller Rahmen verstanden werden, der eine Reihe konkreter Vorgaben für die Gestaltung von Produkten und materiellen Lebensumwelten schafft (u. a. auch zur Beachtung der kognitiven Diversität, EDAD 2003, S. 21 f.), es jedoch weitgehend offen lässt, auf welche Weise vor allem das dritte Prinzip – das Prinzip der Nutzer*innenorientierung – im Entwicklungsprozess umgesetzt wird. So legt es etwa nicht fest, ob bestimmte Nutzer*innengruppen in die Entwicklung von Technik unmittelbar einbezogen werden sollen, noch welche Rolle ihnen dort zukommen soll.

Zentrale Leitprinzipien des Design for All:
1) Gebrauchsfreundlichkeit – Neuentwicklungen sollten einfach in der Nutzung und sicher nutzbar sein.
2) Anpassbarkeit – Neuentwicklungen sollten so gestaltet sein, dass sie an individuelle Bedürfnisse angepasst werden können.
3) Nutzer*innenorientierung – die Nutzer*innen oder deren Perspektiven sollten in den Gestaltungsprozess so früh wie möglich einbezogen werden.
4) Ästhetische Qualität – Neuentwicklungen sollten ästhetische Bedürfnisse berücksichtigen.
5) Marktorientierung – Neuentwicklungen sollten breit positioniert werden, damit durch sie ein möglichst großes Marktpotenzial ausgeschöpft werden kann.
Info-Box 2.8: Zentrale Leitprinzipien des Design for All (NeumannConsult 2014, S. 6).

Betrachtet man die Berücksichtigung spezifischer Bedürfnisse bestimmter Personengruppen im Design, die u. a. durch Beteiligung an Projektentscheidungen oder durch gemeinsames Arbeiten am Entwurf (z. B. wie im Co-Design) verwirklicht werden soll, werden immer wieder auch die Grenzen von Partizipation – vor allem bei der Entwicklung neuer Technik – sichtbar (vgl. Balcazar et al. 1998). So sehen etwa Newell und Gregor (2000) besondere Herausforderungen in der Beteiligung bestimmter Zielgruppen, etwa Menschen mit einer Behinderung, an allen Stufen eines Entwicklungsprozesses. Ihre Kritik richten sie sowohl an die Ansätze des Universal Design und des Design for All als auch den Ansatz des UCD, die sie unter den Prämissen einer User-Controlled-Research als nicht umsetzbar sehen: „This may be appropriate within an sociological research agenda, but in User Centered Design although the needs and wants of users are the focus of the research, the user can not be in control of the research, as is sometimes suggested by the proponents of PAR. In product research and development, the role of potential users who are disabled should not include setting research agendas, developing research questions, the choice of evaluation methodologies, which need trained researchers. Users schould be „involved" in the process, but not have a dominant role in it. The contribution of such users varies with their skills and experience and also is dependent on the particular phase of the research and development. Some parts of the process involve very intensive interaction with users (e.g. in evaluation of prototypes), others almost none (e.g. writing computer code, or designing electronic circuitry)" (Newell und Gregor 2000, S. 40).

Neben den Grenzen der Partizipation an technikorientierter Forschung und Entwicklung, machen Newell und Gregor (2000) auf die Schwierigkeiten des UD bzw. des DfA aufmerksam, insbesondere auf Konfliktpotenziale, die aus unterschiedlichen Interessen verschiedener Personengruppen, z. B. Menschen mit verschiedenen Formen der Behinderung, entstehen können. Aus dieser Kritik heraus entwickelten die beiden Forscher (Newell und Gregor 2000, Newell et al. 2011) einen eigenen Ansatz, den Ansatz des **User Sensitive Inclusive Design**, den sie einerseits als Verbindung, andererseits aber als Weiterentwicklung des UD bzw. DfA sowie des UCD betrachten. Das Konzept grenzt sich vom „typischen" UD und DfA dadurch ab, dass es die Umschreibung „inclusive" (anstatt „universal") im Titel führt, während es, um sich vom UCD abzugrenzen, die Bezeichnung „user sensitive" nutzt (anstatt „user centered"). Der Ansatz verfolgt dabei die Zielsetzung, Nutzer*innen in den Mittelpunkt von Entwicklungsprozessen zu stellen, dabei jedoch deren Möglichkeiten als auch Grenzen zu berücksichtigen, um damit eine realistische Grundlage für alle am Prozess Beteiligten zu schaffen. Darüber hinaus eignet sich der Ansatz für heterogene Zielgruppen, während z. B. das UCD eher auf homogene Zielgruppen fokussiert.

Der Ansatz des User Sensitive Inclusive Design entstand im Rahmen technischer Entwicklungsprojekte mit Menschen mit kognitiven Einschränkungen. Sein Verständnis von Beteiligung beruht darauf, dass Vertreter*innen der jeweiligen Zielgruppe feste Teammitglieder mit eigenständigen Aufgaben und Rollen sind. Zu ihren Aufgaben gehört z. B. die Beratung des Forschungsteams, die Teilnahme an der Überprüfung von Prototypen (z. B. als „test pilots", d. h. eine Erprobung von Prototypen in frühen Stadien der Entwicklung), die Teilnahme an Nutzer*innen-Panels oder an Fallstudien. Dabei betonen Nevell und Gregor (2000), dass Vertreter*innen der jeweiligen Zielgruppe keinesfalls als Laien-Forschende auf Zeit, sondern als professionelle, hauptamtliche Mitglieder von Entwicklungsteams fungieren sollten. Empathie und Identifikation mit der Zielgruppe könne in einem Forschungsteam nur dann entstehen, wenn Vertreter*innen dieser Gruppe einen festen Teil des wissenschaftlichen Entwicklungsteams bilden. Beteiligte sollen dabei als Menschen wahrgenommen und keinesfalls als „Subjekte für Usability-Experimente" (ebenda) instrumentalisiert werden (Newell et al. 2011, S. 237). Der Gedanke der Selbstermächtigung findet im Rahmen dieses Ansatzes eine besondere Akzentuierung, indem Co-Forschende mit einer Behinderung einen Arbeitsvertrag erhalten, ähnlich wie das gesamte wissenschaftliche Team. Forschungspartizipation wird im Rahmen dieses Ansatzes realisiert, indem die Grundlagen für professionelle Teambeziehungen geschaffen werden; Entscheidungskompetenzen bleiben jedoch an üblichen Strukturen und Prozessen der Forschungswelt orientiert.

2.2.2.4 Value sensitive design (VSD)

Zum Abschluss dieses Unterkapitels, das sich mit zentralen Leitlinien und -prinzipien partizipativer Forschung aus ingenieurwissenschaftlicher und gestalterischer Sicht befasst, soll der Ansatz des *Value Sensitive Design* (VSD) vorgestellt werden. Das VSD stellt einen theoretischen Designansatz dar, dessen zentrale Zielsetzung darin besteht, moralische bzw. ethische Werte in der Gestaltung zu berücksichtigen (Friedman et al. 2006, S. 2 f.). Die Zentralität von Werten verbindet den Ansatz mit dem *Participatory Design*. Während das PD jedoch Wertvorstellungen in das Design insofern aufnimmt, indem ein Raum für Co-Forschende geschaffen wird, in dem sie ihre normativen Wertvorstellungen in den Entwurf einbringen können, bilden moralische Werte den expliziten Mittelpunkt der Methodologie und Methodik des VSD. In der konkreten HCI-Praxis wird das VSD selten singulär verwendet, sondern häufig in Verbindung mit anderen

Ansätzen, z. B. jenen aus dem Bereich des HCD.[15] Ein integriertes Vorgehen kann z. B. dann sinnvoll sein, wenn die Werte-Analyse bzw. Reflexion im partizipativen Entwurf eine zentrale Rolle erhalten soll.

Aus theoretischer Sicht des VSD sind Artefakte, wie z. B. technische Geräte, niemals wertneutral, sondern immer mit moralischen und politischen Implikationen verbunden. Sie spiegeln bestimmte Werte (z. B. der Gesellschaft), reproduzieren sie oder stellen sie durch ihre Gestalt und Funktion als Konstrukte her. Im Sinne dieser **„Politics of Artifacts"** (Manders-Huits und van den Hoven 2009, S. 54) können Technologien bestimmte Werte hervorheben, während sie andere Werte verschleiern oder verzerren. Im Fokus des VSD stehen jedoch nicht alle Werte, sondern solche, denen eine besondere Bedeutung, eine besondere Durchsetzungskraft oder eine besondere Wirkmächtigkeit zukommt. Die Werte-bezogene Perspektive unterscheidet das VSD von anderen Ansätzen, z. B. solchen, die funktionale Werte wie Nutzer*innenfreundlichkeit oder Arbeitssicherheit betonten, oder jenen, die Forschungspartizipation zur Förderung von Selbstbestimmung hervorheben, diese jedoch nicht als leitenden Dreh- und Angelpunkt ihrer theoretischen Grundlagen betrachten. Aus der Sicht des VSD bilden Werte, die durch bestimmte Technologien in besonderer Weise hervorgehoben, gefördert – oder aber verhindert – werden, kein „Nebenprodukt" des Designs, sondern stellen den expliziten Mittelpunkt des gesamten Gestaltungsprozesses dar. Demnach können technische Artefakte bestimmte Funktionen haben und auch als „Ermöglicher" fungieren. Trotz dessen sind sie immer Werte-konstituierend, indem sie Individuen, Gruppen, Institutionen und Gesellschaften auf bedeutsame Art und Weise beeinflussen. Die Zentralität von Werten unterscheidet das VSD daher von anderen Ansätzen, in denen Werte als Folge – oder als unerwünschte Wirkung – von Technologien verstanden werden.

Der Ansatz des VSD wurde durch die Designerinnen Batya Friedmann und Helen Nissenbaum entwickelt und gewann rasch an Popularität. Viele Designer*innen sehen dies als Folge zweier Entwicklungen: Eines „value turn" in der Entwicklung von Informations- und Kommunikationstechnologien sowie eines „design turn" in der angewandten Ethik. Manders-Huits und van den Hoven (2009, S. 53 f.) gehen davon aus, dass sich diese beiden Entwicklungen gegenseitig beeinflusst haben. Dabei bildet das VSD einen Baustein und Treiber dieses Wandels, der in den 1970er und 1980er Jahren begann und sich mit der zunehmenden Bedeutung der Mensch-Computer-Interaktion (HCI) und des Participatory

---

[15] Als Beispiel für ein integriertes Vorgehen kann das Projekt von Schikhof und Mulder (2008) eingebracht werden, in dem ein kamera- und sensorgestütztes Monitoringsystem für Menschen mit Demenz entwickelt wurde, das vor allem nachts zum Einsatz kommen sollte. Als theoretische Grundlage dienten hier das VSD sowie das HCD.

Design (PD) rasch weiterentwickelte. In der ersten Dekade des 20. Jahrhunderts setzte sich schließlich die Überzeugung durch, dass eine erfolgreiche Anwendung und Implementierung neuer KIT davon abhängig sind, wie gut Neuentwicklungen bestimmte Werte, Präferenzen oder Ideale bei der Gestaltung und der Architektur von Systemen berücksichtigen. Die besonderen Stärken des VSD liegen in einem differenzierten Umgang mit ethischen Werten im Design sowie der Möglichkeit, Wertekonflikte (frühzeitig) zu erkennen und sichtbar zu machen, bevor es zu einer Prototypenentwicklung kommt. Friedman et al. (2006, S. 19) empfehlen daher, technische Architekturen grundsätzlich flexibel zu gestalten, so dass nachträgliche Korrekturen und eine Integration von Werten möglich sind. Der Ansatz bietet jedoch keine Handlungsempfehlungen für die Lösung von Wertekonflikten. Durch die systematische Integration ethischer Werte in den Entwicklungsprozess kann er allerdings als ein strategischer Schritt zur Transparenzherstellung im Prozess der Technikentwicklung betrachtet werden. Ähnlich wie andere Design-Ansätze, folgt auch das VSD bestimmten Leitlinien und Prinzipien (vgl. Info-Box 2.9). Aktuelle Entwicklungen zeugen allerdings von einer zunehmenden Ausdifferenzierung des VSD, die teilweise darin münden, dass dessen Annahmen von anderen Ansätzen (z. B. der Computer Ethik) adaptiert werden. Angesichts des hohen Stellenwerts einer wertebezogenen Analyse können alle am VSD orientierten Ansätze als Möglichkeiten zur Förderung verantwortungsvoller Innovationen betrachtet werden.

Leitprinzipien des Value Sensitive Design (VSD):

- VSD strebt nach Proaktivität, so dass Werte-Analysen früh in die Gestaltung von Technologien eingreifen und diese vollständig bestimmen sollten.
- VSD betrachtet die Entwicklung neuer Technologien nicht nur im engeren Kontext ihrer (erwarteten) Anwendung, sondern öffnet den Blick (d. h. die Werte-Analyse) für andere Kontexte und Bereiche.
- VSD bedient sich eines methodischen Vorgehens, das iterativ und integrativ vorgeht sowie konzeptionelle, empirische und technische Analysen umfasst.
- VSD vertritt ein erweitertes Werteverständnis; es betont nicht die Exklusivität bestimmter Werte im Design (wie z. B. Demokratisierung), sondern berücksichtigt nach Möglichkeit alle wichtigen menschlichen Werte.

- VSD trifft eine bestimmte Priorisierung von Werten, indem moralisch-ethischen Werten in der Gestaltung ein höherer Stellenwert zugemessen wird als instrumentellen Werten, z. B. der Nutzerfreundlichkeit (Usability).
- VSD integriert alle von einer Technologie tangierten Gruppen in den Entwicklungsprozess: sowohl direkte Stakeholder (d. h. Personen(-gruppen), die in einer unmittelbaren Interaktion mit einer Technologie oder deren Ergebnissen stehen sollen) als auch indirekte Stakeholder (d. h. Personen(-gruppen), die von dem Vorhandensein und den Ergebnissen einer Technologie indirekt betroffen sein könnten).
- VSD gründet auf einem spezifischen Interaktionsansatz (der Mensch-Technik-Interaktion), der Werte weder als eingebettet in eine Technologie betrachtet (d. h. „endogene Theorie"), noch sie als Ergebnis des Sozialen (d. h. „exogene Theorie") sieht. Vielmehr liegt dem Ansatz die These zugrunde, dass durch Artefakte bestimmte Werte gefördert, andere dagegen unterdrückt werden.

Info-Box 2.9: Leitprinzipien des Value Sensitive Design (VSD) nach Friedman et al. (2006, S. 12 ff.).

2.2.3   Der partizipative Forschungsprozess – Verlauf und ausgewählte Schritte

In der partizipativen Forschung- und Entwicklung lassen sich aus Sicht des UCD und des HCD im Feld der Mensch-Computer-Interaktion unterschiedliche Grade der Formalisierung beobachten. Während im nutzerzentrierten Entwurf (UCD) für den Entwicklungsprozess ein standardisiertes Vorgehen erwartet wird, das erst in der konkreten Forschungspraxis einer spezifischen Auslegung bedarf, zeichnen sich einige Ansätze durch eine sehr große Offenheit aus, die keinem formalisierten Vorgehen folgt. Vor allem das Participatory Design und das Co-Design weisen geringe Grade der Standardisierung auf. Andere Ansätze schlagen wiederum eine engmaschige Reihung bestimmter Schritte vor, die vor allem dann von Relevanz ist, wenn sie zur Realisierung bestimmter Ziele bzw. der Einhaltung bestimmter Prinzipien beitragen soll. Aufgrund der großen Unterschiede zwischen den verschiedenen Ansätzen werden im Rahmen dieses Unterkapitels ausgewählte Beispiele für typische Entwicklungsprozesse geschildert, auch wenn sie in der Forschungs- und Entwicklungspraxis häufig erst einer Konkretisierung (z. B. in Bezug auf Nutzer*innengruppen und Nutzungskontexte) bedürfen. Dabei sei darauf hingewiesen, dass sich gerade die methodologisch-methodischen Konzepte nach wie vor in einem starken Wandel befinden und es daher zu vielen Neuentwicklungen und Ausdifferenzierungen vorhandener theoretischer Ansätze kommt.

Für das **User-centered Design** besteht ein internationaler DIN-Standard mit der Bezeichnung „Ergonomie der Mensch-System-Interaktion" (DIN EN ISO 2941), der eine Beschreibung des Gestaltungsprozesses für interaktive Systeme enthält. Im Rahmen dieser Norm werden die Begriffe User-centered Design und Human-centered Design als austauschbar betrachtet, da es grundsätzlich um die Entwicklung von Produkten geht, die „menschgerecht" sein sollen. Der Prozess, der im Teil 210 mit dem Titel „Prozess zur Gestaltung gebrauchstauglicher interaktiver Systeme" dargestellt ist, unterscheidet insgesamt fünf Arbeitsschritte bzw. -phasen, für die sich in der Praxis verschiedene – teilweise standardisierte – Methoden entwickelt haben. Zudem setzt die Anwendung des Standards voraus, dass die Entwickler*innen ein umfassendes Verständnis der künftigen Nutzer*innengruppe(n), des jeweiligen Einsatzkontextes sowie der Tätigkeit, die durch eine zu entwickelnde Technologie unterstützt werden soll, haben. Hinter den einzelnen Phasen bzw. Schritten verbergen sich folgende Aufgaben:

Phase 1:   Planung des Nutzerzentrierten Gestaltungsprozesses
Phase 2:   Verstehen des Nutzungskontextes und dessen Definition
Phase 3:   Definition von Nutzungsanforderungen
Phase 4:   Erarbeitung von Gestaltungslösungen, die den Nutzeranforderungen entsprechen
Phase 5:   Evaluation von Gestaltungslösungen anhand der Nutzungsanforderungen.

Der Entwurfsprozess ist nicht linear, sondern zeichnet sich durch eine iterative, d. h. aus mehreren Feedback-Schleifen bestehende Vorgehensweise aus. Als Iteration wird dabei „das Wiederholen einer Folge von Schritten, solange bis das gewünschte Ergebnis erzielt wurde" verstanden (DIN EN ISO 9241-210, 2011, S. 11). Die Wiederholungen dienen einer kontinuierlichen Verbesserung der Entwicklung bzw. einer zunehmenden Annäherung an die Nutzungsanforderungen und den Nutzungskontext. Es sind vor allem die Schritte 2 bis 5, die den Kern mehrerer Iterationen bilden und so lange fortgeführt werden sollen, bis das erzielte Ergebnis den Anforderungen, die im Zuge des Prozesses definiert und spezifiziert wurden, entspricht. Im Rahmen des iterativen Vorgehens wechseln sich Phasen der

Suche nach neuen bzw. zusätzlichen Informationen, der weiteren Spezifikation von Nutzungsanforderungen, der Weiterentwicklung, z. B. von Prototypen, und der Evaluation ab. Die Anzahl der Iterationen wird in der Regel nicht präskriptiv, sondern erst im Entwicklungsprozess selbst festgelegt.

Im Feld der Mensch-Technik-Interaktion soll der Entwicklungs- bzw. Gestaltungsprozess so beschaffen sein, dass er auf die Nutzer*innen und deren Erfordernisse als auch den jeweiligen Kontext ausgerichtet ist. Dabei sollen Nutzer*innen in den Prozess – nach Möglichkeit unmittelbar – einbezogen werden. So gilt die „Einbeziehung der Benutzer in die Gestaltung und Entwicklung […] [als, d.A.] eine wertvolle Wissensquelle über den Nutzungskontext, die Arbeitsaufgaben und darüber, wie Benutzer voraussichtlich mit dem zukünftigen Produkt, System oder Dienst arbeiten werden" (DIN EN ISO 9241-210, 2011, S. 10). Der Standard schreibt jedoch nicht vor, dass die Beteiligung der Nutzer*innen zwingend notwendig ist; vielmehr obliegt es den Gestalter*innen zu entscheiden, in welche Iterationen Nutzer*innen unmittelbar einbezogen werden und welche Rolle sie dabei einnehmen. Die Ziele der Beteiligung sind funktional-instrumenteller Natur und liegen in der Verbesserung der Gebrauchstauglichkeit und Zweckdienlichkeit der zu entwickelnden Systeme, und nicht etwa der Selbstermächtigung der Nutzer*innen (ebenda, S. 8). Der genannte Standard benennt zudem eine Reihe an Gründen für seine Verwendung. Dazu zählen funktional-ökonomische Gründe, z. B. die Steigerung der Produktivität der Nutzer*innen und der Wirtschaftlichkeit von Organisationen, die Verbesserung der Verstehbarkeit von Systemen und damit Reduktion von Kosten für Schulungen, die Erhöhung der Gebrauchstauglichkeit der Systeme, die Schaffung von Zugänglichkeit für verschiedene Nutzer*innengruppen oder die Verbesserung der Nutzer*innenerfahrung.

Die Darstellung zeigt, dass der beschriebene Standard einen formalisierten Rahmen zeichnet, der zentrale Arbeitsphasen bzw. -schritte für einen nutzerzentrierten Entwurfsprozess definiert. In den Ingenieurwissenschaften besteht jedoch eine Reihe weiterer Ansätze, z. B. aus dem Feld des Usability Engineering, die den o. g. Standard ergänzen oder erweitern können. Viele dieser Ansätze haben – teils abweichende, teils spezifizierende – prozessorientierte modellhafte Verfahrensvorschläge erarbeitet. Sie orientieren sich dabei an bestimmten methodologisch-methodischen Konzepten (z. B. szenario-basierte Technik) oder an konkreten Weiterentwicklungen des formalisierten Modells, die nicht selten auf empirischer Grundlage in bestimmten Anwendungskontexten erarbeitet wurden. Zusammenfassend betrachtet, dienen alle formalisierten Rahmenmodelle der Sicherung einer gewissen Qualität des Prozesses und seiner Ergebnisse, wobei davon ausgegangen wird, dass die einzelnen Schritte an die Eigenheiten des zu entwickelnden Systems angepasst werden müssen.

Während sich das UCD an standardisierten formalen Prozessverläufen orientiert, zeichnen sich die Ansätze des **Human-centered Design** meist durch geringe Standardisierung aus. Im Ansatz des **Participatory Design** wird zwar eine Zusammenarbeit verschiedener Stakeholder erwartet; typisch für den Prozess ist jedoch, dass es keinen formalisierten Verlauf gibt. Vielmehr wird die Technikentwicklung als ein aus mehreren Iterationen, d. h. Verbesserungszirkeln, bestehender Prozess verstanden, an dessen Ende nicht notwendigerweise ein Prototyp stehen muss, sondern der Abschluss einer bestimmten Entwicklungsstufe markiert wird. Dieses offene Vorgehen soll den besonderen Zielen des PD dienen, die vor allem darin liegen, künftige Praktiken anzustoßen und bestehende Praxis zu verändern. Das Forschungsdesign als auch die dazugehörigen Methoden folgen dieser Zielsetzung, wobei die Methoden nicht selten stärker formalisiert sind als der Forschungsprozess. Eine typische Methode, die bereits in den Anfängen des PD zum Einsatz kam, waren sog. „Zukunftsworkshops". Diese auch schon von Ehn (1993) eingeführten Workshops enthalten eine Reihung bestimmter Arbeitsphasen bzw. -schritte: Phase 1: Kritik (der aktuellen Situation), Phase 2: Fantasie (Entwicklung und Formulierung alternativer Lösungen, Benennung wünschenswerter und positiv besetzter Vorgehensweisen), Phase 3: Implementierung (Konkretisierung von Aktivitäten für die nächste Zeit) (Ehn 1993, zitiert in Steen 2011, S. 49).

Ein ähnlich wenig formalisiertes Vorgehen wird im Rahmen des **Co-Design** (CD) praktiziert. Auch hier steht ein iterativer Prozess im Mittelpunkt der Entwicklung, wobei Co-Designer*innen von Beginn an an dem Prozess partizipieren. Nach Björgvinsson (2008) stellt das Vorgehen im Co-Design einen offenen Explorationsprozess dar, der dazu dient, vorteilhafte Bedingungen für eine dauerhafte Herstellung von Bedeutung zu schaffen. Diese Zielsetzung hängt mit den Zielen des Co-Design zusammen, die – ähnlich wie im Participatory Design – darin liegen, neue Praktiken für die Zukunft zu schaffen bzw. sie (z. B. durch die Entwicklung neuer Technologien) zu ermöglichen. Da Sinn und Bedeutung einen genuinen Bestandteil von Praktiken bilden, besteht die zentrale Anforderung an die Gestaltung des Prozesses darin, Wege dafür zu schaffen, wie neue Praktiken Eingang in eine „unbekannte" Zukunft und neue (Anwendungs-)Kontexte finden können. Im Co-Design sind verschiedene Arten des Umgangs mit dieser Herausforderung entstanden. Während einige Designer*innen das Primat der Offenheit und Flexibilität der zu entwickelnden Systeme, die es künftigen Nutzer*innen ermöglichen sollen, sie an eigene Praktiken anzupassen, in den Mittelpunkt stellen, plädieren andere dafür, die Veränderung künftiger Praxis durch eine Veränderung von Praktiken im hier und jetzt anzustoßen. Diese Zielsetzung führt nicht selten zu einem Konflikt zwischen der Förderung von Veränderung auf der einen und der Gewährleistung von Nachhaltigkeit auf der anderen Seite.

Gestalter*innen geraten dadurch häufig in einen Zwiespalt, der darin besteht, Lösungen für eine (mit bestimmten Ungewissheiten verbundenen) Zukunft zu finden und sie zugleich so zu gestalten, dass sie von aktuellen Nutzer*innen angenommen werden. Um diesen Konflikt produktiv zu bearbeiten, entstand eine Reihe verschiedener Lösungen, z. B. das Konzept des **Metadesigns** (Giaccardi 2005, zitiert in Björgvinsson 2008, S. 87), in dem die nach der Gestaltungsphase (*Design time*, d.h jener Phase, in der ein System vollständig entwickelt wird) einsetzende Nutzungs- bzw. Testphase (*Use time*, d. h. jene Phase, in der Nutzer*innen i. d. R. das System unter Alltagsbedingungen prüfen und somit an ihre aktuellen Praktiken anpassen) extensiv für Anpassungsprozesse genutzt wird. Ein solcher Entwicklungsansatz verlangt jedoch nach flexiblen und offenen Systemen, Systemen, die im Zweifel eher „under-designed" sind und daher einer weiteren Bearbeitung bedürfen bzw. sie gar erforderlich machen. Dafür schlugen z. B. Brereton et al. (2014, 2015) den Ansatz des **Design after Design** vor, der ursprünglich der Förderung sozialer Nachhaltigkeit diente, in visionären Projekten jedoch dazu dienen könnte, eine Technologie an künftige Praktiken anzupassen. Ein Co-Design-Prozess gilt allerdings grundsätzlich als niemals abgeschlossen. Vielmehr entwickeln sich bestimmte Praktiken weiter aus der Interaktion zwischen den vorhandenen Technologien und einem bestimmten Setting, wobei das Co-Design keinesfalls nur der Entwicklung von Technik vorbehalten bleibt, wie das Beispiel in der Info-Box 2.10 zeigt.

Ein anschauliches **Beispiel für ein Co-Design-Projekt** stellt ein zusammen mit der Schottischen Alzheimer Gesellschaft durchgeführtes Vorhaben dar, in dem ein neues Tartan-Muster durch Menschen mit Demenz entwickelt werden sollte (Rodgers 2017). Die zentrale Zielsetzung des Projektes lag in der Förderung gesellschaftlicher Anerkennung von Menschen mit Demenz, der Änderung des Fremdbildes der Erkrankten sowie der Förderung des Selbstwertes der Teilnehmer*innen. Das Vorhaben basierte auf dem Verständnis von Co-Design als Intervention (**disruptive design,** Rogers und Tennant 2014), in der das Lernen am Objekt (d. h. unmittelbar durch Gestaltung) sowie die „Arbeit am Fehler" im Mittelpunkt stehen. Als wesentliche Schritte des iterativen Vorgehens dienten drei einander abwechselnde und sich wiederholende Arbeitsphasen (Rodgers 2017, S. 4):

a) **Beobachtung** (*observe, obseerve, observe*) – In dieser Phase wird erwartet, dass sich Gestalter*innen dem Gegenstandsbereich und der Zielgruppe nähern, dies jedoch nicht „theoretisch", sondern durch das

„Eintauchen" in deren Lebenswelt und die gemeinsame, durch den Augenblick und die Situation geprägte Arbeit tun. Wichtige Voraussetzungen dafür sind ein hohes Maß an Offenheit, Unvoreingenommenheit und Aufmerksamkeit für die Co-Designer*innen.

b) **Rückzug & Reflexion** (*retreat and reflect*) – In dieser Phase sollen sich Gestalter*innen zurückzuziehen, um die Beobachtungen zu reflektieren mit dem Ziel, zu *Beteiligten* der (auf die Zukunft ausgerichteten) Intervention zu werden; explizit unerwünscht ist, dass Gestalter*innen im Mittelpunkt der Intervention stehen.

c) **Gestaltung im Augenblick** (*act in an instant*) – Dieser Arbeitsschritt beschreibt die Art der Arbeitsprozesse; hier wird von Gestalter*innen ein „Tun im Augenblick" erwartet, das mit einer bewertungsfreien Integration der Ideen aller Beteiligten in den augenblicklichen Entwurfsprozess einhergehen soll.

Info-Box 2.10: Prozess eines Co-Design-Projektes (Rodgers 2017).

Im Gegensatz zum PD und CD zeichnet sich das **Value Sensitive Design** (VSD) durch ein stärker formalisiertes bzw. strukturiertes Vorgehen aus. Friedman et al. (2006, S. 15 ff.) schlagen dafür einen Gestaltungsprozess vor, der aus sieben Schritten besteht. Sie sind jedoch weniger als ein standardisiertes Verfahren, sondern als ein organisierender Rahmen zu verstehen, der in Abhängigkeit von der zu entwickelnden Technologie unterschiedliche Ankerpunkte bietet:

- *Schritt 1*: Ein VSD-Prozess kann mit der Analyse eines spezifischen ethisch-moralischen Wertes, der geplanten Technologie oder des Nutzungskontextes beginnen. Entscheidend für die *Wahl des Anknüpfungspunktes* ist die Relevanz des jeweiligen Aspektes für das Gesamtvorhaben.
- *Schritt 2*: Ein weiterer Schritt besteht in der *Identifikation direkter und indirekter Stakeholder*. Eine besondere Aufmerksamkeit sollte jenen Stakeholdern zukommen, die in die Entwicklung von Technologien üblicherweise nicht einbezogen werden (z. B. aufgrund ihrer marginalisierten Position), sowie jenen, die von den negativen Folgen einer Entwicklung in besonderem Maße betroffen sein könnten. Kann eine relevante Stakeholdergruppe am Gestaltungsprozess nicht teilnehmen, sind deren (Interessens-)Vertreter*innen einzubeziehen.
- *Schritt 3*: Ein dritter Schritt besteht in der *Identifikation aller Vor- und Nachteile einer Neuentwicklung* für jede Stakeholdergruppe. Dabei gilt zu beachten, dass

neue Technologien gegensätzliche Wirkungen auf bestimmte Gruppen haben können. Bei Massentechnologien muss jeder Mensch als ein indirekter Stakeholder betrachtet werden, so dass auch gesamtgesellschaftliche Wirkungen zu analysieren sind. Im VSD sollten die Folgen einer technischen Entwicklung vor allem für Stakeholder betrachtet werden, die von diesen am stärksten betroffen sein dürften, oder jenen, die zahlenmäßig am größten sind.

- *Schritt 4*: Ein weiterer Arbeitsschritt besteht in der Zusammenführung der Ergebnisse der Arbeitsschritte 1 und 3, d. h. dem *systematischen Vergleich zwischen der Analyse ethisch-moralischer Werte und den Vor- und Nachteilen relevanter Stakeholdergruppen* (Friedman et al. 2006, S. 17 f.).

  – *Schritt 5*: Ein darauf aufbauender Arbeitsschritt umfasst die *theoretisch-konzeptionelle Analyse* relevanter ethisch-moralischer Werte, indem auf vorhandene Fachliteratur (explizit nicht nur aus dem Bereich des Designs) zurückgegriffen wird.

  – *Schritt 6*: In einem nächsten Schritt geht es um die *Identifikation potenzieller Wertekonflikte* sowie die *Suche nach möglichen Lösungsansätzen*.

  – *Schritt 7*: Der letzte Schritt besteht schließlich in der *Integration der Ergebnisse in den Prozess der Technikentwicklung*. Im Fall von Zielkonflikten geht es darum, alternative Möglichkeiten zur Förderung der Ziele der Stakeholder zu finden.

2.2.4 Ethische Aspekte partizipativer Forschung aus ingenieurwissenschaftlicher und gestalterischer Sicht

Ähnlich wie in den Sozialwissenschaften, spielen auch in den Ingenieurwissenschaften und im Design ethische Fragen eine wichtige Rolle. Durch ihre jeweilige disziplinspezifische Verortung (und eine damit verbundene eigene Wissenschaftsethik) erfahren sie in den beiden Wissenschaftsdisziplinen jedoch unterschiedliche Akzentuierungen, die auch im Zusammenhang mit partizipativer Technikentwicklung sichtbar werden. Betrachtet man die aktuellen Debatten im Feld der HCI, so wird erkennbar, dass sich viele Diskussionen angesichts der Entwicklung neuer Technologien, wie Künstliche Intelligenz oder Robotik, vor allem mit den Folgen verschiedenartiger Anwendungen befassen. Für Entwickler*innen stellt sich dabei meist die Frage, welche **Verantwortung für die Folgen** einer Neuentwicklung individuell oder kollektiv (d. h. gemeinsam mit anderen Akteuren) getragen werden muss. Partizipative Forschung und Entwicklung wird dabei als eine mögliche Strategie betrachtet, zukünftige ethische Konflikte und Risiken zu vermeiden, indem moralische Vorstellungen jener Zielgruppen, die mit einer Technik künftig umgehen sollen, in den Entwicklungsprozess einbezogen werden. Neben der Beteiligung verschiedener Stakeholder besteht ebenfalls die Überzeugung, dass ethische Analysen bzw. Evaluationen in Form konkreter Regelwerke und begleitender Instrumente (z. B. Workshops) während des Technikentwicklungsprozesses durchgeführt werden müssen. Als Beispiel für ein derartiges Konzept kann das für den Bereich der AAL-Technik entwickelte MEESTAR-Modell genannt werden, das vor allem für den Praxiseinsatz von AAL-Anwendungen konzipiert wurde (Manzeschke et al. 2013). Darüber hinaus existieren verschiedene Ethikkodizes, wie z. B. die „Ethischen Grundsätze des Ingenieurberufs" (VDI 2002) oder die „Ethischen Leitlinien der Gesellschaft für Informatik" (GI 2018), die sich mit der internen (d. h. gegenüber der wissenschaftlichen Community) und externen Verantwortung (d. h. gegenüber der sozialen Umwelt) von Technikentwickler*innen befassen (Lenk und Maring 2017).

Aus der Sicht der Ingenieurwissenschaften stellt sich dabei häufig die Frage, auf welchen Wegen ethische Aspekte in den Prozess der Forschung und Entwicklung sinnvoll und effektiv integriert werden können. Nutzer*innenbeteiligung wird dabei als ein möglicher, allerdings nicht als einzig richtiger Weg betrachtet. Die Beachtung sozialer Nachhaltigkeit im Prozess der Technikentwicklung ist aus Sicht der Ingenieurwissenschaften auch nicht zwingend an einen konkreten partizipativen Ansatz gebunden. Gerade aus der Perspektive des UCD, wo Beteiligung keinen ideologisch-normativen, sondern pragmatischen oder ökonomischen Zielen folgt, entstehen ethische Fragen selten im Zusammenhang mit methodischen Herausforderungen, sondern sind eher mit den Folgen (z. B. negativen, unvorhersehbaren, nicht intendierten) der jeweiligen technischen Innovation und ihrer praktischen Implementierung verbunden. Zentral dabei ist die Frage, wer die Verantwortung für die Folgen bestimmter technologischer Entwicklungen tragen soll bzw. muss. Handelt es sich um partizipative Ansätze, an denen verschiedene Stakeholder beteiligt sind, reichen individualistische Konzepte der Ethik und Verantwortung nicht aus; vielmehr müssen sie um neue Ansätze kooperativer Verantwortung ergänzt werden (Lenk und Maring 2017).

Nach van de Poel und Verbeek (2006) ist die auf die **Ergebnisse von Technikentwicklung** und damit retrospektiv argumentierende Verantwortungszuschreibung jedoch problematisch, da sie nicht nur die Dynamik des Technikentwicklungsprozesses (als sozialer Prozess), sondern auch die Vermittlungsrolle von Technik in ihrem Nutzungskontext ausblendet. Dieser von van de Poel und Verbeek (ebenda, S. 224) als „externalist approach to technology" bezeichnete Ansatz müsste daher um einen „internalist approach to technology" ergänzt werden. In Anlehnung an Bovens (1998, S. 28, in van de Poel und Verbeek 2006, S. 230 f.)

unterscheiden die beiden Autoren zwischen der sog. passiven und aktiven Verantwortung (active and passive responsibility). Während die passive Verantwortung
sich darin erschöpft, dass sie erst nachträglich zugewiesen wird, nachdem ein
Technikentwicklungsprozess bereits abgeschlossen wurde (Bovens 1998, S. 32,
van de Poel und Verbeek 2006, S. 230 f.), wird die aktive Verantwortung als
interne Eigenschaft der Person, als Tugend verstanden (Bovens 1998, S. 32).
„Whereas passive responsibility is allocated after the fact, active responsibility
is assumed beforehand, most often because someone feels responsible." (va de
Poel und Verbeek 2006, S. 230). Die Forderung lautet daher, dass der Prozess der
Gestaltung von Technologien so gedacht werden muss, dass die Ausgangspunkte
der ethischen Reflexion sichtbar werden. In anderen Worten: „engineering ethics
needs to open the black box not only of technology design but also of technology
use: the mediating role of technologies in their use contexts." (ebenda, S. 224).

Differenzen zwischen den Ingenieurwissenschaften und dem Design bestehen
ebenfalls darin, ob ethisch-moralische Aspekte an partizipative Ansätze gebunden
sind. Während in der ingenieurwissenschaftlichen Perspektive moralische Aspekte
von Beteiligung eher unabhängig von theoretischen Ansätzen der Partizipation
aufgegriffen werden, spielt die Beschäftigung mit ethischen Aspekten partizipativer Forschung im Rahmen gestalterischer Ansätze des HCD eine sehr wichtige
Rolle. So sind diese Ansätze – ähnlich wie partizipative Ansätze in den Sozialwissenschaften – bereits bei ihrer Gründung aus der Kritik an bestehender Forschung
und Gestaltung hervorgegangen und verbinden mit partizipativem Design konkrete Werte und Ziele, wie z. B. Demokratisierung und Empowerment. Auch im
Design stellt sich die Frage der **Verantwortung**. Sie erwächst alleine daraus,
dass Designprozesse als „Weisen des Seins" verstanden werden, deren Methodologie dazu dient, eine Zukunft für heute lebende Menschen zu gestalten. Dies
zeigen etwa Robertson und Simonsen (2013, S. 5) am Beispiel der Arbeitswelt,
indem sie schreiben: „Designing technologies that people rely on in their work
shapes, in essential ways, how it is possible for people to do their work and
how they experience their working lives". Moralische Verantwortung erwächst für
Gestalter*innen daher aus ihrer Rolle, eine – im weitesten Sinne – als erwünscht
betrachtete Zukunft zu erschaffen. Ihre Verantwortung beschränkt sich allerdings
nicht darauf, „nur" für eine gute Qualität künftiger Produkte zu sorgen, sondern
besteht ebenfalls darin, auf die Arten und die Formen künftiger Artefakte sowie
die mit ihnen verbundenen Praktiken einzuwirken. Die Art und Güte des partizipativen Designprozesses sind dabei mit der Qualität der Ergebnisse eng verbunden,
wobei davon ausgegangen wird, dass ein „richtiger" partizipativer Designprozess
nicht nur eine bessere „Zukunftsvision" schafft, sondern auch Strukturen entwickelt, die diese Vision unterstützen. Daher gehen Designer*innen davon aus, dass

in die Gestaltung künftiger Lebenswelten alle Personengruppen einbezogen werden müssen, die von den geplanten „Visionen" in besonderer Weise betroffen sein werden (Segalowitz und Brereton 2009).

In der konkreten Forschungs- und Entwicklungspraxis lassen sich verschiedene Debatten aufzeigen, die zum einen **theoretisch-konzeptionelle Aspekte partizipativer Gestaltung** aufgreifen, zum anderen mit der **konkreten Umsetzung partizipativer Entwürfe** verbunden sind. Letztere betreffen häufig ausgewählte Aspekte der Forschungsethik (z. B. Umgang mit der Freiwilligkeit der Teilnahme) oder methodische Fragen, die mit besonderen ethischen Herausforderungen verbunden sind (z. B. beim partizipativen Entwurf mit vulnerablen Personengruppen). Im Rahmen einer Befragung von Kelly (2019) konnten folgende ethische Herausforderungen für die partizipative Designpraxis als besonders vordringlich herausgearbeitet werden: Freiwilligkeit der Beteiligung und informierte Einwilligung, Schadensvermeidung, Fürsorge und Nutzen für die Co-Forschenden sowie Umgang mit Macht. Darüber hinaus formuliert Kelly (2019) vier zentrale **ethische Prinzipien** des partizipativen Designs, die sie als wichtige Bestandteile eines analytischen Rahmenmodells des PD-Ansatzes betrachtet (vgl. Info-Box 2.11).

Zentrale ethische Prinzipien des Partizipatorischen Designs nach Kelly (2019):
1) Freie und informierte Beteiligung
2) Balance zwischen Partizipation und Risikominimierung partizipationsbedingter Belastung
3) Maximierung des partizipationsbedingten Nutzens sowie der Outcomes der Partizipation
4) Förderung eines fairen und angemessenen Empowerments
Info-Box 2.11: Zentrale ethische Prinzipien des Partizipatorischen Designs (angelehnt an Kelly 2019).

Die aktuelle Debatte um ethische Aspekte von Partizipation ist im Kontext des Partizipatorischen Designs auch an Fragen der normativen Positionierung partizipativer Gestaltung gebunden. Dabei geht es vor allem um die Auseinandersetzung mit der künftigen Ausrichtung des Ansatzes, bei der auch die Rolle des Designers im partizipativen Entwurf und sein berufsethisches Selbstverständnis angesprochen werden. Im Folgenden werden einige ausgewählte Aspekte dieser Debatte aufgezeigt.

Einer der zentralen ethischen Konflikte und zugleich eine zentrale Leitfrage der aktuellen Diskussionen im PD ist in den **Zielen von Beteiligung** und damit dem grundsätzlichen **Verständnis von Partizipation** zu suchen (Smith et al. 2017). So zeichnet sich angesichts aktueller Dynamik im Feld der Mensch-Computer-Interaktion eine Spannung zwischen jenen Ansätzen ab, die sich deshalb als „partizipativ" bezeichnen, weil sie „partizipative Methoden" verwenden, und jenen, in denen Beteiligung aus einem politischen und methodologisch verankerten Verständnis von Partizipation heraus begründet wird. Divergenzen bestehen vor allem zwischen Vorhaben, die Beteiligung als etwas Instrumentelles bzw. Funktionales sehen, und jenen, die sich einem politischen Verständnis von Partizipation verpflichtet fühlen. Während in der erstgenannten Art der Vorhaben die Beteiligten vor allem als Quelle von Informationen, Wissen und Inspirationen betrachtet werden, strebt die zweite Art der Vorhaben danach, Co-Forschende als gleichberechtigte Partner*innen einzubeziehen und Partizipation als Weg zur Verbesserung der Lebenssituation und Mittel zur Selbstermächtigung zu verstehen. Diese gezeichnete Konfliktlinie wird sowohl unter methodologisch-methodischen (u. a. Bossen et al. 2012) als auch professionsethischen Aspekten diskutiert. Nach Steen (2011, S. 46 f.) führt die „**Methodenorientierung**" dazu, dass es im Design scheinbar nur darauf ankomme, einen Set passender Methoden zu finden, die in der Forschungspraxis starr übernommen werden, ohne dass Gestalter*innen den Bezug zu methodologischen Grundlagen sowie ihre eigene Rolle im Gestaltungsprozess reflektieren. Steen (ebenda) plädiert daher für mehr **Reflexion und Reflexivität**, wobei sich letztere vor allem auf die bewusste **Auseinandersetzung mit der eigenen Rolle als Designer*in** – auch unter Berücksichtigung der Methodologie und Ethik in der Gestaltungswissenschaft – bezieht. Verbunden mit diesem Plädoyer ist auch die Frage nach der Weiterentwicklung des Participatory Design durch eine ethisch-theoretische Fundierung. Nach Steen (2012) ist dafür die Tugendethik besonders geeignet, da sie in Form konkreter Tugenden zu einer Stärkung der professionsethischen Perspektive der Designer*innen beitragen könnte. Als relevante Tugenden benennt Steen (2012) – neben Reflexivität – die Kooperation, Kreativität, Empowerment und die Neugier bzw. Offenheit.

Ein weiteres methodologisches und ethisches Dilemma, das aus Sicht des PD wahrgenommen wird, ist die Frage nach dem Zeitpunkt bzw. der Entwicklungsphase, in der Co-Forschende in den Prozess der Technikentwicklung eingebunden werden sollen. So gehen die Ansätze des PD und des CD zwar davon aus, dass Co-Forschende von Beginn an an dem Vorhaben partnerschaftlich teilnehmen sollen. Es bleibt jedoch offen, wer dazu legitimiert sei, die „Ideengeber*innen" einer technologischen Entwicklung zu sein – oder in anderen Worten: Dürfen **Demokratisierungsprozesse** erst dann greifen, wenn die Projektidee durch andere

Stakeholder bereits definiert wurde, oder wird dadurch gerade die Idee des politischen Empowerments, die davon ausgeht, dass es einer Ideenentwicklung aus dem Bestreben der „Betroffenen" heraus bedarf, konterkariert. Diese zunächst pragmatisch klingende Überlegung steht im Kontext eines grundsätzlichen Dilemmas, das in der Frage besteht, ob Prozesse der **Ermächtigung als ein normatives bzw. (forschungs-)ethisches oder als ein forschungsmethodisches Anliegen** betrachtet werden sollen (vgl. auch Lindsay et al. 2012). Auch dieses Dilemma tangiert das Grundverständnis von Partizipation und ist als Folge der „Methodisierung" im Design zu sehen. Geht man davon aus, dass die Entwicklung neuer Technik „nicht einer linearen Logik der Entfaltung einer technischen Idee [folgt, d.A.], sondern als ein mehrstufiger Prozess der Entwicklung von Technisierungsprojekten" zu sehen ist (Rammert 2007, S. 29), der aus mindestens drei Phasen: a) der Entstehungsphase, in der der Kern der Innovation entsteht, b) der Stabilisierungsphase, in der ein bestimmter Prototyp ausgewählt wird, und c) der Durchsetzungsphase, in der der Prototyp durch Design zum zentralen Ergebnis des Innovationsprozesses wird, besteht, muss konstatiert werden, dass vor allem sog. marginalisierte Stakeholdergruppen in den Anfängen des Prozesses (d. h. in der Entstehungsphase) selten eine entscheidende Rolle einnehmen. Dabei bilden Entscheidungen zu Beginn bzw. vor Beginn eines Projektes den wichtigsten Bestimmungsfaktor des Innovationsprozesses. Der Anspruch des Partizipatorischen Designs, Demokratisierungsprozesse zu befördern, kann daher angesichts realer Gegebenheiten im Feld der HCI-Entwicklung kaum eingelöst werden. Die Lösung des Dilemmas wird manchmal auf der methodischen Ebene gesehen, wonach es lediglich der Verfeinerung partizipativer Methoden bedürfte, um Demokratisierungsprozesse „umzusetzen". Selbst bei der „Integration" ethischer Aspekte in die Entwicklung von Technik erwächst der Anschein, dass es dafür nur geeigneter Methoden und Tools bedarf, um eine Art „ethischer Korrektheit" zu erzeugen (Brandenburg et al. 2018). Angesichts dieser Situation plädiert z. B. Kelly (2019) für die Stärkung moralischer Tugenden unter Gestalter*innen und die besondere Hervorhebung ethischer Aspekte im partizipativen Design.

Ein weiteres Dilemma, das ebenfalls unter ethischen Gesichtspunkten betrachtet werden kann, ist ein weitgehendes Fehlen von HCI-Vorhaben, die sich der Erfassung bzw. Analyse von Wirkungen der Partizipation gewidmet haben. Eher unter dem Aspekt der „Methodenorientierung" bemängeln z. B. Bossen et al. (2012), dass verschiedene Aspekte, die als Outcomes oder als Gesamtnutzen partizipativer Gestaltung betrachtet werden, mehr einer präskriptiven Idee, einer vagen Zielsetzung oder gar Ideologie gleichen als einem empirisch gesicherten Ergebnis. Ob bestimmte Ziele partizipativer Gestaltung tatsächlich eingelöst wurden, z. B. der Zugewinn demokratischer Entscheidungsprozesse, wird kaum untersucht. Es mangelt an Studien, die sich den Wirkungen von partizipativem Design systematisch bzw. über längere Zeiträume hinweg gewidmet haben. Zudem unterstellen viele Gestalter*innen, dass sich der Mehrwert der Partizipation bei Teilnehmenden quasi „von alleine" einstellt. Und obwohl die reale Umsetzung von Beteiligung – so Bossen et al. (2012) – vielfach einer Einbahnstraße gleicht, wird Beteiligung als „Aushängeschild" einer Technikentwicklung genutzt, in die „Nutzer*innen" nur periphär einbezogen wurden. Das grundlegende Verständnis und die Ziele der Beteiligung bleiben dabei häufig unklar (Halskov und Hansen 2015, S. 89).

Ethische Konflikte sind jedoch nicht nur das Ergebnis aktueller theoretisch-konzeptioneller Debatten, sondern auch eine Folge genuin theoretischer Vorstellungen in den Ansätzen des HCD. Eine besondere Herausforderung, die auch mit ethischen Aspekten verbunden ist, erwächst z. B. aus der (vor allem im) Co-Design verankerten Anforderung, **Innovationen für die Zukunft**, d. h. für künftige Nutzer*innen zu entwickeln. Designer*innen geraten dabei in einen Konflikt, der sich besonders dann abzeichnen kann, wenn (angenommene) Interessen künftiger Nutzer*innen in Widerspruch zu den Interessen aktueller Nutzer*innen geraten. In einem solchen Fall wäre zwischen den Interessen der aktuellen und den der künftigen Generationen zu entscheiden. Ein derartiger Widerspruch wird jedoch nur dann virulent, wenn Nutzer*inneninteressen konkret beschrieben werden können. Trotz vorhandener Methodentools (wie z. B. Zukunftsworkshops oder Szenario-Technik) bleibt daher – neben der methodischen Frage, ob es überhaupt gelingen kann, „technische Innovationen" für zukünftige Nutzer*innengruppen durch aktuelle Nutzer*innen zu entwickeln – die Frage bestehen, inwiefern aktuelle Nutzer*innen bestimmen dürfen, welche Technik künftige Nutzer*innen nutzen sollten.

Diese Beispiele zeigen, dass Debatten um ethische Aspekte partizipativer Forschung aus ingenieurwissenschaftlicher und gestalterischer Sicht vielfältige Dimensionen umfassen, in gewisser Hinsicht jedoch auch mit Fragen der weiteren Entwicklung partizipativer Ansätze im Feld des HCI verbunden sind. Die hier vorgestellte Diskussion ist keinesfalls erschöpfend, gibt jedoch Einblicke in einen Diskurs, von dem jedoch auszugehen ist, dass er sich vor dem Hintergrund der Entwicklung und weiteren Anwendung neuer Technologien, wie etwa KI, weiterentwickeln wird. Eine Reihe neuer Impulse kommt hier vor allem aus den Science- and Technology-Studies, die den Diskurs um Folgen des Einsatzes von Technik erweitern.

Technikbezogene partizipative Forschung mit Menschen mit Demenz

3

Unter dem Gesichtspunkt sozialer Teilhabe bilden Menschen mit Demenz nach wie vor eine der am stärksten exkludierten Gruppen in der Gesellschaft. Diese Feststellung gilt auch für technikorientierte Vorhaben, in denen Betroffene in der Vergangenheit höchstens „Beforschte" waren, selten dagegen die Rolle als Forschungssubjekte und noch seltener als Forschungspartner*innen innehatten. Werden technikorientierte Projekte der jüngsten Vergangenheit betrachtet, so hat die Zahl der Vorhaben, die Betroffene direkt einbinden, deutlich zugenommen. Diese Entwicklung markiert eine zögerliche, dennoch sichtbare **Abkehr von einer paternalistischen Sicht** auf die Erkrankten, der zufolge kollaborative Zusammenarbeit aufgrund demenzspezifischer Kompetenzeinbußen als nicht möglich erschien (McKeown 2017). Aus Sicht des biomedizinischen Modells, das individuelle Erfahrungen Betroffener ausschließlich auf ihre Erkrankung zurückführte, wurden Aussagen Betroffener vor allem im Hinblick auf Validität und Reliabilität kritisch betrachtet, während ihr gesamtes Verhalten unter dem Primat ihrer Erkrankung gedeutet und bewertet wurde (Nygard 2006). Daher wurden selten die Betroffenen selbst, sondern ihre Angehörigen oder Professionelle (z. B. Pflegekräfte oder Ärzt*innen) als Interessensvertreter*innen in Forschung und Entwicklung einbezogen (Digby et al. 2016). In einem von Ienca et al. (2017, S. 1335) durchgeführten systematischen Review, in dem intelligente assistive Technologien für Menschen mit Demenz erfasst wurden, zeigte sich, dass bei ca. 40 % der technischen Anwendungen eine Entwicklung nach dem User Centered Design-Ansatz erfolgte. Unklar blieb dennoch, ob Menschen mit Demenz direkt in die Entwicklung der betrachteten Technologien integriert wurden. Trotz dessen nahm die Zahl der Projekte mit einem UCD-Ansatz im Zeitverlauf zu, was als wachsende Bedeutung der Nutzer*innenperspektive in der Entwicklung von Technik gedeutet werden kann.

Die Abkehr von der oben skizzierten Entwicklung kann ebenfalls als Zeichen einer weiteren Differenzierung des noch recht jungen Feldes der AAL-Technologien betrachtet werden, verbunden mit der Erkenntnis, dass es nicht um „die" Technologien für „die" älteren Menschen gehen kann, sondern um spezifische Technologien für bestimmte Gruppen älterer Menschen. Die zunehmende Aufmerksamkeit für die Differenzierung des Alters dürfte ein Ergebnis der zunehmenden Relevanz der **Nutzer*innenperspektive** im Feld der Gerontotechnik sein. Vor dem Hintergrund der noch jungen Tradition dieses Forschungsfeldes macht Pelizäus-Hoffmeister (2013, S. 54) auf dessen historische Entwicklung aufmerksam und zeigt auf, dass die Befassung mit der Nutzer*innenperspektive in der ersten Entwicklungsphase von AAL-Technologien nicht präsent war. Ausgehend von insgesamt vier Entwicklungsphasen des Feldes, wobei sie den Beginn der ersten Phase bereits in den 1980-er Jahren datiert, weist sie darauf hin, dass die Nutzer*innenperspektive erst in der zweiten Entwicklungsphase in den Vordergrund trat. Dabei war der Blick auf „den Nutzer" fast ausschließlich damit assoziiert, technische Geräte nutzerfreundlich zu gestalten, unter besonderer Berücksichtigung von Ergonomie und einer kompetenzgerechten Bedienbarkeit (ebenda, S. 66). Während Technikakzeptanz und Einstellungen Älterer zur Technik erstmalig in der dritten Phase, in der es zu einer Intensivierung gerontotechnischer Forschung kommt, sichtbar werden (ebenda, S. 80), wird das Thema Demenz erst in der vierten Forschungsphase unter dem Stichwort Gesundheit aufgegriffen (ebenda, S. 84 ff).

Der Blick auf die aktuelle AAL-Forschung zeigt, dass Menschen mit Demenz inzwischen als eine sehr spezifische Gruppe betrachtet werden, die nicht nur eine besondere Art der Unterstützung benötigt, sondern die ebenfalls andere, teilweise auch höhere Ansprüche an die Gestaltung, Ästhetik und Zuverlässigkeit von Technik stellt. Die **Homogenitätsannahme** im Hinblick auf die Gruppe älterer Menschen, nach der sie als geschlossene Gruppe mit großen Ähnlichkeiten betrachtet wurden, dürfte im Feld der Technikentwicklung zwar der Vergangenheit angehören. Trotz dessen werden „mögliche Nutzer der Techniken eher nicht in die Entwicklung der Geräte einbezogen (…), sondern erst nach Fertigstellung eines Prototyps und dann nur in sehr geringer Zahl hierzu befragt" (Pelizäus-Hoffmeister 2013, S. 86). Zudem gibt es „kaum Forschungsergebnisse zu den Auswirkungen derartiger Techniken im Leben der Älteren, gerade wo doch davon auszugehen ist, dass diese mit einschneidenden Veränderungen verbunden sind." (Pelizäus-Hoffmeister 2013, S. 86). Fraglich ist ebenfalls, ob die im Feld der Mensch-Computer-Interaktion vorherrschenden partizipativen Ansätze der Diversität der Gruppe älterer Menschen mit Demenz gerecht werden (können).

Wie oben bereits erwähnt, handelt es sich trotz einer Vielzahl technischer Entwicklungen *für* Menschen mit Demenz (Astell et al. 2019) sowie eines Wandels hin zur stärkeren Nutzer*innenzentrierung **nicht immer um eine aktive Beteiligung** bzw. Partizipation der in Frage stehenden Zielgruppe. Vielfach wird die unmittelbare Einbindung von Menschen mit Demenz in Forschung, z. B. als Befragungspersonen, als eine besondere Herausforderung gesehen (Murphy et al. 2015). Findet eine unmittelbare Integration statt, handelt es sich meist um Menschen mit beginnender Demenz bzw. um Personen, die aufgrund ihrer sprachlichen Kompetenz ohne wesentliche Änderung des Forschungsprozesses einbezogen werden können (Cowdell 2008). Betroffene werden vor allem dann selten beteiligt, wenn sie im **stationären bzw. institutionellen Kontext** wohnen. Ausgehend von einem systematischen Literaturreview, in dem es um den Einsatz verschiedener elektronischer assistiver Technologien innerhalb institutioneller Wohnkontexte (z. B. Pflegeheim, betreutes Wohnen) für Menschen mit Demenz geht, zeigen beispielsweise Lynn et al. (2017), dass eine direkte Einbeziehung Betroffener in die Forschung keine Selbstverständlichkeit darstellt. In den 61 Studien, in denen die Nutzung von sechs unterschiedlichen Arten von Technologien analysiert wurde, gehörten Beobachtungsmethoden sowie validierte bzw. Proxy-Maße zu den meistgenutzten Outcomes. Menschen mit Demenz hatten in der Regel eine stark passive Rolle in der Forschung und kamen meist als Zielgruppe der Beobachtung zum Einsatz (Lynn et al. 2017, S. 57). Selbst bei technikgestützten Interventionen werden Betroffene äußerst selten direkt befragt. In Studien, in denen sie als Studienteilnehmer*innen erwähnt werden, bleibt es häufig unklar, in welchem Umfang gewonnenen Ergebnisse deren individuelle Perspektive wiedergeben. Das Groß der Studien bezieht nach wie vor Professionelle ein – sei es als Teilnehmende (Aarts et al. 2015) oder als Proxy, die gebeten werden, einen Fragebogen im Namen der Betroffenen auszufüllen (z. B. Te Boekhorst et al. 2013). Ähnlich ist es bei der Implementierung neuer Technologien, bei der häufig Professionelle oder rechtliche Betreuungspersonen eingebunden werden (z. B. Aloulou et al. 2013).

Trotz einer Reihe assistiver Technologien, die für Menschen mit Demenz entwickelt wurden, besteht aus ingenieurwissenschaftlicher als auch gestalterischer Sicht kein endgültiger Konsens hinsichtlich eines **für diese Zielgruppe geeigneten theoretischen Ansatzes der Partizipation**. Dies mag u. a. an der teilweise starren und unflexiblen Prozessstruktur der vorhandenen Denkmodelle sowie ihrer engen Auslegung liegen. Geht es um die typischen theoretischen Ansätze aus dem Feld der Mensch-Computer-Interaktion (HCI) und ihrer Anwendung mit Menschen mit Demenz, so lassen sich sowohl Befürworter*innen als auch Gegner*innen der verschiedenen Ansätze aufzeigen. So gehen bspw. Astell et al. (2009a) davon aus, dass der Ansatz des UCD in der Anwendung mit Betroffenen grundsätzlich realisierbar ist, dessen praktische Umsetzung allerdings eine Reihe verschiedener Modifikationen erforderlich macht. Novitzky et al. (2015) fordern wiederum – als Ergebnis eines Review zu ethischen Aspekten in der Technikentwicklung für Menschen mit Demenz – eine strikte Ausrichtung an Mensch-zentrierten Ansätzen (HCD), wobei das Postulat der „Mensch-Zentrierung" in der Entwicklung von Technik leitend sein sollte. Vor dem Hintergrund der Heterogenität der Zielgruppe weisen sie zudem auf das Risiko hin, dass eine konsequente Ausrichtung am UCD die Vielfalt der Bedarfe und Erwartungen nicht erfassen kann und dazu führt, lediglich die Bedürfnisse einer ausgewählten Gruppe von Personen zu berücksichtigen.

Andere Forschende, z. B. Newell et al. 2011, machen wiederum auf die besonderen Bedürfnisse von Menschen mit kognitiven Einschränkungen aufmerksam und plädieren für alternative Ansätze, z. B. den Ansatz des **User-Sensitive Inclusive Design**. Ihre Empfehlung begründen sie mit einer Kritik an der geringen Flexibilität der im Bereich der HCI verwendeten Ansätze sowie ihrem Manko, eine „echte" Empathie gegenüber den Zielgruppen der Technikentwicklung einzufordern. Nach der Logik der im Bereich der HCI verwendeten Modelle werden Entwickler*innen und Gestalter*innen eher darin bestärkt, einem konkreten Prozess inkl. bestimmter Entwicklungsschritte zu folgen, als sich mit den Bedürfnissen künftiger Zielgruppen zu befassen. So entwickeln Designer*innen bei einer konzeptgetreuen Vorgehensweise zwar häufig mehrere Prototypen, in denen sich *allgemeine Bedarfe* bestimmter Zielgruppen spiegeln. Eine umfassende Auseinandersetzung mit *spezifischen Bedürfnissen* einer Zielgruppe erfolgt jedoch erst bei der Gestaltung von Schnittstellen, die an die besonderen Anforderungen einer Gruppe angepasst werden. Diese Konzeptlogik führt zu technischen Anwendungen, die durch die anvisierten Zielgruppen zwar grundsätzlich verwendbar wären, sich in der Praxis jedoch als untauglich erweisen. Die Ursache dafür sehen Newell et al. (2011) in den starren Vorgaben theoretischer Modelle, die ein tieferes Verständnis der Anliegen der Zielgruppen der Technik als nachgeordnet betrachten. Als besonders problematisch bewerten sie, dass die engmaschige Orientierung an Prozessmodellen des UCD und HCD sowohl Entwickler*innen als auch Designer*innen daran hindert, eine Vorstellung von der Diversität der Zielgruppe zu gewinnen. So unterstellen die im Feld der HCI verwendeten Ansätze eine gewisse Homogenität von Bedürfnissen bestimmter Nutzer*innengruppen, die im partizipativen Entwurf zutage treten sollten. Die Entwicklungspraxis zeigt jedoch, dass u. a. Menschen mit Demenz trotz vergleichbarer Bedarfe sehr unterschiedliche, gar gegensätzliche Erwartungen an die Gestaltung einer Technologie haben (können). Newell et al. (2011) vermuten auch, dass die fehlende Berücksichtigung der Diversität der späteren Nutzer*innen entscheidend für das Ausbleiben des Erfolgs bisheriger Technologien auf dem Markt ist. Eine strikte Orientierung am Ansatz des UCD oder HCD übersieht zudem, dass Menschen mit Demenz häufig nicht die tatsächlichen Nutzer*innen der zu entwickelnden Produkte sind, sie über den Einsatz der Produkte selten entscheiden und unter Umständen auch nicht als Käufer*innen der Produkte fungieren.

Die Diversität der Menschen mit Demenz stellt Entwickler*innen in den verschiedenen Stufen des Forschungs- und Entwicklungsprozesses vor komplexe Herausforderungen. Besonders sichtbar wird dies bei der **Anforderungsspezifikation** bzw. der Anforderungsanalyse, in deren Rahmen zwischen verschiedenen Arten von **Anforderungen** unterschieden werden muss:

- Anforderungen an Technologien, die **Ausdruck eines allgemeinen, jedoch mehrdimensionalen Alternsprozesses** sind. Technische Anwendungen für ältere Menschen müssen Veränderungen auf der biologischen (z. B. Veränderungen der Sinne, Einschränkungen der Beweglichkeit und Mobilität), der psychologischen (z. B. Veränderungen der Kognition, verändertes Verständnis von Autonomie) und der sozialen Dimension (z. B. Veränderung sozialer Rollen, veränderte Aktivitätsmuster) berücksichtigen. Diese Veränderungen beginnen jedoch keinesfalls erst im hohen Alter, sondern sind grundsätzlich mit individuell-biographischen Aspekten verwoben und weisen große inter- und intraindividuelle Unterschiede auf.
- Anforderungen an Technologien, die aus **spezifischen Erkrankungen** erwachsen, z. B. der Demenz vom Alzheimer Typ. Dabei gilt es zu berücksichtigen, dass gerade Demenzen einen dynamischen Verlauf aufweisen und Betroffene in Abhängigkeit von der Art und dem Stadium der Erkrankung sehr unterschiedliche Anforderungen an technische Hilfen stellen können.
- Anforderungen, die sich aus **individuellen Merkmalen der Person und ihrer Lebenslage** ergeben. Sie sind nicht Ausdruck einer Erkrankung und genauso wenig Ausdruck eines allgemeinen Alternsprozesses, sondern Ergebnis einer einmaligen Persönlichkeit und individuellen Biographie, die ihren Ausdruck in einem bestimmten Lebensstil finden und mit individuellen Einstellungen, Wünschen, Erwartungen und Präferenzen verbunden sind. Große Differenzen bestehen ebenfalls im Hinblick auf die individuelle Ressourcensituation einer Person, ihre Lebenslage, z. B. ihr soziales Netzwerk, ihre Wohn- oder Einkommenssituation.

Die genannten Anforderungen „wirken" im partizipativen Entwicklungs- und Gestaltungsprozess ganzheitlich, so dass sie nicht zwingend als isolierte Phänomene sichtbar bzw. voneinander trennbar sind. In einer konkreten Situation lässt sich daher nicht immer zuverlässig unterscheiden, ob eine Präferenz, die von einer Person mit Demenz geäußert wird, auf die individuelle Persönlichkeit und Lebenslage einer konkreten Person, ihren Alternsprozess oder ihre Demenz zurückzuführen ist. Ist sie lediglich Ausdruck einer individuellen Präferenz, dürfte sie kaum als eine allgemeine Anforderung an Technik für (alle) Menschen mit Demenz verstanden werden. Eine besondere Herausforderung in der Gestaltung von Technik für Menschen mit Demenz mit direkter Einbeziehung Betroffener liegt daher in der Berücksichtigung dieser drei Ursachenbündel für die Definition von Anforderung sowie der zusätzlichen Beachtung dessen, dass sie unter den Bedingungen eines konkreten Settings mit unterschiedlichem Gewicht zur Sprache kommen können.

Neben der o. g. Schwierigkeit, Anforderungsarten in ihrem **komplexen Zusammenwirken** differenziert zu betrachten, besteht eine weitere Schwierigkeit darin, zwischen der (möglichen) Ursache für bestimmte Anforderung an Technik (z. B. Demenz) und dem individuellen Umgang mit ihr zu differenzieren. Menschen mit Demenz entwickeln **Bewältigungsstrategien** für den Umgang mit ihren Einschränkungen, die bestimmte Folgen haben können und so weitreichend sein können, dass sie die Gestaltung des Alltags, den Lebensstil oder andere Lebensbereiche verändern. Erst die analytische Trennung zwischen einem „Problem", den daraufhin entwickelten Bewältigungsstrategien und ggf. den sich daraus ergebenden Folgen erlaubt die Beantwortung der Frage, ob eine zu entwickelnde Technik z. B. eine eigens entwickelte Bewältigungsstrategie ersetzen, unterstützen oder eher an der (angenommenen) Ursache ansetzen soll.

Trotz der besonderen Herausforderungen und Probleme, die mit der Integration von Menschen mit Demenz in partizipative Forschung verbunden sind, spricht vieles dafür, sie in die Entwicklung neuer Technologien unmittelbar einzubinden. So betonen Astell et al. (2009a), dass die direkte Einbeziehung Betroffener häufig die einzige Möglichkeit darstellt, Entwickler*innen und Gestalter*innen mit Bedürfnissen dieser Zielgruppe zu konfrontieren. Es entspricht zudem der Forderung nach Selbstbestimmung, Betroffene in jegliche Art der Forschung einzubeziehen, die der Gestaltung ihrer unmittelbaren Lebensumwelt dient. Ein pauschaler Ausschluss von Menschen mit Demenz wäre mit einer präskriptiven Einschränkung ihrer gesellschaftlichen Teilhabe verbunden. Daher stellt sich keinesfalls die Frage nach dem *Ob* der Beteiligung von Menschen mit Demenz an partizipativer Technikentwicklung, sondern eher die Frage nach dem „richtigen" Umgang mit ihnen, d. h. einer Form der Zusammenarbeit, die fachliche, methodische und ethische

Aspekte reflektiert. Dies gilt in besonderer Weise für Menschen mit einer fortgeschrittenen Demenz. Dieses Kapitel will daher einen Einblick in zentrale Schritte partizipativ ausgerichteter technikbezogener Forschung- und Entwicklung geben und sie um Erkenntnisse und Erfahrungen aus der bisherigen Technikentwicklung *für* und *mit* Menschen mit Demenz ergänzen. Da bestimmte Anforderungen an die Gestaltung partizipativer Forschung mit Menschen mit Demenz nicht spezifisch für technikbezogene Projekte sind, werden an geeigneter Stelle auch Erkenntnisse aus anderen Forschungsfeldern präsentiert. Schließlich betrachtet das Kapitel auch besondere Anforderungen an technikbezogene partizipative Forschung, die sich aus der unmittelbaren Einbeziehung Betroffener ergeben und einer besonderen Reflexion bedürfen.

3.1 Ausgewählte Bausteine partizipativer Technikentwicklung mit Menschen mit Demenz

3.1.1 Auswahl und Akquise relevanter Beteiligtengruppen

Die Identifikation und Gewinnung relevanter Personengruppe(n) ist einer der zentralen Schritte bei der Initiierung partizipativer Vorhaben (von Unger 2014, S. 50ff). Auch im Rahmen technikorientierter partizipativer Projekte stellt sich bereits sehr früh die Frage, welche Stakeholder – u. a. neben Menschen mit Demenz – mit welcher Art der Beteiligung(-smacht), über welche Zeiträume und mithilfe welcher Unterstützungsressourcen am gesamten Vorhaben oder an bestimmten Schritten eines Projektes beteiligt werden sollen. In Abhängigkeit von den Zielen des Projektes, den geplanten Aufgabenbereichen, fachlichen Anforderungen sowie dem gewählten theoretischen Rahmen gilt es durch strategische Teilnehmer*innenakquise passende Kollaborationspartner*innen zu gewinnen und ihnen bestimmte Entscheidungskompetenzen zu übertragen. Bergold und Thomas (2012) argumentieren aus theoretischer Sicht, dass die Aufgabe partizipativer Forschung darin besteht, *alle* Zielgruppen einzubeziehen, die von einem „Problem" in irgendeiner Weise berührt oder betroffen sind. Im Rahmen technikorientierter Entwicklungsprojekte geht es daher darum, diese „Betroffenheit" zu definieren und sie ggf. nicht nur auf die gegenwärtige Situation, sondern auch auf die Zukunft zu projizieren. Technikorientierte Vorhaben unterscheiden sich häufig darin, wie stark die Entwicklung einer konkreten Technik bereits festgeschrieben ist, wer die primäre Nutzer*innengruppe ist (z. B. Professionelle, Angehörige, Menschen mit Demenz) und von welchem Einsatzkontext einer Technologie ausgegangen wird (z. B. stationär, häuslich). Während bei feststehen Projektzielen und Nutzer*innengruppen die Auswahl der zu beteiligenden Akteure einfacher fällt, dürfte sie dann schwieriger sein, wenn die Funktionen einer zu entwickelnden, möglicherweise innovativen technischen Anwendung zum Beginn eines Vorhabens nicht bekannt sind oder es unklar ist, ob technische Lösungen überhaupt zum Ziel gemeinsamer Forschung und Entwicklung werden. In derartigen Situationen können die durch eine Technik tangierten Zielgruppen nicht mit vollständiger Sicherheit vorhergesagt werden.

Um eine Antwort auf die Frage nach relevanten Zielgruppen zu finden, schlagen Bergold und Thomas (2012) vor, bei der Festlegung von Projektzielen sowie der praktischen Durchführung der Akquise abzuwägen, welche **Wissensarten**, -formen und -bestände für das geplante Vorhaben erforderlich sind. Dazu gehört die Aufgabe, die Breite verfügbarer Wissensbestände zu erkennen um zu entscheiden, welche Akteure in welcher Rolle (z. B. als Studienteilnehmer*innen, als Beratende, als Beteiligte) einbezogen werden sollen. Bei partizipativer Forschung plädieren sie für die Schaffung einer möglichst großen **Wissensdiversität**, d. h. für die gezielte Integration unterschiedlicher Arten des Wissens. Eine möglichst hohe **Diversität der Stakeholder** fordern ebenfalls einige gestalterische Ansätze, z. B. das Participatory Design und das Co-Design (vgl. Kleinsmann und Valkenburg 2008), während andere Theorien, z. B. User Sensitive Inclusive Design oder Empathic Design, auch homogene Gruppen akzeptieren. Für das konkrete Vorgehen schlägt z. B. von Unger (2012) vor, ein sog. „vollständiges" Sample zu bilden, d.h ein Sample, in dem sich alle relevanten Wissensarten spiegeln, um z. B. einseitige Interessensvertretungen zu vermeiden. Setzen sich bestimmte Arten des Wissens in einseitiger Weise durch, besteht das Risiko verzerrter Ergebnisse. Dieses steigt in besonderer Weise, wenn es sog. „unsichtbare" Personengruppen exkludiert bzw. von einem Zugang zu Forschung ausgeschlossen werden.

Eine derart „unsichtbare" Stakeholdergruppe bilden ebenfalls Menschen mit Demenz, die aufgrund ihrer Erkrankung, einer pauschal zugeschriebenen Vulnerabilität oder der Fürsorge sog. Gatekeeper aus der Beteiligung an Forschungsvorhaben ausgeschlossen bzw. vor möglichen Belastungen geschützt werden. Aktuelle Sekundäranalysen zeigen zudem, dass bestimmte Gruppen Betroffener, z. B. Menschen mit Demenz und Behinderung, vor einer Teilnahme an technikorientierter Forschung besonders stark „geschützt" werden (Span et al. 2013). Eine übermäßige Fürsorge mündet zudem darin, dass sich Menschen mit Demenz häufig in der Gruppe der sog. „Opfer" wiederfinden, einer im Ansatz von Guba und Lincoln (1989, S. 40) konzipierten Gruppe, die von bestimmten Entwicklungen – häufig in negativer Weise – tangiert ist, jedoch keine Zugangsmöglichkeiten zu relevanten Entscheidungen findet. In eine derartige „Rolle" hineinversetzt, bleibt es Betroffenen oft verwehrt, ihre Interessen zu artikulieren, während relevante Entscheidungen „für sie" durch andere Akteure getroffen werden.

Die Identifikation und Gewinnung von Co-Forschenden mit Demenz stellt daher bei technikbezogenen Vorhaben eine äußerst wichtige, zugleich jedoch kritische Situation dar. Einblicke in bisher durchgeführte Projekte verdeutlichen, dass die Initiator*innen partizipativer Vorhaben mit Menschen mit Demenz nicht nur eine Reihe zusätzlicher Entscheidungen (z. B. bezüglich der Art und Zusammensetzung des Samples) treffen, sondern beim Zugang zu dieser Zielgruppe auch verschiedene Barrieren überwinden müssen. Die in technikorientierten Projekten realisierten Samples spiegeln diese Schwierigkeiten wieder. So zeigt sich beispielsweise, dass es sich in Vorhaben, an denen Co-Forschende mit Demenz beteiligt waren, in der Regel um Menschen mit beginnender bis mittelschwerer Demenz handelte (Lindsay et al. 2012; Span et al. 2013). Eine besonders geringe Beteiligung besteht bei Menschen mit schwerer Demenz sowie Personen mit psychischen und verhaltensbezogenen Begleiterscheinungen (ebenda). Neben dem Stadium der Demenz und bestimmten Symptomen spielt die Wohnform der Betroffenen eine bedeutsame Rolle. Demnach werden vor allem Bewohner*innen stationärer Einrichtungen von partizipativer Forschung selten erreicht. Die Ursachen „unvollständiger" Samples sind dabei vielfältig und reichen von einem erschwerten Zugang zum Feld, über mangelnde Ressourcen, fehlendes Wissen hinsichtlich zielführender Akquisestrategien, geringes Bewusstsein für spezifische Bedarfe von Menschen mit Demenz bis hin zu Problemen in der Kooperation mit sog. Gatekeepern. In den nachfolgenden Unterkapiteln werden daher verschiedene Erfahrungen mit der Akquise von Co-Forschenden mit Demenz aufgezeigt und einige Lösungsansätze präsentiert. In einigen Fällen unterscheiden sich die Herausforderungen beim Zugang zum Feld nicht von jener Forschung, für die Menschen mit Demenz als Studienteilnehmer*innen angesprochen werden. Daher werden an einigen Stellen auch Erfahrungen aus anders als partizipativ konzipierter Forschung berichtet. Zu Beginn dieses Unterkapitels wird allerdings der Blick auf andere Akteursgruppen geworfen, die an der Entwicklung von Technik beteiligt sein können.

3.1.1.1 Stakeholder in technikbezogenen Forschungs- und Entwicklungsprojekten

Die Auswahl der zu beteiligenden Stakeholder bzw. Co-Forschenden hängt in technikorientierten Entwicklungsprojekten in erster Linie von den Zielen der Vorhaben und den sie rahmenden theoretischen Ansätzen ab. Die Zusammenstellung der einbezogenen Akteure richtet sich aber auch nach den Vorgaben der Förderprogramme und den aus ihnen resultierenden Rahmenkonzepten (vgl. Boger et al.

2018; Kuhnert und Grimm 2020). Die Zusammensetzung eines Samples kann aber auch das Ergebnis methodologischer, ethischer sowie praktischer Abwägungsprozesse sein (Bechtold und Sotoudeh 2013). Menschen mit Demenz – sofern sie unmittelbar beteiligt werden – bilden in der Regel nur eine der einbezogenen Gruppen. Handelt es sich um öffentlich geförderte Forschung, sind die Mitglieder der Projektkonsortia nicht selten durch die Förderbedingungen vorbestimmt, was unmittelbare Folgen für die Akquise wie das gesamte Projektgeschehen hat. Grundsätzlich lassen sich in technikorientierten Forschungs- und Entwicklungsprojekten – neben Menschen mit Demenz und ihren nahen Angehörigen – folgende Akteursgruppen unterscheiden:

- **Vertreter*innen der Wissenschaft:** In vielen Fällen sind es Wissenschaftler*innen, die Technikentwicklungsvorhaben initiieren. Häufig sind sie für die konzeptionelle Planung, die Durchführung der Akquise, die Datenerhebung und -analyse, die Entwicklung von Prototypen sowie die Durchführung von Evaluationen und Nutzer*innentests zuständig. Da sie nicht selten auch die Projektsteuerung und -organisation verantworten, nehmen sie in Technikentwicklungsprojekten eine entscheidende Rolle ein. Wissenschaftler*innen gehören häufig verschiedenen wissenschaftlichen Disziplinen an, z. B. den Sozial-, Verhaltens- und Lebenswissenschaften, den Ingenieurwissenschaften sowie den gestalterischen Disziplinen. Während sich die erstgenannten Wissenschaftler*innen meist um den Zugang zum Feld und das methodische Know-How kümmern, ist die zweitgenannte Gruppe für die Entwicklung der Technik zuständig; die dritte Gruppe übernimmt in der Regel die Verantwortung für den partizipativen Entwurf und/oder die Gestaltung von Schnittstellen.
- **Vertreter*innen sozialer, pflegerischer und gesundheitsbezogener Einrichtungen und Dienste:** In Abhängigkeit von Projektzielen nehmen auch professionelle Vertreter*innen der sog. Fachpraxis eine relevante Rolle in technikbezogenen Vorhaben ein. Sie bringen häufig ein Interesse an der Anwendung der zu entwickelnden Technologie ein, fungieren als Gatekeeper und bilden für Wissenschaftler*innen und andere Beteiligte nicht selten die Brücke zur Technikanwendung. In Abhängigkeit von ihrer Position verfügen Professionelle über ein unterschiedliches Ausmaß an Entscheidungskompetenz. Daher werden sie häufig in zwei Gruppen eingeteilt:
  - **Beschäftige** (z. B. Pflegekräfte, Therapeut*innen, sonst. Fachkräfte) **sozialer Dienste sowie des Gesundheits- und Pflegewesens**: Sie fungieren häufig als Co-Forschende oder als sog. Proxy-Personen, die Interessen von Menschen mit Demenz oder die eines Trägers repräsentieren.

- **Vertreter*innen der Leitung beteiligter Einrichtungen:** In den meisten Technikprojekten sind sie an der konkreten Projektarbeit nicht beteiligt. Grönvall und Kyng (2013) machen daher auf mögliche Risiken einer solchen Situation aufmerksam, die aus abweichenden Erwartungen an die Ergebnisse eines Projektes entstehen können. Ein Auseinanderdriften von Erwartungen ist auch dann möglich, wenn bestimmte Teilnehme*innenr an dem Vorhaben unregelmäßig partizipieren. Um Missverständnisse zu vermeiden, empfehlen Grönvall und Kyng (ebenda) die Erstellung zusätzlicher Informationsmaterialien (z. B. Videoaufzeichnungen, Newsletter), mit deren Hilfe eine intermittierende Beteiligung ausgeglichen werden kann.
- **Industriepartner*innen:** Bei Industriepartner*innen handel es sich meist um privatwirtschaftliche Unternehmen, die ein Interesse an der Entwicklung einer Technologie haben, weil sie diese auf dem Markt anbieten können. Die Teilnahme von Industriepartner*innen soll gewährleisten, dass entwickelte Prototypen zur Produktreife gebracht werden können. In Abhängigkeit von den Projektzielen kann es sich um Unternehmen handeln, die über eine Expertise in der Entwicklung von Hardware und Software oder im Vertrieb der künftigen Produkte verfügen.
- **Zivilgesellschaftliche Akteure:** Zivilgesellschaftliche Akteure, z. B. Vertreter*innen von Senior*innenverbänden und -organisationen, Senior*innenbeiräten oder Interessensvertretungen für Menschen mit Demenz, werden nicht nur als Gatekeeper angesprochen (Schüßler und Schnell 2014, S. 687), sondern nehmen häufig auch eine Aufgabe als sog. Proxy-Personen wahr. In dieser Rolle fungieren sie als gesellschaftliche Vertreter*innen älterer Menschen oder von Menschen mit Demenz. Ihre Beteiligung wird in manchen Vorhaben auch deshalb favorisiert, da angenommen wird, dass sie als Sprachrohr und Meinungsvertretung einer größeren Gruppe bestimmter Zielgruppen fungieren können. Böschen und Pfersdorf (2015, S. 294)[1] betonen allerdings, dass nicht alle Einbindungsformen zivilgesellschaftlicher Akteure in technikorientierte partizipative Forschung produktiv sind. So schreiben sie, dass die „Inklusion der CSOs (=Civil Society Organisations, d.A.) (…) dort am besten [funktioniert, d.A.], wo ihnen bei der Wissensproduktion eine „transformative Bedeutung" eingeräumt wird. D. h., wenn sie die Forschungsagenda mitbestimmen können und so ihre eigenen Forschungsziele artikulieren, integrieren und dadurch realisieren können." Die Integration zivilgesellschaftlicher Organisationen dient allerdings auch der Legitimation von Ergebnissen, die ohne

---

[1]Aufschlussreich in diesem Zusammenhang sind die Ergebnisse des EU-Projektes Consider (www.consider-project.eu).

direkte Einbeziehung zentraler Nutzer*innengruppen von Technik entstanden sind.

3.1.1.2 Akquise und Auswahl von Co-Forschenden mit Demenz

3.1.1.2.1 Menschen mit Demenz als Stakeholder partizipativer technikbezogener Projekte

Die Frage nach der Auswahl und Gewinnung einer oder mehrerer (Teil-)Stichproben stellt sich bereits bei der Planung eines partizipativen technikorientierten Vorhabens. Neben der Ebnung des Zugangs zum Feld gilt es zu klären, was die notwendigen Merkmale der zu beteiligenden Akteure sind. Initiator*innen partizipativer Projekte lösen diese Aufgabe in der Regel nicht alleine, sondern in der Kooperation mit anderen Stakeholdern, z. B. professionellen Einrichtungen, die sie beim Zugang zum Feld unterstützen. Bevor die Akquise jedoch durchgeführt wird, muss die gewünschte Zielgruppe definiert werden und mit ihr die Zusammenstellung der Stichprobe bzw. des Samples geklärt sein. Im Rahmen technikorientierter Vorhaben stellen sich in diesem Zusammenhang verschiedene Fragen, z. B.:

- Welchem **Partizipationsverständnis** folgt das Vorhaben? Auf welche Weise sind Menschen mit Demenz in das gesamte Vorhaben und in seine Teile eingebunden?
- Welche **Akquisestrategie** und welche Art begleitender **Öffentlichkeitsarbeit** werden angestrebt?
- Welche **Kriterien** werden an Menschen mit Demenz und weitere Beteiligte gestellt? Wer wacht über die Einhaltung der Kriterien? Nach welchen Kriterien wird das **Sample** ausgewählt?
- Welche Akteure (**Gatekeeper**) sind für die Schaffung des Zugangs zum Feld verantwortlich? Wer nimmt die Ansprache und die Auswahl von Co-Forschenden mit Demenz vor? Bedarf es – neben der Gewinnung von Menschen mit Demenz – der Akquise weiterer Stakeholder, z. B. ihrer Angehörigen?
- Wie werden Menschen zur Teilnahme motiviert? Welchen persönlichen **Nutzen** können sie von der Beteiligung erwarten und was sind die **Motive** zur Forschungspartizipation?

3.1.1.2.2 Bedeutung des theoretischen Partizipationsverständnisses für die Akquise

Die Planung der Akquise von Co-Forschenden mit Demenz ist zunächst von dem **theoretischen Partizipationsverständnis** des Vorhabens abhängig. Untrennbar verbunden damit ist die Rolle, die den Co-Forschenden an zentralen Entscheidungen zukommt. Die Auswahl und Gewinnung von Menschen mit Demenz ist daher zuallererst an die Form(en) und die Ziele der Beteiligung gebunden. Dabei bestehen für Menschen mit Demenz bisher keine exklusiven Partizipationsmodelle, die zudem für technikbezogene Forschungs- und Entwicklungsvorhaben besonders geeignet wären (Hendriks et al. 2014). Da das Groß bisheriger Erfahrungen aus der partizipativen Zusammenarbeit mit Menschen mit Demenz in Technikentwicklung aus kleinen Samples oder aus Fallstudien entstammt, können vorliegende Erkenntnisse meist nicht zur Entwicklung theoretischer Ansätze genutzt werden (Span et al. 2013). Welche Rolle Menschen mit Demenz bei der Entwicklung von Technik haben, wird daher in Abhängigkeit vom gewählten Partizipationsansatz entschieden, der auch eine bestimmte Stufe der Partizipation oder Nicht-Partizipation definiert (vgl. Abschnitt 2.1.2.1). Dass die Stufenmodelle auch für Menschen mit Demenz sinnvoll verwendbar sind, zeigen u. a. Überlegungen von Östlund (2015), die in ihrem Modell verschiedene Stufen der Integration älterer Menschen in die Entwicklung von Technik unterscheidet. Dabei orientiert sich die Autorin an dem Modell von Arnstein (1969), reduziert dieses jedoch auf fünf verschiedene Grade der Einbindung bzw. Beteiligung (vgl. Tabelle 3.1).

Auch in der Diskussion um **Forschungspartizipation sog. vulnerabler Personengruppen** lassen sich keine spezifischen theoretischen Modelle der (Forschungs-)Beteiligung finden, so dass in der bestehenden Situation nur der Blick auf die aktuellen Ansätze verbleibt. Dabei ist allerdings im Vergleich der verschiedenen Ansätze strittig, ab wann von Partizipation gesprochen werden kann. So werden in der Tradition der Nutzerzentrierten Forschung und Entwicklung (UCD) bereits Formen der symbolischen Beteiligung als Partizipation betrachtet. Aus Sicht sozialwissenschaftlicher Forschung wird von Partizipation in der Regel erst dann gesprochen, wenn Beteiligte Zugang zur Entscheidungsmacht erhalten, d. h. an zentralen Entscheidungen zumindest beteiligt werden. Vor dem Hintergrund einer zunehmenden Einbeziehung sog. vulnerabler Personen in Forschung plädieren Wissenschaftler*innen daher für die Abkehr von sog. graduellen Partizipationsmodellen, d. h. Konzepten, die mehrere graduelle Qualitäten bzw. Formen der Abstufung von Beteiligung unterscheiden. Stattdessen setzen sie sich für eine eindeutige Trennung zwischen Partizipation und sog. Pseudo-Partizipation ein. Ausgehend von der Kritik am Modell von Arnstein (1969), das Partizipation als ein Kontinuum „vortäusche", schlagen Bergold und Thomas

Tabelle 3.1 Stufenmodell der Beteiligung älterer Menschen an technikbezogenen Projekten (angelehnt an Östlund 2015)

	Grad der Einbindung	Formen der (Nicht-)Beteiligung
Stufe a	**Kontrolle:** Ältere Menschen haben vollständige Kontrolle über das technikbezogene Vorhaben, sie treiben das Projekt selbstbestimmt und selbständig voran; sie sind nicht nur Hauptentscheider*innen, sondern auch Co-Forschende, d. h. Personen, die mit konkreten Aufgaben betraut sind.	**Vollständige Bürger*innenpartizipation:** gekennzeichnet durch vollständige Kontrolle durch Beteiligte, selbst ausgeübte oder delegierte Macht und Partnerschaft
Stufe b	**Lebensweltexpertise:** Ältere Menschen nehmen an dem technikbezogenen Vorhaben als Expert*innen ihrer eigenen Lebenswelt teil.	**Symbolische Bürger*innenbeteiligung:** Selektive, gezielte Beteiligung und Anhörung, ohne formale Zusicherung von Entscheidungsbeteiligung oder -kontrolle
Stufe c	**Nutzer*innenperspektive:** Ältere Menschen sind Teil eines Teams und tragen zur Entwicklung neuer Technologien durch das Einbringen ihrer eigenen (Nutzer*innen-)Perspektive ein.	
Stufe d	**Information:** Ältere Menschen erhalten Informationen über das technikbezogene Vorhaben und werden nach Bedarf um ihre subjektive Meinung gebeten.	**Keine Partizipation**
Stufe e	**Manipulation:** Ältere Menschen sind Objekte der Forschung und Entwicklung und fungieren als Zielgruppe der Aktivitäten anderer Stakeholder.	

(2012) vor, die Forschung mit vulnerablen Personengruppen erst dann als partizipativ zu bezeichnen, wenn sie an Projektentscheidungen zumindest beteiligt werden. Die Kontinuitätsannahme von Partizipation unterstütze demnach einen Forschungsstil, in dem Teilnehmer*innen dazu gebracht werden, für ein „Scheingefühl" der Teilhabe persönliche Informationen preiszugeben, deren Interpretation und Verwertung allerdings bei der Wissenschaft verbleibt. Daher fordern sie,

Formen der (Nicht-)Partizipation transparent zu machen, Entscheidungsmöglichkeiten klar zu benennen sowie Teilnehmende auf ihre Rechte hinzuweisen, z. B.
das Recht, die Teilnahme zu verweigern sowie persönliche Informationen nicht
preiszugeben.

Die Art – und damit auch der Zeitpunkt – der Beteiligung und Akquise hängen
jedoch nicht nur vom theoretischen Verständnis der Partizipation, sondern häufig
auch von der **Art der Finanzierung** eines Projektes ab. Partizipative Entwürfe
mit offenen Projektzielen geraten dabei nicht selten in Konflikt zu öffentlich bzw.
durch Dritte geförderten Programmen, in denen es wichtig ist, die Verwendung
beantragter Mittel vor Projektbeginn detailliert darzustellen. Auch die Art der zu
entwickelnden Technik steht nicht selten fest, bevor ein Projekt begonnen hat. Soll
die Entwicklung einer bestimmten Technologie dabei als Ergebnis partizipativen
Forschens mit Menschen mit Demenz realisiert werden, wäre eine Akquise durchzuführen, *bevor* die Entwicklung von Projektzielen beginnt. Diese Überlegungen
weisen auf ein grundsätzliches Problem öffentlich geförderter Technikentwicklung hin: Durch dezidierte Vorplanung besteht praktisch nur die Möglichkeit,
bestimmte Formen der Schein- bzw. symbolischen Partizipation zu realisieren.
Im Rahmen der Akquise geht es daher häufig nur um die Auswahl von Teilnehmer*innen, die in den Kontext eines Projektes „passen“, ohne dass sie zentrale
Elemente des Vorhabens bestimmen können. Der fehlende Zugang zu „echter“
Partizipation kann auch als Barriere zur Gewinnung Beteiligter verstanden werden. Darauf deuten vorliegende Erfahrungen aus technikbezogener partizipativer
Forschung hin (vgl. Projektbeispiel in der Info-Box 3.1).

**Zusammenhang zwischen Teilnehmer*innenakquise und Beteiligungsver-
ständnis – Projektbeispiel**
In einem Projekt zur Entwicklung assistiver Technologien zur Unterstützung der Gesundheit bildeten ältere Menschen mit einer Makula Degene-
ration die zentrale Zielgruppe (Hakobyan et al. 2015). Bei der Akquise
fiel auf, dass der größte Vorbehalt unter den angefragten Personen darin
bestand, für die Forschung als „Experimentalpersonen“ „benutzt“ zu werden und nicht als gleichberechtigte Partner*in, als autonome Individuen und
Subjekte mit eigener Erfahrung und individueller Lebensexpertise betrachtet zu werden (ebenda, S. 83). Die umfassende Beschäftigung mit dem
Partizipations- bzw. Beteiligungsansatz war daher ein wichtiger Teil der
Akquise sowie ein wichtiges Thema der ersten Projektphase. Für Interessierte war es äußerst wichtig, dass ihre individuellen Ziele der Beteiligung

in der Gestaltung des Vorhabens berücksichtigt und diskutiert wurden. Darüber hinaus prüften Interessierte während der Akquise, ob die Rahmenbedingungen für eine Beteiligung – so wie sie sich diese wünschten – erfüllt waren. Der Partizipationsansatz und der als notwendig erachtete Rahmen bildeten dabei zwei Themen, die das gesamte Vorhaben begleiteten.

Info-Box 3.1: Zusammenhang zwischen Teilnehmer*innenakquise und Beteiligungsverständnis – Beispielhafte Darstellung aus Hakobyan et al. (2015).

3.1.1.2.3 Akquisestrategie und Öffentlichkeitsarbeit

Die Akquisestrategie besteht in der Regel aus mehreren Bausteinen. Dazu zählen organisatorische Aspekte, wie z. B. die Auswahl von Kooperationspartner*innen (sog. Gatekeeper), die zeitliche Gestaltung sowie die Entwicklung konkreter Kommunikationsformate, wie Informationsveranstaltungen oder Workshops für Menschen mit Demenz und für relevante Gatekeeper. Wesentlich für die Akquise und die Gestaltung der Öffentlichkeitsarbeit sind allerdings auch inhaltliche Aspekte, wie etwa das Bild bzw. das Verständnis des hohen Alters und der Demenz, die in Form expliziter oder impliziter (Fremd-)Bilder vermittelt werden. Menschen mit Demenz dürften eine Beteiligung an Forschung ablehnen, wenn sie mit einem Alters- oder Demenzbild konfrontiert werden, das sie als problembehaftet und stigmatisierend erleben. In der aktuellen Debatte um die wirtschaftspolitisch motivierte Förderung technologischer Entwicklung wird der demografische Wandel wiederholt als gesellschaftliches Problem bemüht. Zunehmende Lebenserwartung verbunden mit Hochaltrigkeit geraten darin zu symbolischen Figuren einer „großen Herausforderung" bzw. eines „gesellschaftlichen Dilemmas", für dessen „Bewältigung" es der Investition in innovative Lösungsstrategien bedarf. Technologische Entwicklungen, die als „Lösung des Alternsproblems" präsentiert werden, provozieren dabei eine Abwertung des hohen Alters, das eine Abwertung älterer Menschen als Individuem nach sich zieht.

Neben dem **Alter(n) als makrosoziologischer Makel** gesellt sich das **Alter(n) als mikrosoziologischer Makel.** Ausgehend vom medizinisch-biologisch geprägtem Altersverständnis werden ältere Menschen häufig als „defizitär" betrachtet und technologische Innovationen als Möglichkeiten, die sie bei der unterstellten Kompensation ihrer nachlassenden Fähigkeiten unterstützen. Die symbolische Rahmung von Technik führt häufig zur Förderung einer stereotypen und negativ gefärbten Sicht des Alters, die durch wiederholte Verweise auf fehlende

Technikakzeptanz und -bereitschaft älterer Menschen noch verstärkt wird. Ein negativ gefärbtes Altersbild, das aus der politischen Legitimation technischen Fortschrittes abgeleitet wird, dürfte eher zur Verzögerung denn zur Förderung der Akquise älterer Menschen führen. Altersbilder stellen grundsätzlich Identifikationsangebote dar, die innerhalb sozialer Interaktion bestätigt oder abgelehnt werden können. Die Beteiligung an der Entwicklung einer Technologie, die per Definitionem der *Lösung gesellschaftlicher und individueller Altersprobleme* dient, dürfte allerdings kein attraktives Identifikationsangebot darstellen. Vorhaben, die sich im Rahmen ihrer Akquise und Öffentlichkeitsarbeit derartiger Altersbilder bedienen, gehen das Risiko ein, jene Personen zu gewinnen, die sich mit diesem Bild bereits abgefunden haben.

Ausgehend von einer kritischen Analyse vergangener Forschungsprogramme fordern Peine et al. (2014) einen Paradigmenwandel in Bezug auf ältere Menschen als Nutzer*innen und Verbraucher*innen neuer Technologien. Mit dem Konstrukt des sog. „Innosumers" (anstatt des „consumer") schafften sie zudem ein Konzept, das den Prozess der technologischen Entwicklung, u. a. auch die Teilnehmer*innenakquise, begleiten kann. Eine wesentliche Voraussetzung dafür ist die kritische Auseinandersetzung mit dem praktizierten **Paternalismus** („paternalistic stance", S, 203), der sowohl in der gerontologischen als auch der Usability-Forschung sichtbar ist. So schuf die Gerontologie eine Form des Paternalismus, nach dem die wesentliche Funktion und Legitimation von Technik in der Lösung wichtiger „Probleme" des Alters, z. B. Funktionseinbußen oder Einsamkeit, besteht. Verstärkt durch das biomedizinische Modell, das eine Assoziation von Alter und Krankheit fördert, entstand ein Bestimmungsverständnis von Technologien als Lösungsansätze, die zur Heilung, Linderung und Gesundung beitragen. Verbunden mit der paternalistischen Logik der Usability-Forschung, in der ältere Nutzer*innen vor allem mit „Usability-Problemen" ausgestattet sind, geraten ältere Menschen in die Rolle einer „durch Probleme" charakterisierten KonsumentInnengruppe, während Technikentwickler*innen ihre Hauptaufgabe darin sehen, zur Bewältigung von „Nutzer-Umwelt-Barrieren" beizutragen (Peine et al. 2014, S. 204). Ausgehend von dem **Konzept der Nutzerrepräsentation** (user representation) nach Akrich (Akrich und Latour 1992), rekonstruieren Peine et al. (2014) drei verschiedene Bilder der „älteren Nutzer*in" (vgl. Info-Box 3.2). Sie unterstellen älteren Techniknutzer*innen bestimmte Bedürfnisse, während sie jedoch in der Summe ein bestimmtes stereotypes Bild des Alters schaffen.

Bilder „des älteren Nutzers" in technikbezogener Forschung und Entwicklung (Peine et al. 2014):

1) „Der **beeinträchtigte und durch bio-medizinische Bedürfnisse gekennzeichnete Nutzer"**: Für diese Figur stellt die Entwicklung technischer Unterstützung etwas fundamental „Wichtiges" dar, während eine per Definitionem „heilende" oder „kompensierende" Technologie generell dem Wohl dient. Für Forschung und Entwicklung gilt es, derartige Technologien zu entwickeln.

2) „Der **widerständige Nutzer"**: Diese Figur zeichnet sich dadurch aus, dass sie die „Segnungen" neuer Technologien nicht verstehen kann. Dem „widerständigen Nutzer" werden verschiedene weitere Eigenschaften zugeschrieben, z. B. fehlendes Verständnis für neue Technik, Rückständigkeit, konservative Einstellungen und Rückwärtsgewandtheit. Die Aufgabe der Forschung besteht häufig darin, den „widerständigen Nutzer" von der Nützlichkeit neuer Technologien zu überzeugen.

3) „Der **ignorante Nutzer"**: Diese Figurr wird daran erkennbar, dass sie sich weigert, an der Entwicklung neuer Technologien mitzuwirken und/oder Kompetenzen zum Umgang mit neuen Technologien zu erwerben. Die Aufgabe der Forschung besteht hier darin, Technologien zu entwickeln, die ohne „seinen" Beitrag funktionieren, z. B. technische Systeme, die sich auf „den Nutzer" einstellen.

Info-Box 3.2: Drei Konstrukte des „älteren Nutzers" in technikbezogener Forschung und Entwicklung (Peine et al. 2014).

Neben einem problembehafteten Altersbild, das Prozesse der Abwertung einleiten kann, dürfte auch die **Angst vor Stigmatisierung** als Barriere zur Teilnahme von Menschen mit Demenz an Forschung wirken. Dies betrifft vor allem die Befürchtung vor Entpersonalisierung, die dazu führt, dass individuelle Anliegen und Bedürfnisse ausschließlich unter dem Primat der Krankheit betrachtet werden. Dazu gehört auch der Umgang mit dem Begriff „Demenz", der durchaus ambivalent diskutiert wird. Einige Forschende halten den Begriff als unbrauchbar: So sei er „untauglich, das komplexe Phänomen kognitiver Veränderungsprozesse zu beschreiben, die unter seinem Namen zusammengefasst werden." (Wißmann 2017, S. 18). Der Begriff „ist zudem extrem negativ belastet, diffamierend und er begünstigt Stigmatisierung" (ebenda, S. 18f). Wißmann (2017, S. 19) plädiert daher dafür, die Bezeichnung „kognitive Veränderung" oder „Beeinträchtigung" zu verwenden. Partizipation an einem Vorhaben, das den Begriff „Demenz" im

Titel trägt, richtet sich an Menschen, die einen bewussten Umgang mit ihrer Erkrankung pflegen und bereit sind, über ihre Erkrankung zu kommunizieren. Vor allem Menschen mit kognitiven Einschränkungen oder beginnender Demenz, die über keine (gesicherte) Diagnose verfügen, sehen sich dem Risiko ausgesetzt, als „Demente und Kranke" abgestempelt zu werden (Pratt 2002). Zudem sollte ein hoher Wert darauf gelegt werden, dass Beteiligte selbst entscheiden können, zu welchem Zeitpunkt und in welcher Situation ihr soziales Netzwerk über ihre Erkrankung erfährt. Entscheiden sich Interessierte für die Mitwirkung an einem Vorhaben für „Menschen mit Demenz", gleicht dies einem möglichen „Outing", so dass sie möglicherweise die Kontrolle über die Kommunikation hinsichtlich ihrer Erkrankung verlieren. Initiator*innen partizipativer Forschung sollten daher bereits währen der Akquise auf einen sensiblen Umgang mit dem Studientitel achten.

Dies betrifft auch die **Kommunikation über Demenz.** Im Zweifel ist es ratsam, dass Wissenschaftler*innen bereits vor dem Erstkontakt im Umkreis vertrauter Personen erfragen, ob die Diagnose den potenziellen Teilnehmer*innen bekannt ist und ob sie spezifische Bewältigungsstrategien im Umgang mit ihr pflegen. Individuelle Muster des Umgangs mit Demenz sollten während der Akquise als auch während des gesamten Forschungsprozesses beachtet werden. Forschende sollten Rücksicht darauf nehmen, ob Betroffene über ihre Erkrankung sprechen möchten und ob sie sich als „Menschen mit Demenz" betrachten. Eine konkrete Kommunikationsstrategie kann darin bestehen, auf das Wort „Demenz" so lange zu verzichten, bis Sicherheit bezüglich eines offenen Umgangs der Betroffenen mit ihrer Erkrankung besteht, sowie das Wort „Demenz" erst dann zu verwenden, wenn Betroffene es selbst eingebracht haben. In diesem Zusammenhang weist Wilkinson (2002) darauf hin, dass das Ziel *jeglicher Forschung* mit Menschen mit Demenz und der damit verbundenen Öffentlichkeitsarbeit einer eigenen Strategie zum Abbau negativer Stereotype über Betroffene bedarf, unabhängig vom konkreten Forschungsgegenstand: „Any approach aimed at reducing these negative effects requires a fundamental change in the way that people with dementia are thought about, so they can be seen as people who have valid experiences and whose behaviours are driven by meaning" (Wilkinson 2002, S. 11). Derartige Strategien sollten integrale Bestandteile jeglicher Forschung mit Menschen mit Demenz sein und bereits während der Akquise sichtbar sein. Eine zentrale Bedeutung kommt dabei der Sprache zu. Auf die Notwendigkeit eines sensiblen und reflektierten Umgangs mit dem Begriff „Demenz" und seine Kontextualisierung weist u. a. ein Leitfaden hin, der im Rahmen des „Dementia Engagement and Empowerment Project" (DEEP) in Großbritannien entwickelt wurde (Litherland 2015). Die kurze Anleitung, die sich in erster Linie an Medienvertreter*innen richtet (DEEP 2014), identifiziert eine Reihe von Begriffen, die im Zusammenhang mit Demenz vermieden werden sollten. Dazu zählen z. B. die Begriffe wie „Dementia sufferer", „Demented", „Senile / senile dementia", „victim" usw. (ebenda, S. 2). Aus Sicht von Menschen mit Demenz führen diese Begriffe sowohl zur Fremd- als auch Selbstabwertung der Teilnehmer*innen. Zu vermeiden sind zudem Kontextualisierungen, die Menschen mit Demenz bzw. ihre Erkrankung mit abschreckend wirkenden Umschreibungen versehen, die signalisieren, dass ein Leben mit Demenz nicht lebenswert sei, die Erkrankte als hilflos und wertlos erscheinen lassen, die zur Konstruktion von Stereotypen beitragen sowie negative Zuschreibungen provozieren, die nicht nur die Erkrankung, sondern auch die jeweilige Person tangieren (DEEP 2014, S. 2).

Neben der Angst vor dem Stigma „Demenz" befürchten Betroffene, dass sie sich während des Forschungs- und Entwicklungsvorhabens **unentwegt mit ihrer Diagnose konfrontiert** sehen und sie weniger über ihr Person-Sein, sondern über ihre medizinische Diagnose angesprochen werden. Daher sollte bereits die Akquise inkl. der gesamten Öffentlichkeitsarbeit so gestaltet sein, dass sich Interessierte nicht primär über ihre Erkrankung, sondern als Individuen angesprochen fühlen. Trotz eines nichtmedikalisierenden und nichtdiskriminierenden Umgangs mit potenziellen Teilnehmer*innen bedarf es jedoch der Entscheidung, ob Menschen beteiligt werden, die ihre Erkrankung bzw. Diagnose in Frage stellen oder negieren. Diese Entscheidung steht im Zusammenhang mit den Zielen der Beteiligung und dem theoretischen und ethischen Verständnis von Partizipation. Daher sollte sie im Rahmen der Akquise reflektiert werden. In einer Studie von Waite et al. (2019), in der Menschen mit Demenz zu förderlichen und hinderlichen Faktoren von Co-Forschung befragt wurden, gaben die Befragten an, dass die Akzeptanz der Diagnose eine wichtige Voraussetzung von Co-Forschung sei. So würden Menschen mit Demenz, denen es schwerfalle ihre Diagnose anzunehmen, die Beteiligung als eine besondere Belastung erleben, da alle Aktivitäten ein Hadern mit sich selbst aktualisieren würden. Im gewissen Einklang mit der eigenen Diagnose zu sein, stelle zudem eine Voraussetzung für die Durchführung von Interviews mit anderen Menschen dar, die ebenfalls an Demenz erkrankt sind. Eine Belastung durch die eigene Demenz würde demnach nicht nur das Interview verzerren, sondern ebenfalls dazu führen, dass Gespräche mit stärker eingeschränkten Menschen kaum bewältigt werden könnten. Der Umgang mit der eigenen Diagnose und Erkrankung kann daher aus methodologisch-methodischen als auch ethischen Gründen wichtig sein, insbesondere dann, wenn Menschen mit Demenz eine aktive Rolle als Co-Forschende einnehmen sollen.

Schließlich dürfte ein offener Umgang mit der Erkrankung von der **Art des Rollenverständnisses** (und damit des Identifikationsangebotes) abhängig sein, das Co-Forschenden mit Demenz im Rahmen partizipativer Forschung angeboten wird. Das gesellschaftliche Bild der Demenz ist bisher ausschließlich mit negativen Attributen verbunden, was meist eine soziale Exklusion nach sich zieht (vgl. Brannelly 2011). Eine wichtige Aufgabe partizipativer Forschung, die bereits während der Akquise sichtbar werden sollte, besteht folglich darin, positiv besetzte Identifikationsangebote für Menschen mit Demenz zu gestalten. Entscheidungen hinsichtlich der Entwicklung einer solchen Strategie bedürfen jedoch einer sorgfältigen Abwägung, um eine systematische Ausgrenzung jener Menschen zu vermeiden, die nicht bereit sind über ihre Erkrankung zu kommunizieren. Aktuelle Studien weisen darauf hin, dass die Bereitschaft zur Übernahme der Diagnose in das Selbstleid stärker ausgeprägt ist, je mehr personale Ressourcen, wie Selbstwert und Kontrollerleben, vorliegen (Alzheimer Disease International 2014; Lawrence 2014; Vernooij-Dassen et al. 2005). Zentrales Ziel partizipativer Forschung sollte daher in der Stärkung dieser Ressourcen liegen. Initiator*innen partizipativer Forschung sollten zugleich ihr eigenes Verständnis von „Normalität" reflektieren und die Akquise so gestalten, dass Betroffene sich keinesfalls als Menschen erleben, die als „nicht normal", „abweichend" oder „behindert" gelten (Hendriks et al. 2015, S. 77).

Technikbezogene partizipative Forschung und Entwicklung geht im Vergleich zu anderen Forschungsbereichen mit einigen Besonderheiten einher. Eine dieser Besonderheiten stellt die **technische Expertise** dar, die eine Barriere für potenzielle Interessierte darstellen kann. Insbesondere ältere Menschen gehen davon aus, dass eine Beteiligung an technikbezogener Forschung und Entwicklung nur dann als sinnvoll erscheint, wenn ein entsprechendes technisches Verständnis vorliegt. Viele Interessierte befürchten, dass sie als „Techniklaien" nur wenig für ein derartiges Vorhaben leisten können. Darüber hinaus fühlen sich viele Interessierte dann herausgefordert, wenn die Beteiligung an Forschung den Erwerb technischen Wissens voraussetzt. Eine Akquise für technikbezogene Vorhaben sollte daher notwendige Kompetenzen und das Interesse an neuen Technologien als Voraussetzungen der Beteiligung klar benennen. Entsprechend sind Befürchtungen zu entkräften, die auf Seiten der Betroffenen dazu führen könnten, die Beteiligung abzulehnen. Stellt die Beteiligung besondere Anforderungen an technikbezogene Kompetenzen, sind diese jedoch im Projekt zu vermitteln. Entsprechende Informationen dazu müssen allerdings bereits während der Akquise mitgeteilt werden.

Eisma et al. (2004) betonen, dass sich die in technikbezogenen Projekten auftretende Differenz zwischen Wissenschaftler*innen und Laien-Forschenden nicht

lediglich auf Wissensdifferenzen und die daraus erwachsenden Kommunikations-
differenzen erstreckt. Auch Unterschiede im generationsspezifischen Verständnis
von Technologie, das der Zugehörigkeit zu verschiedenen Technikgenerationen
geschuldet ist, stellen eine wichtige Barriere dar. Sie sind dabei nicht nur als eine
Kommunikationsbarriere zu verstehen, sondern als ein „**culture gap**". Kommu-
nikationsbarrieren zwischen Technikgenerationen entstehen vor allen dann, wenn
bestimmte technische Konzepte älteren Laien-Forschenden nicht bekannt sind und
es jungen Entwickler*innenn zugleich an Möglichkeiten fehlt, die Beschaffenheit
aktueller bzw. innovativer Technologien zu beschreiben. Eine mit zunehmender
Selbstverständlichkeit in die Alltagssprache vordringende IKT-Sprache kann zwar
ein schlichtes Kommunikationsproblem darstellen. Sie kann aber auch zu einer
echten kulturellen Barriere werden, wenn unterschiedliche Technikkonzepte zum
Desinteresse und/oder zur Ausgrenzung führen.

3.1.1.2.4 Kriterien der Samplegestaltung

In Abhängigkeit von den Projektzielen, der Anzahl und Zielsetzung verschie-
dener Projektphasen sowie den vorhandenen Ressourcen muss vor allem die
Zusammensetzung der Co-Forschenden mit Demenz geklärt werden. In diesem
Zusammenhang stellen sich häufig folgende Fragen:

1) Wer ist die Zielgruppe?
Trotz einer zentralen Gemeinsamkeit – der Betroffenheit von einer Form der Demenz
– stellen Erkrankte eine **sehr heterogene** Gruppe dar. Vorentscheidungen bezüglich der Zusammensetzung des Samples werden zwar bereits bei der Festlegung
von Projektzielen getroffen. Da sie jedoch häufig einer Konkretisierung bedürfen,
rücken sie in der Phase der Teilnehmerakquise wiederholt in den Fokus der Betrachtung. Schließlich gilt es in dieser Projektphase zu entscheiden, wer im Mittelpunkt
der Forschung und Entwicklung stehen soll – nicht nur in Abhängigkeit von den
Projektzielen, sondern auch in Abhängigkeit von der Form der Beteiligung sowie
dem geplanten methodischen Vorgehen. Dabei können folgende Kriterien relevant
sein:

- **Art und Stadium der zugrundeliegenden Erkrankung**: In Abhängigkeit von
  den Projektzielen kann es notwendig sein, Menschen mit *einer bestimmten* Form
  der Demenz oder Personen mit *verschiedenen* Formen der Erkrankung zu beteiligen. Eine weitere Entscheidung betrifft das Stadium der Demenz. Auch hier kann
  es notwendig sein, entweder eine durch starke Homogenität geprägte Gruppe
  zu gewinnen oder ein Sample anzustreben, dass durch eine möglichst große
  Unterschiedlichkeit gekennzeichnet ist.

- **Besondere Symptome bzw. Einschränkungen**: Eine Demenz stellt ein klinisches Syndrom dar, d. h. ein Muster verschiedener Symptome, die in ihrer Entwicklung einem progredienten Verlauf unterworfen sind. Dabei gehen die krankheitsbegleitenden Veränderungen über den Rückgang von Gedächtnisfunktionen hinaus und betreffen ebenfalls die Orientierung, Sprache, Verhalten und Persönlichkeit. In Abhängigkeit von der zu entwickelnden Technik kann es daher notwendig sein, Menschen mit bestimmten Ausprägungen der Erkrankung zu gewinnen.

- **Alter:** Bei Beteiligten mit Demenz kann das Alter der Co-Forschenden relevant sein. Eine besondere Bedeutung kommt dem Alter z. B. dann zu, wenn sog. Frühbetroffene, d. h. Personen, die vor ihrem 65. Lebensjahr an einer Demenz erkranken, oder jüngere Menschen mit einer sekundären nichtdegenerativen Demenzformen (z. B. nach einem Schädel-Hirn-Trauma) beteiligt werden sollen. Das Alter der Betroffenen kann auch dann wichtig sein, wenn eine bestimmte Technikgeneration angesprochen werden soll oder wenn eine hohe Diversität verschiedener Technikgenerationen erwünscht ist.

- **Geschlecht:** Aufgrund einer höheren Lebenserwartung ist das (hohe) Alter „weiblich". Je älter die anvisierte Zielgruppe eines Vorhabens, umso größer der Frauenanteil dieser Altersgruppe. Aufgrund einer lebenslangen geschlechtsspezifischen Sozialisation und Rollenteilung, u. a. bedingt durch geschlechtsspezifische Differenzen bei der Beteiligung am Arbeitsmarkt, durch geringere Präsenz von Frauen in technischen Berufen und geschlechtsspezifische Muster der Nutzung neuer Technik bestehen in der Kohorte hochaltriger Menschen signifikante Unterschiede im Hinblick auf Technikakzeptanz, Technikbereitschaft und Technikverständnis. Daher sollten in technikbezogener Forschung besondere Vorkehrungen getroffen werden, um technikfernen Nutzer*innen einen Zugang zum Projekt zu ermöglichen, z. B. durch entsprechende Kompetenzvermittlung und Beratung (Lindsay et al. 2012, S. 526).

- **Technikverständnis und -interesse**: In Abhängigkeit von der Art der Beteiligung und den damit verbundenen Erwartungen an die Rolle der Co-Forschenden mit Demenz, kann ein Interesse an bestimmten Technologien oder ihre Kenntnis von besonderer Bedeutung sein. Einige Projekte weisen darauf hin, dass fehlendes Wissen über neue Technik zu Herausforderungen an eine gleichberechtigte Partizipation älterer Menschen führen kann – unabhängig von einer demenziellen Erkrankung. So berichten z. B. Grönvall und Kyng (2013), Aarhus et al. (2010) und Eisma et al. (2004), dass fehlendes Technikverständnis oder große Unterschiede in technikbezogenen Kompetenzen einen negativen Einfluss auf kreative und konzeptionelle Aufgaben haben können. Daher besteht die Notwendigkeit für Co-Forschende mit verschiedenen Kenntnissen und Interessen unterschiedliche Aufgaben vorzuhalten (z. B. Kreativ-Workshops für Co-Forschende mit hoher Technikkompetenz, Validierungsgruppe für Co-Forschende mit geringen Technikkenntnissen).

- **Lebenslage und Wohnkontext**: Für die Zielsetzung des Vorhabens kann es ebenfalls wichtig sein, die Lebenslage (z. B. soziale Beziehungen und Kontakte, Bildungsgrad, Pflegebedürftigkeit, Einkommenssituation) der Co-Forschenden mit Demenz zu betrachten. Dabei gilt es dringend zu vermeiden, dass lediglich privilegierte Menschen als Co-Forschende beteiligt werden. Für den Zugang zur Zielgruppe der Betroffenen spielt zudem ihre aktuelle Wohnsituation eine wichtige Rolle. In Abhängigkeit davon, ob sie in Privathaushalten oder in stationären Einrichtungen leben, bedarf es der Absprache mit weiteren Personen, z. B. Angehörigen oder Beschäftigten von Pflegeeinrichtungen.

- **Gesundheit**: Gesundheitliche Einschränkungen und die mit ihnen einhergehenden Bedürfnisse, z. B. das Bedürfnis nach Rückzug und Ruhe, bilden eine Barriere zur Teilnahme an Forschung und Entwicklung. Auch typische Funktionseinschränkungen des hohen Alters, z. B. des Sehens und Hörens, können eine Barriere zur Forschungsbeteiligung sein. Bei der Gestaltung des Samples sollte darauf geachtet werden, dass Menschen mit somatischen Erkrankungen oder Behinderungen keinesfalls aus der Partizipation ausgeschlossen werden. Gezielte Ansprache und die Einbeziehung relevanter Gatekeeper bilden daher meist wichtige Wege beim Zugang zu Menschen, die aufgrund der Beeinträchtigung ihrer Gesundheit schwer zu erreichen sind.

- **Vorhandensein einer Begleitperson**: Je fortgeschrittener die Demenz, umso wichtiger kann es sein, dass Menschen mit Demenz nicht alleine, sondern in Begleitung einer ihnen nahestehenden Person eingebunden werden. Die Akquise von Co-Forschenden umfasst in diesem Fall nicht nur die Zielgruppe der Betroffenen, sondern auch ihre nahen An- und Zugehörigen. Eine an sog. Pflegedyaden orientierte Akquise sollte mit den Zielen und Formen der Beteiligung sowie der Öffentlichkeitsarbeit verzahnt sein. Da die Beteiligung von Menschen mit Demenz an der Entwicklung von Technik in den meisten Projekten mit der Einbindung von Angehörigen verbunden war, dürfte das Fehlen von Personen, die eine begleitende Rolle übernehmen können und wollen, ein Ausschlusskriterium sein (Span et al. 2013, S. 549). In diesem Zusammenhang ist auch die Belastung naher Angehörige durch projektbezogene Zusatzaufgaben zu beachten, die sich negativ auf die Beteiligung der Betroffenen auswirken kann. Bei der Initiierung partizipativer Forschung mit Menschen mit Demenz bedarf es daher einer

Klarheit über die Rollen und Aufgaben von Begleitpersonen sowie einer gezielten Überlegung über die Beteiligung jener Personen, die über entsprechende
Ressourcen nicht verfügen.

2) Welche Relevanz kommt einer gesicherten Diagnose zu?
Nicht alle Menschen mit Demenz verfügen über eine gesicherte Diagnose. Aktuelle
Studien weisen darauf hin, dass Betroffene häufig erst dann eine Diagnose ein-
fordern, wenn sich Probleme in der häuslichen Versorgungssituation zeigen oder
wenn Angehörige sie zu diesem Schritt bewegen. Daher ist es vor allem zu Beginn
einer Demenz problematisch, Betroffene als „Menschen mit Demenz" zu adressieren (vgl. Woods et al. 2018). Das Problem einer nicht vorhandenen oder falschen
Diagnose besteht ebenfalls in stationären Pflegeeinrichtungen (Palm et al. 2016).
Noch schwieriger wird es, wenn Co-Forschende für die Mitwirkung an einem Vorhaben bestimmte Kompetenzen benötigen, die diagnostisch ermittelt werden sollen.
Darüber hinaus bestehen erhebliche Unterschiede in der Qualität bzw. Zuverlässigkeit vorliegender Diagnosen. Bestimmte Personengruppen, z. B. Bewohner*innen
stationärer Einrichtungen, werden aus komplexen Diagnoseverfahren häufig ausgeschlossen. Bei Menschen mit fortgeschrittener Demenz stellt sich dagegen die Frage,
inwiefern ein belastendes Diagnoseverfahren angesichts fehlender Heilungsmög-
lichkeiten vertretbar erscheint. Zudem gilt zu bedenken, dass für Betroffene keine
Pflicht zur Diagnose besteht (Recht auf „Nicht-Wissen"), so dass sie sich bewusst
gegen ein Diagnoseverfahren entscheiden können. Für die Gestaltung der Akquise
können daher folgende Aspekte relevant sein:

- **Qualität bzw. Zuverlässigkeit der Diagnose:** Sollen Menschen mit Demenz
  beteiligt werden, bedarf es der Klärung, ob es sich um Personen mit einer vorliegenden Diagnose handeln soll, die ggf. eine gewisse Qualität aufweist (z. B.
  fachärztlich gesicherte Diagnose). Eine weitere Entscheidung betrifft die Frage,
  wie lange eine Diagnose zurückliegen darf. Dies könnte relevant sein, wenn
  das Stadium der Demenz für die Gestaltung des Samples von Bedeutung ist.
  Für die Akquise von Teilnehmenden gilt zu beachten, dass je höher die erwartete
  Zuverlässigkeit und Qualität der Diagnose, umso kleiner die Gruppe potenzieller
  Co-Forschender. Dies betrifft insbesondere Menschen mit beginnender Demenz,
  Personen mit bestimmten Demenzformen (z. B. der frontotemporalen Demenz)
  sowie sog. Frühbetroffene. Da gerade diese Personengruppen an Einrichtungen
  bzw. demenzspezifische soziale Dienste selten angebunden sind, ist der Zugang
  zu ihnen besonders erschwert.
- **Strategien zur Verbesserung der Diagnosesicherheit:** Im Rahmen von Forschung können grundsätzlich verschiedene Strategien zur Verbesserung der

Diagnosesicherheit eingeplant werden. Eine mögliche Option besteht in der Integration testdiagnostischer Kompetenzen in das Forschungsteam bzw. die Kooperation mit Einrichtungen, die eine unsichere Diagnose im Einzelfall validieren können. Eine weitere Möglichkeit besteht darin, bei Co-Forschenden mit Demenz ein bzw. mehrere Screeningverfahren einzusetzen, um eine gewünschte Homo- oder Heterogenität zu gewährleisten. Diese Strategie bedarf allerdings einer sorgfältigen Abwägung: Zum einen ersetzt eine testdiagnostische Batterie keine fachlich gesicherte Diagnose, zum anderen muss der Einsatz eines Screeningverfahrens unter ethischen Gesichtspunkten als fraglich betrachtet werden. Ein obligatorischer Einsatz von testdiagnostischen Verfahren für Co-Forschende kann aus Sicht möglicher Interessierter ein Grund zur Ablehnung der Mitwirkung sein, da er als belastend und stigmatisierend erlebt werden kann. Derartige Möglichkeiten sollten im Rahmen der Akquise sorgfältig abgewogen werden, da sie den Erfolg oder Misserfolg der Akquisestrategie maßgeblich bestimmen. Der Blick in die bisherige Forschung zeigt, dass die meisten Vorhaben keine Angaben zum Umgang mit der Diagnose machen. Bei jenen Projekten, die sich testdiagnostischer Screeningverfahren bedienen, wird meist auf den Mini-Mental-Status-Test rekurriert (Span et al. 2013, S. 357).

- **Umgang mit fehlender Diagnose:** Grundsätzlich besteht für partizipative Forschung die Möglichkeit, auf das Vorliegen einer ärztlich gesicherten Diagnose zu verzichten und die Einschätzung Betroffener, Angehöriger oder Professioneller als Einschlusskriterium zu betrachten. Dieses Vorgehen senkt mögliche Zugangsbarrieren für Menschen mit Demenz und erhöht zugleich die Wahrscheinlichkeit, ein Sample der erwünschten Größe zu gewinnen. Trotz der genannten Vorteile ist allerdings auch dieses Vorgehen mit bestimmten Risiken verbunden. Zum einen erhöht es die Wahrscheinlichkeit, Menschen mit anderen Erkrankungen und ähnlicher Symptomatik einzuschließen. Zum anderen besteht Klärungsbedarf, wenn zwischen den Aussagen beteiligter Stakeholder (z. B. Betroffene, Angehörige) widersprüchliche Einschätzungen bestehen. Da der Umgang mit derartigen Widersprüchen Fragen der Definitionsmacht und das Recht Betroffener auf die Unkenntnis ihrer Diagnose tangiert, bedarf es einer sorgfältigen Klärung, wie mit derartigen Widersprüchen und Konflikten umgegangen wird (vgl. dazu auch Unterkapitel 3.1.2).

Vor dem Hintergrund der Unwägbarkeiten, die mit fehlenden oder unzuverlässigen Diagnosen verbunden sind, berichten viele technikorientierte Vorhaben über besondere Probleme bei der Auswahl und Gewinnung von Co-Forschenden. Der Schwierigkeitsgrad erhöht sich zusätzlich, wenn die gewünschte Stichprobe oder das Sample eine bestimmte Verteilung ausgewählter Merkmale aufweisen soll oder wenn Teilnehmende über bestimmte Kompetenzen verfügen müssen, die für eine aktive Partizipation als erforderlich gelten. Vor besonderen Schwierigkeiten stehen zudem kontrollierte Interventions- oder Evaluationsstudien, in denen Gütekriterien für bestimmte Verfahren der Stichprobengestaltung eingehalten werden sollen (z. B. Randomisierung, Schichtung, Matching). Der ohnehin als schwer zu bezeichnende Zugang zu Betroffenen erhält dadurch eine weitere Komplexitätsstufe, da nicht nur die geeigneten Personen gewonnen werden müssen, sondern auch die Dynamik ihrer Erkrankung einer Berücksichtigung bedarf. Eine Herausforderung für die Akquise von Menschen mit Demenz stellt sich zudem dann, wenn nach Beteiligten für verschiedene Arbeitspakete gesucht wird, die sich hinsichtlich ihrer Arbeits- und Beteiligungsziele unterscheiden oder andere Voraussetzungen an Kompetenzen der Beteiligten stellen. Erscheint die Mitwirkung an einem bestimmten Teil des Projektes attraktiver, kann dies zu Hindernissen bei der Akquise für die als „weniger attraktiv" wahrgenommenen Arbeitspakete führen. Ein typisches Beispiel ist die Teilnehmer*innenakquise für eine Interventions- oder Kontrollgruppe, in der angesprochene Personen zwischen dem damit einhergehenden Aufwand und ihrem persönlichen Nutzen abwägen sollen. In Abhängigkeit von der Beschaffung des Projektes kann dann die Beteiligung an einer der Gruppen lohnenswerter erscheinen, so dass Forschende vor der schwierigen Aufgabe der Teilnehmer*innengewinnung für den als weniger attraktiv erscheinenden Teil des Vorhabens stehen. Im Rahmen partizipativer Forschung kann der Attraktivitätsgrad von der zugewiesenen Entscheidungskompetenz abhängig sein, so dass es ggf. schwer sein kann, Teilnehmer*innen für andere Aufgaben, z. B. Befragungen, zu gewinnen. Berichte aus technikbezogenen Projekten mit Menschen mit Demenz machen darauf aufmerksam, dass Probleme bei der Akquise teilweise zur Veränderung des Forschungsdesigns geführt haben. In einigen Fällen ebneten Anpassungsprozesse erst den Weg zur Fortführung des Vorhabens, führten allerdings auch zu höheren Abbruchquoten, so dass die Teilnehmer*innenakquise zu einer durchgehenden projektbegleitenden Aufgabe wurde. Die Info-Box 3.3 zeigt anhand von drei Beispielen, wie sich Schwierigkeiten bei der Teilnehmer*innenakquise auf das Vorhaben auswirken können.[2]

---

[2] Alle drei Beispiele beziehen sich auf Evaluationsstudien, die im Rahmen partizipativer Technikentwicklung durchgeführt wurden.

Probleme bei der Akquise und bei der Stichproben- bzw. Samplegestaltung
Beispiel 1: Schwierigkeiten bei der Akquise von Menschen im frühen
Stadium der Demenz für eine kontrollierte Interventionsstudie
Im Rahmen des Projektes ISESEMD (Mitseva et al. 2012) wurde eine
technikorientierte Interventionsstudie mit Kontrollgruppe durchgeführt, die
sich an Menschen mit leichter kognitiver Störung bzw. Menschen mit
beginnender Demenz (MMST 19 bis 26) richtete. Die Auswahl von Teilnehmenden mit Demenz wurde durch Kooperationspartner*innen aus der
Praxis durchgeführt. Dabei zeigte sich, dass Personen, bei denen eine beginnende Demenz vermutet wurde, häufig über keine Diagnose verfügten.
Daher griffen die Forschenden auf Screeningverfahren, z. B. den MMST,
zurück um den kognitiven Status der Teilnehmer*innen zum Zeitpunkt
des Studienbeginns einschätzen zu können. Dabei weigerten sich einige
Teilnehmer*innen, an dem Test teilzunehmen. Zugleich erreichten einige
Personen, die über eine gesicherte Diagnose verfügten, höhere, andere dagegen geringere Werte. Die Durchführung des Screeningverfahrens führte
auch zur Enttäuschung bei Interessierten, die sich eine Mitwirkung an der
Studie wünschten, aufgrund eines stark eingeschränkten kognitiven Status
jedoch ausscheiden mussten. Die Ergebnisse des Screenings führten auch zu
Unsicherheiten bei Personen, die trotz fehlender Diagnose als „Menschen
mit Demenz" betrachtet wurden. Da die Teilnehmer*innen durch Praxispartner*innen ausgewählt wurden, spielten nicht nur formale, sondern auch
implizite Auswahlkriterien eine wichtige Rolle. Deren (ggf. verzerrende)
Wirkung konnte jedoch retrospektiv nicht mehr nachvollzogen werden.
Probleme bestanden ebenfalls bei der Konzipierung der Kontrollgruppe.
Da es sich bei diesem Projekt um ein internationales Vorhaben handelte,
war es schwierig, die Kontrollbedingung „übliche Versorgung" vergleichbar zu definieren. So wurde offensichtlich, dass gerade für Menschen
mit beginnender Demenz und Betroffene ohne klare Diagnose sehr große
Unterschiede in den Versorgungsangeboten bestehen. Weitere Schwierigkeiten entstanden bei der Randomisierung bzw. der Aufrechterhaltung der
zufällig getroffenen Zuteilung zu Interventions- und Kontrollgruppe, da aufgrund eines sich verschlechternden Gesundheitszustandes ein beträchtlicher
Anteil der Teilnehmer*innen die Studie vorzeitig verließ. Die Projekt-
verantwortlichen waren daher studienbegleitend darum bemüht, passende
„Ersatz-Personen" zu gewinnen.

Beispiel 2: Schwierigkeiten bei der Akquise von Menschen mit Demenz im fortgeschrittenen Stadium der Demenz

Im Projekt NOCTURNAL wurden Menschen mit fortgeschrittener Demenz gesucht, insbesondere Betroffene, die eine Tendenz zum nächtlichen Umherwandern zeigten. Ziel war die Erprobung eines Prototypen in Haushalten Betroffener, der vorher partizipativ entwickelt wurde (Martin et al. 2013, S. 6771). Studieninteressierte wurden durch soziale Dienste sowie geriatrische und gerontopsychiatrische Einrichtungen akquiriert. Um die für die Stichprobenauswahl verantwortlichen Professionellen auf die Akquise vorzubereiten, wurden mehrere Workshops durchgeführt. Projektbegleitend hielten Forschende ständigen Kontakt mit Gatekeepern und erinnerten in regelmäßigen Zeitabständen an die Akquise. Ein zentrales Problem bestand darin, dass sich die meisten der vermittelten Interessierten in einem zu stark fortgeschrittenen Stadium der Erkrankung befanden und die Zugangsvoraussetzungen für die Teilnahme nicht erfüllten. Daher benötigte das Forschungsteam wesentlich mehr Zeit für Gespräche mit Interessierten. Die Teilnahmebereitschaft war gering, begleitet von einer hohen Abbruchquote, deren Ursache in den fehlenden Möglichkeiten der Teilnehmer*innen lag, die Anforderungen an die Zusammenarbeit zu erfüllen. Die Abbrüche geschahen in den meisten Fällen, nachdem die NOCTURNAL-Platform in den teilnehmenden Haushalten bereits installiert wurde. Teilnehmer*innen erkannten häufig erst dann den hohen Aufwand, der mit der Teilnahme verbunden war. Die Probleme bei der Akquise führten schließlich zu Verzögerungen bei der Evaluation, zu hohen Drop-out-Raten und zu einer geringen Anzahl von Haushalten (8 Haushalte), die eine geplante Erprobungsdauer erreichen konnten. Die Forschenden (Martin et al. 2013) beschreiben die Teilnehmer*innenakquise daher als eine der arbeitsintensivsten Phasen des Projektes.

Beispiel 3: Schwierigkeiten bei der Akquise von Menschen mit Demenz für eine Kontrollgruppe

Im Rahmen des EU-Projektes Rosetta war die Evaluation eines multimodalen Systems geplant, das in Haushalten von Menschen mit Demenz überprüft werden sollte (Hattink et al. 2014). Als Studiendesign wählten die Forschenden eine randomisierte kontrollierte Intervention, die in den drei beteiligten Ländern am gleichen Vorgehen orientiert war. Bei der Akquise zeichnete es sich jedoch ab, dass es zwar Interessierte für die Experimentalgruppe gab, jedoch keine Interessierten für die Kontrollgruppe. Wesentlicher Grund für das Desinteresse war ein fehlender persönlicher Nutzen. Da die Zuordnung zu Interventions- und Kontrollgruppe durch Randomisierung misslang, gelang es den Forschenden die Bildung von Vergleichsgruppen durch Matching. Ein weiteres Hindernis für die Akquise lag in den Strategien beim Zugang zum Feld. In allen drei Ländern wurden Kooperationspartner*innen aus der Pflege gewonnen, die den Zugang zu Interessierten herstellten. Dies führte zu Problemen vor allem dort, wo das Pflegepersonal für die Auswahl und Ansprache potenzieller Teilnehmer*innen eigenständig verantwortlich war. Da die Kooperationspartner*innen nicht durchgehend den erforderlichen Kriterien folgten, führte dies zu einem hohen Kommunikationsaufwand, der die Forschung wesentlich verzögerte.

Info-Box 3.3: Probleme bei der Akquise und bei der Stichproben- bzw. Samplegestaltung mit Menschen mit Demenz – drei ausgewählte Projektbeispiele.

3) Wer entwickelt Technologien für wen?

Auch dann, wenn Menschen mit Demenz die primäre Zielgruppe einer zu entwickelnden Technik bilden, bedarf es der Klärung, ob sie in alle Phasen und Bausteine eines Projektes in gleich intensiver Weise eingebunden werden sollen bzw. wie deren Beteiligung unter Beachtung ihrer möglicherweise vulnerablen Situation, ihrer individuellen Anforderungen an die Teilhabe und der Zusammenarbeit mit anderen Stakeholdern gelingen kann. Diese Fragen sind keinesfalls trivial, da sie die Passung zwischen der Einbeziehung von Betroffenen, den Beteiligungszielen und den Annahmen über die künftigen Anwender*innen einer Technologie betreffen. Die Zusammensetzung des Samples tangiert daher immer auch methodisch-methodologische, (macht-)politische und ethische Fragen. Vor diesem Hintergrund muss bereits vor der Akquise entschieden werden, ob es eines einzigen Samples bedarf oder ob für ein Projekt verschiedene Samples mit unterschiedlichen Merkmalen notwendig sind. In Anbetracht der bisherigen Forschung können folgende Entscheidungskriterien besonders hervorgehoben werden:

a) Belastung von Menschen mit Demenz als Co-Entwickler*innen

Die Teilnahme an der Entwicklung neuer Technologien kann für Menschen mit Demenz belastend sein, vor allem dann, wenn sie die damit verbundenen Aktivitäten als überfordernd erleben oder der gewählte Entwicklungsprozess ihren Erwartungen nicht entspricht. Grönvall und Kyng (2013) machen z. B. darauf aufmerksam, dass die Arbeit mit unfertigen Mock-Ups eine besondere Herausforderung für Menschen mit Demenz darstellen kann. Mock-Ups stellen eine sehr frühe Form der Umsetzung eines Konzeptes dar, die sich von späteren Prototypen stark unterscheiden können. Während die Anfertigung verschiedener Mock-Ups für Entwickler*innen eine selbstverständliche (Vor-)Stufe der Technikentwicklung bildet, ist sie für „Laien" fremd, da sie als (End-)Nutzer*innen gewohnt sind, technische Artefakte ausschließlich als (End-)Produkte zu verwenden. Dabei ist es wünschenswert, gerade auf dem Weg der Modifikation verschiedener Mock-Ups bis hin zur Entstehung von Prototypen Co-Forschende intensiv einzubeziehen. Auch wenn Entwickler*innen darum bemüht sind, konzeptionelle Entwürfe in frühen Entwicklungsphasen so zu gestalten, dass sie an Produkte erinnern, gehen mit der Arbeit an derartigen Entwürfen hohe Anforderungen an abstraktes Vorstellungsvermögen einher. Eine derartige Aufgabe kann durch Menschen mit Demenz als belastend empfunden werden, so dass es einer sorgfältigen Prüfung bedarf, in welchem Umfang und auf welche Weise sie in frühe Phasen der Mock-Up-Gestaltung einbezogen werden sollen. Ähnliche Erfahrungen wurden aus dem Projekt ENABLE berichtet (Orpwood et al. 2004). Als mögliche Alternative kann für frühe Entwicklungsphasen ein zusätzliches Sample eingerichtet (z. B. ältere Menschen ohne Demenz) bzw. zusätzliche Ressourcen (z. B. besondere Unterstützung Betroffener) erschlossen werden.

b) Technikinteresse und Technikkompetenz

Neben dem Alter bzw. dem Vorliegen einer Demenz kann für die Gestaltung von Forschungsbeteiligung das individuelle Interesse an Technik, z. B. im Sinne der **Technikakzeptanz oder -bereitschaft**, eine relevante Rolle spielen. Im Zusammenhang mit diesem Kriterium sind im Rahmen der Projektplanung zwei zentrale Fragen zu beantworten: 1) In welchem Ausmaß setzen geplante Aktivitäten ein Mindestmaß an Technikakzeptanz oder -bereitschaft voraus, so dass von Beteiligten auch der Erwerb bestimmter technischer Kompetenzen oder Kenntnisse erwartet werden kann? Nach Eisma et al. (2004) tangiert das Technikkenntnisse von Co-Forschenden allerdings nicht nur den partizipativen Entwicklungsprozess, sondern ist auch für die Art der Ergebnisse entscheidend. Daher muss ebenfalls geklärt werden, 2) inwiefern die Technikakzeptanz oder -bereitschaft der Co-Entwickler*innen die zu entwickelnde Technologie bestimmen sollte. Andernfalls wäre zu prüfen, wie es sich vermeiden lässt, dass Co-Forschende mit hoher Technikaffinität zur Entwicklung technischer Anwendungen beitragen, die nur von Menschen mit ähnlich hohem Technikinteresse bedient werden können. Joshi und Brathen (2016) machen darauf aufmerksam, dass gerade in Technikentwicklungsprojekten eine Tendenz zur verzerrenden Selbstselektion besteht, indem an derartigen Vorhaben vor allem Personen mitwirken, die ein hohes Interesse an Technik und zugleich eine hohe Motivation zur Techniknutzung haben. Diese Personengruppe repräsentiert jedoch keinesfalls die „durchschnittlichen" Nutzer*innen. Der Selektionsprozess, der häufig nicht aus Absicht, sondern aus Not geschieht, mündet jedoch darin, dass die Ergebnisse kaum übertragbar sind und zu technischen Anwendungen führen, die meist nur auf das Interesse einer bestimmten Personengruppe treffen.

Angesichts der großen Differenzen im Hinblick auf Technikverständnis unter älteren Menschen empfehlen Grönvall und Kyng (2013) sowie Aarhus et al. (2010), die *Art der Beteiligung* an der Entwicklung von Technik nicht nur in Abhängigkeit vom Alter oder einer bestimmten Erkrankung, sondern gerade auch in Abhängigkeit vom Technikverständnis und -interesse zu gestalten. So könnten Co-Forschende etwa verschiedenen Arbeitsgruppen zugeordnet werden, die ein unterschiedlich hohes Technikverständnis voraussetzen. Darüber hinaus könnte überlegt werden, ob bestimmte Aktivitäten eher von Menschen mit Demenz ohne ausgeprägtes Technikinteresse wahrgenommen werden können, während andere Aufgaben jenen Teilnehmer*innen vorbehalten bleiben, die ein starkes Interesse an Technik haben. Schließlich lassen sich Aufgaben gestalten, für die ältere Menschen ohne Demenz gewonnen werden können, die ebenfalls ein hohes Technikinteresse mitbringen. Für die Gestaltung einer **differenzierten Akquise** scheint es daher relevant zu sein, spezifische Anforderungskonstellationen zu bestimmen und gleichzeitig darauf zu achten, dass hohe Technikkompetenz der Co-Entwickler*innen nicht zur Nutzungsbarriere künftiger Nutzer*innen wird. Initiator*innen partizipativer Technikentwicklung haben daher die Aufgabe der sorgfältigen Abwägung von Möglichkeiten und Grenzen des „design with" und des „design for" für bestimmte Projektphasen sowie der klaren Kommunikation darüber, ob es erforderlich ist, über technisches Wissen und Interesse zu verfügen bzw. technische Kompetenzen projektbegleitend zu erwerben.

c) Geschlecht

Handelt es sich um die Entwicklung von Technologien für Menschen im hohen Alter, so bedarf es einer geschlechtsspezifischen Perspektive. Obwohl das hohe Alter „weiblich" ist, verfügen ältere Frauen über geringere Technikkompetenz und geringeres Technikinteresse als ältere Männer. Auch wenn es unklar ist, ob die bestehenden Differenzen auf künftige Kohorten älterer Menschen übertragen werden können, besteht dennoch das Risiko, dass für Technikentwicklungsprojekte vor allem Männer als Beteiligte gewonnen werden (können). Vor diesem Hintergrund bedarf es bei der Akquise und Samplegestaltung einer **geschlechtsspezifischen Strategie**, die eine besondere Ansprache älterer Frauen vorsieht. Darüber hinaus sollten in technikorientierten Projekten besondere Vorkehrungen getroffen werden, um technikferne Nutzerinnen in die gemeinsame Arbeit einzuführen (Lindsay et al. 2012, S. 526).

d) Technikgenerationen und Kohortenzugehörigkeit
Die Entwicklung neuer Technologien stellt häufig einen über mehrere Jahre laufenden Prozess dar. Nicht selten endet ein Projekt mit der Erstellung von Prototypen, die nicht immer voll funktionsfähig sind. Zwischen dem Vorliegen eines ausgereiften Prototypen und dessen Markteinführung vergehen weitere Jahre. Werden ältere Menschen als Co-Forschende einbezogen, beteiligen sie sich daher meist an der Entwicklung von Technik, die sich an künftige Generationen älterer Menschen richtet. Im Rahmen von Technikentwicklung für „die Älteren" stellt sich daher die Frage, wer die primären Nutzer*innen einer zu entwickelnden Anwendung sind und ob die Zugehörigkeit zu der Gruppe „der Älteren" ein entscheidendes Kriterium für Beteiligung bilden soll. Vor dem Hintergrund langer Entwicklungszyklen gilt es daher zu prüfen, ob andere Kriterien ebenso relevant sind und ggf. mehr Beachtung bei der Zusammensetzung eines Samples verdienen. Dazu gehört die Zugehörigkeit zu einer bestimmten Technikgeneration. Biografische Erfahrungen mit bestimmten Technologien, alltägliche Nutzungsmuster und über den Lebensverlauf entwickelte Nutzungsstile können im Zweifel entscheidender für die Akzeptanz bestimmter Technologien sein als Symptome einer Erkrankung, wie z. B. einer Demenz, oder das Alter. Vor diesem Hintergrund bedarf es stets der Überprüfung, ob aus den **Bedürfnissen und Präferenzen bestehender Kohorten** älterer Menschen auf die **Bedürfnisse und Präferenzen künftiger Kohorten** älterer Menschen geschlossen werden kann (Nevell und Gregor 2000).

Nach Peine et al. (2014) bildet die aktuelle Entwicklungspraxis, nach der die Bedürfnisse künftiger Kohorten älterer Menschen aus den Bedürfnissen der aktuell zu „den Älteren" gezählten Personen abgeleitet werden, eine der vielen Fehlannahmen der meisten Technikentwicklungsprojekte. Dieser Schluss basiert auf der Annahme, dass Einstellungen zur Technik, der Umgang mit bestimmten Technologien und konkrete Erwartungen an sie durch das Alter bedingt seien. Ausgeblendet wird dabei die Kohortenzugehörigkeit. Daher fordern Peine et al. (ebenda) u. a. die Generation der sog. Baby-Boomer in die Entwicklung neuer Technologien einzubeziehen – zumindest dort, wo es um die Generierung neuer Technikideen und -konzepte geht. Diese Kohorte, die die künftigen Techniknutzer*innen bilden wird, unterscheidet sich von den aktuellen Kohorten Hochaltriger durch ihre Erfahrungen mit Technik sowie ihre meist höheren Ansprüche an deren Funktionen und Gestaltung. Die Ausrichtung von Technikkonzepten an den Bedürfnissen der aktuellen Kohorten kann im Zweifel zur Entwicklung wenig valider Technikkonzepte führen, die auf einem statischen Verständnis menschlicher Bedürfnisse beruhen. Dieses geht von der Annahme aus, dass Bedürfnisse der Entwicklung von Technik grundsätzlich ontologisch vorgelagert sind, so dass sie *vor* der Entwicklung eines Technikkonzeptes erhoben bzw. erkannt werden müssen. In diesem Kontext erhalten typische altersassoziierte Veränderungen vorschnell den Status von Bedürfnissen. Peine et al. (2014) monieren diese Annahmen und plädieren dafür, menschliche Bedürfnisse als dynamisch und gestaltbar zu betrachten, sie im Prozess der Gestaltung neuer Technologien zu entwickeln und zu formen und den beteiligten Menschen mehr Freiräume in der Co-Produktion zuzugestehen.

e) Ethnischer bzw. kultureller Hintergrund
Im Jahr 2018 lebten in Deutschland ca. 19,6 Millionen Menschen mit Migrationshintergrund (24,1 %) im engeren Sinne (Statistisches Bundesamt 2019, S. 41). Während unter den 65- bis 75-Jährigen 14,1 % einen Migrationshintergrund hatten, lag der Anteil bei den 75-bis 85-Jährigen bei 9 %, bei den 85- bis 95-Jährigen bei 8,3 % und den 95-Jährigen und Älteren bei 7,7 % (ebenda). Auch wenn die Anteile von Menschen mit Migrationshintergrund unter den älteren Menschen – im Vergleich zu jüngeren Altersgruppen – relativ gering sind, stiegen sie in den vergangenen Jahren schnell an und werden auch in der Zukunft weiter zunehmen (Kökgiran und Kökgiran 2014, S. 285). Obwohl aktuell keine konkreten Zahlen dazu vorliegen, dürfte angenommen werden, dass sich der Zugang älterer Menschen mit Migrationshintergrund zur Forschungsbeteiligung, insbesondere zur technikorientierten Forschung und Entwicklung, auf mehrfache Weise schwieriger gestaltet als der Zugang älterer Menschen ohne Migrationshintergrund. Ein zentraler Grund könnte die Mehrfachbenachteiligung älterer Menschen mit Migrationshintergrund sowie einer Demenz sein, die aus ihrer sozialen Benachteiligung (vgl. Höhne et al. 2014) als auch ihrer besonderen Belastungssituation aufgrund ihrer Demenz (vgl. Dibelius et al. 2015; Tezcan-Güntekin 2015) resultiert. Wie McKeown (2017, S. 5) konstatiert, erwachsen Differenzen in der Lebens- und Alltagserfahrung nicht nur aufgrund der spezifischen Form oder des Stadiums einer Demenz, sondern vor allem in der Vermengung (Intersektion) mit anderen

Merkmalen (der Person und Situation), wie Geschlecht und sexuelle Orientierung, Familien- und Versorgungssituation, Wohnstatus, körperliche Gesundheit usw. Dazu zählt ebenfalls der kulturelle Hintergrund, der mit bestimmten Wertvorstellungen und besonderen biografischen Ereignissen, z. B. dem Ereignis der Migration, verbunden sein kann (vgl. Marasinghe et al. 2015, S. 192). Technikakzeptanz und Techniknutzung bestimmen sich ebenfalls durch die kulturell beeinflusste, soziale Konstruktion von Privatheit, Einsamkeit, familialem Zusammenhalt, von Pflege sowie kulturell geprägten Einstellungen zu psychischen Erkrankungen, u.a einer Demenz (Fritz et al. 2016; Shanley et a. 2013). Da technische Anwendungen in ihrer materialisierten Gestalt aber grundsätzlich bestimmte Werte repräsentieren, stellt sich die Frage, ob sich die Ergebnisse von Technikentwicklung auf die Präferenzen und Wertvorstellungen von Menschen aus anderen Kulturen übertragen lassen. Für Initiator*innen partizipativer Forschung bedeutet dies, dass sie nicht nur eine kultursensible Akquisestrategie entwickeln, sondern sich auch einer **kulturspezifischen Dimension von Technikentwicklung** öffnen müssen. Verbunden damit wäre eine Ansprache von Co-Forschenden, die zur Mitwirkung von Menschen mit verschiedenen kulturellen Erfahrungshorizonten führt.

f) Lebenslage und Lebensstil

Die Samplegestaltung kann – ähnlich wie die disziplinspezifischen Prinzipien partizipativer Forschung (vgl. Abschnitt 2.1.2, 2.1.5 und 2.2.2) – aus methodisch-methodologischer als auch politisch-normativer Sicht betrachtet werden. Während sich aus methodisch-methodologischer Sicht meist die Frage stellt, *welche Zusammensetzung eines Samples* die Perspektive einer bestimmten (Personen-)Gruppe möglichst vollständig spiegeln kann, stellt sich aus politischen Erwägungen meist die Frage, *welche Personen wessen Interessen* repräsentieren sollen (vgl. Martin 2008). Daher betrachtet die partizipative Aktionsforschung die Beteiligung sog. „schwacher" Gruppen unter dem Primat der Demokratisierung als erklärtes Ziel von Forschungsbeteiligung. Wie die Ergebnisse gerontologischer Studien jedoch zeigen (vgl. Abschnitt 2.1.5), handelt es sich gerade bei älteren Menschen mit Beteiligungsinteresse häufig um eine privilegierte Gruppe, die in der Regel über besondere Bildungsnähe, vielfältige Ressourcen sowie – vor dem Hintergrund der Demenz und der damit verbundenen Pflege- und/oder Betreuungsbedarfe – über einen „geregelten" Alltag verfügt, der genügend Raum für Forschungsaufgaben zulässt. Findet die Zusammenstellung eines Samples etwa durch Selbstselektion statt, muss davon ausgegangen werden, dass sich darunter meist Co-Forschende wiederfinden, deren Lebenslage und Versorgungssituation ausreichend Spielraum für die Beteiligung an Forschung zulassen (Martin 2008). Konkret bedeutet dies, dass sich in Technikentwicklungsprojekten meist Menschen aus der gebildeten Mittelschicht engagieren, die dort allerdings vor der Herausforderung stehen, die Interessen *aller* Menschen mit Demenz zu vertreten. Da eine solche Konstellation dem geschilderten Anspruch nicht nur aus politisch-normativer, sondern auch methodisch-methodologischer Sicht kaum gerecht werden kann, bedarf es bei der Initiierung partizipativer Forschung der Beteiligung von Menschen in verschiedenen Lebenslagen. So sollte es bei der Entwicklung neuer Technik keinesfalls darum gehen, eine bestehende digitale Spaltung fortzuführen oder gar zu vertiefen. Die Beteiligung von Menschen mit Demenz, die die Interessen verschiedener **Lebenslagen** repräsentieren, stellt daher nicht nur einen Beitrag zur Demokratisierung dar, sondern leistet ebenfalls einen Beitrag für mehr Gerechtigkeit beim Zugang zu neuen Technologien, weil bei deren Entwicklung ggf. relevante Anforderungen, z. B. an die Bezahlbarkeit, berücksichtigt werden.

Der Erwerb von Technik, die Art ihrer Nutzung oder das Interesse an ihr sind nicht nur mit der Lebenslage, d. h. mit der Bildungsbiografie, der beruflichen Position oder der Einkommenshöhe, assoziiert, sondern spiegeln auch bestimmte **Lebensstile** wieder. Daher dürften sich bestimmte Merkmale des Lebensstils, wie z. B. die Art der Techniknutzung oder ästhetische Präferenzen der Co-Entwickler*innen in den Ergebnissen ihrer Arbeit wiederfinden. Je stärker der Akzent auf Individualität im Entwicklungsprozess, umso größer die Wahrscheinlichkeit, dass der Habitus der Co-Forschenden in den Technikkonzepten zum Ausdruck kommt. Da Technikentwicklung meist mit kleinen Samples realisiert wird, ist es vor allem bei Person-zentrierten Entwicklungsprozessen nicht eindeutig erkennbar, ob konkrete Vorschläge der Co-Forschenden das Ergebnis ihrer Lebenslage, ihres Lebensstils oder etwa ihrer Erkrankung sind. Lindsay et al. (2012) reflektieren dieses Dilemma am Beispiel von Forschungsdesigns, in denen Objekte entwickelt werden, die an individuellen Bedürfnissen und ästhetischen Vorstellungen der beteiligten Personen ausgerichtet sind. Diese Form des „Person-zentrierten" Vorgehens soll zur Entstehung von Entwürfen beitragen, die es Entwickler*innen ermöglichen, die Unterschiedlichkeit und die Mehrdimensionalität der Nutzer*innenerwartungen nachzuvollziehen. Bei einem derartigen Vorgehen kreieren alle Beteiligten – mit fachlicher Unterstützung – ihre eigenen Objekte, die als Ausgangspunkte für die Entwicklung gemeinsamer Prototype oder der Förderung von Technikkompetenzen der Beteiligten dienen. Häufig entstehen dadurch Artefakte oder (Technik-)Konzepte, in denen sich persönliche und lebensstilbezogene Merkmale spiegeln, die jedoch auf eine größere Personengruppe kaum übertragen werden können. Die Entwicklung von Artefakten, in denen sich spezifische Merkmale eines Lebensstils sowie die persönlichen

Präferenzen einer Person spiegeln, kann zwar als lohnenswerter Prozess der Kompetenzaneignung betrachtet werden. Die Übertragung der Ergebnisse aus kleinen und verzerrten Samples auf *alle* Menschen mit Demenz beinhaltet jedoch das Risiko der Entwicklung von Technik, die sich für andere Menschen als Barriere erweisen kann.

Die Frage danach, *wer* für *wen* Technik entwickelt, betrifft nicht nur die Homogenität bzw. Heterogenität eines Samples, sondern auch die *demokratische Repräsentation* kollektiver Interessen (vgl. Abschnitt 2.1.3.1). Von wesentlicher Bedeutung ist daher die Abwägung, *wer* gemeinschaftliche Anliegen *für wen* am besten repräsentieren kann. Neben der Kompetenz zur Wahrnehmung der Interessensvertretung im Sinne (macht-)politischer Durchsetzung von Interessen, stellt sich bei der Samplegestaltung aber auch die Frage nach der *Repräsentation entscheidender (Nutzer*innen-)Perspektiven im Hinblick auf die Entwicklung von Technik*. In der Praxis resultiert daraus häufig die Überlegung, wie stark die Betroffenheit von einer Demenz eine Person dazu qualifiziert, relevante – und im gewissen Sinne verallgemeinerbare – Charakteristika eines Lebens mit Demenz erkennen und verstehen zu können. So betont Shakespeare, der sich mit der *user-controlled research* im Kontext der Behindertenbewegung befasste: „Just because someone is disabled does not mean they have an automatic insight into the lives of other disabled people. One person's experience may not be typical and may actively mislead them as to the nature of disability" (Shakespeare 2006, S. 195). Die Einbeziehung verschiedener Stakeholdergruppen und das Streben nach möglichst großer Heterogenität wird daher als Lösung des „Problems" betrachtet. Dieses Vorgehen kann jedoch als die entscheidende Stärke partizipativer Forschung, zugleich jedoch auch als deren Schwäche betrachtet werden. Während die Diversität verschiedener Interessen, die Unterschiedlichkeit von Perspektiven und die Vielschichtigkeit des eingebrachten Wissens es überhaupt möglich machen, zu einem vertieften Verständnis eines (neuen) Forschungsgegenstandes zu kommen, weisen Bergold und Thomas (2010, S. 342) darauf hin, dass daraus zugleich eines der größten Risiken resultiert, und zwar „dass man sich auf dem kleinsten gemeinsamen Nenner trifft und ein Wissen produziert (…), das durch die Machtverhältnisse im Feld verzerrt ist, keine Handlungsrelevanz besitzt und folgenlos bleibt" (ebenda).

Neben der fehlenden Handlungsrelevanz von Ergebnissen kann die Samplegestaltung auch die Zukunftsträchtigkeit der zu entwickelnden Technik einschränken. Dieses Risiko besteht vor allem dann, wenn es um die Entwicklung von Artefakten für *zukünftige Nutzer*innengruppen* geht und die Technik der Förderung von Praktiken dienen soll, die zum Zeitpunkt der Technikentwicklung noch unbekannt sind. Stellt die Berücksichtigung der gebotenen Heterogenität bei bereits bekannten Personengruppen eine nicht zu unterschätzende Herausforderung dar, erhöht sich der Anforderungscharakter zusätzlich, wenn Co-Forschende innovative Technik für die Zukunft entwickeln sollen. Dies reflektiert z. B. Björgvinsson (2008, S. 86) aus den Erfahrungen der ersten Co-Design-Projekte, indem er schreibt: „The early approaches to participatory design (…) often had a strong system or artifact focus. (…) A dilemma that was not taken into consideration was that needs, problems, and the people working within a particular practice change over time while freestanding systems do not change. In the context of systems designs and development, those who participate are only positioned as representatives for the larger and coming practice." In ähnlicher Weise diskutiert es Eriksson (2016, S. 9), indem sie die Frage: „How can we know that the intended users will be the actual users?" aufwirft. Unabhängig davon besteht in partizipativer Forschung mit kleinen Samples grundsätzlich das Problem der Generalisierbarkeit von Ergebnissen. Technische Anwendungen, die in kleinen und höchst selektiv zusammengestellten Samples entstehen, können in der Regel nicht auf größere Gruppen übertragen werden. Ähnlich ist es mit der Erfassung individueller Präferenzen, die in qualitativen Studien häufig zu Ergebnissen führen, die nicht über die Präferenzen weniger Personen hinausgehen. Steen (2011, S. 46) äußert daher Bedenken hinsichtlich der Validität entsprechender Ergebnisse aus Forschungs- und Entwicklungsprojekten, während Stewart und Williams (2005) generell vor der Tendenz zur „Übergeneralisierung" derartiger Ergebnisse auf größere Bevölkerungsgruppen warnen.

3.1.1.2.5 Rolle von Gatekeepern

Der Zugang zu Menschen mit Demenz, vor allem in fortgeschrittenen Stadien der Erkrankung, unterliegt in der Regel der Kontrolle sog. Gatekeeper. Dazu zählen Institutionen (z. B. Träger der Altenhilfe, gerontopsychiatrische Einrichtungen, Arztpraxen, ambulante Pflegedienste), professionelle oder semiprofessionelle Anbieter von Serviceleistungen für Menschen mit Demenz und ihre Angehörigen (z. B. Beratungsangebote, Selbsthilfegruppen) sowie pflegende An- und Zugehörige. Vorhaben, an denen Menschen mit Demenz beteiligt werden sollen, sind folglich damit konfrontiert, nicht nur Betroffene selbst, sondern vor allem auch Gatekeeper anzusprechen bzw. ihre Aufmerksamkeit und Akzeptanz zu gewinnen. „Da die Gatekeeper den Zugang zum „Feld" vermitteln, sind sie es, die praktisch zuerst um ihre Zustimmung gebeten werden müssen und es für den / die Forscher_in nötig machen, mit ihnen zusammenzuarbeiten." (Bödecker 2015, S. 152).

In der Regel übernehmen Gatekeeper in der Forschung mit Menschen mit Demenz verschiedene Funktionen bzw. Rollen:

- Sie *kontrollieren den Zugang zu der Zielgruppe*, indem sie potenzielle Teilnehmer*innen ansprechen, sie zur Forschungsbeteiligung motivieren oder sie davon abhalten.
- Sie fungieren teilweise als *gesetzliche Vertreter*innen*, die Menschen mit Demenz bei der Einwilligung zur Teilnahme begleiten, unterstützen oder vertreten.
- Sie sind häufig erste und projektbegleitende *Kontaktpersonen*, die für organisationelle Unterstützung (z. B. Übernahme von Fahrten zu Projekttreffen, Unterstützung bei Einwilligung und bei Kommunikation) zuständig sind und nicht selten dafür sorgen, dass eine Beteiligung ermöglicht bzw. trotz Schwierigkeiten aufrechterhalten werden kann.
- Sie sind häufig auch selbst *an der Forschung beteiligt*, indem sie die Rolle als Proxy (d. h. als Sprachrohr der Betroffenen), als Studienteilnehmer*in oder gar als Co-Forschende einnehmen.
- Sie sind teilweise „*Nutznießer*" der Forschungspartizipation, indem sie durch die Teilnahme der Betroffenen oder die eigene Beteiligung von den Ergebnissen profitieren.

Gatekeeper sind daher wichtige Akteure, die es in Abhängigkeit von den Projektzielen bereits bei der Projektplanung, spätestens jedoch bei der Akquise einzubeziehen gilt. Forschungsvorhaben, die sich an Menschen mit Demenz richten, weisen jedoch auf die durchaus **ambivalente Rolle** von Gatekeepern hin. Durch ihre Macht bei der Gestaltung des Feldzugangs können sie Forschungs- und Entwicklungsvorhaben einerseits unterstützen, andererseits können sie – alleine durch ihre Kontrollfunktion – geplante sowie laufende Vorhaben behindern. Ihr Engagement und ihr Einfluss können daher sowohl positive als auch negative Wirkungen entfalten und den Erfolg von Projekten nachhaltig beeinflussen. Die Bedeutung von Gatekeepern wird in der Literatur bisher meist im Zusammenhang mit der Akquise Betroffener diskutiert; ihr Einfluss kann allerdings weitreichender sein, vor allem dann, wenn die Zusammensetzung eines Samples von ihnen vollständig kontrolliert wird. In technikorientierten Vorhaben werden in diesem Zusammenhang folgende Aspekte genannt:

- **Implizite Kriteriendefinition bei Akquise**: Dadurch, dass Gatekeeper den Zugang zu Menschen mit Demenz kontrollieren, spielen sie eine wichtige Rolle bei der Gewinnung von Co-Forschenden und damit auch der Zusammenstellung des Samples. Wird die Entscheidung über die Auswahl von Co-Forschenden an Gatekeeper delegiert, können sie die Kriterien zur Auswahl von Teilnehmenden vollständig bestimmen. Eine gewisse Definitionsmacht besteht selbst dann, wenn sie sich an vorgegebenen Ein- und Ausschusskriterien orientieren, für die tatsächliche Zusammenstellung eines Samples jedoch zusätzliche Auswahlkriterien nutzen. So weisen viele Studien darauf hin, dass Gatekeeper häufig jene Personen ansprechen, von denen sie einen besonders positiven Einfluss auf die Forschung erwarten oder die sie als besonders kooperativ erleben. Weitere Kriterien sind u. a. angenommene soziale oder persönliche Passung, das Vorliegen bestimmter Kompetenzen (z. B. Kommunikation, Umgang mit dem Computer), die Affinität zum Forschungsthema (z. B. Interesse an technischen Geräten) oder das Vorhandensein bestimmter Ressourcen (z. B. finanzieller und sozialer Art). Neben Einschlusskriterien werden – häufig ebenfalls unbewusst – bestimmte Ausschlusskriterien wirksam, z. B. der Schweregrad der Demenz oder etwa das Vorliegen bestimmter Symptome. Die Europäische Alzheimergesellschaft weist darauf hin, dass Gatekeeper durch ihre Auswahlentscheidungen bestimmte Personengruppen von der Forschung systematisch ausschließen. Dazu zählen etwa Menschen mit Demenz im fortgeschrittenen Erkrankungsstadium sowie Menschen mit Demenz und geistiger Behinderung (Alzheimer Europe 2011, S. 35).

- **Ethische Erwägungen und Folgen selektiver Teilnehmer*innenauswahl**: Das Verhalten der Gatekeeper entspringt häufig ethischen Erwägungen, geht jedoch zugleich mit ethischen Implikationen bzw. Folgen einher. Ausgehend von generalisierten Vulnerabilitätsvorstellungen und einer daraus abgeleiteten Fürsorgepflicht, verwehren Gatekeeper häufig den Zugang zu jenen Personen, die sie als besonders schutzbedürftig betrachten. Dieses Vorgehen hat verschiedene Folgen: Es beschneidet zunächst die Autonomie der Betroffenen, da ihnen die Möglichkeit der Einwilligung pauschal entzogen wird (Alzheimer Europe 2011, S. 35; Bond 2011; Witham et al. 2015). Zugleich schließt es sog. vulnerable Gruppen aus technologischem Fortschritt aus. Werden Menschen mit Demenz aus technikorientierter Forschung und Entwicklung systematisch ausgegrenzt, werden ihre Interessen dort nur in dem Maße berücksichtigt, in dem Dritte sich diese zu eigen machen. Ein falsch verstandener Protektionismus, der auch in einen (institutionellen) Paternalismus umschlagen kann, verwehrt Menschen mit Demenz die Möglichkeit, ihre Stimme zu erheben und durch ihr eigenes Erleben Einfluss auf Forschung zu nehmen. Vor diesem Hintergrund weisen viele Forschende auf die Partizipationsrechte vulnerabler Personengruppen hin. Nach Bielby (2008, S. 51) gilt es zudem Forschungsbeteiligung weniger unter dem Vorzeichen der Risiken, sondern als Chance und als soziale Ressource zu verstehen. Die Beteiligung an Forschung kann die Autonomie vulnerabler Personengruppen stärken, ihnen eine Stimme in

der Gesellschaft geben und zu mehr Gerechtigkeit führen, indem sich Forschungsvorhaben mit Anliegen vulnerabler Zielgruppen befassen und sie aus
gesellschaftlichen Innovationsprozessen nicht ausschließen.

- **Kosten-Nutzen-Erwägungen**: Die (Mit-)Entscheidung bezüglich der Forschungsteilnahme stellt häufig eine mehrdimensionale Konfliktsituation dar, in
  der Gatekeeper zwischen dem Schutz des Wohlbefindens und der Achtung der
  Selbstbestimmung der Betroffenen sowie zwischen zusätzlichen Belastungen
  und einem möglichen Nutzen abwägen müssen. Die Bereitschaft zur Kooperation dürfte sich jedenfalls erhöhen, wenn Gatekeeper selbst einen Nutzen aus
  der Beteiligung erwarten können. Dabei muss der Nutzen nicht unmittelbar
  aus dem Wesen der Forschungspartizipation erwachsen, sondern kann auch
  andere Aspekte umfassen. Bei pflegenden Angehörigen kann es sich z. B.
  um den Beziehungsaufbau zu Personen mit ähnlichen Erfahrungen oder den
  Zugang zu Informationen über Demenz und Versorgung handeln. Bei Institutionen (als Gatekeeper) dürfte der Aufbau von Kooperationsbeziehungen (z. B.
  zu Forschungseinrichtungen), die Erweiterung professioneller Netzwerke, der
  Zugang zu neuen Ressourcen (z. B. Geld oder Informationen) oder der Erwerb
  eines positiven Außenbildes eine wichtige Rolle spielen.
- **Methodische Folgen von Gatekeeping**: Schließlich kann das Vorgehen der
  Gatekeeper methodische Konsequenzen haben. So kann eine intransparente
  und verzerrte Teilnehmer*innenauswahl dazu führen, dass z. B. Zufallsstich-
  proben nicht umsetzbar sind, die Repräsentativität der Stichproben in Frage
  gestellt werden muss oder eine als relevant erachtete Diversität eines Samples
  durch andere Kriterien unterlaufen wird (u. a. McKeown 2017). Eine derartige
  Stichproben- bzw. Samplegestaltung mindert die Aussagekraft vieler Vorhaben, da die verzerrende Wirkung von Inklusions- und Exklusionskriterien nicht
  transparent ist. Die Auswirkungen einer verzerrten Auswahl auf die Ergebnisse der Forschung lassen sich nicht immer klar benennen. Trotz dessen darf
  angenommen werden, dass intransparente Kriterienanwendung zu systematischen Fehlern führt, deren Ausmaß nur schwer geschätzt werden kann (vgl.
  Info-Box 3.4).

Werden Gatekeeper in die Akquise von Co-Forschenden mit Demenz eingebunden, kommt der Kommunikation und Kooperation eine entscheidende Bedeutung
zu. Handelt es sich z. B. um **pflegende Angehörige**, sollten Nutzen und Risiko der
Teilnahme spätestens während der informierten Einwilligung thematisiert werden.
Die Einbeziehung der Gatekeeper in die informierte Einwilligung sollte allerdings nicht auf Kosten der Autonomie von Menschen mit Demenz geschehen.
Handelt es sich dagegen um **Einrichtungen oder Dienste**, die den Zugang zu

Co-Forschenden mit Demenz verschaffen, kann es hilfreich sein, bereits vor der Akquise gemeinsame Leitlinien über Einschluss- und Ausschusskriterien zu vereinbaren. Die Erfahrungen aus vielen Projekten weisen zudem darauf hin, dass die Kommunikation mit Gatekeepern während der gesamten Akquise aufrechterhalten werden muss, da vor allem langwierige Suchprozesse zur Entwicklung neuer Auswahlstrategien führen, die für die Forschung wenig förderlich sein können.

Probleme beim Zugang zum Feld als Folge der Zusammenarbeit mit Gatekeepern: Zwei Projektbeispiele
Beispiel 1: Gatekeeper gehen davon aus, dass an technikorientierten Vorhaben nur Personen beteiligt sein können, die von Technik etwas verstehen.
Problem: In einem Projekt, in dem digital unterstützte Rehabilitationsangebote für ältere Menschen in privaten Haushalten entwickelt wurden, erfolgte die Suche nach Co-Forschenden durch verschiedene Gatekeeper, u. a. Senior*innenorganisationen. Dabei fiel nachträglich auf, dass Gatekeeper bei der Ansprache von Interessierten eigene Kriterien einsetzten, z. B. für die Teilnahme nur Personen angesprochen haben, die besonders technikinteressiert waren (Grönvall und Kyng 2011, S. 192). In dem Vorhaben war hohe Technikaffinität jedoch kein gewünschtes Auswahlkriterium. Vielmehr sollte die zu entwickelnde Technologie auch für jene nützlich sein, die kein Verständnis der zugrundeliegenden Technologie hatten: „the local „IT nerd" usually is not the best to involve", so die beiden Forscher (ebenda, S. 193).
Mögliche Lösung: Gatekeeper sollten bei der Akquise auf die Ziele eines Projektes und auf relevante Merkmale von Co-Forschenden hingewiesen werden. Dadurch soll vermieden werden, dass die subjektiv wahrgenommene „Passung" von Co-Forschenden zu einer bestimmten Technologie als Akquisekriterium gilt und es verständlich wird, dass sich Technologien an künftige Nutzer*innen anpassen müssen (und nicht etwa umgekehrt).
Beispiel 2: Pflegende Angehörige und Menschen mit Demenz verfolgen gegensätzliche Interessen hinsichtlich einer Forschungsbeteiligung und geraten in Widerspruch bei der informierten Einwilligung.
Problem: Für die Forschungsbeteiligung von Menschen mit Demenz, die in der eigenen Häuslichkeit leben, sind Angehörige von essenzieller Bedeutung. Sie sind häufig nicht nur potenzielle Begleitpersonen während des

Projektes, sondern auch Gatekeeper, die über die Teilnahme mitentscheiden. In vielen Vorhaben verfolgen jedoch Betroffene und Angehörige unterschiedliche oder gar gegensätzliche Interessen und treffen ggf. gegensätzliche Entscheidungen (z. B. *für* oder *gegen* eine Projektteilnahme). Forschende stehen in einer solchen Situation vor einem ethischen Dilemma. Auch wenn sich eine (Pflege-)Dyaden gegen die Teilnahme entscheidet, besteht für Forschende ein Problem, da sie durch Akquise einen Konflikt befördert haben (McKillop und Wilkinson 2004).

Mögliche Lösung: Forschende sollten sich als Mediatoren verstehen und die Kommunikation zwischen den beiden Akteuren auch dann positiv gestalten, wenn die angesprochenen Personen an dem geplanten Vorhaben nicht teilnehmen. Dabei sollten sie eine moderierende, ausgleichende Art der Verständigung wählen und eine Konfrontation dringend vermeiden. Sie sollten darauf achten, dass Menschen mit Demenz und ihre Angehörigen ein Beratungsgespräch nicht im Konflikt verlassen, auch dann, wenn kein Konsens hergestellt werden kann. Forschende sollten die Beratung erst dann beenden, wenn ein offensichtlich gewordener Dissens beseitigt werden konnte.

Info-Box 3.4: Probleme beim Zugang zum Feld als Folge der Zusammenarbeit mit Gatekeepern: Zwei Projektbeispiele.

Die Akquise von Menschen mit Demenz als Co-Forschende ist schließlich von ihrer **Wohnsituation** abhängig. Handelt es sich bei der Zielgruppe um Bewohner*innen **stationärer Pflegeeinrichtungen**, so geraten auch hier die Gatekeeper in den Fokus der Betrachtung, bevor Gespräche mit Betroffenen geführt werden können. Dabei kommt Gatekeepern bei der „Regulierung" des Zugangs zu Bewohner*innen eine durch hohe Verantwortung gekennzeichnete, gleichzeitig jedoch auch machvolle Position zu (Sherratt et al. 2007, S. 474f). Twiddy et al. (2013) zeigen daher, dass partizipative Vorhaben in Pflegeeinrichtungen grundsätzlich andere Strategien der Teilnehmer*innengewinnung erforderlich machen. Dazu gehört u. a. ein zeitlicher Vorlauf, die Einbeziehung aller relevanten Skateholder in die Akquise und in Entscheidungsprozesse sowie die Entwicklung einer mehrdimensionalen Öffentlichkeitsarbeits- und Kommunikationsstrategie. Konkret bedeutet dies, dass es der Erschließung verschiedener Zugänge zu Menschen mit Demenz bedarf. Dazu zählen Twiddy et al. (2013, S. 14) z. B. individuelle Gespräche mit Bewohner*innen und ihren Angehörigen, Durchführung von Informationsveranstaltungen, die der unverbindlichen Vorstellung des Vorhabens dienen, Verteilung von Informationsmaterial, Anfertigung von Plakaten oder die Durchführung von angekündigten Besuchen, die der informellen Kontaktanbahnung dienen. In Abhängigkeit von der Reichweite des Vorhabens kann es sich bei der Kooperation um den Wohnbereich einer Einrichtung, um eine gesamte Einrichtung, mehrere Einrichtungen eines Trägers oder gar trägerübergreifende Kooperationen handeln. Dabei dürfte die Kooperationsbereitschaft davon abhängig sein, inwiefern Pflegeeinrichtungen Interesse an den Ergebnissen haben. Eine wesentliche Voraussetzung der Zusammenarbeit bildet die frühzeitige Klärung gemeinsamer Ziele und Interessen sowie die Klärung des organisatorischen und rechtlichen Rahmens. Besteht seitens von Einrichtungen ein konkretes Interesse an der Entwicklung bestimmter Technologien, sollten Bewohner*innen zur Teilnahme nicht gezwungen werden. Zudem bedarf es einer klaren Darstellung der Rolle verschiedener Stakeholder, u. a. im Hinblick auf ihre Entscheidungskompetenz. Dabei ist zu berücksichtigen, dass stationäre Pflegeeinrichtungen häufig den Zugang zu Menschen mit Demenz in besonderer Weise kontrollieren. Ein hoher Aufwand sowie geringer Nutzen für die Einrichtung könnten entscheidende Gründe für eine Ablehnung der Kooperation sein. Vor dem Hintergrund einer stark angespannten Personalsituation in der Pflege erscheint es daher angemessen, für partizipative Vorhaben in Pflegeeinrichtungen finanzielle Ressourcen vorzusehen, um z. B. ausgewählte Beschäftigte von einem Teil ihrer üblichen Aufgaben freizustellen. Neben fehlenden Personalressourcen können auch rechtliche Bedenken, z. B. bei der Anwendung von Technik, oder finanzielle Risiken eine Barriere der Kooperation sein (vgl. dazu Wan et al. 2016). Die Zusammenarbeit mit Pflegeeinrichtungen bedarf daher eines längeren Vorbereitungsprozesses, in dem auch der Nutzen der Gatekeeper eruiert wird.

3.1.1.2.6 Motive zur Teilnahme an partizipativen Vorhaben

Für Initiator*innen partizipativer Forschung im Bereich der Technikentwicklung kann es wichtig sein, die Motive älterer Menschen, insbesondere von Menschen mit Demenz, zur Teilnahme an dieser Art der Forschung zu kennen. Die bisherigen, äußerst spärlichen Erfahrungen aus technikorientierten Projekten deuten darauf hin, dass zu den primären Motiven von Menschen mit Demenz keinesfalls ein ausgeprägtes Interesse an neuen Technologien oder etwa der Wunsch nach der Gestaltung technikgestützter Lebenswelten gehört. Vielmehr sind es meist altruistische Motive, die Betroffene für ihre Mitwirkung benennen. So geben einige der beteiligten Älteren an, durch ihren Beitrag etwas Sinnvolles für Forschung tun zu wollen; einige Teilnehmer*innen fühlen sich gar verpflichtet, Forschende in ihrer Entwicklung von Technik zu unterstützen (vgl. Grönvall und Kyng 2012). Novitzky et al. (2015, S. 34) machen darauf aufmerksam, dass die Bereitschaft von Menschen mit Demenz zur Teilnahme an Forschung bereits dann steigt, wenn angefragte Personen das Gefühl haben, mit Professionellen in Kontakt zu treten, die bereit sind, ihren Berichten und Erzählungen authentisch zuzuhören, während Barnett (2000, S. 180ff) sowie Clarke und Keady (2002) gar bemerken, dass Zuhören – etwa als Teil gelungener Datenerfassung – auch einen therapeutischen Effekt haben kann. Das Bemerkenswerte an diesem Thema ist allerdings, dass die Mehrzahl empirischer Erkenntnisse zu Beteiligungsmotivation im Hinblick auf die spezifische Art der Forschung (d. h. partizipative Forschung) sowie auf die spezifische Zielgruppe (d. h. Menschen mit Demenz) aus nichttechnischen partizipativen Vorhaben entstammt. Angesichts bestehender Forschungslücken werden diese Erkenntnisse im Rahmen dieses Unterkapitels berichtet, auch wenn sie ggf. auf partizipative Technikentwicklung nicht vollständig übertragen werden können.

Wie Waite et al. (2019) im Rahmen einer qualitativen Interviewstudie mit verschiedenen Stakeholdergruppen, u. a. Menschen mit Demenz feststellen, gehört ein Engagement in der Forschung zunächst nicht zu den zentralen Betätigungswünschen von Menschen mit Demenz. Entscheiden sie sich für Co-Forschung, tun sie es meist aus **altruistischen Gründen** (d. h. für andere Menschen). Dieses Motiv scheint das wichtigste unter Menschen mit Demenz sowie ihren Angehörigen zu sein. Von besonderer Relevanz ist für sie, dass das eigene Engagement zur **Verbesserung der Situation anderer Menschen** beiträgt und einen **sichtbaren Effekt bzw. eine erkennbare Wirkung** auf die Forschung und ihre Ergebnisse hat. Empirische Studien in der sog. PPI-Forschung konnten einen solchen Zusammenhang bestätigen, indem sie zeigen, dass sich ein großer Teil der Beteiligten aus der persönlichen Betroffenheit durch eigene Erkrankung oder die Erkrankung eines Familienmitglieds heraus engagiert. In einer von Ashcroft et al. (2015) durchgeführten Erhebung von Menschen mit unterschiedlichen Erkrankungen, u. a. einer Demenz, und ihren Angehörigen, zeigt sich, dass zwei (nicht ganz überschneidungsfreie) Motivcluster eine entscheidende Rolle für die Mitwirkung an partizipativer Gesundheitsforschung spielen. Dabei setzt sich das erste Cluster aus Motiven zusammen, die um den Wunsch kreisen, eigenes **krankheitsspezifisches (Erfahrungs-)Wissen** – auch im Hinblick auf „erfolgreiche" Bewältigungsstrategien – **weitergeben zu können**. Als Zielgruppen werden sowohl Menschen mit Demenz als auch Versorgungseinrichtungen, z. B. aus den Bereichen Beratung, Diagnostik und Behandlung, betrachtet. Zentral ist für die Beteiligten vor allem das Bedürfnis nach **Sinntransformation**, d. h. das Streben danach, der eigenen Erkrankung einen Sinn zu verleihen. Das persönliche Erleben der Erkrankung und das daraus gewonnene Wissen dienen demnach dazu, andere Menschen in vergleichbaren Lagen zu unterstützen. Neben dem Wunsch, aus der eigenen Betroffenheit etwas „Sinnvolles" und „Nützliches" herzustellen, kreist sich das zweite Motivcluster um den Wunsch nach **Reziprozität**. Co-Forschende nutzen ihr Engagement demnach auch dazu, anderen Menschen und den sie versorgenden Einrichtungen etwas zurückgeben zu können, um damit Gegenseitigkeit herzustellen.

In der von Ashcroft et al. (2015) durchgeführten Erhebung wurden allerdings auch weitere Motive für partizipative Forschung genannt. So führten Menschen mit Demenz ebenfalls den Wunsch an, **Freude durch eigene (Selbst-)Wirksamkeit** zu erleben. Darüber hinaus spielte das Streben danach, **aktiv zu sein bzw. bleiben zu können**, eine wichtige Rolle. Dazu gehörte vor allem die **Teilhabe am sozialen Leben**, z. B. durch die Ausübung sinnvoller außerhäuslicher Aktivitäten, sowie die **Kontinuität bzw. Aktualisierung der als wertvoll und wichtig erachteten Aspekte der eigenen Identität**, insbesondere einer Identität, die *vor* der Diagnose entwickelt wurde (vgl. dazu auch Bethell et al. 2018). Ältere Menschen, die sich isoliert oder einsam fühlten, versprachen sich durch die Teilnahme an Forschung auch den Zugang zu neuen sozialen Kontakten. Partizipative Forschung kann demnach auch dazu dienen, neue soziale Kontakte zu gewinnen, insbesondere zu Menschen, die Verständnis für die eigene Situation haben.

Auch wenn die Ergebnisse der o. g. Befragungen auf technikorientierte Forschung und Entwicklung nicht unmittelbar übertragen werden können, weisen sie jedoch auf mögliche Kriterien hin, die ein Engagement im Rahmen partizipativer Forschung attraktiv machen könnten. In gewisser Weise stellen sie positiv besetzte Ziele dar, die auch während der Akquise angesprochen werden können. Da die dargestellten Erkenntnisse keinesfalls auf alle Menschen mit Demenz übertragen werden dürfen, bleibt es wichtig, die Motive der künftigen Beteiligten zu erkennen, um sie auch im Rahmen der konkreten Zusammenarbeit zu berücksichtigen. Bei technikorientierter Forschung muss allerdings bedacht werden, dass gewisse Interdependenzen zwischen den Zielen des jeweiligen Vorhabens, der Erkennbarkeit des Themas „Demenz" (z. B. durch den Titel des Projektes), der Art der Teilnehmer*innensuche und -ansprache, den angebotenen Entfaltungs- und Entscheidungsmöglichkeiten und der Engagementbereitschaft bestehen dürften. Das Interesse an Technik kann jedenfalls nicht als einziges oder als tragendes Motiv der Mitwirkung betrachtet werden. Vielmehr bedarf es der Anerkennung einer Motivvielfalt, der im Rahmen der konkreten Projekte Rechnung getragen werden muss. Der – wenn auch sehr oberflächliche – Einblick in Motive von Forschungspartizipation verdeutlicht zudem, dass die Motivation zur Teilnahme an der Entwicklung neuer Technik kaum in einer kurz- bis mittelfristigen Nutzung dergleichen Technik liegen kann. Da die Entwicklung eines Prototypen bis zur Produktreife ein langer Prozess mit ungewissem Ausgang ist, stellt die Möglichkeit zur Gestaltung von Technik keinen unmittelbaren Anreiz für Menschen mit Demenz dar. Vielmehr müssen sie davon ausgehen, dass sie das mitgestaltete Produkt selbst nicht mehr werden nutzen können (Myall et al. 2009; Nevell und Gregor 2000). Auch ein Zugewinn an Erfahrungen im Umgang mit neuen Technologien kann für Menschen mit Demenz selten ein bedeutsames Motiv darstellen, da Betroffene nicht darauf vertrauen können, eine vergleichbar gestaltete Technik in naher Zukunft erwerben zu können. Grönvall und Kyng (2013) weisen darauf hin, dass es bei hochaltrigen Menschen sogar riskant sein kann, deren Beteiligungsmotivation an technische Produktivität zu binden in dem Sinne, dass am Ende des Vorhabens ein konkretes Produkt zur Verfügung steht. So entwickeln gerade Co-Forschende mit geringem Technikverständnis häufig hohe bzw. idealistische Erwartungen an die Projektergebnisse, bei denen ein hohes Risiko von Enttäuschung entsteht. Hohe Erwartungen an die Projektergebnisse können auch dann entstehen, wenn sich Co-Forschende mit Demenz aufgrund des progredienten Charakters ihrer Erkrankung des engen Zeitfensters bewusst sind, das ihnen für die Entwicklung von Projektergebnissen zur Verfügung steht (Litherland 2015, S. 15). Daher ist es wichtig, dass bei der Einbeziehung von Menschen mit Demenz ein besonderer Wert auf die Sichtbarkeit von Ergebnissen bzw. ihren Transfer gelegt wird. Um Enttäuschungen zu vermeiden, bedarf es bereits bei der Akquise einer klaren Kommunikation über realistische Projektziele. Schließlich gilt es gerade bei Vorhaben mit offenem Ergebnis zu vermeiden, dass Menschen mit Demenz die lange Dauer eines Projektes als Ergebnis ihrer persönlichen Unproduktivität wahrnehmen. Die Nichtrealisierung hochgesteckter Projektziele darf keinesfalls als Folge partizipativer Elemente in der Forschung interpretiert werden. Daher gehören transparente Kommunikation und begleitende Wertschätzung zu zentralen Bestandteilen partizipativer Forschung mit Menschen mit Demenz. Im Mittelpunkt der Auseinandersetzung mit Motiven von Menschen mit Demenz müssen daher – auch in technikorientierten Projekten – Motive stehen, die nicht nur die Entwicklung von Technik betreffen, sondern vor allem (Forschungs-)Partizipation im Sinne von Teilhabe und Empowerment berühren (Kara 2013; Ashcroft et al. 2015).

3.1.1.2.7 Zugang zu partizipativer Forschung – Verdeckte Selektionsprozesse

Der Zugang zur Forschung ist grundsätzlich **hochschwellig**, daher dürften in jeder Form der Forschung gewisse Selektionseffekte wirksam werden. Da partizipative Forschung jedoch besondere Anforderungen an die Teilnehmer*innen, wie z. B. ein höheres Maß an Engagement stellt, muss davon ausgegangen werden, dass der Zugang zu ihr mit zusätzlichen Zugangsbarrieren verbunden ist.

Handelt es sich zudem um technikorientierte Forschung, ist die Wirkung weiterer Selektionsfaktoren annehmbar. Die dreifache Hochschwelligkeit wirkt dabei keinesfalls gleichförmig, sondern führt dazu, dass bestimmte Personengruppen aus partizipativer technikorientierter Forschung in ungeplanter, allerdings systematischer Weise ausgeschlossen werden. Dem Risiko der Exklusion unterliegen nicht nur Menschen, die z. B. aufgrund ihrer Lebenslage und ihrer Ressourcensituation benachteiligt sind, sondern ebenfalls Menschen, die während ihres Lebensverlaufs keinen Zugang zur Technik hatten, sowie Personen, die eine geringe Anbindung an das Hilfe- bzw. Versorgungssystem (d. h. potenzielle Gatekeeper) haben. Aktuelle Berichte aus technikorientierten partizipativen Vorhaben mit älteren Menschen bestätigen dies und weisen immer wieder darauf hin, dass ausgewählte Stichproben und Samples im Hinblick auf potenzielle Nutzer*innen keinesfalls repräsentativ sind, weil ihnen etwa ein notwendiges Maß an Diversität fehlt (Grönvall und Kyng 2013; Jamieson et al. 2014).

Aus der Diskussion um die Zugangsbarrieren zu partizipativer technikorientierter Forschung – insbesondere mit Menschen mit Demenz – lassen sich ausgewählte Erkenntnisse über spezifische Selektionsprozesse entnehmen. Dabei dürften bei Menschen mit Demenz folgende Aspekte – zusätzlich zu den bereits an anderer Stelle genannten Barrieren – wirksam werden:

a) **Selektion anhand der Affinität zur Technik**: Während Technikkompetenz bzw. -verständnis ein bewusst gewähltes Kriterium der Samplegestaltung bilden kann, wirkt es in technikbezogener Forschung häufiger auf „unsichtbare" Weise, indem es vor allem bei selbstselegierten oder durch Gatekeeper zusammengestellten Samples eine verzerrende Wirkung entfaltet. Ergebnisse aus bisherigen Technikentwicklungsprojekten zeigen, dass Co-Forschende an ihnen vor allem dann teilnehmen, wenn sie biographisch bedingt ein Interesse an der Beschäftigung mit Technik entwickelt haben (Müller et al. 2017). Eine ungewollte, allerdings systematische Selektion geschieht dann, wenn sowohl potenzielle Co-Forschende als auch Gatekeeper annehmen, dass Beteiligte „von Technik etwas verstehen" müssen, um an deren Entwicklung mitwirken zu können. Gatekeeper unterstellen zudem, dass bei technikaffinen Personen ein geringeres Risiko für einen vorzeitigen Projektausstieg besteht. Diese Art der Selektion kann zu systematischen Fehlern bei der Gestaltung und Implementierung von Technologien führen, indem von einem bestimmten Kompetenzniveau sowie einem bestimmten Interesse an der Beschäftigung mit Technik ausgegangen wird, das in der Gesamtgruppe der Betroffenen allerdings nicht vorhanden ist.

b) **Selektion anhand des erwarteten Nutzens:** Diese Art der Selektion geschieht dadurch, dass an technikorientierten Vorhaben nur jene Personen teilnehmen, die sich z. B. durch das Erlernen des Umgangs mit bestimmten Technologien einen unmittelbaren Nutzen für ihre aktuelle Situation versprechen bzw. diesen Nutzen für sich bereits vor Projektbeginn definieren können. Auch Gatekeeper dürften bei der Ansprache von Interessierten dazu neigen, jene Personen auszuwählen, bei denen sie von einem persönlichen Nutzen ausgehen. Diese Art der Auswahl kann dazu führen, dass die Relevanz bestimmter technischer Anwendungen als viel höher bewertet wird als dies aus Sicht der gesamten Gruppe annehmbar wäre. Werden in die Entwicklung neuer Technik lediglich Personen einbezogen, die Technisierung etwa als Lösung bestimmter Herausforderungen betrachten, blendet dies die Interessen derjenigen aus, die an derartigen Lösungen kein Interesse haben.

c) **Selektion nach Alter:** Das Alter von Co-Forschenden kann ein relevantes Auswahlkriterium darstellen, vor allem dann, wenn ein Sample zur Entwicklung von Technik für bestimmte Altersgruppen beitragen soll oder wenn die Variable Alter dazu dienen soll, eine hohe Diversität des Samples zu gewährleisten. Die Eingrenzung nach Alter wird in vielen Vorhaben jedoch pauschal und ohne valide Begründung vorgenommen, etwa deshalb, weil ältere Menschen der stereotypen Vorstellung eines Menschen mit Demenz eher entsprechen (Alzheimer Europe 2019, S. 55). Aufgrund dessen werden vor allem jüngere Menschen mit einer Demenz aus der Demenzforschung ausgeschlossen. Im Rahmen partizipativer Forschung bedarf es daher einer grundsätzlichen Überlegung darüber, welche Bedeutung dem Alter der Co-Forschenden zukommen soll.

d) **Selektion nach allgemeinem Gesundheitszustand:** Neue Technologien werden häufig durch Menschen gestaltet oder getestet, die keine schwerwiegenden körperlichen Erkrankungen haben. Ausgeschlossen aus Forschung werden vor allem Personen, die bettlägerig sind, die neben der Demenz an einer somatischen Erkrankung leiden sowie Menschen, die neben einer Demenz eine weitere psychische Erkrankung oder eine Behinderung haben. Co-Morbidität stellt in verschiedenen Arten der Forschung ein stark benachteiligendes Exklusionskriterium dar (vgl. dazu Jongsma et al. 2016). Diese Form unintendierter Selektion dürfte dazu führen, dass in der Entwicklung von Technik vor allem die Bedürfnisse jener Personen unberücksichtigt bleiben, bei denen es zu einer Kumulation verschiedener Einschränkungen kommt.

e) **Selektion nach der Güte der Versorgungssituation:** Diese Art der Selektion betrifft die Versorgungssituation zum Zeitpunkt der Akquise und während der Projektlaufzeit. Je fortgeschrittener der Grad der Demenz, umso wichtiger wird die Begleitung Betroffener durch vertraute Personen. Eine solche Begleitung wird nicht in allen partizipativen Vorhaben zur Verfügung gestellt. Selbst dann, wenn eine Entschädigung aus Forschungsmitteln möglich ist, sind nahe Angehörige oder professionelle Fachkräfte nicht immer in der Lage, diese Art der Betreuung zu übernehmen. Bei pflegenden Angehörigen spielt häufig die eigene Gesundheit und Belastung eine relevante Rolle. Menschen mit Demenz, die in einer instabilen oder suboptimalen Versorgungssituation leben, dürften an partizipativen Vorhaben daher kaum teilnehmen (vgl. dazu Largent et al. 2018). Dies betrifft nicht nur Menschen mit Demenz, die in privaten Haushalten leben, sondern ebenfalls Bewohner*innen stationärer Pflegeeinrichtungen. Sind dort etwa Personalengpässe vorhanden, dürfte Partizipation an Forschung unwahrscheinlich sein. Auswirkungen einer solchen Selektion können dazu führen, dass es zur Entwicklung technischer Anwendungen kommt, deren Implementierung nur unter optimalen Bedingungen gelingen kann, etwa weil sie eine hohe Unterstützungsbereitschaft informeller oder professioneller Akteure erfordern.

f) **Selektion nach verfügbaren Ressourcen**: Verfügbare Ressourcen stellen ein zentrales Exklusionskriterium partizipativer Forschung dar (vgl. Abschnitt 2.1.5.1). Je höher die mit partizipativer Forschung verbundenen Anforderungen, umso wahrscheinlicher die Ausgrenzung traditionell marginalisierter Personengruppen, vor allem dann, wenn im Rahmen der Forschung keine explizite Unterstützung zur Verfügung gestellt wird. Eine hochselektive Auswahl der Beteiligten kann wiederum weitere soziale Folgen haben, indem sie bestehende soziale Ungleichheit festigt und die Entwicklung von Technologien begünstigt, die z. B. nur von Menschen mit hohem Einkommen erworben werden können. Gesamtgesellschaftlich betrachtet, vertieft diese Entwicklung eine digitale Spaltung, die bereits heute besteht. Vor diesem Hintergrund sollte bei der Akquise und der Auswahl der Studienteilnehmer*innen darauf geachtet werden, dass benachteiligte Personengruppen gezielt angesprochen werden. Die Mitwirkung an Forschung darf für Beteiligte zudem keine zusätzlichen Kosten generieren. Vielmehr sind sie für ihre Unterstützung zu entschädigen, sofern entsprechende Mittel vorliegen.

g) **Selektion durch weitere Formen der „Passung" zum geplanten Vorhaben**: Neben der gezielten, kriterienorientierten Gestaltung eines Samples wirken auch verschiedene Formen der unterstellten „Passung" auf die Auswahl und Ansprache potenzieller Co-Forschender. Dazu zählt u. a. die angenommene Kooperationsbereitschaft. Demnach werden Personen, die als „kritikfreudig" gelten, aus der Teilnahme häufig ausgeschlossen. Eine „Passung" kann sich allerdings auch aus der Konstellation eher pragmatisch wirkender Kriterien ergeben, wie z. B. Wohnnähe (zum Veranstaltungsort) oder spontane Erreichbarkeit der Beteiligten. Schließlich entfaltet häufig auch das Kriterium der „Zumutbarkeit" eine eigene Wirkung, indem z. B. Menschen mit besonderen gesundheitlichen Einschränkungen oder anderen Formen akuter Belastung nicht angesprochen werden. Auf die verschiedenen Konstruktionen impliziter „Passgenauigkeit" machen z. B. Jamieson et al. (2014, S. 439f) im Rahmen einer Metaanalyse zur Untersuchung von Effekten von Erinnerungshilfen aufmerksam. Die Folgen derartiger Selektionskriterien sind dabei kaum erfassbar, weil sie häufig in guter Absicht geschehen, kaum reflektiert werden und häufig von Seiten verschiedener Akteure ausgehen. Ihre Wirkung kann demnach auch intersektional sein, so dass sie in ihrem Gesamtwirken zu schwer erkennbaren Verzerrungen der Ergebnisse führen können (vgl. Abschnitt 3.1.2.4).

h) **Selektion durch strenge Auslegung methodischer Gütekriterien**: Neben den o. g. Gründen einer verzerrten Samplegestaltung, stellen hohe Gütekriterien der Forschung eine besondere Hürde zur Forschungspartizipation von Menschen mit Demenz dar. Dazu können strenge Inklusions- und Exklusionskriterien (z. B. das Vorliegen einer gesicherten Diagnose), besondere Anforderungen an Sprachkompetenzen oder bestimmte Fähigkeiten gehören. Angesichts der exkludierenden Wirkung derartiger Gütekriterien plädieren Carmody et al. (2014) für einen „Call for Change" in der Demenzforschung: „First, in view of the numerous challenges which accompany dementia research, researchers would be wise to adopt pragmatic study designs. The application of overly restrictive exclusion criteria (e.g. poor English language skills, living in residential care, cognitive impairment) should be avoided as it limits the relevance (e.g. credibility, dependability) of one's findings." (S. 1018f). Demnach bedarf es auch in der Technikentwicklung entsprechender Anppassungen bei methodischem Vorgehen dahingehend, dass es inkludierend anstatt exkludierend wirkt.

Die methodischen wie gesellschaftspolitischen Folgen derartiger Selektionsprozesse dürfen keinesfalls ausgeblendet werden, da sie die Entwicklung des technologischen Fortschritts langfristig bestimmen und zudem moralische, soziale – und nicht zuletzt – erkenntnisbestimmende Wirkungen haben. Dabei geschieht die verzerrte Selektion von Teilnehmenden nicht immer bewusst. Vielmehr darf davon ausgegangen werden, dass es sich um Auswahlprozesse handelt, die durch soziale Ungleichheit begünstigt werden, jedoch durch weitere Faktoren, z. B. eine spezifische Akquisestrategie, verstärkt werden können. Unintendierte Stichprobenverzerrungen gehen nicht nur auf Wissenschaftler*innen zurück, sondern werden nicht selten auch durch andere Stakeholder gefördert. Dazu gehören u. a. professionelle Gatekeeper, die an der Ansprache oder der Auswahl Co-Forschender beteiligt sind, pflegende Angehörige, die an der Entscheidung zur Beteiligung mitwirken, sowie Betroffene selbst, die benachteiligende Erfahrungen in ihr Selbstbild integriert haben (vgl. Projektbeispiel in der Info-Box 3.5).

Zugangsbarrieren und systematische Selektionseffekte – Projektbeispiel
Im EU-Projekt „Ethical Frameworks for Telecare Technologies for older people at home" (EFORTT), das der Entwicklung eines ethischen Rahmenmodells zur Implementierung von Telecare-Technologien für ältere Menschen gewidmet war, spielten partizipative Elemente eine wichtige Rolle (Mort et al. 2011). Neben älteren Menschen sollten auch Menschen mit Demenz in das Vorhaben eingebunden werden. Als zentrale Forschungsmethode galten Fokusgruppen. Die Ergebnisse der Akquise zeigen, dass es den Forschenden jedoch nicht gelungen ist, sog. vulnerable bzw. marginalisierte ältere Menschen zu gewinnen. Eine besonders starke Konzentration privilegierter älterer Menschen entstand in der Gruppe sog. „panel members", d. h. Personen, die das Projekt längere Zeit begleiteten. Sie zeichneten sich meist durch sehr gute Gesundheit und eine privilegierte Lebenslage aus. Zugleich verfügten sie über ein hohes Maß an Motivation und Engagement für die Umsetzung der Projektziele. Das Forschungsteam kam allerdings zu dem Schluss, dass die Beteiligung von Menschen mit Demenz einer besonderen Konzeption und Zugehensweise bedarf.

Info-Box 3.5: Selektionseffekte durch verfügbare Ressourcen, dargestellt am Beispiel der Projektes EFORTT (Mort et al. 2011).

Die Erfahrungen in technikorientierten Projekten verdeutlichen, dass das Fehlen einer spezifischen Akquisestrategie zu besonderen Herausforderungen bei der Gewinnung von Menschen mit Demenz als Co-Forschende führt (Wu et al.) und häufig darin mündet, dass stark verzerrte Samples rekrutiert werden. In technikorientierter Forschung fehlt es vor allem an repräsentativen, z. B. randomisierten, Stichproben sowie an Samples, die wesentliche Diversitätsdimensionen der anvisierten Zielgruppe abbilden. Je stärker wiederum die Orientierung am Co-Design, umso relevanter wird der Anspruch an Diversität, denn erst dann steigt die Wahrscheinlichkeit dafür, dass Interessen verschiedener Personengruppen berücksichtigt werden können (vgl. Kleinsmann und Valkenburg 2008). Aus den o. g.

Erfahrungen entstanden daher verschiedene strategische Empfehlungen, die den o. g. Selektionsmechanismen entgegenwirken können:

- **Erhöhung der Diversität der Kooperationspartner*innen**: Um das Risiko einer verzerrten Auswahl durch Gatekeeper zu vermindern, sollte die Zusammenarbeit mit Einrichtungen nicht auf eine Einrichtungbegrenzt, sondern auf mehrere, sehr unterschiedliche Einrichtungen verteilt werden.
- **Erhöhung der Diversität von Zugangswegen**: Darüber hinaus sollte der Zugang zum Feld über verschiedene Wege vorgenommen werden, so dass es zu einer möglichst hohen Heterogenität von Kontaktpersonen und Institutionen kommt (z. B. Träger stationärer Pflegeeinrichtungen, gerontopsychiatrische Einrichtungen, Selbsthilfegruppen, offene Altenhilfe).
- **Gemeinschaftliche Akquise**: Multiplikator*innen, die Menschen mit Demenz hinsichtlich der Beteiligung an Forschung ansprechen, sind sich ihrer verzerrenden Auswahlstrategie nicht immer bewusst. Geschieht eine Selektion auf intendierte Weise, ist sie häufig mit guten Absichten verbunden. Um das Risiko ungewollter Selektion zu vermeiden, plädieren u. a. Hellström et al. (2007) dafür, dass die Ansprache von Co-Forschenden gemeinschaftlich, d. h. durch mehrere Stakeholder gemeinsam durchgeführt wird, indem z. B. Wissenschaftler*innen an der Akquise innerhalb bestimmter Institutionen beteiligt werden.
- **Begleitende Reflexion der Bedeutung diverser Samples**: Die Herstellung nachhaltiger Diversität in den Samples stellt sich nicht nur zu Beginn der Projekte, etwa bei der Entwicklung und Umsetzung einer konkreten Akquisestrategie, als Herausforderung dar, sondern scheitert in vielen Vorhaben durch den frühzeitigen Ausstieg bestimmter Co-Forschender – teilweise auch deshalb, weil für deren Begleitung keine Ressourcen zur Verfügung stehen. Dies gefährdet den Forschungsprozess und führt dazu, dass ein Sample projektbegleitend immer wieder neu besetzt werden muss. Daher bedarf es in technikorientierter Forschung mit Menschen mit Demenz ggf. der Entwicklung von Strategien, die sich von der Beteiligung anderer Personengruppen unterscheiden. Eine mögliche Lösung könnte im Abrücken von einer *Beteiligungsdiversität* zugunsten einer *Entscheidungsdiversität* bestehen. Während sich die erstgenannte Strategie darauf konzentriert, eine möglichst große Vielfalt von Beteiligten herzustellen, die am gesamten Entwicklungsprozess aktiv mitwirken, könnte die zweitgenannte Strategie für eine Projektorganisation stehen, in der weniger ein aktives Mitwirken, sondern ein Entscheiden durch eine möglichst diverse Gruppe getragen wird. In derartigen Konstellationen könnten verschiedene Gremien gebildet werden, u. a. Arbeitsgruppen, die sich

durch einen hohen Grad der Homogenität auszeichnen, solange Entscheidungen durch eine Gruppe mit hoher Diversität gefällt werden. Für Projektschritte, die dagegen einer raschen Bearbeitung bedürfen, empfehlen Lindsay et al. (2012) die Zusammenarbeit mit bereits bestehenden Gruppen, z. B. Selbsthilfegruppen. Da in bestehenden Gruppen in der Regel eine Basis für offene Kommunikation besteht und der Prozess der Vertrauensbildung verkürzt werden kann, besteht hier die Möglichkeit, auch kritische Rückmeldungen zu erhalten. Angesichts der geschilderten Herausforderungen als auch Optionen wird erkennbar, dass die begleitende Reflexion der Bedeutung von Diversität eine wichtige Rolle spielt und die Herstellung von Diversität nicht alleine eine Aufgabe der Akquise, sondern der gesamten Projektorganisation darstellt.

- **Förderung einer Beteiligungskultur**: Partizipation an Forschung kann schließlich nur gelingen, wenn sie durch entsprechende Rahmenbedingungen getragen wird. Betrachtet man die Forschung mit Menschen mit Demenz, so sind partizipative Vorhaben meist vom persönlichen Engagement einzelner Personen abhängig. Partizipation an Forschung bedarf jedoch entsprechender Unterstützungsstrukturen und einer förderpolitischen Strategie, die diese Art der Forschung unterstützt. Als Beispiel kann die Initiative *„Enabling Research in Care Homes"* (ENRICH)[3] genannt werden, die sich für die Förderung partizipativer Forschung in Pflegeeinrichtungen einsetzt (vgl. Davies et al. 2014).

Grundsätzlich wird in der partizipativen Technikentwicklung immer wieder die Frage aufgeworfen, ob es für die Gestaltung partizipativer Prozesse eher homogener oder gemischter Gruppen bedarf. **Homogenität bzw. Diversität** kann sich allerdings auf verschiedene Aspekte beziehen. Daher ist es wichtig zu bestimmen, in welchen Phasen eines Entwicklungsprozesses eher homogene, und in welchen Phasen eher gemischte Gruppen geeignet sind. In einigen Situationen kann es sinnvoll sein, eine bestimmte Variable, z. B. das Stadium der Demenz, konstant zu halten. Diversität kann wiederum dann hilfreich sein, wenn der Umgang mit einer Schnittstelle mit Menschen in unterschiedlichen Stadien der Demenz geprüft werden soll. Lim und Newell (2017) plädieren in diesem Zusammenhang für den Ansatz der **„dynamic diversity"**, was bedeutet, dass Diversität in allen Schritten eines nutzerzentrierten Produktentwicklungsprozesses hergestellt werden muss. Ein Sampling nach diesem Ansatz bedeutet, dass die Zusammenarbeit im ersten Schritt in einer kleinen Gruppe beginnt, die Anzahl der Gruppen jedoch sukzessive erhöht wird und Artefakte auf verschiedenen Stufen ihrer Entwicklung von

---

[3] Weitere Informationen dazu unter: https://enrich.nihr.ac.uk/.

wechselnden Gruppen bearbeitet werden. Ein *„Design for Dynamic Diversity"* (Gregor et al. 2001) soll auch die Dynamik einer Erkrankung im Gestaltungsprozess berücksichtigen. Lim und Newell (2017) stellen daher heraus, dass erst die konsequente Berücksichtigung von Diversität technische Lösungen von vorne herein mehrfunktionaler, adaptiver und flexibler werden lässt. Dazu gehört z. B. auch, dass sog. „extreme" Fälle, z. B. Menschen mit multiplen Einschränkungen, in die Entwicklung einbezogen werden. Erst auf diese Weise entsteht die Chance, die Grenzen des Machbaren zu erkennen. Die Zusammenarbeit mit mehreren verschiedenartig zusammengesetzten Gruppen kann zudem dazu beitragen, dass es nicht zur Ausgrenzung von Interessen besonders benachteiligter oder unsichtbarer Gruppe kommt.

3.1.2 Informierte Einwilligung

3.1.2.1 Bedeutung der informierten Einwilligung

Die Informierte Einwilligung stellt eine zentrale Bedingung zur Gewährleistung von Selbstbestimmung von Studienteilnehmer*innn dar. In der Forschungsethik und -praxis bestehen unterschiedliche Verständnisse vom Stellenwert der informierten Einwilligung, ebenso wie unterschiedliche Anforderungen an deren formale und inhaltliche Ausgestaltung. Einer differenten Reflexion bedarf ebenfalls die Frage, ob eine informierte Einwilligung für die Wahrung der Selbstbestimmung der Studienteilnehmer*innen ausreichend ist oder ob es dazu weiterer Schritte bedarf. Verschiedenen Auslegungen unterliegt schließlich die Frage, ob – und in welcher Weise – sog. nichteinwilligungsfähige Personen, zu denen zum Teil auch Menschen mit Demenz gezählt werden, in den Einwilligungsprozess eingebunden werden sollen oder müssen. Im Sinne eines forschungsethischen Grundsatzes nimmt die informierte Einwilligung zwar einen festen Platz in allen empirisch arbeitenden Disziplinen ein, sie wird jedoch hinsichtlich ihrer konkreten Ausgestaltung (als Prozess) sowie ihres Beitrags zur Wahrung des Rechts auf Selbstbestimmung unterschiedlich bewertet.[4] Einen zentralen Bestandteil der informierten Einwilligung bildet die Aufklärung, für die zunächst der Leitgedanke einer möglichst vollständigen und transparenten Vermittlung aller für das Vorhaben wichtigen Informationen gilt. Trotz dessen wird Täuschung in einigen Wissenschaften unter bestimmten Bedingungen als legitim betrachtet (z. B. in der Psychologie), während sie in anderen Disziplinen als ein die gesamte Forschung

---

[4]Es sei zudem darauf hingewiesen, dass gerade der Einbeziehung „nichteinwilligungsfähiger" Personen in Forschung länderspezifisch unterschiedlich verstanden wird.

disqualifizierendes Kriterium gilt (z. B. in den Wirtschaftswissenschaften) (Rat für Sozial- und Wirtschaftsdaten (RatSWD) 2017, S. 21).

Vor dem Hintergrund ethischer Debatten in den jeweiligen Disziplinen, entstanden – häufig durch die Unterstützung von Fachgesellschaften – verschiedene Ethikkodizes, die den Stellenwert der informierten Einwilligung (z. B. als Maßnahme zur Wahrung der Selbstbestimmung) sowie die Bedeutung ihrer verschiedenen Bestandteile thematisieren. In der klinischen Forschung lassen sich hier die Deklaration von Helsinki (1964–2013) (WMA 2013a und WMA 2013b) sowie die Biomedizin- bzw. Bioethikkonvention des Europarates (Council of Europe 1997 a und b) benennen. Beide betrachten die informierte Einwilligung als Voraussetzung zur Teilnahme an Forschung. Von besonderer Relevanz sind diese rechtlichen Grundsätze dann, wenn es um die Forschungsteilnahme von Personen geht, die als nichteinwilligungsfähig betrachtet werden. Wesentlich sind hier der unbedingte Schutz der (Menschen-)Rechte und der Schutz der Unversehrtheit beteiligter Personen. Auch im Forschungsfeld der Mensch-Computer-Interaktion findet eine Diskussion um den Stellenwert und die konkrete Ausgestaltung informierter Einwilligungen statt, wobei sie häufig um die Frage nach methodischen Aspekten der Gestaltung einer passenden Einwilligung kreist (konkrete Beispiele z. B. in Lazar et al. 2010). Moniert wird dagegen die gängige Einwilligungspraxis (vgl. Brown et al. 2016), die als nachlässig und wenig transparent betrachtet wird. Der Umgang mit der informierten Einwilligung ist im Feld der Mensch-Computer-Interaktion jedoch keinesfalls einheitlich und hängt häufig davon ab, welche der beteiligten Disziplinen in einem Projekt sich der Einwilligungsgestaltung annimmt. Der Stellenwert, der einer Einwilligung zuteil wird, variiert in der konkreten Forschungspraxis auch in Abhängigkeit davon, welchem (theoretischen) Partizipationsverständnis ein Projekt folgt. Ein besonders hoher Stellenwert kommt der informierten Einwilligung beispielsweise im Ansatz des Value Sensitive Design zu, in dem ein eigenständiges Modell dafür (das vor allem für eine Online-Einwilligung gilt) entwickelt wurde (Friedman et al. 2005).

In der *sozialwissenschaftlich orientierten partizipativen Forschung* wird eine informierte Einwilligung als Voraussetzung der Studienteilnahme betrachtet; für eine ganzheitliche Wahrung von Selbstbestimmung gilt sie allerdings als nicht ausreichend. Von Selbstbestimmung wird häufig erst dann gesprochen, wenn Forschungsteilnehmer*innen gleiche Entscheidungsmacht über den Forschungs- bzw. Entwicklungsprozesses haben wie andere Beteiligte (Hammersley 2018, S. 32). Die Aktionsforschung geht sogar davon aus, dass erst die *vollständige Kontrolle* über die Forschung Ausdruck vollständiger Autonomie sei (ebenda). Diese Forderung steht im Zusammenhang mit dem Grundverständnis der Aktionsforschung, die ein gemeinschaftliches und gleichberechtigtes Aushandeln von Forschungszielen bis hin zu ihrer Realisierung als Basis der auf Partnerschaftlichkeit beruhenden Zusammenarbeit betrachtet. Aufgrund dessen verlieren „klassische" Formen der informierten Einwilligung, die u. a. in der klinischen Forschung angewandt werden, in der sozialwissenschaftlichen partizipativen Forschung häufig ihre Berechtigung. An ihre Stelle tritt in der Regel ein „Ethikkodex", den die Teilnehmer*innen gemeinschaftlich erarbeiten und dessen Einhaltung sie eigenständig kontrollieren (Luff et al. 2011, S. 26f).

In den Mittelpunkt von Diskussionen gerät auch immer wieder die Frage, ob es für Forschung insgesamt bzw. für bestimmte Formen der Forschung einer jeweils verbindlichen Form der Einwilligung bedarf, die als eine Art „Mindeststandard" der Wahrung von Selbstbestimmung verstanden werden sollte. Während in vielen wissenschaftlichen Disziplinen – u. a. der Medizin – die „klassische" Form einer schriftlichen Einwilligung als obligatorische Voraussetzung zur Forschungsteilnahme betrachtet wird, plädieren wiederum qualitativ forschende Disziplinen dafür, keine fixen Formen der Einwilligung zu etablieren und Maßnahmen zur Wahrung der Selbstbestimmung von anderen Kriterien abhängig zu machen. Dazu zählen z. B. die Relevanz des Forschungsthemas für die Teilnehmer*innen (Hammersley 2018, S. 33), die Art der geplanten Forschung (Luff et al. 2011), die Zielgruppe der Forschung, die Bedeutung der Güte von Forschungsergebnissen sowie die Relevanz weiterer forschungsethischer Prinzipien (z. B. des Prinzips der Nichtschädigung). Als Reaktion auf die neuen Datenschutzgesetze entstanden zwar verschiedener Mustervorlagen der informierten Einwilligung, die Diskussion dazu verdeutlicht jedoch, dass nicht so sehr der formale Akt der Einwilligung, sondern die Einhaltung weiterer Kriterien für die Wahrung einer selbstbestimmten Forschungsbeteiligung bzw. -partizipation wichtig ist.

3.1.2.2 Datenschutzrechtliche Relevanz der informierten Einwilligung

Die informierte Einwilligung hat nicht nur eine forschungsethische, sondern auch eine datenschutzrechtliche Bedeutung. Ausgehend vom Grundrecht auf informationelle Selbstbestimmung, dient sie dem Schutz personenbezogener Daten. Nach den Bestimmungen des **Datenschutzes** dürfen personenbezogene Daten (meist) nur dann erhoben werden, wenn Teilnehmer*innen ihr Einverständnis zur Erhebung, Verarbeitung und Nutzung der Daten geben. Sog. „besondere Arten personenbezogener Daten" (BDSG §22), zu denen z. B. Angaben zur Herkunft, Gesundheit oder Sexualleben gehören, unterliegen zudem besonders strengen Bestimmungen. Die Zustimmung zur Teilnahme an Forschung setzt zudem voraus, dass Teilnehmer*innen über die Art der Datenerhebung sowie deren Nutzung und Verarbeitung ausführlich informiert werden. (Potenzielle) Forschungsteilneh-mer*innen haben nicht nur das das Recht, ihre Einwilligung zu verweigern, sondern sie zu jedem beliebigen Zeitpunkt zu widerrufen.

Regelungen zum Datenschutz bzw. zum Schutz personenbezogener Daten sind Gegenstand verschiedener gesetzlicher Bestimmungen, u. a. des Bundesdaten-schutzgesetzes (BDSG), der Landesdatenschutzgesetze, des Bundesstatistikgeset-zes (BstatG) sowie der EU-Datenschutz-Grundverordnung (EU-DSGVO).[5] Alle genannten Rechtsbestimmungen dienen dem Ziel, einen Interessensausgleich zwi-schen dem Interesse der Forschung (z. B. Forschungsfreiheit, Art. 5 Abs. 3 Satz 1 GG) und dem Interesse der Forschungsteilnehmer*innen (z. B. Schutz der Person) herzustellen. Eine rechtskonforme informierte Einwilligung setzt demnach voraus, dass Studienteilnehmer*innen über zentrale formale und inhaltliche Aspekte des Vorhabens sowie über die Bedingungen ihrer Teilnahme informiert wurden. Sie besteht daher in der Regel aus **drei zentralen Bausteinen**:

- einem inhaltlichen Informationsteil
- einem datenschutzrechtlichen Aufklärungsteil
- der Einwilligungserklärung.

Der *inhaltliche Informationsteil* sollte die Teilnehmer*innen über die Ziele des Vorhabens, seine organisatorisch-formalen Rahmenbedingungen (z. B. durchfüh-rende Einrichtungen und Kooperationspartner, Drittmittelgeber), die Erwartungen an die Form der Teilnahme (z. B. Teilnahme an Befragungen, Verlauf des Vorhabens), zentrale Ansprechpersonen sowie den zu erwartenden Nutzen und die zu erwartende Risiken informieren. Der *datenschutzrechtliche Aufklärungs-teil* dient der Aufklärung der Teilnehmer*innen über deren Rechte im Hinblick auf informationelle Selbstbestimmung. Er sollte die Teilnehmer*innen über den verwendeten datenschutzrechtlichen Rahmen (z. B. Art der verwendeten gesetz-lichen Grundlage), die Arten der zu erhebenden Daten (insbesondere erwünschte personenbezogene Daten), den Verwendungszweck (z. B. Arten und Ziele der Datenauswertung), die Art der Aufbewahrung der Daten inkl. der Zugriffsrechte (z. B. wer erhält Zugang zu Daten, Dauer der Aufbewahrung) sowie den Ergebnis-transfer (z. B. Publikation) bzw.die Verwertung (z. B. Entwicklung von Trainings) informieren. Wichtiger Aspekt des datenschutzrechtlichen Informationsteils ist die Aufklärung der Teilnehmer*innen über die Freiwilligkeit ihrer Teilnahme sowie

---

[5]Unterliegt ein Vorhaben datenschutzrechtlichen Vorschriften in Spezialgesetzen, so sind diese prioritär zu behandeln, während allgemeine Datenschutzgesetze (z. B. BDSG) subsidiär angewandt werden sollen. Für die Wahl des jeweiligen Landesdatenschutzgesetztes ist der Sitz der verantwortlichen Einrichtung entscheidend.

verschiedene Rechte, z. B. das Recht auf Widerruf der Einwilligung, das Recht auf Auskunft, das Recht auf Berichtigung und/oder Löschung persönlicher Daten wie das Recht auf Einschränkung der Datenverarbeitung. Für die praktische Durchführung der Forschung bedeutet dies, dass Forschende ggf. unterschiedliche Formen des Umgangs mit erhobenen Daten finden müssen, die sich nach den geltend gemachten Rechten der Teilnehmer*innen richten. Um Freiwilligkeit zu gewährleisten, ist es relevant, dass Forschende ausdrücklich auf die Möglichkeit zur Ablehnung und/oder zum Widerruf der Einwilligung hinweisen.

Die *Einwilligungserklärung* stellt in der Regel den abschließenden Teil der informierten Einwilligung dar. Sie sollte einige zentrale Angaben zum Vorhaben (z. B. Titel des Vorhabens, durchführende Einrichtung), Angaben zur Identität der teilnehmenden Person (z. B. Name) sowie Platz für Anmerkungen enthalten. Darüber hinaus soll sie Auskunft darüber geben, ob die Teilnehmer*innen die Möglichkeit zur Klärung von Fragen hatten, ob ihre Fragen ausführlich und verständlich beantwortet wurden, ob sie das Dokument gelesen und verstanden haben und ob sie eine Kopie aller Unterlagen erhalten haben. In der Regel wird der Text der Einwilligungserklärung so gestaltet, dass Teilnehmer*innen die Einhaltung bzw. Nichteinhaltung der formalen Regeln bestätigen können. Mit ihrer persönlichen Unterschrift stimmen sie der Teilnahme schließlich zu.

Datenschutzgesetze und -verordnungen regeln auch Aspekte der **Anonymisierung persönlicher Daten.** Anonymisierung (im Sinne des BDSG) bedeutet, dass erhobene Daten auf eine Weise verändert wurden, die einen nachträglichen Personenbezug verhindert bzw. ihn stark erschwert. Dies setzt voraus, dass Forschende entsprechende Strategien zum Schutz persönlicher Daten von Studienteilnehmer*innen entwickelt haben. Dabei sind entsprechende Strategien meist vom Typ erhobener Daten abhängig. Handelt es sich z. B. um Interviewdaten, unterscheiden sich Anonymisierungsstrategien danach, ob es sich um qualitative oder quantitative Daten handelt. Dabei sind qualitative Daten in der Regel schwieriger – im Zweifel gar nicht bzw. nur dann – anonymisierbar, wenn ihre Veränderung in Kauf genommen wird. Da sich qualitative Forschung durch eine besondere Nähe zu Studienteilnehmer*innen auszeichnet und in der Regel recht tief in ihre persönliche Lebenswelt vordringt, liefert sie Daten mit hoher Informationsdichte, die häufig nicht nur persönliche Informationen der Teilnehmer*innen, sondern auch Angaben über Dritte enthalten kann. Der Aufwand, der mit der Anonymisierung von Daten entsteht, ist daher bei qualitativen Daten gewöhnlich höher als bei quantitativen Daten.

Die Arbeitsgruppe Datenschutz und qualitative Sozialforschung (2014, S. 13f) unterscheidet bei **qualitativen Daten** grundsätzlich drei Stufen der Anonymisierung:

- die *formale Anonymisierung*, die auf einer Trennung von Identifizierungs-merkmalen und weiteren Daten beruht (z. B. getrennte Speicherung und Aufbewahrung von Namen und Kontaktdaten sowie weiteren Angaben)
- die *faktische Anonymisierung*, die auf einer Reduktion und Veränderung des Informationsgestaltens persönlicher Daten basiert
- die *absolute Anonymisierung*, die durch Löschen oder Schwärzen kritischer Passagen (z. B. in Transkripten) eine Wiedererkennbarkeit von Personen verunmöglichst.

Für die Gewährleistung des Datenschutzes nach BDSG ist eine faktische Anony-misierung ausreichend. Zudem sollen erhobene Daten anonymisiert werden, sobald der Forschungsprozess es erlaubt. Praktisch bedeutet dies, dass alle sog. direkten, personenbezogenen Identifikatoren (z. B. Name, Adresse, Kontaktdaten) aus dem Material entfernt werden müssen. Einer Überprüfung bedürfen zudem sog. indirekte Identifikatoren (z. B. Herkunft, Wohnsituation, detaillierte Anga-ben zum Beruf), die in ihrer Kombination Rückschlüsse auf eine konkrete Person geben könnten.

Von der Strategie der Anonymisierung lässt sich die Strategie der **Pseudony-misierung** abgrenzen, die bestimmte Daten (z. B. Angaben) gezielt verändert, damit eine Wiedererkennbarkeit von Personen – z. B. aus dem Kontext der Befra-gung heraus – erschwert wird. Diese Strategie besteht darin, dass persönliche Informationen wie Personnennamen, Ortsbezeichnungen, Straßennahmen, Bun-desländer, Berufsangaben und ähnliche Informationen durch spezifische „Codes" ersetzt werden. Pseudonymisierung stellt daher eine Art Kompromisslösung dar, da die Wahl der jeweiligen „Codes" die Wiedererkennbarkeit konkreter Perso-nen zwar erschwert, die Art der zugrundeliegenden Information im Datenmaterial jedoch erhalten bleibt. In einigen Fällen ist die Pseudonymisierung allerdings not-wendig, z. B. wenn persönliche Angaben aufbewahrt werden müssen, weil sie in Wiederholungsbefragungen verwendet werden (Arbeitsgruppe Datenschutz und qualitative Sozialforschung 2014).

Ob Anonymisierung oder Pseudonymisierung – es bleibt schließlich die Frage, welche zusätzlichen Informationen konkret anonymisiert werden müssen. Da gesetzliche Grundlagen keine näheren Angaben dazu machen, fühlen sich Forscher*innen diesbezüglich häufig verunsichert. In diesen Fällen können bei-spielhafte Angaben hilfreich sein. Eine Auswahl derartiger Daten findet sich bei Meyermann und Porzelt (2017, S. 22). Zu den Angaben, die eine Identifizierbar-keit von Personen erleichtern würden, zählen demnach detaillierte Angaben zum Beruf und beruflichen Karriere, Informationen über Lebensverläufe, Hinweise auf

regionale Angaben (z. B. Bundesland, Region oder Stadt), Angaben über besondere, einmalige oder exklusive Merkmale der befragten Personen oder spezielle
Erhebungskontexte. Da die große Heterogenität qualitativer Daten eine standardisierte Listung derartiger Daten fraglich macht, sollten Anonymisierungsstrategien
so gewählt sein, dass sie den Besonderheiten der jeweiligen Studie entsprechen.
Zudem handelt es sich bei der Anonymisierung immer um einen manuellen Aufwand, wie z. B. das Prüfen von Transkripten, der in der Planung eines Vorhabens
zu berücksichtigen ist.

Nicht nur qualitative, sondern auch **quantitative Daten** bedürfen einer Anonymisierung. Ebel und Meyermann (2015, S. 7f) unterscheiden drei zentrale
Strategien der Anonymisierung quantitativer Daten:

- die *Aggregation einzelner Werte oder Kategorie einer Variable* (z. B. Aggregation seltener Werte, die sich an den Endpolen einer Variable ergeben,
  oder seltener Kategorien, die in Kombination mit anderen Angaben zur
  Identifizierung konkreter Person führen könnten)
- die *Aggregation aller Werte einer Variable* (d. h. die vollständige Rekodierung
  einer Variable)
- die komplette *Löschung einer Variable*.

Neben den Strategien der Anonymisierung und Pseudonymisierung bestehen weitere Schutzmaßnahmen in der **Begrenzung des Zugangs bzw. des Zugriffs auf
erhobene Daten**. Sie sind sowohl für qualitative als auch quantitative Daten
gleichermaßen wichtig. Von besonderer Bedeutung sind sie allerdings in jenen
Studien, in denen eine Anonymisierung nicht durchgeführt werden kann, weil
damit ein zu starker Informationsverlust verbunden wäre. Die EU-DSGVO beinhaltet spezifische Angaben zu Zugangs- und Zugriffsbegrenzung erhobener Daten.
Als Beispiele lassen sich strenge Maßnahmen zur Aufbewahrung der Daten
(z. B. Server in abgeschlossenen Räumen, Passwortschutz, Verschlüsselung der
Daten) sowie besondere Maßnahmen der Zugangs- und Zugriffsbeschränkung
(z. B. Definition eines Kreises der Zugangsberechtigten) nennen. Da in Befragungen von Menschen mit Demenz in der Regel besondere persönliche Daten,
z. B. Angaben zur Diagnose, zum Erkrankungsstadium sowie zur Pflege und
Versorgung, erhoben werden, sind gezielte Überlegungen zur Anonymisierung
und Zugangsbeschränkung vonnöten. Darüber hinaus handelt es sich in Studien
mit Menschen mit Demenz in der Regel um Forschung an kleinen Samples bzw. Stichproben, so dass ein Schutz der persönlichen Informationen der
Teilnehmer*innen von besonderer Relevanz ist.

3.1.2.3 Informierte Einwilligung mit Menschen mit Demenz

Für die Forschung mit Menschen mit Demenz wurde seitens der Europäischen Alzheimergesellschaft im Jahr 2011 ein umfassender Bericht publiziert, der verschiedene Aspekte der Forschungsbeteiligung, u. a. die informierte Einwilligung, thematisiert (Alzheimer Europe 2011). Eine Erweiterung um ethische Aspekte in der Forschung mit Menschen mit Demenz wurde im Jahr 2019 publiziert (Alzheimer Europe 2019). Publikationen, die sich den Besonderheiten einer informierten Einwilligung in interdisziplinären technikorientierten Vorhaben widmen, liegen allerdings nicht vor. Unabhängig von der Ausrichtung einer Studie, stellt der *Akt der Einwilligung* jedoch aus forschungsverlaufsorientierter Sicht den letzten Schritt eines Prozesses dar, der mit der Aufklärung einer an der Forschungsteilnahme interessierten Person beginnt und – im Fall des bestehenden Interesses – mit einer freiwilligen Einwilligungserklärung endet. Der Prozess umfasst dabei drei zentrale Komponenten bzw. Voraussetzungen, die für eine gültige Einwilligung erfüllt sein müssen:

a) **Information bzw. Aufklärung**, d. h. Information über die Ziele des geplanten Vorhabens, die Form der Forschungsteilnahme sowie mögliche Vor- und Nachteile

b) **Freiwilligkeit der Teilnahme**, d. h. die Schaffung von Bedingungen, unter denen sich Interessierte frei, ohne Zwang oder Einflussnahme Dritter und ohne daraus folgende Nachteile sowohl für als auch gegen eine Teilnahme entscheiden können

c) **Einwilligungsfähigkeit**, d. h. Kompetenzen und Fähigkeiten auf Seiten potenzieller Teilnehmer*innen, die sie in die Lage versetzen, eine freie und informierte Entscheidung treffen zu können; im Einzelnen zählt dazu die Fähigkeit, vermittelte Information zu verstehen, sie abzuwägen und eine Entscheidung mitzuteilen.

Da die o. g. Fähigkeiten bzw. Kompetenzen auf kognitiver Kapazität beruhen, muss angenommen werden, dass Menschen mit Demenz nicht bei jeder Form der Einwilligung in der Lage sind, die für das Verständnis der Forschungsbeteiligung notwendigen Informationen **aufzunehmen**, zu **verstehen** und anhand eigener Kriterien bzw. Präferenzen bzw. unter Berücksichtigung aller Vor- und Nachteile zu **bewerten** sowie ihre Entscheidung schließlich zu **kommunizieren**. Daher bedarf es im Rahmen der Forschung mit Menschen mit Demenz grundsätzlich der Befassung mit der Einwilligungsfähigkeit Betroffener sowie der Frage, auf **welchen Wegen** eine informierte Einwilligung – ggf. trotz vorhandener Einschränkungen – gewährleistet werden kann. Der Blick in die aktuelle **technikorientierte**

Forschung und Entwicklung zeigt dabei, dass in vielen Vorhaben keine bzw. nur spärliche Angaben zur Art der informierten Einwilligung gemacht werden. Prototypisch dafür ist ein Literaturreview von Lynn et al. (2017, S. 58), das sich der systematischen Analyse der Ergebnisse von Studien widmet, in denen Technologien für Menschen mit Demenz in stationären oder teilstationären (z. B. betreutes oder Service-Wohnen) Einrichtungen entwickelt wurden. Nach der systematischen Analyse der insgesamt 61 Studien zeigte sich, dass die meisten Vorhaben auf die Durchführung einer informierten Einwilligung zwar hinweisen, jedoch keine detaillierten Angaben zum gewählten Vorgehen machen. So bleibt es in den meisten Publikationen unklar, wer die Einwilligung erteilt hat (z. B. Betroffene, Angehörige), aus welchen Gründen ggf. auf die Einwilligung Betroffener verzichtet wurde, ob andere Möglichkeiten der Einwilligung (z. B. Assent) ausgeschöpft wurden und unter welchen Bedingungen der Prozess der Einwilligung stattgefunden hat (Lynn et al. 2017, S. 58). Vielfach entsteht der Eindruck, dass Menschen mit Demenz in den Prozess der Einwilligung gar nicht einbezogen wurden. Diese Ergebnisse unterstreichen die Notwendigkeit der Befassung mit dem Thema im Rahmen technikorientierter (partizipativer) Forschung und Entwicklung mit Menschen mit Demenz, die umso relevanter wird, umso häufiger Betroffene als Beteiligte einbezogen werden.

Einen zentralen Punkt in der Diskussion um die informierte Einwilligung von Menschen mit Demenz bildet die **Einwilligungsfähigkeit** inkl. der mit ihr assoziierten **Kompetenzen**. Das Vorhandensein grundlegender Kompetenzen gilt häufig als ein zentrales Element der informierten Einwilligung. Darüber hinaus gelten die *Freiwilligkeit der Teilnahme*, die *Information und Aufklärung* sowie die *finale Entscheidung* als wesentliche Elemente des Einwilligungsprozesses (Alzheimer Europe 2011, S. 42). Zu zentralen Fähigkeiten bzw. Kompetenzen gehört die Fähigkeit,

- relevante **Informationen zu verstehen.** Diese Fähigkeit wird umso wichtiger, je höher die Risiken der Forschungsbeteiligung sind und je weniger andere (z. B. vertraute) Personen in die finale Entscheidung einbezogen werden können.
- relevante **Informationen zu bewerten.** Dies setzt voraus, dass Betroffene nicht nur relevante Informationen aufnehmen und sie bis zur finalen Entscheidung behalten können, sondern dass sie die Gründe für die Anfrage (er-)kennen, sich ihrer Motive für oder gegen eine Entscheidung bewusst sind und mögliche positive als auch negative Folgen der Forschungsbeteiligung verstehen.

- positive als auch negative **Folgen einer Teilnahme anhand individuell relevanter Kriterien zu bewerten.** Dies impliziert, dass Betroffene eine Vorstellung von der Art und Weise der Teilnahme entwickeln können, verbunden mit der Vorstellung darüber, wie sich die Beteiligung inkl. positiver als auch negativer Konsequenzen auf sie persönlich auswirken könnte.
- eine getroffene **Entscheidung anderen Menschen mitzuteilen** bzw. sie zu kommunizieren (Alzheimer Europe 2011, S. 43).

In Anbetracht der Dynamik demenzieller Erkrankungen muss davon ausgegangen werden, dass Erkrankungen, die eine Demenz auslösen, die Einwilligungsfähigkeit Betroffener beeinträchtigen und sie langfristig „zerstören" können. Vor diesem Hintergrund wurde die Diagnose einer Demenz lange Zeit als Indiz für die nicht (mehr) vorhandene Einwilligungsfähigkeit gewertet (Zentrale Ethikkommission 1997), so dass Betroffenen die Einwilligungskompetenz bzw. –fähigkeit pauschal abgesprochen wurde. Aufgrund umfassender Debatten zu diesem Thema vollzog sich in den letzten Jahren jedoch ein starker Wandel, der zu einem deutlich veränderten Bild der Selbstbestimmungs- und damit Einwilligungskompetenzen Betroffener führte. Verschiedene Akteure wirkten vor allem daran, einen **differenzierten Begriff der Einwilligungsfähigkeit** zu schaffen, der den verschiedenen Erkrankungen, die hinter den unterschiedlichen Demenzformen mit ihren spezifischen Phasen und Verläufen stehen, gerecht zu werden (Deutscher Ethikrat 2012, DGGG et al. 2020). Verbunden damit war auch die Forderung, von einem defizit- zu einem ressourcenorientierten Vorgehen zu finden und den Blick auf die Potenziale Betroffener zu legen, anstatt ihre Schwächen zu betonen. Getreu dem Motto: „**A person should be deemed capable of consent unless proven otherwise**" plädiert auch die Alzheimer Gesellschaft dafür, jeden Menschen – unabhängig von dem Vorliegen einer Diagnose – in den Prozess der informierten Einwilligung einzubeziehen (Alzheimer Europe 2011, S. 67) und erst beim nachweislichen Fehlen notwendiger und nicht kompensierbarer Kompetenzen die Einbeziehung weiterer Berechtigter in Erwägung zu ziehen. Auch die S2k-Leitlinie, die für die „Einwilligung von Menschen mit Demenz in medizinische Maßnahmen" entwickelt wurde, betont unter Verweis auf § 630d Abs. 1 Satz 1 und 2 BGB die Beachtung der Einwilligungsfähigkeit, deren Vorliegen bei volljährigen Patient*innen grundsätzlich unterstellt wird, seitdem begründete Zweifel an der Einwilligungsfähigkeit bestehen (DGGG et al. 2020, S. 12).

Für Forschende stellen sich in diesem Zusammenhang häufig mehrere pragmatische Fragen, u. a. an welchen Kriterien Einwilligungsfähigkeit bewertet bzw. wie sie – u. a. mithilfe von Screeningsverfahren – festgestellt werden kann. Da sowohl aus dem Vorliegen einer Diagnose (z. B. Demenzform und Stadium der

Erkrankung) noch aus neuropsychologischen Befunden ein (Nicht-)Vorhandensein der Einwilligungsfähigkeit sinnvoll abgeleitet werden kann (vgl. Klie et al. 2014; Vollmann et al. 2004), wird nicht selten die Frage nach passenden Testverfahren aufgeworfen. Zur **Prüfung der Einwilligungsfähigkeit von Erwachsenen** liegt eine Reihe standardisierter Instrumente vor. Zu den bekanntesten zählen der MacCAT-T (MacArthur Competence Assessment Tool-Treatment) und der HCAT (Hopkins Competency Assessment Test). Trotz einer hohen testtheoretischen Güte benachteiligen beide Instrumente Menschen mit Demenz, da die Ergebnisse sehr stark von den verbalen Fähigkeiten der Befragten abhängen (Breden und Vollmann 2004; Kümmel und Haberstroh 2011). Zudem stehen die Werte häufig im Widerspruch zu Einschätzungen der Einwilligungsfähigkeit durch Fachexpert*innen, z. B. durch Ärzt*innen (Vollmann et al. 2003). Auch die (nur geringen bis mittelstarken) Zusammenhänge zwischen den Subskalen der o. g. Instrumente (u. a. MacCAT-T, HCAT) und klinischen Demenzskalen (u. a. Mini Mental Status Test (MMST), Global Deterioration Scale (GDS)) sprechen gegen den Einsatz derartiger Instrumente im Sinne eines „gold standard" (Vollmann et al. 2004; DGGG et al. 2020). Je formalisierter zudem die Messung der Einwilligungsfähigkeit, umso größer dürfte die Wahrscheinlichkeit für die Exklusion Betroffener und damit zur stärkeren Selektion der Samples sein (Helmchen 2015; Alzheimer Europe 2019). Selbst bei kurzen standardisierten Instrumenten zur Einschätzung der Einwilligungsfähigkeit, wie z. B. dem ESC (Evaluation to Sign Consent), einem aus fünf Items bestehenden Instrument (Resnick et al. 2007), weisen die Autor*innen darauf hin, dass dessen Einsatz zeitraubend sei und damit die Hochschwelligkeit des Auswahlprozesses erhöhe. Je komplexer und formalisierter der Prozess der Einwilligung, umso höher die Wahrscheinlichkeit für den Ausschluss, vor allem jener Personen, für die der Prozess eine zusätzliche Herausforderung darstellt. Eine derartige Form der Einwilligung stellt daher eine Art Selektionskriterium für mögliche Teilnehmende dar, allerdings auch für Forschende, die sich auf eine längere und komplexere Phase der Akquise einstellen müssten (Bartlett und Martin 2002, S. 48).

Vor dem Hintergrund dieser Diskussion wurden vielfach Zweifel an einer externen bzw. objektiv-formalen Prüfung der Einwilligungsfähigkeit geäußert. Ausgehend von dem bisher üblichen Vorgehen in der klinischen Forschung, fordert z. B. von Freier (2014) die Suche nach paternalistisch anmutenden „objektiven Grenzen der Einwilligung" (ebenda, S. 179) zu verlassen und die Diskussion im Hinblick auf eine Erweiterung von Spielräumen der Selbstbestimmung zu fokussieren – und zwar in Richtung eines **partizipativen Modells** mit gemeinsam getragener Entscheidungsfindung (*shared decision making*). Dies bedeutet im gewissen Sinne auch die Abkehr von formalisierten Prozessvorgaben hin zur

Modellen, die der individuellen und unterstützten Aushandlung von Selbstbestimmung mehr Bedeutung zumessen: „Normativ wird zunehmend die Freiheit zu aktiv-dynamischer Teilhabe am Forschungsprozess herausgestellt, verbunden mit der Forderung, der Selbstbestimmung größere Spielräume auch in der Forschung einzuräumen." (von Freier 2014, S. 179). Damit gemeint ist, dass anstatt an einer externen fachlichen Einschätzung der Einwilligungsfähigkeit festzuhalten, die an der Forschungsteilnahme interessierte Person aus dem „übermäßigen" Schutz vor Schädigung „entlassen" werden sollte, um auf der Grundlage von Modellen einer partizipativen bzw. assistierten Entscheidungsfindung zu ihrer eigenen Entscheidung finden zu können.

Eine Reihe von Forschenden weist zudem auf die Fragilität der Vorstellung hin, ein Vorhandensein oder Nichtvorhandensein von Kompetenz als etwas Stabiles zu betrachten. So fordert Holm (2001), „Kompetenz" im ethischen Verständnis nicht als *Eigenschaft von Personen*, sondern als *Eigenschaft von Entscheidungen* zu betrachten. Sie sollte auch nicht als einfaches Einschluss- oder Ausschlusskriterium interpretiert werden, da sie ein Kontinuum darstellt und damit grundsätzlich als wandelbar gilt. Geringe Kompetenzen in einem Bereich dürften zudem nicht auf andere Bereiche bzw. alle Entscheidungskompetenzen einer Person übertragen oder gar generalisiert werden (Alzheimer Europe 2019, S. 63ff). Vielmehr bedarf es einer differenzierten Betrachtung der Kompetenz als auch Kapazität einer (auch an Demenz erkrankten) Person (Smebye und Kirkevold 2012; Alzheimer Europe 2019). Zudem weisen Studien aus dem medizinischen Bereich immer wieder darauf hin, dass der Stellenwert einer informierten Einwilligung nur solange einen Beitrag zur Wahrung der Selbstbestimmung leisten kann, solange sie nicht zum bloßen Zustimmungsakt reduziert wird, dessen Sinn auch seitens der potenziell Zustimmenden missverstanden wird (Katz 1994; Goodyear 2009). In Anbetracht vieler Relativierungen als auch offener Fragen, u. a. dazu, ab wann eine Einwilligung tatsächlich als „informiert" gelten kann, plädieren z. B. Welie und Welie (2001) dafür, Menschen grundsätzlich als kompetent zu betrachten, so lange das Gegenteil bewiesen werden kann. Daher fordern viele Forschende, **einzelfallbezogene und situationsspezifische Modelle** der informierten Einwilligung zu entwickeln, die der Vielfalt des Erkrankungsbildes, der Dynamik der Erkrankung im Zeitverlauf, ihrer Fluktuation zu bestimmten Zeitpunkten sowie der Vielfalt der persönlichen Reaktionen auf die Erkrankung gerecht werden.

Dass Einwilligungsfähigkeit keine persongegebene Konstante darstellt, sondern grundsätzlich gestaltbar ist, zeigt sich an einer Reihe von Initiativen, die bereits konkrete Wege zur Umsetzung der informierten Einwilligung für Menschen mit Demenz aufzeigen. So weist z. B. Pratt (2002, S. 172f) auf die **Kontextabhängigkeit von Kompetenzen** hin (vgl. dazu auch Collopy 1988;

Moore und Hollette 2003; Alzheimer Europe 2019), während u. a. Haberstroh und Oswald (2014) auf die sozial-räumliche Bedingtheit von Kommunikation im Prozess der informierten Einwilligung verweisen. Die Gestaltbarkeit des Prozesses ergibt sich aus der grundsätzlichen Wechselseitigkeit der Kommunikation, so dass eine „erfolgreiche" Einwilligung nicht nur von den Fähigkeiten der Betroffenen abhängig ist, sondern auch von den Fähigkeiten der Forschenden, relevante Informationen auf geeignete Weise zu vermitteln, von den Fähigkeiten anderer Beteiligter, z. B. der Gatekeeper, die Kommunikation zu unterstützen, sowie von den räumlichen Begleitumständen und räumlich-dinglichen Unterstützungsmöglichkeiten. Am Beispiel der „Förderung der Einwilligungsfähigkeit in medizinischen Maßnahmen bei Demenz durch ressourcenorientierte Kommunikation" (Projekt EmMa) zeigen z. B. Haberstroh et al. (2017), Schatz et al. (2017) sowie Haberstroh und Müller (2017), welche Gestaltungsspielräume (z. B. Zeit, Atmosphäre, adäquate und anschaulich gestaltete Information) für die Anpassung des Prozesses der informierten Einwilligung an die Kompetenzen Betroffener bestehen.

Bezüglich der Fähigkeit, relevante Informationen zu verstehen, machen Árnason et al. (2011, in Novitzky et al. 2015, S. 46) darauf aufmerksam, dass die **Validität einer informierten Einwilligung** nicht von *globaler bzw. allgemeiner* Entscheidungs- bzw. Einwilligungskompetenz abhängig gemacht werden darf, sondern von *spezifischen* Entscheidungs- bzw. Einwilligungskompetenzen, die eng mit dem Forschungsthema verbunden sind. Daher führt es in die Irre, wenn globale Einwilligungskompetenzen im Sinne eines abstrakten Kompetenzverständnisses in den Mittelpunkt gerückt werden anstatt jener Kompetenzen, die am Forschungsgegenstand ausgerichtet sind. Ähnlichkeiten sehen Árnason et al. (ebenda) in der Betrachtung der Kompetenzen der Forschenden sowie den Fähigkeiten zur Definition der eigenen Rolle als Forschende*r. Auch für diesen Bereich kann nicht ausschließlich eine abstrakt definierte Fähigkeit als Voraussetzung geltend gemacht werden, sondern es bedarf einer Reihe spezifischer Fähigkeiten sowie biografischer Erfahrungen, die Forschende nutzen sollten. Schließlich sei es wenig sinnvoll, ein vermeintliches Fehlen von Entscheidungskompetenz *in einem bestimmten Bereich* auf einen anderen Bereich zu übertragen (Moore und Hollette 2003), was angesichts der Unterschiedlichkeit von Forschung berücksichtigt werden muss.

Auch der Deutsche Ethikrat (2012) plädiert dafür, kognitive und kommunikative Kompetenzen bei Menschen mit Demenz nicht als entscheidende Voraussetzungen der Selbstbestimmung zu betrachten, sondern den gesamten Menschen mit seinen **Emotionen und Werten** in den Blick zu nehmen. Erkenntnisse aus der Lebensqualitätsforschung mit Betroffenen zeigen, dass Menschen mit Demenz

– auch in fortgeschrittenen Stadien der Erkrankung – zum emotionalen Erleben sowie zur Gestaltung sozialer Interaktionen fähig sind und sie zugleich – unabhängig von ihren kognitiven Fähigkeiten – eine klare Vorstellung über die gewünschte Lebensgestaltung haben (Albert et al. 2001; Lyketsos et al. 2003). „Die Dominanz kognitiver Kriterien korrespondiert mit einer gleichzeitigen Vernachlässigung emotionaler, biographischer und kontextspezifischer Faktoren" (Volhard 2015, S. 234), so dass eine Weiterentwicklung der informierten Einwilligung vor allem bei der Berücksichtigung nichtkognitiver Faktoren zu suchen wäre. Wie Schütz et al. (2016) in einer qualitativen Studie beobachten konnten, verstehen Menschen mit Demenz die Informationen, die der Aufklärung dienen, nur begrenzt. Sie sind sich dieses Umstandes jedoch bewusst und messen der Aufklärung nicht die entscheidende Bedeutung zu. Vielmehr machen sie ihre Entscheidung von anderen Aspekten abhängig, z. B davon, ob die Teilnahme an einer Studie eine problemzentrierte Bewältigungsstrategie für ihre Demenzerkrankung darstellt. Auch dies unterstreicht die Frage, ob die Fokussierung auf den kognitiven Aspekt von autonomen Entscheidungen nicht zu einseitig ist und durch andere Aspekte ergänzt werden müsste.

Eine zentrale Bedeutung kommt zudem der Beziehung zu den Forschenden zu, die u. a. für die Aufklärung und Feststellung der Einwilligungsfähigkeit zuständig sind. Bei der Feststellung der Einwilligungsfähigkeit sollte es daher nicht darum gehen, sie im Sinne einer vorhandenen oder nichtvorhandenen Kompetenz zu erfassen, sondern sie als ein **relationales Konzept** zu verstehen, wie z. B. Bödecke (2015, S. 155) bezugnehmend auf Kim (2010) fordert. Dies bedeutet, dass der Aufbau einer positiven und auf Vertrauen basierenden Beziehung zwischen Forschenden und Betroffenen notwendig ist, bevor es zu einer formalen Entscheidung für oder gegen die Forschungsteilnahme kommt.

3.1.2.4 Den Prozess der informierten Einwilligung gestalten

Die oben diskutierten Aspekte machen bereits auf Entwicklungsperspektiven für die Gestaltung der informierten Einwilligung aufmerksam. Daher wird zunächst auf einzelne Elemente des Einwilligungsprozesses eingegangen, bevor konkrete Modelle sowie ausgewählte Erfahrungen u. a. aus technikorientierten Vorhaben vorgestellt werden. Die meisten theoretischen als auch empirischen Erkenntnisse in diesem Feld entstammen der klinischen, d. h. medizinischen und pflegerischen, Forschung. Trotz dessen könnten sie – unter Berücksichtigung bestimmter Anpassungen – auch auf technikorientierte Vorhaben übertragen werden. Spezifische Erfahrungen mit der Anwendung der unten beschriebenen Modelle der informierten Einwilligung in partizipativer Technikentwicklung mit Menschen mit Demenz liegen bisher nur in rudimentärer Form vor, so dass deren Weiterentwicklung und Erprobung ein Ziel künftiger Forschung sein sollte.

a) Zeitliche Gestaltung

Die informierte Einwilligung stellt einen aus mehreren Schritten bestehenden Prozess dar, an dessen Ende in der Regel eine finale Entscheidung für oder gegen eine Forschungsteilnahme steht (Alzheimer Europe 2011, S. 42, 48ff). Die typische Form der Einwilligung sieht vor, dass der Prozess der Informationsvermittlung als auch die Einwilligung vor Beginn der Forschungsteilnahme stattfinden (sog. „prior consent"). Typisch für diese Art der zeitlichen Gestaltung ist die Fixierung auf einen bestimmten Zeitpunkt, zu dem eine finale Entscheidung zu fällen ist. Dabei machen van Baalen et al. (2011) darauf aufmerksam, dass gerade bei Menschen mit Demenz eine zeitliche Komprimierung kontraproduktiv sein kann, da sie für das Verstehen und die Bewertung der für die Teilnahme notwendigen Informationen mehr Zeit benötigen.[6] Dies würde die Aufteilung des gesamten Prozesses auf mehrere Termine rechtfertigen, insbesondere dann, wenn es sich um eine längerfristige Beteiligung an einem Vorhaben handelt. Darüber hinaus erfordert eine derartige Entscheidungssituation, dass notwendige Informationen so aufbereitet sind, dass sie eine Reihe von potenziellen Teilentscheidungen vorwegnehmen, z. B. Entscheidungen, die unterschiedliche Schritte des Vorhabens betreffen.

Da sich demenzielle Erkrankungen vor allem durch das Nachlassen von Gedächtnisfunktionen auszeichnen, sollten Forschende darauf vorbereitet sein, dass sich Betroffene ggf. während der Projektlaufzeit an die gegebene Einwilligung nicht mehr erinnern und auch die Gewissheit über ihre Rechte, z. B. die Freiwilligkeit der Teilnahme oder die Möglichkeit des Ausscheidens, nach einer gewissen Zeit verloren gehen. Um nachlassenden Gedächtnisfunktionen entgegenzuwirken, hat sich das Modell des sog. „ongoing consent" bewährt, d. h. eine Vorgehensweise, in der Betroffene während des Projektes mehrmals aktiv nach ihrer Einwilligung gefragt werden und sie kontinuierlich über die Möglichkeit ihres Ausscheidens informiert werden. Viele Studien binden einzelne (Entscheidungs-)Akte an neue bzw. beginnende Forschungsschritte oder Meilensteine, so dass Betroffene vor jeder neuen Aktivität (z. B. Befragung,

---

[6]Ergebnisse gerontologischer Forschung weisen darauf hin, dass ältere Menschen generell mehr Bedenkzeit bei einer Einwilligung erwarten als jüngere Forschungsteilnehmer*innen (vgl. Jacelon 2013). Da Menschen mit Demenz bei der Gestaltung ihrer Beteiligung eine Reihe weiterer besonderer Aspekte abwägen müssen, wünschen sie sich häufig deutlich mehr Zeit, bevor sie einer Forschungsbeteiligung zustimmen.

Fokusgruppe, Projekttreffen) aufs Neue nach ihrem *aktuellen Willen* gefragt werden. Für technikorientierte Vorhaben kann dieses Verfahren an verschiedene Schritte des iterativen Prozesses, an einzelne Aktivitäten oder an eine neue Rolle in neuen Aufgabenkontexten gebunden sein. Von besonderer Relevanz wäre zudem die Aufbereitung von Informationen, die neue Abschnitte des Vorhabens inkl. der mit ihnen einhergehenden Ziele und Arten der Teilnahme beschreiben.

Eine wesentliche Voraussetzung für das Modell des „ongoing consent" besteht darin, dass Teilnehmende während eines jeden Schrittes darüber informiert sind, dass sie an einer Studie teilnehmen. Zu den Aufgaben der Forschenden gehört es daher, entsprechende Hinweise im Sinne von Erinnerungen in alle Schritte des Vorhabens einzubauen. Damit verbunden ist auch die Forderung, dass sich Teilnehmende zu jeder Zeit ihrer Rollen, z. B. als Co-Forschende, bewusst sind und sie z. B. zwischen einer Studienteilnahme und einer gesundheitsbezogenen Maßnahme unterscheiden können. Eine besondere Anforderung an den Prozess des „ongoing consent" besteht somit darin, für durchgehende Transparenz zu sorgen, so dass Menschen mit Demenz ihre Aktivitäten im „richtig" verstandenen Kontext ausüben können, Klarheit über ihre eigene Rolle sowie die Rollen anderer Stakeholder haben. Dies bedeutet auch, dass sie zu jedem Zeitpunkt einer Aktivität unterscheiden können, wer etwa zum Personal einer Einrichtung und wer zum Forschungsteam gehört. Hier können z. B. Schilder mit Namen oder Symbolen unterstützend sein.

Eine wesentliche Voraussetzung der Einwilligung, insbesondere im Rahmen technikorientierter Forschung und Entwicklung, besteht im Verstehen und Bewerten notwendiger Informationen – inkl. der eigenen (Projekt-)Rolle. Die Nachvollziehbarkeit einer Forschungspartizipation ist vor allem für jene Personen erschwert, die über keine Erfahrungen mit Forschung bzw. Technikentwicklung verfügen. Um zu einem Verständnis der Beteiligung zu kommen und eine valide Entscheidung treffen zu können, ohne dass diese lediglich auf der Vermittlung von Informationen zustande kommen muss, kann von dem Modell des sog. „**experienced consent**" Gebrauch gemacht werden. Dieses Modell sieht vor, dass Interessierte an dem Vorhaben bereits teilnehmen können, bevor sie eine finale Teilnahmeentscheidung treffen. Die „erfahrungs- bzw. erlebnisbasierte Einwilligung" bzw. „Teilnahme auf Probe" gibt Betroffenen die Möglichkeit, an bestimmten Aktivitäten zu partizipieren und damit zu erleben, was Forschungsteilnahme real bedeutet. „Experienced consent" kann ebenfalls dazu genutzt werden, die Kompetenzen der informierten Einwilligung zu verbessern bzw. eine valide Basis für eine informierte Einwilligung zu schaffen, indem persönliche Kriterien für die mit einer Beteiligung verbundenen Aktivitäten erkannt oder entwickelt werden. Problematisch kann das Vorgehen allerdings dann sein, wenn es um die Durchführung von randomisierten kontrollierten Studien geht: Die „erfahrungsunterstützte Einwilligung" könnte hier in Konflikt zum methodologischen Verständnis der Randomisierung geraten und Forschende mit der fehlenden Einlösbarkeit entsprechender Gütekriterien konfrontieren (Alzheimer Europe 2011, S. 49).

Ein „experienced consent" geht grundsätzlich mit erhöhtem Zeitaufwand einher, kann jedoch davor schützen, dass Betroffene ihre Teilnahme vorzeitig abbrechen. Dies dürfte vor allem dann bedeutsam sein, wenn im Rahmen eines Vorhabens nicht ein einmaliges und zeitlich begrenztes Engagement (z. B. Teilnahme an einer Fokusgruppe) gefordert wird, sondern eine längerfristige Beteiligung im Raum steht. Auf den hohen Stellenwert erfahrungsbezogener Elemente während oder vor der Einwilligung weisen Studien hin, in denen eine längere Erprobung neuer Technologien in privaten Haushalten durchgeführt wurde. Viele der Studien berichten über hohe Studienabbruchquoten, die bereits zu Beginn der Untersuchungszeit zustande kamen. Eine derartige Erfahrung machten z. B. Hattink et al. (2014) im EU-Projekt Rosetta, in dessen Rahmen die Evaluation eines multimodalen AAL-Systems in privaten Haushalten von Menschen mit Demenz durchgeführt wurde. Eine Reihe der beteiligten Menschen mit Demenz entschied sich für einen vorzeitigen Ausstieg aus der Studie, unmittelbar nachdem das System in deren privater Häuslichkeit installiert wurde. Vergleichbare Erfahrungen machten Martin et al. (2013) im EU-Projekt NOCTURNAL. Auch hier wurde ein technisches System entwickelt, das in privaten Haushalten von Menschen mit Demenz evaluiert werden sollte. Ähnlich wie im erstgenannten Fall stieg ein großer Aneil der Betroffenen aus dem Vorhaben kurz nach der Installation des Systems aus, so dass die Forschungsstrategie verändert werden musste. Diese Erfahrungen lassen sich so deuten, dass Teilnehmer*innen erst nach der Installation des Systems ein Verständnis von der Art der erforderlichen Beteiligung am Vorhaben entwickelt haben. Eine „provisorische" Installation, verbunden mit einer Teilnahme „auf Probe", kann daher vor allem bei komplexen Technologien hilfreich sein, d. h. dort, wo eine Vorstellung von der Art und den Zielen der Beteiligung erst entwickelt werden muss.

Unabhängig von der Wahl eines spezifischen Modells bzw. einer konkreten Form der Einwilligung, deuten alle Projekte auf einen größeren Zeitbedarf für den Prozess der Einwilligung hin. Menschen mit Demenz bedürfen für ihre Entscheidungen mehr Zeit, wobei es ebenfalls hilfreich ist, wenn ihnen die Möglichkeit eingeräumt wird, an mehreren Informationsterminen teilzunehmen und ihre verschiedenen Fragen ohne zeitlichen Druck auch mehrmals einbringen zu können. Mehrfache Begegnungen zwischen potenziellen Co-Forschenden und Wissenschaftler*innen unterstützen nicht nur die Wissensbasis der Interessierten, sondern stellen eine geeignete Grundlage für den Aufbau einer Vertrauensbeziehung dar, die während eines einzigen Termins kaum entwickelt werden kann. Higgs (2013) macht zudem darauf aufmerksam, dass Termine und konkrete Zeitpunkte, die der Vermittlung von Informationen oder der finalen Entscheidung dienen, mit potenziellen Teilnehmer*innen grundsätzlich abgestimmt werden sollten. Vor dem Hintergrund der für Demenzen typischen Fluktuation von Aufmerksamkeit und Kognition sollten Termine zudem so gewählt sein, dass sich Betroffene in der Lage fühlen, die Anforderungen zu bewältigen (Higgins 2013). Entscheidend dabei ist das emotionale Wohlbefinden, das bei der Wahl und der Durchführung eines Beratungsgesprächs als leitendes Kriterium gelten muss. Beratungstermine, an denen Betroffene sich – trotz getroffener Vereinbarungen – unwohl fühlen, sollten nach Möglichkeit verschoben werden. Für die Gestaltung der Einwilligung gilt grundsätzlich, dass der Prozess an den zeitlichen Bedarfen von Menschen mit Demenz und den Möglichkeiten ihrer Gatekeeper orientiert sein sollte. Dazu gehört z. B. auch, dass Teilnehmenden zwischen der Informationsvermittlung und der Einwilligung genügend Zeit zum Abwägen der Entscheidung eingeräumt wird. Bedarf es einer Einwilligung in schriftlicher Form, sollten potenzielle Teilnehmer*innen zwischen der Aushändigung des Formulars und dessen Unterzeichnung genug Zeit zur individuellen Prüfung der Unterlagen und zur Überprüfung ihrer Entscheidung haben.

b) Form der informierten Einwilligung

Die informierte Einwilligung hat in der Regel eine schriftliche Form. Dazu wird ein Formular verfasst, das Teilnehmende eigenhändig unterzeichnen. Diese in der Forschungspraxis weitgehend etablierte Vorgehensweise kann für Menschen mit Demenz jedoch problematisch sein. Daher plädiert u. a. die Alzheimer Gesellschaft (Alzheimer Europe 2011, S. 51f) für eine Anpassung des bisher stark formalisierten Vorgehens an die Situation der Betroffenen und die Erprobung neuer Formen der Einwilligung. Alternative Formen der Einwilligung können vor allem dann angebracht sein, wenn Betroffene weitere Einschränkungen (z. B. des Sehens) haben. Von einer schriftlichen Einwilligung sollte zudem dann abgesehen werden, wenn Menschen mit Demenz bei der Unterzeichnung von Formularen grundsätzlich ein Gefühl von Unsicherheit erleben und eine Teilnahme ablehnen würden trotz eines grundsätzlichen Interesses an der Forschung. In diesen Fällen kann eine mündlich mitgeteilte und z. B. auf Band aufgezeichnete Einwilligung einen Ersatz für ein schriftliches Formular bieten. Können sich Interessierte nicht mitteilen, so kann eine Beobachtung des Verhaltens eine weitere Möglichkeit der Einwilligung bieten. Hellström et al. (2007) plädieren dafür, das Verhalten der Betroffenen zu beobachten und nach konkreten Anzeichen für Zustimmung oder

Ablehnung zu suchen. Eine Abneigung gegenüber der Teilnahme bzw. der Interaktion mit Wissenschaftler*innen sollte als Zeichen der Ablehnung betrachtet werden. Ein spezifisches Einwilligungskonzept, das auf der Verhaltensbeobachtung beruht, ist der sog. **"here and now-consent"**, d. h. eine situations- und kontextgebundene Zustimmung bzw. Ablehnung gegenüber einer Aktivität, in die eine Person einbezogen wird (z. B. eine Befragungssituation). Das Modell des „here and now-consent" stellt jedoch zugleich bestimmte Voraussetzungen an Wissenschaftler*innen. So sollte das Verhalten Betroffener grundsätzlich im Verhältnis zum Kontext betrachtet werden; zudem sollten Wissenschaftler*innen die Ergebnisse ihrer Beobachtung dokumentieren. Gegenstandsbereich von Aufzeichnungen sollten ebenfalls die ermittelten Wünsche, Anliegen und Präferenzen der Betroffenen sein. Die Dokumentation versteht sich in diesem Modell als Grundlage der Vereinbarungen und wird immer dann geprüft und ergänzt, wenn weitere Schritte der Beteiligung anstehen.

Eine besondere Form der Einwilligung stellt schließlich das Modell des sog. **"layered consent"** dar. Diese Art der Einwilligung stellt eine weitere Option der Teilnahme dar, die aufgrund der individuellen Situation Betroffener bestimmte Abweichungen vom geplanten Vorgehen vorsieht und diese gezielt zum Gegenstand der Einwilligung macht. Der „layered consent" ist dann geeignet, wenn Menschen mit Demenz zwar ein grundsätzliches Interesse an der Teilnahme haben, bestimmte Aspekte des Vorgehens jedoch ablehnen, z. B. die Teilnahme an einem bestimmten Projektschritt oder eine bestimmte Forschungsmethode. Spricht aus methodologischer bzw. methodischer Sicht nichts gegen einen teilweisen „Ausschluss" aus bestimmten Teilen des Vorhabens bzw. eine individuelle Anpassung von Partizipations- oder Forschungsmethoden, kann eine entsprechende Vereinbarung im Rahmen der Einwilligung getroffen werden. Von besonderer Relevanz ist jedoch nicht nur die Dokumentation der vereinbarten Abweichung, sondern ebenfalls die Art und Weise des Umgangs mit der temporären Nichtteilnahme (Alzheimer Europe 2011, S. 50). Bedeutet ein zeitlich begrenzter Ausstieg eine längerfristige Abwesenheit bzw. einen längeren Kontaktbruch, sollte projektbegleitend für die (Wieder-)Herstellung sozialer Nachhaltigkeit gesorgt werden.

c) Arten der Informationsvermittlung
Neben der zeitlichen Gestaltung der Einwilligung, stellt die Informationsmitteilung einen weiteren zu gestaltenden Baustein des Einwilligungsprozesses dar. Bisherige Erfahrungen zeigen, dass es beim Informationsaustausch mit Menschen mit Demenz nicht ausreichend ist, nur mündliche oder schriftliche Darstellungen zu verwenden. Vielmehr bedarf es der Erweiterung um andere Formate,

wie z. B. Bilder, Videos oder Präsentationen. Eine auf Visualisierung beruhende Darstellung von Informationen ist vor allem dann relevant, wenn die
gesprochene oder geschriebene Sprache für Menschen mit Demenz kein geeignetes Kommunikationsmedium bildet (Nygard 2006; Dewing 2002). In einer
derartigen Situation kann die unmittelbare Einbeziehung in den Entwicklungsprozess im Sinne eines „experienced consent" sinnvoller sein als eine mündliche
oder schriftliche Beschreibung des Vorhabens. Erfahrungen aus der bisherigen
– nicht ausschließlich an Technik orientierten – Forschung machen darüber hinaus auf eine Reihe weiterer Aspekte aufmerksam, die im Zusammenhang mit der
Aufbereitung projektbezogener Informationen stehen:

- **Beachtung interpersonaler Differenzen**: Bei der Vermittlung von Informationen ist es nicht nur wichtig, die Form, das Stadium oder etwa die Symptomatik
  der Demenz zu beachten. Nicht minder wichtig sind weitere Aspekte, wie Bildung, Beruf oder kultureller Hintergrund. Die Art der Informationsdarstellung
  sollte sich daher an den Informationsbedürfnissen potenzieller Co-Forschender
  orientieren. Die Aufklärung sollte umfassender ausfallen, wenn angesprochene Personen bisher keinen Zugang zur Forschung hatten und ihnen die
  Inhalte des Vorhabens fremd sind. Bei Menschen mit Migrationshintergrund
  sind Darstellungen in der Muttersprache bzw. eine Übersetzung durch eine
  vertrauensvolle Person einzuplanen. Dabei sollten Wissenschaftler*innen den
  kulturspezifischen Umgang mit Demenz beachten und ihn bei der Ansprache,
  der Kommunikationsgestaltung und der Zusammenarbeit mit Gatekeepern und
  potenziellen Co-Forschenden berücksichtigen.
- **Balance zwischen Komplexität und Verständlichkeit wahren**: Die Aufklärung sollte umso sorgfältiger gestaltet sein, je komplexer die Art der geplanten
  Beteiligung ist, je unvorhersehbarer die Folgen der Beteiligung sind und je
  größer der potenzielle Nutzen für andere Beteiligte. Trotz dessen warnen
  einige Wissenschaftler*innen davor, komplexe Zusammenhänge im Rahmen
  der informierten Einwilligung vollständig erklären zu wollen. Eine „Über-
  aufklärung" folge der Illusion, dass Co-Forschende den gleichen Stand der
  Information erlangen könnten wie beteiligte Wissenschaftler*innen. Diese
  Annahe kann dazu führen, dass angefragte Personen vor allzu hohen Anforderungen zurückschrecken. Relevanter als die Vermittlung „technischen Wissens"
  ist die Darstellung der Projektziele und der Projektorganisation. Interessierte
  sollten über die geplante Form der Beteiligung und die an sie gerichteten
  Erwartungen, über ihre Rechte als Co-Forschende, über den aus der Beteiligung erwachsenden Nutzen sowie mögliche Risiken informiert werden. Sind
  für die Mitwirkung an Forschung bestimmte Fachkompetenzen notwendig,

sollten sie ebenfalls angesprochen werden. Deren Vermittlung sollte allerdings nicht lange im Voraus, sondern unmittelbar vor deren Gebrauch erfolgen.

- **Informationsvermittlung als Dialog gestalten**: Der Prozess der informierten Einwilligung sollte einen dialogorientierten Charakter haben und zwei zentralen Zielen dienlich sein: der Vertrauensbildung und der Kontrolle des Informationsvermittlungsprozesses. Eine dialogische Kommunikation stellt die Grundlage der Vertrauensbildung dar. Dabei wird vorausgesetzt, dass Wissenschaftler*innen ein authentisches Interesse an der Lebenssituation und der Person des Gegenübers haben. Darüber hinaus unterstützt ein dialogorientiertes Vorgehen den Aufbau einer Beziehung, die während eines längeren Projektes eine entscheidende Rolle spielt. Eine dialogorientierte Kommunikation dient aber auch der Vergewisserung, ob dargestellte Informationen verständlich und nachvollziehbar präsentiert wurden und ob potenzielle Teilnehmer*innen sie verstanden haben.

- **Fachsprache vermeiden**: Bisherige Erfahrungen weisen darauf hin, dass während der informierten Einwilligung auf eine technische Fachsprache weitgehend verzichtet werden sollte. Dabei sollten Wissenschaftler*innen für Begriffe aus dem Feld der IKT geeignete alltagssprachliche Übersetzungen finden und diese nach Bedarf verwenden.

- **Unterstützung der Gedächtnisfunktionen**: Die Aufklärung sollte so gestaltet werden, dass Menschen mit Demenz bei der Aufnehme und dem Abruf relevanter Informationen unterstützt werden. Dies bedeutet konkret, dass die Aufmerksamkeit in der Entscheidungssituation gefördert wird, indem z. B. sog. Dual-Task-Aufgaben vermieden werden (DGGG et al. 2020, S. 72). Unter derartigen Aufgaben verbergen sich Situationen, in denen sich Menschen auf mindestens zwei relevante Aspekte konzentrieren müssen. Entscheidungsrelevante Informationen sollten daher so dargeboten werden, dass Menschen mit Demenz sich auf jeweils eine Aufgabe konzentrieren können (z. B. keine Gleichzeitigkeit von Informationen, kein gleichzeitiges Sprechen, keine unnötigen Unterbrechungen, usw.).

- **Aufklärung über Technik gestalten**: Die Komplexität einer informierten Einwilligung ist u. a. abhängig von der Entwicklung einer bestimmten Technologie als auch ihren möglichen Folgen. Grönvall und Kyng (2011, S. 191) machen auf der Grundlage ihrer Erfahrungen mit älteren Co-Forschenden darauf aufmerksam, dass es für sie vor allem im Hinblick auf technikunterstützte Projekte einer besonderen Aufklärung bedarf. Die besondere Herausforderung besteht darin, die Komplexität des Technikentwicklungsprozesses möglichst einfach und verständlich darzustellen. Dazu bieten sich verschiedene Formen der Visualisierung an, ggf. aber auch das direkte Ausprobieren von

Gegenständen, die an jene Form von Technik erinnern, die im Mittelpunkt der Entwicklung stehen soll. In der informierten Einwilligung ist es zudem wichtig, bei bestimmten Technologien auch ihre möglichen Folgen anzusprechen sowie die realistisch zu erwartenden Ergebnisse eines partnerschaftlichen Technikentwicklungsprojektes zu benennen.

Die Informationsvermittlung sollte zudem in den Einwilligungsprozess eingebettet sein. Orientiert sich die Einwilligung etwa am „ongoing consent", sollten wichtige Informationen zum Gesamtvorhaben, vor allem aber jene, die den nächsten Arbeitsschritt betreffen, entsprechend aufbereitet werden. Dabei sollten Wissenschaftler die Wiederholung zentraler Inhalte einbauen und die Informationsgrundlagen so aufbereiten, dass sie mehrmals präsentiert werden können.

Neben der Anpassung der Informationsdarstellung an individuelle Bedarfe Beteiligter, benötigen Wissenschaftler entsprechende **Kompetenzen zur Kommunikation mit Menschen mit Demenz**. Im Kontext von Wissenschaft, insbesondere aber in der Technikentwicklung, sind derartige Kompetenzen in der Regel nicht vorhanden. Zur professionellen Durchführung der informierten Einwilligung – aber auch des gesamten Vorhabens – erscheint es daher angebracht, über den Erwerb entsprechender Kompetenzen nachzudenken. So berichten Wissenschaftler, dass der Besuch einer spezifischen Schulung oder die Einbindung einer professionellen Supervision durch geschulte Wissenschaftler oder Professionelle ein Erfolgsfaktor gelungener Kommunikation mit Menschen mit Demenz und eine wichtige Voraussetzung zur Lösung von Kommunikationskonflikten bildete. Für die konkrete Durchführung der informierten Einwilligung – und nicht zuletzt auch die Durchführung aller weiteren Aktivitäten – ist es hilfreich, wenn im Projekt mindestens eine Person beteiligt ist, die über fundierte Kompetenzen in der Kommunikation mit Menschen mit Demenz verfügt.

d) Beziehungs- und Kontextgestaltung

Wie oben bereits angedeutet, dient der Prozess der informierten Einwilligung nicht nur der Herstellung einer transparenten Entscheidungsgrundlage, sondern ebenfalls dem Aufbau einer Vertrauensbeziehung zwischen Wissenschaftler*innen und potenziellen Co-Forschenden. Vor allem dann, wenn eine längerfristige Beteiligung geplant ist, bedarf es einer durch gegenseitige Wertschätzung gekennzeichneten Kooperation, der ein klares Verständnis von Freiwilligkeit und ein Interesse an subjektiven Perspektiven des Gegenübers zugrunde liegt. Wissenschaftler*innen sollten eine wertschätzende Haltung einnehmen, die unabhängig von der schlussendlichen Zustimmung zur Teilnahme ist. Sie sollte Teil der professionellen Haltung der Wissenschaftler*innen sein und mit einem authentischen Interesse an der Beziehung zu Co-Forschenden verbunden sein. Der Prozess der informierten Einwilligung sollte zudem so gestaltet sein, dass Menschen mit Demenz eine Entscheidung treffen können, die frei von zeitlichem und sozialem Druck ist. Ihr eigenes Interesse und ihr eigener Wille sollten entscheidend für die Teilnahme sein. Initiator*innen partizipativer Forschung sollten darauf achten, dass angefragte Personen ihre Entscheidung nicht aufgrund sozialer Erwünschtheit oder Manipulation treffen. Da Menschen mit Demenz allerdings nicht immer in der Lage sind, Kommunikation selbstgesteuert zu gestalten, müssen Wissenschaftler*innen die Verantwortung für diesen Prozess übernehmen.

Neben der Beziehungsgestaltung spielt **die Kontextgestaltung** der informierten Einwilligung eine wichtige Rolle. Hierzu gehören nicht nur umwelt bezogene Merkmale, wie gute Lichtverhältnisse und Geräuscharmut (Setting), sondern auch die Herstellung einer angenehmen Atmosphäre bzw. einer Gesamtsituation, die ein Wohlbefinden der potenziellen Beteiligten garantiert. Das Wohlbefinden von Menschen mit Demenz kann von der Tageszeit, dem Konzentrationsniveau, der Motivation zum Zeitpunkt eines Gespräches oder dem gesundheitlichen bzw. körperlichen Zustand (z. B. Schmerzen, Einnahme bestimmter Medikamente) abhängig sein. Im Augenblick eines guten emotionalen Wohlbefindens steigt wiederum nicht nur die kognitive Leistungsfähigkeit, sondern auch die Bereitschaft zur Forschungsteilnahme. Für Forschende ist es daher wichtig, Zeiträume zu nutzen, in denen sich Betroffene wohl fühlen, gleichzeitig jedoch Dinge zu vermeiden, die das Wohlbefinden beeinträchtigen könnten, z. B. unbeabsichtigte Konfrontation mit der Diagnose oder fehlende Offenheit für individuelle Anliegen und Wünsche. Wichtig ist darüber hinaus ein wertschätzender Kontext, in dem die individuellen Besonderheiten der Person an(er)kannt und in der zwischenmenschlichen Interaktion berücksichtig werden (DGGG et al. 2020, S. 73f).

Ein derartiger Wunsch kann etwa darin bestehen, dass Menschen mit Demenz im Prozess der Einwilligung von einer oder mehreren Personen, z. B. **Familienmitgliedern, begleitet werden**. Ein derartiges Anliegen kann auch vor dem Hintergrund kulturspezifischer Verständnisse von Selbstbestimmung begründet sein. Während in individualistischen Gesellschaften Entscheidungen grundsätzlich als ein individueller Akt verstanden werden, der in besonderen Situationen durch einen bestellten Betreuer übernommen wird, rücken in kollektivistischen Kulturen kollektive Entscheidungen in den Vordergrund. Besteht bei Interessierten der Wunsch, dass nahe Personen an der Aufklärung und Einwilligung teilnehmen, sollten Forschende diesem Wunsch folgen (Árnason et al. 2011, in Novitzky et al. 2015, S. 46). Bei der Begleitung durch Gatekeeper ist jedoch darauf zu achten, dass Menschen mit Demenz ihre Entscheidung auf freiwilliger Basis treffen und nicht etwa zustimmen, weil andere Personen, von denen sie sich abhängig fühlen, sie dazu drängen. Die Einwilligung sollte daher grundsätzlich von einer „neutralen" Person eingeholt werden, z. B. nicht von der Leitung einer stationären Pflegeeinrichtung, in der potenzielle Studienteilnehmer leben (CIOMS 2016, S. 35f). Im besten Fall sind es Wissenschaftler*innen, die neutral sind und in keinem durch eine Einrichtung definiertem Verhältnis zu Studienteilnehmer*innen stehen.

Viele technikorientierte Vorhaben mit Menschen mit Demenz sprechen gezielt auch Gatekeeper an, sei es in der Rolle als Unterstützer*innen oder Teilnehmer*innen des Vorhabens. Eine sehr häufige Vorgehensweise adressiert gezielt Paare bzw. sog. **(Pflege-)Dyaden**, die bereits im Rahmen der Akquise gemeinsam angesprochen werden. Die Ansprache und Beteiligung von Dyaden birgt verschiedene Vorteile; u. a. können dadurch Personen, die für eine Forschungsteilnahme grundsätzlich schwer erreichbar sind, einfacher angesprochen werden. Die Akquise von Paaren geht zugleich jedoch mit dem Risiko einher, dass beide Teile einer Dyade die Ziele des Forschungsvorhabens anders bewerten und unterschiedliche Motive für die Teilnahme entwickeln. In einer derartigen Situation kann es auch zu ethischen Konflikten kommen, z. B. wenn eine Seite die Forschungsbeteiligung stärker wünscht als die andere oder wenn die in der „Machthierarchie" unterstellte Persona einer Teilnahme gegen ihren eigenen Willen zustimmt. Wissenschaftler*innen sollten daher individuelle Entscheidungen unterstützen und sensibel sein, wenn z. B. Angehörige oder Professionelle einen hohen Druck ausüben, weil ihre eigene Beteiligung an Forschung von der Teilnahme der Menschen mit Demenz abhängig ist.

Ein Dissens innerhalb einer Dyade kann auch zu Folgekonflikten führen. Ein häufiges Beispiel ist der Abbruch der Beteiligung durch einen Dyade-Partner, der dazu führt, dass auch die Beteiligung der anderen Seite obsolet wird. Dienen Dyaden als Grundlage von Datenerhebungen, z. B. durch dyadische Interviews, führt der Rücktritt eines der Beteiligten dazu, dass auch die weitere Verwendung bereits erhobener Daten geprüft werden muss. In einem solchen Fall ist es erforderlich, dass die „zurückgetretene Seite" ihre Zustimmung zur weiteren Verwendung bereits erhobener Daten erteilt (Lowton 2018, S. 136). Eine Besonderheit stellen Vorhaben dar, in deren Rahmen neue Technologien im **Kontext privater Häuslichkeit** von Menschen mit Demenz entwickelt, getestet oder modifiziert werden. Hier ist es wichtig, dass die informierte Einwilligung nicht nur seitens der Zielperson gegeben wird, sondern seitens aller von der entwickelten Technologie tangierten Haushaltsmitglieder (vgl. Hofmann 2012). Ähnlich wie bei (Pflege-)Dyaden kann es auch in dieser Konstellation zu Konflikten kommen.

Sobald ein Haushaltsmitglied die Einwilligung widerruft, bedeutet dies, dass auch andere Personen von der Einwilligung zurücktreten müssten.

Eine weitere Besonderheit stellen schließlich **cluster-randomisierte Studien** dar, in denen die Einwilligung nicht durch einzelne (betroffene) Personen, sondern durch Institutionen gegeben wird. In cluster-randomisierten Studien erfolgt die Zuordnung zu einer Gruppe (z. B. Interventionsgruppe, Kontrollgruppe) nicht anhand konkreter Personen, sondern anhand von Personengruppen, d. h. anhand von Clustern, bei denen es sich z. B. um Wohneinheiten einer Pflegeeinrichtung oder eine Pflegeeinrichtung als ganze handeln kann. Im Hinblick auf die informierte Einwilligung stehen derartige Studiendesigns vor zwei ethischen Konflikten:

a) Einem Dilemma, das entsteht, wenn einzelne Personen eines Clusters einer Beteiligung nicht zustimmen,

b) Einem Dilemma, das virulent wird, wenn die Schaffung einer „Nicht-Interventionsgruppe" ethisch nicht vertretbar ist, weil sie mit der Vorenthaltung eines hilfreichen Versorgungsmerkmals gleichgesetzt werden müsste.

Beim *erstgenannten ethischen Dilemma* kann es sich um die Einführung einer neuen Technik bzw. einer neuen technikgestützten Dienstleistung handeln, von der alle Bewohner*innen einer Einrichtung unmittelbar tangiert sind. In diesem Fall ist es erforderlich, dass eine informierte Einwilligung für alle Bewohner*innen vorliegt (inkl. ihrer mündlichen Zustimmung) (CIOMS 2016, Richtlinie 21). Betrifft die Intervention die gesamte Einrichtung, entsteht ggf. das Problem, dass eine konsequente Vermeidung der Intervention im Alltag nicht möglich ist. Dies kann z. B. dann der Fall sein, wenn die Vermeidung technischer Anwendungen nur durch einen Auszug aus der Einrichtung realisiert werden könnte. In einer solchen Situation besteht praktisch keine Möglichkeit der Ablehnung oder des Widerrufs der Einwilligung. Beim *zweitgenannten ethischen Dilemma* handelt es sich um die Durchführung von Interventionen, die sich an anderen Orten bereits als wirksam, hilfreich oder qualitätsverbessernd erwiesen haben. In diesem Fall bedarf es der ethischen Abwägung, ob eine bewährte Maßnahme nur bestimmten Gruppen zur Verfügung gestellt werden kann, während andere Personen (d. h. die Kontrollgruppe) von den positiven Wirkungen ausgeschlossen werden. Findet beispielsweise die Evaluation einer technischen Anwendung statt, die das Sturzrisiko deutlich senken kann, wäre es ethisch kaum vertretbar, diese Maßnahme nur einem bestimmten Cluster zur Verfügung zu stellen (CIOMS 2016, S. 80). Auch wenn davon ausgegangen werden kann, dass die Durchführung cluster-randomisierter Forschung in partizipativen Projekten äußerst selten sein dürfte, bedürfen derartige Studiendesigns einer besonderen Strategie zur Wahrung der Selbstbestimmung von Menschen mit Demenz sowie besonderer Überlegungen darüber, wie deren Beteiligung an der informierten Einwilligung gestärkt werden kann.

e) Umgang mit Incentives

Gerade in der partizipativen Forschung wird davon ausgegangen, dass sie für alle Beteiligten, d. h. auch für Menschen mit Demenz, einen persönlichen Nutzen generiert. Aus Sicht der partizipativen Aktionsforschung gehört die eigene Betroffenheit und der Wunsch nach kollektiver Umsetzung eigener Interessen zum „Wesen" partizipativer Projekte. Dies bedeutet, dass sie aus persönlicher Betroffenheit entstehen und durch gemeinsame Forschung und Aktion zu verschiedenen Formen eines – meist – immateriellen Mehrwertes gelangen. Eine ambivalente Konnotation erhält Co-Forschung somit dann, wenn die Beteiligung mit Incentives – vor allem finanzieller Art – verbunden ist, weil sie etwa nicht aus dem Eigeninteresse der Betroffenen, sondern durch andere, z. B. durch Wissenschaftler*innen, initiiert wird. Der Einsatz finanzieller Anreize widerspricht zum einen dem Partizipationsgedanken, zum anderen kann er zu unerwünschten Folgen – sowohl methodischer als auch ethischer Art – führen. Unerwünschte methodische Folgen sind vor allem dann möglich, wenn Co-Forschende ihre Teilnahmeentscheidung nicht aufgrund ihrer subjektiven Überzeugung oder ihres persönlichen Interesses, sondern in Abhängigkeit von finanziellen Belohnungen treffen. Dies begünstigt eine systematische Verzerrung der Ergebnisse durch selektive Samples, z. B. durch eine Selbstselektion von Personen, die auf finanzielle Unterstützung angewiesen sind. Der Einsatz finanzieller Anreize kann die Ergebnisse auch direkt beeinflussen, z. B. dann, wenn Beteiligte die Belohnung als Erwartung an eine bestimmte Art des Antwortverhaltens oder des Engagements interpretieren. Sind in Vorhaben mit Laien-Forschenden finanzielle Entlohnungen vorgesehen, sollten sie daher so gestaltet sein, dass sich Interessierte nicht aufgrund der Höhe von Incentives für die Teilnahme entscheiden (Alzheimer Europe 2011, S. 54f). Eine mögliche Lösung besteht darin, finanzielle Anreize durch Sachleistungen (z. B. Gutscheine) zu ersetzen. Dabei ist jedoch zu beachten, dass der symbolische Charakter der Incentives nicht zu negativen Interpretationen und somit zu Missverständnissen in der Kommunikation zwischen Wissenschaftler*innen und beteiligten Personen führt. Die Art und die Höhe der Entschädigung sollten daher grundsätzlich vor dem Hintergrund des soziokulturellen Kontextes sowie der Situation anvisierter Zielgruppen bewertet werden.

Wie bereits dargelegt, stehen finanzielle Anreize aus der Sicht **sozialwissenschaftlich orientierter partizipativer Ansätze** im Widerspruch zu dem dort verankerten Verständnis von Partizipation, denn gerade durch die Beteiligung und den generierten Wissens- und Kontrollzuwachs entsteht der zentrale Nutzen der Co-Forschenden. Einige Ansätze, wie z. B. die partizipative Aktionsforschung, setzen gar ein individuelles Interesse am angestrebten Nutzen voraus. Die Vorstellung von Incentives im Sinne von Anreizen steht daher im Widerspruch zur intrinsischen Motivation, die als zentrale Grundlage partizipativen Handelns betrachtet wird, als auch zum Postulat der (Teil-)Kontrolle über das Vorhaben, die die Einflussnahme auf die Ziele und somit den angestrebten Nutzen von Co-Forschung sichert. Der Mehrwert partizipativer Forschung liegt aus Sicht der partizipativen Aktionsforschung nicht nur darin, dass Beteiligte eigenständig definierte (Projekt-)Ziele umsetzen, sondern eine weitere Art des immateriellen Nutzens generieren, die im Kompetenzerwerb bzw. einer Kompetenzerweiterung besteht und einen Macht(zu)gewinn bedeutet, der zum kollektiven Empowerment führt. Aufgrund dieser Annahmen wird der Einsatz finanzieller Mittel in sozialwissenschaftlich orientierter partizipativer Forschung weniger unter dem Aspekt der Anreize für die Teilnahme, sondern unter dem Aspekt einer angemessenen **Entschädigung** nichtprofessioneller Beteiligter[7] diskutiert.

Da partizipative Vorhaben in der Regel ein hohes und über längere Zeiträume hinaus bestehendes Engagement erfordern, darf eine freiwillige Beteiligung nicht zur Ausbeutung führen, vor allem nicht in der Weise, dass Laien-Forschende – im Gegensatz z. B. zu Professionellen – keine bzw. nur symbolische Entschädigung erhalten oder gar mit zusätzlichen Kosten belastet werden. Daher sollte – auch im Rahmen partizipativer Projekte – eine Entschädigung für Beteiligte vorgesehen und im Prozess der informierten Einwilligung thematisiert werden. Bei der praktischen Gestaltung der Entschädigung bedarf es jedoch der Klärung verschiedener Fragen, u. a. nach der **Art und der Höhe der mit ihr verbundenen „Leistung"**. Um gerechte Lösungen zu unterstützen, haben einige Organisationen den Umgang mit Entschädigungen in ihre Forschungsleitlinien aufgenommen. Dazu gehört u. a. der Council for International Organizations of Medical Sciences, in dessen „International Ethical Guidelines for Health-Related Research Involving Humans" (CIOMS 2016) die Richtlinie Nr. 13 (ebenda, S. 53ff) eine angemessene Entschädigung für jede Art der Studienteilnahme,[8] z. B. durch Erstattung der in diesem

---

[7]Dieser Aspekt wird häufig im Zusammenhang mit der Beteiligung marginalisierter Personengruppen relevant. Eine „bezahlte Partizipation" kann dann sinnvoll sein, wenn sie Zugangsbarrieren abbaut und dazu verhilft, besonders benachteiligte Personen für die Forschungsteilnahme zu gewinnen (Bergold und Thomas 2012).

[8]Es sei an dieser Stelle darauf hingewiesen, dass sich die von der CIOMS (2016) vorgelegten ethischen Richtlinien auf jegliche Art der Studienteilnahme beziehen und keine spezifischen Vorkehrungen für partizipative Forschung treffen.

Zusammenhang entstandenen Kosten und Entschädigung für die investierte Zeit, fordert. Als Referenz für die Entschädigung für verwendete Zeit schlägt CIOMS eine Orientierung am stündlichen Mindestlohn eines Landes bzw. einer Region vor, in der die betrachtete Forschung durchgeführt wird. Darüber hinaus bedarf es der Verständigung über die Arten bzw. die Dauer des Engagements, für das Co-Forschende entschädigt werden sollen (z. B. die Dauer eines Workshops oder auch die Zeit für An- und Abreise). Von ebenso großer Bedeutung ist der **Zeitpunkt, zu dem eine Entschädigung** übermittelt wird. Zu entscheiden ist zwischen einer begleitenden und retrospektiven Entschädigungspraxis, bei der auch jene Personen zu berücksichtigen sind, die aus der Studie vorzeitig ausscheiden.

Einen weiteren Aspekt der Diskussion stellt der Wunsch nach **Nivellierung ungleicher Machtpositionen** zwischen unterschiedlichen Stakeholdern dar. Die Ungleichheit der Positionen in einem Projekt beruht zum Teil auf der ungleichen Bewertung der Expertise, die in partizipative Forschung eingebracht wird. Wissenschaftliche Expertise bzw. die Expertise professioneller Stakeholder wird in der Regel als höherwertig betrachtet, während das eingebrachte Erfahrungswissen von Menschen mit Demenz einen geringeren Stellenwert erhält („experts by training" versus „experts by experience"; Alzheimer Europe 2019, S. 34). Diese Bewertungsungleichheit reproduziert in der Regel gesellschaftlich hergestellte Ungleichheit der Beteiligten und bereitet den Boden für eine Machtungleichheit im Projekt vor, die in der gemeinsamen Arbeit fortwirken kann. Daher betont die Initiative INVOLVE,[9] dass Co-Forschende im Rahmen partizipativer Forschung entlohnt werden müssen, wobei sich die Höhe der Entlohnung an der eingebrachten Zeit, den Fähigkeiten und dem zur Verfügung gestellten Wissen orientieren sollte. Zentral dabei ist der Gedanke der gleichberechtigten Wertschätzung der eingebrachten Expertise sowie der gerechten Entschädigung für den im Rahmen gemeinsamer Forschung entstandenen Aufwand. Trotz dessen weisen viele Wissenschaftler*innen darauf hin, dass finanzielle Entschädigung nicht als Ersatz für andere Formen der Wertschätzung betrachtet werden darf und vor allem nicht in Konflikt mit dem Wunsch nach Freiwilligkeit (im Sinne von Engagement) geraten darf (Alzheimer Europe 2019, S. 34f).

Einer besonders sorgfältigen Abwägung bedarf der Umgang mit Entschädigungen an **Personen, die nicht einwilligen können**. Da in einer solchen Situation die Einwilligung durch gesetzliche Vertreter*innen erfolgt, sollte dafür gesorgt

---

[9]Hinter dem Projekt INVOLVE, das durch das Nationale Institut für Gesundheitsforschung in Großbritannien (NIHR) gefördert wird, verbirgt sich auch eine nationale Expert*innengruppe von Menschen mit Demenz, die Vorschläge zur Gestaltung der sog. PPI-Forschung entwickelt und diese Art der Forschung zugleich unterstützt.

werden, dass von der Entschädigung die (Haupt-)Studienteilnehmer*innen profitieren und nicht etwa Bevollmächtigte, die eine Einwilligung stellvertretend übernehmen. Sind im Rahmen eines Vorhabens finanzielle oder Sachleistungen als Entschädigung vorgesehen, ist zu gewährleisten, dass ein finanzielles Eigeninteresse naher Angehöriger oder anderer Pflege- und Betreuungspersonen nicht das ausschlaggebende Motiv der Einwilligung bildet. Nichtsdestotrotz sollten pflegende bzw. betreuende Angehörige oder andere informelle Helfer*innen bei einer Entschädigung berücksichtigt werden, sobald sie Menschen mit Demenz bei der Forschungsbeteiligung unterstützen, begleiten oder als Co-Forschende an dem Vorhaben teilnehmen.

Trotz ethischer Debatten zu dem Thema verfügen partizipative Vorhaben häufig über keine oder geringe Mittel, die für eine angemessene Entschädigung eingesetzt werden könnten. Diese Situation führt nicht selten zu einer ungleichen Gratifikationspraxis, in der ausgewählte Stakeholder für ihr Engagement entlohnt werden, andere dagegen ehrenamtlich tätig sind oder eine geringe, weil etwa nur symbolische Entschädigung erhalten. Diese Situation kann zu Konflikten führen, wenn sie den Grundsatz der **Gerechtigkeit** tangiert, der vor allem dann virulent wird, wenn unterschiedliche Stakeholdergruppen auch einen ungleichen Zugang zum Gesamtnutzen des Vorhabens haben. Obwohl finanzielle Entschädigung nicht den persönlichen Gesamtnutzen der Beteiligung bestimmen sollte, kann deren Ausbleiben die bestehende Machtungleichheit zwischen beteiligten Akteuren verstärken oder sie reproduzieren (anstatt sie aufzuheben). Eine derartige Situation kann vor allem dann entstehen, wenn eine bestimmte Stakeholdergruppe für ihre Aktivitäten entlohnt wird (z. B. professionelle Forschende) und zugleich einen deutlich größeren persönlichen Nutzen generiert (z. B. durch wissenschaftliche Karriere oder Reputation), während andere Stakeholdergruppen (z. B. Laien-Forschende) aus dem Zugang zu attraktiven Formen der Gratifikation ausgeschlossen bleiben. Diese Form der Gratifikationspraxis kann besonders benachteiligend wirken, wenn sie in der gemeinsamen Arbeit fortwirkt und dazu führt, dass bestimmte Stakeholder das Gefühl bekommen, wenig Einfluss auf das Projektgeschehen nehmen zu können. Eine ausschließlich „rhetorische" Anerkennung von Partizipation – insbesondere dann, wenn der Zugang zum Gesamtnutzen fragil wird – birgt das Risiko der Instrumentalisierung und Ausbeutung. Bergold und Thomas (2012) betonen allerdings, dass eine „bezahlte" Partizipation ebenfalls **Risiken** birgt, indem sich Co-Forschende von ihren Ursprungsanliegen und -motiven distanzieren und einen unmittelbaren Bezug zu ihrer ursprünglichen Rolle und Position verlieren. Es ist ebenfalls denkbar, dass sie die Ziele ihres ursprünglichen Engagements in Frage stellen bzw. relativieren. Um derartige Wirkungen zu vermeiden, erscheint es angemessen, dass partizipative Vorhaben eigene Leitlinien zum Umgang mit Incentives und Entschädigungen entwickeln, in denen auch Maßnahmen zur gerechten Verteilung des Gesamtnutzens enthalten sind.[10]

f) Risiko einer unbeabsichtigten Diagnosemitteilung

Eine Besonderheit der Forschung mit Menschen mit Demenz besteht in **ethischen Konflikten**, die daraus herrühren können, dass Beteiligte über keine gesicherte Diagnose verfügen, ihre Diagnose nicht kennen oder sich an diese nicht erinnern. Vor diesem Hintergrund stehen Forschende bereits bei der informierten Einwilligung vor dem Risiko, die Diagnose unbeabsichtigt mitzuteilen und damit ungewollt ein Disempowerment einzuleiten. Eine unbeabsichtigte Mitteilung der Diagnose verletzt das Recht auf Selbstbestimmung, das darin besteht, selbst zu entscheiden, ob eine Diagnose gegenüber Dritten mitgeteilt wird, und wenn ja, in welcher Form und zu welchem Zeitpunkt dies geschieht. Das Risiko einer unbeabsichtigten Diagnosemitteilung steigt vor allem dann, wenn gesetzliche Betreuer*innen über die Teilnahme von Menschen mit Demenz entscheiden, wenn Professionelle (z. B. Ärzt*innen, Pflegekräfte) an der Auswahl von Interessierten mitwirken oder wenn Menschen mit Demenz aus dem institutionellen Setting gewonnen werden sollen. Selbst dann, wenn Beteiligte mit einer (ihnen ggf. nicht bekannten) Diagnose *nicht* konfrontiert werden und der Grund der (selektiven) Ansprache nicht mitgeteilt wird, widerspricht dies den Kriterien der Transparenz und Fairness, weil durch das Verschweigen eine Vorenthaltung wichtiger Informationen über das Projekt geschieht (Garand et al. 2009; Heggestadt et al. 2012; Higgins 2013; Bartlett und Martin 2002).

In der bisherigen Forschungspraxis entstanden verschiedene Lösungen im Umgang mit dieser Art ethischer Konflikte. Um eine unbeabsichtigte Mitteilung der Diagnose und damit ein mögliches Disempowerment zu vermeiden, schlagen viele Expert*innen vor, während der Kontaktaufnahme und der informierten Einwilligung auf das Wort „Demenz" zu verzichten und für kognitive Einschränkungen alternative, nichtstigmatisierende und alltagstaugliche Umschreibungen

---

[10]Im Rahmen technikorientierter Vorhaben kommt Laien-Forschenden, insbesondere Menschen mit Demenz, strukturell gesehen die schwächste Position zu. Diese kann durch einen ungleichen Zugang zum Gesamtnutzen sowie fehlende Gratifikation zusätzlich geschwächt werden. Ausgehend von der Entwicklung von Technologien für Menschen mit geistiger Behinderung plädieren z. B. Newell und Gregor (2000) dafür, Laien-Forschende und damit Vertreter*innen künftiger Nutzer*innengruppen nicht als Beteiligte, sondern als Beschäftigte einzubinden, z. B. in technischen Laboren. Eine solche Statusposition, die Beteiligte von einer „Laien-" in eine „Professionellen-Position" hebt, ist für Menschen mit Demenz zwar sehr unwahrscheinlich, wäre jedoch grundsätzlich für ältere Menschen als Forschungsteilnehmer*innen denkbar.

wie Vergesslichkeit, Gedächtnisprobleme oder Merkprobleme zu verwenden. Wichtig ist dabei, dass die gewählten Umschreibungen von potenziellen Co-Forschenden und ggf. ihren Angehörigen nicht als abwertend wahrgenommen werden. Der Begriff „Demenz" sollte erst dann ins Gespräch gebracht werden, wenn angesprochene Personen diese (Selbst-)Bezeichnung nutzen (Bartlett und Martin 2002, S. 52; Pratt 2002, S. 175; Hellström et al. 2007; Pearce et al. 2003). Andrew (2006) bezeichnet dieses Vorgehen als Vermeidung „unnötiger Wahrheiten", d. h. das Zurückhalten von Information, die für Forschungsbeteiligte nicht relevant sind bzw. Aspekte darstellen, mit denen sie sich nicht befassen wollen. Hendriks et al. (2013) plädieren gar dafür, auf die Diagnosebenennung nach Möglichkeit ganz zu verzichten, um zu signalisieren, dass für die Forschung der Mensch von Bedeutung ist und nicht die Tatsache, von einer bestimmten Erkrankung betroffen zu sein.

Eine derartige Lösung ist allerdings nur dann praktikabel, wenn für die Forschung ein bewusster bzw. reflektierter Umgang mit der Erkrankung nicht erforderlich ist. Sobald das Erleben der eigenen Situation zum Gegenstand der Forschung werden soll, besteht die Notwendigkeit, über andere Lösungen nachzudenken. So wird in vielen Studien der bewusste Umgang mit der Erkrankung zum expliziten Einschlusskriterium erhoben.[11] In anderen Vorhaben wird wiederum geprüft, ob Menschen mit Demenz bereit sind in einem geschützten Rahmen über ihre Erkrankung zu sprechen oder sich vorstellen können, über die eigene Person als „Mensch mit Demenz" nachzudenken. Für die beiden letztgenannten Lösungen gilt allerdings, dass sie mit Gatekeepern geklärt werden müssen, vorausgesetzt, dass sie über die Diagnose (z. B. ihrer Angehörigen) informiert sind. Grundsätzlich gilt die Prämisse, dass eine offene Thematisierung der Diagnose bzw. Erkrankung erst dann erfolgen sollte, wenn Menschen mit Demenz und angesprochene Gatekeeper über die Erkrankung miteinander kommunizieren.

Die Präsenz einer Demenz in der Forschung und die Art des Umgangs mit der Diagnose stehen im engen Zusammenhang mit den Forschungszielen als auch der Bezeichnung des in Frage stehenden Vorhabens.[12] Dies hat Folgen für die Kommunikationsstrategie, die auch während der Akquise und der informierten Einwilligung gestaltet werden will. Daher weist Pratt (2002, S. 173f) darauf hin, dass die Aufnahme von Begriffen wie „Demenz" oder „Alzheimer" in den

---

[11]Dieses ethische Dilemma betrifft nicht nur technikbezogene Forschung, sondern stellt eine generelle Herausforderung an Forschung mit Menschen mit Demenz dar. Als Beispiel kann die Studie von Hellström et al. (2007) angeführt werden, in der die Bewältigung der Demenz unter (Ehe-)Paaren im Zentrum der Untersuchung stand.

[12]So ist etwa entscheidend, ob der Begriff „Demenz" bereits im Titel eines Projektes enthalten ist und dadurch auch die Öffentlichkeitsarbeit prägt.

Titel eines Projektes einer frühzeitigen Klärung bedarf. Für Forschung, in der ein bewusster Umgang mit Demenz, ihren Symptomen oder der Bewältigung der Erkrankung vorgesehen ist, schlägt die Autorin fünf konkrete Schritte vor:

1) Abstimmung mit Gatekeepern, ob interessierte Person über eine Diagnose verfügt und falls ja, wie sie (u. a. in der Kommunikation gegenüber Dritten) mit ihr umgeht.

2) Benennung der Diagnose im (Erst-)Gespräch, nachdem angefragte Person die Erkrankung oder ihre Symptome angesprochen hat. Die Kommunikation orientiert sich dabei an der Sprache der betroffenen Person. Es werden nur jene Umschreibungen genutzt, die Menschen mit Demenz selbst verwenden.

3) Suche nach einem „schützenden" Weg, der einen behutsamen Austausch über die Erkrankung und ihre Symptome ermöglicht.

4) Reflexion der Kommunikationsstrategie und ggf. deren Revision, falls Beteiligte während des Projektverlaufs unter der Kommunikation über Demenz leiden. Dabei kommt der Sicherheit und dem Schutz der Beteiligten vor Beeinträchtigung des Wohlbefindens eine wichtigere Bedeutung zu als der Mitteilung belastender „Wahrheiten".

5) Projektbegleitende Rücksprache mit relevanten Ansprechpartner*innen (z. B. nahen Angehörigen) über den Umgang mit der Erkrankung und Diagnose.

Schutz vor Verlust persönlicher Integrität, der Würde und des Selbstvertrauens sind zentrale Voraussetzungen eines reflektierten Umgangs mit der Diagnose. Daher weisen Heggestad et al. (2012) darauf hin, dass die Beteiligung von Menschen mit Demenz an Forschung – unabhängig vom Forschungsgegenstand – immer mit dem Risiko einer Schädigung verbunden ist. Dieses Risiko steigt zusätzlich, wenn Betroffene aufgrund formaler Auswahlverfahren an einem Screening- oder testdiagnostischen Verfahren teilnehmen müssen (Krohne et al. 2011). Geht der Beteiligung an einem Projekt die Durchführung diagnostischer Testverfahren voraus, sollten angefragte Personen darauf ausdrücklich hingewiesen werden. Bartlett und Martin (2002, S. 52) schlagen wiederum vor, dass Menschen mit Demenz über die Teilnahme an Diagnostik- und / oder Assessmentverfahren sowie über den Zeitpunkt der Testung eigenmächtig entscheiden sollten. Beteiligen sie sich daran, sollte ihnen freigestellt werden, ob, wann und in welcher Form sie über die Ergebnisse informiert werden. Die Teilnahme an testdiagnostischen Verfahren kann als entwürdigend und stigmatisierend erlebt werden, so dass vor allem im Rahmen partizipativer Forschung geprüft werden sollte, ob ein Verzicht auf Testdiagnostik möglich bzw. gar empfehlenswert erscheint. An die Stelle komplexer und die Hochschwelligkeit zusätzlich befördernder Auswahlverfahren kann eine ganzheitliche Einschätzung durch eine vertraute Person und/oder eine professionelle Fachkraft treten. Eine derartige Lösung wäre vorzuziehen, wenn sich die Teilnahme an Screeningverfahren als Zugangsbarriere zur Forschung erweist. Dies bestätigen einige Studien mit Menschen mit Demenz, die darauf hinweisen, dass Betroffene nicht die Teilnahme an Forschung verweigern, sondern die Teilnahme an Screeningverfahren, die als Zugangsvoraussetzung zur Forschung dienen (u. a. Hellström et al. 2007).

Ethische Konflikte entstehen allerdings nicht nur bei der expliziten Benennung der Diagnose. Auch deren **Nichtbenennung kann zu verschiedenen Arten ethischer Probleme führen**. Ein mögliches Dilemma entsteht z. B. dann, wenn ein verschleiernder Umgang mit Demenz einen aufrichtigen Umgang mit allen ein Vorhaben betreffenden Informationen behindert. Eine durch Offenheit und Transparenz gekennzeichnete Art der Zusammenarbeit kann nur auf der Grundlage einer authentischen Kommunikation gelingen. Werden Menschen mit Demenz bezüglich ihrer Diagnose in einer „Scheinwelt" der Unwissenheit belassen, stellt dies ggf. eine Beeinträchtigung ihrer Selbstbestimmung und Würde dar. Zudem entzieht ihnen diese Konstellation die Möglichkeit, mit der eigenen Situation authentisch umzugehen und sie im geschützten Rahmen zu reflektieren. Schließlich führt das einseitige „Nichtwissen" dazu, dass Beteiligte immer wieder an den Grund ihrer Mitwirkung erinnert werden müssen, da sie z. B. die Rolle der Wissenschaftler*innen selbst nicht (mehr) erinnern. Nach Nygard (2006) ist die begleitende informierte Einwilligung (im Sinne eines „ongoing consent") ohnehin ein wichtiger Teil des Forschungsprozesses, der nicht nur darin besteht, eine Entscheidung bezüglich der Forschungsteilnahme wiederholt aufs Neue zu treffen, sondern Gewissheit bezüglich der Rolle der (begleitenden) Wissenschaftler*innen (wieder) zu erlangen. Ein wiederholter Akt „notwendiger" Verschleierung könnte dadurch den Aufbau tragfähiger Beziehungen belasten. Herstellung von Transparenz und Authentizität bilden daher wichtige Voraussetzungen gleichberechtigter Zusammenarbeit und vertrauensvoller Kooperation. Der Aufbau tragfähiger Beziehungen verbunden mit einem bewussten Umgang mit der Erkrankung stellen zudem zentrale Voraussetzungen für Empowerment dar, das u. a. darin bestehen kann, Einfluss auf das öffentliche Bild der Demenz zu nehmen. Eine explizite Ausblendung der Diagnose kann daher auch als verpasste Chance zur Einleitung kollektiver Veränderungsprozesse betrachtet werden.

3.1.2.5 Wenn Menschen mit Demenz nicht (mehr) einwilligen können

Sowohl die rechtliche als auch die ethische Perspektive folgen eindeutig dem Ziel, Menschen mit Demenz in den Prozess der informierten Einwilligung direkt einzubinden und diesen – in Abhängigkeit von den Kompetenzen und Potenzialen der Beteiligten – so zu gestalten, dass sie in die Lage gebracht werden, ihren eigenen Willen auszudrücken. Sowohl die rechtliche Lage als auch Experten sprechen (inzwischen) klar dafür, dass Menschen mit Demenz die informierte Einwilligung selbst erteilen und gesetzliche Vertreter*innen erst dann eingebunden werden sollten, wenn Betroffene nicht mehr in der Lage sind, ihren Willen ohne Unterstützung anderer mitzuteilen (Art. 12 der Behindertenrechtskonvention; Alzheimer's Association 2004, S. 172). Als zentral gilt dabei, dass Menschen mit Demenz in die Entscheidung eingebunden werden und die Möglichkeit erhalten, ihr auch zuzustimmen, d. h. mithilfe eines sog. „assent", ihren Teilnahmewillen auszudrücken (sofern es diesem entspricht). Auch dann, wenn gesetzliche Vertreter*innen oder Betreuer*innen im Namen oder für den Menschen mit Demenz die Einwilligung treffen, gilt die Zustimmung des Betroffenen als unerlässlich. Die Zustimmung (assent) kann verbal oder nonverbal erfolgen; als Zustimmung kann die mündliche Bestätigung gelten als auch die positive Einstellung des Betroffenen gegenüber einer Befragung, seine positive Reaktion auf ein Vorgespräch vor einem Interview, Freude an Projektaktivitäten oder spontan geäußerte positive Bewertung des Projektes bzw. einzelner Aktivitäten. Bei Menschen mit Demenz ist es zudem wichtig, dass die Zustimmung nicht nur einmalig, z. B. vor Beginn des Projektes, sondern kontinuierlich im Sinne des „ongoing assent" gegeben wird (Fisk et al. 2007). Die beidseitig getroffene Einwilligung (im Sinne eines sog. „double-informed consent") setzt voraus, dass sowohl Betroffene als auch gesetzliche Vertreter*innen an allen Schritten der informierten Einwilligung beteiligt werden (Beuscher und Grando 2009, S. 7; CIOMS 2016). Dabei betonen z. B. Pratt (2002) und Volhard (2015), dass Betroffene in den Prozess der informierten Einwilligung auch dann eingebunden werden sollen, wenn sie die Ziele der Forschung (vermeintlich) nicht vollständig verstehen können.

Bestehen Zweifel an der Einwilligungsfähigkeit von Menschen mit Demenz, so dass die Überprüfung der Einwilligungsfähigkeit als notwendig erscheint, sollte die Prüfung zuerst dem Ziel dienen, Erkenntnisse über Möglichkeiten der weiteren Gestaltung unterstützender Maßnahmen zu gewinnen und keinesfalls dazu, objektive Nachweise über das Vorliegen oder Fehlen bestimmter Fähigkeiten zu erhalten (Alzheimer Europe 2011, S. 45ff). So kritisieren z. B. Holm (2001) und Higgins (2013), dass die Feststellung der (nicht mehr vorhandenen) Einwilligungsfähigkeit häufig legitimatorischen Zwecken dient, da sich Forschende von rechtlichen Vertreter*innenn eine einfachere und schnellere Einwilligung erhoffen. Dabei weisen die Autor*innen darauf hin, dass trotz der Aufklärung von Bevollmächtigten keine endgültige Sicherheit besteht, dass sie immer im (besten) Interesse der Erkrankten handeln. Zudem ist ein (vermeintliches) Fehlen der Einwilligungs- und/oder Entscheidungsfähigkeit grundsätzlich zeit-, aufgaben- und kontextabhängig, so dass demenzielle Erkrankungen Forschende zuallererst vor die Aufgabe stellen, den Einwilligungsprozess an die Bedürfnisse Betroffener anzupassen (CIOMS 2016, S. 62). Es ist daher weniger die Frage des „Ob", sondern des „Wie", d. h. der Gestaltung des Prozesses auf eine Weise, dass auch Menschen mit fortgeschrittener Demenz in die Lage versetzt werden, eine informierte Zustimmung oder Ablehnung geben zu können (vgl. dazu auch Medical Research Council 2007). Die Feststellung der Einwilligungsfähigkeit einer Person darf keinesfalls von Rahmenbedingungen und den Kompetenzen der Forschenden abhängig gemacht werden (u. a. Sherratt et al. 2007, S. 469). Daher bedarf die informierte Einwilligung grundsätzlich einer Form, die – im Sinne eines „inclusionary consent" (Dewing 2002, 2008) – bestimmte Personengruppen nicht präskriptiv ausschließt.

a) Rechtliche Rahmenbedingungen

Es ist fraglich, ob Menschen mit Demenz eine aktive Rolle als Co-Forschende einnehmen können, wenn sie nicht (mehr) in der Lage sind, ihren Willen persönlich auszudrücken. Trotz dessen soll an dieser Stelle auf ausgewählte rechtliche und ethische Aspekte eingegangen werden, die in einer solchen Situation relevant sind. Ist es trotz aller Bemühungen nicht möglich, dass sich Betroffene eingeständig für oder gegen die Teilnahme an einer Studie entscheiden, so greift nach der Deklaration von Helsinki die Regel, nach der **gesetzliche Vertreter*innen** die Entscheidung stellvertretend übernehmen (WMA 2013a und b). Dieser Akt ist notwendig, jedoch nicht hinreichend, denn zusätzlich dazu bedarf es der mündlichen und/oder verhaltensbezogenen Einwilligung (**assent**) der Betroffenen. Im Falle einer Weigerung (**dissent**) ist dem Willen der Menschen mit Demenz Vorrang zu geben (vgl. dazu auch Kitwood 1995). Die gesetzliche Regelung einer derartigen Situation beschreibt auch der § 28 Abs. 3 MPEUAnpG,[13] nach dem

---

[13] Das MPEUAnpG (Medizinprodukte-EU-Anpassungsgesetz) dient der Anpassung des nationalen Medizinprodukterechts an die neuen EU-Vorgaben. Die vollständige Bezeichnung der hier genannten EU-Verordnung lautet: Verordnung (EU) 2017/745 des Europäischen Parlaments und des Rates vom 5. April 2017 über Medizinprodukte, zur Änderung der Richtlinie 2001/83/EG, der Verordnung (EG) Nr. 178/2002 und der Verordnung (EG) Nr. 1223/2009 und zur Aufhebung der Richtlinien 90/385/EWG und 93/42/EWG des Rates.

eine klinische Prüfung (oder eine sonstige klinische Prüfung) mit einer Person, die nicht in der Lage ist, eine Einwilligung nach Aufklärung zu erteilen, nur unter den Voraussetzungen des Art. 64 Abs. 1 und 2 der Verordnung (EU) 2017/745 durchgeführt werden darf. Dabei benennt der Art. 64 eine Reihe verschiedener Kriterien, die erfüllt sein müssen. Dazu gehört u. a. die notwendige Zustimmung gesetzlicher Vertreter*innen, die Zurverfügungstellung aller relevanten Informationen (mit Verweis auf Art. 63 Abs. 2) in einer den Fähigkeiten der einbezogenen Person angemessenen Form, der Ausschluss finanzieller oder anderweitiger Anreize, der Nachweis der Unerlässlichkeit der Prüfung mit nicht einwilligungsfähigen Personen, die Begründung des direkten Zusammenhangs der Prüfung zum Krankheitszustand der Person und das Vorliegen wissenschaftlicher Gründe für einen direkten Nutzen für die nicht einwilligungsfähigen Teilnehmer*innen, die größer sein müssen als die mit der Teilnahme verbundenen Risiken und Belastungen. Zudem gilt, dass die Teilnehmer*innen in den Einwilligungsprozess so weit wie möglich einbezogen werden sollen (Art. 64 Abs. 2 Verordnung (EU) 2017/745). Dies bedeutet u. a., dass ein derartiges Verfahren nur dann anwendbar ist, wenn die betroffene Person einen **direkten** (**individuellen Nutzen**) aus der geplanten Intervention zu erwarten hat, womit in der genannten Verordnung der „klinische Nutzen" gemeint ist.[14] Die Verortung der rechtlichen Bestimmungen in der klinischen Forschung geht daher mit einer engen Definition des direkten Nutzens einher, der vor allem auf **Gesundheit** (des Menschen mit Demenz) bezogen ist. Bei technikorientierten partizipativen Vorhaben handelt es sich allerdings nicht immer um Geräte, die unter die Definition von Medizinprodukten fallen, noch um Studien, die sich als klinische Forschung verstehen. Zudem leistet Forschungspartizipation nicht per se einen positiven Einfluss auf Gesundheit. Trotz dessen stehen Forschende vor der Aufgabe, den aus der Beteiligung erwachsenden individuellen Nutzen zu definieren und dessen Manifestation zu operationalisieren.

Eine Unterscheidung zwischen einer Forschung(steilnahme), die mit einem **direkten Nutzen** für Teilnehmer*innen verbunden ist und einer, die für Teilnehmer*innen keinen direkten Nutzen generiert, trifft auch der Europarat im Rahmen der Bioethikkonvention. Der Artikel 6 Abs. 1 des Übereinkommens über Menschenrechte und Biomedizin (Council of Europe 1997 a und b) gibt Auskunft über den Umgang mit jener Forschung, aus der **kein direkter Nutzen für die**

---

[14]Dieser bezeichnet „die positiven Auswirkungen eines Produkts auf die Gesundheit einer Person, die anhand aussagekräftiger, messbarer und patientenrelevanter klinischer Ergebnisse einschließlich der Diagnoseergebnisse angegeben werden, oder eine positive Auswirkung auf das Patientenmanagement oder die öffentliche Gesundheit" haben (Art. 2 Abs. 53 Verordnung (EU) 2017/745).

Gesundheit einer nicht einwilligungsfähigen Person entsteht. Grundsätzlich gilt, dass eine derartige Forschung nur in Ausnahmefällen durchgeführt werden darf. Der Art. 17 Abs. 2 bindet diese Art der Forschung an folgende Voraussetzungen: „In Ausnahmefällen und nach Maßgabe der durch die Rechtsordnung vorgesehenen Schutzbestimmungen darf Forschung, deren erwartete Ergebnisse für die Gesundheit der betroffenen Person nicht von unmittelbarem Nutzen sind, zugelassen werden, wenn außer den Voraussetzungen nach Absatz 1 Ziffern i, iii, iv und v zusätzlich die folgenden Voraussetzungen erfüllt sind: i Die Forschung hat zum Ziel, durch eine wesentliche Erweiterung des wissenschaftlichen Verständnisses des Zustands, der Krankheit oder der Störung der Person letztlich zu Ergebnissen beizutragen, die der betroffenen Person selbst oder anderen Personen nützen können, welche derselben Altersgruppe angehören oder an derselben Krankheit oder Störung leiden oder sich in demselben Zustand befinden, und ii die Forschung bringt für die betroffene Person nur ein minimales Risiko und eine minimale Belastung mit sich." (European Council 1997b, S. 5).[15] Angesichts dieser Bestimmungen stehen Forschende grundsätzlich vor der Aufgabe, die zu erwartenden Ergebnisse zu bestimmen sowie die zu erwartenden Risiken zu benennen, um sie schließlich auf ein akzeptables Maß reduzieren zu können.

Angesichts dieser gesetzlichen Bestimmungen sehen sich allerdings jene Vorhaben in Frage gestellt, in denen die Studienteilnahme von Menschen mit fortgeschrittener Demenz nicht der unmittelbaren Verbesserung ihrer Gesundheit dient. Aus diesen Gründen geriet die **enge Definition des „individuellen Nutzens"** häufig in Kritik. So kritisieren z. B. Bartlett und Martin (2002) als auch Bond (2011), dass der enge Nutzenbegriff Menschen mit Demenz aus Forschungsvorhaben, die nicht explizit auf Gesundheit fokussieren, ausschließt, was zur Einschränkungen bei der Durchsetzung ihrer eigenen Interessen führt und gleichzeitig vorhandene Machtstrukturen stärkt, indem andere Personen die Deutungshoheit über die Situation Betroffener behalten. Durch den exkludierenden Charakter wird der Einfluss Betroffener auf die Interpretation und Darstellung ihrer Lebenssituation untergraben und Chancen für **Empowerment** und Selbstbestimmung eingeschränkt. Auch die Alzheimer Gesellschaft (Alzheimer Europe 2011, S. 59) kritisiert die enge Definition des „individuellen Nutzens" und warnt vor einer Relativierung anderer Nutzenarten, wie z. B. der positiven Wirkungen der Forschungspartizipation auf soziale Kontakte und die Möglichkeit des Austausches mit Gleichgesinnten. Ein Nutzenverständnis, das Gesundheit bevorzugt behandelt, muss auch als Hindernis für sozialwissenschaftliche Forschung verstanden werden. Daher fordert sie explizit dazu auf, den individuellen Nutzen von

---

[15]Weitere Informationen unter: https://bioethik-konvention.de/

Forschungspartizipation zu erforschen und dabei die subjektive Sicht Betroffener zu berücksichtigen (ebenda, S. 72). In den meisten partizipativen technikorientierten Vorhaben dürfte der Nutzen bisher kaum klar definiert, geschweige denn operationalisiert und gemessen worden sein, so dass in diesem Feld ein enormer Nachholbedarf besteht.

Neben der engen Definition des individuellen Nutzens, der eine Teilnahme an Forschung begründet, besteht bei Menschen mit Demenz, die nicht selbst einwilligen können, ein weiteres Problem darin, dass deren **gesetzliche Vertreter*innen bzw. Bevollmächtigte für Entscheidungen hinsichtlich Forschungspartizipation über keine (gültige) Vollmacht verfügen** (Bödecker 2015; Sherratt et al. 2007).[16] So weist z. B. Bödecker (2015, S. 158) darauf hin, dass auch dann, wenn ein gesetzliches Betreuungsverhältnis nach § 164 BGB vorliegt, dieses in der Regel keine Zuständigkeit im Hinblick auf Entscheidungen zur Forschungsteilnahme begründet. Diese Art der Betreuungsverfügung müsste erst gesetzlich vereinbart werden.[17] Da ein solches Vorgehen in der Forschungspraxis meist nicht praktikabel ist, weisen Sherratt et al. (2007) darauf hin, dass nahe Familienangehörige in der Regel derartige Stellvertreter*innen-Entscheidungen übernehmen, auch wenn das Vorgehen nicht den gesetzlichen Vorgaben entspricht. Um diesen „Graubereich" zu umgehen und die Selbstbestimmung von Menschen mit Demenz im Bereich der Forschungsteilnahme zu stärken, befasste sich die Europäische Alzheimer Gesellschaft mit der Erweiterung von **Patientenverfügungen**, die auf den Themenbereich der Forschung erweitert werden könnten. Offen blieb jedoch bisher die Frage, ob eine im Voraus verfasste Verfügung auch bei technikbezogenen Forschungsvorhaben Gültigkeit erlangen kann, wenn sich der darin festgehaltene Wille nur auf Forschungspartizipation im Allgemeinen bezieht. Da technikorientierte Vorhaben in der Regel einen innovativen Charakter haben und daher kaum in Überlegungen zur Erstellung einer Patientenverfügung einfließen, dürfte dies zu weiteren Problemen führen, vor allem dann, wenn der Forschungsbereich einer konkreten Spezifikation bedarf. Darüber hinaus blieb bisher ungeklärt, inwiefern Entscheidungen, die Betroffene vor dem Eintritt der Demenz bzw. in der frühen Phase der Erkrankung treffen, für ein fortgeschrittenes Stadium

---

[16]Es gilt hier grundsätzlich, dass der Betreuer die Angelegenheiten des Betreuten so zu handhaben hat, dass sie dessen Wohl entsprechen (§ 1901, 2 BGB). Dabei soll den Wünschen des Betreuten entsprochen werden, wenn dies nicht seinem Wohl zuwiderläuft (§ 1901, 3 BGB).

[17]Würde es sich um die Teilnahme an klinischer Forschung handeln, so wäre diese über den Bereich der Gesundheitsfürsorge abgedeckt. Darunter fällt jedoch nicht der Bereich der sozialwissenschaftlichen Forschung; auch der Bereich der Erforschung und Entwicklung von Technik, sofern es sich dabei nicht um Medizintechnik handelt, fällt nicht darunter.

der Demenz Gültigkeit beanspruchen können. Diese Frage knüpft an Überlegungen zur Kontinuität bzw. Diskontinuität des Selbst und der Persönlichkeit bei Menschen mit Demenz an und wird bis heute nicht einheitlich beantwortet. So gehen u. a. Parfit (1984) und Dresser (1995) davon aus, dass sich das Selbst in späteren Lebensphasen von dem Selbst in früheren Lebensphasen stark unterscheiden kann. Folglich ist es fraglich, ob Aspekte der Persönlichkeit, die vor der Erkrankung zentral waren, einen Einfluss auf Entscheidungen in späteren Phasen der Erkrankung nehmen sollten. Einer ähnlichen Argumentation folgt z. B. Berghmans (1998), der von einer Kontinuität des Selbst in früheren Stadien der Erkrankung ausgeht, gleichwohl diese Kontinuität in späteren Phasen der Demenz in Frage stellt und infolgedessen eine sorgfältige Prüfung fordert. Dagegen argumentiert z. B. Dworkin (1986), dass auch fortgeschrittene Phasen der Demenz als Teil derselben Biographie und derselben Person zu verstehen sind. Daher sollten Überzeugungen, die vor der Erkrankung bestanden, auch während der Erkrankung Bestand haben, auch dann, wenn sie nicht mitgeteilt werden können oder im scheinbaren Widerspruch zur externen Wahrnehmung eines vermeintlich „natürlichen Willens" durch andere Personen stehen. Die als nicht abgeschlossen zu verstehende Diskussion um den moralischen Status von Personen mit fortgeschrittener Demenz und den nicht pauschal zu lösenden Konflikt zwischen der Priorisierung aktueller Wünsche, Interessen und Bedürfnisse im Vergleich zu vergangenen Werten, Einstellungen und Bekundungen verdeutlicht ansatzweise die Dilemmata, die auch mit einer sog. **Forschungsverfügung** verbunden sind. Dabei ist ihr aktueller rechtlicher Status vor allem in der medizinischen Forschung weiterentwickelt bzw. diskutiert worden; für die sozialwissenschaftliche Forschung oder etwa die Forschung im Feld der Mensch-Technik-Interaktion liegen dazu kaum Publikationen vor.

b) Die Rolle weiterer Beteiligter im Prozess der informierten Einwilligung
Im Rahmen aktueller Forschungspraxis scheint die Suche nach Gewissheit bezüglich der Erfassung von Entscheidungs- bzw. Einwilligungsfähigkeit bei Menschen mit Demenz häufig der Logik eines Alles-Oder-Nichts-Prinzips zu folgen. Es dominiert der Wunsch nach einer möglichst eindeutigen Feststellung des Vorhandenseins bzw. des Nichtvorhandenseins der Einwilligungsfähigkeit. Daraus folgt in der Regel ein auf Dualität hin ausgerichtetes Verständnis der Rolle gesetzlicher Vertreter*innen, die entweder als stellvertretende Entscheider*innen fungieren oder informierten Einwilligung vollständig fern bleiben sollen. Dabei lassen sich viele unterschiedliche und stärker abgestufte Formen der Einbeziehung gesetzlicher Vertreter*innen in den Prozess der informierten Einwilligung

realisieren. So betont Birnbacher (2012), dass ebenso wie ein „Mangel an Autonomie i.s. einer dauerhaften oder temporären Autonomiefähigkeit (…) das Recht auf Selbstbestimmung einschränkt (d.A.), (…) es aber nicht gänzlich aufhebt" (ebenda, S. 563), genauso wenig Menschen zur Autonomiezielen gezwungen werden dürfen. So kann es einem Menschen auch an „autonomiefernen Werten wie Bindung, Symbiose oder Religiosität liegen" (ebenda, S. 564), die im Rahmen einer informierten Einwilligung Beachtung finden sollten. Um auch diese Werte zu berücksichtigen, kann beispielsweise auf den Ansatz einer **partizipativen Entscheidungsfindung** („shared decision making") rekurriert werden, für dessen Umsetzung bereits konkrete Modelle vorliegen (Klemperer und Rosenwirth 2005; Elwyn et al. 2012; von Freier 20014). Es erscheint daher naheliegend, für partizipative Forschung mit Menschen mit Demenz neue Formen der informierten Einwilligung mit geteilter Entscheidungsfindung zu entwickeln und zu erproben.

Ein wesentlicher Baustein derartiger Modelle bestünde in der Bestimmung der Rolle der zusätzlich eingebundenen Personen. Da sie in ihrer Position als Gatekeeper häufig bereits als Türöffner oder Türschließer fungieren und im Rahmen geteilter oder assistierter Entscheidungsfindung einen besonders starken Einfluss auf angefragte Personen ausüben können, wäre zu gewährleisten, dass sie nicht etwa eigene Interessen, sondern vor allem die Interessen jener Personen, deren Interessen sie repräsentieren sollen, vertreten. Einer besonderen Beachtung bedarf die Auseinandersetzung mit ggf. unterschiedlichen Interessen in jenen Situationen, in denen z. B. nahe Angehörige über die Studienteilnahme einer nicht mehr einwilligungsfähigen Person entscheiden. Hellström et al. (2007) weisen darauf hin, dass das Risiko der Einbringung eigener Interessen durch gesetzliche Betreuer*innen stark wächst, wenn sie von der Forschungsteilnahme der Menschen mit Demenz besonders stark profitieren. So zeigen Stocking et al. (2006) im Rahmen einer Studie, dass zwischen den Begründungen einer Entscheidung zwischen Betroffenen und nahen Angehörigen durchaus große Differenzen bestehen (können). Selbst dann, wenn nahe Angehörige ihre Stellvertreterentscheidung an „vermeintlichen" Werten der Betroffenen ausrichten, stellt sich die Frage, wie stabil derartige Werte sind und ob sie unter dem Einfluss der Demenz gewissen Veränderungen unterliegen. Daher wird in der Forschung häufig die Anforderung formuliert, dass bei Stellvertreter*innenentscheidungen über den Nutzen und die Interessen von Menschen mit Demenz ausdrücklich gesprochen werden soll.

Neben der Einbeziehung naher Angehöriger in ihrer Funktion als gesetzliche Betreuer*innen ist deren Beteiligung am Prozess der informierten Einwilligung dann notwendig, wenn eine Unterstützung bzw. Begleitung durch sie explizit erforderlich bzw. erwünscht ist oder wenn sich die Forschungsbeteiligung Betroffener unmittelbar auf ihre eigene Lebenssituation auswirkt. Sobald es z. B. um die Erprobung neuer Technologien im Kontext privater Häuslichkeit geht und technische Systeme in die private Lebenswelt Angehöriger eingreifen, müssten alle Personen, die in Kontakt mit der eingeführten Technologie kommen, der Durchführung des Vorhabens zustimmen (z. B. alle Haushaltsmitglieder). Eine ähnliche Situation entsteht in einer Pflegeeinrichtung, wenn neben einigen besonders involvierten Personen auch andere Bewohner*innen mit neuen Technologien konfrontiert werden. Sobald die Durchführung einer Studie mit einem Eingriff in die Lebenswelt, die Alltagsorganisation oder die Aktivitäten anderer Personen verbunden ist, sollten sie ebenfalls in die informierte Einwilligung einbezogen werden. Die Info-Box 3.6 schildert dazu ein Beispiel aus der Forschung.

Informierte Einwilligung in einer stationären Pflegeeinrichtung – Praxisbeispiel

Die Durchführung einer informierten Einwilligung ist vor allem in der stationären Pflege schwierig, vor allem dann, wenn es um die Durchführung einer ethnographischen Studie geht. So bedarf es im Vorfeld der Einwilligung der Einrichtungsleitung, der Beschäftigten, der Bewohner*innen und ihrer gesetzlichen Betreuer*innen. In einer Studie, in der die Auswirkungen des Einsatzes von Überwachungstechnologien auf Menschen mit Demenz in der stationären Pflege untersucht werden sollten, wählten Niemeijer et al. (2015) daher einen umfassenden Aufklärungs- und Einwilligungsansatz. Die Methoden umfassten Interviews mit Pflegekräften sowie verschiedene Beobachtungsmethoden. Der Beobachtung wurden nur jene Bewohner*innen unterzogen, die der Methode zustimmten und eine Einwilligung der gesetzlichen Betreuer*innen hatten. Darüber hinaus informierte das Forschungsteam den Bewohner*innenbeirat über das geplante Vorhaben sowie alle – auch die nicht unmittelbar von den Beobachtungen tangierten – Bewohner*innen. Damit die Rolle der Forschenden allen Bewohner*innn klar war, erhielten alle einen Informationsflyer, auf dem die wichtigsten Ziele des Vorhabens beschrieben waren. Um den Alltag und das Wohlbefinden jener Bewohner*innen, die der Beobachtung zugestimmt haben, als auch anderer Bewohner*innen nicht zu stören, verpflichteten sich die Forscher*innen die Beobachtung einzustellen, sobald sich jemand durch deren Anwesenheit unwohl oder beeinträchtigt fühlte. Die Datenerfassung (d. h.

Beobachtung) wurde schließlich unmittelbar eingestellt, sobald es Anzeichen des Unwohlseins gab, auch wenn daraus ein frühzeitiger Abbruch der Beobachtung verbunden war. Info-Box 3.6: Informierte Einwilligung in der stationären Pflege, dargestellt am Beispiel der Studie von Niemeijer et al. (2015).

Werden gesetzliche Betreuer*innen einbezogen, kann es in einigen Situationen zu **Widersprüchen** zwischen den Interessen der Betreuer*innen und der Betreuten kommen. Eine problematische Situation entsteht z. B. dann, wenn zwischen dem „consent" (z. B. einer schriftlichen Erklärung) einer rechtlichen Betreuungsperson und dem „assent" (z. B. einer mündlichen Zustimmung oder Ablehnung) bzw. dem „natürlichen Willen" der Person mit Demenz ein Konflikt entsteht. Für diese Fälle wird gefordert, dem geäußerten Willen des Menschen mit Demenz zu folgen, unabhängig von der bereits geäußerten Zustimmung oder Ablehnung gesetzlicher Betreuer*innen (Kitwood 1995, Alzheimer Europe 2011, Fisk et al. 2007). Trotz der vermeintlichen Eindeutigkeit des Vorgehens geraten jedoch Forschende in Konflikte, die selbst dann virulent sein können, wenn ein solcher Widerspruch nicht zutage tritt. So weist Higgins (2013) darauf hin, dass trotz entsprechender Bekundungen keine endgültige Sicherheit bestehen kann, dass Bevollmächtigte immer im (besten) Interesse und unter Beachtung von Wert- und Wunschvorstellungen der Erkrankten handeln. Während bezüglich derartiger Differenzen aus technikorientierter Forschung keine systematischen Erkenntnisse vorliegen, weisen Studien aus der Versorgungsforschung darauf hin, dass Proxies nicht immer die gleiche Entscheidung treffen, wie die von ihnen vertretene Person, z. B. wenn es um ihre gesundheitliche und pflegerische Versorgungssituation geht (Atkinson 2007). Gleichzeitig machen einige Untersuchungen darauf aufmerksam, dass nahe Angehörige und professionelle Pflegekräfte Menschen mit Demenz eher geringe Kompetenzen in der Beurteilung von Technikkonflikten zuschreiben. Dies beobachtete z. B. Godwin (2012) im Rahmen einer qualitativen Befragung, in der pflegende Angehörige und professionelle Pflegekräfte die Kommunikations- und Beurteilungskompetenz von Betroffenen bewerten sollten. Die Ergebnisse zeigen, dass die meisten der Befragten davon ausgingen, dass ihre an Demenz erkrankten Angehörigen nicht in der Lage waren, ethische Aspekte des Einsatzes von Technik angemessen zu beurteilen. Sie berichteten zudem, dass sich Betroffene der Erfassung ihrer Kompetenzen widersetzten (Godwin 2012, S. 130). Befragungen von Menschen mit Demenz weisen wiederum auf den hohen

Stellenwert der Selbstbestimmung hin, der für sie nicht weniger relevant wird, wenn sie ihren Willen nicht mehr eindeutig kommunizieren können. Aufgrund der dargestellten Risiken kommt den Forschenden bei sog. Stellvertreter*innenentscheidungen eine besondere Verantwortung zu, die darin besteht, bestimmte „Mindeststandards" einer derartigen Entscheidung einzufordern und gesetzliche Betreuungspersonen bei ihrer Entscheidung zu begleiten. **Aufklärung** (z. B. im Hinblick auf grundlegendes Wissen über das Wesen einer Demenz) und **Anleitung** (z. B. im Sinne der Aufrufung von Interessen Betroffener) könnten konkrete Bestandteile einer solchen Begleitung sein. Darüber hinaus sind folgende Schritte denkbar:

- **Mit Menschen mit Demenz über die** *mit ihnen* **oder** *für sie* **entscheidende Person sprechen**: Können Betroffene eine Entscheidung nicht alleine treffen, können Forschende sie fragen, ob sie möchten, dass jemand anderer – und falls ja, wer – die Entscheidung für sie übernimmt (Alzheimer Europe 2011, S. 71). Aktuelle Forschung zur Patient*innenintegration in medizinische Therapieentscheidungen zeigt, dass eine Entscheidungsdelegation umso geeigneter zu sein scheint, je komplexer der Entscheidungsprozess, je mehr Fachwissen erforderlich und je unklarer der angenommene Erfolg bzw. Nutzen einer Maßnahme ist (Epstein und Peters 2009; Katz und Hawley 2013). Selbstbestimmung bleibt trotz der Delegation individueller Interessen dann gewahrt, wenn sich die angefragte Person bewusst und auf eigenen Wunsch hin für eine Fremdvertretung eigener Anliegen entscheidet (Collopy 1988).
- **Mit gesetzlichen Betreuer*innen über Entscheidungskriterien und den vermuteten Willen von Menschen mit Demenz sprechen**: Bei Stellvertreter*innenentscheidungen können Forschende z. B. nahe Angehörige nach ihren Kriterien, die sie zur Entscheidung heranziehen, fragen. Dabei sollten sie darauf achten, dass die bevollmächtigte Person ihre Entscheidung nicht an den eigenen, sondern an den Wünschen des Menschen mit Demenz ausrichtet. Von besonderer Relevanz sind dabei Fragen nach individuellem Nutzen und nach möglichen Risiken für Menschen mit Demenz (Stoppe und Maeck 2011, S. 154).
- **Mit gesetzlichen Betreuer*innen den vermuteten Willen ergründen**: Liegen trotz vorhandener Vollmacht keine konkreten Anhaltspunkte für die Ableitung sinnvoller Kriterien vor, kann ein Gespräch über die Persönlichkeit und die Werte der Betroffenen hilfreich sein. Wichtig ist allerdings, dass ein Gespräch *über die Betroffenen* nicht zu ihrer (symbolischen) Ausgrenzung führt. Von besonderer Relevanz ist dabei, „gute" Entscheidungen zu treffen.

Dies bedeutet, dass Entscheidungen – auch wenn sie im Rahmen der Delegation stattfinden – im Sinne einer *kompetenten* sowie *authentischen Autonomie* realisiert werden. Nach Collopy (1988, S. 13f) umfasst kompetente Autonomie jene Entscheidungen und/oder Handlungen, die kohärent zu den langfristigen Lebenszielen der Person sind. Neben der Mittel-Ziel-Kohärenz spielt der Bezug zur eigenen Biografie eine wichtige Rolle. Selbstbestimmung kann nur dann als Ausdruck einer „guten Entscheidung" betrachtet werden, wenn sie Ausdruck menschlicher Identität und Individualität, personaler Integrität und biografischer Geschichte ist. Während authentische Autonomie im Einklang mit dem vergangenen und dem aktuellen Selbst steht, zeichnet sich nicht-authentische Autonomie durch starke Diskontinuität zu biographisch gewachsenen sowie aktuellen Wertvorstellungen aus (ebenda, S. 14f).

- **Interessenskonflikte von Proxies klären**: Ein weiterer möglicher Schritt besteht in der Klärung potenzieller Interessenskonflikte zwischen den Wünschen der Betreuungspersonen und den Anliegen von Menschen mit Demenz. Als wesentlich für die Wahrung der Selbstbestimmung Betroffener wird häufig die reflektierte Auseinandersetzung mit der Rolle als gesetzliche Betreuungsperson betrachtet. Auch wenn eine transparente Benennung von Interessen gesetzlicher Bevollmächtigter vorhandene Konfliktpotenziale nicht immer lösen kann, trägt sie ggf. dazu bei, die Teilnahme so zu gestalten, dass Konflikte entschärft werden. Betreuungspersonen sollten zudem über die Möglichkeit eines „experienced consent" und den jederzeit möglichen Austritt aufgeklärt werden.

- **Belastung naher Angehöriger erkennen**: Nehmen nahe Angehörige bzw. andere Helfer*innen als Unterstützer*innen von Menschen mit Demenz an einer Studie teil, sollten Forschende bereits bei der informierten Einwilligung deren Belastung berücksichtigen. Dazu gehört die Beachtung ihrer individuellen Lebenssituation, ihrer Bewältigungsstrategien sowie ihres Umgangs mit der Erkrankung bzw. der Diagnose. Forschende sollten über Sensibilität für die Wahrnehmung von Konflikten zwischen verschiedenen Rollen, die Angehörige einnehmen, verfügen und darauf achten, dass die Studienteilnahme die Belastung der beteiligten Helfer*innen nicht unnötig erhöht. Darüber hinaus sollten Forschende darum bemüht sein, durch die Erhebung persönlicher Informationen die Beziehung zwischen Betroffenen und ihren Angehörigen nicht zusätzlich zu belasten. Vielmehr sollte es bereits bei der informierten Einwilligung um die Förderung gemeinsamer Interaktion und gemeinsamer Entscheidungen gehen. Von besonderer Relevanz ist die Herstellung positiver Kommunikationssituationen, auch wenn sie zur Entscheidung gegen die Teilnahme am Vorhaben führen.

- **Meilensteine zur Reflexion bestehender Rollen einbauen**: Die potenzielle Macht von Proxies steigt mit dem Fortschritt der Erkrankung. Mit deren Integration – auch in die informierte Einwilligung – steigt nicht nur die Wahrscheinlichkeit für die Studienteilnahme von Menschen mit Demenz, sondern auch das Risiko für die Einschränkung von Autonomie, für einseitig ausgeübte Definitionsmacht und ggf. Instrumentalisierung von Menschen mit Demenz. Zugleich ist die Art der Interessensvertretung durch Proxies von außen nur schwer kontrollierbar. Drängen sich während der informierten Einwilligung Vermutungen über bestimmte Risiken auf, besteht die Möglichkeit sie im Rahmen des Vorhabens gezielt aufzugreifen. Dazu gehört u. a. die Herstellung von Gelegenheiten für gemeinsame positiv erlebte Aktivitäten als auch die Initiierung neuer Praktiken für eine bessere Gestaltung der Pflegebeziehung. Darüber hinaus besteht die Möglichkeit, spezifische Meilensteine einzubauen, die der Reflexion der Rolle als gesetzliche Betreuer*innen dienen, in denen Konflikte angesprochen und eine Sensibilität für Machtungleichheit hergestellt werden kann.

Forscher*innen, die mit Menschen mit Demenz und ihren gesetzlichen Betreuer*innen arbeiten, sollten eine professionelle Haltung entwickeln, die sich darin äußert, Selbstbestimmungskompetenzen des Menschen mit Demenz zu stärken und Angehörige, die für Betroffene entscheiden, darin zu beraten und zu bestärken, kompetente als auch authentische Entscheidungen zu treffen, ohne diesen jedoch „blind" zu folgen. Entscheidungen gesetzlicher Vertreter*innen sind mit ihnen gemeinsam zu reflektieren, indem über die Werte des Menschen mit Demenz und nicht ausschließlich über Interessen, Werte und Wünsche der Betreuenden gesprochen wird.

c) Informierte Einwilligung als Prozess

Ein spezifisches Konzept der informierten Einwilligung für Menschen mit fortgeschrittener Demenz, die nicht mehr eigenständig über ihre Teilnahme entscheiden können, entwickelte Dewing (2002, 2007). Typisch für diese Art der Einwilligung ist, dass sie nicht als einmaliger „ritualisierter" Akt, sondern als ein studienbegleitender Prozess konzipiert wird. Die **„process consent"-Methode** (Dewing 2007, 2008), der sich inzwischen viele Forschende angeschlossen haben (exemplarisch Hellström et al. 2007; Nygard 2006), kennzeichnet sich dadurch aus, dass sich Menschen mit Demenz bei jedem nachfolgenden (Projekt-)Schritt neu entscheiden können, ob sie an ihm teilnehmen möchten. Das konkrete Vorgehen besteht aus fünf Elementen (u. a. Dewing 2008, S. 62ff): „(1) Background and preparation, (2) Establishing a basis for capacity and other abilities, (3) Initial consent,

(4) On-going consent monitoring, (5) Feedback and support", die im Folgenden näher dargestellt werden sollen:

1) **Einwilligung gesetzlicher Vertreter*innen und/oder einer verantwortlichen Pflegefachkraft** (z. B. bei Bewohner*innen stationärer Pflegeeinrichtungen): Von besonderer Relevanz ist, dass mind. eine autorisierte (Ansprech-)Person in den Entscheidungsprozess einbezogen wird. Darüber hinaus werden biographische Informationen über die Person mit Demenz eingeholt, die für ihre Teilnahmeentscheidung relevant sein können. Wichtig ist zudem die Erhebung von Informationen über das Wohlbefinden der Person und dessen Erkennbarkeit, um Kriterien zur Beurteilung des aktuellen Wohlbefindens ableiten zu können.

2) **Schaffung einer geeigneten Basis für die Zustimmung der Person mit Demenz**: Wichtig ist, dass Forschende nicht nur eine angemessene Entscheidungssituation schaffen, sondern Informationen über die Art und Weise gewinnen, wie eine Person üblicherweise eine Zustimmung oder Ablehnung kundtut (z. B. im Kontext der Pflege).

3) **Initiale Einwilligung** (initial consent): Die Einholung einer ersten Einwilligung sollte durch eine angemessene Darstellung studienbezogener Informationen (z. B. mit Bildern, einfacher Sprache), durch begleitende Vergewisserung, dass Angefragte sie verstehen, sowie Beachtung und Deutung nonverbaler Signale (ggf. mit Unterstützung vertrauter Personen) begleitet werden.

4) **Prozessbegleitende Prüfung der Einwilligung** (ongoing consent monitoring): Überprüfung bzw. Validierung der Zustimmung bei jedem neuen Schritt der Untersuchung, wenn möglich auch mehrmals während einer laufenden Aktivität, z. B. während einer Befragung. Die Aufgabe der Forschenden besteht darin, nicht nur die Qualität der Einwilligung zu prüfen, sondern auch das Wohlbefinden der Beteiligten projektbegleitend zu erfassen.

5) **Feedback und Rücksprache mit Verantwortlichen** (feedback and support): Es sollte Rücksprache mit gesetzlichen Vertreter*innen und/oder Fachpflegekräften gehalten werden. Zum Gegenstandsbereich der Rücksprache sollten mögliche Probleme bei der Interpretation von Zustimmung oder Ablehnung sowie die Klärung von Unsicherheiten bei mitgeteilter Information gehören. Dewing (2007) schlägt vor, den Verantwortlichen alle Arten von Bedenken rückzumelden, insbesondere dann, wenn es zu ethischen Konflikten kommt. Sollte es zu einem Rücktritt aus der Forschung kommen, sollte er in Absprache mit Bezugspersonen vorbereitet und begleitet werden (Dewing 2008).

Das von Dewing entwickelte Konzept des „process consent" stellt ein Modell dar, das alle o. g. Schritte integriert. Von besonderer Bedeutung ist dabei die kontinuierliche Einbeziehung von Menschen mit Demenz in den Entscheidungsprozess. Inzwischen liegen viele Erfahrungen mit dem Modell vor (u. a. McKeown

et al. 2010). Aus ihnen wird erkennbar, dass einzelne Schritte des Konzeptes Forschende vor besondere Herausforderungen stellen können. Probleme bestanden
u. a. beim „ongoing consent", bei dem die Interpretation von Willensbekundungen voraussetzungsvoll war. Den Forschenden fiel die Deutung des Verhaltens
Beteiligter oft schwer. Zudem rückten Menschen mit Demenz von ihrer Einwilligung teilweise ab, kurz nachdem sie eine solche aussprachen. Um den finalen
Charakter einer Einwilligung sowie spontan mitgeteilte Abbrüche zu prüfen, war
der Kontakt zu Verantwortlichen wichtig. Es zeigte sich allerdings auch, dass
der Aufbau von Beziehungen zu Gatekeepern und die gleichzeitige Akquise von
Menschen mit Demenz nicht immer empfehlenswert sind. Auf der anderen Seite
kann die Gewinnung biographischer Informationen durch Gatekeeper die Akquise
von Menschen mit Demenz erleichtern. Sie kann der besseren Vorbereitung des
Einwilligungsprozesses dienen und auch für das Vorhaben selbst von Bedeutung
sein, z. B. wenn biographische Informationen zum Gegenstandsbereich der Forschung gehören. Für die initiale Einwilligung betonen McKeown et al. (2010),
dass es wichtig sei, wenn Menschen mit Demenz den Zeitpunkt der Einwilligung
selbst bestimmen können. Bedeutsam ist zudem, dass Menschen mit Demenz ein
„echtes" Interesse an der Forschungsteilnahme haben und ihre Einwilligung auf
freiem Willen, und nicht etwa sozialer Erwünschtheit beruht.

3.1.3 Vorzeitiger Abbruch der Teilnahme

Aufgrund des degenerativen Charakters demenzieller Erkrankungen stellt ein vor-
zeitiger Abbruch der Forschungsteilnahme (Drop-out) ein häufiges Ereignis dar.
Die im Vergleich zu anderen Projekten deutlich erhöhte Drop-out-Rate gilt als
eine besondere Herausforderung für jene Vorhaben, die ein längerfristiges Engagement der Teilnehmer*innen voraussetzen. Dazu gehören vor allem partizipative
Projekte, in denen es üblich ist, dass eine Personengruppe die Forschung über
längere Zeiträume hinweg begleitet und entwickelt. Wissenschaftler*innen sollten
diese Besonderheit bei der Planung ihrer Forschung, bei der Zusammenstellung
der Samples, bei der Akquise und der informierten Einwilligung beachten. Das
Risiko für eine vorzeitige Beendigung des Engagements ist besonders hoch, wenn
zu der Zielgruppe Menschen im fortgeschrittenen Stadium der Demenz gehören.
Handelt es sich dabei um Personen, die in privaten Haushalten leben, kann eine
Institutionalisierung ein Grund für den Ausstieg aus der Forschung sein. In diesem
Zusammenhang spielt auch das Versorgungsnetzwerk der jeweiligen Person eine
wichtige Rolle. Sind pflegende Angehörige, die meist einen entscheidenden Bei-
trag zur Forschungsbeteiligung leisten, selbst im fortgeschrittenen Alter bzw. auf

Hilfe oder Pflege angewiesen, stellt die Verschlechterung ihrer gesundheitlichen Situation ein weiteres Risiko für einen vorzeitigen Projektabbruch dar. Der Blick in Forschung mit Menschen mit Demenz zeigt, dass für einen vorzeitigen Ausstieg aus der Forschungsbeteiligung verschiedene Gründe angegeben werden. Zu den häufigsten gehören:

- **Erkrankungen**, die Menschen mit Demenz über längere Zeiträume an die Häuslichkeit binden, die eine Behandlung im Akutkrankenhaus (ggf. verbunden mit einer längeren Phase der Rehabilitation) notwendig machen oder sie zu einem Umzug in eine stationäre Pflege oder gar ein Hospiz zwingen.
- **Progredienz der Demenz**, die mit einer signifikanten Verschlechterung von Fähigkeiten bzw. kognitiven Kompetenzen einhergeht, die wiederum aus forschungsbezogenen oder individuellen Gründen gegen eine Fortführung der Beteiligung spricht. Es gilt grundsätzlich zu reflektieren, dass Demenzen progrediente Erkrankungen sind, die zum Tod führen.
- **Veränderung der Versorgungssituation**, z. B. durch Erkrankungen naher Angehöriger, durch hohe Belastung in der Pflege und Betreuung oder durch Veränderung anderer Faktoren, die eine Forschungsbeteiligung be- bzw. verhindern.
- **Gründe, die in der Foschungsbeteiligung selbst liegen**, z. B. wahrgenommene Belastung, unerfüllte Erwartungen, unerwartete Veränderungen der Studienorganisation und – eine Besonderheit technikorientierter Vorhaben – Probleme in der Interaktion mit der Technik.

Die Abbildung 3.1 zeigt am Beispiel von drei ausgewählten Studien, wie sich die Größe eines Samples in Projekten mit Menschen mit Demenz verändern kann. Dabei bezeichnen sich alle dort vorgestellten Vorhaben als partizipativ, auch wenn in ihnen kontrollierte Interventionsstudien durchgeführt wurden. Um die vorzeitigen Abbruchquoten besser nachvollziehen zu können, werden die drei Projekte kurz vorgestellt.

Das Projekt *Companion* (Kerssens et al. 2015), das in den USA durchgeführt wurde, diente der Untersuchung einer technischen Anwendung, die mithilfe eines Touch-Screens zur Verfügung gestellt wurde. Zielgruppen waren Menschen mit Demenz und ihre Angehörigen. Die Anwendung diente der Unterstützung von Gedächtnisfunktionen, der Reminiszenz sowie der Kommunikation zwischen Menschen mit Demenz und ihren Angehörigen. Die Dauer der Intervention war mit drei Wochen pro Haushalt geplant. An der technischen Intervention mit dem *Companion* nahmen zu Beginn zwölf Pflegedyaden teil, von denen nur fünf die

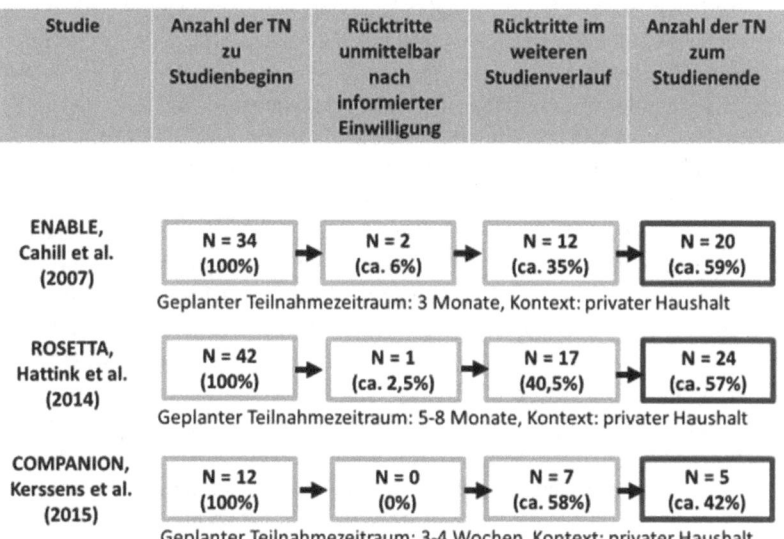

Abbildung 3.1 Veränderung der Teilnehmerzahlen in technikorientierter Forschung mit Menschen mit Demenz

Untersuchung regulär beendeten. Zentrale Gründe für einen Austritt waren plötzliche Erkrankung oder Tod des Menschen mit Demenz, dessen vorübergehende oder endgültige Institutionalisierung oder die Erkrankung pflegender Angehöriger (Kerssens et al. 2015, S. 88). Die Dauer der Intervention verlängerte sich während der Studie, da unvorhergesehene Ereignisse mehrere Einsätze vor Ort notwendig machten.

Das Projekt *Rosetta* (Hattink et al. 2014) war ein EU-Projekt (Niederlande, Belgien, Deutschland), in dem ein System entwickelt wurde, das der Prävention und Überwachung von Menschen mit Demenz in der Häuslichkeit dient. Zielgruppen waren Menschen mit Demenz und deren Angehörige. Für die Evaluation des Systems in Form einer randomisierten kontrollierten Interventionsstudie (Deutschland) sowie einer Experimentalstudie mit zwei Gruppen und entsprechendem Matching (Niederlande, Belgien) wurden 42 Pflegedyaden gewonnen, von denen allerdings nur 24 das Projekt regulär abgeschlossen haben. Die Evaluation war für ca. 5 bis 8 Monate geplant. Der erste Studienabbruch erfolgte bereits nach zwei Wochen. Die Abbruchquote war vor allem im belgischen Sample sehr hoch, da sich dort alle Beteiligten im mittleren bis späten Stadium der

Demenz befanden. Von den 12 Dyaden hatte dort nur eine einzige Dyade die Studie regulär beendet. Zentrale Gründe für den Ausstieg bildeten Umzüge in eine stationäre Einrichtung, Tod der Teilnehmer*innen oder ihrer Angehörigen sowie die Ablehnung der weiteren Teilnahme aus persönlichen Gründen.

Das Projekt *ENABLE* (Cahill et al. 2007a) war ein EU-Projekt, in dem Menschen mit Demenz und ihre Angehörigen an der Entwicklung einer Reihe unterschiedlicher Technologien beteiligt waren. In der Evaluationsphase wurden die entwickelten Technologien von 34 Pflegedyaden in privaten Haushalten untersucht. Die Projektdauer betrug drei Monate. Erste Austritte gab es unmittelbar nach der informierten Einwilligung. Weitere Austritte folgten im Verlauf der Evaluation, so dass nur 20 Pflegedyaden die Untersuchung regulär beendeten. Bezeichnend war, dass von den 14 zurückgetretenen Pflegedyaden gleich 8 technische Probleme für ihren Ausstieg verantwortlich machten. Dies zeigt, dass eine geringe Zuverlässigkeit der Prototypen ein hohes Risiko für einen Drop-out darstellt.

Hohe Drop-out-Raten und eine kontinuierliche Teilnehmer*innenakquise betreffen nicht nur die Projektorganisation, sondern haben Folgen für das methodische Vorgehen und die Qualität der Ergebnisse. Zudem berühren sie ethische Fragen, z. B. ob Daten der Studienabbrecher*innen nach deren Ausscheiden genutzt werden dürfen oder ob ein pauschaler Ausschluss von Menschen mit stark fortgeschrittener Demenz ethisch angebracht ist. Betrachtet man typische Verläufe partizipativer Technikentwicklung, so zeigt sich in vielen Projekten, dass die Entscheidung über einen Verbleib oder Ausstieg häufig im Laufe der Initialphase fällt. Finden initiale Entwurfssitzungen statt, so werden sie durch Co-Forschende meist als Muster eines prototypischen Engagements betrachtet, das von ihnen erwartet wird. Da die Teilnehmer*innen partizipativer Technikentwicklungsprojekte nicht selten durch Gatekeeper angeworben werden, entsteht mit der Teilnahme an Entwurfssitzungen meist die erste Möglichkeit, die Passung zwischen eigenen Erwartungen und den gegebenen Möglichkeiten einzuschätzen. Kommen Beteiligte zu dem Ergebnis, dass ihre Wünsche an die Beteiligung nicht erfüllt werden könnten bzw. die gestellten Erwartungen nicht realisierbar sind, scheiden sie aus dem Projekt aus. Diese Art der **Selbstselektion** ist zwar nachvollziehbar, birgt allerdings einige kritische Momente. Dazu gehört u.a die Beobachtung, dass aus der Forschung vor allem jene Teilnehmer*innen ausscheiden, die körperlich oder mental stärker beeinträchtigt sind und die keine Möglichkeit der Unterstützung haben. In Technikentwicklungsprojekten verbleiben wiederum meist Personen, die über ausreichende Unterstützungs- und Bewältigungsressourcen verfügen. Ihr Blick auf Technik dürfte sich wiederum von der Perspektive ausgeschiedener Personen ausscheiden unterscheiden. So dürften gerade Studienabbrecher*innen eine Gruppe darstellen, die auf technische Unterstützung dringend angewiesen wäre, während für die verbleibenden Beteiligten Technik möglicherweise nur eine zusätzliche und verzichtbare Ressource darstellt. Wang et al. (2019) empfehlen daher, die **Akquise von Teilnehmer*innen** über den gesamten Studienverlauf aufrechtzuerhalten und sie keinesfalls nur auf eine bestimmte Phase des Projektes zu begrenzen. Dies dürfte bei längeren Vorhaben eine besondere Herausforderung darstellen, da hierfür zusätzliche Ressourcen zu berücksichtigen sind.

3.1.3.1 Signifikante Verschlechterung von Fähigkeiten bei Menschen mit Demenz

Demenzen stellen progrediente und dynamisch verlaufende Erkrankungen dar, was bedeutet, dass sich Fähigkeiten und Kompetenzen der Beteiligten im Studienverlauf verändern können. Handelt es sich um längere Zeiträume, muss von einem kontinuierlichen Rückgang von Kognition, Orientierung, Sprache usw. ausgegangen werden. Eine signifikante Verschlechterung des kognitiven Zustandes von Menschen mit Demenz ist vor allem dann relevant, wenn sie Kompetenzen einbüßen, die sie zur praktischen Ausübung ihrer forschungsbezogenen Aktivitäten und der informierten Einwilligung (z. B. beim sog. ongoing consent) benötigen. Aus diesem Grund bildet die frühzeitig geplante und stetige Anpassung der informierten Einwilligung an vorhandene Kompetenzen Beteiligter eine wesentliche Voraussetzung der Beteiligungskontinuität. Selbst in jenen Situationen, in denen auf die stellvertretende Einwilligung gesetzlicher Betreuer*innen rekurriert werden muss, spricht vieles für die Fortführung der Beteiligung eingebundener Personen, solange sie trotz nachlassender Einwilligungsfähigkeit eine mündliche oder verhaltensbezogene Zustimmung (assent) geben können. Eine andere Situation liegt vor, wenn die Progredienz der Demenz eine bestimmte Form der Beteiligung, die gewisse Kompetenzen voraussetzt, fraglich erscheinen lässt. Ein Umgang mit dieser Situation ist nicht einheitlich zu lösen, sondern dürfte von den Zielen des Vorhabens, dem Zweck der Beteiligung und den im Vorhaben zur Verfügung stehenden Ressourcen abhängig sein. Daher sollen hier keine fixen Lösungen vorgeschlagen, sondern unterschiedliche Optionen diskutiert werden.

Fall 1: *Progredienz der Demenz führt dazu, dass Beteiligten keine selbständige Wahrnehmung bestimmter Aufgaben (mehr) möglich ist*
Eine solche Situation entsteht ggf. dann, wenn Menschen mit Demenz bestimmte Aufgaben selbständig, d. h. ohne Unterstützung Dritter, durchgeführt haben. Sind sie zu diesen Aktivitäten nicht mehr in der Lage, wäre es ethisch kaum vertretbar, sie aus dem Vorhaben pauschal auszuschließen, insbesondere dann nicht, wenn sie durch die Beteiligung einen persönlichen Nutzen generieren und in den sozialen

Kontext des Vorhabens eingebunden sind. Das Interesse einer am Empowerment und an Teilhabe interessierten Forschung sollte vor allem darin bestehen, für die Fortführung der Beteiligung zu sorgen und Ressourcen für entsprechende Lösungen zur Verfügung zu stellen. Folgende Beispiele zeigen, welche Lösungen in einer solchen Situation möglich sind:

- **Individuelle Begleitung (Assistenz) von Menschen mit Demenz**: Eine individuelle Begleitung und Unterstützung Betroffener kann im Rahmen partizipativer Vorhaben von Projektbeginn an vorgesehen werden. In Abhängigkeit von den Projektzielen und -ressourcen können für die Wahrnehmung dieser Aufgaben unterschiedliche Personengruppen eingeplant werden:
  - **Nahe oder pflegende Angehörige**: Sie können als individuelle Begleiter*innen und Unterstützer*innen akquiriert werden, die Beteiligte bei der Teilnahme, der Kommunikation und der Artikulation eigener Interessen unterstützen. Ist im Rahmen eines Projektes eine solche Rolle eingeplant, muss dies allerdings im Rahmen der informierten Einwilligung kenntlich gemacht werden.
  - **Professionelle aus der Praxis**: In einigen technikorientierten Vorhaben wird die Akquise von Teilnehmer*innen über Selbsthilfegruppen vorgenommen. Werden etwa Fokusgruppen auf diesem Wege generiert, können professionelle Begleiter*innen von Selbsthilfegruppen als Kooperationspartner*innen angefragt werden. Ähnliche Möglichkeiten bestehen in Vorhaben, an denen Bewohner*innen stationärer Pflegeeinrichtungen teilnehmen. Professionelle Pflegekräfte oder andere Expert*innen können für die Begleitung akquiriert werden. Besondere Vorteile bestehen dann, wenn zwischen Professionellen und Forschungsteilnehmer*innen bereits ein Vertrauensverhältnis besteht. Berücksichtigt werden muss jedoch, dass Kooperationen einer entsprechenden Ressourcenausstattung bedürfen und eine ehrenamtliche Beteiligung nur dann möglich ist, wenn sie seitens der professionellen Begleiter*innen ausdrücklich erwünscht ist.
  - **Professionelle aus Wissenschaft und Forschung**: Partizipative Vorhaben mit Menschen mit Demenz bedürfen grundsätzlich einer fachkundigen und geschulten Moderation. Nehmen Menschen mit Demenz z. B. als Teilnehmer*innen bestimmter Gremien teil (z. B. Beirat), sollte eine engmaschige professionelle Begleitung vom Anfang an vorgesehen werden. Deren Aufgaben können in Abhängigkeit von bestehenden Unterstützungsbedarfen sukzessive angepasst werden. Unabhängige Professionelle aus Wissenschaft und Forschung können z. B. die Methodenberatung übernehmen oder Beteiligte dabei unterstützen, ihre Aufgaben eigenständig wahrzunehmen.

- **Ehrenamtliche Begleiter*innen**: Neben Professionellen können auch Ehrenamtliche die Assistenzaufgabe übernehmen. Technikbezogene Vorhaben können zu diesem Zweck eine gezielte Kooperation mit Organisationen Ehrenamtlicher eingehen. Eine besondere Möglichkeit stellt die Gewinnung von Menschen mit beginnender Demenz dar, die Menschen mit fortgeschrittener Demenz unterstützen.

- **Anpassung von Rahmenbedingungen an Kompetenzen der Beteiligten**: Partizipative Vorhaben mit Menschen mit Demenz brauchen ein hohes Maß an Flexibilität. Dies betrifft u. a. organisatorische Rahmenbedingungen. In Projekten, in denen bestimmte Ziele bzw. Meilensteine vorgesehen sind, bedarf es einer Planung, die Abweichungen zulässt und über verschiedene Optionen der Flexibilisierung verfügt. Als Beispiele lassen sich folgende Möglichkeiten benennen:

- **Flexibilisierung des zeitlichen Rahmens**: Vorhaben, die durch Drittmittel finanziert werden, unterliegen häufig einer engen Zeitplanung. Für die Durchführung bestimmter Meilensteine sind in der Regel konkrete Zeitfenster fixiert. Partizipative Vorhaben mit Menschen mit Demenz brauchen dagegen deutlich längere Zeitkorridore, die es möglich machen, einzelne Schritte mehrmals zu wiederholen und ihre Reihenfolge zu verändern. Iterative Prozesse sind daher grundsätzlich sinnvoller als lineare Vorgehensweisen, wobei auch die Anzahl der Iterationen einer flexiblen Planung bedarf.

- **Umschichtung von Ressourcen**: Partizipative Vorhaben mit Menschen mit Demenz sind auf einen flexiblen Umgang mit Ressourcen angewiesen. Eine flexible Verwendung von Mitteln ist wichtig, obwohl die Veränderung von Kompetenzen der Co-Forschenden wahrscheinlich und daher prinzipiell planbar ist. Was offen bleibt, ist der konkrete Unterstützungs- bzw. Anpassungsbedarf sowie der Zeitpunkt, zu dem bestimmte Bedarfe notwendig werden. Wird beispielsweise im Laufe eines Vorhabens die Intensivierung der Begleitung von Menschen mit Demenz eingeplant, kann letztendlich erst in der gegebenen Situation entschieden werden, welche Arten der Begleitung angemessen sind und welche Kosten dadurch entstehen.

- **Förderung von Empowerment und sozialer Teilhabe**: Auch bei technikorientierten partizipativen Vorhaben ist es wichtig, dass Beteiligung nicht instrumentell und funktional verstanden wird, sondern der Ermächtigung von Menschen mit Demenz sowie der Förderung ihrer gesellschaftlichen Teilhabe dient. Daher müssen technikorientierte Projekte so gestaltet sein, dass sie für die Förderung dieser beiden Ziele sowohl zeitliche als auch finanzielle Ressourcen einplanen können. Diese Forderung gerät jedoch häufig in

Konflikt zur Logik der Forschungsförderung, die eine instrumentelle „Integration" von Laien-Forschenden erzwingt. Hier bedarf es eines Umdenkens bzw. der Durchsetzung eines Verständnisses, nach dem echte Beteiligung nur gelingen kann, wenn sie unter geeigneten Rahmenbedingungen durchgeführt wird.

Fall 2: *Progredienz der Demenz führt dazu, dass Beteiligten trotz Assistenz keine aktive Mitwirkung an konkreten Aufgaben (mehr) möglich ist, sie jedoch eine weitere Teilnahme am Vorhaben wünschen*

Eine solche Situation entsteht ggf. dann, wenn die Verschlechterung von Fähigkeiten dazu führt, dass bestimmte Aufgaben – trotz individueller Unterstützung und Begleitung – nicht möglich sind. Haben Menschen mit Demenz jedoch ein genuines Interesse an der Fortführung ihrer Teilnahme, z. B. weil sie das Gefühl haben etwas Sinnvolles tun zu können, Teil einer Gemeinschaft zu sein oder Reziprozität zu erfahren, stößt ein Ausschluss auf ethische Bedenken. Der Rückgang von Kompetenzen sollte daher keinesfalls mit einem Ausscheiden aus einer sozialen Gruppe verbunden sein. Aus bisherigen Vorhaben lassen sich verschiedene Lösungen für den Erhalt der Zugehörigkeit aufzeigen:

- **Ermöglichung von Teilnahme ohne konkrete Aktivitäten:** Eine Möglichkeit für weitere Teilnahme besteht darin, an ausgewählten Aktivitäten (z. B. Gruppensitzungen) teilzunehmen, ohne eine aktive Beteiligung am Projektgeschehen. Die Umsetzung einer solchen Beteiligung erfordert jedoch bestimmte Ressourcen und Kompetenzen (z. B. die Beschäftigung einer Fachkraft, deren Aufgabe darin besteht, für das Wohlbefinden der Teilnehmenden während verschiedener Sitzungen zu sorgen, d. h. eine gute Atmosphäre zu schaffen, in der sich auch Menschen aufgehoben fühlen, die sich verbal nicht mehr äußern können oder den Gesprächen anderer Teilnehmer*innen nicht mehr folgen können). Die Erfahrungen aus dem Projekt LiW („Lebensqualität Älterer im Wohnquartier") zeigen, dass ein Empowerment „auf Zeit" nicht als sinnvoll empfunden wird, sondern einer längerfristigen Perspektive bedarf (Heite et al. 2015). Dieses Verständnis gilt auch für technikorientierte Projekte, die für Co-Forschende mit Demenz ein abgestuftes Konzept der Beteiligung entwickeln könnten. In ein solches Konzept wären auch Möglichkeiten einer Teilnahme einzubauen, die ohne aktives Engagement auskommt.
- **Einbindung in Aktivitäten, die der Förderung sozialer Teilhabe dienen:** Zu den Bausteinen eines derartigen Konzeptes gehört schließlich die Integration von Phasen, die ausschließlich der Förderung sozialer Teilhabe und der Pflege sozialer Kontakte dienen. So kann in Projektsitzungen etwa ein

Zeitfenster vorgesehen werden, das der Kontinuität sozialer Teilhabe dient. Menschen mit fortgeschrittener Demenz hätten demnach die Möglichkeit, an diesen Zeitphasen teilzunehmen. Eine weitere Option stellen Präsentationen von Zwischenergebnissen dar, die so aufbereitet sein müssten, dass ausgeschiedene Teilnehmer*innen an ihnen teilnehmen könnten. Wichtig ist, dass Menschen mit Demenz ihren Rücktritt nicht als persönliches Scheitern interpretieren. Personen, die aus Projekten vorzeitig ausscheiden, sollten daher grundsätzlich die Möglichkeit haben, an ihnen – ggf. in einer anderen Form – zu partizipieren, z. B. durch Teilnahme an einer Kontrollgruppe, durch anderweitige Befragungen oder durch kontinuierliche Information über das Projekt.

Fall 3: *Progredienz der Demenz oder andere Ereignisse führen dazu, dass Beteiligte aus dem Vorhaben vorzeitig ausscheiden (müssen)*

Besteht keine Möglichkeit der weiteren Teilnahme, so bedarf der Ausstieg aus dem Vorhaben u. a. eines symbolischen Aktes der Verabschiedung, in dessen Rahmen Mitwirkende eine angemessene Wertschätzung des individuellen Engagements erhalten. Ein weiteres Ziel besteht in der Schaffung sozialer Nachhaltigkeit in dem Sinne, dass Menschen mit Demenz – und nach Bedarf auch für ihre Angehörigen – die Möglichkeit erhalten, im Kontakt mit der gebildeten Gemeinschaft zu verbleiben (vgl. Abschnitt 3.1.7).

Die hohe Wahrscheinlichkeit eines vorzeitigen Ausstiegs in Projekten mit Menschen mit Demenz macht eine frühzeitige **Planung** dieser Prozesse erforderlich. Für technikorientierte partizipative Vorhaben sind daher verschiedene Formen der Beteiligung mit verschiedenen Rollen und Positionen, Aktivitäten mit unterschiedlichen Kompetenzerwartungen sowie eine Gesamtkoordination vorzusehen, die einen Aktivitäts- und Rollenwandel berücksichtigt. Bausteine für die Förderung sozialer Teilhabe und der Schaffung sozialer Nachhaltigkeit sollten fester Bestandteile der Konzepte sein. Neben entsprechenden Kriterien für die **Gestaltung von Einstiegs-, Wechsel- und Ausstiegsprozessen** bedarf es entsprechender Überlegungen zur **Integration neuer Teilnehmer*innen** . Liamuttong (2015) betont, dass partizipative Projekte mit älteren Menschen sich grundsätzlich als offen verstehen sollten und eine Beteiligung neuer Teilnehmer*innen flexibel gestalten müssen. Werden neue Personen zu Teilnehmer*innen einer Projektgruppe, bedarf es entsprechender Schritte und Maßnahmen ihrer Einbindung in bestehende Teams.

Trotz aller Herausforderungen, die mit einem vorzeitigen Ausstieg aus einem Projekt verbunden sind, bedarf es in der Forschung mit Menschen mit Demenz nicht nur spezifischer Maßnahmen zur Ermöglichung oder Aufrechterhaltung von Beteiligung, sondern auch der **gezielten Gestaltung von Möglichkeiten bzw. Anlässen eines Projektausstiegs** – unter der Beachtung der Freiwilligkeit der Beteiligten.

Dies impliziert bereits der Ansatz des ongoing consent, der damit verbunden ist, die Freiwilligkeit der Teilnahme bei Menschen mit Demenz praktisch umzusetzen. Bei der Planung partizipativer Vorhaben kann es daher wichtig sein, geeignete Zeitfenster für einen „guten" Ausstieg einzuplanen und anzubieten. Dies erfordert einer entsprechenden Vorbereitung, ebenso wie entsprechender Kompetenzen und eines hohen Maßes an Sensibilität der mitwirkenden Wissenschaftler*innen. Wird ein Engagement trotz hoher Belastung der Beteiligten und/oder ihrer Betreuer*innen fortgeführt, z. B. weil sich Mitwirkende dazu verpflichtet fühlen, kann über einen zeitlich begrenzten Ausstieg, über die Veränderung der Beteiligungsform oder einen Ausstieg (falls es dem Wunsch der Beteiligten entspricht) nachgedacht werden. Wissenschaftler*innen sollten daher für die Anzeichen eines „dissent" aufmerksam sein und ihn als Anlass gemeinsamer Planung weiterer Beteiligung aufgreifen.

3.1.3.2 Verwendung von Daten nach vorzeitigem Ausstieg bzw. über den Zeitraum der Einwilligung hinaus

Geht die Teilnahme an Forschung damit einher, dass Daten zur Verfügung gestellt werden, z. B. im Rahmen von Fokusgruppen, bedarf es der frühzeitigen Klärung, wie mit diesen umgegangen werden kann und darf. Werden Daten für ein bestimmtes Vorhaben erhoben, gilt grundsätzlich, dass sie nur dem Zweck des besagten Vorhabens dienen und nach dem Abbruch oder Abschluss der Studie nicht anderweitig verwendet werden dürfen. Maßgeblich für den Umgang mit Daten sind nicht nur rechtliche Bestimmungen, sondern auch Absprachen, die im Rahmen der informierten Einwilligung getroffen wurden. Vor diesem Hintergrund empfiehlt es sich, bereits während der informierten Einwilligung zu klären, ob die Möglichkeit der Verwendung erhobener Daten nach einem vorzeitigen Ausstieg und/oder nach der Beendigung der Studie besteht. Wurde eine solche Vereinbarung nicht explizit getroffen, muss in beiden Fällen die Zustimmung zur weiteren Verwendung der Daten eingeholt werden. Das Ergebnis einer solchen Absprache sollte schriftlich fixiert werden, ebenso wie die Bedingungen, die die Einwilligenden an die weitere Verwendung der Daten stellen.

Die Abstimmung über die Verwendung von Daten bildet im Rahmen der Aufklärung (vor der potenziellen Einwilligung) einen wichtigen Teil von Ausführungen dar, wie erhobene Daten generell verwendet werden sollen. In partizipativen Vorhaben wird über die Erhebung, Analyse und Verwendung der Daten meist gemeinsam abgestimmt. Findet in partizipativen Projekten jedoch eine Teilnahme auf Zeit statt, muss der Umgang mit erfassten Daten vor der Einwilligung erläutert und festgehalten werden. Im Zusammenhang mit der langfristigen Verwendung von Daten haben sich verschiedene Formen der Einwilligung etabliert,

die über die typische informierte Einwilligung für ein bestimmtes Projekt hinausgehen. Eine Form derartiger Einwilligung stellt der sog. **„broad consent"**
dar, der in der EU-Datenschutzverordnung verankert wurde.[18] Ein broad consent stellt eine Form der Einwilligung dar, in der Teilnehmende ihre Einwilligung
z. B. für ein Forschungsprojekt und somit eine mit diesem Projekt verbundene Verwendung ihrer Daten zu einem Zeitpunkt geben, zu dem noch nicht
alle Forschungsfragen oder alle Bereiche des Forschungsprojektes vollständig
bekannt sind. Diese Art der Zustimmung ermöglicht es, eine Einwilligung für
bestimmte Bereiche wissenschaftlicher Forschung zu geben, wenn diese unter
Einhaltung anerkannter ethischer Standards der wissenschaftlichen Forschung
geschehen. Trotz dessen sollten Studienteilnehmer*innen die Gelegenheit erhalten, ihre Einwilligung nur für bestimmte, möglichst konkret formulierte Zwecke
einer bestimmten Forschung zur Verfügung zu stellen. Der Gedanke des broad
consent soll insbesondere die Durchführung von Langzeitstudien erleichtern,
indem personenbezogene Daten, die z. B. in zeitlich begrenzten Studien erhoben
worden sind, in weiteren, auf längere Zeiträume angelegten Studien verwendet
werden können.

Während die typische informierte Einwilligung die Zustimmung zur Erhebung spezifischer und auf ein konkretes Projekt zugeschnittener Daten mit einem
engen Umfang abbildet, ist der broad consent (breite Einwilligung) breit und
unspezifisch. Mit dieser Einwilligung kann ein Einverständnis zu breiter Nutzung
von Daten zu verschiedenen (in der Einwilligung jedoch zu definierenden) For-
schungszwecken und bei der Nutzung durch verschiedene Forscher*innen und
Einrichtungen erteilt werden. In der partizipativen – aber auch in der auf Technikentwicklung bezogenen – Forschung spielt der broad consent bisher keine Rolle.
Von besonderer Bedeutung kann er aber dort sein, wo eine breite Nutzung von
Daten der Verbesserung der Versorgung, z. B. im medizinischen Bereich, dienen
kann. Von elementarer Bedeutung ist diese Art der Einwilligung aber auch dort,
wo verschiedene Formen der gemeinschaftlichen Nutzung von Daten und deren

---

[18]Das Konzept des „broad consent" ist im die EU-Datenschutzverordnung (EU-DSGVO)
als sog. Erwägungsgrund Nr. 33 aufgenommen worden. Die Formulierung des Erwägungs-
grundes lautet: „Oftmals kann der Zweck der Verarbeitung personenbezogener Daten für
Zwecke der wissenschaftlichen Forschung zum Zeitpunkt der Erhebung der personenbezogenen Daten nicht vollständig angegeben werden. Daher sollte es betroffenen Personen erlaubt
sein, ihre Einwilligung für bestimmte Bereiche wissenschaftlicher Forschung zu geben, wenn
dies unter Einhaltung der anerkannten ethischen Standards der wissenschaftlichen Forschung
geschieht. Die betroffenen Personen sollten Gelegenheit erhalten, ihre Einwilligung nur für
bestimme Forschungsbereiche oder Teile von Forschungsprojekten in dem vom verfolgten
Zweck zugelassenen Maße zu erteilen."

Publikation in Datenbanken umgesetzt werden.[19] Trotz der Möglichkeiten des broad consent sollten Wissenschaftler*innen, sobald sie Kenntnis von einer weiteren Verwendung erhobener Daten haben, dies den Teilnehmer*innen mitteilen und dies ggf. mit der Anpassung der Einwilligung verbinden.

3.1.4 Der partizipative Forschungsprozess

Technikorientierte partizipative Forschung folgt grundsätzlich keinem einheitlichen Verlauf. Der Stellenwert von Partizipation im Gesamtvorhaben, die Einbettung von Beteiligung in den Gesamtprozess sowie die Integration partizipativer Elemente in bestimmte Bausteine hängt von einer Reihe verschiedener Aspekte ab. Dazu zählen u. a. die Ziele des Vorhabens und die zu erwartenden Ergebnisse, die Ziele der Beteiligung und der theoretische Rahmen, in den die Beteiligung eingebettet ist, die involvierten Zielgruppen sowie die zur Verfügung stehenden Ressourcen und Erfahrungen. Technikbezogene Projekte mit Menschen mit Demenz folgten bisher keinem Forschungsdesign, das ausschließlich durch Besonderheiten der Zielgruppe bestimmt war. Vielmehr orientierten sie sich bei der Gestaltung des Forschungsprozesses an bestehenden theoretischen Modellen, während spezifische Anpassungen an Bedürfnisse der Zielgruppe erst im Rahmen einzelner Bausteine erfolgten. Bei der Gestaltung des Forschungsdesigns spielt der wissenschaftstheoretische Hintergrund der verantwortlichen Wissenschaftler*innen eine entscheidende Rolle. Handelt es sich um Technikentwicklung, stehen häufig ingenieurwissenschaftliche oder gestalterische Ansätze im Vordergrund; sozialwissenschaftliche Partizipationsansätze kamen bei der Bestimmung von (Gesamt-)Forschungsdesigns in der Entwicklung von Technik für Menschen mit Demenz bisher nur am Rande zur Geltung, gewannen allerdings dann an Bedeutung, wenn es um die Gestaltung konkreter Bausteine (z. B. der Evaluation) ging.

Betrachtet man die in technikbezogenen Vorhaben umgesetzten Forschungsdesigns, so fällt auf, dass Menschen mit Demenz nach wie vor nicht in alle Schritte technikbezogener Projekte eingebunden werden. Häufig handelt es sich um ausgewählte Meilensteine, an denen sie unmittelbar beteiligt sind. Auffällig ist zudem,

---

[19] Als Beispiel eines Vernetzungsprojektes, das sich mit der Weiterentwicklung des broad consent befasste, kann die Medizininformatik-Initiative genannt werden, die bis 2025 durch das BMBF gefördert wird und insgesamt 33 Universitätsklinikstandorte umfasst (weitere Informationen unter: https://www.medizininformatik-initiative.de/). Die Arbeitsgruppe „Consent" befasst sich hier vor allem mit der Erarbeitung rechtlicher und ethischer Rahmenbedingungen der Einwilligung sowie mit der Entwicklung rechtlich konformer Einwilligungserklärungen.

dass in den bisherigen Projekten die Art der zu entwickelnden Technologie bereits vor der Akquise der Teilnehmer*innen feststand. Menschen mit Demenz oder andere Stakeholder hatten daher vor der Initiierung bzw. vor Beginn der Projekte keine tragende Rolle, was die Definition zentraler Projektziele betraf. Unmittelbar eingebunden wurden sie meist in jenen Projektphasen, in denen es um die Erkundung ihrer Lebenswelten ging oder die Evaluation von Prototypen erforderlich war. Es lassen sich bisher keine technikbezogenen Vorhaben finden, in denen Menschen mit Demenz das Forschungsdesign beeinflussen konnten.

Im Rahmen dieses Unterkapitels werden ausgewählte partizipative Forschungsprozesse bzw. -designs vorgestellt, die in technikorientierten Vorhaben mit Menschen mit Demenz realisiert wurden. Die vorgestellten Modelle wurden beispielhaft herausgegriffen und verstehen sich als Ergänzung zu den Forschungsdesigns, die im Abschnitt 2.1.5.2 angesprochen wurden. Die Art des gewählten Forschungsdesign ist in partizipativen Vorhaben von der Art der Beteiligung bzw. den Zielen und Erwartungen, die an Partizipation gestellt werden, abhängig. Vor diesem Hintergrund werden an ausgewählten Stellen auch die Ziele der Beteiligung diskutiert.

3.1.4.1 Partizipativer Forschungsprozess – Ausgewählte Beispiele

Wie die Darstellung theoretischer Ansätze der partizipativen Forschung zeigt, bestehen – auch im interdisziplinären Vergleich – verschiedene Idealvorstellungen eines partizipativen Forschungsdesigns, die sich jedoch in Abhängigkeit von der wissenschaftlichen Disziplin und dem Kontext der Anwendung unterscheiden (vgl. Kapitel 2). Auch im Feld der Technikentwicklung bestehen derartige Idealvorstellungen. Für die Entwicklung von Technologien im Feld sog. „health informatics" schlägt z. B. Brender (2006) einen Entwicklungsprozess vor, der aus vier Phasen besteht:

a) Die **explorative Phase**, die durch die Exploration des Feldes und eine erste Konkretisierung der Forschungsplanung gekennzeichnet ist. Sie gilt als beendet, wenn die Spezifikation der Nutzer*innenbedürfnisse und -erwartungen vorliegt.

b) Die **technische Entwicklungsphase**, in der es um die technischen Merkmale einer Anwendung, vor allem ihre Funktionen, geht. Typisch für diese Phase sind ein experimentelles Vorgehen sowie – je nach Bedarf – erste Testungen, die in der Regel unter Laborbedingungen stattfinden.

c) Die **Adaptationsphase**, in der es um den Einsatz der Technik unter realen Alltagsbedingungen geht. Die Zielsetzung der Phase besteht in der systematischen Aufdeckung und Eliminierung von Fehlern unter besonderer Beachtung des

Nutzungsverhaltens und der Merkmale künftiger Nutzer*innengruppen. Die Phase gilt als beendet, wenn die entwickelte Technik unter Alltagsbedingungen stabil funktioniert.

d) Die **Evolutions- oder Weiterentwicklungsphase**, in der es um die Evaluation ausgewählter Wirkungen der entwickelten Technik bzw. deren Nutzung auf die Nutzer*innen geht. Diese Phase gilt als beendet, wenn die Technik durch eine neue bzw. modifizierte Anwendung ersetzt wird.

Jede der vier Phasen besteht aus einer unterschiedlichen Zahl verschiedener Einzelschritte, die von der zu entwickelnden Technologie sowie den involvierten (Co-)Forschenden abhängig sind. Da die Entscheidungen, die innerhalb der einzelnen Phasen gefällt werden, für das Ergebnis von unterschiedlicher Tragweite sein können, kommt einigen Phasen ein höheres, anderen dagegen ein geringeres Gewicht zu. Handelt es sich um „echte" partizipative Projekte, gewinnt vor allem die erste Phase an Bedeutung, in der ggf. die Art der technischen Lösung festgelegt wird. Bei der Analyse der Forschungsdesigns unterschiedlicher Vorhaben im Feld der Mensch-Technik-Interaktion stellen Lindsay et al. (2012) fest, dass sich das Vorgehen der Projekte dadurch ähnelt, indem sie – unabhängig von der Art der zu entwickelnden Technologie – neben der Akquise von Co-Forschenden – drei ähnliche Projektphasen beinhaltet:

1) Durchführung initialer, explorativer Sitzungen
2) Durchführung initialer Entwurfssitzungen
3) Iterativer Entwicklungsprozess mit starker Einbindung von Co-Forschenden.

Einem ähnlichen Vorgehen folgte z. B. das **Projekt KITE** („*Keeping in Touch Everyday*"), dessen Zielsetzung in der Entwicklung eines mobilen Endgerätes (es wurden zwei Prototypen entwickelt: ein Armband und ein digitales Notepad) zur Unterstützung außerhäuslicher Mobilität von Menschen mit Demenz bestand. Das am Ansatz des UCD orientierte Vorgehen bestand aus drei zentralen Projektphasen:

1) Festlegung des Untersuchungsrahmens
2) Partizipative Entwicklungsphase (mit Workshops)
3) Entwicklung von Prototypen.

Große Ähnlichkeiten im Hinblick auf den Forschungsprozess finden sich im EU-Projekt **CONFIDENCE**, in dem ebenfalls ein mobiles Endgerät in Form einer elektronischen Assistenz zur Unterstützung außerhäuslicher Mobilität für

Menschen mit Demenz entstand. Die drei Stufen des Forschungs- und Entwicklungsdesigns umfassen:

1) Zusammenstellung relevanter Informationen (=collection)
2) Anforderungsspezifikation (=specification)
3) Evaluation (=evaluation).

Aus insgesamt vier Phasen, jedoch der gleichen Logik folgend, bestand das Projekt **NOCTURNAL**, in dem es um die Entwicklung eines Systems ging, das Menschen mit Demenz und ihre Angehörigen während der Nacht unterstützen sollte. Die vier Phasen des am UCD orientierten Vorhabens bezogen sich auf die:

1) Beschreibung von Nutzer*innenanforderungen
2) Entwicklung und Integration des technischen Systems
3) Datenerfassung und -analyse zur Unterstützung laufender Entwicklungsentscheidungen
4) Evaluation, Analyse und Validierung (Martin et al. 2013, S. 6768).

Einer vergleichbaren Forschungs- und Entwicklungslogik folgte auch das EU-Projekt ROSETTA, in dem drei verschiedene Systeme (u. a. ein im Projekt **COGKNOW** entwickeltes System) in ein gemeinsames technisches System integriert wurden. Die auf die Häuslichkeit von Menschen mit Demenz und ihrer Angehörigen ausgerichtete Technologie wurde so gestaltet, dass sie spezifische Bedürfnisse der verschiedenen Phasen der Demenz adressierte (Meiland et al. 2014). Das Vorgehen orientierte sich an drei zentralen Projektphasen:

1) Initiale Phase
2) Entwicklungsphase
3) Abstimmungs- und Anpassungsphase.

Trotz ihrer Selbstdefinition als „partizipativ", ist die unmittelbare Beteiligung von Menschen mit Demenz an den verschiedenen Phasen selten. Vergleichsweise häufig werden Angehörige oder Professionelle einbezogen, um die Interessen der Betroffenen zu vertreten. Findet eine unmittelbare Einbeziehung von Menschen mit Demenz statt, handelt es sich in keinem der bisherigen Vorhaben um Partizipation im Sinne von Entscheidungsmacht. Vielmehr scheint (partielle) Beteiligung die höchste Stufe der Einbeziehung in technikorientierte Vorhaben zu sein. In vielen Projekten nehmen Menschen mit Demenz lediglich die Rolle typischer Studienteilnehmer*innen ein. Ausgehend vom Modell des Forschungsprozesses nach Brender (2006) beobachteten Span et al. (2013) in einem systematischen Literaturreview, dass – sofern Menschen mit Demenz in technikorientierte Forschung und Entwicklung einbezogen wurden – deren Mitwirkung vornehmlich in der ersten (13 Studien) oder zweiten Projektphase (11 Studien) geschah. Von den 26 ausgewerteten Studien, die Menschen mit Demenz in technische Entwicklungsprojekte integriert haben, fanden die Wissenschaftler*innen nur drei Vorhaben, die Menschen mit Demenz auch in der Adaptationsphase hinzuzogen haben. Schließlich fand sich kein einziges Projekt, in dem Betroffene mit der Weiterentwicklung von Technik betraut waren.

Die Übersicht über Forschungsdesigns ausgewählter Projekte zeigt, dass sich trotz der grundsätzlichen Offenheit partizipativer Technikentwicklung und trotz besonderer Merkmale der betrachteten Zielgruppe, bestimmte formale Schritte etabliert haben. Deren Logik folgt häufig dem Ansatz des UCD, das um bestimmte Elemente, z. B. ausgewählte Methoden aus dem Umfeld des PD, ergänzt wird. Die starke Ausrichtung am Ansatz des UCD führt zu einer starken Formalisierung des Vorgehens, das durch die häufige Anwendung in AAL-Projekten eine besondere Sichtbarkeit erlang. Dabei betonten bereits Orpwood et al. (2004, S. 269ff), dass gerade die zunehmende Tendenz zur Formalisierung von Verläufen in der Zusammenarbeit mit Menschen mit Demenz weniger als Hilfe denn als Barriere betrachtet werden muss. Ausgehend von den Erfahrungen aus dem Projekt ENABLE wiesen die Forscher*innen darauf hin, dass partizipative Projekte mit Betroffenen ein hohes Maß an Flexibilität bedürfen, so dass es möglich sein muss, von formalisierten Verläufen abzuweichen und eine Anpassung von Projektschritten und Methoden an Bedürfnisse der Beteiligten vorzunehmen. Der Blick in die aktuellen Debatten zeigt allerdings, dass Technikentwicklung – sobald sie in ingenieurswissenschaftlich geleiteten Projekten durchgeführt wird – meist nach dem UCD gestaltet wird. Dies bestätigen die Ergebnisse einer standardisierten Expert*innenbefragung im Feld der Technologieentwicklung, in der 90 % der insgesamt 40 führenden Expert*innen die Empfehlung für das UCD als theoretisches Modell erster Wahl gab, wenn es um die Entwicklung von Technik für Menschen mit Demenz ging (Jiancaro et al. 2017). Weil das UCD jedoch für homogene Gruppen konzipiert wurde, die relativ ähnliche Anforderungen an die zu entwickelnde Technologie stellen, kann dessen Anwendung in dem hier betrachteten Feld zu besonderen Konflikten führen. So stellen Menschen mit Demenz eine äußerst heterogene Personengruppe dar, deren Bedürfnisse einer ständigen Veränderung unterworfen sind. Die daraus erwachsenden Anforderungen an Technik sind daher dynamischer Natur. Da die Anlage des UCD zudem auf der Zusammenarbeit mit einer kleinen Gruppe repräsentativer Nutzer*innen beruht, führt dessen Anwendung mit Menschen mit Demenz zu weiteren Problemen, die zum Teil nur durch einseitige Kompromisse gelöst werden können. Auch Warburton et al. (2009) betonen, dass es gerade in der partizipativen Zusammenarbeit mit älteren Menschen eines Verständnisses von Forschung bedarf, in dem sie als Prozess konzipiert wird, der zwar aus bestimmten Stufen bestehen kann, jedoch grundsätzlich als gestaltbar und veränderbar betrachtet werden muss. Je formalisierter die Verläufe, umso schwieriger wird es verschiedene Formen der Beteiligung umzusetzen, vor allem jene Formen, in denen Menschen mit Demenz über die zu entwickelnde Technik entscheiden. Bei der Betrachtung von Forschungsdesigns fällt der Blick daher unweigerlich auf die Ziele der Partizipation, ebenso wie die Erwartungen, die mit der Beteiligung von Menschen mit Demenz an den einzelnen Schritten der Projekte verbunden werden. Aus diesem Grund ist das nächste Unterkapitel den Zielen von Partizipation gewidmet.

3.1.4.2 Ziele der Partizipation in der Technikentwicklung

In vielen technikorientierten Vorhaben sind die Ziele der Partizipation, d. h. konkrete Begründungen dafür, warum es für ein Projekt der Beteiligung bzw. gar einer bestimmten Form der Beteiligung bedarf, nicht konkret definiert. Eindeutige Aussagen über den Stellenwert bzw. die erwünschten Wirkungen von Partizipation im Kontext der jeweiligen Projekte fehlen weitgehend. Stattdessen wird Beteiligung mit abstrakten Zielsetzungen bzw. theoretischen Annahmen verbunden, die unterstellen, dass sich bestimmte Endzustände (z. B. Förderung der Akzeptanz der entwickelten Artefakte) durch Beteiligung einstellen, ohne dass deren Eintreffen tatsächlich untersucht wurde. Die Wahl eines Forschungsdesigns folgt dabei selten einem kriteriengeleiteten Vorgehen, sondern der Entscheidung für eine bestimmte Methodologie, die als besonders passend empfunden wird. Mit der Betrachtung von Zielen der Partizipation richtet sich der Blick allerdings zuerst auf **Kriterien,** die für die Strukturierung eines partizipativen (Gesamt-)Forschungsprozesses im Sinne eines übergreifenden Forschungsdesigns entscheidend sind. Eine Systematisierung solcher Kriterien nimmt Slockum (2003, S. 11ff) vor. Demnach soll die Gestalt eines partizipativen Forschungsprozesses sowie die Wahl einzelner Methoden in Abhängigkeit von fünf zentralen Elementen getroffen werden:

1) **Ziele** *(=objectives)*: Gründe für die Partizipation und erwartete Ergebnisse
2) **Thema** *(=topic)*: Forschungsthema, Fragestellung und deren spezifische Merkmale (z. B. Umfang, Breite, Abstraktionsgrad)
3) **Co-Forschende/Beteiligte** *(=participants)*: Zielgruppen (z. B. An wen richtet sich die Forschung?), Betroffene (z. B. Wer könnte Nachteile von der Forschung haben), Interessent*innen und Unterstützer*innen (z. B. Wer hat

Interesse an der Beteiligung, ggf. aufgrund eines zu erwartenden Nutzens?) und Expert*innenen (z. B. Wer kann zur Gewinnung der erwarteten Ergebnisse beitragen?)

4) **Zeit** *(=time)*: Die zur Verfügung stehende Zeit

5) **Finanzielle Ressourcen** *(=budget)*: Umfang der für partizipative Forschung und Entwicklung zur Verfügung stehenden Mittel.

Die Definition von **Zielen der Partizipation** ist nicht nur für die Wahl des jeweiligen partizipativen Gesamtdesigns entscheidend, sondern bestimmt in der Regel auch die Wahl entsprechender Forschungs- und/oder Partizipationsmethoden. In der Forschungspraxis spiegeln Partizipationsziele jedoch häufig die Vorgaben von Forschungsprogrammen bzw. die Erwartungen der Forschungspolitik wider, die mit (Bürger*innen-)Beteiligung eine bestimmte Qualität der Ergebnisse verbinden. In der gegenwärtigen Forschung und Entwicklung werden bestimmte – teils auch widersprüchliche – Erwartungen an Beteiligung sichtbar, die sowohl auf der Ebene der Projekte als auch auf gesellschaftlicher Ebene bestimmte Wirkungen unterstellen. In den meisten Fällen scheint mit der Beteiligung von Nutzer*innen die „erfolgreiche" Umsetzung des Vorhabens und die „effektive" Entwicklung einer neuen Technik verbunden zu sein. Partizipation soll dabei einen **instrumentellen Charakter** einnehmen, indem sie zur Entwicklung einer nutzerfreundlichen, markttauglichen, innovativen, auf dem Markt durchsetzbaren und breit akzeptierten Technik beiträgt. Neben den auf die Qualität der Projektergebnisse gerichteten Zielen, wird Partizipation allerdings auch mit gesellschaftlichen Zielen assoziiert. Auch hier werden häufig **instrumentelle Ziele** genannt, wie z. B. die Steigerung der Akzeptanz neuer Technik oder die Erhöhung wirtschaftlicher Durchsetzungsfähigkeit technischer Innovationen. Die Einbindung von Co-Forschenden in die Technikentwicklung wird allerdings auch als Maßnahme zur „Verhinderung" gesellschaftlich unerwünschter Technologien betrachtet, so dass der Einbindung der Nutzer*innen eine prospektiv wirkende Korrekturfunktion zugewiesen wird. So gehen einige Annahmen davon aus, dass mit Technikkonflikten, die im vergleichsweise überschaubaren Rahmen konkreter Vorhaben ausgetragen und „gelöst" werden, die Wahrscheinlichkeit sinkt, dass „riskante" Technologien in den Markt eindringen und die damit verbundenen Konflikte auf gesamtgesellschaftlicher Ebene virulent werden. Bürger*innenbeteiligung erhält aus dieser Perspektive den Stellenwert einer „**ethischen Präventionsfunktion**", indem sie technologische Innovationsprozesse durch eine „moralische Zähmung" flankiert und dem „Output" ein moralisch korrektes Gesicht verleiht. Die damit verbundene Erwartung an Beteiligte besteht darin, dass sie gesellschaftliche Werte in die zu entwickelnde Technik transferieren und dadurch einen Beitrag zur Förderung verantwortungsvoller Forschung und Entwicklung leisten.

Neben der Verhinderung „unerwünschter" Technik sollen beteiligte Bürger*innen dazu beitragen, dass entwickelte Artefakte einen **ökonomischen Nutzen** generieren. In vielen Projekten werden Co-Forschende als Vertreter*innen künftiger Verbraucher*innen betrachtet, die durch das Einbringen ihrer Erwartungen zur Entwicklung markttauglicher Artefakte beitragen. Von partizipativer Forschung wird schließlich erwartet, dass sie den Innovationscharakter technologischer Neuentwicklungen fördert. Während eine hohe **Innovationsfähigkeit** üblicherweise Wissenschaftler*innen zugeschrieben wird, gehen einige Expert*innen davon aus, dass sie langfristig nur durch Bürger*innenbeteiligung generiert werden kann. Innovation beruht dabei auf neuen Bedarfen bzw. Bedürfnissen künftiger Nutzer*innen, so dass alleine den Erkenntnissen über die Lebenssituation dieser Zielgruppen eine innovationsfördernde Kraft zugeschrieben wird. In dem Maße, in dem der Zugang zu Lebenswelten künftiger Nutzer*innengruppen gelingt, steigt die Wahrscheinlichkeit für die Entwicklung technischer Neuerungen, die vor allem unerkannte Bedarfe und Bedürfnisse adressieren bzw. neue Wege zur Bedarfsdeckung erschließen. In der AAL-Forschung führte vor allem die Ausdehnung der Altersphase und die damit verbundene Ausdifferenzierung der Bedürfnisse älterer Menschen zur fortlaufenden Definition neuer Zielgruppen und damit zu einer Form von Innovationsentwicklung, die mit differenzierten Bedürfnissen den technologischen Wandel antreiben will. **Erkenntnisgewinnung** über künftige Nutzer*innen und der Zugang zu deren Expertise soll Innovation mit Nützlichkeit verbinden und vor der Entwicklung „unnützer" Technik schützen.[20]

Äußerst selten ist Beteiligung in technikorientierter Forschung dagegen der Förderung von **Ermächtigung oder sozialer Teilhabe** gewidmet. Handelt es sich um Menschen mit Demenz, so wird die Förderung von Teilhabe und Selbstbestimmung meist der zu entwickelnden Technik zugeschrieben. Äußerst selten folgt die Begründung der Notwendigkeit von Partizipation der Förderung von Selbstbestimmung. Dort, wo es doch geschieht, wird die (Mit-)Entwicklung von Technik als Einflussmöglichkeit auf die Gestaltung künftiger Lebens(um)welten verstanden. Kaum bis gar nicht dient partizipative Technikentwicklung der Ermächtigung bzw. dem Empowerment besonders marginalisierter Personengruppen. Ebenso selten

---

[20] Auf die verschiedenen Widersprüche weisen u. a. die Debatten hin, die im Zusammenhang mit dem Ansatz der *Responsible Research and Innovation* stehen (vgl. Gianni 2018).

wird partizipative Technikentwicklung als Instrument zur Förderung sozialer Teilhabe oder als ein Prozess der Demokratisierung von Forschung und Entwicklung verstanden. So stehen zwar Kommunikations- und Beziehungsförderung häufig im Mittelpunkt der Prozessgestaltung; sie folgen jedoch meist einem instrumentellen Verständnis. Die Förderung von Beziehungen zwischen Wissenschaftler*innen und Co-Forschenden soll vor allem einem möglichst reibungslosen Projektverlauf, der Optimierung von Projektabläufen und der Schonung von Ressourcen dienen. Findet eine gezielte Unterstützung sozialer Teilhabe statt, beschränkt sie sich in der Regel auf die Förderung eines Miteinanders „auf Zeit", das in keinem Bezug zur Förderung gesamtgesellschaftlich nachhaltiger Teilhabe steht.

Die komprimierte Übersicht über die bisherigen Ziele von Forschungspartizipation in der Technikentwicklung verdeutlicht, dass mit ihr unterschiedliche Ziele verbunden werden, die zudem auf mindestens zwei Ebenen angesiedelt sind: der *Ebene konkreter Vorhaben* und der *Ebene der Gesellschaft*. Selten dagegen soll die Beteiligung *den Beteiligten* selbst dienen. Betrachtet man die Selbstbeschreibungen vieler Projekte, so zeigt sich, dass sie meist mehrere Ziele von Partizipation verfolgen, was zu Widersprüchen zwischen gegensätzlichen Beteiligungszielen führen kann. Konflikte sind ebenfalls dann denkbar, wenn ein gewählter theoretischer Forschungsansatz die Ziele der Beteiligung nicht in angemessener Weise unterstützen kann oder wenn eingesetzte Partizipationsmethoden in Konflikt zu den Partizipationszielen geraten (vgl. Steen 2011). Für technikbezogene Vorhaben bestünde daher die Aufgabe, Klarheit zu schaffen, indem Beteiligungsziele auf der Mikroebene (der beteiligten Personen und ihrer Beziehungen), der Mesoebene (der Projekte und beteiligter Institutionen) und der Makroebene (der Gesellschaft) eine eindeutige Definition (inkl. Operationalisierung) sowie die Überprüfung der Kompatibilität zu gewähltem methodologischen Ansatz erfahren würden. Einn Beitrag zur Unterstützung des Klärungsprozess kann das von Slockum (2003, S. 12, angelehnt an Van Asselt et al. 2001) entwickelte Modell leisten, das eine Klassifikation von Partizipationszielen vorschlägt (Abbildung 3.2). Das als zweidimensionale Matrix aufgebaute Modell trifft eine Unterscheidung zwischen den Erwartungen an Beteiligung bzw. der zugrundeliegenden Motivation (Achse 1) sowie dem zu erwarteten Output (Achse 2). Während sich die Ziele der Partizipation auf der ersten Achse zwischen den Polen *Demokratisierung* (=*democratisation*) und *Erkenntnis- bzw. Wissensgewinnung* (=*advising*) bewegen, liegen sie auf der zweiten Achse zwischen den Polen *Konsensgewinnung* (=*reaching consensus*) und *Diversitätserfassung* (=*mapping out diversity*). Die Klassifikation der Ziele von Partizipation kann der Gewissheitsgewinnung als auch der Entscheidungsfindung hinsichtlich konkreter Methoden dienen.

Abbildung 3.2 Partizipationsziele in Forschung und Entwicklung (Slockum 2003, S. 12).

Neben den Beteiligungszielen können weitere Aspekte für die Gestaltung des partizipativen Forschungsprozesses entscheidend sein. Nach Slockum (2003, S. 13) zählen dazu auch die Art bzw. die Merkmale des **Forschungsthemas**. Wesentlich für das Forschungsdesign können in diesem Zusammenhang folgende Merkmale des Forschungsfeldes sein:

1) **Wissen**: Wie viel Wissen liegt über den Forschungsgegenstand vor?
2) **Reifegrad**: Wie ist die Legitimität des Forschungsgegenstandes beschaffen? Lassen sich z. B. „institutionalisierte" oder kritische Meinungen zum Forschungsgegenstand benennen?
3) **Komplexität**: Wie komplex ist der Forschungsgegenstand? Wie viel Fachwissen ist für den Umgang mit ihm notwendig?
4) **Kontroversität**: Handelt es sich um ein kontrovers diskutiertes Thema? Welche Widersprüche sind darin zu finden?

Ziele von Partizipation können schließlich auch theoretischen Partizipationsansätzen folgen, die bei der Technikentwicklung angewandt werden (vgl. Kapitel 2). Zu trennen sind diese wiederum von Konzepten bzw. Modellen, die auf Grundlage empirischer (Sozial-)Forschung, vor allem mit Menschen mit Demenz, entstanden sind. Während beide bereits im Kapitel 2 vorgestellt und diskutiert wurden, widmet sich das nachfolgende Unterkapitel einer Art von Modellen, die ihre empirische Fundierung aus der Technikentwicklung entnehmen, sich jedoch als den bisherigen theoretischen Rahmen ergänzende bzw. ihn erweiternde Modelle verstehen.

3.1.4.3 Partizipativer Forschungsprozess – ausgewählte Modelle

Neben der Diskussion um die Entwicklung geeigneter Forschungsdesigns in Abhängigkeit von Partizipationszielen und weiteren Kriterien, entstanden in den vergangenen Jahren besondere Rahmenmodelle, die sich teilweise von der Logik des UCD distanzieren, dem Forschungsprozess eine alternative Entwicklungslogik geben bzw. ihn um neue Phasen ergänzen. Sie entstanden durch eine Anpassung an Bedürfnisse von Menschen mit Demenz oder auf der Grundlage von vergleichenden Analysen. In vielen Fällen entwickelten sie sich aus der Kritik an etablierten nutzerzentrierten Ansätzen, die bestimmte Phasen, wie z. B. die Implementierung neuer Technologien, außer Acht lassen oder die Probleme innerhalb von Kooperationen mit bestimmten Stakeholdern vernachlässigen. Der Blick in die bisherige Forschung verdeutlicht, dass die Entwicklung von Technologien für Menschen mit Demenz bisher nicht zur Entwicklung eigenständiger partizipativer Forschungsdesigns für die genannte Zielgruppe führte. Trotz dessen liegt eine Vielfalt an Erfahrungen vor, die in die Diskussion über die Entwicklung derartiger Modelle aufgenommen werden kann. Um die bisher dargestellten Erläuterungen zu ergänzen, sollen im Folgenden **zwei ausgewählte Modelle** vorgestellt werden. Die Modelle spiegeln eine gewisse Evolution partizipativer Forschung und Technikentwicklung wieder: Während das erste Beispiel (aus dem Projekt ENABLE) ein am Nutzer*innenverständnis und an der Entwicklung von *Einzelgeräten* für Menschen mit Demenz orientiertes Konzept darstellt, widmet sich das zweitgenannte Modell der Entwicklung von E-Health-Technologien als *System* und spiegelt die Idee wieder, partizipative Forschung unter den Bedingungen der Entwicklung von Mensch-Technik-Systemen zu denken.[21]

---

[21] Diese Unterscheidung spiegelt im gewissen Sinne einen technologischen Wandel, der sich vom sog. „machine age", d. h. der Prägung technologischer Entwicklung durch einzelne, in sich geschlossene Maschinen, zum sog. „systems age", d. h. einer Stufe des technologischen Wandels, die durch miteinander verbundene Systeme gekennzeichnet ist, bewegt (Hester und Adams 2013).

3.1.4.3.1 Forschungs- und Entwicklungsdesign im Projekt ENABLE

Das Projekt ENABLE („Enabling Technologies for People with Dementia") war das erste europäische Projekt, das sich der Entwicklung neuer Technologien unter besonderer Einbeziehung von Menschen mit Demenz widmete (Gillard 2004). Im Rahmen des Vorhabens entstand eine Reihe verschiedener Stand-Alone-Geräte, die der Förderung von Aktivitäten, der Selbständigkeit und der Lebensqualität Betroffener dienen sollten. Zu den mittelfristigen Zielen des Projektes gehörte die Integration aller technischen Entwicklungen in das Konzept eines Smart Home, dessen Vision darin bestand, eine technisch unterstützte Umgebung zu schaffen, die im Zweifel eine minimale bis gar keine Interaktion mit Bewohner*innen erforderte und ähnlich wie eine Pflegekraft agiert (Orpwood et al. 2004, 2005). Das auf der Grundlage des Projektes entstandene **Forschungs- und Entwicklungsmodell** basiert auf einer Reihe spezifischer Erfahrungen mit der Beteiligung von Menschen mit Demenz, die nachfolgend erläutert werden sollen:

- **Beteiligung bzw. Integration von Menschen mit Demenz**: Da es Menschen mit Demenz im genannten Projekt nicht gelang, den Umgang mit neuer Technologie neu zu erlernen, sahen Forschende deren Rolle als passive Techniknutzer*innen an. Trotz dessen sprachen sie sich dafür aus, Menschen mit Demenz in die Gestaltung von Technologien einzubeziehen, z. B. in die Entwicklung von Erinnerungshilfen oder begleitenden Informationssystemen. Da sie davon ausgingen, dass die Kontrolle über ihre Lebenswelt essenziell sei, sahen sie eine zentrale Aufgabe von Technologien darin, das Kontrollgefühl Betroffener zu unterstützen (Orpwood et al. 2005, S. 158). Als wichtiges Merkmal der Einbettung neuer Technologien in die Lebensumwelt betrachteten sie die Vertrautheit, so dass technische Geräte wie bereits bekannte Gegenstände aussehen sollten.

- **Zeitpunkt der Beteiligung von Menschen mit Demenz**: Eine aktive Beteiligung von Menschen mit Demenz an der Entwicklung von Prototypen empfahlen u. a. Orpwood et al. (2004) erst dann, wenn die technischen Neuentwicklungen einen bestimmten Reifegrad erreicht haben und zuverlässig eingesetzt werden konnten. So empfanden Menschen mit fortgeschrittener Demenz die intensive Arbeit an der Prototypenentwicklung als belastend und ermüdend. Zudem war es für sie kaum nachvollziehbar, warum Prototype entworfen wurden, um mehrmals verworfen zu werden und reagierten mit Enttäuschung, wenn die von ihnen vorgeschlagenen Artefakte modifiziert wurden. Aus diesen Gründen empfahlen die Forscher*innen, Artefakte zu Beginn ihrer Entwicklung mit älteren Menschen ohne Demenz oder mit nahen Angehörigen Betroffener zu gestalten und Betroffene erst in späteren Phasen einzubeziehen.

- **Mensch-Technik-Schnittstelle bei aktiver Nutzung durch Menschen mit Demenz**: Kommt es zur Entwicklung von Technologien, die eine Interaktion mit Betroffenen erfordern, bedarf es einer umfassenden Auseinandersetzung mit Mensch-Technik-Schnittstellen (Orpwood et al. 2005). Eine zentrale Funktion derartiger Technologien sehen die Forschenden bei der Erinnerungsunterstützung von Menschen mit Demenz, z. B. der Unterstützung beim Kochen, beim Verlassen der Wohnung, während der Nacht, bei den Toilettengängen, beim Waschen, beim Auffinden verlegter Gegenstände sowie der Kommunikation mit Familie und Freunden. Dabei weisen die Autor*innen darauf hin, dass die Entwicklung von Mensch-Technik-Schnittstellen für Menschen mit Demenz eines langen Anpassungsprozesses mit mehreren Iterationen bedarf. Zudem ist es wichtig, Schnittstellen nicht isoliert, sondern unmittelbar an Prototypen zu testen. Dieses Vorgehen verlängert zwar den Entwicklungsprozess, trägt allerdings zur Vermeidung von Frustrationserfahrungen bei, die durch einen hohen Grad der Abstraktion entstehen können. Für diesen Prozess, der teilweise einer Suche nach dem Unbekannten gleicht, sollten Forschende besonders viel Zeit einplanen.
- **Relevanz von Technik für Pflegende von Menschen mit Demenz**: Nach Orpwood et al. (2005) tragen neue Technologien dann zur Entlastung Pflegender bei, wenn sie Menschen mit Demenz mit Erinnerungen und Aufforderungen unterstützen. Grundsätzlich sollten Technologien, insbesondere ein Smart Home für Menschen mit Demenz, so beschaffen sein, dass sie allenfalls eine minimale, im besten Falle jedoch keine Interaktion mit Betroffenen erforderlich machen. Auch wenn im Projekt davon ausgegangen wurde, dass Technik menschliche Betreuung und Unterstützung nicht gänzlich ersetzen kann, forderten Forschende neue Technologien so zu gestalten, dass sie ähnlich wie eine 24-Stunden-Betreuungskraft wirken können. Technologien sollten daher Strategien und Interventionen von Pflegenden nachahmen bzw. bisherige Lösungen pflegender Angehöriger nachbilden. Aus diesen Gründen wurden z. B. Angehörige im Projekt ENABLE nicht nur als Informationsvermittler*innen über die Bedürfnisse von Menschen mit Demenz (z. B. als Proxy in der frühen Phase des Prozesses, u. a. bei der Entwicklung von Mock-ups) einbezogen, sondern auch als „Modelle", d. h. „lebendige Beispiele" für erfolgreiche sowie nicht erfolgreiche Strategien und Interventionen betrachtet (Orpwood et al. 2005, S. 157).

Angesichts der gewonnenen Erfahrungen kommen die Autor*innen zu der Konzeptualisierung eines Prozesses, der aus verschiedenen Schritten sowie mehreren iterativen Elementen besteht (Orpwood et al. 2005, S. 159). Die Abbildung 3.3 stellt die verschiedenen Schritte des Modells dar.

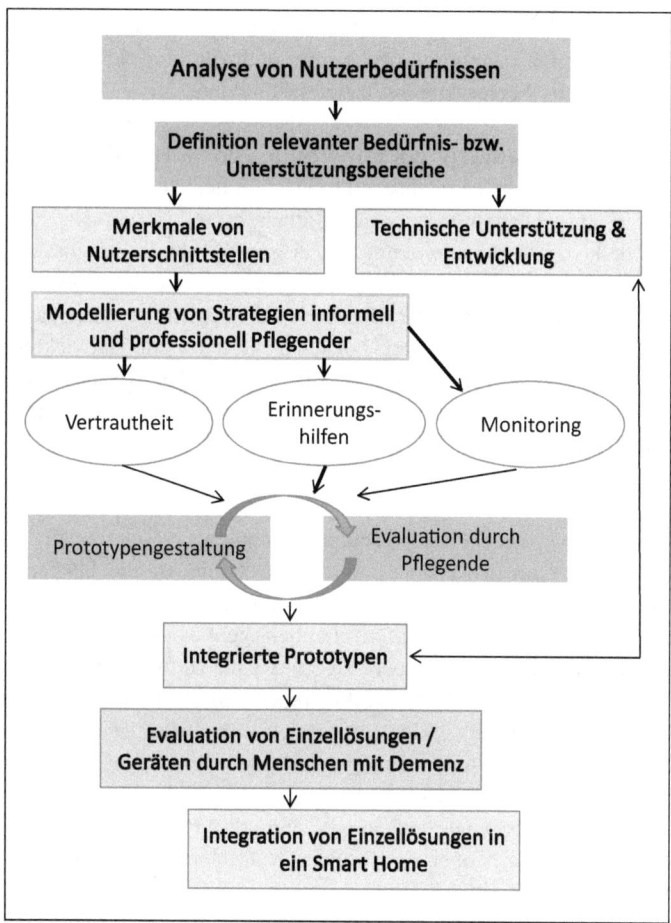

Abbildung 3.3 Forschungsprozess zur Entwicklung eines Smart Home für Menschen mit Demenz (angelehnt an Orpwood et al. 2005, S. 159; eigene Darstellung).

In dem dargestellten Modell erfolgt die Beteiligung von Menschen mit Demenz in einer späten Phase der Entwicklung. Dabei liegt der Fokus des Modells auf Menschen mit fortgeschrittener Demenz. Das Partizipationsverständnis ist an der Evaluation der bereits entwickelten Lösungen orientiert und sieht keine Einbeziehung von Menschen mit Demenz in zentrale Projektentscheidungen vor. Zentral für die Rolle der zu entwickelnden Technik ist die Pflege-Dyade und ihre zuverlässige „Funktionsfähigkeit". Technische Lösungen sollen sich in den Alltag möglichst reibungslos integrieren, wobei ihre optimale Funktion dann erfüllt ist, wenn sie bestehende Versorgungsstrategien nachbilden.

3.1.4.3.2 „CeHRes roadmap" zur Entwicklung von E-Health-Technologien

Auf der Grundlage eines systematischen Review im Forschungsfeld von E-Health-Technologien entwickelten van Gemert-Pijnen et al. (2011) ein holistisches Rahmenmodell, das eine Erweiterung bisheriger Forschungsdesigns um zusätzliche Phasen beinhaltet. Das als *„CeHRes roadmap"* bezeichnete Modell entstand nicht explizit zur Beteiligung von Menschen mit Demenz, sondern auf der vergleichenden Analyse verschiedener Forschungsdesigns zur Entwicklung neuer Technologien im o. g. Handlungsfeld. Ein wesentlicher Vorteil des Modells besteht darin, dass es die Lücke zwischen der Technologieentwicklung und ihrer Implementierung schließt. Als entscheidend für das Verständnis des Modells gelten sechs folgende **Prinzipien:**

1) Die Entwicklung von E-Health-Technologien gilt als ein partizipativer Prozess der *Co-Kreation*, in den alle relevanten Stakeholder in alle Stadien der Entwicklung einbezogen werden. Dies bedeutet jedoch keinesfalls, dass ihnen die gleichen Rollen zukommen sollten. Vielmehr geht es darum, für verschiedene Stakeholder eine für das Vorhaben relevante Rolle zu finden und zu definieren.

2) Die Entwicklung von E-Health-Technologien bedarf kontinuierlicher *Evaluationszirkel* – Technikentwicklung ist ein iterativer, flexibler und dynamischer Prozess, der zur konzeptionellen Entwicklung einer Technologie führt. Zentrale Aufgabe von Evaluation ist die begleitende Reflexion dieses Prozesses. Sie wird daher als eine begleitende und alle Projektphasen umfassende Aufgabe verstanden, wobei sie die Form verschiedener formativer Evaluationszirkel einnehmen sollte.

3) Die Entwicklung von E-Health-Technologien sollte mit ihrer *Implementierung* verknüpft sein – Während die Implementierung neuer Technologien aus Sicht der meisten Modelle als eine Aufgabe verstanden wird, die erst nach dem Entwicklungsprozess stattfindet, ist es aus Sicht der „CeHRes roadmap" essentiell, dass die Implementierung und ihre Rahmenbedingungen im Entwicklungsprozess von Beginn an bedacht werden. Potenzielle Implementationsbarrieren

sollten während der Entwicklung identifiziert und in allen Forschungsstadien berücksichtigt werden.

4) E-Health-Technologien verändern die *Organisation* der gesundheitlichen Versorgung – Die Entwicklung von E-Health-Technologien muss grundsätzlich als Prozess der Entwicklung neuer Organisationsstrukturen verstanden werden. Da neue Technologien mit bestehenden Strukturen „interagieren", verfügen sie über das Potenzial, diese zu verändern bzw. neu zu gestalten. Daraus erwächst der Bedarf nach professioneller Begleitung von Veränderungsprozessen.

5) Die Entwicklung von E-Health-Technologien setzt den Einsatz überzeugender Design-Techniken voraus – Viele Technologien erfüllen nicht die Bedürfnisse der Nutzer*innen und vernachlässigen das *Potenzial zur Verhaltensänderung oder zum Erweb neuer Kompetenzen*. Durch eine passive Sicht auf Nutzer*innen werden die Möglichkeiten der Anpassung von Technologien an individuelle Bedürfnisse unterschätzt. Die Ausschöpfung und die gezielte Förderung dieser Potenziale sollte im Entwicklungsprozess stärker forciert werden.

6) Die Entwicklung von E-Health-Technologien muss mit der Erfassung ihrer *Wirkungen* eng verzahnt sein – Die Erfassung von Wirkungen der zu entwickelnden Technologien sollte von Beginn an mit ihren Zielen verknüpft werden, so dass Teilschritte der Zielerreichung bereits während des Entwicklungsprozesses kontrolliert werden können. Wirkungen sind dabei als Ergebnis der Interaktion zwischen der Technologie, ihren Nutzer*innen und dem Kontext zu verstehen, wobei sie keiner statischen, sondern einer dynamischen Entwicklung unterliegen und in Abhängigkeit von bestimmten Situationen fluktuieren können. Zu den Aufgaben von Technologieentwicklung gehört daher auch die Entwicklung geeigneter Methoden zur Wirkungsmessung sowie methodologischer Ansätze, die nicht nur auf randomisierten kontrollierten Studien basieren, sondern eine Erweiterung um neue Mixed-Methods-Designs anstreben. Neben der Erfassung erwünschter Outcomes ist die Erfassung von Prozessvariablen wichtig, die es ermöglichen, den Prozess einer Implementierung zu begleiten.

Die Abbildung 3.4 zeigt das „CeHRes roadmap"-Rahmenmodell, das für die Planung, Koordination und Durchführung partizipativer Entwicklung von E-Health-Technologien herangezogen werden kann. Das Modell besteht aus **fünf Stufen**, die aufeinander aufbauen und durch iterative Evaluationszirkel miteinander verbunden sind. Die erste Phase ist der *Kontexterschließung* gewidmet. Ihr Ziel ist die Gewinnung von Informationen über künftige Nutzer*innengruppen und die Handlungsfelder, in denen Technologien eingesetzt werden sollten.

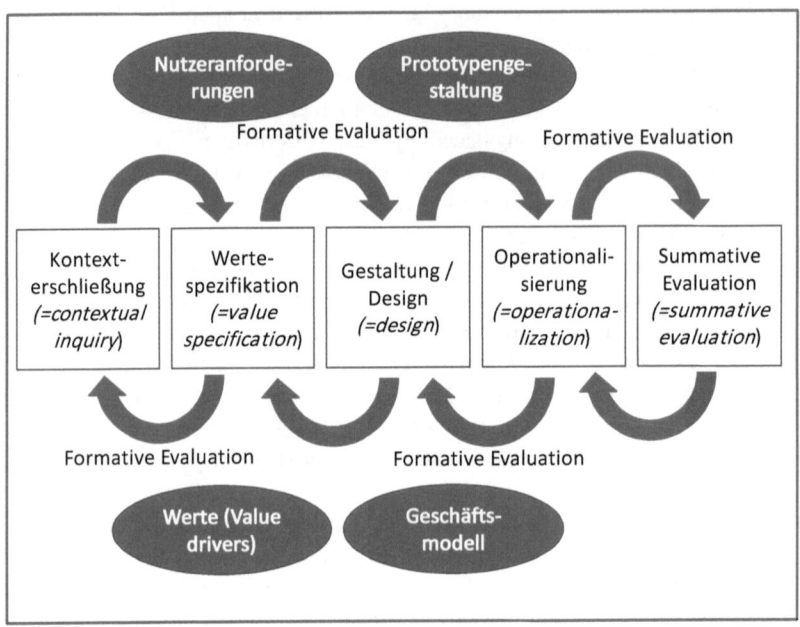

Abbildung 3.4 Das „CeHRes roadmap"-Rahmenmodell nach Van Gemert-Pijnen et al. 2011 (S. 9, eigene Darstellung)

Wesentlich dabei ist die Anwendung unterschiedlicher Methoden der Datengewinnung, z. B. Befragungen, Feldbeobachtungen, Workshops und Szenariotechniken. Zentral sind die Bedürfnisse aller relevanten Stakeholder, die Probleme in der Versorgung, Informationen über den Kontext usw. Eine zentrale Aufgabe dieser Phase besteht zudem in der Ermittlung und Einbeziehung aller relevanten Stakeholder sowie jener Personengruppen, die von den zu entwickelnden Lösungen tangiert sein könnten. Die sich daran anschließende Phase der *Wertespezifikation* widmet sich der Ermittlung der Werte aller involvierten Akteure, der Erfassung von Wertekonflikten und der Bildung von Wertehierarchien. Die Ergebnisse dieser Phase sollen der Ableitung von Zielen und Funktionen der zu entwickelten Technologie dienen. Einen bedeutsamen Schritt stellt daher die „Übersetzung" der gewonnenen Erkenntnisse in funktionale Anforderungen an E-Health-Technologien sowie in Geschäftsmodelle und Implementationsprozesse dar. Funktionale Anforderungen fließen dabei in die dritte – die *Designphase* – ein, d. h. in die Entwicklung von Mock-ups und Prototypen. Wesentlich für diese

Phase ist eine Transformation definierter Anforderungen in konkrete technische Lösungen unter Berücksichtigung der vorab definierten Ziele sowie Werte beteiligter Stakeholder sowie die Prüfung und Modifikation von Prototypen in realen Alltagssituationen. Daran schließt sich die Phase der *Operationalisierung* an, in der es um die Einführung der Technologie in anvisierte Handlungsfelder geht. Ein wesentliches Element dieser Phase ist die Entwicklung eines systematischen Konzeptes einer Implementierung inkl. der Beschaffung erforderlicher Ressourcen für die Einführung der Technologie, z. B. für Schulungen. Der Transfer umfasst auch die Entwicklung von Geschäftsmodellen, die die Ziele und Werte aller Stakeholder spiegeln. Das Rahmenmodell endet mit einer *summativen Evaluation*, die der Ermittlung aktueller Nutzungsmuster sowie der Einflüsse auf externe (Ziel-)Variablen wie klinische Outcomes, Aspekte der Organisation und andere Wirkungen erfasst. Von wesentlicher Bedeutung ist auch die Erhebung negativer Wirkungen, um entwickelte E-Health-Technologien umzugestalten, ihre Nutzung im Kontext bestimmter Organisationsprozesse zu verändern oder sie gar in bisher nicht vorgesehene Bereiche zu transferieren. Ziel der summativen Evaluation soll nicht nur der Blick auf die aktuelle Situation sein, sondern auch die Nachhaltigkeit des Einsatzes von E-Health-Technologien.

3.1.4.4 Forschungsdesigns – Prinzipientreue versus Flexibilität

Der Überblick über theoretische Ansätze partizipativer Forschung und Entwicklung (vgl. Kapitel 2) machte u. a. deutlich, dass diesen in Abhängigkeit von der jeweiligen Disziplin ein unterschiedliches methodologisches Verständnis zugrunde liegt. Während die partizipative Forschung aus sozialwissenschaftlicher Sicht weniger dem Verständnis eines methodischen Designs folgt, sondern sich als ein *Forschungsstil* mit bestimmten Leitprinzipien (z. B. am Grad der Machtkontrolle ausgerichtet) begreift, verbirgt sich hinter ingenieurswissenschaftlichen und vielen gestalterischen Ansätzen ein Forschungsverständnis, das theoretisch orientiertes Forschen mit einem konkreten *Forschungsprozess* inkl. – mehr oder weniger – konkreter Anzahl und Reihung bestimmter Arbeitsschritte oder -phasen verbindet. In Kombination mit der Verwendung bestimmter partizipativer Methoden und Techniken, die den jeweiligen Arbeitsphasen manchmal obligatorisch zugeordnet werden, bilden sie das Grundgerüst des methodologisch-methodischen Vorgehens. Die Reihung bestimmter Arbeitsphasen gilt dabei meist als recht verbindlich, während Prinzipientreue als Grad der Güte bei der praktischen Umsetzung des jeweiligen partizipativen Ansatzes verstanden wird.

In der Zusammenarbeit mit Menschen mit Demenz geraten diese Formen der methodologisch-methodischen Orientierung an ihre Grenzen, vor allem deshalb, weil die vorhanden Ansätze meist für die Zusammenarbeit mit gesunden, teilweise auch eher jungen Menschen entwickelt wurden. Die Schwierigkeiten, wie sie aus dem Projekt ENABLE berichtet wurden, stellen daher typische Probleme dar, die entstehen können, sobald theoretische Forschungsmodelle auf Menschen mit Demenz übertragen werden. Die Erschwernisse entstammen dabei häufig aus der Beteiligung von Menschen mit Demenz in den ersten Projektphasen, d. h. zu einem Zeitpunkt, zu dem es noch meist unklar ist, welche Art von Technik entwickelt werden soll, und sind vor allem dem abstrakten Charakter der zu Beginn eines Projektes stehenden Aufgaben geschuldet. Typisch für sie ist, dass sie dem kreativen Nachdenken über Arten technischer Anwendungen dienen, die zum betrachteten Zeitpunkt noch unbekannt sind. In vielen Vorhaben geht es zudem um die Entwicklung besonders innovativer Technik, was zusätzliche Anforderungen an abstraktes und kreatives Denken stellt. Da abstrakte und vor allem fiktive Aufgaben für Menschen mit Demenz eine besondere Herausforderung darstellen, bedarf es der Anpassung derartiger Aufgaben an die kognitiven Reserven der Beteiligten, vor allem dann, wenn es sich um Menschen mit fortgeschrittener Demenz handelt.

In vielen Technikentwicklungsprojekten scheinen Forschungsteams gerade mit dieser Aufgabe an Grenzen gestoßen zu sein, so dass sich Technikentwickler*innen meist gezwungen sahen, für die ersten Projektphasen sog. Sekundärnutzer*innen bzw. Proxy-Personen einzubeziehen. Stehen Technikentwicklungsprojekte zudem unter Zeitdruck, erscheint dies als die einzig mögliche und projektökonomische Lösung. Ein solches Vorgehen wurde auch im Projekt CONFIDENCE (Schneider et al. 2013) praktiziert, in dem sog. Sekundärnutzer*innen (pflegende Angehörige und Professionelle) zu Beginn des Projektes eingebunden wurden, während Menschen mit Demenz erst dann integriert wurden, wenn die erste Iteration abgeschlossen war, d. h. zu einem Zeitpunkt, zu dem das künftige Gerät bereits spezifiziert wurde. Die Initialphase, in der entscheidende Weichenstellungen für die zu entwickelte Technik gelegt werden, fand daher ohne deren Einbeziehung statt. Dabei steht die fehlende Beteiligung Betroffener im Widerspruch zum Partizipationsgedanken, nach dem Menschen mit Demenz von Anfang an in den Entwicklungsprozess einbezogen werden sollten.

Mit vergleichbaren Dilemmata sahen sich auch andere Vorhaben konfrontiert. Das geschilderte Modell des Projektes ENABLE stellt daher ein prototypisches Ergebnis von Herausforderungen dar, die vor allem dann entstehen, wenn theoretisch fundierte Forschungsdesigns aus Gründen der wissenschaftlich verstandenen Prinzipientreue auf die Zusammenarbeit mit Menschen mit Demenz übertragen werden. Unabhängig von der individuellen Prüfung, inwiefern die Beteiligung von Menschen mit Demenz an den ersten Projektphasen zwingend mit deren *Mitwirkung an konkreten Arbeitsaufgaben* einhergehen muss oder ob es ausreichend ist, sie in wichtige *Entscheidungen* einzubeziehen, stehen Wissenschaftler*innen vor der Frage, wie viel Prinzipientreue bei der Verfolgung spezifischer Schritte eines Forschungsdesigns erforderlich ist bzw. welche Formen der Erweiterung möglich sind. Auf dieses Grundsatzproblem machen u. a. Hendriks et al. (2015) aufmerksam. Ausgehend vom Ansatz des Co-Design zeigen sie, dass viele Methoden, die in bestimmten Projektphasen als etabliert gelten, nicht selten ein hohes Niveau kognitiver Reserven erforderlich machen, wie z. B. hohes Abstraktionsvermögen und kreatives Denken. Entsprechende Aufgaben richten sie zudem an Personen, die keine sensorischen Einschränkungen haben. Die zunehmende Professionalisierung in der partizipativen Forschung führte zudem zur stärkeren Standardisierung, was bestimmte Formen der Abweichung von den entwickelten Vorgaben als legitimationsbedürftig erscheinen lässt. Vor diesem Hintergrund entwickelten Wissenschaftler*innen für die Anwendung bestimmter theoretischer Ansätze für bestimmte Zielgruppen verschiedene Leitlinien, die meist eine Reihe von Vorschlägen für die Anpassung theoretisch fundierter Forschungsdesigns enthalten. Bei der Entwicklung entsprechender Leitlinien für das Co-Design mit Menschen mit Demenz weisen jedoch Hendriks et al. (2015) darauf hin, dass es kaum möglich bzw. tragbar erscheint, eine einheitliche Prozess- und Methodengestaltung für alle Betroffenen zu entwickeln. Vielmehr bedarf es individueller und flexibler Anwendungen und (Neu-)Entwicklungen. Arbeitsschritte, Methoden und Techniken müssen nicht nur vor dem Hintergrund individueller Ressourcen der Beteiligten, sondern ebenso vor dem Hintergrund der Kontextbedingungen betrachtet werden. Daher plädieren Hendriks et al. (2015) weniger für die abstrakte und für alle Menschen mit Demenz gleichartige Veränderung bzw. Modifikation von Methoden, sondern vielmehr für die Entwicklung sog. *„method stories"*: „Such method stories focus on „how innovative methods are made to work in reality, in a specific ddesign setting, instead of how they ought to work in theory, in a controlled einvironment." (Lee 2012, S. 4, in Hendriks et al. 2015, S. 79). Die Autor*innen schlagen zugleich einen Leitfaden für die Erstellung von *„method stories"* vor, der auch einen Fragenkatalog zur Reflexion des eigenen methodischen Vorgehens enthält (Hendriks et al. 2015, S. 79f, vgl. auch Hendriks et al. 2014).

3.1.5   Ausgewählte Forschungsmethoden mit Menschen mit Demenz

In Abhängigkeit von den Zielen und dem Forschungsdesign eines Vorhabens kommen in der Entwicklung neuer Technologien unterschiedliche Forschungs- und/oder Beteiligungsmethoden zum Einsatz. Dabei ist es üblich, dass in Techni- kentwicklungsprojekten nicht nur eine, sondern mehrere Methoden Anwendung finden, die zudem verschiedene Zielgruppen ansprechen. Die Wahl bestimmter Methoden erfolgt nicht nur mit Blick auf die Ziele des Gesamtvorhabens, sondern folgt auch dem Erkenntnisinteresse einzelner Projektphasen, so dass methodisch- methodologische Entscheidungen in der Regel das Ergebnis mehrdimensionaler Selektions- und – nicht selten – interdisziplinärer Aushandlungsprozesse sind. Handelt es sich um partizipative Projekte, folgen sie in der Regel der Logik jenes Partizipationsverständnisses, das dem Gesamtvorhaben innewohnt. Dieses Verständnis, das nicht nur den Forschungsprozess, sondern gewöhnlich auch den methodologischen Hintergrund bestimmt, ist dafür verantwortlich, ob – und wenn ja, in welcher Form z. B. Menschen mit Demenz in ein Vorhaben einbezogen wer- den (z. B. als Beforschte, als Beteiligte oder etwa als Co-Forschende) und welche Rolle sie bei der Wahl, der Entwicklung, der Anwendung und der Bewertung eingesetzter Methoden haben.

Sozialwissenschaftlich orientierte partizipative Forschung, z. B. Participatory Action Research (PAR), sowie ausgewählte gestalterische Ansätze, z. B. das Co- Design, gehen davon aus, dass sich Co-Forschende am gesamten Forschungs- und Entwicklungsprozess, d. h. auch an der Entwicklung und Anwendung von Datenerhebungsmethoden, beteiligen sollten. Nutzer*innenzentrierte Ansätze betrachten dagegen auch die Erforschung von Nutzer*innenbedürfnissen, etwa durch Befragungen, als eine Form von Beteiligung. Unabhängig vom theoreti- schen Leitverständnis der Partizipation und seiner konkreten Umsetzung finden in Technikentwicklungsprojekten daher auch Erhebungen statt, in denen Men- schen mit Demenz die Rolle von Beforschten einnehmen. Geht es in partizipativen Projekten daher um die Klärung dessen, welche Stakeholder den Prozess der Date- nerhebung (mit-)bestimmen und welche Akteure ihn konkret durchführen, ist es bei der Forschung mit Menschen mit Demenz zusätzlich erforderlich zu klären, wie eingesetzte Methoden an deren Bedürfnisse angepasst werden können.

Während inzwischen viele Studien vorliegen, die Forschungsmethoden mit Menschen mit Demenz – häufig um deren subjektive Perspektiven und Erfahrungswelten zu erfassen – angewandt haben[22] – liegen zur Partizipation, z. B. zur Co-Forschung mit Menschen mit Demenz, nur vereinzelte Erfahrungen vor. Dies bestätigen auch Ergebnisse eines Literaturreview zur Beteiligung von Menschen mit Demenz in die Entwicklung von IT-Applikationen, die zeigen, dass trotz der zentralen Bedeutung des Partizipationsgedankens, den die gesichteten Vorhaben verfolgten, Menschen mit Demenz am häufigsten in der Rolle als Beforschte eingebunden waren. Lediglich zwei der analysierten Studien hatten Menschen mit Demenz als Co-Designer*innen beteiligt (Span et al. 2013). Selbst in Vorhaben, die sich der partizipativen Entwicklung von Technologien für Menschen mit Demenz widmen, sind es nicht immer Betroffene, die beteiligt werden. Häufig fungieren Proxies, z. B. nahe Angehörige oder Pflegekräfte, als Studienteilnehmer*innen mit dem Ziel, die Sicht von Menschen mit Demenz in Forschung und Entwicklung stellvertretend einzubringen.

Ein Blick auf die noch kurze Geschichte der Demenzforschung zeigt allerdings, dass technikbezogene Forschung und Entwicklung im Hinblick auf die Zögerlichkeit bezüglich der Integration Betroffener in den Forschungsprozess – wobei damit keinesfalls nur die Co-Forschung gemeint ist – keine Ausnahme darstellt, da die systematische Exklusion von Menschen mit Demenz auch andere Bereiche betrifft (McKeown 2017). Erste Studien, die sich der Erfassung subjektiver Erfahrungswelten und individueller Perspektiven von Menschen mit Demenz gewidmet haben, wurden im Jahr 1999 publiziert (van Baalen et al. 2011, S. 125f). Trotz der kurzen Geschichte derartiger Studien kann allerdings heute auf eine Reihe konkreter Erfahrungen rekurriert werden, die Hinweise auf die Anpassungsnotwendigkeiten konkreter Methoden geben. Obwohl sie nicht ausschließlich aus Technikentwicklungsprojekten entstammen, können sie auf methodisch-methodologische Aspekte technikbezogener Vorhaben übertragen werden, vor allem, wenn es um die Anpassung von Forschungsmethoden an die Bedürfnisse von Menschen mit Demenz geht (Murphy et al. 2015). Bei der Einbeziehung von Menschen mit Demenz in einen als sehr hochschwellig zu bezeichnenden Kontext von Forschung und Entwicklung muss es darum gehen,

---

[22]Dieser Trend geht auf neuere Entwicklungen im Feld des „Public and Patient Involvement" (PPI) zurück, einer (z. B. in England, USA und Kanada auch politisch geförderten) Forschungsrichtung, die sich für die Beteiligung von Bürger*innen und der breiten Öffentlichkeit an gesundheitsbezogener Versorgungsforschung einsetzt. Die politische und finanzielle Förderung von PPI hat vor allem in England dazu geführt, dass neue Erkenntnisse zur partizipativen Forschung mit Menschen mit Demenz vorliegen (Schilling und Gerhardus 2017).

modifizierte bzw. innovative Methoden der Beteiligung zu finden oder zu entwickeln. Das typische Methodenrepertoire, das z. B. für Bürger*innenbeteiligung zur Verfügung steht, bzw. Tools, die für verschiedene Phasen von Technikentwicklungsprozessen konzipiert wurden, eignen sich nicht immer für Menschen mit Demenz (Wißmann 2017, S. 20).

Neben der **Notwendigkeit der Anpassung bestehender Methoden** gesellt sich in Technikentwicklungsprojekten die Notwendigkeit hinzu, ein gemeinsames Verständnis von partizipativen Methoden zu entwickeln, allerdings unter den Vorzeichen von Multi-, Inter- oder gar Transdisziplinarität. So bestehen in Abhängigkeit vom disziplinspezifischen Blickwinkel unterschiedliche Verständnisse davon, was unter Partizipation zu verstehen ist. Als schwierig gestaltet sich oftmals die Unterscheidung zwischen Einbindung und Partizipation. So gilt die Einbeziehung der Nutzer*innensicht und der Nutzer*innenerfahrung im Kontext des UCD häufig schon als Partizipation, während Partizipation aus sozialwissenschaftlicher Sicht erst dann gewährleistet ist, wenn Co-Forschende einen Mindestgrad der Kontrolle über den Forschungsprozess erhalten. Unklarheiten hinsichtlich verschiedener Beteiligungsgrade können dazu führen, dass Grenzen zwischen Vorhaben, die Betroffene als Beforschte (z. B. durch Befragungen) oder Expert*innen ihrer Lebenswelt einbeziehen, und jenen, die sie an Projektentscheidungen beteiligen, verschwimmen. Zum mehrdeutigen, weil im multidisziplinären Kontext **unterschiedlich verstandenen Partizipationsverständnis** gesellt sich zudem ein **unterschiedliches Methodenverständnis**. Während in einigen Forschungskontexten Methoden lediglich als flexible, austauschbare Werkzeuge oder Tools betrachtet werden, die weitgehend losgelöst von ihren methodologischen Grundlagen verwendet werden können, wird in anderen Wissenschaftskontexten ein Methodenverständnis präferiert, in dem der gewählte theoretische Rahmen sowohl die Anwendung einer Datenerfassungs- als auch der dazugehörigen Datenauswertungsmethode bestimmt.

Darüber hinaus muss' zwischen **Methoden der Datenerfassung (bzw. -gewinnung)** und der **Beteiligung** unterschieden werden. Während Forschungsmethoden im klassischen Verständnis der Erforschung bestimmter Sachverhalte und damit der Generierung von Erkenntnissen dienen, stellen Beteiligungsmethoden Verfahren der aktiven Einbindung oder partizipativen Integration von Stakeholdern in den Forschungs- und Entwicklungsprozess dar. Zwischen den an der Entwicklung von Technik beteiligten Disziplinen lassen sich dabei besondere Differenzen hinsichtlich des theoretischen Verständnisses von Beteiligungsmethoden beobachten. Während in den Sozialwissenschaften Partizipation als normatives Leitprinzip eines spezifischen Forschungsstils gilt, das an den Grad der Machtkontrolle über den Forschungsprozess gebunden ist, gilt aus Sicht der

Ingenieurwissenschaften der Anspruch an Partizipation meist als erfüllt, wenn ausgefeilte Beteiligungsmethoden zum Einsatz kommen, unabhängig davon, ob mit ihrem Einsatz Entscheidungsbefugnisse tangiert sind. Partizipation als Leitprinzip bedeutet, Beteiligte mit ihrem Wissen und ihren Fähigkeiten in den Entwicklungsprozess gleichberechtigt einzubinden und sie an der Entwicklung von Methoden zu beteiligen (Beimborn et al. 2016). Beteiligung und Partizipation gehen daher über eine schlichte Einbindung hinaus, indem sie Beteiligten Entscheidungsbefugnisse zumessen. Aus Sicht ingenieurwissenschaftlicher Ansätze, z. B. des UCD, wird die Einbindung von Nutzer*innen ebenfalls vorausgesetzt, allerdings mit dem Ziel der verwertbaren Erkenntnisgewinnung und Entwicklung (z. B. in Bezug auf die zu entwickelnde Technologie). Die Fokusse der verwendeten Methoden – d. h. Erkenntnisgewinnung oder Beteiligung – verschmelzen häufig innerhalb einer und der gleichen Methode, so dass eine Fokusgruppe mit Menschen mit Demenz, die der Erhebung von Daten dient, auch als Beteiligungsmethode verstanden wird. Aus sozialwissenschaftlicher Sicht lassen sich Datenerfassungsmethoden zwar danach unterscheiden, wie stark sie Beforschte in die Co-Produktion von Wissen einbinden[23], einem qualitativen Interview wird jedoch keinesfalls der Status einer partizipativen Methode zugeschrieben, sofern es nicht der Kontrolle über den Forschungsprozess dient.

Wird von Methoden im Kontext interdisziplinärer Technikentwicklung gesprochen, bedarf es einer weiteren Klärung, und zwar hinsichtlich ihrer Rolle als **Kommunikationswerkzeuge in multidisziplinären Verständigungsprozessen**. Wie Kucharski und Merkel (2018, S. 6) mit Verweis auf Compagna (2012, S. 127) betonen, erhalten Methoden in Technikentwicklungsprojekten die Funktion von „Übersetzungswerkzeugen", die „den Anspruch erfüllen sollen, das alltägliche Nutzer*innenwissen in das Expert*innenenwissen technologischer Entwicklung sowie in die umgekehrte Richtung zu übersetzen". Methoden dienen somit dazu, Erkenntnisse über Zielgruppen neuer Technologien in der Weise herzustellen, dass sie durch „Technikexpert*innen" verstanden werden, und sie in einen – teilweise vordefinierten Entwicklungsprozess ohne größere Reibungsverluste integriert werden können. „Im Idealfall erlaube eine Methode diese Übersetzung ohne vorauszusetzen, dass die Akteure zu Experten des jeweils anderen Wissensfeldes werden" (ebenda). Die spezifische Funktion von Methoden als Übersetzungswerkzeuge steht in interdisziplinären Technikentwicklungsprojekten nicht selten im Zusammenhang mit unterschiedlichen Erwartungen an die Güte

---

[23]So gelten Methoden der qualitativen Forschung als jene, die dem partnerschaftlichen Verhältnis zwischen Forschenden und Beforschten dienlicher sind als quantitative Methoden, die Beforschte eher als Forschungsobjekte betrachten.

ihrer Übersetzungskraft. Während aus sozialwissenschaftlicher Sicht Datengewinnungsmethoden einer langfristigen und sorgfältigen Entwicklung und teilweise einer begleitenden Reflexion bedürfen, wird von Methoden in den Ingenieurwissenschaften vor allem hohe Reliabilität, Effizienz und optimale Verwertbarkeit gewonnener Ergebnisse erwartet. Die daraus erwachsenden Konflikte dürften bei der Forschung mit Menschen mit Demenz steigen, da gerade partizipatives Vorgehen in diesem Feld mit höheren Effizienzeinbußen verbunden ist.

Neben einer Klärung des Wesens und der Bedeutung von Methodik und Methodologie im Kontext interdisziplinärer Technikentwicklung, stellt sich die Frage, wie bewährte Forschungs- und/oder Beteiligungsmethoden an Bedürfnisse von Menschen mit Demenz angepasst werden können, damit ihnen eine bestmögliche Teilnahme gelingt. Die Notwendigkeit von **Modifikationen** entsteht grundsätzlich, sobald weltliche Co-Forschende Forschungsmethoden entwickeln oder sie diese selbst anwenden (Bergold und Thomas 2012). Eine sorgfältige Anpassung dürfte jedoch besonders wichtig sein, wenn Menschen mit Demenz als Co-Forschende – aber auch als Beforschte – fungieren (Murphy et al. 2015; McKeown 2017). Auf die Notwendigkeit der Anpassung typischer Methoden des UCD machen auch Eisma et al. (2004) aufmerksam, wobei sie darauf hinweisen, dass derartige Anpassungen bereits dann notwendig sind, wenn sie ältere Menschen adressieren. Viele Forschende fordern, dass sich Modifikationen vor allem an den Ressourcen und Möglichkeiten der Teilnehmer*innen orientieren sollten, was auf Seiten anderer Stakeholder entsprechendes Wissen über Demenz sowie den Umgang mit Betroffenen voraussetzt (Bodecker 2015; Nygard 2006; Eisma et al. 2004). Wichtig ist zu betonen, dass es besonderer Anpassungen nicht nur bei der Sprache bedarf. Vielmehr müssen Methoden so gestaltet sein, dass sie bestimmte Einschränkungen – z. B. der Gedächtnisleistung – kompensieren können (Hendriks et al. 2013). Neben Modifikationen bedarf es der **Entwicklung neuer Methoden**. Besondere Bedarfe bestehen nicht nur im Hinblick auf spezifische Zielgruppen, z. B. Menschen mit Demenz, sondern auch für spezifische Phasen des Technikentwicklungsprozesses. So betonen z. B. Eisma et al. (2004) vor allem den Bedarf an Methoden, die eingesetzt werden können, wenn eine konkrete Technologieidee noch nicht existiert.

Als relevantes Kriterium der Methodenmodifikation in der partizipativen Forschung mit Menschen mit Demenz gilt der Grad ihrer **Inklusivität**. Angesichts bestehender Anpassungsnotwendigkeiten kann es jedoch zu Konflikten kommen, wenn notwendige Modifikationen mit der Einhaltung erforderlicher Gütekriterien unvereinbar erscheinen. Wird ein hoher Anspruch an die methodische Güte gestellt, können Methoden schnell zur Integrationsbarrieren werden. Bond und Corner (2001) weisen darauf hin, dass vor allem ein starres positivistisches

Validitäts- und Reliabilitätsverständnis eine restriktive Partizipationspraxis fördern kann. Beispiele einer solchen Praxis bilden starre Inklusions- und Exklusionskriterien (z. B. im Hinblick auf Gedächtnisleistung oder Sprache) sowie hohe Standardisierungserwartungen, die dazu führen, dass bestimmte Personengruppen aus einer Studie grundsätzlich ausgeschlossen werden. Hinsichtlich der Modifikation von Forschungsmethoden bedarf es daher sorgfältiger Abwägungen zwischen jenem Maß an Inklusivität, das notwendig erscheint, um Menschen mit Demenz als Co-Forschende einzubeziehen, und der wissenschaftlichen Güte, die notwendig ist, um den Anforderungen guter Forschungspraxis zu genügen. Um einen solchen Konflikt zu lösen, schlägt Pratt (2002, S. 175) vor, der Inklusivität von Forschungsmethoden Vorrang zu geben – wenn notwendig, auch auf Kosten der methodischen Güte. Eine derartige Entscheidung ist jedoch grundsätzlich von den Zielen der jeweiligen Forschung abhängig zu machen und im Zweifel danach auszurichten, was den Forschungszielen am dienlichsten erscheint.

Nicht zuletzt stellt sich in der empirischen Forschung mit Menschen mit Demenz die Frage, ob spezifische methodologische Herausforderungen zu beachten sind (Keady et al. 2018, S. 2). Aus den Erfahrungen der (gesundheitlichen und pflegerischen) Versorgungsforschung argumentierend, gehen Bond und Corner (2001) davon aus, dass es keine einmaligen demenzspezifischen methodologischen Anforderungen an die empirische Forschung mit Betroffenen gibt („…there are no unique methodological challenges in researching dementia or dementia care", Bond und Corner 2001, S. 97), allerdings „… the complex nature of dementia and dementia care, like other chronic conditions, highlights the methodological challenges of investigating complex social phenomena." (ebenda). Die **Komplexität der Demenz als soziales Phänomen** macht eine methodologische Reflexion notwendig, ist aber gleichzeitig ein wichtiger Grund für ethische Reflexionen, die sich als Aufgabe bereits stellt, *bevor* Menschen mit Demenz in Datenerhebung oder in Co-Forschung einbezogen werden. In der technikbezogenen Forschung liegen bisher keine systematischen Analysen von Forschungs- und Beteiligungsmethoden mit Menschen mit Demenz vor. Vorliegende Erfahrungen liefern jedoch eine Reihe von Hinweisen, die auch für weitere Studien genutzt werden können.

Methodologische und ethische Erwägungen sind häufig miteinander verzahnt, wie einige Beispiele aus der Forschung zeigen. So wird Co-Forschenden mit Demenz, wenn sie z. B. als Interviewer*innen fungieren, ein besserer Zugang zum Feld attestiert und damit ein positiver Einfluss auf die Mitteilungsbereitschaft befragter Personen, die der gleichen Gruppe angehören. Dieser Vorteil kann jedoch dann zum Nachteil werden, wenn es Co-Forschenden mit Demenz schwer fällt, eine objektive Position einzunehmen und sie dazu neigen, eigene Erfahrungen auf die Erlebnisse anderer zu übertragen. Ähnlich ambivalent kann

das Verhältnis zwischen subjektivem Nutzen und der mit der Co-Forschung verbundenen Belastung sein, die z. B. aus der Begegnung mit Schicksalen anderer
Menschen resultieren kann. Vor diesem Hintergrund bedarf die Beteiligung von
Menschen mit Demenz an Datenerhebungen nicht nur methodischer, sondern auch
ethischer Reflexion. Da bisher sehr wenige Erkenntnisse über den Nutzen, die
Wirkungen bzw. Effekte der Forschungsbeteiligung, z. B. auf das Wohlbefinden
von Menschen mit Demenz, vorliegen (Span et al. 2013), sollte Co-Forschung
begleitende Maßnahmen, z. B. Training, begleitende Evaluation oder Supervision
zur Verfügung stellen, die Co-Forschenden dazu verhelfen können, im Feld tätig
zu sein.

Ausgehend von den bisherigen Vorüberlegungen, widmet sich das nachfolgende Kapitel der Vertiefung der o. g. Aspekte. Da Methoden im Kontext
von Technikentwicklung sowohl hinsichtlich ihrer Form als auch ihrer primären
Ziele nicht immer eine dezidierte Trennung zwischen Erkenntnisgewinn und
Beteiligung erlauben, werden im Rahmen dieses Kapitels beide Methodenarten
aufgegriffen – zumal Menschen mit Demenz auch in partizipativen Vorhaben nicht
nur als Beteiligte, sondern häufig auch als Beforschte fungieren (können). Bei der
Darstellung und Diskussion der Methoden wird der Blick vor allem auf die Frage
gelegt, welcher Anpassung „übliche" Forschungsmethoden bedürfen, um Menschen mit Demenz gerecht zu werden. Da im Hinblick auf diese Frage nicht nur
Erfahrungen aus dem Feld der Technikentwicklung, sondern auch aus anderen
Bereichen, z. B. der Partizipativen Aktionsforschung, der partizipativen Evaluationsforschung und der Versorgungsforschung vorliegen, wird an geeigneter Stelle
auf diese Erkenntnisse rekurriert. Neben methodischen und methodologischen
Aspekten soll bei der Diskussion konkreter Methoden auch auf ethische Aspekte
eingegangen werden, sofern sie für die Anwendung der betrachteten Methoden
mit Menschen mit Demenz von Relevanz sind. Die zentrale Idee des Kapitels
besteht vor allem darin, Erfahrungen aus der Anwendung klassischer und neuer
Forschungs- bzw. Beteiligungsmethoden zu bündeln, um Forschenden Lösungswege für die Zusammenarbeit mit Menschen mit Demenz aufzuzeigen und sie zu
ermutigen, zur Weiterentwicklung von Methoden beizutragen.

3.1.5.1 Methoden zur Erforschung der Lebens- und Erfahrungswelten (Nutzer*innensicht) von Menschen mit Demenz

Die Funktion, die Forschungsmethoden im Rahmen von Technikentwicklung einnehmen, folgt häufig der Logik des gewählten Forschungsdesigns und variiert in
Abhängigkeit von **Projektphasen**. Den Methoden zur Erforschung der Lebens-
und Erfahrungswelten von Menschen mit Demenz kommt bereits zu Beginn der

meisten Technikprojekte eine besondere Relevanz zu. Weil die aus Felderkundungen und Bedürfnisspezifikationen entstammenden Erkenntnisse die Grundlage der späteren Konzeptentwicklung bilden und damit zu einer entscheidenden Eingrenzung des weiteren Vorgehens führen, erfordert die Auswahl der Methoden einer besonderen Sorgfalt. Dabei kommt in den ersten Projektphasen häufig eine Kombination verschiedener Forschungsmethoden zum Einsatz, die sich gewöhnlich an mehrere Zielgruppen richten. Handelt es sich um die Entwicklung von Technologien für Menschen mit Demenz, zählen dazu nicht nur Betroffene, sondern meist auch nahe Angehörige oder professionelle Pflegekräfte. Die zu klärenden Fragen beziehen sich häufig darauf, wie ein passender Methoden- und Perspektiven-Mix hergestellt und wie eine notwendige Adaptation von Methoden gewährleistet werden kann.

Nachdem die ersten Schritte abgeschlossen sind und eine oder mehrere Ideen für das weitere Vorgehen vorliegen, beginnt die Phase der technischen Entwicklung. Sie ist in der Regel durch iterative Prozesse gekennzeichnet, in die mehrstufige Prozesse der Entwurfsgestaltung bis hin zu Erstellung von Prototypen integriert sind. Während dieser Schritte treten Datenerhebungsmethoden häufig in den Hintergrund. Gebraucht werden sie allenfalls für erste Testungen unter Laborbedingungen. Begleitend dazu steigt häufig die Relevanz von Beteiligungsmethoden, die von den Studienteilnehmer*innen eine aktivere Rolle erfordern. „Klassische" Forschungsmethoden werden in der Regel wieder dann wichtig, wenn es um die Überprüfung und die Anpassung von Prototypen unter Alltagsbedingungen geht. Datenerhebungsmethoden dienen hier z. B. der Erfassung des Nutzer*innenverhaltens, der Erkennung von Fehlern und der Berücksichtigung spezifischer Anforderungen bestimmter Nutzer*innengruppen. Forschungsmethoden sind grundsätzlich in den Abschlussphasen technikbezogener Projekte, u. a. bei der Weiterentwicklung von Prototypen oder deren Evaluation, von Relevanz, insbesondere wenn die Erfassung ausgewählter Wirkungen auf die Nutzer*innen und deren Umgebung geplant ist.

In Technikentwicklungsprojekten mit Menschen mit Demenz stellt sich nicht nur die Frage nach der Auswahl und der Modifikation konkreter Methoden bzw. dem Verhältnis von Datenerhebungs- und Beteiligungsmethoden, sondern auch die Frage nach dem **methodologischen Ansatz** (der Datenerhebung), dem vor dem Hintergrund der Besonderheiten der Zielgruppe gefolgt werden soll. Häufig verdichten sich derartige Überlegungen in der Frage, ob der quantitative oder der qualitative Ansatz für Menschen mit Demenz besser geeignet sei. Historisch betrachtet, dominierte der quantitative Ansatz lange Zeit die Demenzforschung. Durch klinische Studien, in denen u. a. die Diagnostik eine zentrale Rolle einnahm, rückten auch typische Forschungsdesigns, wie die randomisierte kontrollierte Interventionsstudie, in den Mittelpunkt der Betrachtung und bestimmten lange Zeit die Vorstellungen von „der richtigen" Forschung mit Menschen mit Demenz. Erst seit Beginn der 2000er Jahre entstand ein aus der qualitativen Forschung heraus begründetes Interesse an der Erkundung subjektiver Erfahrungswelten von Menschen mit Demenz mit dem Ziel, die Perspektive der Betroffenen besser zu verstehen und sie in die Gestaltung von Versorgungskontexten effektiver einzubeziehen. Verbunden damit war auch die Forderung, das negative, durch die Betonung von Kompetenzverlusten geprägte Bild von Menschen mit Demenz zu hinterfragen, für das die stark positivistische und am medizinischen Menschenbild orientierte (quantitative) Forschung verantwortlich gemacht wurde (Bond und Corner 2001). Debatten um „die richtige" Forschung mit Menschen mit Demenz sind nach wie vor sichtbar, etwa in der Forderung von Carmody et al. (2015), die für den Vorrang qualitativer Forschung in diesem Feld plädieren, insbesondere dann, wenn es um die Erfassung subjektiver Erfahrungen Betroffener geht. Die Vorteile der qualitativen gegenüber der quantitativen Forschung bestehen nach Bond und Corner (2001) in der besseren Erfassbarkeit der Komplexität (sozialer Phänomene) sowie ihrer immanenten Flexibilität. So stellt zwar die Erfassung der Komplexität der Lebens- und Erfahrungswelten Betroffener auch für den qualitativen Ansatz eine enorme Herausforderung dar, er könne prozesshafte Strukturen jedoch besser abbilden und zur „Öffnung verschiedener Black Boxes" zwischen Ursache und Wirkung beitragen. Die hohe Flexibilität prädestiniert qualitative Methoden sowohl für verschiedene Stadien der Erkrankung, während ihre Logik zudem von Laien-Forschenden besser nachvollzogen werden kann, so dass sie für Co-Forschung besser geeignet seien.

Trotz einer Reihe von Argumenten für den Vorrang qualitativer gegenüber quantitativen Methoden benennen Bond und Corner (2001) einige Herausforderungen, die aus dem Wesen des qualitativen Ansatzes entspringen und sich vor allem in der Anwendung mit Menschen mit Demenz manifestieren. Dazu zählen sie insbesondere zwei Aspekte:

- **Die prinzipielle Nicht-Erkundbarkeit subjektiver Lebenswelten von Menschen mit Demenz**: Aus Sicht der qualitativen Methodologie besteht ein weitgehender Konsens darüber, dass Forschung die Perspektiven ihrer Zielgruppen einbeziehen muss. In der konkreten Anwendung ist damit die Aufgabe verbunden, das Erleben, die Wahrnehmung, das Denken und Handeln aus der Sicht der Beforschten zu betrachten, d. h. mithilfe ihres eigenen Weltverständnisses, ihrer eigenen Gedanken und Begriffe. Dafür bedarf es der

Herstellung einer gewissen Nähe, die zwar auch unter ethischen Gesichtspunkten zu reflektieren ist, die jedoch dazu dient, den Lebenskontext einer Person kennenzulernen, ihn anhand vergleichbarer Erfahrungen nachzuvollziehen und verstehen zu können. Je besser das Verständnis der Forschenden von der subjektiven Erfahrungswelt der Untersuchungsperson, umso besser die Möglichkeit, ihre Perspektive zu verstehen. In der Forschung mit Menschen mit Demenz sind jedoch dem verstehenden Zugang Grenzen gesetzt. Während bei anderen Zielgruppen die Möglichkeit besteht, dass Forschende – u. a. auch anhand eigener Erfahrungen – einen Zugang zur Erlebniswelt der Studienteilnehmer aufbauen, ist bei Menschen mit Demenz ein verstehender Zugang erschwert. Da ein „Austritt" aus der Demenz nicht möglich ist, ist es Betroffenen kaum möglich, Nicht-Erkrankten zu vermitteln, wie sich ein Leben mit Demenz „anfühlt". Solange Forschende nicht selbst an Demenz erkrankt sind, bestehen nur begrenzte Möglichkeiten, den Erfahrungshorizont Erkrankter nachzuvollziehen. Das Risiko der prinzipiellen Nicht-Erkundbarkeit der subjektiven Erfahrungswelt von Menschen mit Demenz besteht darin, dass Forschende bei der Interpretation der Ergebnisse viel stärker auf persönliche Einstellungen, kulturelle Deutungen bzw. fremde Interpretationsmuster zurückgreifen müssen. Selbst Personen, die engen Kontakt zu Betroffenen und dadurch eine gewisse Vorstellung von der „Welt auf der anderen Seite" entwickeln konnten, gewinnen ihre Vorstellung nicht aus der „Natur" bzw. dem Wesen der Erkrankung heraus, sondern häufig aus der sozialen Deutung, die sie der Erkrankung zuschreiben (Bond und Corner 2001, S. 107). Die grundsätzliche Unmöglichkeit des Vordringens zum Erleben Betroffener erschwert daher die Interpretation qualitativer Daten.

- **Probleme in der Abgrenzung zwischen öffentlicher und privater Erfahrungswelt**: Im Rahmen qualitativer Forschung ist die Grenzziehung zwischen öffentlicher und Privatsphäre besonders erschwert, da die subjektive Perspektive der Beforschten den Forschungsgegenstand bestimmt. Handelt es sich etwa um Interviews, so stehen Befragte grundsätzlich vor der Aufgabe zu bestimmen, welche Aspekte ihrer Erfahrungswelt sie mitteilen und welche sie verschweigen, da sie dem Bereich des Privaten angehören. Die damit verbundene Aufgabe erfordert ein gewisses Maß an Selbstreflexion und -kontrolle, die bei Menschen mit Demenz jedoch im Verlauf der Erkrankung schwindet. Da dieser „Schutzfilter" des Privaten möglicherweise nicht (mehr) zuverlässig funktioniert, wie Betroffene es gewünscht hätten, erwächst daraus eine zusätzliche Herausforderung anr Forschende, die darin besteht, für die Trennung zwischen öffentlichen und privaten Informationen zu sorgen. Im Rahmen qualitativer Forschung mit Menschen mit Demenz entsteht dadurch eine zusätzliche Verantwortung für Wissenschaftler*innen, mit der sie bewusst umgehen müssen (Bond und Corner 2001, S. 107).

Neben der Frage nach der besonderen Passung einer bestimmten Methodologie für Menschen mit Demenz, lassen sich im Hinblick auf Forschungsmethoden ebenfalls Diskussionen beobachten, die eine besondere Eignung **bestimmter Forschungsmethoden** für Betroffene adressieren. Als Ergebnis einer Analyse verschiedener Forschungsmethoden kommen Nygard (2006) und Eisma et al. (2004) zu dem Schluss, dass zur Erforschung der Lebens- und Erfahrungswelt von Menschen mit Demenz in Technikprojekten die Kombination von Befragung und Beobachtung empfehlenswert sei. Diese auch in der ethnographischen Forschung häufig verwendete Methodenkombination kann hilfreich sein, wenn Menschen in verschiedenen Stadien der Erkrankung, insbesondere Menschen mit fortgeschrittener Demenz, einbezogen werden. Trotz dessen sei ein ethnographischer Zugang nicht bei jedem Thema zu empfehlen, zumal dieser auf die jeweilige Situation und die Möglichkeiten der Betroffenen angepasst werden muss. Eisma et al. (2004) plädieren gerade bei der Entwicklung neuer Technologien für den häuslichen Kontext zur Durchführung von Befragungen und deren Verknüpfung mit Beobachtungen. Letztere sollten nach Möglichkeit immer in vertrauter (Wohn-)Umgebung und unter Einbeziehung konkreter Geräte stattfinden, da Abstraktionsleistungen gerade in diesem Forschungsfeld nicht erwartet werden können.

Erfahrungen aus der Anwendung verschiedener Forschungsmethoden mit Menschen mit Demenz – auch jenseits von Technikentwicklungsprojekten – weisen allerdings daraf hin, dass es weniger auf die Suche nach der passenden Methodologie oder Methode ankommt, sondern auf eine differenzierte Modifikation bestehender bzw. die Entwicklung neuer Methoden. Ausgehend von den bisherigen Erfahrungen in der qualitativen Forschung mit Menschen mit Demenz, entwickelten Murphy et al. (2015) einen Leitfaden, der zentrale **Strategien zur Verbesserung der Teilnahme** von Betroffenen an qualitativen Studien umfasst. Der Leitfaden mit dem Akronym CORTE[24] betrachtet die Anpassung von Methoden an die Möglichkeiten Betroffener sowie die Integration alternativer Datenerfassungsformate, wie Video oder Tagebücher – neben der Verbesserung informierter Einwilligung und der Wohlbefindensregulation während und nach dem Interview – als zentrale Strategien zur Verbesserung der Forschungsteilnahme von Menschen mit Demenz. Die Notwendigkeit einer differenzierten

---

[24]Das Akronym CORTE setzt sich zusammen auf den Begriffen: **CO**nsent, maximizing **R**esponses, **T**elling the story und **E**nding on a high (Murphy et al. 2015, S. 803f).

Methodenadaptation betonen auch Hydén et al. (2018, S. 223), indem sie darauf hinweisen, dass die Herstellung eines „Konversationsraumes", d. h. eines Raumes, in dem sich Menschen mit Demenz *auf ihre eigene Weise* mitteilen können, zu den wesentlichsten Voraussetzungen der Teilnahme Betroffener an Forschung gehört. Modifikationen von Forschungsmethoden sollten diesem Ziel folgen, sind aber ohne gleichzeitige Reflexion der Rolle von Forschenden nicht denkbar. Es bedarf daher ebenfalls der Veränderung der Forschendenrolle im Sinne eines „co-communicators", d. h. als unterstützende*r Mitgestalter*in des Konversationsraumes, verbunden mit der Aufgabe, den methodologisch-methodischen Rahmen so anzupassen, dass er dem Betroffenen und den Projektzielen gerecht wird.

Die nachfolgende Darstellung verschiedener Forschungs- und Beteiligungsmethoden folgt daher weniger der Empfehlungslogik konkreter Vorgehensweisen, sondern der Beschreibung und Diskussion von Modifikationsmöglichkeiten, die jedoch weniger im Sinne universeller Regeln, sondern individuell zu prüfender Aspekte verstanden werden sollten. Die Anforderungen an das Rollenverständnis der Forschenden wird dagegen gesondert dargestellt und diskutiert (vgl. Abschnitt 3.2.7).

3.1.5.1.1 Beobachtung

Die Beobachtung als Methode wird vor allem dann empfohlen, wenn eine Befragung von Menschen mit Demenz nicht (mehr) möglich ist bzw. wenn sich Betroffene sprachlich nicht (mehr) äußern können (Hubbard et al. 2003; Bödecker 2015; Nygard 2006). Nach Cowdell (2008) stellt der Rückgriff auf die Beobachtung häufig die einzige Möglichkeit dar, Menschen mit stark fortgeschrittener Demenz in Forschung einzubinden. Die Methode der Beobachtung kann auch dann geeignet sein, wenn die im Mittelpunkt stehende Zielgruppe einem kulturellen und sprachlichen Kreis angehört, der gegenüber Forschenden verschlossen bleibt (Antelius et al. 2018). Beobachtungen bilden auch die Grundlage ethnographischer Forschung, die bei der Generierung von Erkenntnissen über den Alltag von Menschen mit Demenz besonders hilfreich ist. In Technikprojekten sind Beobachtungsstudien häufig zu Beginn üblich, wenn es um die Identifikation von Alltagsaufgaben geht, für deren Bewältigung technische Lösungen sinnvoll sein können (Eisma et al. 2004).

Bisherige Erfahrungen mit ethnographischer Forschung, insbesondere mit Beobachtungen von Menschen mit Demenz, weisen allerdings auch auf eine Reihe verschiedener **Probleme** hin. So betonen beispielsweise Eisma et al. (2004), dass der ethnographische Ansatz bei bestimmten Forschungsfragen wenig geeignet sei. Dazu zählen z. B. Workshops mit Teilnehmer*innen, die wenig

Erfahrung mit neuen Technologien haben oder sich die Bewältigung ihres Alltags mithilfe einer neu zu entwickelnden und daher abstrakt bleibenden Technologie nicht vorstellen können. Zudem können mithilfe von Beobachtung nicht alle Gegenstandsbereiche erforscht werden. So entzieht sich beispielsweise der private Bereich fast vollständig der Beobachtung. Darüber hinaus sind Ursachen eines beobachteten Verhaltens mithilfe dieser Methode alleine nicht ergründbar, zumindest dann nicht, wenn keine längsschnittliche Beobachtung oder keine Ergänzung um andere Methoden, z. B. Befragungen, möglich sind. Daher bergen Beobachtungsstudien grundsätzlich das Risiko **fehlerhafter Interpretation** von Ergebnissen, z. B. wenn Kausalzusammenhänge unzutreffend konstruiert oder Schlüsse falsch gezogen werden (Nygard 2006; Astell et al. 2009a). Auf dieses Risiko weisen auch Astell et al. (2009a) hin. Sie machten die Erfahrung, dass es vor allem bei der Evaluation von Prototypen, z. B. wenn es um die Beobachtung von Interaktionen zwischen Menschen mit Demenz und einer entwickelten Technologie geht, zu vorschnellen Rückschlüssen von einer „erfolgreichen" Interaktion auf Einstellungen (z. B. subjektive Lebensqualität) oder auf Erleben (z. B. positive Emotionen) kommt. Gelingt die Interaktion mit einer neuen Technologie, wird den Teilnehmer*innen „positives emotionales Erleben" oder eine „positive Wahrnehmung" des Artefaktes „attestiert". Dabei bleibt es unklar, ob die beobachtete Reaktion dem Artefakt, der anregenden Atmosphäre oder der Freundlichkeit der Testleiter*innen geschuldet ist. Eine Zurückführung positiver Reaktionen der Studienteilnehmer*innen auf eine Technologie ist vor allem dann erschwert, wenn es sich um Systeme handelt, mit deren Hilfe medial aufbereitete Inhalte präsentiert werden. Diese Problematik zeigte sich im Projekt CIRCA (Astell et al. 2009a), in dem ein technisches System entwickelt wurde, das die Kommunikation zwischen Menschen mit Demenz und anderen Personen durch die Darbietung biografisch relevanter Materialien (u. a. Fotos, Filme, Musik) unterstützen sollte. In der Evaluation des Systems wurde die Dauer, mit der Testpersonen die dargebotenen Inhalte auf einem Bildschirm betrachteten, als positive Bewertung der Technologie interpretiert. Astell et al. (2009a) betonen, dass solche Annahmen grundsätzlich einer weiteren Validierung bedürfen, z. B. durch Angehörige, denn kurzfristige Beobachtungen, die einmalig durchgeführt werden, erlauben es nicht, auf Ursachen der in Frage stehenden Reaktionen zu schließen.

Um das Risiko von Fehlinterpretationen zu vermeiden, plädiert Nygard (2006) dafür, Beobachtungen grundsätzlich um Gespräche zu ergänzen, auch dann, wenn sich Menschen mit Demenz verbal nicht mehr verständigen können. In derartigen Situationen ist es die Aufgabe der Forschenden, Wege der Verständigung zu finden, die auch darin bestehen können, auf nonverbale Kommunikation zurückzugreifen. Gespräche mit Menschen mit Demenz sollten allerdings flexibel gestaltet werden und so aufgebaut sein, dass Befragte den thematischen Rahmen verstehen können. Nygard (2006) betont, dass Forschende den Kontext der Befragung als „Erinnerungsfolie" nutzen können, z. B. durch Präsentation bestimmter Artefakte, den Einsatz von Bildern oder durch Aktionen, die Erinnerungen an relevante Inhalte wecken. Das „optimale Interview" kombiniert die Beobachtung mit einem Gespräch im Kontext einer konkreten Handlung oder Aktion, z. B. in einer Situation, in der bestimmte Artefakte unmittelbar zum Einsatz kommen oder ausprobiert werden.

Auf ein ähnliches Interpretationsproblem, das bei der Beobachtung von Verhaltensänderungen nach der Einführung neuer Technologien entsteht, weisen Niemeijer et al. (2015) hin. Zu Fehlinterpretationen kommt es insbesondere dann, wenn ein Vorher-Nachher-Vergleich fehlt bzw. wenn auf eine formative zugunsten einer summativen Evaluation ausgewichen wird. Diese Erfahrung machten Niemeijer et al. (ebenda) im Rahmen einer ethnographischen Studie, in der eine mehrmonatige Beobachtung ausgewählter Bewohner*innen in zwei stationären Einrichtungen – für Menschen mit Demenz und Menschen mit geistiger Behinderung – durchgeführt wurde, nachdem diese mit Überwachungstechnologien (GPS-Tracking, Videoüberwachung) ausgestattet wurden. Im Mittelpunkt der Untersuchung stand die Frage, ob Überwachungstechnologien, deren Einsatz freiheitseinschränkende Maßnahmen (wie z. B. verschlossene Türen) ersetzen sollte, die Bewegungsfreiräume der Bewohner*innen positiv beeinflussen kann. Die Verhaltensbeobachtungen wurden um Interviews mit dem Personal der Einrichtungen ergänzt. Aufgrund ihrer Erfahrungen kommen Niemeijer et al. (2015) zu dem Schluss, dass Beobachtungsstudien bei der Implementierung neuer Technologie grundsätzlich längerer Zeiträume bedürfen und so angelegt sein müssen, dass sie einen Vorher-Nachher-Vergleich ermöglichen. Es sei keinesfalls ausreichend, die Beobachtung erst mit der Einführung einer neuen Technologie zu beginnen, sondern notwendig, Strategien der Bewohner*innen, die sich nach der Einführung einer Technologie entwickelten, mit vorherigen Strategien zu vergleichen. Der Beginn ethnographischer Forschung sollte daher so gewählt sein, dass die Beobachtungen mit ausreichendem zeitlichen Vorsprung vor der Einführung einer neuen Technologie beginnen.

Neben der Notwendigkeit eines geeigneten Forschungsdesigns, kann die Beobachtung als Methode auch dann an ihre Grenzen stoßen, wenn es um **Forschung in Privathaushalten** geht. Während längerfristige Beobachtungen in stationären Kontexten durchaus möglich sind, bestehen kaum Möglichkeiten, sie in privaten Haushalten von Menschen mit Demenz durchzuführen. Fanden im Rahmen technikorientierter Forschung bisher Beobachtungen in Privathaushalten statt, umfassten sie in der Regel kurze Sequenzen oder zeitlich begrenzte Situationen

(z. B. das Ausprobieren oder das Erlernen des Umgangs mit einer Technologie). Ethnographische Studien führen daher zu ethischen Konflikten, wenn langfristige Beobachtungen die Privatsphäre der Studienteilnehmer*innen verletzen oder sich die Beobachteten durch die Anwesenheit von Forschenden bloßgestellt fühlen. Vor diesem Hintergrund muss auch die stationäre Pflege grundsätzlich als sensibler Kontext betrachtet werden, in dem längerfristige Beobachtungen sowohl für Bewohner*innen, für Beschäftigte als auch für Besucher*innen belastend sein können. Aus diesen Gründen bedarf es bei der Durchführung von Beobachtungen der Einhaltung bestimmter Mindestanforderungen. Dazu zählt die Herstellung von Transparenz über Ziele und Grenzen des Einsatzes, die Gewährleistung von Anonymität, die Bekanntmachung der Beobachtungsorte und -zeiträume sowie die Benennung von Aufenthaltsmöglichkeiten für Personen, die der Beobachtung nicht zugestimmt haben. Finden Beobachtungsstudien über längere Zeiträume statt, muss gewährleistet werden, dass die Forschung die Bewegungsfreiheit der Bewohner*innen nicht beeinträchtigt.

Neben der Reflexion ethischer Aspekte, stellt sich in ethnographischer Forschung schließlich die Frage nach der **Rolle der Forschenden** als Beobachter*innen im Feld. So erinnert z. B. Cowdell (2008, S. 32) daran, dass in der Ethnographie die Forschenden das wichtigste Instrument der Datenerhebung und –interpretation sind; deren Wahrnehmung, Aufmerksamkeit und Erfahrungswelt sind die Filter, durch die sie „Daten" erfassen, auswerten und interpretieren. Zum Rollenverständnis gehören die Definition der eigenen Rolle im Beobachtungskontext und die Positionierung im Hinblick auf Objektivität und Befangenheit, Neutralität und Abhängigkeit, Zugehörigkeit und Außenseiterschaft. Als zentrales Reflexionsthema gilt u. a. die Frage, ob sich Beobachter*innen eher als Teilnehmer*innen des beobachteten (sozialen) Kontextes oder als Außenstehende verstehen und sie eine aktive Rolle einnehmen oder sich als passiv definieren und in das beobachtete Geschehen möglichst wenig eingreifen. In Beobachtungsstudien mit Menschen mit Demenz wird die Frage nach dem (Selbst-)Verständnis der Forschenden immer wieder aktualisiert, da Betroffene die Rolle der Forschenden nach einer Zeit nicht mehr erinnern. Handelt es sich um Beobachtungen im Kontext stationärer Einrichtungen, empfiehlt Cowdell (2008, S. 32) eine Art „soziale Partnerschaft" mit Bewohner*innen einzugehen. Dies bedeutet, dass sich Wissenschaftler*innen als Forschende zu erkennen geben, authentisch bleiben und ihre Rolle als „social-participant-as-observer" definieren, d. h. sich an sozialer Interaktion beteiligen, jedoch nur in dem Maße, indem sie den sozialen Kontext nicht verändert.

3.1.5.1.2 Befragungen

3.1.5.1.2.1 Mündliche Befragung / Interview

Interviews bzw. mündliche Befragungen gelten – vor allem bei Menschen mit Demenz bis zum mittleren Stadium der Erkrankung – als Datenerhebungsmethode erster Wahl. Es ist vor allem die immanente Flexibilität der Methode und ihre Anpassbarkeit an unterschiedliche Möglichkeiten der Befragten, die sie für diese Zielgruppe besonders prädestiniertn. In technikorientierter Forschung handelt es sich dabei meist um halbstrukturierte, leitfadengestützte Interviews, die in verschiedenen Phasen des Forschungs- und Entwicklungsprozesses Anwendung finden. Im Hinblick auf die Zielgruppe lässt sich grundsätzlich ein Wandel beobachten, der darin besteht, dass Menschen mit Demenz als unmittelbar einbezogene Personengruppe – gerade durch den Einsatz mündlicher Interviews – deutlich sichtbarer geworden sein. Wurden bei Erhebungen der Lebens- und Erfahrungswelten von Menschen mit Demenz in der Vergangenheit fast ausschließlich Angehörige oder Professionelle befragt, plädieren viele Forschende heute dafür, Betroffene so lange wie möglich selbst zu befragten. Dies ist vor allem dann relevant, wenn deren subjektive Sicht im Vordergrund der Vorhaben steht. Aufgrund der Zunahme qualitativer Interviews mit Menschen mit Demenz liegen aktuell vielfältige Erfahrungen mit der Anwendung dieser Methode vor, von denen die meisten der gesundheitlichen und pflegerischen Versorgungsforschung zugerechnet werden können. Geht es um methodisch-methodologische Aspekte, so besteht dadurch die Möglichkeit auf Erkenntnisse jenseits technikorientierter Studien zurückzugreifen, vor allem dort, wo es um spezifische Modifikationen qualitativer Interviews geht. In diesem Kapitel werden solche Erfahrungen ebenso berücksichtigt wie spezifische Erfahrungen aus technikorientierter Forschung mit Menschen mit Demenz.

a) Aufbau einer (Vertrauens-)Beziehung

Zu den Voraussetzungen gelungener Interviews mit Menschen mit Demenz gehört der Aufbau einer vertrauensvollen **Beziehung zur Befragungsperson.** Darauf weisen u. a. van Baalen et al. (2011) hin, die für ihre Literaturstudie 82 Evaluationsstudien aus der pflegerischen und gesundheitlichen Versorgung mit Menschen mit Demenz ausgewertet haben. Ein Groß bisheriger Forschung betont zudem, dass die Beziehung – unabhängig von der anvisierten Interviewform – wichtiger zu sein scheint als ausgefeilte Interviewtechniken, insbesondere dann, wenn es um die Erfassung der subjektiven Sicht Betroffener geht. So schreibt Nygard (2006, S. 107): „... if the interviewer´s goal is to reach the informant and to enable him or her to really share their views on life, the technique must not simply be a tool". Ausgehend von den Erfahrungen mit Menschen mit Demenz in Evaluationen, betont Murphy (2007, S. 2015), dass der Zeitbedarf für den Beziehungsaufbau nicht selten jenen Bedarf übertrifft, der für die Durchführung des eigentlichen Interviews benötigt wird. Da die Tragfähigkeit der Beziehung jedoch eine zentrale Voraussetzung für den Erfolg von Befragungen darstellt (Digby et al. 2016), ist es unerlässlich, der persönlichen Vertrauensbildung genügend Raum zu geben, und zwar noch bevor das eigentliche Interview beginnt bzw. der Termin des Interviews vereinbart wird. Ob im Rahmen eines „Prä-Interviews" (Digby et al. 2016), einer alltäglichen Unterhaltung (Murphy et al. 2015) oder eines gesonderten Termins für ein gemeinsames Kennenlernen (Murphy 2007) – Befragungen von Menschen mit Demenz erfordern grundsätzlich eines zusätzlichen Zeitfensters, das nicht dem Forschungsthema an sich, sondern ausschließlich der Person selbst gewidmet ist. Dabei sollte in diesem Zusammenhang weniger von einer Methode als einer Haltung gesprochen werden, die ihren Ausdruck im authentischen Interesse an der befragten Person findet.

Neben der Relevanz der Beziehung spielt die spezifische Modifikation des Interviews und die Gestaltung des Befragungskontextes eine wichtige Rolle. Hellström et al. (2007) sowie van Baalen et al. (2011) betonen, dass es vor allem eines **sicheren Befragungskontextes** bedarf, der viel mehr umfasst als im Fall der Kontextgestaltung, die für andere Befragungsgruppen üblich ist. Zu diesem gehört ausreichend Zeit für den Aufbau und die Kontinuität einer vertrauensvollen Gesprächsbasis, eine spezifische Interviewführung, die den Selbstwert und das Selbstvertrauen der Befragten stärkt, ein Abschluss des Interviews, der Befragten das Gefühl gibt, etwas Wichtiges geleistet zu haben, sowie die begleitende Sorge um (Wieder-)Herstellung einer emotional sicheren und stabilen Situation, falls Befragte über negative Erlebnisse berichten. Diese Kontextmerkmale gelten zwar nicht exklusiv für die Durchführung von Befragungen mit Menschen mit Demenz, haben für sie allerdings eine besonders hohe Relevanz (vgl. dazu auch Abschnitt 3.2.2).

b) Zeitliche Interviewplanung und -gestaltung

Aus bisherigen Studien geht eindeutig hervor, dass für Interviews mit Menschen mit Demenz grundsätzlich **mehr Zeit** eingeplant werden muss, als es bei anderen Befragtengruppen üblich ist. Neben höheren Zeitbedarfen stellt **zeitliche Flexibilität** eine weitere zentrale Anforderung an Interviewer*innen dar. Nicht nur die Dauer, sondern auch die **Durchführung** von Interviews sollte flexibel sein und an die Kapazitäten der Befragten angepasst werden. Bei längeren Interviews kann eine Aufteilung auf mehrere kürzere Sitzungen sinnvoll sein. Ist dies nicht möglich, sollten Interviewer*innen eine oder mehrere längere Pausen einplanen, die entweder als Ruhepausen oder als informelle Gesprächsphasen integriert werden.

Zudem brauchen Menschen mit Demenz während eines Interviews kurze Pausen, um ihre Gedanken in Worte zu fassen oder passende Worte zu finden. Bödecker (2015, S. 162) weist darauf hin, dass derartige Gesprächspausen regelmäßig vorkommen und bis zu 20 Sekunden dauern können. Interviewer*innen sollten darauf achten, dass Befragte genügend Gelegenheiten bekommen, passende Worte zu finden bzw. ihre Meinung nach Bedarf mit anderen Worten ausdrücken zu können. Die damit verbundene Kompetenz der Interviewer*innen besteht darin, sowohl Pausen auszuschalten als auch ein Gefühl dafür zu entwickeln, wann es notwendig ist zu warten, bis Befragte ihre eigenen Worte finden, und wann es angemessen ist, Befragten passende Worte anzubieten (Beuscher und Grando 2009). Da Demenzen grundsätzlich dynamisch sind und zu heterogenen Veränderungen führen, lassen sich aus der bisherigen Forschung keine Angaben zur „optimalen" Dauer eines Interviews bzw. einer Interviewsequenz machen. Eisma et al. (2004) berichten, dass sie für halbstrukturierte Interviews zwischen 30 und 90 Minuten benötigten, wobei diese immer in einen informellen Gesprächsrahmen eingebettet waren. Im Projekt NOCTURNAL wurde darauf geachtet, dass Interviews keinesfalls länger als eine Zeitstunde dauerten (Martin et al. 2013, S. 6768). Im Hinblick auf die Zeitgestaltung weisen allerdings die meisten Studien – auch jene im Feld der Technikentwicklung – darauf hin, dass eine großzügige zeitliche Planung äußerst wichtig ist und dass sich restriktive Interviewzeiten kontraproduktiv auf die Interviewqualität auswirken. So sollten Menschen mit Demenz grundsätzlich ausreichend Zeit haben, um zu jedem Zeitpunkt des Interviews nachvollziehen zu können, was bereits besprochen oder gesagt wurde (van Baalen et al. 2011).

Die zeitliche Gestaltung umfasst nicht nur die Interviewdauer und die Berücksichtigung von Pausen, sondern auch die **Wahl des geeigneten Befragungszeitpunktes**. Dazu gehört nicht nur der geeignete Wochentag, sondern auch die passende Tageszeit. Da Menschen mit Demenz sowohl „gute" als auch „schlechte" Tage haben, darf nicht jedes abgelehnte Gespräch mit Desinteresse gleichgesetzt werden (Pratt 2002, S. 176f). Beuscher und Grando (2009, S. 8ff) schlagen vor, den Befragungszeitpunkt nach Möglichkeit nicht nur mit Betroffenen, sondern auch mit vertrauten Personen, z. B. nahen Angehörigen, abzustimmen. Findet ein Interview statt, besteht nach Digby et al. (2016, S. 1158) eine zentrale Aufgabe der Interviewer*innen darin herauszufinden, ob Menschen mit Demenz zum vereinbarten Zeitpunkt für ein Interview bereit sind, wobei in die Bewertung der Interviewbereitschaft auch nonverbale Signale wie Körpersprache, Blickkontakt, Gestik und Mimik einbezogen werden müssen. Neben der Bewertung situativer Gesprächsbereitschaft gehört zu den Aufgaben der Forschenden die Überprüfung, ob sich Befragte zum Interviewzeitpunkt im Zustand des Wohlbefindens befinden. Da Menschen mit Demenz ihr situatives Wohlbefinden nicht immer beurteilen und das Ergebnis in die eigene Entscheidung einbinden können, sieht Dewing (2002) es als Aufgabe der Interviewer*innen an, für die Herstellung des Wohlbefindens sorgen, anderenfalls einen alternativen Befragungstermin zu vereinbaren. Beobachten Forschende Anzeichen von Ängstlichkeit oder Ermüdung, sollten Sie Menschen mit Demenz fragen, ob sie das Gespräch abbrechen oder verschieben möchten (Beuscher und Grando 2009). Pratt (2002) empfiehlt sogar, Interviews mit Betroffenen immer auf mehrere Termine aufzuteilen, denn nur so bestehe die Möglichkeit, alle relevanten Aspekte zu erfassen. Wiederholte Gespräche ermöglichen ein besseres Verständnis des Kontextes, geben die Gelegenheit dazu, bisherige Erkenntnisse zu validieren, und schaffen damit eine bessere Basis für die Ergebnisinterpretation. Da sich Menschen mit Demenz im Rahmen nachfolgender Gespräche an die Inhalte vorhergehender Befragungen ggf. nicht (mehr) erinnern können, schafft ein gewisser Grad der Wiederholung die Möglichkeit der Reliabilitätsprüfung als auch die Gelegenheit, die individuelle Bedeutung ausgewählter Aspekte besser erkennen zu können. Durch wiederholte Befragungen kann häufig erst ein vollständiges bzw. ganzheitliches Bild der Situation Befragter entstehen, das eine bessere Grundlage für die nachfolgende Datenanalyse schafft.

c) Fragengestaltung

Ausgehend von einem Literaturreview, in dem Studien mit offenen (d. h. meist narrativen) und halbstrukturierten (d. h. meist leitfadengestützten) Interviews mit Menschen mit Demenz ausgewertet wurden, formulieren van Baalen et al. (2011, S. 122f) eine Reihe sehr konkreter Empfehlungen zur Gestaltung von Interviewfragen für Menschen mit Demenz. Auch wenn die betrachteten Studien der (gesundheitlichen und pflegerischen) Versorgungsforschung entstammen, lassen sich ihre Ergebnisse auf technikbezogene Forschung übertragen. So empfehlen van Baalen et al. (ebenda) Interviews grundsätzlich **mit einfachen Fragen zu beginnen**, die nach Möglichkeit von allen Befragten beantwortet werden können. In einigen Studien gehören dazu Fragen zu soziodemographischen Merkmalen, z. B. nach Alter, dem Geburtsdatum oder dem ausgeübten Beruf. Die Autor*innen machen allerdings darauf aufmerksam, dass Menschen mit Demenz diese Aspekte ggf. nicht mehr erinnern können. Sobald es um Fragen geht, die mit Zahlen (z. B. eigenes Alter, Alter der eigenen Kinder) verbunden sind, konkrete Zeitpunkte biografischer Ereignisse (z. B. Datum der Heirat, Jahr der Pensionierung) betreffen oder auf Ereignisreihenfolgen (z. B. Stationen der Berufskarriere) fokussieren, muss davon ausgegangen werden, dass Befragte sie nicht beantworten können. Dazu zählen ebenfalls Fragen nach der Häufigkeit aktueller Aktivitäten (z. B. Häufigkeit der Nutzung von Technik). Daher kann es sinnvoll sein, derartige

Aspekte mehrmals aufzugreifen oder Angehörige um die Beantwortung der Fragen zu bitten. Damit Menschen mit Demenz keine unnötige Konfrontation mit ihrem „Nicht-Wissen" erfahren bzw. die Befragung nicht als eine Art „Test" wahrnehmen, bedarf es seitens der Forschenden einer sensiblen Einbettung der Fragen in einen offen gestalteten Befragungskontext, der mehr einem flexiblen Gespräch als einem Interview gleicht (Murphy 2007). Killick (2001) und Digby et al. (2016) weisen zudem darauf hin, dass ein direktes, förmliches und unmittelbares „Abfragen von Fakten" zur Verunsicherung und Angst führen kann, so dass Interviews grundsätzlich in Form einer Konversation geführt werden sollten.

Eine zentrale Herausforderung für Menschen mit Demenz besteht in der Anwendung der **Sprache**. In Abhängigkeit von der Form der Demenz und dem Stadium der Erkrankung fällt es Betroffenen nicht nur schwer, die Bedeutung bestimmter Begriffe zu verstehen, sondern gewünschte Worte zu finden und sie in eine Antwort zu verwandeln. Darüber hinaus ist die **Merkfähigkeit** bei Demenz eingeschränkt. Daher ist es wichtig, dass Interviewer*innen kurze und eindeutige Sätze bilden sowie eindeutige Begriffe verwenden. Besonders vorteilhaft kann es sein, wenn Forscher*innen Formulierungen nutzen, die den Befragten geläufig sind, z. B. auf Begriffe rekurrieren, die Menschen mit Demenz bereits verwendet haben (Moore und Hollett 2003). Sind zum Zeitpunkt der Vorbereitung eines Interviews die Kommunikationskompetenzen der Befragungsperson nicht bekannt, kann die Durchführung eines Pretests oder einer Pilotstudie, in der alternative Antwort- oder Formulierungsmöglichkeiten ausprobiert werden, sinnvoll sein. Darüber hinaus können Interviewer*innen vor Beginn der Befragung sog. Sondierungsfragen stellen, um zu prüfen, welcher Art der Unterstützung die befragte Person während des Interviews bedarf. Digby et al. (2016) betonen, dass sich Interviewer*innen in allen ihren Strategien auf die Kommunikationsressourcen der Befragten einstellen müssen und einen Gesprächsstil wählen sollten, der den Befragten entgegenkommt.

Eine besondere Schwierigkeit stellen für Menschen mit Demenz **abstrakte Fragen** dar (van Baalen et al. 2011; Beuscher und Grando 2009). Daher sollten sie nach Möglichkeit vermieden werden. Gehören abstrakte Fragen jedoch zum Kern des Interviews, bedürfen sie einer „Übersetzung" mithilfe einfacher Begriffe bzw. einer Ergänzung um konkrete Beispiele oder reale bzw. medial dargestellte Artefakte. In technikorientierter Forschung und Entwicklung kommen derartige Fragen häufig dann zum Einsatz, wenn sich potenzielle Nutzer*innen die Unterstützung durch neue, bisher nicht vorhandene oder ihnen unbekannte Technologien vorstellen sollen (Hendriks et al. 2013; Lindsay et al. 2012). Die Lösung derart fiktiver und hypothetischer Aufgaben, die ggf. in Form offener Fragen gestellt werden, ist für Menschen mit Demenz ggf. nur dann lösbar, wenn sie am konkreten Beispiel orientiert sind. Geht es bspw. darum, dass sich Betroffene neue Funktionen für bestehende Geräte vorstellen sollen, ist es grundsätzlich wichtig, dass die Artefakte – entweder real oder medial – präsentiert werden. Als herausfordernd kann allerdings nicht nur der Umgang mit neuen bzw. alltagsfremden Themen empfunden werden, sondern auch das Erfragen prinzipiell bekannter Dinge, z. B. die Befragung zu der Nutzung bestimmter Geräte im Alltag. Da die Beantwortung einer solchen Frage nicht nur die Erinnerung an eigene Nutzungsmuster, sondern auch die Erinnerung an die Abfolge bestimmter Aktivitäten voraussetzt, können Menschen mit mittelschwerer Demenz sie möglicherweise nicht selbständig beantworten. Der Schweregrad einer Frage für Menschen mit Demenz definiert sich daher nicht ausschließlich durch die Nähe der Interviewthemen zum Alltag, sondern auch durch die kognitiven Aufgaben, die mit ihnen verbunden sind (Hendriks et al. 2013; Lindsay et al. 2012). Aus diesem Grund kann es – vor allem bei fortgeschrittener Erkrankung – sinnvoll sein, Beispiele für Antwortmöglichkeiten vorzuschlagen oder einzelne Inhalte mithilfe von „Ja/Nein"-Antworten zu erheben. Die Aufgabe der Forschenden besteht dabei grundsätzlich immer darin, Möglichkeiten der Befragten zu erkennen und die Komplexität der Befragung in dem Maße zu reduzieren, in dem die daraus resultierenden Aufgaben den Kapazitäten der Befragten gerecht werden.

Neben der Komplexitätsreduktion hat sich die **Anknüpfung an biografische Inhalte** als hilfreich erwiesen. Als besonders erfolgreich gelten Strategien, in deren Rahmen Befragte auf zentrale Lebensereignisse oder Stationen ihrer Biographie gezielt angesprochen oder erinnert werden. Moore und Davis (2002) erprobten bei der Erfassung biographischer Inhalte ein spezifisches Vorgehen, das sie als „narrative quilting" bezeichnen. Dabei handelt es sich um die systematische Erschließung der Biografie in kleinen Schritten. So werden Befragte im ersten Interview dazu motiviert, kurze Geschichten aus ihrem Leben zu berichten. Um die Narration, d.h die Erzählung, kontinuierlich zu erweitern, werden sie in nachfolgenden Gesprächen an ausgewählte Aspekte des bereits Erzählten erinnert. Fels und Astell (2011) beschreiben eine ähnliche Methode – das sog. „Storytelling" – mit deren Hilfe sich Menschen mit Demenz durch das Erzählen von Geschichten aus der Vergangenheit mitteilen können. Hydén (2013) konzipiert wiederum das Erzählen als einen performativen und interaktiven Prozess zwischen dem Erzähler (Person mit Demenz) und der Interviewerperson und nutzt dazu Erkenntnisse der Erzählforschung, die darauf hinweisen, dass gezielte Nutzung von Narrationen als relevanter methodischer Zugang zu Menschen mit Demenz betrachtet und im Kontext qualitativer Interviews weiterentwickelt werden kann (vgl. dazu Kindell et al. 2017). Ein weiteres Beispiel stammt von Kerssens et al. (2015), die im Rahmen des Projekts „The Companion" sog. Life Story-Interviews durchführten.

Das Interview wurde entwickelt, um Erinnerungen an positive Ereignisse, z. B. Hobbys, positiv erlebte Kontexte und Gegenstände zu erfassen. Das Ziel der Interviews bestand darin, ausgewählte Aspekte aus der Biografie von Menschen mit Demenz zusammenzustellen, die – angereichert durch digitalisierte Medieninhalte wie Fotos, Videos usw. – als Grundlage einer positiv gestimmten Kommunikation dienen sollten. Die Studie weist ebenfalls darauf hin, dass Einstellungen und Präferenzen von Menschen mit Demenz sehr gut erfragt werden können, vor allem dann, wenn sie an alltagsnahe Themen anknüpfen. Technikorientierte Forschung sollte daher die Möglichkeiten biografischer Kontextualisierung ausschöpfen und mit Fragen verbunden sein, die individuelle Präferenzen Befragter erfassen. Darüber hinaus kann es wichtig sein, Erkenntnisse der Erzählforschung zu nutzen, um einen Zugang zu biographisch gewachsenen Wertvorstellungen, Präferenzen und Zukunftserwartungen (z. B. im Hinblick auf technikgestützte Versorgung) von Menschen mit Demenz zu erhalten, die im Rahmen klassischer Formate häufig als zu abstrakt wahrgenommen werden.

Ein besonderes Problem in mündlichen Interviews stellt für Menschen mit Demenz das **Einbringen von Kritik** dar. So machen viele Studien darauf aufmerksam, dass ältere Menschen, insbesondere Menschen mit Demenz, in Befragungen zum sozial erwünschten Antwortverhalten neigen und sich mit vielen Aspekten ihrer Lebenssituation zufrieden zeigen – auch trotz offensichtlicher Mängel (z. B. im Kontext der Versorgung). Die geringe Bereitschaft zur Äußerung von Kritik – auch wenn Befragten diese Möglichkeit explizit eingeräumt wird – ist als Zufriedenheitsparadox bekannt und wurde im Kontext der Alterns- und Lebensqualitätsforschung bereits häufig untersucht. Bisherige Erklärungen des Phänomens stellen vor allem Anpassungsprozesse älterer Menschen an widrige Lebensumstände in den Mittelpunkt der Betrachtung (vgl. Wozniak 2010; Schilling 2006; Staudinger 2000). Van Baalen et al. (2011) zeigen daher Beispiele auf, wie es Menschen mit Demenz gelingen kann ihre Unzufriedenheit oder Kritik im Rahmen eines Interviews zu äußern. Dabei schlagen sie zwei Strategien vor, die beide auf dem sog. „Drittperson-Ansatz" beruhen. Diesem Ansatz folgend, werden Befragte im Rahmen eines Face-to-Face Interviews gebeten, eine konkrete Gegebenheit, z. B. die Qualität einer Pflegeeinrichtung, zu beschreiben, jedoch so, wie sie es gegenüber einer ihnen vertrauten Person tun würden. Im weiteren Verlauf des Interviews werden dann nicht nur bestimmte Aspekte der Beschreibung vertieft, sondern auch konkrete Empfehlungen zu dem Gegenstand, z. B. der Pflegeeinrichtung, eingeholt. Eine zweite Strategie besteht darin, Befragten das Bild einer fiktiven Person zu zeigen, mit der sie sich ggf. identifizieren könnten, und ein Gespräch über diese Person einzuleiten. Weitere Fragen sollten die Sicht der fiktiven Person auf den Befragungsgegenstand, z. B. die Qualität einer Pflegeeinrichtung, lenken, z. B.: Wie würde die dargestellte Person die Versorgung wahrnehmen und bewerten? Welche Erwartungen hätte sie an eine gute Versorgung? Und welche Informationen würde sie benötigen, um sich für eine bestimmte Versorgung zu entscheiden? Die dargestellten Strategien können auch in der Bewertung neuer Technologien hilfreich sein. Da sowohl in der konzeptionellen Phase, in der es zur Konkretisierung einer spezifischen Idee kommt, als auch in der Evaluationsphase, in der Prototype unter Labor- oder Alltagsbedingungen getestet werden, sozial erwünschtes Antwortverhalten auftreten kann, ist es denkbar, dass Befragte neue Technologien positiv bewerten, auch wenn sie deren Integration in den eigenen Alltag nicht wünschen bzw. sie gar ablehnen. Die von van Baalen et al. (2011) vorgeschlagenen Strategien bieten daher eine Möglichkeit der Kritikäußerung, ohne dass ein direkter Bezug zur eigenen Person hergestellt werden muss.

d) Interviewführung

Neben den bereits genannten Aspekten kommt der Interviewführung eine besondere Bedeutung zu. Aufgrund eigener Erfahrung in der Durchführung von Interviews mit Menschen mit Demenz plädiert Bödecker (2015) dafür, mündlichen Befragungen grundsätzlich einen dialogischen Charakter zu verleihen. Für Forschende bedeutet dies, dass sie in ihrer Rolle als Interviewer*innen nicht nur zuhören, sondern gezielte Nachfragen stellen und selbst Rückmeldungen geben können. So sollten sich Interviewer*innen grundsätzlich absichern, dass Befragte alles Wichtige verstanden haben, bevor mit dem Interview begonnen oder das Gespräch fortgeführt wird. Zu den Aufgaben der Befragungsperson gehört auch, Menschen mit Demenz bei der Dialoggestaltung zu unterstützen, indem regelmäßig bestätigt wird, ob mitgeteilte Inhalte durch Interviewer*innen verstanden wurden. Sollten Befragte den roten Faden des Gesprächs verlieren, kann es wichtig sein, Fragen wiederholt zu stellen und nach Bedarf jene Inhalte zu wiederholen, die Befragte bereits mitgeteilt haben (Nygard 2006, S. 108; Moore und Hollett 2003, S. 165; Hellström et al. 2007, S. 612). Beuscher und Grando (2009, S. 8ff) schlagen vor, gestellte Fragen auch mithilfe anderer Begriffe zu wiederholen und im Zweifel die Möglichkeit zu geben, auf eine Frage mit „Ja" oder „Nein" antworten zu können. Trotz der konkreten Empfehlungen gilt darauf hinzuweisen, dass dialogische Interviews weniger auf Techniken der Gesprächsführung als auf einer empathischen und vertrauensvollen Beziehung gründen, die von Menschen mit Demenz als Gelegenheit wahrgenommen werden kann, sich innerhalb eigener Möglichkeiten mitzuteilen. Die Aufgabe der Forschenden besteht stets darin, den Dialog an die Bedarfe jeder befragten Person individuell anzupassen. Van Baalen et al. (2011) ermuntern Forschende explizit dazu, die notwendige und in der qualitativen Forschung bestehende Flexibilität ausschöpfen. Dazu gehört auch das Deuten metaphorischer Sprache sowie die gezielte Einbeziehung nonverbaler Signale der Befragten.

Eine besondere Herausforderung für Menschen mit Demenz stellen Situationen dar, in denen Befragte **begründete Urteile treffen** müssen. Je abstrakter die Fragestellung, umso schwieriger ist der Prozess der Urteilsfindung. Um die Kommunikation im Hinblick auf die Bewertung von Situationen, Kontexten oder anderen Gegenstandsbereichen zu unterstützen, entwickelten Murphy et al. (2007) das Instrument der sog. „Talking Mats". Dieses Hilfsinstrument dient grundsätzlich dazu, die Kommunikation mit Menschen mit Demenz zu unterstützen. Grundlage der Talking-Mats-Methode bildet eine dreistufige Skala, die einen positiven Pol (z. B. „happy" oder „good"), einen negativen Pol (z. B. „unhappy" oder „bad") sowie eine einzige mittlere Kategorie „unsicher" („not sure") enthält. Der Einsatz der Skala wird durch visuelle Medien – sowohl in analoger (z. B. Bilder) als auch digitaler Form (z. B. am iPad) unterstützt. Zusätzlich zur o. g. Bewertungsskala enthält das Instrument verschiedene Bilder, die bestimmte Gesprächsthemen symbolisieren. Mit deren Hilfe lassen sich nicht nur Interviewfragen besser beantworten, sondern auch das Wohlbefinden erfassen, die Pflege planen und Entscheidungen treffen. Die Methode der „Talking Mats" kann ebenfalls im Rahmen der informierten Einwilligung eingesetzt werden. Der niederschwellige Charakter macht die Methode zu einem intuitiv nutzbaren Tool, das nicht nur durch Forschende, sondern auch durch pflegende Angehörige, durch Pflegepersonal usw. eingesetzt werden kann. „Talking Mats" unterstützt nicht nur verbale, sondern auch nonverbale Kommunikation. Da die vorhandenen Bilder die Möglichkeit geben, die eigene Stimmung auch nonverbal zum Ausdruck zu bringen, eignen sie sich auf für Menschen in fortgeschrittenen Stadien der Erkrankung. Die in Großbritannien entwickelte, inzwischen aber auch in den Niederlanden und in Dänemark erprobte Methode bewirkt, dass sich sowohl Menschen mit Demenz als auch ihre Kommunikationspartner*innen (z. B. Angehörige) an der Kommunikation besser beteiligt fühlen, als in anderen Formen strukturierter Kommunikation (Murphy et al. 2010).

e) Belastung der Teilnehmer*innen

Zur Herstellung eines sicheren Befragungskontextes gehört ein geschützter Umgang mit Belastung, die Menschen mit Demenz z. B. während der Interviews erleben. Dabei geht es primär nicht darum, potenziell als belastend erlebte Themen zu vermeiden, sondern vielmehr die emotionale Belastung aufzufangen und Befragte mit ihr nicht alleine zu lassen. Pratt (2002, S. 171f) befasst sich mit

Strategien, die in Gespräche eingebracht werden können, wenn belastende Themen in den Interviews mit Menschen mit Demenz aufgekommen sind. Zu diesen zählt z. B. die Unterbrechung eines Interviews, die Einleitung eines Themenwechsels oder aktives Zuhören, wobei die Wahl der genannten Strategien davon abhängig gemacht werden sollte, ob ein belastendes Thema gegen das Interesse der Beteiligten – z. B. unwillentlich – eingebracht wurde, oder ob Befragte belastende Themen selbst in das Gespräch eingebracht haben. Sollten belastende Themen in einem Interview aufgekommen sein, ist es wichtig, bei Befragten nach dem Interview eine Weile zu verbleiben, ggf. die Wahrnehmung des Interviews gemeinsam mit der befragten Person zu reflektieren und deren Bewältigungsstrategien zu unterstützen. In einigen Situationen kann es aber wichtig sein, einen Interviewtermin zu verschieben oder ihn umzugestalten. Ein Interview für beteiligte Personen zu gestalten, bedeutet schließlich immer auf deren individuelle Bedürfnisse einzugehen.

f) Kooperation mit Angehörigen

Finden Befragungen von Menschen mit Demenz in privaten Haushalten statt, hat sich eine enge Kooperation mit nahen Angehörigen oder anderen Vertrauenspersonen bewährt. In vielen Studien unterstützen pflegende Angehörige Befragte bei der Terminplanung und der Vorbereitung auf ein Gespräch. Murphy (2007) empfiehlt etwa, dass Angehörige Menschen mit Demenz an den Interviewtermin und die Themen der Befragung kontinuierlich erinnern sollten. Darüber hinaus können sie Menschen mit Demenz auch anderweitig unterstützen. So bat der Forscher (ebenda) Familienmitglieder darum, Befragten für das Interview andere Kleidung zur Verfügung zu stellen, damit ihnen die Besonderheit der Gesprächssituation bewusst war und sie den Interviewer etwa nicht mit nahen Bekannten oder Verwandten verwechselten. Dies führte dazu, dass Befragte mit Demenz weniger häufig dazu neigten, private Informationen im Interview preiszugeben. Zusammenfassend betrachtet, stellt die Einbeziehung von Vertrauenspersonen in die Organisation und Unterstützung mündlicher Interviews einen der wichtigsten Erfolgsfaktoren – zugleich aber auch einen kritischen Faktor – der Forschung mit Menschen mit Demenz dar. Daher wird der Zusammenarbeit mit Proxies ein eigenes Abschnitt (3.2.5) gewidmet.

g) Validität und Reliabilität von Interviewdaten

In Befragungen von Menschen mit Demenz wird häufig die Überprüfung von **Validität** (Gültigkeit) als besondere Herausforderung betrachtet. Nach Span et al. (2013) entstehen Probleme in der Validität grundsätzlich dann, wenn Menschen mit Demenz auf nicht adäquate Weise in einen Technikentwicklungsprozess einbezogen werden. Daher spielen auch verschiedene Strategien zur Erhöhung der Validität eine wichtige Rolle. Geht es um Daten, die aus Interviews gewonnen werden, muss berücksichtigt werden, dass Validität von unterschiedlichen Faktoren abhängen kann, u. a. dem Gegenstandsbereich der Befragung (d. h. *wonach* wird gefragt), der Form der Befragung (d. h. *wie* wird gefragt) und den Rahmenbedingungen der Befragung (d. h. *unter welchen Umständen* wird befragt). Auf der Grundlage eines Literaturreview stellen van Baalen et al. (2011) eine Reihe von Empfehlungen auf, die – unabhängig von der Form der Befragung – dazu dienen können, die Validität der Daten zu erhöhen. Darüber hinaus geben sie einen Überblick über Faktoren, die einen negativen Einfluss auf die Validität von Interviewdaten haben (vgl. Tabelle 3.2).

Tabelle 3.2 Maßnahmen zur Erhöhung der Validität sowie Risiken für die Validität von Interviewdaten bei Menschen mit Demenz (van Baalen et al. 2011)

Maßnahmen zur Erhöhung der Validität von Interviewdaten bei Menschen mit Demenz:	Risiken für die Validität von Interviewdaten bei Menschen mit Demenz:
• Klarheit bei der Formulierung von Fragen, so dass ihr Sinn unmittelbar verstanden wird • Integration spontaner Reflexionen in den Befragungsverlauf, so dass Interviewer*innen eine Rückmeldung erhalten, ob ihre Frage richtig verstanden wurde • Fokussierung auf Narrationen, so dass Aussagen Befragter direkt validiert werden können • Laufende Absicherung in der Befragung, ob z. B. alle Optionen berücksichtigt oder ausgeschöpft wurden • Zusammenfassungen durch die Interviewer*innen, d. h. an bereits Erzähltes erinnern, z. B. wenn neue Themen eingebracht werden • Zusicherung einer vollständigen Anonymität und Vertraulichkeit	• Wenn Befragte beim Schreiben und Lesen von anderen Menschen abhängig sind • Wenn Befragte das Gefühl haben, sozial erwünschte Antworten geben zu müssen • Wenn der Einfluss durch die Interviewer*innen zu stark ist • Wenn Interviewer*innen durch ihren Befragungsstil Zeitdruck oder Stress erzeugen • Wenn die Befragung für Menschen mit Demenz als eine zu starke Herausforderung erlebt wird

Ein weiteres Gütekriterium, dass sich meist in Befragungen von Menschen mit fortgeschrittener Demenz als Herausforderung darstellt, ist die **Reliabilität** der mitgeteilten Information. Geht es etwa um Bewertungen, so dürfte die Reliabilität bei bestimmten Fragen stärker eingeschränkt sein, z. B. wenn Befragte mit Demenz Aussagen über längere Zeiträume oder Perioden eines (Technik-)Entwicklungsprozesses treffen müssen (z. B. im Rahmen einer auf das gesamte Projekt bezogenen summativen Evaluation). Auch die Einschätzung eigener Kompetenzen fällt Menschen mit Demenz schwer, wobei sie diese meist überschätzen, während etwa pflegende Angehörige dazu neigen, sie systematisch zu unterschätzen (Hendriks et al. 2014). Beuscher und Grando (2009) machen wiederum darauf aufmerksam, dass das Problem einer unzureichenden und auf ihre Zuverlässigkeit hin kaum überprüfbaren Datenlage dann entsteht, wenn mit Menschen mit Demenz nur ein einziger Interviewtermin realisiert wird. Sie empfehlen daher grundsätzlich mehrere Gespräche durchzuführen und zugleich mehr Zeit für Begegnungen vorzusehen. Auch die Triangulation von Daten kann sinnvoll sein, d.h die Verbindung von Interviews mit einer Beobachtung und einer Ergänzung durch Feldnotizen.

3.1.5.1.2.2 Schriftliche standardisierte Befragung

Auch wenn qualitative, insbesondere halbstrukturierte Interviews als Methode der ersten Wahl bei Menschen mit Demenz gelten – jedenfalls dann, wenn sie sich mitteilen können – sollten Sie von der Möglichkeit der Teilnahme an schriftlichen standardisierten Interviews nicht grundsätzlich ausgeschlossen werden. Handelt es sich um standardisierte Interviews, sollten Forschende jedoch abwägen, ob eine schriftliche Befragung notwendig ist oder sie durch eine standardisierte mündliche Befragung ersetzt werden kann. Gründe für eine schriftliche Befragung könnten beispielsweise vorliegen, wenn absolute Anonymität gewährleistet werden soll und Befragte selbst gegenüber Forschenden anonym bleiben sollen. Da die selbstständige Bearbeitung eines schriftlichen Fragebogens für Menschen mit Demenz allerdings eine enorme Herausforderung darstellen kann, bedarf es der Prüfung, ob die Beantwortung eines Fragebogens durch andere Personen unterstützt werden kann. Diese Aufgabe kann z. B. durch professionelle Interviewer*innen, durch Pflegekräfte oder durch nahe Angehörige übernommen werden. Die Unterstützung durch Dritte stellt allerdings auch eine Quelle für Verzerrungen dar. Je unverzichtbarer eine derartige Begleitung ist, umso größer das Risiko der Einschränkung von Validität (van Baalen et al. 2011). Kann das Ausfüllen eines Fragebogens durch Menschen mit beginnender Demenz mithilfe der Unterstützung von Begleitpersonen durchaus gelingen, dürfte eine solche Aufgabe jedoch Menschen ab dem mittleren Stadium der Erkrankung kaum mehr zugemutet werden. Darüber hinaus gilt zu beachten, dass Menschen im hohen Alter auch unter anderen Einschränkungen, z. B. der Sehfähigkeit, leiden. Standardisierte schriftliche Befragungen stellen daher ein sehr hochschwelliges Erhebungsinstrument dar, das einen Großteil der Menschen mit Demenz von der Erhebung ausschließt (Perfect et al. 2019).

Aufgrund der genannten Schwierigkeiten finden sich in der Forschung kaum standardisierte Instrumente, die durch Menschen mit Demenz selbständig ausgefüllt werden können. In den meisten Fällen handelt es sich um Fremdbeurteilungsinstrumente für Expert*innen oder Angehörige. Daher stehen Forschende bei quantitativen Befragungen vor der Notwendigkeit, Befragungsinstrumente eigenständig zu entwickeln. Luff et al. (2011, S. 26) machen indes darauf aufmerksam, dass der Gestaltung dieser Instrumente, bevor sie eingesetzt werden, eine besondere Sorgfalt gebühren sollte. Als wichtig für die Konstruktion des Fragebogens werden die Einbeziehung von Fachexpert*innen sowie die Durchführung mindestens eines Pretests betrachtet. Luff et al. (ebenda) fordern zudem auch bei standardisierten Instrumenten einen gewissen Grad der Flexibilität zuzulassen, so dass geringe Abweichungen von einer vollstandardisierten Version, wie z. B. die Veränderung der Reihenfolge der Items, möglich sein sollten. Insbesondere stark formalisierte Instrumente können Menschen mit Demenz unter Druck setzen, insbesondere dann, wenn Interviewfragen sehr unmittelbar und direkt gestellt werden und nicht in ein Gespräch eingebettet sind (Murphy 2007, S. 216). Ein Interview sollte daher keinesfalls einem Abfragen von „Fakten" gleichen. Vielmehr geht es darum, der befragten Person zu signalisieren, dass alles, was sie mitteilt, sowohl den Forschenden als auch der Forschung dienlich ist. Werden standardisierte Befragungen mündlich durchgeführt, ist es zudem wichtig, dass Betroffene sie nicht als einen Test wahrnehmen (ebenda). Daher kommt dem Aufbau einer vertrauensvollen Beziehung eine ebenso hohe Priorität zu wie bei der Durchführung qualitativer Interviews.

Ein weiterer Aspekt, der im Zusammenhang mit quantitativer Forschung steht, betrifft die Entwicklung geeigneter **Antwortformate**. Im Sinne der Komplexitätsreduktion müssen sie für Menschen mit Demenz so gestaltet sein, dass Betroffene sie auf Anhieb verstehen können. Als weitgehend ungeeignet dürften Antwortformate gelten, die nicht verbalisiert sind, sondern ausschließlich auf Zahlen basieren. Auch die Anzahl der Antwortmöglichkeiten sollte Befragte nicht überfordern, so dass sie bei intervallskalierten Variablen für Menschen mit beginnender Demenz auf maximal fünf, für Menschen mit fortgeschrittener Demenz auf zwei (dichotomes Antwortformat) oder drei begrenzt werden sollten. Darüber hinaus sollten Befragte bei der Beantwortung mehrstufiger Rating-Skalen begleitet werden, indem sie an die Beantwortung der Fragen in kleinen Schritten herangeführt werden. Um die Häufigkeit sog. ausweichender Antworten (z. B. die

Kategorie „Teils, teils") einzugrenzen und eine (ggf. nachträgliche) Dichotomisierung von Antworten (z. B. während der Befragung) vornehmen zu können, kann die Nutzung symmetrischer Antwortformate sinnvoll sein.

Bei der Durchführung standardisierter Befragungen stellt sich häufig die Frage, welchen Stellenwert der **kognitive Status** der Befragten bei der selbständigen Beantwortung standardisierter Fragen hat. Bis zu welchem Grad der kognitiven Beeinträchtigung (z. B. gemessen am MMST-Wert) es gelingen kann, Menschen mit Demenz in die Durchführung standardisierter Befragungen einzubeziehen und wann ihnen eine solche Aufgabe ggf. nicht mehr zugemutet werden kann, interessiert auch bei der Durchführung repräsentativer Bevölkerungsumfragen, bei denen die Beteiligung von Menschen mit Demenz ebenfalls erwünscht ist. Der Blick in die aktuelle Forschung zeigt jedoch, dass eindeutige Ergebnisse dazu nicht vorliegen. So machen viele Studien darauf aufmerksam, dass Menschen bis zum mittleren Stadium der Erkrankung an standardisierten mündlichen Interviews teilnehmen können. Einige Erfahrungen sprechen dafür, dass die Art der Fragen bzw. erfassten Daten eine Rolle spielen kann. Geht es etwa um die Erfassung individueller Präferenzen, so fällt es Menschen mit Demenz nicht schwer, sie bis zum mittleren Stadium der Erkrankung zu bewerten (Whitlatch und Menne 2009). Auch Angaben zu soziodemografischen Daten gehören zu den Items, die Menschen mit einer leichten bis mittelschweren Demenz (MMST-Wert: 13 bis 26) vornehmen können (Whitlatch et al. 2005). In einer weiteren standardisierten Befragung mit 213 Menschen mit Demenz beobachteten Clark et al. (2008), dass Betroffene mit einem MMST-Wert zwischen 13 und 30 in der Lage waren, konsistente und weitgehend richtige Antworten auf sog. Fakten-Fragen sowie Fragen zu ihrem eigenen Zustand zu geben. Wie Kutschar et al. (2019) jedoch betonen, bildet der kognitive Status einen wichtigen, signifikanten Prädiktor für die Non-Response-Rate. In einer Befragung von Bewohner*innen stationärer Pflegeeinrichtungen stand z. B. das Alter der Befragten in einem positiven, jedoch nur leichtem korrelativen Zusammenhang mit der Zahl nicht gegebener Antworten; auch das Geschlecht und die Dauer des Interviews spielten keine Rolle, wie viele Fragen unbeantwortet blieben. Die Kognition war jedoch entscheidend dafür, wie gut es Menschen mit Demenz gelang, verschiedene Fragen (z. B. zu ihrer soziodemografischen Lage, ihrer Gesundheit, ihren Schmerzen) zu beantworten.

Perfect et al. (2019) weisen zudem darauf hin, dass standardisierte Befragungen bestimmte **Belastungen** bei Menschen mit Demenz hervorrufen können. So berichten die Forscher*innen, die standardisierte Erhebungen mit Menschen mit Demenz in stationären Pflegeeinrichtungen durchführten, dass Befragte es als besonders belastend erlebten, wenn sie das Gefühl hatten, nicht die richtige

Antwort geben zu können, wenn Befragungen aufgrund eines sich verschlechternden gesundheitlichen Zustands der Befragten verschoben werden mussten oder wenn der Erhebungsrahmen keine Flexibilität für erneute Befragungen oder einen persönlichen Austausch zwischen Interviewer*innen und Befragten zuließ. Standardisierte Befragungskontexte, die der Erfassung objektiver Daten nachgehen, können daher als besonders belastend erlebt werden, weil sie keinen Raum für Subjektivität – und meist auch für zwischenmenschliche Begegnung – zulassen. Sind standardisierte Daten im Rahmen von Technikprojekten relevant, kann geprüft werden, ob sie in Mixed-Method-Designs eingebettet werden können. Besteht der Bedarf für den Einsatz standardisierter Antwortformate, ist es wichtig, dass Menschen mit Demenz an sie begleitend herangeführt werden, dass Interviewer*innen über beispielhafte Erklärungen für sie verfügen und sie prüfen, inwiefern ein Ausweichen auf visualisierte Skalen – ggf. auch mit Unterstützung anderer Methoden, wie der Methode der Talking Mats – möglich erscheint.

3.1.5.1.3 Fokusgruppen

Neben Befragungen und Beobachtungen haben sich Fokusgruppen als relevante Forschungsmethode in technikorientierten Projekten etabliert (Hanson 2007; Robinson et al. 2007, 2009; Savitch und Zaphiris 2007). Im Vergleich zu Einzelinterviews zeichnen sich Fokusgruppen durch eine Reihe von **Vorteilen** aus, die auch für Menschen mit Demenz gelten. Dazu gehört vor allem die Möglichkeit zur sozialen Interaktion und Kommunikation mit anderen Teilnehmer*innen. Teil einer Gruppe zu sein bietet nicht nur die Möglichkeit sich als Gemeinschaft zu erleben, sondern entlastet die Beteiligten von möglichem Leistungsdruck, da sie – im Gegensatz zu Einzelinterviews – nicht direkt aufgefordert sind auf jede Frage eine Antwort zu geben. Darüber hinaus können Gatekeeper, z. B. nahe Angehörige, in eine Fokusgruppe integriert werden, so dass die Interaktion in der Pflegedyade bzw. die Unterstützung durch eine beteiligte Person gezielt gefördert werden kann. Aus diesem Grund werden Fokusgruppen nicht nur als Instrument der Erkenntnisgewinnung, sondern auch als Mittel zur Förderung von Zugehörigkeit, sozialer Teilhabe und Empowerment verstanden – unter der Maßgabe, dass diesen Zielen ein hoher Stellenwert beigemessen wird. Handelt es sich um Gruppen, an denen ausschließlich Menschen mit Demenz teilnehmen, erhöht die Initiierung gemeinsamer Diskussionen die Chance für gegenseitige Unterstützung. Da Betroffene in der Regel ähnliche Erfahrungen teilen, lassen sich dadurch nicht nur gemeinsame Bewältigungsstrategien, sondern auch gegenseitige Lernprozesse fördern. Handelt es sich um Menschen der gleichen Kohorte, kann ein ähnlicher biografischer Bezugsrahmen dazu dienen, dass Erzählungen zum kollektiven Erinnern angeregt werden. In einer Fokusgruppe ist es zudem möglich, dass nicht nur die Moderator*innen, sondern grundsätzlich alle Teilnehmer*innen einen Einfluss auf die Diskussionsinhalte und die Gruppendynamik nehmen (Bamford und Bruce 2002, S. 141). Angesichts dieser Vorteile werden Fokusgruppen nicht nur als Erhebungs-, sondern auch als Beteiligungsmethode verstanden.

Trotz der genannten Vorteile stellt die (Neu-)Bildung einer Fokusgruppe mit Menschen mit Demenz eine sorgfältig zu planende und zeitlich aufwändige Aufgabe dar, was häufig als **Nachteil der Methode** betrachtet wird. Die Moderation von Fokusgruppen mit Menschen mit Demenz sollte durch Personen durchgeführt werden, die über entsprechende Kompetenzen bzw. Erfahrungen in der Kommunikation mit Betroffenen verfügen. Aus bisherigen Projekten wird zudem berichtet, dass es wichtig ist, neben einer erfahrenen Moderation, die Begleitung durch andere Fachexpert*innen vorzusehen. Während die Aufgabe der Moderation darin besteht, die Gruppendynamik und -diskussion zu steuern, d. h. die Gruppe als Kollektiv im Blick zu behalten, können sich Begleitpersonen auf einzelne Teilnehmer*innen konzentrieren, deren Wohlbefinden während der Diskussion beobachten und dafür zu sorgen, dass jede beteiligte Person die notwendige Unterstützung erhält, die sie während der gemeinsamen Diskussionszeit braucht. Die Planung von Fokusgruppen umfasst daher auch die personelle Besetzung verschiedener Moderations- und Begleitaufgaben inkl. der Entscheidung, wann eine Teilnahme an der Diskussion möglich ist bzw. wann sie ggf. eine zu große Belastung für Beteiligte darstellt. Erfahrungen aus Selbsthilfegruppen für Menschen mit Demenz zeigen, dass gerade intensive Gespräche in Gruppen aus Sicht der Teilnehmer*innen als besonders herausfordernd erlebt werden können. Angesichts nachlassender kognitiver und sprachlicher Kompetenzen gilt es daher bereits bei der Planung von Fokusgruppen zu prüfen, ob eine durchgehende aktive Beteiligung der Teilnehmer*innen erforderlich ist. Zudem sollten Begleitpersonen die mögliche Belastung der Teilnehmer*innen während der Fokusgruppe beachten und nach Bedarf intervenieren, falls sich bestimmte Personen (ggf. nach einer bestimmten Zeit) stark erschöpft fühlen (Hanson et al. 2007). Handelt es sich um Fokusgruppen, in denen eine aktive mündliche Beteiligung der Anwesenden vorausgesetzt wird, dürften es vor allem Menschen mit beginnender Demenz sein, die an ihnen teilnehmen.[25] Diese Überlegungen werfen wiederum Fragen nach der Zusammensetzung von Fokusgruppen auf, nach der Dauer des Verbleibs in einer Gruppe sowie danach, wie „alte" Mitglieder aus bestehenden Gruppen „verabschiedet" und neue Mitglieder in sie integriert werden können. Die letztgenannten

---

[25]In bisherigen Projekten war der kognitive Status der beteiligten Menschen mit Demenz nicht eindeutig bekannt. Hanson et al. (2007, S. 427) empfehlen jedoch für Fokusgruppen mit Menschen mit Demenz, die über längere Zeiträume eine aktive Rolle übernehmen sollen, von einem MMST-Status von mind. 25 auszugehen.

Aspekte sind vor allem dann relevant, wenn eine Gruppe über längere Zeiträume besteht und am Projekt begleitend teilnimmt.

Zu den Aspekten, die bei der Planung und Durchführung von Fokusgruppen mit Menschen mit Demenz beachtet werden müssen, zählen der Umgang mit informierter Einwilligung und der Schutz persönlicher Daten. Da sich in einer Fokusgruppe keine absolute Anonymität herstellen lässt, bedarf es auch in Gruppen mit Menschen mit Demenz eines Gruppenkonsensus über den Umgang mit persönlicher Information sowie besonderer Vorkehrungen für die Wahrung der Freiwilligkeit der Teilnahme. Ausgehend von eigenen Erfahrungen aus Fokusgruppen mit Menschen mit Demenz betonen Bamford und Bruce (2002, S. 141ff), dass in einer Fokusgruppe – im Gegensatz zu Interviews – vor allem der Prozess des **ongoing consent** anders gestaltet werden muss. Dies betrifft z. B. Menschen ab dem mittleren Stadium der Erkrankung und ggf. Personen, die in einer stationären Einrichtung leben. Da sie beobachteten, dass Betroffene schriftlichen Vereinbarungen grundsätzlich misstrauten, empfehlen sie, nachdem die Einwilligung der gesetzlichen Betreuer*innen vorliegt, auf den Abschluss einer formalen Einwilligung mit Angefragten zu verzichten und stattdessen einen sog. „experienced consent" zu nutzen. Dazu veranstalteten sie mehrere Sitzungen, zu denen die Bewohner*innen einer stationären Einrichtung individuell eingeladen wurden. Der Charakter der Sitzungen unterschied sich eindeutig vom normalen Tagesablauf und war anahnd bestimmter Rituale erkennbar, z. B. am Singen eines bestimmten Liedes, das den Beginn der Fokusgruppe signalisierte. Nach dem Einstiegsritual wurden die Teilnehmer*innen über das weitere Vorgehen informiert und nach ihrer mündlichen Zustimmung oder Ablehnung gefragt. Der Einblick in das Gruppengeschehen stellte für Bewohner*innen der Einrichtung nun eine valide Entscheidungsgrundlage über ihre weitere Teilnahme dar. Die auf dem unmittelbaren Erleben der Situation beruhende Zustimmung kann daher den Akt einer eher vertraglich wirkenden schriftlichen Einwilligung, durch die Bewohner*innen eine in ihren Konsequenzen nicht überschaubare Bindung befürchten, entbehrlich machen. Trotz dessen ist es wichtig, dass die Möglichkeit zum Dissent nicht nur zur Beginn der Sitzung, sonder während der gesamten Dauer einer Fokusgruppe besteht. Daher sollten Moderator*innen Anzeichen des Unwohlseins aufmerksam verfolgen. In Situationen, in denen ein Verhalten als Dissent interpretiert werden könnte, empfehlen Bamford und Bruce (2002, S. 144) betreffende Teilnehmer*innen direkt zu fragen, ob sie den Wunsch haben, die Sitzung zu verlassen. Finden Fokusgruppen in Einrichtungen statt, ist es wichtig, dass sie in einem bekannten Raum durchgeführt werden, den Teilnehmer*innen im optimalen Fall selbst verlassen können (Bamford und Bruce 2002, S. 151f). Darüber hinaus sollte ein Dissent auch strukturell möglich sein. Dies betrifft vor allem Fokusgruppen, die in öffentlichen Aufenthaltsräumen stationärer Einrichtungen stattfinden. Nimmt eine Fokusgruppe den einzigen Gemeinschaftsraum einer Einrichtung in Anspruch, so bestehen für andere Bewohner*innen lediglich eingeschränkte Möglichkeiten der Fokusgruppe auszuweichen.

Da Diskussionen innerhalb von Fokusgruppen persönliche bzw. vertrauliche oder sensible Informationen zutage fördern können, muss der **Umgang mit Datenschutz** geklärt werden. Trotz der Zusicherung von Anonymität und Vertraulichkeit, die in der Regel zu Beginn einer Fokusgruppe thematisiert werden, erinnern sich Menschen mit Demenz während des Verlaufs einer Sitzung bzw. in nachfolgenden Sitzungen nicht mehr an getroffene Vereinbarungen. Daher stellt die weiderholte Thematisierung von Vertraulichkeit durch die Moderator*innen eine wichtige Aufgabe dar, vor allem während bzw. nach Sitzungen, in denen sensible bzw. persönliche Informationen geteilt wurden. Im Zusammenhang mit vertraulicher Information bedarf es grundsätzlich der Herstellung von Gewissheit im Hinblick auf zwei Arten von Informationen: Der Entscheidung, welche Aussagen persönlichen Charakter haben, so dass sie den Kreis der Teilnehmer*innen nicht verlassen sollten, sowie der zusätzlichen Klärung darüber, welche – ggf. persönliche – Inhalte nicht für die Auswertung der Ergebnisse bestimmt sind. Da Menschen mit Demenz für den Schutz ihrer persönlichen Sphäre nicht selbst sorgen können, gehört es zu den Aufgaben der Moderator*innen, diesen persönlichen Schutz zu sichern. Bamford und Bruce (2002) empfehlen, den Charakter einer Mittelung unmittelbar im Gespräch zu klären. Wird Information geteilt, die aus Sicht der Moderator*innen als sensibel oder persönlich gelten könnte, empfehlen sie während der Gespräche oder unmittelbar danach zu klären, ob eine Aussage als Forschungsergebnis der Fokusgruppe oder aber als persönliche Information zu verstehen sei.

Da die Gewinnung von Menschen mit Demenz für eine Fokusgruppe, die ausschließlich dem Zweck eines Projektes dient, mit besonderen organisatorischen Problemen verbunden ist (Martin et al. 2013, S. 6771, Meiland et al. 2014, S. 777), neigen technikorientierte Projekte häufig dazu, bereits **bestehende Gruppen** (z. B. Selbsthilfegruppen) für die Teilnahme zu gewinnen. Die Ansprache von bereits etablierten informellen Gruppen zeichnet sich durch gewisse **Vorteile** aus, u. a. die Reduktion des zeitlichen und organisatorischen Aufwands zur Bildung der Gruppe. Etablierte Gruppen sind auch dann besonders vorteilhaft, wenn familiäre Atmosphäre und ein vertrauensvoller Umgang unter den Teilnehmer*innen für die Diskussion besonders wichtig sind (z. B. bei sensiblen Themen). Weitere Erfahrungen zeigen, dass etablierte Gruppen ein höheres Maß des gegenseitigen Vertrauens aufweisen, was die Bereitschaft zur Selbstöffnung deutlich erhöht. So berichten z. B. Bamford und Bruce (2002, S. 154), dass sich Menschen mit

Demenz in solchen Gruppen eher zutrauten negative bzw. kritische Aspekte zu benennen, einander mit mehr Respekt begegneten und bereiter waren einander zuzuhören, so dass sog. Parallelgespräche weniger häufig vorkamen (Bamford und Bruce 2002, S. 154). Handelte es sich um Gruppen, an denen nicht ausschließlich Menschen mit Demenz teilnahmen, wurden Betroffene durch andere Teilnehmer*innen stärker einbezogen und erhielten mehr Unterstützung – im Vergleich zu Gruppen, in denen die Teilnehmer*innen einander nicht kannten und ein formelles Verhältnis zueinander pflegten. Um ein bestehendes Vertrauensverhältnis zu wahren, kann es daher vorteilhaft sein, wenn die Moderation einer etablierten Gruppe durch Personen übernommen wird, die der Gruppe bereits bekannt sind (z. B. wenn Moderator*in mit Teilnehmer*innen bereits arbeitet) (van Baalen et al. 2011, S. 125).

Zu den Vorteilen bestehender informeller Gruppen gesellen sich allerdings auch **Nachteile**. Werden solche Gruppen als Fokusgruppen gewonnen, ist zu beachten, dass sie in der Regel über eine etablierte Gruppenkultur verfügen, die mit einer bestimmten Rollenverteilung der Teilnehmer*innen verbunden ist. Dies kann dazu führen, dass sich bestimmte Rollenmuster durchsetzen, die mit eingespielten Formen der Einbindung, z. B. der Häufigkeit von Wortmeldungen, verbunden sind. Gefestigte Gruppenkulturen können zudem zur Durchsetzung bestimmter Meinungen führen, indem sie z. B. Minderheitenmeinungen unterdrücken oder ihnen eine Gültigkeit nur dann verleihen, wenn sie bestimmten Regeln folgen. Eine bestehende Gruppen- und Diskussionskultur kann besonders wirkmächtig sein, wenn Fokusgruppen innerhalb einer Einrichtung gebildet werden. Bestehende Gruppennormen können sowohl den Verlauf einer Diskussion als auch ihre Ergebnisse beeinflussen, was zu negativen Folgen für Projekte führen kann, wie z. B. Engström et al. (2009, S. 788) aus einer Implementierungsstudie berichten. Bamford und Bruce (2002) weisen ebenfalls darauf hin, dass es für neue Moderator*innen schwer zu unterscheiden ist zwischen Inhalten, die der eigentlichen Diskussion gewidmet sind, und Beiträgen, die lediglich der Bestätigung von Gruppennormen dienen. Zudem entziehen sich bestehende Gruppen häufig der Kontrolle bzw. Steuerung und setzen eigene Akzente, die nicht zwingend im Einklang mit den Zielen eines Projektes stehen müssen (ebenda). Die Entscheidung zwischen etablierten und neu zu bildenden Gruppen sollte daher unter Berücksichtigung aller Vor- und Nachteile getroffen werden.

Eingespielte Rollenmuster können auch mit der **Dominanz einzelner Gruppenteilnehmer*innen** verbunden sein. Da Fokusgruppen mit Menschen mit Demenz in der Regel auf sog. Klumpenstichproben basieren und Personen mit unterschiedlichen Graden der Beeinträchtigung umfassen, kann es dazu kommen, dass Teilnehmer*innen mit einer besseren Verfassung eine dominantere Rolle innerhalb der Gruppe einnehmen. Neben stark lenkenden Diskussionsstilen können sich einzelne Mitglieder der Rolle der „Gruppensprecher*innen" ermächtigen, während sich sprachlich eingeschränkte Personen ihrem Votum unterordnen. Menschen mit Demenz, die ihre eigene Meinung nicht (mehr) gut darstellen können, tendieren zudem dazu sich der Meinung wortstark wirkender Personen anzuschließen, wie z. B. Fokusgruppen im Projekt ROSETTA zeigen (Meiland et al. 2014, S. 777). Eine solche Situation birgt das Risiko, dass einzelne Personen die inhaltlichen Aspekte der Gruppendiskussion stark bestimmen, während andere ihre eigenen Akzente nur mit Unterstützung der Moderator*innen einbringen können. Diese Gruppendynamik kann zur zusätzlichen Schwächung bereits schwacher Positionen führen. Daher gilt es die Dominanz einzelner Gruppenteilnehmer zu nutzen, um die gesamte Gruppe in die Diskussion einzubinden.

Widmet man sich der Motivation von Menschen mit Demenz zur Teilnahme an Fokusgruppen, so zeigt sich, dass die Möglichkeit zum **sozialen Austausch** und sozialem Kontakt häufig zentrale **Motive** der Beteiligung an Projekten bilden (Eisma et al. 2004; Hanson et al. 2007). Viele Menschen mit Demenz fühlen sich isoliert und vermissen den Kontakt zu anderen. Zudem fehlt vielen Betroffenen die Möglichkeit zur Wahrnehmung sinnvoll erlebter Aktivitäten, so dass die Initiierung von Fokusgruppen – unabhängig von methodischen Überlegungen – als Maßnahme **zur Förderung sozialer Teilhabe** betrachtet werden kann (Savitch et al. 2006; Robinson 2002). Die Organisation einer Fokusgruppe mit Menschen mit Demenz setzt allerdings voraus, dass sich alle Teilnehmer*innen inkludiert fühlen und eigene Gedanken zum Ausdruck bringen können, unabhängig von individuellen Einschränkungen (Bamford und Bruce 2002). Die Förderung eines Wirbzw. Gruppengefühls sollte daher ein Begleitziel der Fokusgruppe sein, damit die Motivation der Teilnehmer*innen aufrechterhalten wird, trotz Irritationen, die ggf. aufgrund fehlender Aufmerksamkeit der Moderator*innen entstehen. Da die Motivation der Teilnehmer*innen auch die Bereitschaft zur Beschäftigung mit einem – häufig neuen und fremden – Thema beeinflusst, ist die Berücksichtigung der Motive für die inhaltliche Arbeit von Fokusgruppen wichtig. Ihnen sollte jedenfalls in einer Weise begegnet werden, die seitens der Teilnehmer*innen als befriedigend erlebt wird. Trotz der Förderung von Teilhabe ist es relevant, dass sich die Mitglieder von Fokusgruppen mit dem Projektthema identifizieren bzw. dieses zumindest als sinnvoll erachten, denn nur dann sind sie bereit die Verantwortung für ihre eigenen Beiträge zu übernehmen.

Bisherige Erfahrungen sprechen dafür, dass Fokusgruppen um einen Baustein ergänzt werden sollten, der ausschließlich der Förderung sozialer Teilhabe dient, unabhängig von den Zielen der Technikentwicklung. Darüber hinaus bedarf es während der Diskussion einer kontinuierlichen Unterstützung positiver Interaktionen zwischen den Teilnehmer*innen. Dies sollte eine Aufgabe der Moderator*innen sein, insbesondere dann, wenn der Aufbau positiver Interaktion „von alleine" nicht gelingt. Je stärker die Symptome der Demenz, umso schwerer fällt es Betroffenen in der Regel, sozialen Kontakt eigenständig zu initiieren und aufrechtzuerhalten. Daher sind Teilnehmer*innen mit Demenz auf gezielte Unterstützung angewiesen. Für Moderator*innen von Fokusgruppen kann diese Aufgabe allerdings auch bestimmte Herausforderungen bergen. Bamford und Bruce (2002, S. 146ff) zählen dazu vor allem den Umgang mit möglichen Konfliktsituationen, z. B. dem respektlosen Verhalten gegenüber anderen Teilnehmer*innen, vor allem gegenüber eingeschränkten Personen, die aus Sicht anderer Teilnehmer*innen „zu lange" brauchen um ihre Gedanken zu formulieren. Neben der Lösung derartiger Konflikte ist es ebenso wichtig ihren Ursachen nachzugehen (ebenda).

Die Moderation von Fokusgruppen mit Menschen mit Demenz bedarf nicht nur der Berücksichtigung demenzspezifischer Besonderheiten, sondern auch jener Einschränkungen, die im Alter typisch sind. Hendriks et al. (2013) weisen darauf hin, dass sich Menschen mit Demenz häufig im fortgeschrittenen Alter befinden und daher über sensorische und sensomotorische Einbußen verfügen. Den **Moderator*innen** einer Fokusgruppe kommen daher weitere Verantwortlichkeiten zu. Sie sollten die Beteiligten gut kennen, ihre individuellen Zeit- und Unterstützungsbedarfe für die geplanten Aufgaben einschätzen können, die Sitzung klar und deutlich strukturieren und dafür sorgen, dass die Gruppe zu den erwarteten Ergebnissen bzw. in ihre Nähe kommt. Zu den Aufgaben der Moderator*innen gehört ebenfalls die kontinuierliche Erinnerung an die Ziele der Sitzung sowie die Rollen der Beteiligten. Nehmen – zusätzlich zu Menschen mit Demenz – weitere Personen an der Fokusgruppe teil, ist es wichtig, auch deren Rollen zu klären. Hendriks et al. (2013) machen darauf aufmerksam, dass die Moderation erschwert sein kann, wenn andere Teilnehmer*innen, z. B. begleitende Angehörige, sich die Rolle der Moderation aneignen und dadurch das Aufkommen von Parallelgesprächen fördern. Um dies zu vermeiden kann es vorteilhaft sein, spezifische Zeitfenster in die Sitzung einzubauen, die dem informellen Austausch dienen und Angehörigen die Möglichkeit geben, sich am Gespräch aktiv zu beteiligen. Hendriks et al. (2013) integrierten ein solches Zeitfenster an den Anfang der jeweiligen Sitzung. Hier bestand die Möglichkeiten Neuigkeiten auszutauschen, die in der Regel in keinem Zusammenhang mit dem Projekt standen. Während dieser Zeit wurden bilaterale Gespräche gezielt unterstützt. Nach einer gewissen Zeit folgte – symbolisch eingeleitet – der „Arbeitsteil" der Sitzung, für den klare Regeln des Umgangs miteinander abgestimmt wurden.

Ein häufiges Problem in Fokusgruppen (nicht nur mit Menschen mit Demenz) stellen **Schwierigkeiten bei der Fokussierung auf ein konkretes Thema** dar (Eisma et al. 2004; Bamford und Bruce 2002; Savitch et al. 2006). Eine zentrale Aufgabe moderierender Personen besteht daher in der gezielten Lenkung der Teilnehmer*innen auf die anvisierte Diskussionsfrage hin. Ein Abdriften vom Diskussionsthema kann allerdings verschiedene Gründe haben. So kann die **Art der Fragestellung** dafür verantwortlich sein, dass sich Teilnehmer*innen vom diskutierten Thema entfernen. Breite, abstrakte und fiktive Themenstellungen können ein solches Abdriften befördern, da es Menschen mit Demenz schwer fällt, einen Fokus selbst zu bilden oder die Struktur der Antwort zu bestimmen. Für Fokusgruppen mit Menschen mit Demenz sind daher eng gefasste Diskussionsfragen besser geeignet. Binden sie zudem biographische Aspekte ein, geben sie die Möglichkeit an Bekanntes anzuknüpfen. Um die Vielfalt relevanter Aspekte eines Themas nicht von vornherein einzugrenzen, entwickelten Bamford und Bruce (2002, S. 146ff) eine Strategie, die darin besteht, ein Thema zunächst breit zu formulieren, während sie zu der zentralen Diskussionsfrage im Verlauf der Sitzungen immer wieder gezielt zurückkehrten.

Die Neigung zu Parallelgesprächen und damit die Aufgabe, die Teilnehmer*innen „beim Thema zu halten", können auch in Abhängigkeit von der **Zusammensetzung der Gruppe entstehen.** Handelt es sich z. B. um gemischte Gruppen, in denen Menschen mit Demenz auf Teilnehmer*innen ohne Demenz treffen bzw. die sprachlichen Kompetenzen der Teilnehmer*innen stark differieren, nimmt die Konzentration in der Regel ab. Je größer zudem die Gruppe, umso herausfordernder die Moderation.[26] Einige Besonderheiten sind jedoch unmittelbar den Merkmalen der Erkrankung geschuldet. So bedürfen Menschen mit Demenz in der Regel mehr Zeit, um ihre Gedanken zu strukturieren und passende Antworten zu finden. Zugleich fällt es ihnen schwer Gedanken, die der Diskussion dienen, längere Zeit zu behalten, um sie ggf. zum späteren Zeitpunkt mitzuteilen. Für die Moderation einer Fokusgruppe erwachsen daraus zwei konfligierende Ziele: Einerseits geht es darum den Teilnehmer*innen mehr Zeit zur Aussprache zu geben, andererseits ist es notwendig, Gedanken anderer Teilnehmer*innen möglichst schnell zu erfassen, bevor sie aufgrund eingeschränkter Gedächtnisleistung vergessen werden. Diese beiden Aufgaben erfordern ein

---

[26]Obwohl die Gruppengröße nicht das einzige Bestimmungskriterium einer gelungenen Diskussion mit Menschen mit Demenz darstellt, machen viele Studien darauf aufmerksam, dass sich die Anzahl der Teilnehmer*innen im einstelligen Bereich bewegen sollte. In einer Studie von Hanson et al. (2007), in der es um die Entwicklung eines sog. *life book* mit Menschen im frühen Stadium der Erkrankung ging, hat sich eine Gruppengröße von 6 Personen als optimal erwiesen. Die Autor*innen betonen jedoch gleichzeitig, dass die Gruppengröße nicht mehr als 8 Personen umfassen sollte.

großes Maß an Aufmerksamkeit sowie gezielte Unterstützung durch weitere Co-Moderator*innen, die mündliche Beiträge anderer Teilnehmer*innen aufnehmen können, wenn es ihnen nicht gelingt die Wortbeiträge längere Zeit zu behalten. Benötigt eine Person mehr Zeit für ihre Mitteilung, woraus unweigerlich ein Zweiergespräch mit der Moderator*in entsteht, kann dies seitens anderer Teilnehmer*innen als Einladung zum Zweiergespräch interpretiert werden. Die Aufgabe der moderierenden Person besteht folglich darin, Zweiergespräche nicht zu unterdrücken, sie aber zum geeigneten Zeitpunkt in die Diskussion mit der gesamten Gruppe zu überführen.

Eine besondere Situation entsteht dann, wenn **Menschen mit Demenz und ihre Angehörigen gemeinsam an einer Fokusgruppe teilnehmen**. Probleme bei der Fokussierung auf ein Thema sind vor allem dann wahrscheinlich, wenn die Themen und die Form der Diskussion den Bedürfnissen beider Gruppen nicht gerecht werden. Daher bedarf es bei der Planung von Fokusgruppen der grundsätzlichen Entscheidung darüber, inwiefern gemeinsame Diskussionen relevant sind. Meiland et al. (2014, S. 777) berichten aus dem Projekt ROSETTA, dass gerade die getrennte Durchführung von Fokusgruppen mit Betroffenen und Angehörigen als besonders positiv erlebt wurde. Auf diese Weise konnten nicht nur Menschen mit Demenz ihre Meinung frei zum Ausdruck bringen. Auch pflegende Angehörige genossen die Unbefangenheit, die es ihnen leichter machte, kritische bzw. negative Aspekte ihrer Situation anzusprechen ohne Furcht vor Irritationen oder Schuldgefühlen. Aus technikbezogenen Vorhaben wird ebenfalls berichtet, dass die Anwesenheit von Vertrauenspersonen innerhalb von Fokusgruppen gewisse Vorteile mit sich bringt, z. B. indem sie das subjektive Sicherheitsgefühl der Betroffenen erhöht. Allerdings birgt sie auch Nachteile, z. B. wenn sich Gruppenteilnehmer*innen bei der Thematisierung persönlicher, sensibler oder tabuisierter Aspekte eingeschränkt fühlen. Daher kann die Anwesenheit von Vertrauenspersonen, z. B. Angehörigen, so eingeplant werden, dass sie während bestimmter Sitzungen, z. B. bei der ersten Sitzung, oder während bestimmter Phasen, z. B. zu Beginn einer Sitzung, anwesend sind, bestimmte Diskussionen innerhalb abgestimmter Zeitfenster jedoch ohne deren Anwesenheit stattfinden.

Für die Ergebnisse einer Fokusgruppe ist die **Atmosphäre** unter den Beteiligten entscheidend (Hanson et a. 2007). Eisma et al. (2004) betonen, dass die Atmosphäre durch gegenseitige Wertschätzung gekennzeichnet sein muss. Zudem ist es wichtig, dass die Teilnehmer*innen den Gruppenkontext als Möglichkeit zum authentischen Austausch verstehen, individuelle Anerkennung für ihre Beiträge erhalten und die in der Gruppe verbrachte Zeit als zufriedenstellend erleben. Ein offenes und familiäres Gesprächsklima kann allerdings erst dann entstehen, wenn Menschen mit Demenz den Kontext als vertraut erleben und sich in der Gruppe aufgehoben und sicher fühlen. Dies setzt gewisse Rahmenbedingungen voraus. Nach Bamford und Bruce (2002, S. 153) gehört dazu, dass die Fokusgruppe nach Möglichkeit in einer vertrauten Umgebung stattfindet und der zeitliche Ablauf einer festen und gleichbleibenden Struktur folgt. Auch wenn die Teilnehmer*innen bereits zu Beginn ihr Interesse an mehreren Sitzungen bekundet haben, sind individuelle Einladungen zu jeder nachfolgenden Sitzung unentbehrlich. Innerhalb der Fokusgruppe sollte genügend Zeit für ein gegenseitiges Kennenlernen bestehen. Auch die Nutzung von Ritualen (gemeinsame Lieder) erwies sich als zielführend, z. B. um den Beginn der Gruppenarbeit zu signalisieren oder Arbeitsphasen von informellen Austauschphasen abzugrenzen. Schließlich spielt auch die Kontinuität eine wichtige Rolle. Bamford und Bruce (2002, S. 153) empfehlen, die Diskussion durch immer gleiche Moderator*innen, die ihre Arbeit in gleicher Weise aufeinander aufbauen, zu begleiten. Zudem ist es förderlich, wenn die Sitzungen immer im gleichen Raum stattfinden und wenn die Moderator*innen in jeder Sitzung gleiche oder ähnliche Kleidung tragen. Die beiden Forscher*innen verstreuten sogar den gleichen Duft vor Beginn jeder Sitzung, um den Teilnehmer*innen eine intuitive Erinnerung zu ermöglichen.

Die gezielte Förderung von Gruppenprozessen, die nicht nur in einem positiv erlebten Kontext stattfinden, sondern gleichzeitig eine Abwechslung im Alltag bieten, kann allerdings auch zu verzerrten Ergebnissen führen. Dieses Risiko besteht vor allem dann, wenn der gesamte Kontext dazu verleitet, positive Aspekte hervorzuheben und negative Aspekte auszublenden. Eine zum Positiven hin verzerrte Diskussion ist zudem dann wahrscheinlich, wenn in der Gruppe kein Vertrauen aufgebaut werden konnte. Erfahrungen aus Fokusgruppen zeigen zudem, dass Menschen mit Demenz vor allem in öffentlichen Diskussionen dazu neigen, eine idealisierte Selbstdarstellung zu bevorzugen sowie „öffentlich verträgliche" Themen in die Diskussion einzubringen. Der Grad sog. **Idealisierungen** hängt allerdings vom Diskussionsthema, dem Kontext der Fokusgruppe sowie individuellen Neigungen der Teilnehmer*innen ab. So beobachteten z. B. Bamford und Bruce (2002, S. 159), dass innerhalb von Fokusgruppen zur Verbesserung von Unterstützungsangeboten für Menschen mit Demenz in keiner der Gruppen auf die Thematisierung von Unterstützungsbedarfen eingegangen wurde, die sich aus der eingeschränkten Kognition ergeben. Die Autor*innen folgern daraus, dass die Nichtthematisierung kognitiver Einbußen zu einer Gruppennorm wurde, die gerade von Menschen mit Demenz nicht öffentlich thematisiert werden wollte. Idealisierungen können zudem durch bestimmte Rahmenbedingungen gefördert bzw. verstärkt werden, z. B. wenn die Zugehörigkeit zu einer Gruppe nur kurz ist und als unverbindlich erlebt wird, wenn es innerhalb der Gruppe an subjektiver Sicherheit und Gruppenkohäsion fehlt, wenn Moderator*innen als

„Outsider" wahrgenommen werden, wenn zeitliche Zwänge zu einem Gruppen-
druck führen oder sich Teilnehmer*innen mit einer explizit negativen Sicht auf
die eigene Person konfrontiert sehen (Bamford und Bruce 2002; Steeman et al.
2007).

Neben der Tendenz zu Idealisierungen wird aus Fokusgruppen mit Menschen
mit Demenz ein weiteres Phänomen berichtet, das sog. „**story telling**". Während
Beschreibungen der gegenwärtigen Situation häufig positiv verzerrte Selbstdar-
stellungen enthalten, sind Erzählungen in Form von Geschichten etwas, das
Menschen mit Demenz häufig zur Darstellung ihrer Vergangenheit einbringen
(Bamford und Bruce 2002, S. 159f). Typisch für derartige Erzählungen ist dabei,
dass sie nicht unmittelbar an die Diskussionsthemen der Fokusgruppe anknüpfen. Bamford und Bruce (ebenda) benennen drei zentrale Funktionen des „story
telling":

- (Re-)Konstruktion eigener Identität (in der gegebenen Situation)
- Sinnkonstruktion gegenseitiger Interdependenz bzw. Verbundenheit
- Exploration und Sinngebung für aktuelle Erlebnisse.

Die Aufgabe der Moderator*innen besteht darin, die Geschichten einzufangen
sowie den tieferen Sinn und die Motivation zum Erzählen einer Geschichte nachzuvollziehen bzw. zu analysieren. Dabei kann die Deutung einiger Geschichten
einfach sein, während es in anderen Fällen einer weiteren Exploration, z. B.
eines Gesprächs mit nahen Angehörigen, bedarf. Savitch et al. (2006) machten die Beobachtung, dass selbst in kleinen Fokusgruppen (bestehend aus drei
Teilnehmer*innen mit Demenz), in denen es um die Bewertung von Mensch-
Technik-Schnittstellen ging, sich die Teilnehmer*innen weniger auf die eigentliche Aufgabe, sondern auf das Erzählen von Geschichten aus ihrer Vergangenheit
konzentrierten. Obwohl die Beteiligten für die Fokusgruppe in Abhängigkeit von
ihrem Interesse am Thema („Spaß im Umgang mit Computern") ausgewählt wurden, fiel es den Moderator*innen schwer, sie zur Bewertung konkreter Artefakte
zu bewegen. Digby et al. (2016, S. 1160) gehen davon aus, dass das Erzählen
sog. „tangential storys" dazu dient, einen gewissen Grad der Kontrolle über die
eigene Position im Forschungsprozess zu erhalten. Menschen mit Demenz greifen auf Geschichten aus der Vergangenheit dann zurück, wenn sie sich einer
gestellten Frage oder Aufgabe nicht sicher sind, wenn sie von einer sensiblen
Frage ablenken wollen oder sich an das, wonach gefragt wird, nicht (mehr) erinnern. In gewissen Situationen dienen Geschichten aus der Vergangenheit auch der
Beschreibung, wie sich Teilnehmer*innen – eine Situation aus der Vergangenheit
reflektierend – aktuell fühlen oder sie subjektive Sicherheit herstellen wollen – im

gewissen Sinne als Kontrast zur gefühlten Unsicherheit in der aktuellen Situation. Für Moderator*innen bedeutet dies, erzählte Geschichten keinesfalls zu ignorieren oder auszublenden, sondern sie einzubeziehen und zu reflektieren, gleichzeitig jedoch geeignete Zeitfenster für das Thema der Fokusgruppe zu schaffen.

Gelungene und effektive Diskussion in einer Fokusgruppe ist darüber hinaus an bestimmte **Rahmenbedingungen** gebunden. Gruppen, an denen ausschließlich Menschen mit Demenz teilnehmen, sollten kleiner sein, als es bei anderen Fokusgruppen üblich ist (Wang et al. 2019). Demiris et al. (2008) als auch Savitch et al. (2006) berichten, dass die Dauer der Diskussion auf maximal eine Stunde begrenzt werden sollte (ähnlich auch Robinson et al. 2009). Litherland (2015) macht darauf aufmerksam, dass Sitzungen einer klaren Struktur und einer einfachen Sprache (keine abstrakten Begriffe, keine Fachbegriffe, keine Akronyme) bedürfen. Darüber hinaus erwies es sich als hilfreich, relevante Hintergrund- und/oder biographische Informationen über die Teilnehmer*innen zu erfragen (Bamford und Bruce 2002). Dadurch lassen sich deren Antworten und Beiträge besser einordnen bzw. deuten. Die Sitzungen sollten inhaltlich nicht überladen sein, sondern sich auf ein bis zwei Themen konzentrieren. Ebenfalls sollte allen Teilnehmer*innen die Möglichkeit gegeben werden, gestellte Fragen nicht nur ein Mal, sondern mehrmals beantworten zu können.

Zudem erfordern Fokusgruppen mit Menschen mit Demenz nicht selten des Einsatzes spezifischer Methoden. Dazu gehören Techniken der Gedächtnisunterstützung, z. B. indem wesentliche Ergebnisse sichtbar festgehalten werden, Zwischenergebnisse immer wieder eingebracht werden und Diskussionsfragen notiert und ggf. auch schon im Vorfeld mitgeteilt werden (Litherland 2015, S. 16). Bamford und Bruce (2002, S. 156) machen darauf aufmerksam, dass sich der Einsatz bestimmter Stimuli, z. B. in Form von Bild- oder Filmmaterial, als hilfreich erwiesen hat (auch van Baalen et al. 2011 und Litherland 2015). So kann die Gruppe mithilfe des Materials immer wieder zu ihrem Fokus geführt werden. Zudem kann **Bildmaterial** dann eingesetzt werden, wenn es Teilnehmer*innen schwer fällt, negative oder kritische Aspekte zu benennen. Die Autorinnen berichten, dass sie kritische Aspekte eines Themas mit der Unterstützung konstruierter Personas bzw. „typischer Fälle" erfassten, ohne dass Menschen mit Demenz – u. a. bei nicht vorhandener Krankheitseinsicht – zur kritischen Selbstreflexion gezwungen wurden. Bei der Nutzung des Bildmaterials erwies es sich allerdings als wichtig, dass sich Teilnehmer*innen mit Personas in gewisser Weise identifizieren konnten, so dass sie in wichtigen Merkmalen (z. B. Alter, Geschlecht) Ähnlichkeiten zur Situation der Teilnehmer*innen hatten. Als wesentlich gilt jedoch die Begleitung von Fokusgruppen durch mindestens eine weitere co-moderierende Person, deren Rolle nicht per se mit inhaltlichen, sondern mit organisatorisch-unterstützenden Aufgaben verbunden ist. Dazu gehören vor allem die Förderung der Kommunikation und die kontinuierliche Einbindung aller Teilnehmer*innen. Befinden sich in der Gruppe z. B. Personen mit eingeschränkter Hörfähigkeit, sollte gewährleistet werden, dass eine co-moderierende Person diese Teilnehmer*innen gezielt unterstützt, indem ihnen die Fragen und Antworten anderer Teilnehmer*innen mitgeteilt werden. Handelt es sich um gemischte Fokusgruppen, sollten Co-Moderator*innen dafür sorgen, dass alle Teilnehmer*innen zur Wort kommen können und die Diskussion nicht durch einzelne Personen beherrscht wird (van Baalen et al. 2011, S. 125). Erfahrungen aus technikorientierten Vorhaben weisen zudem darauf hin, dass Moderator*innen geschult sein müssen im Umgang mit Menschen mit Demenz und in der Lage, die Dynamik innerhalb der Fokusgruppe richtig deuten zu können.

3.1.5.1.4 Videographie

Der Blick in die Landschaft aktuell diskutierter Forschungsmethoden zeigt, dass in den vergangenen Jahren vor allem visuelle Methoden an Bedeutung gewonnen haben. Dies motivierte einige Forschende gar dazu, von einer Wende zu sprechen, wie z. B. Christine Moritz (2018, S. 5), die dafür Umschreibungen wie „visual turn", „pictorial turn", „performative turn" oder „digital turn" anführt. Diese Entwicklung ist auch in der Forschung mit Menschen mit Demenz sichtbar und führt u. a. dazu, dass durch mediale Dokumentation bzw. Eigenproduktion ein neuer Zugang zur Erfahrungswelt Betroffener geschaffen wird. Da Foto-, Audio und Videobasierte Methoden vor allem in der qualitativen Forschung angesiedelt sind,[27] nahm die Zahl interpretativer Verfahren in diesem Feld deutlich zu. Im Hinblick auf die Art der Forschungsintegration von Menschen mit Demenz können visuelle Methoden in zwei Gruppen eingeteilt werden: In solche, die Betroffene *als Beforschte* einbeziehen, und jene, die Menschen mit Demenz an der Erstellung des Datenmaterials *aktiv beteiligen*. In Technikentwicklungsprojekten lassen sich beide Einsatzarten visueller Medien beobachten. Obwohl beide letztlich der Datengewinnung und nicht ausschließlich der Förderung von Beteiligung dienen, üben visuelle Methoden alleine deshalb einen Einfluss auf Forschungsbeteiligung aus, weil bestimmte Zielgruppen durch sie erst einen Zugang zur Forschung finden. So ist der Umgang mit visuellem Material für viele Menschen einfacher als der Umgang mit Texten. Einige Forschende setzen sie daher aus

---

[27]Für die Darstellung des aktuellen Diskussionsstandes in der sozialwissenschaftlichen qualitativen Forschung vgl. Moritz und Corsten (2018). Zu den Grundlagen der Videographie und Videoanalyse als Datenerfassungsmethode kann auf Tuma (2017) sowie Tuma et al. (2013) verwiesen werden.

dem Grund ein, weil sie sich dadurch eine aktivere Beteiligung von Menschen mit Demenz versprechen (z. B. Bartlett 2012; Capstick et al. 2016). Durch die Erstellung von Eigenproduktionen bieten visuelle Methoden zudem eine Möglichkeit der Beteiligung, die im Vergleich zu anderen Methoden mehr Kontrolle über eigene Daten gewährt. Darüber hinaus zeichnen sie sich durch einen gewissen Neuheitscharakter aus, was einige Personen zur Forschungsteilnahme motiviert bzw. dazu beiträgt, dass sie im Forschungsprozess länger verbleiben. Schließlich sind visuelle Methoden auch für die Analyse jener Situationen hilfreich, über die in Interviews gewöhnlich nicht berichtet wird, da sie als selbstverständlich oder alltäglich gelten.

In der Forschung mit Menschen mit Demenz spielen visuelle Methoden aus weiteren Gründen eine wichtige Rolle, und zwar, weil sie nichtsprachliche Formen der Kommunikation (z. B. Verhalten, Körpersprache) zuverlässiger erfassen können als z. B. eine Beobachtung. Insbesondere die Videographie schafft die Möglichkeit, nonverbale Aspekte wie Gesten, Verhalten und Aktionen von Menschen mit Demenz zu erheben und sie in Abhängigkeit vom gegebenen Kontext zu analysieren. Videographie wird häufig auch dann eingesetzt, wenn „klassische" Beobachtungs- bzw. Ethnographiestudien zu kurz greifen, z. B. bei Menschen mit fortgeschrittener Demenz. Visuelle Methoden dienen jedoch auch der Erfassung von Daten in Workshops oder Fokusgruppen, z. B. wenn sich Interaktionen zwischen Gruppenteilnehmer*innen einer systematischen Beobachtung entziehen. Schließlich erleichtern sie die Analyse komplexer Formen der Mensch-Technik-Interaktion, z. B. im Rahmen von Evaluationen (Ziegler 2016), werden von einigen Forschenden allerdings auch deshalb präferiert, weil ihnen mehr Objektivität zugeschrieben wird (Karaman et al. 2010). Zusammenfassend betrachtet, haben sich im Kontext technikorientierter Forschung viele unterschiedliche Formen visueller Methoden etabliert, die von Videographie, über visuelle Tagebücher bis hin zu sog. *cultural probes* bzw. *design probes* reichen. Im folgenden Kapitel wird es um die Anwendung von Videographie mit Menschen mit Demenz gehen, wobei der Hauptfokus auf jenen Formen der Videographie liegen wird, die Menschen mit Demenz als Beforschte einbeziehen. Beispiele stärker beteiligender visueller Methoden finden sich in den Kapiteln zu *cultural probes*, zu Tagebuchmethoden und zur partizipativen Videographie.

Die zunehmende Popularität von Videographie und Videoanalyse dürfte ihren genannten Vorteilen geschuldet sein. Deren Einsatz geht allerdings auch mit einigen Herausforderungen einher, die im Folgenden näher beschrieben werden sollen. So stellen sich beim Einsatz von Videographie ethisch-rechtliche als auch methodologisch-methodische Fragen, z. B. nach dem Umgang mit erhobenem Material, nach der Interpretation aufgezeichneter Inhalte sowie der Bedeutung der Co-Konstruktion. Aus **rechtlich-ethischer Sicht** spielen vor allem Aspekte des Datenschutzes eine wichtige Rolle. Sie betreffen die sichere Speicherung und den Transport von Videodaten, deren Anonymisierung und Verwertung sowie die Beachtung der Rechte von Personen, die durch Aufnahmen in „natürlichen" Settings im Datenmaterial sichtbar sind (dazu z. B. Campbell und Ward 2018). Eine wesentliche Bedeutung bei Videoaufnahmen kommt daher der informierten Einwilligung zu, in der u. a. auch die Verwertung aufgezeichneter Daten möglichst konkret geklärt werden sollte. Erfolgt z. B. die Vereinbarung, dass Videoaufzeichnungen nur der Durchführung von Forschung dienen, dürfen sie nicht für andere Zwecke verwendet werden, etwa für eine darauf aufbauende Fortbildung, auch wenn diese auf dem in Frage stehenden Datenmaterial beruht. Da visuelle Daten häufig auch in Ergebnispräsentationen Verwendung finden, sind alle Arten der Weiterverwertung im Rahmen der informierten Einwilligung mitzudenken und zu klären.

Ein besonderes Problem stellt in diesem Zusammenhang die **Anonymisierung** von Videodaten dar. Aus der Sicht des Datenschutzes weisen Meyermann und Porzelt (2017, S. 25f) auf bestimmte Möglichkeiten der Anonymisierung, wie akustische Verfremdung oder visuelle Manipulation (z. B. Verpixelung) hin. Mit derartigen Maßnahmen geht jedoch das Risiko einher, dass das Analysepotential des Materials nachhaltig eingeschränkt wird oder dass die Anonymisierung gar zur Verhinderung notwendiger Datenanalysen führt. Wird aus den genannten Gründen auf eine Anonymisierung verzichtet, bedarf es einer strengen Kontrolle beim Zugang bzw. Zugriff auf das Material, z. B. in der Weise, dass nur ein Kreis berechtigter Personen die Zugriffsrechte auf Videodaten erhält. Um die Mühen einer nachträglichen Bearbeitung von Videodaten zu umgehen, kann es sinnvoll sein, Aufnahmen von Personen, die einer Aufzeichnung bzw. ihrer Archivierung nicht zustimmen, gar nicht erst anzufertigen (z. B. bei Workshops oder Fokusgruppen) und auf andere Datenerhebungsmethoden zurückzugreifen.

Eng verwoben mit Aspekten des Datenschutzes sind allerdings **auch ethische Konflikte**, die bei den Aufnahmen von Menschen mit Demenz allerdings auch methodologische Fragen berühren. So betont Cook (2002), dass die Videographie die Betroffenen grundsätzlich in eine vulnerable Position versetzt, da sie Forschenden ein Werkzeug zur Verfügung stellt, das auch zum Nachteil der Studienteilnehmer*innen verwendet werden kann. Die Autorin (ebenda, S. 2018ff) unterscheidet drei spezifische Formen, wie Menschen mit Demenz durch Videographie in eine entmachtende bzw. vulnerable Situation gebracht werden können:

- **Konstruktion und „Zementierung" eines „Anders-Seins"** – Videographie birgt grundsätzlich das Risiko, Menschen mit Demenz zum Objekt werden zu lassen, indem deren „Anders-Sein" in den Vordergrund tritt und dadurch in besonderer Weise gefestigt werden kann. Insbesondere dann, wenn Videodaten dem Zweck der Diagnostik oder Kompetenzbewertung verwendet werden, entsteht ein Fremdbild, das zur Ausgrenzung und zum Disempowerment führen kann. Da sich Videodaten durch *Permanenz*, d. h. Dauerhaftigkeit, wiederholte Reproduzierbarkeit sowie technische Manipulationsfähigkeit (Slow Motion, Standbild) und somit äußerst tiefgehende Analysierbarkeit auszeichnen (Tuma et al. 2013, S. 33f), verfügen sie über das Potenzial, vulnerable Positionen zu konservieren. Im Gegensatz zu Beobachtungsdaten, die nicht unabhängig von der Beobachtungsperson bestehen, können Videodaten von einer unendlich großen Zahl von Personen analysiert und reproduziert werden, was die potenzielle Wirkmächtigkeit des Materials erhöht. Campbell und Ward (2018, S. 110) betonen daher, dass die Art der Darstellung von Menschen mit Demenz in Videoaufnahmen auch die Würde der Studienteilnehmer*innen tangieren kann, so dass es bei Videoaufzeichnungen Betroffener einer besonderen Sensibilität bedarf.
- **Eingriff in die Selbstbestimmung durch Datenselektion und -interpretation** – Aufgrund der Permanenz und der Informationsdichte unterliegen Videodaten einem besonderen Risiko des Eingriffs in die Selbstbestimmung der Teilnehmer*innen. Daher plädiert Cook (2002, S. 220) dafür, Studienteilnehmer*innen nicht nur aus methodischen, sondern auch aus ethischen Gründen in die Auswahl, die Auswertung und Interpretation des Datenmaterials einzubeziehen. Eine gemeinsame Datenauswertung birgt allerdings weitere Konfliktpotentiale, in etwa dann, wenn es zu Differenzen in der Interpretation der Daten aus Sicht mehrerer Beteiligter kommt.
- **Eingriff in die Selbstbestimmung durch Verbreitung von Daten** – Da Videomaterial prinzipiell dauerhaft verfügbar ist, kann es sehr leicht geteilt werden. Um dem vorzubeugen, sollte der Zugriff auf Videodaten zwar in der informierten Einwilligung geklärt sein. Da Videodaten allerdings nur schwer anonymisierbar sind, plädiert Cook (2002, S. 219) grundsätzlich dafür, Videoaufzeichnungen vordergründig zum Zweck der Forschung zu verwenden und nicht etwa für andere Zwecke, z. B. die Öffentlichkeitsarbeit.

Da gerade Menschen mit Demenz sich der Risiken von Videographie und Videoanalyse zum Zeitpunkt der Einverständniserklärung nicht bewusst sind, bedarf es beim Einsatz dieser Methode der Beachtung weiterer Aspekte (Cook 2002):

- **„Ongoing Consent" bei längeren bzw. mehrfachen Videoaufnahmen** – Trotz eines „prior consent" erinnern sich Menschen mit Demenz nach gewisser Zeit nicht mehr daran, dass sie einer Videoaufzeichnung (nicht) zugestimmt haben. Im Sinne eines „ongoing consent" kann es daher notwendig sein, die Einverständniserklärung während längerer Aufzeichnungen zu wiederholen bzw. sie vor jeder neuen Videoaufzeichnung zu erneuern.
- **Informierte Einwilligung bei allen beteiligten Personen** – Finden Videoaufzeichnungen mit der Beteiligung weiterer Personen statt, z. B. in einer stationären Pflegeeinrichtung, ist es relevant, dass die Einverständniserklärungen aller betroffenen Personen vorliegen, bevor mit der Aufzeichnung begonnen wird. Dazu zählen Mitglieder der Einrichtungsleitung, Bewohner*innen, gesetzliche Betreuer*innen, Beschäftigte und Besucher*innen.
- **Umfassende Aufklärung** – Neben grundlegenden datenschutzrelevanten Informationen, u. a. zur Freiwilligkeit der Beteiligung, sollten bei Videographie weitere Informationen in die Aufklärung aufgenommen werden. Dazu zählen u. a. Informationen über die Aufdringlichkeit von Videoaufnahmen, über die Orte und die Dauer bzw. Häufigkeit der Aufnahmen, die geplante Anonymisierungsstrategie, den Schutz von Personen, die keine Zustimmung erteilen, den geplanten Umgang mit aufgezeichnetem Material (Auswahl, Analyse, Interpretation) sowie die Publikation der Ergebnisse. Die Info-Box 3.7 schildert ein Beispiel, wie mit der Videographie in der Forschungspraxis ungegangen werden kann.

Videographie in einer Tageseinrichtung für Menschen mit Demenz – Forschungsbeispiel

In einer von Cook (2002) durchgeführten Studie wurde Videographie eingesetzt, um nonverbale Kommunikations- und Interaktionsmuster zwischen Menschen mit Demenz und dem Fachpersonal einer Tageseinrichtung zu untersuchen. Vor der Einwilligungserklärung fand eine umfassende Aufklärung aller Beteiligten statt, u. a. mithilfe einer Informationsveranstaltung, in der individuelle Bedenken angesprochen werden konnten. Schließlich wurden Einwilligungen aller von der Videographie tangierten Personen eingeholt. Die Besucher*innen des Tageszentrums wurden in individuellen Einzelgesprächen über die Studie informiert und um ihre Zustimmung gebeten. Damit Menschen mit Demenz eine Vorstellung von der Studie bekamen, wurde eine Kamera in das Aufklärungsgespräch mitgebracht.

Nahe Angehörige bzw. rechtliche Betreuer*innen wurden um ihr Einverständnis gebeten, nachdem Betroffene der Studienteilnahme zugestimmt haben. Um sich auf die Videoaufnahmen vorzubereiten, war es wichtig, den Alltag der Einrichtung kennenzulernen. Daher führte das Forschungsteam vor Beginn der Aufnahmen eine teilnehmende Beobachtung durch, die ausschließlich der Validierung der Einwilligungserklärungen diente. Für diesen Schritt wurde eine gesonderte Einwilligung eingeholt. Schließlich fand eine offizielle Ankündigung des Beginns der Videoaufzeichnungen statt. Parallel dazu wurde über die Videoaufnahmen vor jeder Gruppensitzung informiert. Für die Videoaufzeichnungen wurde der Tagesraum der Einrichtung gewählt. Während der Aufnahmen fiel auf, dass sich Menschen mit Demenz durch die Kamera weniger gestört fühlten, da sie sich nach einer gewissen Zeit an die Präsenz des Gerätes nicht mehr erinnerten. Im Gegensatz dazu empfand das Personal der Einrichtung die Aufnahmen als störend. Der Aufdringlichkeitscharakter der Kamera verringerte sich aus Sicht des Personals auch dann nicht, wenn die Untersuchung längere Zeit andauerte.

Nach der Beendigung der Videoaufnahmen wurde allen Teilnehmer*innen angeboten, das gewonnene Material zu sichten und zu bewerten. Die Aufnahmen wurden ausschließlich jenen Personen gezeigt, die daran beteiligt waren. Während der Sichtung wurden die Teilnehmer*innen gefragt, ob sie ihr Verhalten interpretieren möchten, was zu einer gemeinsamen Analyse der Daten führte. Sie erwies sich als äußerst produktiv und lieferte eine valide Grundlage für die Interpretation des gewonnenen Materials. Obwohl sich die Fachkräfte durch die Videoaufnahmen gestört fühlten, empfanden sie die anschließende Datenanalyse als eine gute Reflexionsmöglichkeit des eigenen Verhaltens. Das damit verbundene Gespräch inkl. der Deutung der Datenanalyse als Feedback bildeten für die meisten Teilnehmer*innen einen subjektiven Nutzen, den sie aus den Aufzeichnungen für sich konzipierten.

Info-Box 3.7: Videographie in einer stationären Tageseinrichtung für Menschen mit Demenz – Forschungsbeispiel (Cook 2002, S. 216).

Neben rechtlich-ethischen Aspekten stellen sich bei der Videoanalyse mit Menschen mit Demenz **methodisch-methodologische Fragen**. Sie betreffen vor allem die Analyse und Interpretation des gewonnenen Datenmaterials. Da Menschen mit Demenz in die Auswertung des Datenmaterials nicht immer einbezogen werden können, betreffen gewisse Herausforderungen vor allem die Validierung der Daten. In derartigen Situationen kann es hilfreich sein, die **Transkription** nicht nur um detaillierte Beschreibungen der jeweiligen Kontexte zu ergänzen, sondern sie um Beschreibungen sozialer Interaktionen zu erweitern, die sich unmittelbar vor Beginn der Videoaufzeichnung ereignet haben. Dazu gehören insbesondere das Verhalten und die nonverbale Kommunikation der Teilnehmer*innen (Cook 2002). Derartige Aufzeichnungen können bei der **Analyse und Interpretation** des Datenmaterials hilfreich sein. Trotz dessen sollten Menschen mit Demenz aus der Datenanalyse nicht grundsätzlich ausgeschlossen werden. Der Partizipationsgedanke fordert gar die Beteiligung Betroffener am Auswertungsprozess, jedoch unter der Berücksichtigung ihrer Ressourcen. Die retrospektive Analyse des eigenen Verhaltens kann Menschen mit Demenz allerdings vor besondere Herausforderungen stellen. Da sie nicht im selben Moment wie das aufgezeichnete Verhalten stattfindet, erinnern sich Befragte häufig nicht mehr an die vergangene Situation. Gemeinsame Interpretationen mit Menschen mit Demenz sollten daher unmittelbar nach oder gar in der Situation der Aufzeichnung stattfinden, so dass sich Studienteilnehmer*innen an die Motive ihres Verhaltens unmittelbar erinnern.

Handelt es sich um Videoaufnahmen sozialer Situationen, an denen mehrere Personen beteiligt sind, kann es im Rahmen einer partizipativen Interpretation zu unterschiedlichen, ggf. auch widersprüchlichen Interpretationsmustern kommen. Mögliche Differenzen nehmen sogar zu, wenn externe Forschende, die bei den Videoaufnahmen nicht anwesend waren, in die Dateninterpretation einbezogen werden. Nach Cook (2002) empfiehlt es sich in solchen Situationen die Komplexität und Diversität verschiedener Perspektiven keinesfalls zu reduzieren, sondern die Unterschiedlichkeit verschiedener Perspektiven zuzulassen. Sie können bereits in die Transkription aufgenommen werden, sollten jedoch spätestens bei der Dateninterpretation berücksichtigt werden.

In die Validierung und/oder Interpretation von Videodaten werden gelegentlich Wissenschaftler*innen einbezogen, die an den Aufzeichnungen nicht beteiligt waren. Diese Maßnahme, die der Förderung von Interpretationsobjektivität dient, kann zu methodisch-methodologischen Dilemmata führen. Aus ihrer eigenen Forschung berichtet Cook (2002, S. 218), dass die Perspektive unbeteiligter Personen meist im größten Unterschied zu Interpretationen aller anderen Beteiligtengruppen stand. Dabei war es nicht immer klar, was die Ursachen der Interpretationsdifferenzen waren. Die Autorin weist allerdings darauf hin, dass sich die an der Videographie beteiligten Forschenden häufig anderer Kriterien bedienten, indem sie auf Informationen zurückgriffen, die über die „reine" Videoaufzeichnung hinausgehen, z. B. auf die wahrgenommene soziale Dynamik oder den erweiterten

Kontext. Da „unbeteiligten" Forschenden der Zugang zum erweiterten Kontext fehlt, stützen sie sich bei der Dateninterpretation auf ihr eigenes Wissen (z. B. über Demenz) oder auf Informationen, die im Datenmaterial enthalten sind. Dies führt dann zu verschiedenen Interpretationen, die in Abhängigkeit von der Relevanz des Kontextes mehr oder weniger widersprüchlich sein können.

Für die Auswertung von Videodaten spielt zudem eine Rolle, vor welcher methodologischen Folie sie interpretiert werden. Obwohl Videoaufnahmen durch das Einfangen des natürlichen Kontextes einen vermeintlich unverstellten Blick auf den Alltag – jedenfalls im Vergleich zu anderen Datenerfassungsformaten – richten, dürfen sie keinesfalls als neutrale Wiedergabe der „Wirklichkeit" interpretiert werden. So betonen Tuma et al. (2013, S. 34f), dass Videodaten trotz ihres Realitätscharakters keine Abbilder der Wirklichkeit sind, sondern bereits „in ihrer Herstellung (…) konstruiert [sind, d.A.]. Konstruiert sind Videodaten, weil sie Transformationen lebensweltlicher Situationen darstellen" (ebenda, S. 34). Daher dürfen sie nicht als Kopien „sozialer Situationen" verstanden werden, sondern als Konstruktionen, die durch die Anwesenheit der Forschenden und der Kamera gestaltet werden. Die Forschungssituation, die Kamerahandlung sowie die Aufbereitung des Materials müssen als ein konstruktivistischer Prozess aufgefasst werden, der bei der Interpretation der Daten berücksichtigt werden muss (ebenda, S. 37ff). Interpretationsfehler entstehen ggf. dann, wenn Videoaufzeichnungen in der Evaluation technologischer Artefakte mit Menschen mit Demenz angefertigt werden. Die Künstlichkeit der Videoaufnahmesituation und der Aufdringlichkeitscharakter der Kamera können dazu führen, dass Beteiligte ein sozial erwünschtes Verhalten an den Tag legen, das „üblichen" Alltagssituationen nicht entspricht (vgl. Info-Box 3.8).

Videoanalyse in der Evaluation von Technik mit Menschen mit Demenz – Forschungsbeispiel

Im Rahmen einer Machbarkeitsstudie sollte die Interaktion von Menschen mit Demenz mit einem „robotic companion", einem Bär-ähnlichen Roboter mit dem Namen CuDDler, untersucht werden. Um die emotionalen Reaktionen der Teilnehmer*innen zu erfassen, wurden Videoaufzeichnungen durchgeführt. An der von Moyle et al. (2016) in Australien durchgeführten Studie nahmen fünf Frauen mit Demenz teil, die aus einer stationären

Einrichtung ausgewählt wurden. Gegenstand der Videoaufnahmen war eine strukturierte Intervention mit dem Roboter, die von zwei Videokameras aufgezeichnet wurde. Während eine der Kameras den Gesichtsausdruck der Studienteilnehmerinnen festhielt, fokussierte die zweite Kamera auf die Körperhaltung und die Interaktion mit dem Roboter. Zur Validierung der Ergebnisse fanden eine Woche später teilstrukturierte Interviews mit den Teilnehmerinnen statt. Die Durchführung der Interviews übernahm eine geschulte Fachkraft, die auch schon die Intervention mit dem Roboter vor der Kamera durchführte. In der gemeinsamen Analyse des Datenmaterials stellten die Studienteilnehmerinnen klar, dass sie die Interaktion mit dem Roboter keinesfalls als angenehm empfanden, obwohl sie während der Videoaufnahmen fast durchgehend eine positive und wohlwollende Haltung gegenüber dem „robotic companion" einnahmen. So kritisierten die Studienteilnehmerinnen das „maschinelle Wesen" und den „Spielzeugcharakter" des Roboters. Vier der interviewten Frauen waren der Meinung, dass ein derartiger Roboter keine angemessene Begleitung leisten könne und zur Ausgrenzung und Stigmatisierung älterer Menschen führe. Zudem zeigten sie sich enttäuscht, wenn der Roboter nicht so reagierte, wie sie es erwarteten. Die positive und wohlwollende Haltung der Teilnehmerinnen war dagegen der geschulten Fachkraft gewidmet, jedoch keineswegs dem zu testenden Artefakt. Moyle et al. (2016, S. 154) weisen daher darauf hin, dass ein Verhalten vor der Kamera als eine komplexe Reaktion auf die gesamte Situation verstanden werden muss. Eine Interpretation der Videoaufzeichnungen alleine wäre daher zum falschen Ergebnis gekommen.

Info-Box 3.8: Einsatz von Videodaten im Rahmen einer Evaluationsstudie mit Menschen mit Demenz – Forschungsbeispiel (Moyle et al. 2016).

Der Einsatz einer Videokamera birgt verschiedene **Interpretationsrisiken**, die durch die Nichtalltäglichkeit der Situation oder ihren „Event-Charakter" zustande kommen (Cook 2003). So verlangt die Aufdringlichkeit einer Videokamera den Studienteilnehmer*innen ein anderes Verhalten ab als jenes, das für sie im Alltag typisch ist. Die Kamera kann sogar zum eigenständigen Akteur werden, wie Campbell und Ward (2018) zeigen. Während ihrer Aufnahmen im Friseursalon einer stationären Pflegeeinrichtung posierten die Besucherinnen vor der Kamera, unterhielten sich über sie und machten das Videogerät zum eigenständigen Gesprächsgegenstand während der Aufnahmen. Derartige Videos dürfen daher keinesfalls als Wiedergaben „natürlicher" Situationen verstanden werden, auch wenn sie im natürlichen Setting stattfinden. Im Rahmen technikorientierter Forschung kommt dem Einsatz von Videokameras häufig dann eine besondere Bedeutung zu, wenn es um die Erfassung von Interaktionen mit einer Technik geht, z. B. um die Analyse von Nutzungsmustern oder -praktiken, die teilweise auch in „natürlichen", z. B. privaten Kontexten stattfinden. Neben dem Risiko des Eingriffs in die Privatheit (Silverman 2015), ist der performative Charakter des Verhaltens stets zu beachten, der auch durch die vermeintliche „Natürlichkeit" des Settings, wie den „privaten" Wohnkontext, nicht aufgehoben wird.

Der Einsatz einer Videokamera kann zudem das **Verhalten** der beteiligten Forscher*innen verändern sowie einen Einfluss auf die **Beziehung** zwischen Forschenden und Studienteilnehmer*innn nehmen. Silverman (2015) betont, dass durch den Einsatz einer Videokamera Forschende vor allem dazu verleitet werden, sich ihrer Rolle als Beobachter*innen zu entledigen. Dadurch droht der Gesamtkontext aus dem Blick zu geraten. Trotz vermeintlicher Vollständigkeit, muss bei Videoaufnahmen stets beachtet werden, dass durch den begrenzten Ausschnitt eines Kamerabildes lediglich Ausschnitte einer Situation festgehalten werden. Finden Aufnahmen in natürlichen Settings statt, besteht zudem nicht immer die Möglichkeit, die Kamera optimal zu positionieren und auszurichten, so dass nicht alle relevanten Merkmale einer Situation erfasst werden können. Daher plädieren Campbell und Ward (2018) dafür, gerade bei Videographie auf die Anfertigung alternativer Aufzeichnungen nicht zu verzichten, sondern – im Gegenteil – Notizen aus eigenen Beobachtungen anzufertigen. Nur durch zusätzliches Informationsmaterial könne eine fehlerhafte Interpretation vermieden und die Validität der Daten gewährleistet werden. Schließlich betonen sie (ebenda) den ambivalenten Charakter der Videokamera im Forschungsprozess: Sie verfügt über das Potenzial, Studienteilnehmer*innen an Forschende näher zu bringen, bildet jedoch gleichzeitig eine Barriere und verstärkt die Distanz zwischen beiden Gruppen. Die dadurch hergestellte Machtungleichheit wirkt daher kontraproduktiv auf Ziele von Partizipation, die auf einer Rollen- und Positionsgleichheit von Forschenden und Studienteilnehmer*innen basieren.

3.1.5.1.5 Personae und weitere Methoden der Nutzer*innenrepräsentation

In der Entwicklung neuer Technologien haben sich – neben klassischen Methoden sozialwissenschaftlicher Forschung – weitere Methoden etabliert, die dem Forschungsfeld der Mensch-Technik-Interaktion entstammen. Bei einigen der Methoden handelt es sich um Instrumente, die eine Integration der Nutzer*innensicht in abstrakter Weise – anstelle einer individuellen Person – in den Entwicklungsprozess anstreben. Die Methoden der sog. Nutzer*innenrepräsentation dienen in der Regel dazu, Forschende während des Entwicklungsprozesses zu unterstützen, indem sie relevante Merkmale und Bedürfnisse ausgewählter Zielgruppen hervorheben bzw. Technikentwickler*innen dabei helfen, verschiedene Zielgruppen, z. B. Menschen mit Demenz oder ihre Angehörigen, besser zu verstehen. Während partizipative Ansätze und Methoden dazu genutzt werden, potenzielle Nutzer*innen am Entwicklungsprozess *direkt* zu beteiligen, dienen Methoden der sog. *impliziten oder stellvertretenden Nutzer*innenrepräsentation* dazu, Erwartungen, Bedürfnisse bzw. Merkmale der Nutzer*innen zu berücksichtigen, ohne dass deren unmittelbare Präsenz bzw. Mitwirkung zwingend notwendig ist. Eine der bisher häufig verwendeten Methoden stellen sog. Persona-Beschreibungen dar. Auch die Einbeziehung von Proxy-Personen kann als Methode der Nutzer*innenrepräsentation betrachtet werden, sofern die Einbeziehung mit der Zielsetzung verbunden ist, die Perspektive von Menschen mit Demenz zu vertreten.

Als Personae gelten textliche Beschreibungen von Personen, die zwar fiktiv sind, deren Merkmalskonstellationen jedoch auf vorhandenen Datenquellen (z. B. quantitativen oder qualitativen Daten) beruhen. Eine Persona-Beschreibung soll eine bestimmte Zielgruppe repräsentieren, für die eine neue Technologie entwickelt werden soll. Derartige Nutzer*innenrepräsentationen können allerdings nicht nur für noch zu entwickelnde, sondern auch für bereits bestehende Technologien konstruiert werden. Personae dienen häufig dazu, die Nutzer*innen „virtuell" möglichst früh in den Entwicklungsprozess einzubeziehen, z. B. dann, wenn der Zugang zum Feld besonders erschwert ist. Sie können jedoch auch in anderen Phasen eines Technikentwicklungsprozesses eingesetzt werden, z. B. während der Prototypenentwicklung oder der Evaluation. Die Verwendung von Persona-Beschreibungen ist in der Regel Teil eines sog. Szenariobasieren Designs, wobei Szenarien „einfach zu deutende, grafisch aufbereitete narrative Darstellungen der geplanten Implementierung, der zu entwickelnden Artefakte innerhalb des jeweiligen sozialen Kontextes" darstellen (Compagna 2018, S. 183). Sie bestehen in der Regel aus „Geschichten", an denen mindestens eine Person – die Persona – teilnimmt. Für einige Vorhaben werden verschiedene Beschreibungen entwickelt, die der Unterschiedlichkeit der Zielgruppe gerecht werden sollen. Eine Persona soll nicht nur einen „typischen Nutzer" darstellen, sondern auch Hinweise auf seine Motive und sein Erleben geben. In der Regel enthalten Personae darüber hinausgehende Informationen, z. B. Angaben zu soziodemografischen Merkmalen, Beschreibungen der persönlichen Situation, Definitionen von Anforderungen an die zu entwickelnde Technologie sowie Hinweise auf mögliche Barrieren beim Erwerb oder der Nutzung der Technik. Wichtig ist, dass eine Persona-Beschreibung alltagsnah und möglichst konkret ist, damit im Entwicklungsteam eine einheitliche Wissens- und Verständigungsbasis hinsichtlich der Zielgruppe der zu entwickelnden Technologie hergestellt werden kann. Im Rahmen von Technikentwicklung entstanden verschiedene – mehr oder weniger standardisierte – Vorgehensweisen zur Entwicklung von Persona-Beschreibungen. Auch in den bisherigen Vorhaben lassen sich sehr unterschiedliche Strategien zur Entwicklung solcher Beschreibungen finden. In Abhängigkeit von der Art der zu entwickelnden Technologie und der Projektphase, für die Personae benötigt werden, kommt es bei der Konstruktion von Personae nicht nur zur Nutzung unterschiedlicher Datenerfassungsmethoden, sondern auch zur Einbeziehung unterschiedlicher Akteure in den Entwicklungsprozess. Personae können damit datenbasiert, aber auch partizipativ erstellt bzw. entwickelt werden (vgl. Info-Box 3.9).

Entwicklung von Persona-Beschreibungen in einem internationalen Projekt – Forschungsbeispiel

Im EU-Projekt CONFIDENCE wurde ein mobiles Assistenzsystem zur Unterstützung außerhäuslicher Mobilität für Menschen mit Demenz entwickelt. Das Forschungsdesign folgte einem nutzerzentrierten Ansatz, gründete auf einem iterativen Vorgehen und bestand aus drei Projektphasen und zwei Iterationen. Ein wichtiges und das gesamte Vorgehen begleitendes Element waren länderspezifische Persona-Beschreibungen, die in allen drei Phasen des Projektes zum Einsatz kamen. An der Entwicklung der Personae nahmen in der ersten Projektphase Expert*innen und sog. Sekundärnutzer*innen des Systems teil, d. h. pflegende Angehörige, Professionelle (z. B. Ärzt*innen, Fachpflegekräfte, Sozialarbeiter*innen, Psycholog*innen) und Mitglieder von Senior*innenorganisationen. Die Datenbasis für die Personae entstand in Fokusgruppen und in schriftlichen Befragungen. Menschen mit Demenz – zusammen mit pflegenden Angehörigen und Fachpflegekräften – nahmen erst an der zweiten Iteration der ersten Projektphase teil, d. h. hatten die Aufgabe, eine bereits entwickelte Persona weiter auszugestalten. An den Fokusgruppen bzw. Workshops waren insgesamt 6 Menschen mit Demenz (jeweils 3 Personen aus zwei teilnehmenden Ländern) beteiligt. In der zweiten – der Spezifikationsphase – fand eine Erweiterung der Personae statt. Eine Persona stellte dabei einen „typischen Endnutzer" in den Ländern der beteiligten Forschungspartner*innen dar. Für jede Persona entstand eine sog. „user story", die auf 5 konkreten Szenarien basierte. Im Ländervergleich zeigten sich hinsichtlich der Persona-Beschreibungen sowohl Gemeinsamkeiten als auch Unterschiede. Auch in der letzten – der Evaluationsphase – kamen die Personae zum Einsatz und wurden dafür von Expert*innen (Interessenvertretungen von Menschen mit Demenz) bewertet bzw. geprüft.

Info-Box 3.9: Entwicklung von Persona-Beschreibungen am Beispiel des Projektes CONFIDENCE (Schneider et al. 2015).

Die Nutzung von Persona-Beschreibungen geht mit einer Reihe von **Vorteilen** einher. So sind Personae jederzeit verfügbar und können vor allem dann genutzt werden, wenn die unmittelbare Einbeziehung von bestimmten Personen besonders erschwert ist. Personae können um neue Profile erweitert werden und einen gewissen Grad der Differenzierung erreichen. Sie sind flexibel einsetzbar, können für verschiedene Phasen des Technikentwicklungsprozesses hergestellt werden und sind zudem eine Methode, an der auch künftige Nutzer*innen beteiligt werden können. Im Rahmen längerer interdisziplinärer Projekte dienen Persona-Beschreibungen der Herstellung von Konsistenz hinsichtlich der künftigen Nutzer*innengruppe. Indem sie ein bestimmtes Bild der Nutzer*innen schaffen, das fortwährend rekonstruiert werden kann, tragen sie zur Bildung einer gemeinsamen Kommunikations- bzw. Verständigungsbasis bei, die auf den Entwicklungsprozess stabilisierend wirken kann.

Trotz ihrer augenscheinlichen Praktikabilität sind Personae jedoch nicht ausschließlich mit Vorteilen verbunden. Zuallererst sind sie nicht einfach zu erstellen. Besondere Herausforderungen ergeben sich beispielsweise dann, wenn sie repräsentativ sein sollen. Die Entwicklung und Nutzung einer Persona kann auch dann als **problematisch** gelten, wenn sich die künftige Nutzer*innengruppe über einen hohen Grad der Pluralität und Diversität auszeichnet bzw. einem raschen Wandel unterliegt. Geht es um Persona-Beschreibungen von Menschen mit Demenz, so impliziert eine Persona eine Stabilität, die bei Demenz keinesfalls vorausgesetzt werden darf. Newell et al. (2011) weisen zudem darauf hin, dass eine Persona trotz ihrer vermeintlichen Alltagsnähe abstrakt bleibt, was die Entwicklung von Empathie und eines Engagements für die Interessen künftiger Nutzer*innen behindert. Durch ihre konkrete, gleichzeitig jedoch unveränderliche Form erschwert der Einsatz von Personae eine Ablösung von der virtuellen Person und versperrt häufig den Blick für neue Lösungswege oder Anwendungssituationen. Die besondere Verbindung von Konkretem und Abstraktem birgt zudem das

Risiko, Stereotype bzw. Vorurteile gegenüber bestimmten Zielgruppen zu vertiefen, was sich in den Funktionen und dem Design der zu entwickelnden Technik spiegeln und selbst in deren Implementierung fortwirken kann.

Der Einsatz von Persona-Beschreibungen kann darüber hinaus – z. B. bei fehlender Passung zum Vorhaben – zu **methodischen Fehlern** führen. Da die Entwicklung repräsentativer Personae aufwendig ist, greifen die meisten Projekte auf nicht repräsentative Darstellungen zurück. Zudem wird in manchen Projekten auf bereits bestehende Personae rekurriert, ohne eine Prüfung, ob sie relevante Merkmale der gewünschten Nutzer*innengruppe repräsentieren. Daher dürfen Persona-Beschreibungen nicht uneingeschränkt verwendet werden. Vielmehr ist es erforderlich, dass sie für jedes Projekt neu entwickelt bzw. an neue Zielgruppen angepasst werden. Aus den genannten Gründen empfehlen viele Forschende grundsätzlich einen kritischen Umgang mit Persona-Beschreibungen. Andere, wie z. B. Friedman et al. (2006, S. 16), plädieren wiederum dafür, Personae vielfältiger zu nutzen, z. B. auch solche Beschreibungen zu konstruieren, in der sich Merkmale verschiedener Nutzer*innengruppen spiegeln.

Angesichts einer bestimmten Praxis der Entwicklung von Personae für ältere Menschen, entstand aus der Sicht der Gerontologie Kritik an der Weise, wie ältere Menschen, insbesondere Menschen mit Demenz, in bisherigen Beschreibungen dargestellt werden. So sind die vermittelten Bilder älterer Nutzer*innen meist einseitig defizitär gerahmt, indem der Rückgang von Kompetenzen, die Dominanz von Verlusterfahrungen und zurückgehende Ressourcen in den Vordergrund der Personae rücken. Zudem werden ältere Menschen in der Regel als eine homogene Gruppe dargestellt, während lediglich Einschränkungen (z. B. körperlicher, sensorischer, kognitiver Art) als Grundlage von Differenzierungen dienen. In Verbindung mit Szenarien, die der Legitimation der Entwicklung neuer Technologien zur Bewältigung gesellschaftlicher Herausforderungen, z. B. durch Zunahme von Hochaltrigkeit und Pflegebedürftigkeit, dienen, entsteht ein gesellschaftliches Bedrohungsszenario, in dem technische Unterstützung als die einzig mögliche „Lösung" erscheint (vgl. Info-Box 3.10). So merkt Compagna (2018) an, dass ältere Nutzer*innen aus Sicht von Technikentwickler*innen (2018, S. 178) nach wie vor als „defizitäre und letztendlich irrelevante Benutzer*innengruppe wahrgenommen" werden. Das negative Fremdbild älterer Menschen, das durch Persona-Beschreibungen entsteht, wird durch sog. „Pfadabhängigkeitseffekte" zusätzlich verstärkt. Darunter werden mehrere aufeinander aufbauende Vorhaben verstanden, in denen Techniksysteme über zehn oder mehr Jahre weiterentwickelt werden und dabei „alte Orientierungen" transportieren, die teilweise in Widerspruch zu neuen Anforderungen oder sich wandelnden Altersbildern geraten.

Angesichts dieser Beobachtungen bedarf es eines kritischen Umgangs mit Personae, nicht nur hinsichtlich ihrer Auswirkungen auf gesellschaftliche Altersbilder, sondern auch aufgrund ihrer methodischen Schwächen, die in längeren Technikentwicklungsprozessen schwer wiegen können, weil sie den Bedürfnissen einer Zielgruppe nicht mehr entsprechen. Trotz der Nachteile werden Personae und Szenarios in der Entwicklung assistiver Technologien häufig genutzt, vor allem dann, wenn die Einbeziehung reeller Nutzer*innen erschwert ist. Dazu zählen ohne Zweifel auch Menschen mit Demenz.

Szenarien als nachhaltige Kommunikations- und Wissensmedien – Ein Beispiel aus der Forschung
Neben Personae kommt in der Technikentwicklung auch sog. Szenarien bzw. der Szenario-Technik eine besondere Bedeutung zu. Am Beispiel einer Studie, in der ein Roboter für eine stationäre Pflegeeinrichtung entwickelt wurde, zeigt Compagna (2018), welche Rolle Szenarien als Kommunikationsmedien in interdisziplinären Technikentwicklungsprojekten einnehmen und wie sie die Kommunikation zwischen den beteiligten Akteuren fördern, gleichzeitig jedoch Gegenstand interner Auseinandersetzungen sind, so dass sie letztlich zum Problem werden können. Der Entwicklungsprozess des geschilderten Vorhabens bestand aus zwei Projektphasen: einer ersten Phase, in der die Entwicklung von Szenarien stattfand, und einer zweiten Phase, deren Ziel in der Entwicklung des Roboters und dessen Pilotierung war. Das forschungsmethodische Vorgehen folgte einem iterativen Prozess, so dass jede Phase mehrere Iterationen umfasste. Orientiert am Partizipationsgedanken waren an der Studie verschiedene Personengruppen beteiligt: Bewohner*innen einer Einrichtung, Pflegekräfte und das Management. Ein zentrales Element des Entwicklungsprozesses bildeten Szenarien, die über den Projektverlauf sukzessive weiterentwickelt wurden. Die Anpassungen erfolgten in projektbegleitenden Workshops und wurden so lange fortgesetzt, bis alle Teilnehmer*innengruppen mit dem neuen Ergebnis einverstanden waren. Trotz gemeinsamer Abstimmungsprozesse wurden nicht alle Stakeholder in gleicher Weise berücksichtigt, was zu Differenzen führte, z. B. dann, wenn beteiligte Pflegeheimbewohner*innen eine intensive Interaktion mit dem zu entwickelnden Roboter ablehnten. Die retrospektive Analyse der partizipativen Technikentwicklung unter Rückgriff auf die Akteurs-Netzwerk-Theorie zeigt, dass die Szenarien die Rolle von Knotenpunkten im Netzwerk hatten, sie waren „epistemische

Objekte", die als „Übersetzungsinstrumente wie Scharniere" funktionierten (Compagna 2018, S. 193). Weil Szenarien „sowohl imaginär als auch greifbar [waren, d.A.]; durch den Prozess der Anpassung (…) mehr und mehr zu Produkten eines spezifischen Wissens [wurden, d.A.], das sich aus den verschiedenen, involvierten sozialen Beriechen speist" (ebenda), entwickelten sie die Funktion von Kommunikations- und Wissensmedien; sie waren jedoch gleichzeitig Ergebnisse spezifischer Kommunikationsprozesse, die nicht nur eine bestimmte Machthierarchie spiegelten, sondern auch ein bestimmtes Bild älterer Nutzer*innen konservierten und es für das weitere Vorgehen absicherten.

Info-Box 3.10: Bedeutung von Szenarien in Technikentwicklungsprojekten (Compagna 2018).

Während Personae durch die Konstruktion von „Modellpersonen" die Bedürfnisse künftiger Nutzer*innen in die Entwicklung von Technik einbringen sollen, stellt sich angesichts der aktuellen Situation die Frage, ob auch **Virtuelle Realität** dazu genutzt werden kann, Forschende bei der Entwicklung neuer Technologien – z. B. durch eine stellvertretende Integration von Nutzer*innenbedürfnissen – zu unterstützen. In der Demenzforschung lassen sich inzwischen viele Felder aufzeigen, in denen Möglichkeiten Virtueller Realität für die Verbesserung von Versorgung, Therapie und Diagnostik ausgelotet werden.[28] Selten ist dagegen der Einsatz Virtueller Realität, um Bedürfnisse bzw. Bedarfe von Menschen mit Demenz in die Entwicklung von Technik einzubeziehen. Es lassen sich allerdings erste Ansätze beobachten, die dazu dienen, das Leben mit einer Demenz so zu simulieren, dass ausgewählte Erfahrungen, die Menschen mit Demenz (vermeintlich) machen, mithilfe Virtueller Realität erlebbar gemacht werden. So erprobten z. B. Wijma et al. (2018) eine spezifische Intervention mit dem Namen „Through the D´mentia Lens", die auf dem Einsatz Virtueller Realität beruhte. Die Erprobung der Intervention, die für pflegende Angehörige entwickelt wurde, zeigt, dass sie (in einer Stichprobe von 35 Teilnehmern) einen signifikanten Einfluss auf Empathie der Angehörigen hatte. Auch in einer zweiten – längsschnittlichen quasiexperimentellen – Studie mit einer Interventions- (145 pflegende Angehöre) und einer Kontrollgruppe (56 pflegende Angehörige) waren signifikante Veränderungen in der Interventionsgruppe beobachtbar, die jedoch bei Nachhaltigkeitsmessungen nicht mehr feststellbar waren (Jütten et al. 2018). Neben der o. g.

---

[28] Dazu beispielhaft die Projekte EXGAVINE (www.exgavine.de), InterMem (www.intermem.org) oder der „Virtual Reality Forest" (Moyle et al. 2018).

Intervention stellt das Projekt „A walk through dementia" (awalkthroughdementia.org) eine weitere Anwendung dar, die mithilfe Virtueller Realität ausgewählte Merkmale des Lebens mit einer Demenz erlebbar machen will.

Virtuelle Realität wird nicht nur genutzt, um Einschränkungen, die Menschen mit Demenz erfahren, gegenüber anderen Personen zu vermitteln, sondern ebenfalls dazu, reale Umwelten nachzubilden, um sie zur Erkenntnisgewinnung über Demenz einzusetzen. Van Schaik et al. (2008) nutzten beispielsweise Virtuelle Realität, um förderliche und hinderliche Merkmale materieller Umwelten von Menschen mit Demenz zu untersuchen. In der o. g. Studie wurden bekannte Umwelten (Quartiere) schrittweise manipuliert, bis sie Menschen mit Demenz eine optimale Unterstützung bei der räumlichen Orientierung boten. Die experimentelle Manipulation in der Virtuellen Realität lieferte eine Reihe von Hinweisen zur Gestaltung demenzfreundlicher Lebensumwelten, insbesondere städtischer Quartiere, und bot zugleich neue Erkenntnisse hinsichtlich der Möglichkeiten und Grenzen der eingesetzten Methode dar. Die Beobachtung, dass sich räumliche Orientierung mit zunehmendem Grad der Demenz nicht nur in der realen, sondern auch in der virtuellen Welt verändert, nutzen ebenfalls diagnostische Tools, die im Rahmen von Spielen bestimmte Kompetenzen der Spieler*innen erfassen. Virtuelle Realität kann künftig ggf. auch zur Modellierung neuer Technologien eingesetzt werden, so dass auf die Herstellung realer Prototypen teilweise verzichtet werden kann. Angesichts der überschaubaren Datenlage bedarf es jedoch weiterer Erkenntnisse hinsichtlich des Einsatzes Virtueller Realität. Ihre Bedeutung als Methode stellvertretender Nutzer*innenrepräsentation dürfte vor allem davon abhängig sein, inwiefern es mit ihrer Hilfe gelingt, Veränderungen der Kognition, Orientierung oder anderer Fähigkeiten valide nachzubilden.

Als eine weitere Methode der Nutzer*innenrepräsentation schlagen Newell et al. (2011) **professionelles Theater** vor. Diese alternative Methode kann nützlich sein, wenn die unmittelbare Einbindung potenzieller Nutzer*innen in den Forschungsprozess mit dem Risiko einer hohen Belastung verbunden ist und die Einbeziehung der Nutzer*innen weniger der Beteiligung, sondern der Förderung von Empathie dienen soll. Professionelles Theater scheint auch dann sinnvoll zu sein, wenn die Entwicklung von Prototypen langwierig und komplex ist, so dass sie für Laienforschende wenig attraktiv erscheint (Newell et al. 2011). Die Methode des professionellen Theaters setzt den Einsatz geschulter Schauspieler*innen voraus, die in der Lage sind, fundiertes Wissen über Demenz in Theaterspiele zu transferieren. Ein besonderer Vorteil professioneller Schauspieler*innen besteht darin, dass deren Integration in die Technikentwicklung mit geringen ethischen Implikationen verbunden ist und ggf. weniger Bedenken weckt. Morgan und Newell (2007) berichten von einer besonders effektiven

Form des professionellen Theaters, dem sog. interaktiven Theater, das in Workshops eingesetzt werden kann. Forschende, die keine Berührungen mit Demenz hatten, können es zudem nutzen, um ihre Kommunikationskompetenzen zu trainieren. Um erfolgreich zu sein, sollten beim Einsatz des professionellen Theaters jedoch bestimmte Rahmenbedingungen beachtet werden. Newell et al. (2011, S. 240) zählen dazu die Entwicklung wissenschaftlich fundierter Drehbücher, die im besten Fall von den Projektteilnehmer*innen – auch unter Einbeziehung von Expert*innen – entwickelt werden. Einer sorgfältigen Planung bedarf zudem die Schulung der Schauspieler*innen, die Vorbereitung interaktiver Phasen, die Gestaltung des Gesamtsettings der Vorführung sowie die Nachbereitung der einzelnen Sitzungen. Relevant ist zudem die Einsicht, dass professionelles Theater alleine nicht ausreichend ist um Empathie und Verständnis für Bedürfnisse von Menschen mit Demenz zu vermitteln. Die Methode eignet sich zwar besonders gut für bestimmte Phasen eines Projektes, sollte jedoch grundsätzlich um weitere – insbesondere partizipative Elemente – erweitert werden.

Auf die Möglichkeiten, die Nutzer*innenperspektive in Forschung einzubringen, ohne die Nutzer*innen aktiv zu beteiligen, machen ebenfalls verschiedene Ansätze der Bild- bzw. Fotoanalyse aufmerksam. Als ein besonderes Beispiel kann hier die Methode des *Photographic Narrative Journal* (PNJ) genannt werden. Parke et al. (2015) nutzten sie, um die „Übergänge" von Menschen mit Demenz in die Notfallaufnahme eines Krankenhauses zu untersuchen. Im Rahmen der o. g. Forschung wurden sog. Storyboards erstellt, die durch Bilder unterstützte Geschichten umfassen. Parke et al. (2015) konzipierten ihre Geschichten auf der Grundlage von Interviews mit Menschen mit Demenz, ihren Angehörigen und dem Pflegepersonal einer Notfallaufnahme. Die Interviews dienten dazu, Szenen zu entwickeln, die anschließend in natürlichen Setting der Notfallstation nachgestellt und fotografiert wurden. Die Beschreibung der Szenen entstand zunächst in textlicher Form, wobei leitend dafür die wahrgenommene Interaktion von Menschen mit Demenz mit ihrer Umwelt war. Die so erstellten Storyboards dienten anschließend für weitere Schritte, u. a. zur Unterstützung von Diskussionen in Fokusgruppen. Die Zielsetzung des Vorgehens bestand darin, sog. Transitionen von Menschen mit Demenz aus deren eigener Sicht abzubilden. Das *Photographic Narrative Journal* stellt damit eine visuelle Methode dar, die in Kontexten eingesetzt werden kann, in denen z. B. die Videographie – meist aus ethischen Gründen – nicht verwendet werden kann.

3.1.5.2 Methoden der Beteiligung von Menschen mit Demenz

Wie in der Einleitung in den Abschnitt 3.1.5 bereits angemerkt, findet im Kontext der Forschung zur Mensch-Technik-Interaktion häufig eine Unterscheidung zwischen Forschungs- und Beteiligungsmethoden statt. In der Technikentwicklung spielen Beteiligungsmethoden insofern eine wichtige Rolle, da Projekte nicht selten erst dann als „partizipativ" betitelt werden, wenn sie sich spezifischer Beteiligungsmethoden bedienen. Aus Sicht vieler Forscher*innen gilt die gezielte Nutzung von Beteiligungsmethoden daher als zentrales Leitmerkmal partizipativer Forschung.

Obwohl die Güte von Beteiligungsmethoden in der Regel daran festgemacht wird, wie gut es ihnen gelingt, Nutzer*innen in bestimmte Schritte des Forschung- und Entwicklungsprozesses einzubinden, wird unter **Beteiligung** nicht zwingend eine Mitwirkung an Entscheidungen verstanden, sondern häufig schon die Möglichkeit, eigene Ideen, Vorstellungen und Wünsche in den Entwicklungsprozess einbringen zu können. Ausgehend von einem Review, in dem der Einsatz von Methoden des UCD bei der Entwicklung assistiver gesundheitsbezogener Technologien für (meist) ältere Patienten untersucht wurde, beobachteten Hakobyan et al. (2015, S. 80), dass die Einbindung potenzieller Nutzer*innen in die Projekte meist zum Zweck der Nützlichkeitsprüfung (usability testing) diente. Äußerst selten waren dagegen die Beteiligung im Sinne des *partizipatory design* sowie der Einsatz von Methoden, die dem partizipativen Ansatz gerecht werden konnten. Von den 18 analysierten Vorhaben hatten nur acht Projekte derartige Methoden verwendet. Die Legitimation für deren (Nicht-)Nutzung wurde häufig mit zeit- und/oder ressourcenökonomischen Effekten begründet, selten dagegen mit Qualitätserwägungen (etwa höherer Validität der Ergebnisse) in Verbindung gebracht. Fand der Einsatz von Beteiligungsmethoden statt, war er in der Design-Phase, d. h. jener Phase, in der Entwürfe in eine konkrete Gestalt gebracht werden, am seltensten.

Trotz der o. g. Ergebnisse ist in der Demenzforschung der vergangenen Jahre – häufig auch jenseits der Entwicklung assistiver Technologien – ein durchaus gestiegenes Interesse an der Weiterentwicklung von Beteiligungsmethoden erkennbar. So entstanden in der jüngsten Vergangenheit innovative Methoden, mit deren Hilfe Datenerfassung mit Beteiligungselementen in einer Weise miteinander vermengt werden, in der Menschen mit Demenz mehr Einfluss auf bestimmte Schritte in Forschung und Entwicklung nehmen können. Die meist aus dem Bereich der Gestaltung sowie dem Umfeld performativer Methoden entstammenden Ansätze werden häufiger aus pragmatisch verstandener Nützlichkeit denn aus einer normativ-methodologischen Begründung heraus gewählt, so dass ihr beteiligender Charakter sie kaum dazu qualifiziert, ein Vorhaben, in dem sie zum Einsatz kommen, das Prädikat „partizipativ" zu verleihen. Wie Richards (2011) festhält, kann ein Projekt auch im gestalterischen Bereich erst dann als partizipativ bezeichnet werden, wenn das projektleitende methodologische Verständnis die

Beteiligung von Forschungssubjekten an zentralen Projektentscheidungen voraussetzt und Beteiligte die reale Möglichkeit haben, relevante Stufen der Forschung inkl. des Forschungsdesigns, der Ergebnisse und der Finanzierung zu beeinflussen. Eine alleinige Anpassung von Methoden reicht dafür nicht aus. Auch Hydén et al. (2018, S. 224) fordern, dass es trotz aller begrüßungswerten Adaptationen von Forschungsmethoden nicht alleine darum gehen kann, einen Raum für die Mittelung von Menschen mit Demenz zu schaffen, sondern dass sie als Beteiligte mehr Macht über den Forschungsprozess erhalten müssen: „... we will also follow discussions not only about empowerment but also about power over the research process, material, interpretations and reports" (ebenda).

Die im Rahmen dieses Unterkapitels vorgestellten Methoden stellen meist derartige Anpassungen dar, die dazu führen, dass Menschen mit Demenz an Forschungsvorhaben teilnehmen können und sie einen Raum für Mitteilungen erhalten, den sie hinsichtlich der Form und der Inhalte in gewisser Weise selbst beeinflussen können – sei es durch die freie Wahl der Datenformate oder durch die Einflussnahme auf den Forschungsgegenstand. Indem sie sich an den vorhandenen Fähigkeiten und Ressourcen der Nutzer*innen ausrichten, schaffen die betrachteten Methoden meist Wege zur Erhöhung der Beteiligung von Menschen mit Demenz. Während einige Methoden bereits über eine längere Tradition verfügen, z. B. sog. *design bzw. cultural probes*, stellen andere Methoden bestimmte Abwandlungen bereits bestehender Formate dar, wie z. B. *walking interviews* oder innovative Tagebuchmethoden. Trotz ihres innovativen Charakters stellt ihr Einsatz alleine noch keine Garantie für Ermächtigung dar. Erst deren Integration in einen partizipativen Gesamtrahmen schafft die Voraussetzung für „echte" Partizipation.

3.1.5.2.1 Walking Interviews

Walking interviews stellen eine erweiterte Form qualitativer Interviews dar. Als Face-to-Face-Gespräche, die in Bewegung stattfinden, dienen sie dem Ziel, den Mitteilungsraum für Menschen mit Demenz zu erweitern und Ihnen mehr Einfluss auf den Gesprächsgegenstand zu geben. *Walking interviews* können zwar nicht als Beteiligungsmethode verstanden werden, allerdings als Datenerfassungsmethode, die im Gegensatz zu gewöhnlichen Interviews die Beteiligungsmöglichkeiten von Menschen mit Demenz deutlich erhöht. Nach Kullberg und Adzakovic (2018) eignen sich *walking interviews* vor allem dazu, den Nahraum, z. B. die Wohnumgebung und das Quartier der Befragten, zu erforschen. Im Mittelpunkt steht die subjektive Erfahrungswelt von Menschen mit Demenz, ihre persönlichen Raumkonzepte und -bedeutungen, ihre Strategien der Raumaneignung sowie ihre Praktiken bei der Gestaltung sozialer Interaktionen in der Nachbarschaft.

Walking interviews basieren nicht nur auf Gesprächen, sondern verbinden sie mit einer teilnehmenden Beobachtung und einer Videoaufzeichnung. Im Rahmen der von Kullberg und Adzakovic (2018) in Schweden durchgeführten Studie wurde die nahe Wohn umgebung von Menschen mit Demenz erforscht. Das *walking interview* begann mit einem Besuch der Person zu Hause. Hier fand ein erstes halbstrukturiertes Interview statt, an dem auch Angehörige teilgenommen haben. Das erste Interview endete mit der Frage, ob die Befragten für ein *walking interview* bereit wären. Im Fall einer Zustimmung wurden die Teilnehme*innenr mit Demenz um einen Terminvorschlag sowie einen Vorschlag für eine Route gebeten. Die Route sollte so gewählt sein, dass sie eine persönliche Bedeutung für den Alltag der Befragten hat und Wege umfasst, die die Teilnehmer*innen für ihre eigenen Alltagsaktivitäten nutzen. Nahmen die Befragten die Möglichkeit an, wurde ein Termin für das *walking interview* vereinbart.

Das eigentliche *walking interview* begann mit der Erinnerung an formale Aspekte, wie die Freiwilligkeit der Teilnahme und die Einwilligung. Da der Spaziergang auf Video aufgezeichnet wurde, war es wichtig, dass die Befragten der Aufnahme zustimmten. Während des Interviews wurden Menschen mit Demenz von zwei Forschenden begleitet: Einer Interviewerperson sowie einer Begleitperson, die für die Kamera zuständig war. Daher wurde vor Beginn der Interviews die Gelegenheit gegeben, jene Person kennenzulernen, die mit der Aufzeichnung befasst war, sowie zu klären, wie vorzugehen sei, wenn auf dem Weg bekannten Personen aus der Nachbarschaft begegnet werden sollte. Die Befragten hatten zudem die Möglichkeit zu entscheiden, ob sie während des Spaziergangs von Angehörigen begleitet werden möchten. Die Durchführung der *walking interviews* geht von einem offenen Gesprächsformat aus, das einem narrativen Interview stark ähnelt. Entscheidend dabei ist, dass Menschen mit Demenz die Forscher*innen durch ihr Quartier führen bzw. leiten. Sie bestimmen nicht nur den Weg und einzelne Stationen, sondern auch das laufende Gespräch.

Ausgehend vom Gedanken der Beteiligung, kann davon ausgegangen werden, dass *walking interviews* gewisse Vorteile gegenüber gewöhnlichen Interviews haben. Von besonderer Relevanz ist, dass Menschen mit Demenz einen vergleichsweise hohen Grad der Kontrolle über das Interview behalten. Durch die unmittelbare Präsenz der Umwelt und die Bewegung im „Hier und Jetzt" ist von einem höheren Grad der Validität auszugehen als in einem Interview, das verschiedene Aspekte meist retrospektiv betrachtet und durch Einschränkungen der Erinnerung verzerrt sein kann. Einige Erkenntnisse sind zudem im Rahmen von Interviews, die in der häuslichen Umgebung stattfinden, kaum erschließbar. Ein gemeinsamer Spaziergang, d. h. gemeinsame Bewegung, motiviert zudem stärker zur Beteiligung, so dass diese Art der Interviews für die aktive Erschließung außerhäuslicher Umwelten besonders gut geeignet ist. Kullberg und Adzakovic (2018) unterstreichen zudem die aktive Rolle der Beteiligten: Sie bestimmen die Route, das Gespräch, den Zeitpunkt und die Dauer der Spaziergänge. Die Autorinnen berichten daher, dass die Befragten deutlich engagierter waren als in klassischen Face-to-Face-Gesprächen, entwickelten klare Präferenzen für die Wege und Gesprächsthemen und nahmen intuitiv eine aktive Rolle ein, ohne sie im Vorhinein ausführlich zu besprechen. Während der Gespräche bezogen sie sich nicht nur auf Aspekte der Wohnumwelt, sondern betteten Geschichten aus ihrer Biografie und Erzählungen aus ihrem Alltag in die Interviews ein. In den meisten Fällen wurden die Gespräche durch Befragte selbst initiiert, sie unterschieden sich jedoch hinsichtlich ihrer Intensität und Dauer insofern, dass nicht jedes Gespräch und nicht jede Passage gleich lang und umfassend waren.

Erfahrungen mit der Durchführung von *walking interviews* weisen darauf hin, dass sich diese Form der Befragung besonders gut zur Erkundung lokaler Nachbarschaften eignet. Darüber hinaus bietet sie eine besonders gute Möglichkeit, die Interaktion mit der materiellen und sozialen Umwelt von Menschen mit Demenz zu erforschen. Während der Spaziergänge berichteten Befragte deutlich mehr Aspekte als im Rahmen klassischer Interviews. Als besonders vorteilhaft erwies sich die hohe Flexibilität des Vorgehens, so dass Befragte zu jedem Zeitpunkt des Gespräches die Möglichkeit hatten, auf neue Themen einzugehen. Die Autorinnen machen allerdings auf eine Reihe notwendiger Rahmenbedingungen aufmerksam. So sei es wichtig, dass Forschende die Ziele des Vorhabens wiederholt und klar kommunizieren, insbesondere dann, wenn das Interview an mehreren Terminen stattfindet. Wichtig seien ebenfalls wiederholte Hinweise auf die Freiwilligkeit der Teilnahme. Während der Spaziergänze ist es wichtig, dass Forschende die Verantwortung für die objektive und subjektive Sicherheit der Befragten übernehmen. Vor dem Hintergrund der Videoaufzeichnung ist es zudem relevant, dass lediglich jene Teilnehmer*innen videographiert werden, die der Aufnahme freiwillig zustimmen. Da Menschen mit Demenz allerdings nicht durchgehend aktiv am Gespräch teilnehmen, weisen die Autorinnen darauf hin, dass es für Interviewer*innen wichtig ist, gewisse Phasen des Gehweges auch schweigend absolvieren zu können. Die Interviewer*innenrolle besteht in der Begleitung der Befragten und weniger in der durchgehenden Aufrechterhaltung der Gespräche.

Eine Abwandlung der *waking interviews* stellen sog. *go-along interviews* dar, die Mann und Hung (2018, S. 8) durchführten. Sie waren Teil einer Studie, die in einem Krankenhaus durchgeführt wurde. Ihr Ziel war die Anpassung der stationären Versorgungsumgebung an die Bedürfnisse von Patient*innen mit Demenz (vgl. dazu auch Hung et al. 2017). Die auf Video aufgezeichneten Interviews dienten dazu, Menschen mit Demenz, die im Krankenhaus behandelt wurden, unmittelbar während der Besichtigung bestimmter Räume zu ihren Erfahrungen mit dem Krankenhausaufenthalt zu befragen. Der gemeinsame Spaziergang durch das Krankenhaus diente dem Ziel, Erfahrungen, die während einer stationären Behandlung gemacht wurden, unmittelbar zu erfassen. Die aufgezeichneten Interviews wurden anschließend als Material für sog. reflexive Gruppensitzungen genutzt, in denen das Krankenhausmanagement gemeinsam mit Beschäftigten an der Weiterentwicklung der Versorgungsprozesse arbeitete. *Walking* als auch *go-along interviews* können daher verschiedenen Zielen dienen: Während sie im erstgenannten Beispiel dazu eingesetzt wurden, den Mitteilungsraum und die Kontrolle von Menschen mit Demenz zu erweitern, dienten sie im zweitgenannten Fall der Reaktivierung von Erinnerungen an Erlebnisse, die im Rahmen stationärer Krankenhausbehandlung gemacht wurden.

3.1.5.2.2 Cultural Probes

Das sog. *probing* stellt eine Forschungs- bzw. Designmethode dar, die Studienteilnehmer*innen in die Lage versetzen soll, mithilfe von Medien (z. B. Foto, Text, Video), künstlerisch-ästhetischen Mitteln (z. B. Zeichnung, Tagebuch) oder konkreten Gegenständen (z. B. aus dem Alltag) einen Einblick in ausgewählte Bereiche ihres Lebens zu vermitteln. Das auf dem Weg des *probing* erstellte Material – die sog. *probes* – geben Informationen über ausgewählte Ausschnitte des individuellen Alltags, ohne dass Forschende in diesen Alltag eindringen müssen. Nach Mattelmäki (2006, S. 39f) lassen sich jedoch mindestens drei zentrale Ziele der sog. *design probes* benennen: Sie können – erstens – der Erfassung bzw. Dokumentation individueller Erfahrungen, Gedanken und Ideen („self-documentation") dienen. Durch die Erschließung subjektiver Perspektiven von Nutzer*innen können sie – zweitens – dazu eingesetzt werden, sie in den Designprozess einzubinden. Schließlich können *probes* auch explorativ eingesetzt werden, indem sie neue (Anwendungs-)Möglichkeiten (z. B. für bestimmte Technologien) ausloten.

Typisch für das *probing* ist ein teilstrukturiertes Vorgehen, in dem Studienteilnehmer*innen *probes* selbst erstellen, wobei sie dabei sehr unterschiedliche Freiheitsgrade haben. Die Methode reicht von sehr offenen Verfahren, in denen die Teilnehmer*innen sowohl die Auswahl als auch die Form des Materials bestimmen, bis zu solchen, in denen sie einem stark strukturierten Vorgehen folgen. Im erstgenannten Fall obliegt es den Teilnehmer*innen selbst, welche Gegenstände sie auswählen und wie sie diese darstellen. Als Orientierung dient häufig ein grob definiertes Thema, das die Arbeit der Teilnehmer*innen leitet bzw. strukturiert. Das *probing* kann allerdings auch stärker strukturiert sein (z. B. durch ein vorgegebenes Tagebuchformat), so dass Studienteilnehmer*innen konkrete Aufgaben inkl. konkreter Anweisungen für die Gestaltung der *probes* erhalten (vgl. Burrows et al. 2015). In Abhängigkeit von den Charakteristika der Methode kann *probing* einen stärker induktiven (d. h. entdeckenden, explorativen) oder einen stärker deduktiven (d. h. überprüfenden) Charakter haben. Die inhaltliche Gestaltung der *probes* unterliegt dabei meist den subjektiven Kriterien der Teilnehmer*innen, denn gerade die Erfassung von Individualität und Subjektivität steht im Vordergrund des Verfahrens. Daher betrachten einige Forschende das *probing* als Beteiligungsmethode, insbesondere dann, wenn Teilnehmer*innen eine aktive Rolle bei der Auswahl des Datenmaterials einnehmen und die Methode dazu eingesetzt wird, die Projektziele zu bestimmen (vgl. Brown et al. 2014).

Das *probing* entstand im Kontext der Gestaltung von Technologien für „neue" bzw. „unbekannte" Zielgruppen, u. a. ältere Menschen (Gaver et al. 1999). Die genuine Zielsetzung der Methode bestand darin, ausschnitthafte Einblicke in die Lebenswirklichkeiten und Bedürfnisse von Studienteilnehmer*innen zu erhalten inkl. deren Komplexität, bestehend aus Emotionen, Identitätsentwürfen, biografischen Entwicklungen und individuellen bzw. kulturellen Wertvorstellungen. Das Verfahren dient nicht zur Erfassung objektiver Daten, sondern zur Konstruktion individuell hergestellter Materialien, in denen sich die individuelle Ästhetik sowie persönliche Wertvorstellungen der Studienteilnehmer*innen spiegeln. Nach Mattelmäki (2005) eignet sich das *probing* besonders gut: a) zur Gewinnung erster Eindrücke und Inspirationen, b) zur Gewinnung von (neuen) Informationen (z. B. über Bedürfnisse von Nutzer*innen), c) zur Unterstützung von Partizipation in Forschungs- und Entwicklungsprozessen sowie d) zur Unterstützung des Dialogs im Forschungsprozess.

Die anfangs entwickelte Methode der sog. *cultural probes* wurde im Laufe der vergangenen Jahre weiterentwickelt, so dass sie heute vor allem im Hinblick auf die Formen der Informationserfassung und -auswertung eine starke Ausdifferenzierung erfahren hat (Boehner et al. 2007). Die Auswertung des durch *probes* gewonnenen Datenmaterials erfolgt meist mithilfe quantitativer oder qualitativer Verfahren. Zudem verfolgt das *probing* nicht nur explorative Ziele; es kann zur Informationsgewinnung, zur Konstruktion von Personae oder zu anderen Zwecken verwendet werden. Müller et al. (2017) weisen darauf hin, dass *probes* ebenfalls zur Reflexion eigener Praktiken, zur Darstellung von Forschungsvisionen (z. B. gegenüber Anwendungspartner*innen) oder zur Integration und Kommunikation multidisziplinärer Perspektiven eingesetzt werden können.

In technikorientierten Projekten haben sich *probes* vor allem in den ersten, häufig explorativ geprägten Phasen der Vorhaben bewährt, in denen es darum geht, einen Zugang zur subjektiven Erfahrungswelt potenzieller Nutzer*innen zu finden. In Form von *design probes*, *cultural probes* (Mattelmäki 2005; Mattelmäki 2006), *empathy probes* (Mattelmäki und Battarbee 2002) oder *technology probes* (Müller et al. 2017) können sie Einblicke in das subjektive Erleben ausgewählter Zielgruppen vermitteln, z. B. in den individuellen Umgang mit Technik, in alltagsrelevante Verständnisse von Ästhetik oder persönlich bedeutsame Werte und Normen. Bewährt haben sich *probing*-Methoden auch bei sensiblen Themen (z. B. Krankheit, Gebrechlichkeit), die mit üblichen sozialwissenschaftlichen Forschungsmethoden nur bedingt zugänglich gemacht werden können, sowie in der Erforschung von privaten und daher geschützten Lebensbereichen, die sich dem Einblick der Forschenden entziehen.

Die Methode der *cultural probes* kam mit Menschen mit Demenz bisher selten zum Einsatz. Viele Erfahrungen liegen jedoch mit älteren Menschen (dazu exemplarisch Haines et al. 2007) sowie Angehörigen von Menschen mit Demenz vor. In einer von Brown et al. (2014) durchgeführten Studie wurden *cultural probes* in Form von Fotos durch Angehörige von Menschen mit Demenz erstellt, wobei sie dabei festen Kategorien (d. h. Themen) folgten, die davor mithilfe qualitativer Interviews ermittelt wurden. Auch in einer Studie von Schorch et al. (2017) waren es pflegende Angehörige von Menschen mit Demenz, die mithilfe von *probes* ihre eigene Pflegesituation in den Blick nahmen. Trotz dessen liegen zum Einsatz des *probing* auch einige relevante Erfahrungen mit Menschen mit Demenz vor. In einem von Wherton et al. (2012) durchgeführten Projekt mit älteren Menschen, unter denen sich auch Menschen mit einer Alzheimer Demenz sowie MCI befanden, kam das *probing* in privaten Haushalten zum Einsatz. Dabei konnten die Teilnehmer*innen frei wählen, welche und wie viele der verschiedenen Methoden (z. B. Erstellung von Fotos, Erstellung eines strukturierten Tagebuches, usw.) sie anwenden wollten. Für die Erstellung des Materials hatten sie eine Woche Zeit. Die Ergebnisse zeigen, dass sich die meisten Teilnehmer*innen für die Nutzung einer Kamera entschieden. Wherton et al. (2012) berichten jedoch, dass die Teilnehmer*innen die Kamera unterschiedlich nutzten: Während einige sie zum Zweck der Dokumentation (z. B. Erfassung subjektiv wichtiger Orte) einsetzten, verwendeten sie andere als Gedächtnisstütze, um das Gespräch mit den Forschenden zu gestalten und zu lenken. Die Methode der *cultural probes* bewährte sich aus der Sicht der Forschenden am stärksten als Mittel zur Dialogförderung zwischen Forschenden und Teilnehmer*innen. Da das *probing* in mindestens zwei Interviews eingebettet war (ein Interview vor, ein zweites Interview nach der Erstellung von *probes*), stellt der Rückgriff auf selbst erstellte Fotos für die Teilnehmer*innen ein geeignetes Mittel dafür dar, das dabei hilft, die Gespräche eigenständig zu führen bzw. sie inhaltlich zu gestalten und eigene Themen in die

Interviews einzubringen. Davon profitierten besonders Menschen mit Migrationshintergrund, die Schwierigkeiten hatten, von ihrer Muttersprache abzuweichen. Die auf der Grundlage von *probes* geführten Interviews waren ausführlicher und vertieften Themen, die in ersten Interviews eher nebensächlich wirkten. Die Teilnehmer*innen waren entspannter und wirkten selbstsicherer, auch dann, wenn sie die Erstellung von *probes* als eine besondere Herausforderung erlebten (Wherton et al. 2012, S. 11).

Über meist positive, teils jedoch auch ambivalente Erfahrungen mit dem Einsatz von *cultural probes* mit Menschen mit Demenz berichten Wintermans et al. (2017). In ihrem Projekt, das der Entwicklung technischer Unterstützung zur Vermeidung sozialer Exklusion diente, waren Menschen mit Demenz gemeinsam mit ihren Angehörigen an der Erstellung von *probes* beteiligt. Während sich der Einsatz von Angehörigen insofern als positiv herausstellte, weil sie Menschen mit Demenz bei der Erstellung von *probes* unterstützten, kam es zu Ambivalenzen und Wertekonflikten aufgrund divergenter Erwartungen an die zu entwickelnde Technik, die sich zugleich im gemeinsam erstellten Material spiegelten. Da es nicht gelang, die entgegengesetzten Bedürfnisse in ein gemeinsames Design zu integrieren, folgern Wintermans et al. (2017), dass es bei der Einbeziehung Dritter in die Anfertigung von *probes* einer klaren Entscheidung bezüglich dessen bedarf, zugunsten wessen Interessen Ziele- und Wertekonflikte gelöst werden sollen. Zudem empfehlen sie, *probes* bei Menschen mit Demenz grundsätzlich nicht als fix und in sich abgeschlossen zu betrachten, sondern als offen und unfertig. Dies spricht gegen stark strukturierte Vorgehensweisen bei der Erstellung von *probes*. Es sei zudem wichtig, Menschen mit Demenz ein Gefühl der Sicherheit und des Selbstvertrauens zu vermitteln, so dass keinesfalls die Vermutung entsteht, dass von ihnen ein ganz bestimmtes Ergebnis erwartet wird, dem sie möglicherweise nicht nachkommen können.

Während in den davor genannten Studien das *probing* der explorativen Datenerhebung diente, betrachten Wallace et al. (2013) diese Methode eher als Instrument der Beziehungsgestaltung im Designprozess. *Probes* sollten zudem nicht zur Gewinnung breit verwertbarer Ergebnisse eingesetzt werden, sondern zur Gestaltung von Gegenständen, die das Person-Sein von Menschen mit Demenz fördern. In dem von Wallace et al. (2013) entwickelten Ansatz dient das *probing* daher auch nicht der Entwicklung von Technologien, die von einer größeren Zahl unterschiedlicher Personen genutzt werden können. Vielmehr fokussiert er auf die Entwicklung von Artefakten, in denen sich die Identität eines Individuums spiegelt. *Probes* sind zugleich Objekte, die dem Beziehungsaufbau zwischen Designer*innen und Betroffenen dienen. Damit dieser gelingt, bedarf es der Erstellung

von Materialien, die eine Reflexion der eigenen Identität fördern und einen Krea-
tivitätsprozess freisetzen, der es den Teilnehmern möglich macht, über individuell
relevante Themen auf neue Weise nachzudenken. Im Prozess des *probing* entstehen daher Gegenstände, die nicht der Forschung und Technikentwicklung, sondern
in erster Linie den Beteiligten selbst dienen. Zentral für diese Art des *probing* ist
eine auf Reziprozität, Schutz, Vertrauen und Empathie gründende Beziehung, auf
deren Grundlage Teilnehmer*innen die Bereitschaft entwickeln können, persönliche Informationen in die Erstellung von *probes* einfließen zu lassen. Aus dieser
Perspektive erscheinen auch vergleichende Auswertungen von *probes* als nach-
rangig; vielmehr geht es darum, den Prozess des *probing* mit jedem Menschen
individuell zu gestalten.

Zusammenfassend betrachtet, verfügt das *probing* über verschiedene **Vorteile**.
So kann die Methode vor allem als ein geeigneter Zugang zur privaten Lebenswelt der Teilnehmer*innen betrachtet werden und als Möglichkeit, sensible und
schwer zugängliche Informationen zu erfassen. Da die Studienteilnehmer*innen
den Gehalt der mitgeteilten Materialien weitgehend selbst bestimmen können,
legen sie die Grenze zwischen öffentlicher und privater Information eigenständig fest. Dies gilt allerdings nur, wenn sie die Kontrolle über ihre Daten (z. B.
Fotos) behalten. Zudem kann das *probing* als eine besonders kostengünstige
Methode betrachtet werden, da die Studienteilnehmer*innen das Material in der
Regel selbst erstellen. Aufgrund einer großen Flexibilität ermöglicht das *probing*
auch die Einbeziehung von Personen, für die eine mündliche oder schriftliche
Befragung eine besondere Herausforderung darstellen würde. Zugleich bietet
die Methode die Möglichkeit, Datenerfassung mit partizipativen Elementen zu
verbinden. *Probing* kann daher zu einer Beteiligungsmethode weiterentwickelt
werden, indem Studienteilnehmer*innen in verschiedene Schritte des Forschungsprozesses, z. B. die Datenerfassung, die Dateninterpretation und Verwertung,
eingebunden werden.

Zu den Vorteilen gesellen sich allerdings auch einige **Nachteile**. So weist z. B.
Mattelmäki darauf hin, dass die mithilfe der *cultural probes* gewonnenen Daten
nicht systematisch ausgewertet werden können. Da die Methode wenig fokussiert
ist, kann sie nicht genutzt werden, um z. B. zur systematischen Ableitung von
Anforderungen an bestimmte Artefakte zu gelangen. Als Forschungsmethode sei
das *probing* daher zu Beginn eines Projektes geeignet, d. h. zu einem Zeitpunkt, in
dem noch keine objektiven Anforderungen an neue Technologien oder die objektive Erfassung von Bedarfen künftiger Nutzer*innengruppen erforderlich ist. Auch
Haines et al. (2007) machen darauf aufmerksam, dass die durch *probes* gewonnenen Informationen eine begrenzte Aussagekraft haben: Auch wenn sie geeignet

sind, die Diversität künftiger Nutzer*innen und die Komplexität ihrer Lebenskontexte abzubilden, dürfen sie trotz ihrer Informationsdichte nur als höchst selektive Einblicke verstanden werden, die sich einer objektiven Analyse entziehen und im Hinblick auf ihre Validität kaum überprüft werden können. Daher plädieren sie (ebenda, 2007) dafür, die Studienteilnehmer*innen in die Analyse von *probes* einzubinden und das gewonnene Material gemeinsam mit ihnen zu interpretieren und zu validieren. Erfolgt die Interpretation von *probes* ausschließlich durch Wissenschaftler*innen, entziehen sich die Gründe für die Erstellung des Materials der Analyse. *Probes* eignen sich ebenso wenig dazu, konkrete Probleme zu lösen. Ihre Stärken liegen vielmehr in der Exploration und der Kommunikationsförderung. Angesichts dieser Überlegungen ist es besonders wichtig, die Passung Methode zu den jeweiligen Projektzielen zu überprüfen. Im Rahmen technikorientierter Vorhaben eignen sich *cultural probes* beispielsweise um herauszufinden, für welche Aufgaben Studienteilnehmer*innen *keine* technische Lösung benötigen, weil es für sie bereits „soziale Lösungen" gibt. Eine besondere Eignung kann ihnen ebenfalls dahingehend attestiert werden, Forschenden, z. B. Technikentwickler*innen, die Andersartigkeit (im Vergleich zum eigenen Verständnis) der Wahrnehmung, der Nutzung, der Bewertung und der Deutung von Technologien zu vermitteln. Werden im Rahmen eines Projektes andere Ziele verfolgt, die mithilfe von *probes* erreicht werden sollen, ist es wichtig, dass sich diese in der Gestaltung von *probes* spiegeln (Haines et al. 2007).

3.1.5.2.3 Partizipative Tagebuch- und visuelle Methoden

Neben *cultural* oder *design probes*, die in einigen Fällen um tagebuchförmige Erhebungen (z. B. von Alltagsaktivitäten) ergänzt werden, bildet die **Tagebuchmethode** eine eigenständige Möglichkeit zur Einbindung von Menschen mit Demenz in Forschung. Im Allgemeinen kann der Einsatz von Tagebüchern verschiedenen Zielen dienen, u. a. der Dokumentation des eigenen oder fremden Verhaltens (z. B. für den Zweck der Therapie oder Versorgung), der Reflexion von Lernfortschritten (z. B. Lerntagebuch), der Erhebung von Zeitbedarfen für bestimmte Aktivitäten (z. B. Zeitbudgetstudien) oder der Unterstützung therapeutischer Ziele (z. B. der Biografiearbeit). In technikorientierten Vorhaben wird die Tagebuchmethode häufig dazu genutzt, Bedarfe bzw. Bedürfnisse von Studienteilnehmer*innen (z. B. künftigen Nutzer*innen) zu erschließen, die Nutzer*innenfreundlichkeit oder andere Merkmale neuer Technologien (z. B. Prototypen) zu untersuchen (u. a. im Rahmen der Evaluation) oder die Nutzungsmuster und -gewohnheiten im Umgang mit neuen Artefakten im Alltag zu erfassen (z. B. im Rahmen der Implementierung).

In der Forschung mit Menschen mit Demenz kann die Anfertigung von Tagebüchern, z. B. im Vergleich zu Face-to-Face-Interviews, mit gewissen **Vorteilen**
verbunden sein. Weil sich Menschen mit Demenz aufgrund der Einschränkung
ihres Kurzzeitgedächtnisses im Rahmen von Interviews an bestimmte Aspekte
eines Themas ggf. nicht erinnern können, kann dies aufgrund des retrospektiven
Charakters der Methode zu Einschränkungen der Reliabilität führen. Da Tagebücher dagegen gegenwartsorientiert sind und in der Regel kontinuierlich geführt
werden, können sie einen zuverlässigeren Einblick in die (Alltags-)Aktivitäten
von Studienteilnehmer*innen geben. Dies unterscheidet sie von sog. *probes*, die
in der Regel nur ausgewählte Ausschnitte der Wirklichkeit erfassen. Ein weiterer
Vorteil der Tagebuchmethode besteht darin, dass Einträge flexibel vorgenommen
werden können. Studienteilnehmer*innen können nicht nur den Zeitpunkt, sondern auch die Situation, in der sie eine Beobachtung festhalten, selbst bestimmen.
Besteht zudem die Möglichkeit, die Beitragsform frei zu wählen, entbindet die
Tagebuchmethode Menschen mit Demenz von dem Druck, erfragte Inhalte innerhalb eines konkreten Gesprächs vollständig erinnern und wiedergeben zu müssen,
was die Validität der Erhebung verbessert. Tagebücher können zudem positive
Effekte auf Befragte selbst haben, indem sie einen Beitrag zur Identitätserhaltung
und Selbstreflexion leisten können, z. B. wenn sich Betroffene auf die eigene
Person besinnen und ihr Person-Sein reflektieren können (Bartlett 2012, S. 1718).

Ein Blick in die bisherige Verwendung der Tagebuchmethode zeigt, dass sie
– vergleichbar dem Einsatz anderer Methoden – seltener von Menschen mit
Demenz, häufiger dagegen von ihren Angehörigen verwendet wurde. Die Übernahme der Tagebuchführung durch sog. Proxies ist meist dem anspruchsvollen
Charakter der Methode geschuldet. Daher stellt sich die Frage, wie Tagebücher an die vorhandenen Kompetenzen von Menschen mit Demenz angepasst
werden könnten. Ein Beispiel dafür stellt die von Bartlett (2012) entwickelte
und an Bedürfnisse von Menschen mit Demenz adaptierte Tagebuch-Interview-
Methode dar. Ausgehend von den Arbeiten von Mason und Davies (2009) sowie
Zimmermann und Weider (1977), entwickelte die Autorin ein spezifisches Tagebuchformat, das um halbstrukturierte Interviews ergänzt wird. Ziele der Interviews
bestehen u. a. in der Klärung, Ergänzung oder Reflexion der Tagebucheinträge.
Befragte geben darin Auskunft über die Motive ihres Handelns sowie über die Art
und Weise, *wie* sie das Tagebuch verwendet haben. Das Potenzial der Methode
besteht somit darin, dass sie sowohl zur Erkenntnisgewinnung als auch zur Methodenentwicklung beitragen kann (Kenten 2010). Damit Menschen mit Demenz
Tagebucheinträge selbständig vornehmen können, integriert Bartlett (2012) –
neben Texten – auch visuelle Medien in die Tagebücher, z. B. Foto-, Video- oder
Audioaufnahmen. Menschliches Erleben – so die Autorin – könne nicht nur auf

Erfahrungen reduziert werden, die auf Sprache beruhen bzw. mit deren Hilfe zum Ausdruck gebracht werden. Es sei wichtig, auch andere Arten von Erfahrung zu erfassen, z. B. sensorischer Art, die für Menschen mit Demenz gar besonders wichtig sind und einen eigenen Zugang zur Wirklichkeit bilden können (Mason und Davies 2009). Diese gelte es ebenso festzuhalten wie sprachlich konstruierte Erfahrungsberichte. Für Menschen mit Demenz kann es zudem einfacher sein, sprachliche Mitteilungen in Form von Tonaufnahmen festzuhalten, als Texte zu verfassen. Die Erstellung von Videos stellt für viele Teilnehmer*innen zudem eine interessante und anregende Praktik dar, die sie zum Teil als geeigneter erleben als etwa die Teilnahme an einem mündlichen oder schriftlichen Interview (Muir 2008).

Die von Bartlett (2012) entwickelte Tagebuchmethode besteht grundsätzlich aus vier Schritten bzw. Elementen:

- **Prä-Tagebuch-Interview** – Durchführung eines initialen Interviews vor Beginn der Tagebuchführung. Gegenstandsbereich der Befragung ist die Motivation zur Studienteilnahme sowie die Festlegung der Eintragsformen.
- **Beginn der Tagebuchführung** – Übergabe der Forschungsmaterialien inkl. der notwendigen Ausrüstung (Notepad, Kamera, Diktiergerät, Informationsmaterialien, Instruktionen, unterzeichnete Einwilligung, Kontaktdaten) an Studienteilnehmer*innen.
- **Teilnehmende Beobachtung** – Durchführung einer Beobachtung ausgewählter Aktivitäten während der Zeit der Tagebuchführung.
- **Post-Tagebuch-Interview** – Durchführung eines abschließenden Interviews mit dem Ziel der persönlichen Übergabe der Tagebücher, der Reflexion der Forschungsmethode sowie der gemeinsamen Analyse der Einträge. Studienteilnehmer*innen werden gebeten, festgehaltene Ereignisse zu kommentieren, um sie im Gesamtkontext analysieren zu können (Bartlett 2012, S. 1719f).

Trotz der o. g. Vorteile machen die Erfahrungen der Autorin (ebenda) darauf aufmerksam, dass die Anwendung der Methode nicht voraussetzungslos ist. Im Rahmen eines einmonatigen Tagebuchprojektes mit insgesamt 16 Menschen mit Demenz im Alter von 64 bis 78 Jahren zeigte sich, dass es hierzu einer konstanten Motivation der Teilnehmer*innen bedurfte, ebenso wie des Vorliegens gewisser Lese- und Schreibfähigkeiten. Aufrund ihrer Erfahrungen plädiert Bartlett (2012) daher für eine Flexibilisierung der Datenerfassung, indem sich Teilnehmer*innen *für* oder *gegen* bestimmte Datenerfassungsformate und deren Kombinationen entscheiden können. Obwohl die spezifische Tagebuchmethode in technikorientierter Forschung und Entwicklung bisher keine Verwendung fand, spricht Vieles dafür, dass sie für diese Kontexte adaptiert werden kann. Für deren Nutzung spricht nicht nur der systematische Charakter, der sie z. B. vom *probing*-Ansatz unterscheidet, sondern ebenfalls eine Reihe **positiver Wirkungen** auf die Teilnehmer*innen. So zeigte sich in der o. g. Studie (ebenda), dass die Teilnehmer*innen die Forschungsmethode als persönlich bereichernd empfanden, auch wenn sie für deren praktische Umsetzung die Unterstützung naher Angehöriger in Anspruch nahmen. Sie diente ihnen nicht nur zur Erfüllung des Forschungszwecks, sondern ebenfalls dazu, eigene Erlebnisse zu reflektieren oder eine Orientierung im Alltag zu finden. Während einige Teilnehmer*innen das Tagebuch zur eigenen „Katharsis" nutzten, indem sie ihre Gefühle und Bewältigungsstrategien notierten, setzten andere Teilnehmer*innen das Tagebuch zur Dokumentation von Aktivitäten ein, um einen Überblick über ihren Tagesverlauf zu erhalten. Die Methode hatte daher einen positiven Zusatznutzen für Beteiligte. Aus Sicht der Autorin kam zudem dem Post-Tagebuch-Interview eine entscheidende Bedeutung für die Interpretation der Ergebnisse zu. Zudem macht sie darauf aufmerksam, dass durch die unterschiedlichen Nutzungsmuster ein vielschichtiger Einblick in den Alltag und die Erfahrungswelt von Menschen mit Demenz gelang, der sowohl eine ganzheitliche Sicht als auch eine Kontextualisierung der Erlebnisse ermöglichte (Bartlett 2012, S. 1722f).

Obwohl die o. g. Methode in erster Linie zur Datenerfassung dient, umfasst sie ebenfalls beteiligende Elemente. Bartlett (ebenda) weist z. B. auf einige Vorteile hin, die aus dem beteiligungsfördernden Charakter der Tagebücher resultieren:

- **Hoher Grad der Reflexivität**: Da Tagebücher über längere Zeiträume geführt und mehrmals bearbeitet werden, führen sie zu einem hohen Grad der Reflexivität, der im Rahmen üblicher Interviews nicht möglich ist. Die Teilnehmer*innen beschäftigen sich mit ihren Daten während der gesamten Laufzeit des Projektes, so dass sie mehr Einfluss auf die Dateninterpretation haben als in Vorhaben, in denen Wissenschaftler*innen die Interpretation der Daten übernehmen.

- **Beziehung zwischen Forschenden und Beforschten**: Die Verbindung verschiedener Schritte (Interviews, Tagebuch, teilnehmende Beobachtung) macht die Tagebuch-Interview-Methode zu einem Vorgehen, das den Aufbau einer engen und vertrauensvollen Beziehung zwischen Forschenden und Beforschten fördert. Die Methode führt gleichzeitig dazu, dass die Beziehung einen stärkeren Einfluss auf die Ergebnisse nehmen kann. So beobachtete Bartlett (2012), dass Menschen mit Demenz die Qualität der Beziehung zu Forschenden häufig als Leitschnur zur Auswahl ihrer Daten nutzten.

Neben positiven Wirkungen hatte die Tagebuch-Interview-Methode allerdings auch **negative Effekte** auf Studienteilnehmer*innen und die Forschungsergebnisse. Bartlett (2012) weist vor allem auf folgende Aspekte hin:

- **Umgang mit negativen Emotionen und Verlusterfahrungen**: Durch den dokumentarischen und reflexiven Charakter führt die Tagebuchmethode dazu, dass Menschen mit Demenz mit negativen Erlebnissen und dem Verlust von Kompetenzen systematischer bzw. nachhaltiger konfrontiert werden. Notieren Studienteilnehmer*innen nicht nur positive, sondern auch negative Erlebnisse, führt eine mehrmalige Befassung damit zur Wiederholung von Erinnerungen an negativ erlebte Situationen. Eine Selbstbeobachtung über längere Zeiträume hinweg schärft zudem den Blick für eigene Verluste. Daher schlägt Bartlett (2012, S. 1723) vor, Studieninteressierte vor der Einwilligung auf den möglicherweise als belastend erlebten Charakter der Tagebuchmethode hinzuweisen.
- **Motivation und selbststrukturiertes Vorgehen**: Die kontinuierliche Führung von Tagebüchern erfordert vor allem von Menschen mit Demenz eine hohe Motivation, da sie voraussetzt, dass sich die Teilnehmer*innen auch den Umgang mit der Erstellung von Tagebucheinträgen immer wieder neu erschließen müssen. Weil Menschen mit Demenz die Anleitungen zur Anfertigung der Einträge zum Teil nicht durchgehend erinnern, kann es dazu führen, dass sie Angst oder Verunsicherung erleben, vor alle dann, wenn es keine Personen gibt, die sie dabei unterstützen können. Vor diesem Hintergrund bedarf es der Verbindung der Tagebücher mit weiteren Methoden, wie Interviews oder Beobachtungen, sowie einem „ongoing consent", in dessen Rahmen die Motivation zur Teilnahme kontinuierlich überprüft wird.
- **Einsatz von Tagebüchern in der stationären Pflege**: Ein besonderes Risiko stellt der Einsatz von Tagebüchern bei hochaltrigen Menschen dar, die in der stationären Pflege leben und ihre Wohnumgebung kaum mehr verlassen können. Besteht zudem ein stark institutionalisierter Tagesrhythmus, führt dies dazu, dass Teilnehmer*innen Monotonie und Langeweile erleben. Werden tagtäglich die gleichen Aktivitäten aufgezeichnet, kann dies zur Verstärkung negativer Emotionen und Selbstbilder führen. Die Reflexion einer als unfreiwillig wahrgenommenen Lebensführung kann daher einen weiteren negativen Effekt auf Betroffene haben (Bartlett 2012, S. 1724).

Ähnlich wie bei konventioneller Videografie sowie *cultural probes*, stellt auch im Zusammenhang mit multimedialen Tagebüchern die **informierte Einwilligung** eine wichtige Aufgabe dar. Ausgangspunkt der Überlegungen ist die Beobachtung, dass – ähnlich wie im *probing*-Ansatz – Studienteilnehmer*innen auf Fotos oder Videos meist wichtige Gegenstände aus ihrem Alltag und/oder wichtige Kontakt- bzw. Vertrauenspersonen festhalten. Neben der Einwilligung zur Studienteilnahme stellt daher auch die Nutzung und Verwertung eingereichter Tagebücher einen zentralen Gegenstandsbereich der Einwilligung dar. Bartlett empfiehlt hier nicht nur zwei verschiedene Arten der Einwilligung einzuholen, sondern die Einwilligung grundsätzlich im Sinne des *ongoing consent* zu gestalten. Bei der Übergabe des Datenmaterials an Forschende fordert Davis (2008) zudem, dass Forschende von einer allgemeinen Einwilligungserklärung zur Verwendung aller erhobenen Daten absehen und eine Einwilligung zur spezifischen Verwendung visueller Medien für jedes Foto bzw. Video einzeln vornehmen sollten. Zudem sollte den Studienteilnehmer*innen eine wiederholte Möglichkeit zur Bestätigung einer bereits getroffenen Freigabe der Medien gegeben werden (z. B. auf dem postalischen Wege). Muir (2008) schlägt sogar vor, dass Forschende grundsätzlich eine Kopie visueller Materialien für die Teilnehmer*innen herstellen sollten, damit sie auch zum späteren Zeitpunkt die Kontrolle über ihr eigenes Material behalten.

Besondere Schwierigkeiten entstehen z. B. dann, wenn eingereichtes Datenmaterial andere Personen darstellt, deren Einwilligung zur jeweils geplanten Verwertung der Daten fehlt. Davis (2008) weist in diesem Zusammenhang auf Schwierigkeiten hin, die dann entstehen, wenn Einwilligungen nachträglich eingeholt werden müssen oder sich ethische Konflikte ergeben, weil nicht alle aufgenommenen Personen über die Teilnahme des Studienteilnehmers oder einer Studienteilnehmerin an einem Forschungsprojekt erfahren sollten. Aus pragmatischen als auch ethischen Erwägungen schlägt sie daher vor, dass sich Menschen mit Demenz bei Aufnahmen anderer Personen um die Freigabe des visuellen Materials nach Möglichkeit selbst bemühen sollten. In der Praxis bedeutet dies, dass die Übergabe von Aufnahmegeräten an Studienteilnehmer*innen mit einer Aufklärung zum Umgang mit wesentlichen Aspekten des Datenschutzes verbunden sein müsste (Richards 2011).

Trotz vieler Vorteile, zeigen die bisherigen Erfahrungen, dass der Einsatz der modifizierten Tagebuchmethode durch Menschen mit Demenz nicht voraussetzungslos ist. Da die Studienteilnehmer*innen ihre Tagebücher ohne dauerhafte Begleitung der Forschenden führen sollen, benötigen sie eine besonders sorgfältige Vorbereitung. Neben konkreten Anleitungen im Umgang mit Aspekten des Datenschutzes bedarf es ebenfalls der Anleitung im Umgang mit konkreten Geräten, z. B. der Kamera. In Abhängigkeit davon, welche Art der Datenerfassung im Vordergrund steht, sollte es für jede Methode eine eigene Anleitung geben. Beim Einsatz bestimmter Geräte ist zudem zu prüfen, ob sie auch für Menschen mit Hör- oder Seheinschränkungen geeignet sind. Richards (2011) macht ebenfalls darauf aufmerksam, dass es bei der Erstellung visueller Medien durch Menschen mit Demenz zusätzlicher Zeitressourcen bedarf, um den Teilnehmer*innen bestimmte Grundkompetenzen im Umgang mit Aufnahmegeräten zu vermitteln. In Abhängigkeit vom ästhetischen Anspruch der Vorhaben bedarf es dabei ggf. der Einbeziehung fremder Expertise. Stehen verschiedene Datenerfassungsformate zur Verfügung, kann es sinnvoll sein, wenn Teilnehmer*innen verschiedene Medien ausprobieren, bevor sie eine Entscheidung zur Teilnahme treffen. Fällt einigen Personen die Aufzeichnung von Videos besonders schwer, kann darüber nachgedacht werden, Videos in Dyaden aufzunehmen. Studienteilnehmer*innen, die Videoaufzeichnungen selbst vornehmen sollen, brauchen zudem konkrete Hinweise darüber, was für das Projekt von Relevanz ist. Bevor sie sich dafür entscheiden, benötigen sie ggf. einige Anregungen oder konkrete Inspirationen, so dass es relevant sein kann, eine Sammlung von Beispielen zur Verfügung zu stellen.

Auch wenn die hohe Flexibilität der von Bartlett entwickelten Tagebuchmethode die Wahrscheinlichkeit der Integration von Menschen mit Demenz in Forschung erhöht, müssen Wissenschaftler*innen – ähnlich wie bei *cultural probes* – von großen Differenzen in der Quantität und Qualität eingereichter Materialien ausgehen. Die offene Form der Tagebücher – sofern sie in Textform geführt werden – führt zu verschiedenen Tagebuchstilen, die von stark deskriptiv bis stark reflexiv reichen können. Werden Fotos in digitaler Form erstellt, ist es üblich, dass Teilnehmer*innen große Mengen an Fotos erstellen. Da deren Auswertung problematisch sein kann, besteht ggf. die Notwendigkeit, gemeinsam mit den Teilnehmer*innen zu einer sinnvollen Auswahl der Bilder zu gelangen. Auch bei Videoaufzeichnungen zeigt die Erfahrung, dass die Art, Dauer und Form der Aufnahmen stark variieren (Bartlett 2011). Aus eigener Erfahrung berichtet zudem Bartlett (2011, S. 2), dass die modifizierte Tagebuchmethode durch Menschen mit Demenz dann ohne weitere Schwierigkeiten umgesetzt werden kann, wenn sich die Teilnehmer*innen im frühen Stadium der Demenz befinden und unter keinen körperlichen Einschränkungen leiden. Handelt es sich um Personen mit fortgeschrittener Demenz und/oder mit weiteren Einschränkungen, z. B. der Beweglichkeit, ist die Begleitung durch nahe Angehörige oder andere Personen notwendig. Darüber hinaus ist der Gesamtzeitraum der Aufnahmen zu bedenken: Er sollte nicht nur den Zielen des Projektes, sondern auch den Machbarkeitsgrenzen der Teilnehmer*innen entsprechen.

Neben der o. g. Tagebuchmethode entstanden in der Forschung mit Menschen mit Demenz viele weitere **Methoden, die ihren Schwerpunkt auf Visualisierung**

legen. Hierzu gehören auch verschiedene Ansätze der partizipativen Videographie, die vor dem Hintergrund sehr unterschiedlicher methodologischer Kontexte verwendet werden. Ob in der visuellen Autoethnographie oder in Videotagebüchern – typisch für sie ist, dass Menschen mit Demenz das Videomaterial selbst erstellen. Während ein selbständiger Umgang mit einer Kamera in frühen Stadien der Demenz gelingen kann, stellt sich allerdings die Frage, wie Menschen mit einer fortgeschrittenen Demenz mit dieser Methode erreicht werden können. Einen Ansatz, der diesem Ziel gewidmet war, erprobten Capstick et al. (2016). Im Rahmen einer stationären Einrichtung entwickelten die Forscher*innen mit 10 Personen einen jeweils individuell gestalteten Film, der ebenfalls mit selbst ausgewählter Musik und anderen akustischen Elementen unterlegt wurde. Innerhalb des 18-monatigen Vorhabens standen nicht zwingend Erfahrungen des Lebens mit einer Demenz im Vordergrund der individuellen Videoprojekte, sondern frei gewählte Themen. Um diese herauszufinden, arbeiteten Wissenschaftler*innen mit Bildmaterial, das sie den Teilnehmer*innen zeigten und sie baten, ihre Assoziationen dazu zu benennen. Im Rahmen nachfolgender Gespräche entstanden persönliche Erzählungen, die zu individuellen Geschichten in Form von *Foto Storys* entwickelt wurden. Bei der Wahl der Themen fiel auf, dass sich alle Teilnehmer*innen für biografische Ereignisse aus ihrer Vergangenheit entschieden haben, u. a. aus der Kindheit, Schulzeit oder dem Berufskontext. Leitend für die Wahl der Themen war häufig die emotionale Verbundenheit mit bestimmten Ereignissen oder Orten. Die nachträgliche Nutzung des Materials in Gruppendiskussionen (Reminiszenz-Gruppen) führte zur Verbesserung der Kommunikation unter und zwischen den Teilnehmer*innen. Beobachtungen mithilfe von Dementia Care Mapping (University of Bradford 2005) zeigten zudem, dass das Wohlbefinden der Teilnehmer*innen (erfasst anhand des *Bradford Well-being Profile*, Bradford Dementia Group 2008) nicht nur während der partizipativen Videografie höher war, sondern auch einen nachhaltigen, wenn auch nachlassenden Einfluss auf das allgemeine Aktivitätsniveau hatte.

Trotz der positiven Ergebnisse bleibt darauf hinzuweisen, dass **partizipative Videografie** mit Menschen mit Demenz einer besonderen Vorbereitung bedarf, insbesondere dann, wenn Teilnehmer*innen die Kameraführung selbst übernehmen sollen. Muir (2008) betont, dass Videoprojekte eine anschauliche Anleitung zur Erstellung des Materials benötigen, die nicht nur technische Aspekte (Bedienungsanleitung zur Nutzung des Gerätes), sondern auch inhaltliche Aspekte (Ziele, Themen, Vorgehen bei den Aufnahmen – Aufgabenbeschreibung) enthalten sollte. Vor dem Beginn des Vorhabens sollte ebenfalls klar sein, welche Ziele das Projekt verfolgt und wie das Material ausgewertet werden soll (vgl.

Info-Box 3.11). Bei großen Datenmengen bedarf es entsprechender Speicherka-
pazitäten, bei denen notwendige Anforderungen an den Datenschutz zu beachten
sind. Daher ist es hilfreich, wenn Videoprojekte in größere Vorhaben integriert
sind, innerhalb derer sie professionell begleitet werden können.

Trotz dessen, dass partizipative Videographie Menschen mit Demenz die Möglichkeit bietet, die Erstellung des Datenmaterials selbst zu übernehmen und
damit zu kontrollieren, kann von Entscheidungsbeteiligung erst dann gesprochen werden, wenn Teilnehmer*innen auch in weitere Projektschritte, u. a. die
Datenanalyse bzw. -interpretation sowie den Forschungstransfer einbezogen werden. Richards (2011, S. 5f) schlägt vor, dass Menschen mit Demenz auch an
Publikationen oder anderen Formen des Transfers, z. B. öffentlichen Formen
der Ergebnispräsentation, beteiligt werden sollten. Dabei bietet es sich an, auch
öffentlichkeitswirksame Disseminationsformate, z. B. Ausstellungen, gemeinsam
mit Menschen mit Demenz zu gestalten. Damit sich bei der konzeptionellen
Entwicklung allerdings nicht nur die „wortstärksten" Teilnehmer*innen durchsetzen, kann darüber nachgedacht werden, externe Personen einzubinden, die
eine Gruppe bei der Konzipierung einer Veranstaltung beraten. Für die Vorbereitung einer Ausstellung sind ggf. entsprechende Trainings bzw. Schulungen für
Menschen mit Demenz einzuplanen. Muir (2008) macht allerdings darauf aufmerksam, dass nicht alle Teilnehmer*innen mit Demenz eine Kontrolle über ein
Projekt bzw. eine starke Beteiligung wünschen. So stellt die Übernahme der
Kontrolle für einige Personen auch eine Belastung dar, die sie gerne an Wissenschaftler*innen abgeben möchten. Daher bedarf es grundsätzlich einer hohen
Sensibilität dafür, für wen der Einsatz einer Kamera geeignet ist und bei wem
ggf. andere Forschungsmethoden sinnvoller sein können.

Verschiedene Möglichkeiten partizipativer Videographie:
1) **Die inhaltliche Form des zu erstellenden Videos**, d. h. um welche Art
   des Videos geht es? Geht es um a) die Rekonstruktion bzw. Narration
   der eigenen Lebensgeschichte, um b) ein persönliches Videotagebuch, c)
   die Dokumentation (im Sinne eines ethnografischen Films) des eigenen,
   z. B. sozialen Alltags oder anderer Aspekte, oder d) um ein Video in
   Form eines Kurzspielfilms über bestimmte Ereignisse?
2) **Die Art erforderlicher Daten**, d. h. was gilt als Datenmaterial und soll
   zum Gegenstand der Datenanalyse werden? Handelt es sich um a) inhaltliche Aspekte, z. B. Ereignisse, die vor der Kamera stattfinden, um b)
   das individuelle Handling der Aufnahme bzw. individuelle Arten des

Umgangs mit Videographie, c) soll die individuelle Themenwahl (z. B. bei offenen Formaten) oder etwa die ästhetischen Aspekte der Videos der Analyse unterzogen werden?

3) **Die Form erforderlicher Daten**, d. h. welche formal-quantitativen Merkmale des Materials werden erwartet? Um welche Anzahl, Länge, Speicherumfang von Videos handelt es sich?

Info-Box 3.11: Möglichkeiten und Klärungsbedarfe im Zusammenhang mit partizipativer Videographie (angelehnt an Muir 2008, S. 2f).

Als eine besondere Variante auditiver Tagebuchmethoden bringen Allett et al. (2011) das sog. *self-interview* ins Spiel. Dahinter verbergen sich halbstrukturierte Gespräche, die Studienteilnehmer*innen selbst führen und aufzeichnen. Da die Durchführung eines *self-interview* ein selbststrukturierendes Vorgehen erfordert, kann es für Menschen mit Demenz hilfreich sein, die Grundstruktur des Interviews, z. B. einen Leitfaden, vorzugeben (ggf. durch Audioaufnahme). Das *self-interview* kann als Datenmaterial für sich selbst stehen oder als Gegenstandsbereich eines darauf gründenden Face-to-Face-Interviews bzw. einer Fokusgruppe dienen. Allett et al. (2011) verstehen *self-interviews* keinesfalls als Ersatz für klassische Face-to-Face-Befragungen, sondern als deren Ergänzung. Ein *self-interview* bezieht sich allerdings auf eng definierte, möglichst konkrete Gegenstandsbereiche und sollte thematisch stark fokussiert sein, damit es zu dessen Durchführung keiner Interviewerperson bedarf, die auf bestimmte Aussagen eingeht und geeignete Nachfragen stellt. Selbst-Interviews können z. B. in Bezug auf bereits bestehendes Material durchgeführt werden. Der Fokus und die Struktur derartiger Interviews sollten jedenfalls so gewählt sein, dass es den Teilnehmer*innen gelingt, ihre Antworten auf gestellte Fragen selbst zu geben. Nach Allett et al. (2011) haben Selbst-Interviews den Vorteil, dass Studienteilnehmer*innen eine größere Kontrolle über ihre eigenen Daten behalten. Sie sind zudem in der Lage, ihre Aufzeichnungen zu selbst gewählten Zeiten vorzunehmen und können die Dauer, den Verlauf und Pausengestaltung selbst bestimmen. Da sich Teilnehmer*innen mit ihren Aufzeichnungen in der Regel mehrmals befassen, enthalten selbst aufgezeichnete Interviews in der Regel Aussagen mit hohem Reflexionsgrad, was wiederum mögliche Verzerrungen bei der Dateninterpretation reduziert (Muir 2008).

Partizipative Tagebuchmethoden sowie ihre unterschiedlichen Varianten, sei es als Audio-, Foto- oder Videotagebuch oder aber als Baustein einer anderen

Methode, kommen in technikorientierten Vorhaben bereits in Form von *probes* zum Einsatz. Die hohe Flexibilität der Ansätze trägt jedenfalls dazu bei, dass die Teilnahmemöglichkeiten und der Mitteilungsraum für Menschen mit Demenz erweitert werden. Es ist allerdings bisher wenig darüber bekannt, wie diese Methoden zur Förderung von Partizipation von Menschen mit Demenz an der Entwicklung neuer Technik beitragen können. Es muss zudem festgehalten werden, dass es weniger auf die Verwendung einer konkreten Methode, als auf die konkreten Ziele ihres Einsatzes ankommt. Förderung von Partizipation ist meist nicht einer bestimmten Methode geschuldet, sondern der Art und Weise, wie Beteiligte in zentrale Entscheidungen des Gesamtprojektes eingebunden werden. Die bisherigen Erfahrungen erlauben allerdings die Annahme, dass mithilfe der hier diskutierten Methoden zusätzliche Möglichkeiten für mehr Beteiligung von Menschen mit Demenz an Forschung erschlossen werden können. Trotz dessen handelt es sich bei den meisten Vorhaben, in denen Menschen mit Demenz an der Erfassung von Daten beteiligt werden, nicht um genuin partizipative Projekte, sondern um solche, die von Wissenschaftler*innen entwickelt wurden. Partizipative Methoden bilden darin jedoch einen relevanten Kern, der für Menschen mit Demenz mehr Beteiligungsmöglichkeiten und Kontrolle schafft und ihnen Mitteilungsmöglichkeiten bietet, die sie im Vergleich zu den auf Sprache beruhenden Methoden besser ausschöpfen können.

3.1.5.3 Menschen mit Demenz als Co-Forschende

Ansätze der Co-Forschung gehen davon aus, dass sog. Laienforschende im Rahmen partizipativer Projekte die gleiche Position wie Wissenschaftler*innen einnehmen und mit Ihnen auf Augenhöhe arbeiten. Dies betrifft auch die gleichberechtigte Gestaltung und Anwendung von Forschungsmethoden. In technikorientierter Forschung und Entwicklung wird der Begriff der Co-Forschung häufig auch dann verwendet, wenn Laienforschende an der Datenerhebung beteiligt werden, z. B. durch *probing* oder partizipative Videographie. Im Rahmen dieses Kapitels wird von Co-Forschung jedoch erst dann gesprochen, wenn Laienforschende nicht nur ausgewählte Forschungsmethoden eigenständig anwenden, sondern auch in zentrale Entscheidungen eines Projektes, u. a. die Gestaltung von Forschungsmethoden, eingebunden werden. Der wesentliche Unterschied zwischen der Forschungsbeteiligung und -partizipation liegt nach Bergold und Thomas (2012) darin, in wessen Auftrag die Forschung geschieht. Erfolgt sie ausschließlich im Auftrag der Wissenschaft, nimmt sie eine andere Position ein, als wenn sie explizit auf Verlangen der Co-Forschenden durchgeführt wird. Ein damit einhergehendes Empowerment basiert auf Selbst- anstatt auf Fremdermächtigung und geht über einen eng definierten, weil auf die Anwendung einer konkreten

Methode bezogenen Kompetenzerwerb hinaus. Co-Forschende „schlüpfen" dabei ganzheitlich in die Rolle eines Forschenden und erfahren einen Rollenwechsel, der zu neuen Einsichten führen kann. Der auf eigener Entscheidung beruhende Schritt ermöglicht die Neureflexion der eigenen Person und erhöht die Chancen auf ein nachhaltiges Empowerment, vor allem dann, wenn es sich um Angehörige marginalisierter Gruppen handelt. Dies bedeutet allerdings nicht, dass in der Co-Forschung auf Ressourcen für das sog. „capacity building" verzichtet werden kann. Auch hier bedarf es entsprechender Ressourcen für Schulungen, Trainings und Supervision. Innerhalb der Begleitmaßnahmen geht es allerdings nicht nur um die Vermittlung „technischer" Fertigkeiten zur Anwendung konkreter Forschungsmethoden, sondern insbesondere um Reflexivität, die über den Kontext der Forschung hinausgeht. Betrachtet man die bisherige Technikentwicklung mit Menschen mit Demenz, sind dort derartige Vorhaben nicht vorhanden. Die in diesem Kapitel genannten Beispiele entstammen daher anderen Forschungsbereichen, vor allem der Versorgungsforschung, werden hier allerdings geschildert, um sie ggf. auf technikorientierte Vorhaben übertragen zu können.

Betrachtet man die von Menschen mit Demenz angewandten Forschungsmethoden, so waren sie in Co-Forschungsprojekten vor allem als Interviewer*innen tätig. Bei Interviews, die im Rahmen partizipativer Forschung durchgeführt wurden, handelte es sich in der Regel um teilstrukturierte mündliche Befragungen. Bisherige Erfahrungen zeigen, dass Co-Forschende mit Demenz mit dieser Methode meistens erfolgreich sind, vor allem dann, wenn die Interviews im Tandem durchgeführt werden. In einem von Tanner (2012) durchgeführten Projekt nahmen Menschen mit Demenz die Rolle von Interviewer*innen ein. Ihre Aufgabe in dem Vorhaben, in dem es um die Verbesserung kommunaler Angebote für Menschen mit Demenz ging, bestand u. a. in der Durchführung von Interviews mit Menschen mit Demenz. Typisch für das Vorgehen war das sog. Peer-Coaching durch eine erfahrene Person die das Interview begleitete. Die Interviews waren zudem in einen Prozess eingebettet, der aus vier zentralen Elementen bestand:

1) **Durchführung vorbereitender Sitzungen und Trainings**: Um Menschen mit Demenz auf die Interviewer*innenrolle vorzubereiten, wurden drei vorbereitende Sitzungen durchgeführt. Sie dienten der Reflexion der Studienziele, der Bestimmung von Ressourcen, die bei Co-Forschenden aktiviert werden sollten, sowie der Absprache über notwendige Unterstützung. Die Sitzungen dienten ebenfalls der Thematisierung möglicher Probleme (z. B. Umgang mit sensiblen Fragen) sowie der Abstimmung von Strategien, die der Vorbeugung ungewollter Störungen dienten. Die Erfahrungen zeigen, dass Co-Forschende mit Demenz die vorbereitenden Sitzungen als wichtig betrachteten. Die im

Rahmen ebendieser Sitzungen durchgeführten Interviewtrainings hatten allerdings nur dann einen positiven Einfluss auf die Ergebnisse, wenn zentrale Schritte der Befragung in einer übersichtlichen Form dokumentiert und den Co-Forschenden als Leitfaden zur Verfügung gestellt wurden. Die Leitfäden, mit deren Hilfe sich Co-Forschende auf das Interview vorbereiteten, waren ihnen nach mehrmaliger Nutzung vertraut und konnten gut eingesetzt werden.

2) **Das Tandem-Prinzip während der Interviews**: Alle Interviews wurden im Tandem (bestehend aus einem oder einer Co-Froschenden mit Demenz und einem oder einer wissenschaftlichen Co-Forschenden) durchgeführt. Die Beziehung zwischen den Tandempartner*innen war eine wichtige Grundlage erfolgreicher Interviewgestaltung. Es stellte sich als wichtig heraus, die einzunehmenden Rollen vorab zu klären und die Befragungen immer im gleichen Tandem durchzuführen. In den Tandems entstanden im Laufe des Projektes bestimmte Formen der Aufgabenteilung. Nach dem am häufigsten praktizierten Muster übernahmen wissenschaftliche Co-Forschende den einleitenden Teil der Befragung, in dem es um die Darstellung der Studienziele, die informierte Einwilligung sowie die Verwendung des Aufnahmegeräts ging. Die Co-Forschenden mit Demenz führten das „eigentliche" Interview durch, während die wissenschaftlichen Co-Forschenden nur dann intervenierten, wenn z. B. das Risiko bestand, das Thema der Befragung zu verfehlen.

3) **Vor- und Nachbereitung der Interviews**: Mindestens genauso wichtig wie die vorbereitenden Sitzungen, war die – ebenfalls in Tandems durchgeführte – unmittelbare Vor- und Nachbereitung der Gespräche. So wurden Co-Forschende mit Demenz vor dem Interview durch ihre Tandem-Partner*innen abgeholt und entweder in der Häuslichkeit und/oder während der Fahrt auf das bevorstehende Interview eingestimmt. Dazu gehörte auch, dass alle zentralen Schritte des Interviews mindestens einmal durchgegangen und alle offenen Fragen geklärt wurden. Eine Nachbereitung fand unmittelbar nach dem Interview statt.

4) **Rolle der Co-Forschenden im Interviewprozess**: Von zentraler Bedeutung für die Kommunikation und das Gelingen der Interviews war die Fähigkeit und Bereitschaft, sich emotional auf die befragte und ebenfalls an Demenz erkrankte Person einzulassen. Sie war eine entscheidende Voraussetzung für den Erfolg der Befragungen.

Das von Tanner (2012) geschilderte Vorgehen erwies sich in mehrfacher Hinsicht als erfolgreich: Es hatte positive Wirkungen auf die Projektergebnisse, den gegenseitigen Lernzugewinn, das personale Empowerment der Co-Forschenden mit Demenz als auch ihre Interviewpartner*innen. Zu ähnlichen Ergebnissen kommt eine Studie von Littlechild et al. (2015), in der es ebenfalls um die Weiterentwicklung von Serviceleistungen für Menschen mit Demenz ging. Ein zentrales Element des methodischen Vorgehens war auch hier die Durchführung von Interviews u. a. mit Betroffenen und ihren Angehörigen, die durch Co-Forschende mit Demenz im Tandem mit Wissenschaftler*innen durchgeführt wurden. Littlechild et al. (2015) reflektieren dabei den gemeinsamen Arbeitsprozess der Tandems und wie er sich angesichts des Co-Interviewing im Laufe der Zeit veränderte. Dabei beobachteten sie, dass sich die Co-Forschenden mit Demenz im Laufe der Befragungen immer weniger an ihren mitgebrachten Leitfragen, dafür aber stärker an den neu eingebrachten Themen der Befragten orientierten. Damit veränderten sie teilweise den Fokus der Befragung. Während anfangs die Evaluation gesundheitlich-pflegerischer Service-Angebote im Vordergrund der Befragung stand, rückten zunehmend die Merkmale der Personen, die für die Gestaltung der Angebote verantwortlich waren, in den Fokus der Gespräche. Für professionelle Forscher*innen war dieser Prozess mit gewissen Unsicherheiten verbunden, da sie sich in ihrer Rolle als professionelle Wissenschaftler*innen herausgefordert sahen.

Das von Littlechild et al. (2015) reflektierte Prozessgeschehen weist darauf hin, dass Co-Forschung mit Menschen mit Demenz besondere Herausforderungen an alle beteiligten Akteure stellt. Während die Co-Konstruktion für professionelle Forschende mit einem Gefühl der Entmachtung verbunden war, erwies sie sich für Menschen mit Demenz als Chance für Ermächtigungserfahrungen. Im Rahmen der Reflexion ihrer Co-Forschung kommen allerdings Mann und Hung (2018), die ebenfalls im Tandem in einem Akutkrankenhaus forschten, zu dem Schluss, dass tandembasierte Co-Forschung zwar ein besonderes Potenzial für personales Empowerment von Menschen mit Demenz birgt, es allerdings irreführend sei anzunehmen, dass derartige Möglichkeitsräume durch alle Menschen mit Demenz in gleicher Weise ausgeschöpft werden könnten. Genauso individuell wie die Chancen für Empowerment, genauso unterschiedlich fällt die Wahrnehmung der Belastung durch Co-Forschende aus. Spezifische Belastungen einzelner Laien-Forschenden lassen sich daher nicht per se auf die Teilnehmer*innen anderer Studien übertragen.

Um Chancen als auch Risiken der Co-Forschung zu erkennen, reflektieren Mann und Hung (ebenda) das Rollenverständnis der professionellen als auch der Laien-Co-Forschenden aus ethischer Sicht. Ausgehend vom Ansatz der *everyday ethics* nach Banks et al. (2013), befassen sie sich vor allem mit dem veränderten Rollenverständnis von Co-Forschenden. Dabei betrachten sie Co-Forschende als moralische Akteure, die weniger dem Selbstverständnis objektiv bzw. neutral agierender Wissenschaftler*innen folgen, sondern einem Selbstverständnis als Person, die eine konkrete Beziehung eingeht. Daher kommt der Qualität der Beziehung und der Güte der gemeinsam verbrachten Zeit eine höhere Bedeutung zu. Die Umsetzung der Projektziele wird damit zum Produkt der Beziehung. Dieses spezifische Rollenverständnis der Co-Forschenden mit Demenz führt zu einer anderen Handlungsperspektive: Nicht etwa die Vermeidung von Schädigung steht im Vordergrund der Interviewgestaltung, sondern der Aufbau einer durch gemeinsame Werte, wie z. B. Gerechtigkeit, und gemeinsame Verantwortung getragenen Beziehung.

Der Beziehungsaufbau in der Co-Forschung mit Menschen mit Demenz ist allerdings nicht voraussetzungslos, wie Mann und Hung (2018) betonen. Dazu zählen nicht nur gemeinsame Werte, wie z. B. Respekt, Vertrauen, Wertschätzung und Reziprozität, sondern auch gemeinsame Aktivitäten, insbesondere regelmäßige Treffen. Wichtig ist dabei, dass sich Co-Forschende mit Demenz in den Tandem-Treffen sicher fühlen (z. B. weil sie die Orte und Kontexte kennen), bevor die gemeinsame Arbeit beginnt. Darüber hinaus kann sich das Rollenverständnis über den Projektverlauf ändern. Mann und Hung (2018, S. 13) berichten, dass sich im Verlauf ihrer Forschung das Rollenverständnis im Tandem veränderte: Während die Person mit Demenz zunächst eine Rolle als Berater*in wahrnahm, veränderte sich ihr Rollenverständnis hin zu Forschungsperson erst im Zuge gemeinsamer Aktivitäten. Kollaboration mit geteilter Verantwortung und gemeinsam durchgeführten Aufgaben war somit erst das Ergebnis einer längeren Zusammenarbeit. Für solche Prozesse bedarf es jedoch bestimmter Kompetenzen auf Seiten professioneller Co-Forschender, u. a. Selbstaufmerksamkeit, Reflexivität, Bereitschaft zur kritischen Reflexion des eigenen Denkens sowie Offenheit für neue Möglichkeiten und ungewohnte Lösungen.

Die von Mann und Hung (2018) dargestellten Erfahrungen zeigen zudem, dass Co-Forschende mit Demenz nicht nur in Interviews, sondern in viele weitere (Forschungs-)Aktivitäten eingebunden werden können, u. a. in die Durchführung von Workshops mit Professionellen, in die Gestaltung von Informations- und Befragungsunterlagen für Studienteilnehmer*innen mit Demenz, in die Gestaltung des Beteiligungsprozesses sowie die Mitwirkung an der Dissemination (z. B. Teilnahme an Konferenzen). Die Forscher*innen (ebenda) berichten zudem, dass die Einbindung von Co-Forschenden mit Demenz positive Auswirkungen auf Befragte mit Demenz hatte. Die Studienteilnehmer*innen, bei denen es sich um sieben Menschen mit Demenz in einem Krankenhaus handelte, waren nicht nur stark motiviert, sondern maßen den Ergebnissen ein höheres Potenzial zur Änderung bestehender Praktiken zu. Sie fühlten sich zudem ermächtigt durch die Befragung eines Menschen, der selbst an Demenz erkrankt war, und waren der Überzeugung, dass ihre Aussagen einen wichtigen Beitrag für die Forschung leisten können.

3.1.6 Evaluationen in technikorientierter Forschung mit Menschen mit Demenz

3.1.6.1 Ziele der Evaluation

Formale Evaluationen werden in der Technikentwicklung gewöhnlich dann durchgeführt, wenn neue Technologien im Hinblick auf ihre Funktionen und weitere zentrale Merkmale soweit ausgereift sind, dass sie zur Messung erwünschter Wirkungen eingesetzt werden können (ohne dass technische Störungen diese beeinträchtigen). Aus der Sicht der Deutschen Gesellschaft für Evaluation wird unter **Evaluation** „die systematische Untersuchung der Güte oder des Nutzens eines Evaluationsgegenstands" verstanden (DeGEval 2016, S. 25). Im Rahmen typischer AAL-Projekte stand häufig die Überprüfung der Alltagstauglichkeit neuer Technologien im Vordergrund der Betrachtung. Zentral dabei war die Frage, ob der Zweck, für den bestimmte Geräte entwickelt wurden, unter realen Alltagsbedingungen eingelöst werden kann. Bisherige Evaluationen legten ihren Fokus in der Regel auf die Zuverlässigkeit, Gebrauchstauglichkeit, Nützlichkeit und die Notwendigkeit weiterer Modifikationen der entwickelten Technik (z. B. im Rahmen nachfolgender Iterationen). Selten wurden dabei nutzer- bzw. personenbezogene Outcomes oder etwa externe Wirkungen erfasst. Wurden subjektive Outcomes in die Erhebungen integriert, beschränkten sie sich häufig auf die Messung der Akzeptanz potenzieller Nutzer*innen. Erst seit einigen Jahren werden nicht nur *objektive*, sondern auch *subjektive* Aspekte in die Erhebungen integriert, u. a. Maße der Lebensqualität. Dies ist der Einsicht in die zunehmende Relevanz des „Erlebens" von Technik durch die Nutzer*innen geschuldet, was in den Ingenieurwissenschaften mit dem Begriff der **User Experience** (Benutzererfahrung) zum Ausdruck kommt. Mit diesem Begriff werden z. B. emotionale, ästhetische und identitätsrelevante Aspekte der Mensch-Computer-Interaktion umschrieben und als wichtig herausgestellt, was auch Folgen für die Durchführung von Evaluation hat (vgl. Huber et al. 2019).

Der Blick auf die theoretische Debatte dazu zeigt, dass sich hinter dem Begriff der **Benutzererfahrung** bzw. des **Benutzererlebnisses** verschiedene Konstrukte verbergen, die weniger einer theoretischen Systematik folgen, sondern in Abhängigkeit von den Funktionen der entwickelten Technologie betrachtet werden. Es kann sich dabei um Erfahrungen, Assoziationen sowie Einstellungen einem Artefakt gegenüber handeln. Während in den meisten Projekten die Erfassung von *positiven Wirkungen* der Technik dominiert, fokussieren einige Projekte auch auf mögliche *negative Auswirkungen* der eingesetzten Artefakte (vgl. Schneider et al. 2015). Neben konkreten Hinweisen für die Gestaltung der nachfolgenden Iteration stehen somit auch Aspekte der Lebenslage oder persönliche Kompetenzen der Teilnehmer*innen im Mittelpunkt der Betrachtung (vgl. Tobiasson 2010). In vielen Fällen dienen Evaluationen jedoch dazu, Objekte, d. h. Mock-ups oder Prototypen, die mit Unterstützung kleiner und meist selektiver Samples entwickelt wurden, mit einer anderen und meist größeren Zahl von Teilnehmer*innen zu validieren (vgl. Cavallo et al. 2015). In vielen Vorhaben stellt sich dabei die Frage, was die **geeigneten Outcomes** – sowohl im Hinblick auf die Nutzer*innen als auch die Projekte – sind.

An die Evaluation neuer Technik werden häufig **hohe Erwartungen** gestellt, die im Rahmen typischer Technikentwicklungsprojekte jedoch selten realisiert werden können. Eine solche Erwartung besteht z. B. in dem Wunsch, den unmittelbaren Nutzen der neu entwickelten Technologie möglichst aussagekräftig zu erfassen. Der Entwicklungsstand der Artefakte sowie die verfügbaren Zeiträume lassen dies in der Regel jedoch nicht zu, da weder Prototype mit einem ausreichenden Reifegrad zur Verfügung stehen, noch die für die Durchführung einer derartigen Evaluation notwendigen Zeiträume vorhanden sind. Als erschwerend stellt sich häufig auch der inter- bzw. transdisziplinäre Kontext der Projekte heraus, in dem ein allgemein akzeptiertes Evaluationskonzept entwickelt werden muss. Wissenschaftsdisziplinspezifische Differenzen bestehen dabei vor allem bezüglich der erkenntnistheoretischen Grundlagen der Evaluation, der erwarteten Wirklogik bzw. des zugrundegelegten kausalen Modells, der Priorisierung konkreter Ziele des Technikeinsatzes sowie der Frage nach der Bestimmung (und Operationalisierung) des Nutzens, der durch die entwickelte Technologie bewirkt werden soll. Handelt es sich um partizipative Vorhaben, kann es verschiedene Vorstellungen darüber geben, wie mit der Beteiligung der Nutzer*innen an der Evaluation umgegangen werden soll. Da in den an Technikentwicklungsprojekten beteiligten Disziplinen verschiedene Verständnisse von Evaluation, ihren Zielen und methodologischen Ansätzen herrschen, geraten Evaluationen häufig zu einem Kompromiss, mit dem der Versuch unternommen wird, die Erwartungen möglichst vieler Partner*innen zu erfüllen. Sie bewegen sich dabei meist zwischen der Form eines pragmatisch verstandenen, experimentellen *usability testing* und dem Versuch der Erfassung externer Wirkungen der Technik im Alltag (Nutzen), meist jedoch mit kleinen Samples. Repräsentative, längsschnittliche Untersuchungen bzw. Nutzen-Kosten-Analysen liegen so gut wie nicht vor. Zu den aktuellen **Desiderata** gehören nicht nur Erkenntnisse über den nachhaltigen Nutzen neu entwickelter Technik, sondern auch Erkenntnisse über die Wirkungen der Nutzer*innenbeteiligung bzw. der forschungsbezogenen Partizipation. Obwohl der Partizipationsgedanke in der Entwicklung von Technik eine wichtige Rolle spielt, finden explizite **Evaluationen der Partizipation** kaum statt. Äußerst selten werden der Nutzen, der Mehrwert oder die Wirkungen der Beteiligung, z. B. im Hinblick auf Empowerment, gemeinsame Lernprozesse, Demokratisierung oder gar unerwünschte Effekte erfasst. Insbesondere aus Sicht von Menschen mit Demenz blieb es bisher unklar, welchen Nutzen sie aus Technikentwicklungsprojekten entnehmen können (vgl. dazu Kapitel 4). Schließlich stellt auch die Einbeziehung von Co-Forschenden in die Planung und Durchführung von Evaluationen ein Manko dar. So betont etwa Rodgers (2017), dass Outcomes der Projekte grundsätzlich von Menschen mit Demenz definiert werden müssten, was in den bisherigen Evaluationen jedoch kaum praktiziert wurde.

Wie oben bereits angemerkt, stellt der transdisziplinäre und kollaborative Charakter ein verbindendes Merkmal vieler Technikentwicklungsprojekte dar. Durch die eingebrachten disziplinspezifischen Perspektiven bestehen daher verschiedene Verständnisse von Evaluation, vor allem davon, was sie leisten soll und was geeignete Formen der Evaluation sind. Eine entscheidende Differenz besteht häufig darin, ob eine Evaluation – im klassischen Sinne – als ein typischer *Abschluss eines Projektes* betrachtet wird, oder als ein das gesamte Vorhaben *begleitender Prozess*, der in alle Projektschritte eingebunden ist. Nach van Gemert-Pijnen et al. (2011) gilt Evaluation als eine begleitende, alle Projektphasen umfassende Aufgabe, die aus mehreren formativen Evaluationszirkeln besteht (vgl. Abschnitt 3.1.4.3.2). Ihre Hauptaufgabe liegt in der durchgehenden Reflexion des Forschungsprozesses. Da die Entwicklung von Technologien ein iterativer, flexibler und dynamischer Prozess ist, muss Evaluation als integriertes Element dieser Entwicklung verstanden werden. Das besondere Verständnis von Evaluation in diesem Modell erschließt sich daraus, dass nach van Gemert-Pijnen et al. (2011) auch die **Implementierung** von Technik als ein wichtiger Baustein von Technikprojekten betrachtet wird. Während Implementierung aus Sicht der meisten Technikentwicklungsprojekte als eine Aufgabe gilt, die erst *nach* der Beendigung des Vorhabens geschieht, verstehen van Gemert-Pijnen et al. (2011) sie als eine essenzielle Aufgabe der Vorhaben selbst, zumindest dahingehend, dass die Bedingungen der Implementierung im Entwicklungsprozess von Beginn an berücksichtigt werden sollten. Neben der Beachtung von Implementierungsbedingungen, fordern die Autor*innen ebenfalls, dass die Entwicklung von E-Health-Technologien mit der Entwicklung von **Methoden zur Erfassung ihrer Wirkungen** verbunden wird. Dabei stehen erwartete Wirkungen zwar im Zusammenhang mit den Zielen der jeweiligen Technik, dürfen allerdings nicht linear und ausschließlich als Wirkung der Technik selbst, sondern als Ergebnis eines interaktiven Prozesses zwischen einer Technologie, ihren Nutzer*innen und dem Kontext verstanden werden. Wirkungen seien zudem keine statische, sondern eine dynamische Größe, so dass es nicht ausreichend sei, sich auf randomisierte kontrollierte Studien zu beschränken. Vielmehr bedarf es neuer Forschungsdesigns, die auf Mixed-Methods-Modellen beruhen und Daten aus verschiedenen Quellen inkl. geeigneter Prozessvariablen berücksichtigen, die die Entwicklung der Implementierung einer Technologie beschreiben können (ebenda).

Den besonderen Charakter der Mensch-Technik-Kontext-Interaktion zeigt z. B. die Studie von Upton et al. (2011), die sich begleitend mit den Wirkungen der Implementierung verschiedener Touch-Screen-Geräte in der stationären Versorgung von Menschen mit Demenz befasste. Obwohl die eingeführten Technologien als neue Ressource verstanden wurden, entstand ihr (Zusatz-)Nutzen keinesfalls „von selbst". Es bedurfte dafür des Engagements aller beteiligten Akteure sowie der Bereitschaft zum Erwerb neuer Kompetenzen, u. a. im Umgang mit der neuen Technik. Nach Klein (2008, S. 116) bedarf es in der Evaluation von interdisziplinären oder transdisziplinären Vorhaben einer neuen *„culture of evidence"*, die sich nicht exklusiv an der Denklogik einer einzigen Disziplin ausrichtet, sondern die Grenzen disziplinspezifischer Logiken durchbricht. Die Autorin geht gar davon aus, dass die Anwendung von Evaluationsmodellen, die ihre Gültigkeit nur im Kontext einer einzigen Disziplin erlangen, als ethisch bedenklich betrachtet werden muss. Ähnlich argumentieren Boger et al. (2017), die davon ausgehen, dass es im Rahmen transdisziplinärer Vorhaben nicht ausreichend sei, die entwickelten Artefakte nach den „klassischen" Evaluationsmustern einer der am Projekt mitwirkenden wissenschaftlichen Disziplinen zu untersuchen. Stattdessen fordern sie, auch die **Art der transdisziplinären Kollaboration zum Gegenstand der Evaluation** zu machen und deren Ergebnisse anhand spezifischer Gütekriterien zu bewerten.

Die überblicksartige Darstellung der Ziele und zentraler Diskussionspunkte zur Evaluation in Technikprojekten verdeutlicht, dass im Feld der Mensch-Technik-Interaktion kein konsensuelles Verständnis von Evaluation vorliegt. Vielmehr bestehen unterschiedliche Verständnisse hinsichtlich dessen, was unter einer „richtigen" Evaluation neuer Technologien sowie einer Evaluation von Technikprojekten verstanden werden soll. Vielfach unberücksichtigt in dieser Art von Projekten bleiben auch bestimmte Standards (z. B. die Standards der Gesellschaft für Evaluation, DeGEval 2016), die entwickelt wurden, um ein gemeinsames Verständnis von Evaluation zu fördern. Der Schwerpunkt dieses Kapitels wird daher auf dem Einblick in ausgewählte Evaluationen in Technikentwicklungsprojekten mit Menschen mit Demenz und deren kritischer Diskussion liegen. Vor dem Hintergrund der grundsätzlichen Unterschiedlichkeit von Evaluationszielen soll es keinesfalls um die Priorisierung eines bestimmten Modells, sondern um die Unterstützung einer kritischen Reflexion der Möglichkeiten und Grenzen ausgewählter Evaluationsformen gehen.

3.1.6.2 Forschungsdesigns bei komplexen Interventionen

Widmet man sich dem forschungsmethodischen Vorgehen von Evaluationen in Technikentwicklungsprojekten, wird zunächst eine gewisse Vielfalt sichtbar. So finden Evaluationen häufig zu verschiedenen Zeitpunkten statt, verfolgen in der Regel mehrere Ziele und weisen eine gewisse Variabilität von Forschungsmethoden auf. Begleitende, z. B. formative Evaluationen bzw. längerfristige Implementierungsstudien mit mehreren Erhebungszeitpunkten sind jedoch selten. Werden Untersuchungen der entwickelten Technik durchgeführt, haben sie meist einen summativen Charakter. Viele Erhebungen basieren auf einem quantitativen, experimentellen bzw. quasi-experimentellen Design. Die Einbeziehung von Kontrollgruppen, Randomisierung oder ein multizentrisches Vorgehen sind ebenfalls selten. Finden formative Evaluationen statt, werden sie zwar meist mit einer anderen Gruppe durchgeführt als jener, die an der Entwicklung der Technik beteiligt war; die realisierten Stichproben sind allerdings häufig klein und hochselektiv. Zudem erschweren hohe Abbruch- bzw. Studienrücktrittszahlen die Interpretation der Ergebnisse. Ein weiteres Problem stellt die geringe Zahl von Studien mit Follow-up-Messungen dar, ebenso wie das weitgehende Fehlen von Evaluationen, in denen die Forschungspartizipation selbst, d. h. die besondere Form der Beteiligung von Co-Forschenden, zum Gegenstand der Evaluation wurde. Eine Beteiligung von Menschen mit Demenz in der Rolle als Co-Forschende findet innerhalb von Evaluationen so gut wie nicht statt. Trotz des (vermeintlich) partizipativen Charakters werden Betroffene in die Durchführung von Evaluationen kaum aktiv, sondern – falls ja – eher passiv einbezogen. Häufig waren es auch Proxies, z. B. pflegende Angehörige oder professionelle Pflegekräfte, die in Evaluationen eingebunden wurden (u. a. Engström et al. 2006). Die weitgehend passive Rolle von Menschen mit Demenz in Evaluationsstudien bestätigen auch die Ergebnisse eines systematischen Review assistiver Technologien in stationären Einrichtungen bzw. im betreuten Wohnen für Menschen mit Demenz. Die insgesamt 61 analysierten Interventionsstudien zeigen z. B., dass die häufigste Forschungsmethode hier die Beobachtung war (Lynn et al. 2017).

Diese Situation ist nicht nur den (meist) geringen Zeitressourcen geschuldet, sondern auch dem spezifischen Verständnis von Evaluation, das in die Entwicklung assistiver Technik für Menschen mit Demenz eingebracht wird. Dieses entstammt häufig aus Disziplinen wie Medizin, Pflege- oder Gesundheitswissenschaften, d. h. Disziplinen, die hohe Erwartungen an die klinische Güte von Evaluationsstudien stellen und in denen die randomisierte, nach Möglichkeit doppelt verblindete, kontrollierte Studie[29] nach wie vor als Goldstandard betrachtet wird. Trotz der Diskussion um die Novellierung der Leitlinien für die Evaluation komplexer Interventionen, für die sich u. a. der Medical Research Council in Großbritannien aussprach (Craig et al. 2008, Bond 2011), folgen Evaluationen dem „klassischen" evidenzbasierten Paradigma, nicht selten in der Erwartung, dass der Nutzen neuer Technologien nur anhand objektiv feststellbarer Wirksamkeit und an eindeutig festgelegten Outcomes erfasst werden kann. Evaluationen sollen dabei zur Evidenzbasierung beitragen und aufzeigen, dass die reale Nutzung bestimmter technischer Anwendungen zu einer – im besten Falle signifikanten positiven Änderung festgelegter Outcomes führt. Da viele Technologien für Menschen mit Demenz gerade die pflegerische und/oder gesundheitliche Versorgung betreffen, folgen sie der geschilderten Evaluationslogik. Technik wird dabei – ähnlich einer therapeutischen Maßnahme – als logische Ursache aller nachfolgenden, theoretisch erwartbaren (weil ihrer Wirkung zugeschriebenen) Folgen betrachtet. Vor dem Hintergrund der **Komplexität technikbezogener Interventionen**, von denen angenommen wird, dass sie nur als Interaktion von Technik, Nutzer*innen und Kontext verstanden werden können, stellt sich allerdings die Frage, ob das geschilderte Forschungsdesign jeder entwickelten Technik und jeder Evaluation gerecht werden kann. So kann die Durchführung randomisierter kontrollierter Studien zwar zu relevanten Ergebnissen führen; in der Schlussfolge bleibt es jedoch unklar, wie befriedigend derartige Ergebnisse sein können, vor allem angesichts der mit diesem Forschungsdesign verbundenen methodischen wie durchführungspraktischen Probleme. So kritisierten Bond und Corner bereits im Jahr 2001 (Bond und Corner 2001) die Fokussierung der Demenzforschung ausschließlich auf positivistisch ausgerichtete Forschungsmethoden, wobei Bond betont: (Bond 2011, S, 42): „... we need to collaborate with people with dementia in the design of complex trials of dementia care interventions and technologies in order to ensure that the right outcome measures are being measured and are being appropriately measured; that interventions are developed and implemented together with people with dementia. Many technologies would benefit enormously from user input to their design."

Um die Herausforderungen der Evaluation technischer Systeme im Alltag (von Menschen mit Demenz) nachvollziehen zu können, lohnt der Blick auf die Auseinandersetzung mit komplexen Interventionen. Mit dem Begriff „**komplexe**

---

[29]Spätestens seit der Publikation von Cochrane (1972, in Bond und Corner 2001, S. 97).

Intervention" werden Interventionen bezeichnet, die a) aus *mehreren Komponenten* bestehen, die sich gegenseitig beeinflussen bzw. bedingen können, b) bei denen es mehrere *unterschiedliche Zielgruppen bzw.* *Bereiche (Interventionsebenen)* gibt, die von der Intervention tangiert sein können, c) die aus den genannten Gründen auch eine *größere Anzahl unterschiedlicher (auch gegensätzlicher) Wirkungen* aufweisen können und d) die an eine *hohe Flexibilität* der Intervention gebunden sind. Betrachtet man die Evaluation eines AAL-Systems in privaten Haushalten von Menschen mit Demenz, treffen auf sie alle genannten Merkmale zu. So besteht ein AAL-System meist aus verschiedenen Bausteinen bzw. Modulen, die sich in ihrer Wirkung gegenseitig fördern als auch hemmen können. Die Unterschiedlichkeit der Bausteine ergibt sich nicht nur aus dem modularen Charakter eines AAL-Systems, das verschiedene Zwecke (z. B. Schutz vor Verbrennungen, Erinnerung an Termine, Kommunikation mit Angehörigen) erfüllen kann, sondern auch aus seiner Verknüpfung mit einer Beratung und einem daran gebundenen Service, die ebenfalls modular gestaltet sein können, besteht. Technologien für Menschen mit Demenz berühren immer die Lebenswelt mehrerer Zielgruppen. Äußerst selten dienen sie ausschließlich den Menschen mit Demenz, sondern richten sich in ihrer Wirkung ebenfalls an pflegende Angehörige oder professionelle Pflegekräfte, auch wenn dies teilweise nur indirekt geschieht. Geht es um die Erfassung der Wirkungen dieser Technik, müssten sie getrennt nach verschiedenen Zielgruppen erhoben werden. Dabei kann angenommen werden, dass Wirkungen der untersuchten Technik bei Menschen mit Demenz anhand anderer Variablen erfasst werden müssten als etwa bei pflegenden Angehörigen. Schließlich besteht gerade in privaten Haushalten die Notwendigkeit der Flexibilisierung einer jeden noch so einheitlich gewünschten technischen Intervention. Da technische Komponenten den individuellen Bedarfen und Bedürfnissen der Beteiligten und ihrem jeweiligen Versorgungskontext gerecht werden müssen, der allerdings selten einheitlich noch stabil ist, sondern einer permanenten Dynamik unterliegt, muss davon ausgegangen werden, dass AAL-Interventionen keinesfalls miteinander vergleichbar, sondern höchst unterschiedlich sein können.

Zu der geschilderten Komplexität gesellt sich zudem die Vielschichtigkeit des „Systems" Familie (bzw. „Versorgungsnetzwerk"), in das eine neue Technologie hineinwirkt, sowie die Komplexität der Interaktionen zwischen dem technischen System und dem Familien- und Versorgungssystem. An dieser Stelle ist eine Reihe verschiedener Wechselwirkungen denkbar. Zudem wird sichtbar, dass Interventionen mit neuen Technologien kaum standardisierbar sind, da neue technische Systeme nicht selten auch im Verlauf der Intervention an die Bedürfnisse der sie nutzenden Menschen angepasst werden müssen. Zugleich sind auch die Voraussetzungen an einen – wie immer definierten – „Erfolg" der technikgestützten

Intervention ungleich verteilt: Während z. B. in einigen Haushalten eine hohe Motivation zur Nutzung einer Technik bestehen kann, dürfte es ebenfalls Haushalte geben, die über eine geringe Motivation oder Kompetenz im Umgang mit einer Technik verfügen. Demnach ist es denkbar, dass die Integration einer technischen Unterstützung in den Alltag einiger Haushalte gut gelingt, während sie in anderen Haushalten auf eine Reihe von Barrieren trifft. Interventionswirkungen sind daher für die Haushalte unterschiedlich, da sich auch die Interventionskontexte voneinander unterscheiden. Zudem können sie auch im Zeitverlauf eine individuelle Dynamik entfalten, z. B. dann, wenn einige Nutzer*innen mehr Zeit für den Erwerb technikbezogener Kompetenzen benötigen als andere Personen oder wenn sich der Nutzen eines Systems erst im Laufe seiner Nutzung zeigt. Dies kann mit notwendigen Lernprozessen verbunden sein, die erforderlich sind, damit der Einsatz einer Technik eine bestimmte Wirkung entfalten kann. Daran wird auch die prinzipielle Offenheit derartiger Interventionen erkennbar, die sich u. a. daran bemerkbar macht, dass es kaum möglich ist, geeignete Endpunkte einer Intervention zu benennen.

Der Blick auf die Merkmale komplexer Interventionen verdeutlicht, wie schwer es ist, typische und teilweise etablierte Forschungsdesigns in die Evaluation von komplexen technischen Systemen zu überführen. Neben der kritischen Reflexion des bisher praktizierten Vorgehens bleibt darauf hinzuweisen, dass auch Ansätze der partizipativen Evaluationsforschung bisher keinen Eingang in die Evaluation von Technik gefunden haben. Trotz der Diskussion um stärkere Beteiligung von Menschen mit Demenz an Forschung und der Forderung nach neuen methodischen, methodologischen und ethischen Qualitätsstandards (Bond 2011), stellt die Evaluation assistiver Technik ein schwieriges Feld dar, u. a. auch deshalb, weil sich gerade in Evaluationen verschiedene Risiken für mögliche Verzerrungen spiegeln. So darf u. a. angenommen werden, dass in Evaluationen, die unmittelbar in Projekten durchgeführt werden, in denen eine Technik entstand, negative Ergebnisse kaum zu erwarten sind. Zudem gesellen sich dazu verschiedene methodische Probleme, unter denen alleine die Zusammenstellung der Stichprobe eine methodische Herausforderung darstellen könnte.

3.1.6.3 Evaluationen in Technikentwicklungsprojekten mit Menschen mit Demenz

Aus technikorientierter Forschung und Entwicklung lassen sich inzwischen viele Beispiele für Evaluationen aufzeigen. Erste Erfahrungen mit der Durchführung einer Evaluation in einem größeren Technikentwicklungsprojekt mit Menschen mit Demenz entstammen aus dem Projekt ENABLE (*Enabling Technologies for People with Dementia*). Wie Orpwood et al. (2005, S. 163f) zeigen, konnten die dort durchgeführten Untersuchungen vor allem zur Verbesserung der Nutzer*innenfreundlichkeit der entwickelten Smart-Home-Komponenten beitragen. Typisch für die Evaluation war, dass Menschen mit Demenz in sie einbezogen wurden, jedoch in keiner der Evaluationsstudien unmittelbar befragt wurden, sondern ausschließlich als Studienobjekte fungierten. Die Evaluation glich einer begleitenden Testung, in der die verschiedenen Komponenten zunächst einzeln untersucht und optimiert wurden, bevor sie als integriertes System unter Alltagsbedingungen erprobt wurden. Dabei fand die Evaluation jeder Komponente zuerst mit pflegenden Angehörigen statt, bevor Menschen mit Demenz in sie aufgenommen wurden. Die Ergebnisse zeigen, dass die Untersuchung der Prototypen im Alltag von Menschen mit Demenz erst die Komplexität der individuellen Versorgungssituationen zutage förderte, so dass die Funktionen einzelner Komponenten einer generellen Erweiterung unterzogen werden mussten. Dem Vorgehen des teils begleitenden, teils summativen *usability testing* folgen viele weitere Studien, z. B. die Evaluation von Ligons et al. (2014), in der ein intelligenter Medikamentenspender mit insgesamt 19 Menschen mit Demenz untersucht wurde. Es handelte sich dabei um eine experimentelle Untersuchung ohne Kontrollgruppe. Für das experimentelle Setting wurden spezifische Aufgaben definiert, die eine alltagsnahe Bedienung des Gerätes simulierten und durch die Teilnehmer*innen selbständig bzw. mit Anleitung gelöst werden sollten. Für die Datenauswertung fand eine nachträgliche Einteilung der Teilnehmer*innen in zwei verschiedene Gruppen (MMST-Wert < 24 und MMST-Wert > 24) statt. Die Durchführung der Aufgaben wurde auf Video aufgezeichnet, so dass die Bedienung des Gerätes mehrmals analysiert werden konnte.

Als Beispiel einer weiteren **summativen Evaluation** kann die Evaluation aus dem Projekt ROBO-CARE (*A Multi-Agent System with Intelligent Fixed and Mobile Robotic Components*) vorgestellt werden. Die Ziele des Vorhabens bestanden in der Entwicklung eines intelligenten Systems, das aus einem mobilen robotischen Assistenten (PEARL), einem Assistenzsystem zur Unterstützung selbständiger Lebensführung (I.L.S.A.) sowie einem System zur Unterstützung von grundlegenden Alltagtätigkeiten (ADL) bestand und vor allem für die Unterstützung von Menschen mit leichter Demenz entwickelt wurde (COACH). Die verschiedenen Funktionen des ROBO-CARE wurden nach dreijähriger Entwicklungszeit einer summativen Evaluation unterzogen. Von zentraler Bedeutung waren dabei die Bewertung bzw. die Akzeptanz der verschiedenen Funktionen, vor allem jener, die durch das System autonom ausgeübt werden konnten. Um die Funktionsweise des Systems zu visualisieren, entwickelten Cesta et al. (2011, S. 72ff) acht verschiedene Alltagsszenarios, mit deren Hilfe dargestellt wird, wie das System ältere Menschen mithilfe der verschiedenen Funktionen unterstützt. Auf der Basis der Szenarios entstanden schließlich Videos (30 Sek. bis 1 Min. dauernden), deren Schwerpunkt auf der Interaktion zwischen dem System und den Nutzer*innen lag. Für die Evaluation wurden 100 Personen im Alter von 56 bis 90 Jahren gewonnen, die gebeten wurden, einen Fragebogen für jedes präsentierte Video auszufüllen. Die zentralen Variablen umfassten – neben einer emotionalen Bewertung und einer Gesamtbewertung des Systems – die subjektiv eingeschätzte Wahrscheinlichkeit für das Gelingen der Mensch-Technik-Interaktion in der präsentierten Situation, die wahrgenommene Nützlichkeit sowie die Akzeptanz der präsentierten Technik. Die Studienteilnehmer*innen waren nicht an Demenz erkrankt. Die Ergebnisse zeigen allerdings, dass je wahrscheinlicher sie eine solche Erkrankung für sich in der Zukunft betrachteten, umso höher war die Akzeptanz des Systems. Eine Faktorenanalyse führte zu insgesamt fünf Faktoren, in denen sich eine jeweils spezifische Sicht auf das System spiegelte: von Verletzung der Privatsphäre, über Alltagsunterstützung, Tagesorganisation, Unterstützung bei Kommunikation bis hin zu einem Faktor, der als psychologische Distanz bezeichnet wurde. Das Forschungsdesign bot – neben der Bewertung der auf Video aufgezeichneten Szenarien – keine Möglichkeit der unmittelbaren Interaktion mit dem System. Zusammenfassend betrachtet, handelte es sich in der dargestellten Evaluation daher weniger um die Prüfung der entwickelten Technik, sondern um die Bewertung ihrer konzeptionellen Grundlagen, die sich hinter verschiedenen robotisch unterstützten Funktionen verbergen.

Als Beispiel einer **komplexeren Implementationsstudie** kann die von Upton et al. (2011) beschriebene Untersuchung betrachtet werden. Als komplex kann die Evaluation deshalb bezeichnet werden, da die Forschenden nicht nur verschiedene Methoden (leitfadengestützte Interviews, Fokusgruppen, Fallstudien) und verschiedene Nutzer*innengruppen (Bewohner*innen einer stationären Einrichtung, Fachkräfte), sondern auch verschiedene Einrichtungen (insgesamt 11) einbezogen haben. Ziel der Evaluation war die Erfassung der Nützlichkeit verschiedener Touch-Screen-Geräte im Alltag einer Pflegeeinrichtung. Menschen mit Demenz wurden in die Evaluation als Befragte einbezogen. Die Ergebnisse weisen nicht nur auf eine Reihe positiver Wirkungen der untersuchten Technik hin, sondern bilden auch den Prozess der Implementierung ab. Von besonderer Relevanz war dabei die Durchführung von zwei Fallstudien, die über einen Zeitraum von insgesamt 6 Monaten begleitet wurden. Die Ergebnisse zeigen hier die Prozesse der sukzessiven Aneignung neuer Technologien, machen zugleich aber auch auf die notwendigen Rahmenbedingungen einer erfolgreichen Implementierung aufmerksam.

Vor welchen Schwierigkeiten **randomisierte kontrollierte Interventionsstudien** bei der Evaluation von Technik mit Menschen mit Demenz stehen, zeigt beispielhaft das EU-Projekt ROSETTA (Hattink et al. 2014). In dem Vorhaben wurden drei vorab entwickelte AAL-Systeme in ein gemeinsames System integriert (vgl. Beschreibung im Abschnitt 3.1.3). Die Zielsetzung der Evaluation bestand in der Überprüfung des Gesamtsystems in privaten Haushalten von Menschen mit Demenz. Die Evaluationsstudie sah in den drei beteiligten Ländern die Durchführung einer randomisierten kontrollierten Interventionsstudie vor, wobei die Experimentalgruppe aus Menschen mit Demenz, pflegenden Angehörigen sowie professionellen Pflegekräften bestand (die jeweils bestimmte Module des Rosetta-Systems nutzen sollten). Als besondere Herausforderungen lassen sich u. a. folgende Aspekte benennen:

- Die Gewinnung einer nach Stadium der Demenz geschichteten Stichprobe für die Experimental- wie für die Kontrollgruppe in allen beteiligten Ländern
- Technische Probleme bei der Installation bestimmter Systemkomponenten sowie Schwierigkeiten bei ihrer zuverlässigen Funktionsfähigkeit
- Drop-out-Raten von ca. 50 % mit nachhaltigen Folgen für die Projektgestaltung und die Ergebnisse (z. B. eingeschränkte Aussagekraft)
- Probleme bei der Durchführung mehrerer Begleitmessungen, so dass Befragungen lediglich zwei Mal (vor und nach der Nutzung) durchgeführt werden konnten.

Die Erfahrungen aus dem geschilderten Projekt zeigen, dass es aufgrund der o. g. Schwierigkeiten nicht möglich war, die Studie entsprechend den zuvor formulierten Erwartungen durchzuführen. Hattink et al. (2014) berichten zudem, dass es sich bei der beschriebenen Evaluation um die erstmalige Prüfung des Systems unter Alltagsbedingungen handelte, was die Komplexität der Anforderungen erst erkennbar werden ließ.[30]

Als Beispiel einer auf Aussagen von Proxy-Personen beruhenden **qualitativen Begleitstudie**, in der nicht Menschen mit Demenz, sondern Pflegekräfte befragt wurden, kann die von Engström et al. (2009) durchgeführte Untersuchung eingebracht werden. Die Ziele der in Schweden durchgeführten Forschung dienten der Implementierung eines ICT-Systems in der stationären Pflege von Menschen mit Demenz. Die Technologie bestand aus zwei zentralen Modulen: einem Monitoring- und Alarmsystem sowie einem Kommunikationssystem. Ausgehend

---

[30]Ähnliche Erfahrungen wurden ebenfalls aus dem EU-Projekt NOCTURNAL berichtet (Martin et al. 2013, S. 6771).

von der Theorie der Diffusion von Innovationen nach Rogers (1995) begleiteten die Forscher*innen drei Wohnbereiche eines Anbieters stationärer Pflege, in denen jeweils 9 bis 12 Menschen mit Demenz lebten. Für das methodische Vorgehen wählten Engström et al. (2009) ein qualitatives Forschungsdesign, das sich auf Befragungen (leitfadengestützte Gruppenbefragungen und -diskussionen) stützte. An den Befragungen nahmen 14 Pflegekräfte teil, wobei sie während der Implementierung insgesamt viermal befragt wurden (vor der Einführung des Systems, zwei Mal während der Implementationsphase sowie einmal nach dem Abschluss der Implementierung). Die Daten wurden inhaltsanalytisch ausgewertet. Die Ergebnisse weisen auf das Vorhandensein zweier zentraler, übergreifender Themen hin (1) Wandel von der Angst über den Verlust von Kontrolle zur Wahrnehmung von mehr Kontrolle und Sicherheit sowie 2) Bewältigung des Umgangs mit defizitären Systemen), die in weitere Unterkategorien eingeteilt werden konnten. Die Erfahrungen in der von Engström et al. (2009) durchgeführten Studie zeigen, dass begleitende Evaluationen bei der Implementierung neuer Technik sinnvoll sind, weil sie den Prozess der Veränderung nachzeichnen können. Die Zielsetzung einer derartigen Forschung besteht dabei weniger in der Ermittlung konkreter Wirkungen neuer Technik, sondern in der Beobachtung komplexer Aneignungsprozesse inkl. der Erfassung ihrer fördernden und hemmenden Faktoren. Zu beachten gilt auch, dass die gewählten Zielvariablen weniger auf konkreten Outcomes lagen, sondern aufgrund des qualitativen Studiendesigns offen sind und eher als Prozessvariablen zu verstehen sind.

Um die Darstellung ausgewählter Beispiele mit einem letzten Modell abzuschließen, wird der Ansatz der **sozial-verantwortungsvollen Evaluation** (*responsive evaluation*) vorgestellt (Visse et al. 2012). Darunter verstehen die Autor*innen keinesfalls eine bestimmte „Technik" oder Methode, sondern eine als relational verstandene Forschungspraxis, in der vor allem die in der Evaluation wirkenden moralischen Werte reflektiert werden. Die Zielsetzung einer sozial-verantwortungsvollen Evaluation besteht weniger darin, die Wirkungen eines technischen Systems herauszufinden, sondern seine verantwortungsvolle Implementierung zu begleiten. Aus der Sicht von Visse et al. (2012) kann die Anlehnung an diesen Ansatz wichtig sein, wenn in einem **partizipativen Projekt** die Durchführung einer Evaluation notwendig wird. Einen zentralen Baustein des Modells bildet die Rolle der mitwirkenden Wissenschaftler*innen, die nicht der Rolle eines objektiven, unabhängigen und nach Erkenntnis strebenden „Beobachters" gleicht, sondern eines „Begleiters", der die „soziale Verantwortung" für das Vorhaben und seine Folgen übernimmt. In ihrer Publikation stellen Visse et al. (2012) – in Anlehnung an theoretische Arbeiten von Walker (2007, in Visse et al.

2012, S. 164) – einen Fragenkatalog auf, der eingesetzt werden kann, um Vorhaben der verantwortungsvollen Evaluation zu planen oder bereits durchgeführte partizipative Vorhaben zu reflektieren. Zentral für die zu reflektierenden Fragen sind dabei drei Dimensionen (der moralischen Reflexion), wobei sich diese vor allem auf die Rolle der Wissenschaftler*innen beziehen:

- (Reflexion von) Identität: Sie umfasst mehr als die Rolle der Forschenden in einem konkreten Projekt, sondern bezieht sich auf die Forscher*innenidentität in ihrer Ganzheit
- (Reflexion von) Beziehungen: Dahinter verbergen sich Fragen zu Werten und Überzeugungen in den Definitionen der Beziehungen zu mitwirkenden Stakeholdern
- (Reflexion individueller) Werte: Damit sind vor allem Fragen nach der Bedeutung individueller Werte sowie eines Werteverständnisses als professionelle Wissenschaftler*in gemeint.

Der kurze und teils begrenzte Einblick in die ausgewählten Beispiele zeigt, dass Evaluationen in der Technikentwicklung keinesfalls einheitlich sind (und sein können), sondern eines spezifischen Forschungsdesigns bedürfen, das den Funktionen der entwickelten Technik sowie dem Kontext ihrer Nutzung gerecht werden muss. Die vergleichende Darstellung kann daher als Plädoyer für die individuelle und projektspezifische Entwicklung entsprechender Forschungsdesigns verstanden werden, unter der Berücksichtigung der Komplexität der Implementierung neuer Technik. Einschränkend sei darauf hingewiesen, dass unter den geschilderten Beispielen kein einziges Beispiel einer **partizipativen Evaluation** von Technik mit Menschen mit Demenz aufgegriffen wurde, da ein solches trotz umfassender Recherche nicht auffindbar war. Dies macht darauf aufmerksam, dass es in der Evaluation von Technik neuer Vorbilder bzw. der Orientierung an einer *best practice* bedarf, die sich auf Erfahrungen aus anderen Forschungsfeldern, z. B. der partizipativen Evaluationsforschung, stützt. Die Entwicklung und Erprobung partizipativer Forschungsdesigns in der Technikevaluation dürfte daher ein wichtiges und lohnenswertes Ziel künftiger Begleitforschung sein.

Die dargestellten Beispiele geben zudem erste Hinweise auf **ausgewählte methodologische und methodische Probleme** bei der Durchführung von **Evaluationsstudien im Feld der Mensch-Technik-Interaktion mit Menschen mit Demenz** und zeigen, dass Evaluationsstudien keinesfalls nur der Erfassung einer – vermeintlich – finalen Wirkung von Technik dienen können, sondern auch das Potenzial zur Untersuchung von Implementationsprozessen haben. Aufgrund ihrer Erfahrungen in der Technikentwicklung mit älteren und unter chronischen

Erkrankungen leidenden Menschen machen Grönvall und Kyng (2013) darauf aufmerksam, dass es bei der Einbeziehung dieser Zielgruppe einiger grundsätzlicher Abweichungen von der „typischen" Logik der am Ansatz des UCD orientierten Technikentwicklungsprozesses bedarf. Dazu gehört u. a. der Umgang mit der Überprüfung der Nutzer*innenfreundlichkeit (*usability*). Wird in vielen Studien davon ausgegangen, dass eine finale Prüfung der Alltagstauglichkeit am Ende eines Projektes ausreichend sei, betonen Grönvall und Kyng (ebenda), dass es einer Überprüfung der Nutzer*innenfreundlichkeit bereits deutlich früher im Projektverlauf, z. B. bei frühen Prototypen oder gar bei den ersten Mock-Ups, bedarf. Darüber hinaus sei es wichtig, die Alltagstauglichkeit der entwickelten Artefakte zu reflektieren, wobei hier auch die **Voraussetzungen der Implementierung** eine wichtige Rolle spielten. So sollte die Frage danach, wie sich Artefakte in die Lebenswelt älterer Menschen fügen können, bereits während der ersten Iterationen reflektiert werden, was z. B. auch die Kompetenzvermittlung im Umgang mit Technik oder den Zugang zu notwendigen Services, betrifft. Ein Verzicht darauf führt dazu, dass Fragen der Implementierung zu spät betrachtet werden, nachdem Prototype bereits ausgereift sind. Deren Weiterentwicklung zur Produktreife scheitert folglich daran, dass notwendige Rahmenbedingungen der Impelementierung fehlen.

Neben der im üblichen Projektverlauf sehr späten Befassung mit Implementierungsfragen, stellt die vergleichsweise **kurze Untersuchungsdauer** von Artefakten im Alltag ein weiteres Problem dar. So sind die meisten Studien in der Lage, neue Technik allenfalls mehrere Wochen lang in Haushalten von Menschen mit Demenz zu untersuchen. Während der kurzen Untersuchungszeit können Wirkungen, die sich erst einstellen, nachdem die Technik in vorhandene Versorgungsverläufe gut integriert ist, nicht erfasst werden. Auch langfristig sichtbare Folgen des Technikeinsatzes sind innerhalb kurzer Zeiträume nicht erkennbar. Die Evaluation einer nur kurzfristig zur Verfügung gestellten Technik entspricht zudem nicht den realen Alltagsbedingungen, unter denen technische Unterstützung ein Teil der notwendigen Versorgung wird. Haushalte, die an Evaluationsstudien teilnehmen, gehören zudem nicht zu jenen, die eine bestimmte technische Unterstützung tatsächlich benötigen, weil sie sich etwa in einer misslichen Versorgungslage befinden. Schließlich finden Evaluationen neuer Technik für Menschen mit Demenz teilweise „nur" mit älteren Menschen (ohne Demenz) statt, wie z. B. im EU-Projekt HOBBIT, in dem es um die Entwicklung sozialer assistiver Robotik für alleine lebende Menschen mit Demenz ging. Die Evaluationen fanden projektbegleitend statt, z. B. in Workshops und Laboruntersuchungen mit Mock-ups (Gruppensitzungen), in Workshops zur Konzeptentwicklung und in Laboruntersuchungen, in denen verschiedene Prototypen eingesetzt wurden. Die finale Prüfung des entwickelten Roboters fand in insgesamt 18 Haushalten älterer Menschen ohne Demenz statt. Die Untersuchungsdauer pro Haushalt betrug jeweils 3 Wochen (Eftring und Frennert 2016, S. 275f; Pripfl et al. 2016). Neben der kurzen Untersuchungsdauer und der Alltagsferne der Evaluationssituation ist es häufig unklar, was **geeignete Outcomes** sind und wie sie in angemessener Weise operationalisiert werden können. Partizipative Projekte stehen daher nicht nur vor der Herausforderung, ein Forschungsdesign zu finden, das – dem Gedanken der Beteiligung folgend – eine partnerschaftliche Definition von Outcomes mit der Bewertung einer in mehrfacher Hinsicht transformativ wirkenden Technik verbinden soll (vgl. Kapitel 4), sondern auch den Ansprüchen an Transdisziplinarität gerecht zu werden. So sollen transdisziplinäre Vorhaben grundsätzlich messbare Ergebnisse erreichen, die es ermöglichen, „reale Probleme" zu lösen und transformativ zu wirken, indem sie bessere Alternativen (als bisher) anbieten (Boger et al. 2017, S. 485ff). Die angemessene Operationalisierung derartiger Ergebnisse stellt eine besondere Herausforderung partizipativer Technikentwicklung dar, wobei der mit ihr verbundene Schwierigkeitsgrad zunehmen dürfte, sobald Menschen im fortgeschrittenen Stadium der Demenz an der Evaluation mitwirken sollten. Der in dieser Konstellation häufig praktizierte Rückgriff auf Beobachtungsmethoden führt zu vielen methodischen Fehlern, die in Technikentwicklungsprojekten jedoch kaum reflektiert werden. Als Beispiel kann die Evaluation im Projekt CIRCA (*The Computer Interactive Reminiscence and Conversation Aid*) angeführt werden, in der ein Computergestütztes Reminiszenzprogramm untersucht wurde. Als Methode der summativ durchgeführten Evaluation dienten Videoaufzeichnungen, deren Gegenstandsbereich gemeinsame Sitzungen von Menschen mit Demenz und ihren Angehörigen waren. Die Aufzeichnungen wurden im Hinblick auf positive und negative Reaktionen auf die mediengestützte Intervention ausgewertet. Im Mittelpunkt der Auswertung standen ausgewählte Aspekte der verbalen und nonverbalen Kommunikation von Menschen mit Demenz, z. B. wie lange sie einen präsentierten Inhalt auf dem Computer betrachteten, wie lange sie die Begleitperson betrachteten und wie lange sie in eine andere Richtung blickten. Auf der Grundlage dieser Quantifizierung wurden potenzielle Effekte der entwickelten Medientechnik operationalisiert. Eine längere Betrachtung des Bildschirms wurde dabei als Interesse an der Technik interpretiert. Dieses Beispiel verdeutlicht, dass es vor allem in der quantitativen Evaluation von Technik einer Debatte über relevante Outcomes und deren Operationalisierung bedarf, wobei auch die Frage danach, in wessen Interesse die Evaluation geschieht, in die Debatte aufgenommen werden müsste.

Obwohl Menschen mit Demenz in einige Evaluationen eingebunden wurden, lassen sich in der Technikentwicklung bisher keine Beispiele aufzeigen, die dem

Modell einer partizipativen Evaluation folgen. Der Blick in theoretische Arbeiten sowie Erfahrungen aus der Versorgungsforschung zeigt dabei, dass partizipative Evaluationen keinesfalls in derart kurzen Zeiträumen durchführbar wären. Ausgehend von partizipativen Evaluationen in der Pflege und Versorgung von Menschen mit Demenz, betont Murphy (2007, S. 215f), dass sich diese – um dem Anspruch an beteiligende Forschung gerecht zu werden – an bestimmten **Leitprinzipien** orientieren sollte (vgl. Info-Box 3.12). Dabei betont der Autor, dass der Aufbau einer persönlichen Beziehung essentiell für die Durchführung von Evaluationen ist. Finden z. B. Evaluationen in Einrichtungen statt, empfiehlt der Autor explizit, die beteiligten Personen ein bis zwei Mal zu besuchen, bevor mit einer Befragung begonnen wird. Schließlich sind auch **ethische Aspekte** der Beteiligung an Evaluationen zu berücksichtigen, von denen einige nicht exklusiv für Evaluation sind, sondern auch andere Formen der Forschung betreffen. Im Rahmen von Evaluation erhalten sie allerdings häufig eine neue Bedeutung. Nach Murphy (2007) zählen dazu folgende Aspekte:

- **Tokenismus** – In Evaluationen mit Menschen mit Demenz sind zwei Arten des Tokenismus bekannt: (a) durch das Erfragen von Meinungen, deren kritischer Gehalt ignoriert wird, sowie durch (b) das Erbitten ausschließlich positiver Rückmeldungen. Um die Tendenz zum Tokenismus zu vermeiden, ist es wichtig mitzuteilen, dass die Veränderung des Evaluationsgegenstandes grundsätzlich möglich und auch erwünscht ist. Eine Beteiligung an Evaluationen wird durch Beteiligte nur dann als sinnvoll erlebt, wenn deren authentische Sicht in der Evaluation erfasst wird.
- **Interpretation von Evaluationsergebnissen** – Treten Probleme bei der Interpretation von Ergebnissen auf, sollte geprüft werden, ob Beteiligte in die Interpretation ihrer eigenen Antworten einbezogen werden können. Nach Bedarf sind auch weitere Personen in die Interpretation einzubinden.
- **Reziprozität und Austausch** – Trotz vieler Evaluationen erfahren Menschen mit Demenz selten, was aus ihren Ergebnissen geworden ist. Daher ist es wichtig, dass bereits bei der Planung von Evaluationsstudien entsprechende Möglichkeiten zur Einbindung mitwirkender Personen an den Transferaktivitäten (z. B. Ergebnispräsentationen) geschaffen werden.

Kriterien erfolgreicher Beteiligung von Menschen mit Demenz an partizipativer Evaluation:

1) "Establish a relationship with the person.
2) View the interaction more as a conversation than as an interview.
3) Be prepared to abandon the interview if necessary.
4) Prioritize the relationship-building over the asking of questions.
5) Maximize the "immediacy" of what is being evaluated.
6) Maximize the communicative environment for the person with dementia.
7) Obtain as much of the factual information as possible in advance."

Info-Box 3.12: Leitprinzipien der partizipativen Evaluation mit Menschen mit Demenz aus Sicht der pflegerischen Versorgungsforschung (Murphy 2007, S. 215 f).

Werden die **Vorteile partizipativer Evaluation** betrachtet, so liegen sie nach Murphy (2007, S. 225ff) in drei spezifischen Arten der Erkenntnis, die ohne Beteiligung der Nutzer*innen nicht gewonnen werden können:

- Erkenntnis über die Vorstellung (d. h. Konstruktion) gelungener Leistung aus Nutzer*innensicht
- Erkenntnis aus Rückmeldungen ohne Verzerrungen durch Professionellenperspektive
- Erkenntnis über die unmittelbaren Wirkungen von Leistungen, die während der „Leistungskonsumption" nicht erfassbar sind.

Handelt es sich um **partizipative Evaluationen mit Menschen mit Demenz**, können zwei weitere Aspekte besonders hervorgehoben werden: Das Prinzip der Unmittelbarkeit sowie die Wichtigkeit der Kontextgestaltung. Unter **Unmittelbarkeit** (*immediacy*) wird u. a. die örtliche und/oder zeitliche Nähe zum Gegenstand der Evaluation betrachtet. Demnach kann es z. B. relevant sein, dass die Evaluation eines konkreten Service-Angebotes in jenen Räumen durchgeführt wird, in denen das Angebot geleistet wurde – oder, dass sie unmittelbar nach einer zu bewertenden Leistung stattfindet. Nehmen Menschen mit Demenz z. B. an einer Präsentation teil, die retrospektiv bewertet werden soll, erinnern sie sich ggf. nicht mehr an die Details des zu bewertenden Gegenstandes. Zeitliche Nähe spielt daher eine wichtige Rolle für die Reliabilität und Validität der Angaben. Von besonderer Bedeutung ist zudem die **Kontextgestaltung**. Finden im Rahmen von Evaluationen z. B. Befragungen statt, gehört dazu nicht nur ein räumlicher Kontext, der das Gespräch unterstützen soll, sondern auch die Herstellung einer entspannten Atmosphäre sowie die Gestaltung des sozialen Kontextes, z. B. wenn

mehrere Personen an Gesprächen beteiligt sind. Da es im Rahmen von Evaluationen darauf ankommen sollte, auch kritische Rückmeldungen zu erfassen,
macht Murphy (2007, S. 219) darauf aufmerksam, wie besonders wichtig die
Gestaltung der sozialen Situation der Befragung ist. Dazu zählen auch Überlegungen dazu, ob Interviews eher einzeln oder z. B. in einer Dyade durchgeführt
werden sollen. Fällt es Menschen mit Demenz schwer, ihre Meinung in einem
Einzelinterview zu äußern, können Interviews mit zwei Beteiligten eine geeignete
Alternative darstellen. Von besonderer Bedeutung ist dabei, dass der Peer-Support,
d. h. Möglichkeiten der gegenseitigen Unterstützung durch beide Befragte, gezielt
gefördert werden. In einem dyadischen Interview besteht die Möglichkeit, dass
sich zwei Menschen mit Demenz stärker miteinander identifizieren können und
die als belastend erlebten Aspekte besser zur Sprache gebracht werden, während
demenzspezifische Einschränkungen als weniger negativ wahrgenommen werden
(können).

Angesichts der geschilderten Erfahrungen gilt zu berücksichtigen, dass die o. g.
Erkenntnisse beim Verzicht auf partizipative Forschung nicht in der gleichen Qualität gewonnen werden können. Eine der künftigen Aufgaben der partizipativen
Technikentwicklung sollten demnach darin bestehen, entsprechende konzeptionelle Ansätze für partnerschaftliche Formen der Evaluation mit Menschen mit
Demenz zu entwickeln und zu erproben. Damit sei keinesfalls gesagt, dass Evaluationen in der Entwicklung von Technik für Menschen mit Demenz *zwingend*
in partizipativer Form durchgeführt werden müssen. Da die bisher praktizierten
Formen der Evaluation jedoch einer recht einseitigen Logik zu folgen scheinen,
darf die Prüfung der Potenziale von Beteiligung hier als noch nicht ausgeschöpft
betrachtet werden (vgl. dazu auch Abschnitt 4.1.3).

3.1.7 Projektabschluss und Transfer

Wie oben bereits dargestellt (vgl. Abschnitt 3.1.6.1), stellen summative Evaluationen häufig die letzte und damit die Abschlussphase vieler Technikentwicklungsprojekte dar. Nach deren Beendigung folgen häufig ausgewählte Transferaktivitäten, die in der Technikentwicklung allerdings meist ohne Co-Forschende
umgesetzt werden. Der Blick auf partizipative Projekte, jedenfalls solche, die
sich einem expliziten partizipativen Ansatz für die Gestaltung des Gesamtvorhabens verpflichtet haben, zeigt dagegen, dass das Ende dieser Vorhaben
grundsätzlich offen ist. Da sich auch die Ziele gemeinschaftlicher Co-Forschung
während der Projektlaufzeit ändern können, verfügen partizipative Vorhaben über
keinen symbolischen bzw. formalen Abschluss. Liegt für die Durchführung

bestimmter Aktivitäten eine externe Finanzierung vor, so endet mit ihr ggf. das Beschäftigungsverhältnis beteiligter Wissenschaftler*innen. Aus Sicht involvierter Co-Forschender muss ein derartiger Prozess allerdings nicht zwingend abgeschlossen sein, zumal einige die Beendigung der gemeinsamen Arbeit auch nicht wünschen.

Den **Abschluss eines partizipativen Projektes aktiv zu gestalten**, kann vor allem dann wichtig sein, wenn an einem Vorhaben über längere Zeiträume hinweg gearbeitet wurde und die beteiligten Stakeholder viel private Zeit und Engagement eingebracht haben. Darüber hinaus entstehen im Zusammenhang mit der Beendigung der Zusammenarbeit auch ethische Fragen, die u. a. die eingegangenen – häufiger intensiven – Beziehungen zwischen den Teilnehmer*innenn betreffen. Angesichts einer freiwilligen, meist ehrenamtlich ausgeübten Mitwirkung durch Co-Forschende mit Demenz ist ein rapider Ausstieg aus projektgebundenen Aktivitäten nicht wünschenswert und ethisch fragwürdig. Insbesondere für diejenigen, die von der Projektteilnahme stark profitieren, indem sie z. B. sozialen Austausch mit anderen Teilnehmer*innenn pflegen, durch das Projekt als sinnvoll empfundene Aktivität fanden und die im Projekt verbrachte Zeit als besonders belohnend empfinden, hätte die abrupte Beendigung der Aktivitäten negative Folgen. Aus Sicht verantwortungsvoller Forschung stellen sich daher verschiedene Aufgaben, die einer geeigneten Lösung bedürfen.

Eine dieser Aufgaben bildet die **Gestaltung eines symbolischen Projektabschlusses**. Gelten Projekte als beendet bzw. sind deren Ziele erreicht, kann über die Initiierung von Nachfolgeaktivitäten oder von Aktivitäten zur Förderung der Nachhaltigkeit nachgedacht werden. In einigen Vorhaben geht es jedoch eher darum, den Abschied angemessen zu gestalten. Auf die Besonderheiten einer solchen Situation machen Luff et al. (2011) aufmerksam. Dabei zeigen sie am Beispiel eines in der stationären Pflege durchgeführten Projektes, wie die aktive Gestaltung eines Abschieds gelingen kann (Projekt Somnia, Luff et al. 2011, S. 29). Um den Charakter eines Abschieds zu unterstreichen, wurde für alle beteiligten Bewohner*innen der Einrichtung eine Abschieds- und Dankeskarte gestaltet sowie eine Art „Abschiedsparty" durchgeführt. Für das involvierte Personal und für Angehörige wurde dagegen eine fachliche Abschlussveranstaltung angeboten. Luff et al. (ebenda) betonen dabei, dass ein symbolischer Abschied allen beteiligten Stakeholdergruppen in angemessener Form gewidmet sein muss. Es reiche nicht aus, nur etwa Menschen mit Demenz zu berücksichtigen, sondern vielmehr alle, die in Berührung mit dem Vorhaben gekommen sind, anzusprechen. Dabei sollten verschiedene „Module" eines Abschieds nach den Bedarfen der jeweiligen Zielgruppen geplant werden. Dazu kann die Erstellung bestimmter Materialien (z. B. Flyer, Infobroschüren, Berichte), die Durchführung von Veranstaltungen

(z. B. Abschlusssitzungen, Infoabende, Fachveranstaltungen, Symposien) oder die Erstellung gemeinsamer Publikationen zählen. Schließlich reflektieren Luff et al. (2011), dass die Beendigung von Co-Forschung nicht nur durch externe Beteiligte, sondern auch durch Wissenschaftler*innen als belastend erlebt werden kann, vor allem dann, wenn sie intensive Beziehungen zu Co-Forschenden aufgebaut haben. Daher richtet sich ein symbolischer Abschluss eines Projektes nicht nur an beteiligte Stakeholder, sondern auch an involvierte Wissenschaftler*innen.

Auf die Wichtigkeit einer angemessenen Beendigung eines Vorhabens mit Menschen mit Demenz gehen ebenfalls McKeown et al. (2010) ein. Ausgehend von dem Modell des *ongoing consent* nach Dewing (2007) stellen sie die Frage, wie in einem Projekt, das auf dieser Art der Einwilligung beruht, die Beendigung des Projektes eingeleitet und umgesetzt werden kann. Konkrete Vorschläge dafür bietet u. a. McCormack (2003). Dabei weist er jedoch darauf hin, dass die Durchführung einer Abschlussveranstaltung, die das Ende der Projektteilnahme markiert, für alle beteiligten Stakeholder wichtig sein kann. Da Menschen mit fortgeschrittener Demenz den Charakter einer Abschlussveranstaltung nach einer Zeit möglicherweise nicht mehr erinnern, bedarf es für diese Zielgruppe ggf. der Erstellung weiterer Materialien. In diesem Zusammenhang schlägt der Autor u. a. die Erstellung einer Projektmappe vor, die verschiedene Unterlagen enthalten kann, z. B. einen frankierten Umschlag, den Beteiligte nutzen können, um dem wissenschaftlichen Team etwas nachträglich mitteilen zu können; eine Zusammenstellung zentraler Projektergebnisse oder Dankeskarten, die Beteiligte an ihre Unterstützung erinnern. Dabei ist es wichtig, dass Menschen mit Demenz durch alle Abschlussaktivitäten für ihre Leistung wertgeschätzt und gewürdigt werden.

Die Gestaltung eines symbolischen Projektabschlusses bedarf in der Regel keiner besonderen Legitimation, wenn die Projektziele erreicht werden konnten und konkrete Ergebnisse vorliegen. In den meisten Technikentwicklungsprojekten liegen jedoch am Ende der Vorhaben meist keine fertigen Produkte vor, die durch Beteiligte ggf. erworben werden könnten. Häufig handelt es sich um unfertige Prototypen oder Mock-ups, die gerade aus Sicht der Laien-Forschenden als legitimationsbedürftig betrachtet werden. Bei der Gestaltung des Projektendes stellt sich daher die Frage, was das **Ergebnis des Projektes** und der gemeinsamen Arbeit ist. Grönvall und Kyng (2011, 2013) machen auf der Grundlage ihrer Forschung darauf aufmerksam, dass Laien-Forschende nicht nur idealistische Vorstellungen von Technik haben, sondern häufig hohe Erwartungen an die Projektarbeit – und damit auch ihre eigene Leistung – stellen. Liegen am Ende „nur" unfertige Produkte vor, kann dies zu Unzufriedenheit mit den Projektergebnissen führen, da die subjektive Sinnhaftigkeit des eigenen Beitrags bzw. die Legitimation des eigenen Engagements in Frage stellen kann (vgl. dazu auch Bossen et al.

2012). In solchen Situationen stellt sich häufig die Frage nach der Herstellung von **Nachhaltigkeit der Projekte**, z. B. im Sinne von sog. *post-project solutions* oder gemeinsamer Aktivitäten, die der Verwertung der Ergebnisse dienen. Als post-project solutions schlagen Grönvall und Kyng (2013) z. B. die Weiterentwicklung technischer Objekte vor, die den Beteiligten nach der Beendigung des Projektes überlassen werden können. Dafür sollten nach Möglichkeit eigene Mittel eingeplant oder beantragt werden. Geht es um die Nachhaltigkeit partizipativer Projekte, so stellt sich die Frage der Nachhaltigkeit mindestens in doppelter Form: Zum einen geht es um die Herstellung der Nachhaltigkeit der Projektergebnisse, zum anderen um die Herstellung sozialer Nachhaltigkeit.

Für die **Nachhaltigkeit der Projektergebnisse** sind vor allem Transferaktivitäten von Relevanz. In partizipativen Projekten sollte es spätestens am Ende der Vorhaben zu einer Diskussion darüber kommen, in welcher Form und auf welche Weise die Ergebnisse der Öffentlichkeit, der Politik, der Forschung usw. präsentiert werden sollen. Bei der Durchführung von **Transferaktivitäten** haben sich in der Wissenschaft zwar bestimmte Formen, wie z. B. wissenschaftliche Vorträge und Publikationen, etabliert. Bergold und Thomas (2012) weisen jedoch darauf hin, dass es im Rahmen partizipativer Forschung weiterer, darüber hinausgehender Formen der Ergebnispräsentation bedarf. Begründet wird die Notwendigkeit damit, dass die Formen der Ergebnisdarstellung grundsätzlich allen Beteiligten (und nicht nur etwa professionellen Forschenden) entsprechende Möglichkeiten der Weiterentwicklung – und ggf. auch einen Anschluss an neue Vorhaben – bieten sollen. Da die in der Wissenschaft etablierten Formen des Ergebnistransfers für einige Beteiligtengruppen jedoch wenig relevant sind, sollte über zusätzliche Möglichkeiten der Ergebnisdarstellung nachgedacht werden. Neben der Suche nach passenden Präsentationsformaten ist es ebenfalls wichtig, dass bei der Ergebnisdarstellung alle Beteiligten „zu Wort kommen" und Sichtbarkeit erlangen können, sofern sie dies wünschen. Dies gilt auch für Menschen mit Demenz. Daher stehen partizipative Projekte vor der Aufgabe, nach geeigneten Wegen der Beteiligung von Co-Forschenden zu suchen. Ins Visier geraten dabei häufig alternative Formen der Ergebnispräsentation, wie z. B. Ausstellungen, öffentliche Diskussionen oder interaktiv gestaltete Veranstaltungen, in deren Rahmen Menschen mit Demenz zu Wort kommen können. Weitere Möglichkeiten bieten schriftliche Materialien, die sich an die Öffentlichkeit oder die an der Technikentwicklung mitwirkende professionelle Praxis richten. Dabei gilt zu bedenken, dass in partizipativen Projekten, vor allem dann, wenn Ergebnisse aus der Anwendung unterschiedlicher Methoden und Bausteine zustande kommen, nicht immer eindeutig erkennbar ist, wer die Schöpfer*innen eines bestimmten Ergebnisses sind (Tobiasson 2010). Dies kann verschiedene Implikationen haben, berührt aber auch

Fragen der Rechte am Transfer oder der Verwertung von Ergebnissen. Für die Gestaltung von Transferaktivitäten sind daher frühzeitige Klärungen wichtig, vor allem dann, wenn einzelne Stakeholder konträre Positionen zu den erarbeiteten Ergebnissen einnehmen. Schließlich ist es wichtig, dass Transferaktivitäten nicht nur der Präsentation der Projektergebnisse dienen, sondern auch die mit der Forschungspartizipation verbundenen Ziele, z. B. die Veränderung gesellschaftlicher (Fremd-)Bilder von Demenz, adressieren. Wertvorstellungen, die das theoretische Fundament partizipativer Forschung bestimmen, z. B. Partnerschaftlichkeit, Teilhabe, Demokratisierung und Empowerment, sollten sich daher ebenfalls in den Inhalten und den Formen des Transfers spiegeln.

Bei der Gestaltung des Ergebnistransfers geht es schließlich nicht nur darum, Präsentationsformen zu finden, die allen Beteiligten gerecht werden können, sondern ebenfalls zu beachten, dass die Ergebnisdissemination **zentrale gesellschaftliche Akteure**, von denen die nachhaltige Implementierung erarbeiteter Ergebnisse abhängig ist, erreicht. Sowohl die Formen als auch die Wege des Ergebnistransfers müssen daher so gewählt sein, dass sie in der Lage sind, die Umsetzung von Projektzielen zu unterstützen. Besteht z. B. die Gewissheit, dass wissenschaftliche Publikationen keine Form des Transfers darstellen, mit deren Hilfe zentrale Akteure aus dem Bereich der Technikanwendung, der Technikfinanzierung oder der Projektförderung erreicht werden können, sollte im Rahmen der Projekte genügend Zeit für die Anfertigung praxisorientierter Publikation eingeplant werden.

Eine Besonderheit in der partizipativen Forschung stellt der Umgang mit der Darstellung gewonnener Daten, insbesondere ihrer **Anonymisierung** dar. Die Besonderheit beruht auf den Motiven zur Initiierung partizipativer Forschung, die meist aus der Wahrnehmung von Änderungsbedarfen entstehen. So entwickeln sich z. B. Projekte, die auf dem Ansatz der Partizipativen Aktionsforschung beruhen, häufig aus Situationen, in denen kollektive Unzufriedenheiten mit bestimmten Verhältnissen bestehen bzw. in denen wahrgenommene Unzulänglichkeiten, Probleme oder Mängel durch mindestens eine Akteursgruppe beklagt werden. Die Aktionsforschung beruht darauf, Praxis zu verändern. Um dieses Ziel zu erreichen, verbindet sie Forschung mit Aktion. Die Mitwirkung an derartigen Vorhaben setzt einen kritischen, reflektierten Blick auf gesellschaftliche Praxis voraus und erfordert die Entwicklung von Forschungsaktivitäten wie Aktionen, die teilweise machtvolle Praktiken hinterfragen und zu verändern trachten. Für Mitwirkende können damit Rollenkonflikte und -ambivalenzen verbunden sein, die eine Zuspitzung erfahren, wenn es um die Publikation gemeinsamer Ergebnisse geht. Da die an partizipativen Projekten mitwirkenden Akteure gleichzeitig eine gewisse Sichtbarkeit haben, stellen sich Fragen der Anonymisierung von Ergebnissen auf eine neuartige Weise. Als Beispiel lassen sich z. B. Bewohner*innen von Pflegeeinrichtungen benennen, die sich im Rahmen eines partizipativen Projektes für mehr Selbstbestimmung einsetzen und aus diesem Grund die Kommunikationsstrukturen in der Einrichtung kritisch hinterfragen. Da Bewohner*innen von der Unterstützung durch ihre Einrichtung zugleich abhängig sind, kann sich die Publikation entsprechender Statements für die Beteiligten als nachteilig erweisen. In einer ähnlichen Situation befinden sich ebenfalls Professionelle, die sich im Rahmen partizipativer Projekte für mehr Selbstbestimmung einsetzen. Da es sich bei partizipativen Projekten meist um Vorhaben mit kleinen Samples handelt, sind besondere Absprachen zum Umgang mit Anonymisierung wichtig.

Wie oben bereits dargestellt, stehen partizipative Projekte nicht nur vor der Aufgabe der Gewährleistung von Nachhaltigkeit der erreichten Ziele und Ergebnisse, sondern meist auch vor der Aufgabe der **Herstellung sozialer Nachhaltigkeit**. Von sozialer Nachhaltigkeit kann in diesem Zusammenhang dann gesprochen werden, wenn Beteiligte die Möglichkeit haben, aufgebaute soziale Kontakte auf alternative Weise zu pflegen bzw. ihr Engagement an einer anderen Stelle fortzuführen. Partizipative Forschung vermittelt meist verschiedene Formen der Teilhabe, z. B. die Möglichkeit, Mitglied einer informellen Gemeinschaft zu sein und durch kollektive Aktivitäten an der Gesellschaft teilzuhaben. Die Beendigung partizipativer Projekte kann daher einen Schnitt bedeuten, der zu Einbußen der Lebensqualität von Beteiligten führen kann. Unter der Beachtung von Motiven für ein Engagement an partizipativer Forschung, zu denen häufig auch soziale Motive gehören (Litherland et al. 2018; Brereton et al. 2014), sollte es wichtig sein, über alternative Formen der Kontaktfortführung nachzudenken und sie ggf. bereits aus dem Vorhaben heraus aktiv zu planen. Dies betrifft zum einen die Förderung von Kontakten unter den Co-Forschenden, z. B. Menschen mit Demenz und ihren Angehörigen, zum anderen aber auch die Förderung von Kontakten zwischen Co-Forschenden und Wissenschaftler*innen. Während der erstgenannte Aspekt aus Sicht der wissenschaftlichen Debatte zur partizipativen Forschung als förderlich betrachtet wird, gilt der letztgenannte Aspekt als ambivalent. So betrachten einige Wissenschaftler*innen die Beziehungen zu Laien-Forschenden als eine besondere Art von Arbeitsbeziehung auf Zeit, die von freundschaftlichen Beziehungen klar abzugrenzen sind und in partizipativen Projekten einer eigenständigen Thematisierung bedürfen (Murphy 2007, S. 222). Andere Wissenschaftler*innen machen wiederum auf die Notwendigkeit aufmerksam, entstandene Beziehungen nach der Beendigung von Projekten – zumindest zeitweise – aufrechtzuerhalten und beteiligten Co-Forschenden die

Möglichkeit der weiteren Zusammenarbeit (z. B. durch Nachfolgeprojekte) und der Fortführung der Kontakte zu Forschung zu geben (Hakobyan et al. 2015). Ein weitgehender Konsens zeigt sich jedoch darin, dass ein abruptes Projektende zu vermeiden ist und Projekte zumindest einer symbolischen Beendigung bedürfen, die jedoch die Möglichkeit von weiteren Kontakten keinesfalls gänzlich ausschließen.

Die Ausführungen zeigen, dass die aktive Gestaltung des Projektabschlusses und der Transferaktivitäten einen wichtigen Baustein partizipativer Forschung bildet, von dem die Nachhaltigkeit erarbeiteter Ergebnisse und erarbeiteter Ziele in besonderer Weise abhängig ist. Von der Gestaltung der Abschlussaktivitäten hängt zudem ab, wie Co-Forschende das Projekt inkl. seiner Ergebnisse und der eingebrachten Leistung bewerten. Daher stellt die aktive Gestaltung des Projektabschlusses auch für partizipative Technikentwicklung einen zentralen Faktor des Projekterfolges dar. In der partizipativen Forschungspraxis sind viele Formen gemeinschaftlicher Ergebnissicherung und konkrete Ideen zur Herstellung von Nachhaltigkeit entwickelt worden. Zum Abschluss dieses Kapitels soll beispielhaft auf eine besondere Interview-Form eingegangen werden, die u. a. eingesetzt werden kann, um die Beziehung zwischen Co-Forschenden und Wissenschaftler*innen teils aufrechtzuerhalten, teils jedoch schrittweise zu lösen. Gemeint sind hiermit sog. **Post-Sessions-Interviews**, die ursprünglich als Ergänzung qualitativer Befragungen entwickelt wurden. Sie gehen mit einem Besuch von Befragten einher, der in einem gewissen zeitlichen Abstand nach einem bereits durchgeführten qualitativen Hauptinterview stattfindet. Post-Sessions-Interviews können dazu dienen, die Inhalte der geführten Interviews zu ergänzen bzw. zu validieren. Sie können aber auch ein Instrument zur schrittweisen Auflösung von Beziehungen zwischen Co-Forschenden und Wissenschaftler*innen sein. So weist Pratt (2002, S. 179f) darauf hin, dass Forschende in partizipativen Projekten für eine gewisse Zeit in das Leben der Co-Forschenden eintreten. In der nachfolgenden Forschung werden zudem (Befragungs-)Kontexte hergestellt, die einen nichtalltäglichen und ungewöhnlichen Charakter haben. Häufig führen diese Fragen zur längerfristigen Beschäftigung mit ausgewählten Aspekten der Person oder der Situation der Befragten, vor allem dann, wenn im Rahmen der Gespräche Erinnerungen an vergangene Situationen geweckt werden, die als belastend erlebt werden. Für Wissenschaftler*innen, die ein Interview durchgeführt haben, bleiben die nachträglichen Verarbeitungsprozesse häufig verborgen. Eine ähnliche Situation entsteht dann, wenn partizipative Vorhaben beendet werden. In partizipativen Forschungskontexten ist es typisch, dass es zu intensiveren Beziehungen zwischen Beteiligten und Wissenschaftler*innen kommt. Es entsteht nicht selten eine Art „Freundschaft auf Zeit", für die ein als sinnvoll wahrgenommenes Ende gefunden werden muss, ohne das Co-Forschende das Gefühl entwickeln, für fremde Forschungszwecke „ausgenutzt" worden zu sein. Dickson-Swift et al. (2006) betonen dabei, dass vor allem durch die Ansprache sensibler Themen eine Nähe entstehen kann, die Wissenschaftler*innen dazu verpflichtet, eine „Forschungsbeziehung" angemessen zu beenden, bei gleichzeitiger Vermittlung eines guten bzw. positiven Gefühls gegenüber der beteiligten Person. Pratt (ebenda) plädiert somit dafür, Lösungen zu finden, damit Befragte nicht alleine gelassen werden und Wissenschaftler*innen die Möglichkeit wahrnehmen, sich bezüglich des Wohlbefindens der Befragten abzusichern. Die Post-Sessions-Interviews stellen daher eine Möglichkeiten dar, die Beziehung zu Co-Forschenden eine Zeitlang aufrechzuerhalten und durchgeführte Befragungen mit einer Reflexion der Interviews selbst – oder der gesamten Beteiligung – zu verbinden. Die Durchführung von Post-Sessions-Interviews kann zudem zur Evaluation des partizipativen Prozesses eingesetzt werden, in der Erkenntnisse über den Nutzen aus Sicht der Beteiligten gewonnen werden können.

3.2 Besondere Anforderungen an technikorientierte partizipative Forschung mit Menschen mit Demenz

Partizipative Zusammenarbeit mit Menschen mit Demenz bei der Entwicklung von Technik stellt nicht nur spezifische Anforderungen an *alle Beteiligten*, sondern tangiert zugleich *alle Elemente* eines Technikentwicklungsprozesses. Zu den damit verbundenen Herausforderungen gehört z. B. die Auseinandersetzung mit Partizipation und Vulnerabilität, die Anpassung bzw. Veränderung methodisch-methodologischer Schritte (z. B. der Forschungsdesigns und einzelner Methoden) sowie die Umgestaltung von Kommunikation, Organisation und des Arbeitskontextes. Während einige der Herausforderungen aus den Besonderheiten partizipativer Forschung herrühren und in der Zusammenarbeit mit Menschen mit Demenz eine besondere Ausprägung erfahren, erwachsen andere aus forschungsethischen Erwägungen und erhalten erst im Kontext der Technikentwicklung mit Menschen mit Demenz eine besondere Relevanz. Im Rahmen des folgenden Unterkapitels sollen diese Besonderheiten näher betrachtet werden. Der Fokus liegt dabei auf Erfahrungen aus technikbezogenen Projekten mit Menschen mit Demenz. Eine Erweiterung soll es jeweils dort geben, wo sinnvolle Ergebnisse aus anderen, d. h. nichttechnischen Vorhaben, vorliegen.

Welche Herausforderungen lassen sich dabei konkret benennen? Ausgehend vom Ansatz des Co-Designs weisen Hendricks et al. (2015, S. 75f) auf sechs zentrale Herausforderungsarten hin, denen in der Zusammenarbeit mit Menschen mit Demenz eine besondere Bedeutung zukommt:

1) **Die Positionierung einer Einschränkung bzw. Erkrankung im Co-Design:** Nach Hendricks et al. (ebenda) herrscht unter Forschenden häufig Unsicherheit darüber, welchen Stellenwert eine Einschränkung im gesamten Entwicklungsprozess einnehmen sollte. Trotz einer ressourcenorientierten Perspektive, nach der Kompetenzen anstatt Einschränkungen leitend für das Design sein sollen, fällt die konsequente Umsetzung des Ansatzes schwer. So entsteht bereits in der konzeptionellen Entwicklungsphase häufig der Eindruck, dass Designer*innen stärker an der Kompensation von „Defiziten", anstatt der Förderung von Potenzialen arbeiten. Eine weitere Unsicherheit besteht darin, wie eine Einschränkung in der Interaktion mit Betroffenen adressiert werden soll. Als mögliche Lösung diskutieren Hendriks et al. (ebenda) den sog. „**preparatory codesign approach**", dem zufolge Beteiligte sich in einem vorgelagerten Arbeitsschritt mit ihrer Erkrankung auseinandersetzen, um fundiert entscheiden zu können, wie sie innerhalb des Vorhabens mit ihr umgehen wollen – ein Schritt, der u. a. auch (Selbst-)Ermächtigung fördern kann.

2) **Umgang mit Ungleichheit in der Beteiligung:** Der Co-Design-Ansatz fordert eine gleiche Beteiligung aller Akteursgruppen am Entwicklungsprozess, was die Schaffung entsprechender Partizipationsvoraussetzungen einschließt (z. B. das Finden einer gemeinsamen Sprache, die Entwicklung gemeinsamer Ziele). Diese Anforderung muss allerdings stärker als Prozess denn als Ergebnis akzeptiert werden, da ein gewisses Maß an Ungleichheit kaum vermieden werden kann. Im Rahmen partizipativer Technikentwicklung müsste es daher weniger um vollständige Vermeidung von Beteiligungsungleichheit gehen als um deren kontinuierliche Reflexion in allen Schritten der Entwicklung.

3) **Umgang mit widersprüchlichen Perspektiven beteiligter Stakeholder:** Trotz der Anforderung des Co-Designs, eine Balance zwischen den Interessen verschiedener Akteursgruppen herzustellen, kann ein offener Umgang mit Konflikten sinnvoller sein als ein zwanghaftes Streben nach deren Vermeidung oder vermeintlichem Ausgleich. Hendriks et al. (2015, S. 76) machen darauf aufmerksam, dass gerade im Feld der Technikentwicklung Aussagen von informell oder formell Pflegenden häufig mehr Gehör erfahren als die der Betroffenen, was dazu führt, dass deren Werte und Normen leichter auf Betroffene übertragen und in das Co-Design einbracht werden können. Da ein Ausgleich widersprüchlicher Interessen praktisch nicht immer gelingt, kann es im Zweifel als ein unlösbares Unterfangen erlebt werden. Ein Interessensausgleich kann allerdings auch nicht immer als absolute Norm betrachtet werden,

zumal er unter einem „Konsensdiktat" nur jene Kollaborationen möglich machen würde, die eine Konsensorientierung akzeptierten würden.

4) **Ethische Herausforderungen und Belastungen:** Nicht nur formale Aspekte der Beteiligung (z. B. Umgang mit informierter Einwilligung), sondern auch ethische Dilemmata stellen für Forschende eine besondere Herausforderung dar. Mit vielen Unsicherheiten ist vor allem die Gestaltung von Kommunikation verbunden – aus Sorge, nichtintendierte ethische Konflikte zu initiieren. Eine weitere Quelle möglicher Herausforderungen resultiert aus eigener (emotionaler) Belastung der Forschenden, die z. B. aus wahrgenommener Ohnmacht entsteht, weil sie die Situation der Betroffenen – trotz Forschung und Entwicklung – nicht ändern können.

5) **Adaptation bestehender Co-Design-Techniken:** Trotz der Einsicht in die Anpassungsnotwendigkeit etablierter Techniken an vorhandene Kompetenzen von Menschen mit Demenz, erleben Forschende diesen Schritt an große Herausforderung. Selbst die bereits erprobten Modifikationen bestehender Techniken sind nicht auf alle Menschen mit Demenz, geschweige denn auf alle Kontexte, übertragbar. Infolgedessen bedarf es häufig mehrmaliger individueller Anpassungen bestehender Methoden an die Kompetenzen konkret beteiligter Personen, an den Kontext oder etwa an die Projektziele (Hendriks et al. 2015, S. 77).

6) **Grenzen etablierter Datenerfassung:** Datenerfassung wird vor allem dann zur Herausforderung, wenn Betroffene sich nicht mehr mitteilen können. Co-Design gerät insbesondere dort an Grenzen, wo geeignete Methoden der Erfassung nonverbaler Daten bzw. Mitteilungen, ihrer Analyse und Interpretation fehlen.

Die geschilderten Herausforderungen in der partizipativen Zusammenarbeit mit Menschen mit Demenz[31] lassen sich nach Hendriks et al. (2014) insgesamt drei Ursachenbündeln zuordnen: (a) dem Fehlen eines generalisierbaren, über die Erfahrungen aus Fallstudien hinausgehenden Ansatzes eines partizipativen Entwurfs mit Menschen mit Demenz, (b) der Überbewertung des Verbalen und Visuellen sowie (c) der Wahrnehmung des Partizipativen Designs aus Sicht der Forschung. Eine entscheidende Bedeutung kommt dabei der Frage zu, ob *Demenz als leitendes Prinzip im Co-Entwurf* dienen soll und wie mit den spezifischen Einschränkungen, die mit der Erkrankung verbunden sind, konzeptionell und methodisch umgegangen werden soll. Selbst dann, wenn die Erkrankung im

---

[31]Leitend dabei waren Erfahrungen aus den partizipativen Projekten ATOM und Dementia Lab.

Mittelpunkt des Entwurfs stehen soll, bedarf es der Klärung, welche **Art des Wissens** – z. B. professionelles Expertenwissen oder Betroffenenwissen – die entscheidende Priorität erhalten soll. Nach Wißmann (2017, S. 20) muss im Rahmen partizipativer Forschung die Lebensweltexpertise Betroffener zum leitenden Prinzip bzw. leitendem Wissen werden: Die Forschung muss die genuine Erfahrung, d. h. das persönliche (Er-)Leben der Erkrankung, als zentrales Kriterium von Technologieentwicklung und -bewertung betrachten. Dies bedeutet, dass die Erfahrungen Betroffener (als Wissensquelle) innerhalb der Projekte immer wieder thematisiert werden müssen und dass die Beschäftigung mit ihnen wesentlich mehr umfasst als „nur" einen Meilenstein, der zwar notwendig, aber schnell zu erledigen ist. Kommunikation in diesem Kontext bedeutet daher mehr als Angehörtwerden, sondern dass die spezifischen *Erfahrungen und Kompetenzen Betroffener ein zentrales Gewicht bei Entwicklungsentscheidungen* erhalten. Rodgers (2017) weist darauf hin, dass sich Entwickler*innen der Erkrankung während des gesamten Entwicklungsprozesses bewusst sein müssen, woraus spezifische Anforderungen an die Beziehungsgestaltung und Kommunikation resultieren. Wertschätzung, Respekt, Toleranz und Empathie sollten dabei zentrale Merkmale der Kommunikation sein.

Während Hendriks et al. (2015) die Quellen für Herausforderungen jedoch vor allem in methodisch-ethischen Aspekten sehen, macht Pratt (2002, S. 166ff) insbesondere auf operationale Aspekte der Zusammenarbeit aufmerksam. Eine zentrale Anforderung bestehe dabei in der Herstellung sicherer Kommunikations- und Interaktionsräume. Ausgehend von der Durchführung von Interviews mit Menschen mit Demenz nennt die Autorin vier zentrale Themen, die in der Forschungsbeteiligung von Menschen mit Demenz zu besonderen Herausforderungen führen: 1) Zusammenarbeit mit Gatekeepern, 2) Rolle (pflegender) Angehöriger, 3) Umgang mit ausgewählten (vor allem schwierigen) Fragen während der Interviews und 4) Umgang mit der eigenen Belastung sowie der Belastung des Gegenübers.

Der kurze Einblick in die Besonderheiten partizipativer Forschung und Technikentwicklung mit Menschen mit Demenz verdeutlicht, dass die partnerschaftliche Forschung mit dieser Personengruppe viel mehr umfasst als etwa die Anpassung von Forschungsmethoden. Wie Hendriks et al. (2015, 2015) bereits feststellen, entstehen dabei konzeptionelle Fragen, die ein Projekt in seiner Ganzheit, d. h. seiner theoretischen Rahmung bis hin zur Organisation betreffen. Dieses Kapitel befasst sich daher mit einer gewissen Auswahl derartiger Aspekte: Es stellt Erfahrungen aus durchgeführter – meist technikbezogener – Forschung dar, diskutiert und reflektiert sie jedoch zugleich aus der Sicht verschiedener Erkenntnisse, insbesondere der Forschung mit Menschen mit Demenz, und entwickelt Empfehlungen, wie mit bestimmten Herausforderungen umgegangen werden kann.

3.2.1   Auseinandersetzung mit Vulnerabilität

In technikbezogenen Projekten gelten Menschen mit Demenz aufgrund ihrer Erkrankung als vulnerable Zielgruppe. Dieses Verständnis beruht häufig auf der (generalisierten) Zuschreibung bestimmter Merkmale, wie z. B. eingeschränkte Kognition, erhöhte Abhängigkeit von fremder Hilfe, erlebte Machtlosigkeit sowie erhöhtes Stigmatisierungs- und Ausgrenzungsrisiko. Technikentwicklungsprojekte folgen in der Regel der Logik eines **gruppenbezogenen Vulnerabilitätsbegriffs**, der diese Merkmale allen Menschen mit Demenz zuweist, ohne Berücksichtigung individueller Differenzen und Kontexte sowie unabhängig vom Selbstbild der beteiligten Subjekte. Gruppenbezogene Vulnerabilitätsdefinitionen basieren auf der Zugehörigkeit zu bestimmten Personengruppen (z. B. Kinder, ältere Menschen, Menschen mit Einschränkungen), für die besondere Schutzbedürfnisse definiert werden in der Erwartung, daraus spezifische Anforderungen abzuleiten, die wiederum in konkrete forschungsethische Kriterien umgewandelt werden können. Selbst die Deklaration von Helsinki (WMA 2013a und WMA 2013b) bedient sich des Begriffes „vulnerabler Personen und Gruppen", mit dem unterstrichen wird, dass gruppenbezogene Merkmale die individuelle Vulnerabilität erhöhen können. Hohes Alter und Demenz gehören dabei zu den Merkmalen, mit deren Hilfe Vulnerabilität häufig begründet wird.

Da technikbezogene Forschung und Entwicklung mit Menschen mit Demenz in der Regel im Bereich der gesundheitlichen oder pflegerischen Versorgung angesiedelt ist, greifen Projekte zudem auf Ansätze der biomedizinischen Ethik zurück. Ein gruppenbezogenes Vulnerabilitätsverständnis hat dort eine starke Präsenz. Es verspricht unabhängig davon mehr Eindeutigkeit und Sicherheit für den unmittelbaren Umgang mit Menschen mit Demenz, der im besten Falle möglichst konkret und regelgeleitet sein soll, so dass er sich in bestimmte – besonders auf die Schutzbedürfnisse der betrachteten Zielgruppe gerichtete, möglichst generalisierbare – Ethikstandards übertragen lässt. Im Hinblick auf praktische Folgen von Vulnerabilität für Forschungspartizipation und Forschungsethik weist Hurst (2008) allerdings darauf hin, dass aus einer festgestellten Vulnerabilität nicht zwingend *zusätzliche* ethische Anforderungen an Forschungspartizipation resultieren, sondern es um eine besonders sorgfältige Anwendung

und Überprüfung bereits *bestehender Ansätze* gehen muss. Eine erhoffte Regel-
geleitetheit und Eindeutigkeit müssen zudem alleine deshalb relativiert werden,
weil es in der Gesundheitsforschung keinen allgemeinen Konsens bezüglich dessen gibt, was unter Vulnerabilität verstanden werden soll, noch welche ethischen
Implikationen daraus resultieren. Darauf macht Hurst (2008) als Ergebnis einer
systematischen Inhaltsanalyse verschiedener Vulnerabilitätsdefinitionen aufmerksam. Vulnerabilität kann in der Gesundheitsforschung demnach als „identifiably
increased likelihood of incurring additional or greater wrong" (Hurst 2008, S. 191)
beschrieben werden. Eine solch allgemeine Definition lässt jedoch viele Fragen
offen, die erst im Rahmen konkreter technikbezogener Vorhaben mit Menschen
mit Demenz einzeln thematisiert und geklärt werden müssen. Deren Beantwortung hängt jedoch nicht nur von den einbezogenen Personen ab, sondern auch
von den Formen der Beteiligung sowie der zu entwickelnden Technologie.

In den Kanon derartiger Klärungen gehört auch die kritische Auseinandersetzung mit der gruppenbezogenen Vulnerabilitätsdefinition, da sie durch
die Konstruktion quasi-homogener Gruppen ungewollte Stigmatisierungsprozesse
auslösen bzw. fördern kann. Die an Gruppenzugehörigkeiten orientierte Defi-
nitionslogik läuft trotz ihrer vermeintlichen Eindeutigkeit dem Primat einer
individuellen bzw. einzelfallbezogenen Vulnerabilitätsprüfung entgegen und übersieht dadurch mögliche Differenzierungsnotwendigkeiten zwischen einbezogenen
Personen, z. B. aufgrund **intragruppenspezifischer Unterschiede.** So gehören
Forschungsteilnehmer*innen selten nur einer, sondern gleich mehreren Gruppen
vulnerabler Personen an, so dass verschiedene Grade der Vulnerabilität bestehen
können. Durch die Fokussierung auf Gruppenmerkmale geraten zudem **tempo-
räre oder situationsgebundene Formen** der Vulnerabilität aus dem Blick, ebenso
wie zeitlich begrenzte Zugehörigkeiten zu bestimmten Personengruppen. Die an
Gruppenzugehörigkeiten orientierten Vulnerabilitätsdefinitionen vernachlässigen
ebenfalls die Maxime, dass Teilnehmer*innen alleine aufgrund ihres Mensch-
Seins vulnerabel sind bzw. sein können. Die generelle Vulnerabilitätsvorstellung
geht von einer Schutzbedürftigkeit eines jeden Einzelnen aus, während gruppenbezogene Vulnerabilitätsdefinitionen auf der Grundlage gleicher „Probleme",
gleich begründeter „Hilfebedürftigkeit" oder „Anfälligkeit" argumentieren. Die
Idee einer Quasi-Homogenität kann Prozesse der Kategorisierung und Stereotypisierung begünstigen, die dafür verantwortlich sein können, dass Menschen
mit bestimmten Merkmalen ohne nähere Prüfung als besonders schutzbedürftig betrachtet werden. Eine dadurch begründete „Schutzmauer" könnte deren
Exklusion, Abschottung oder Absonderung zusätzlich verstärken.

Vor diesem Hintergrund spricht sich die Alzheimer Gesellschaft (Alzheimer Europe 2011, S. 87; Alzheimer Europe 2019, S. 67) dafür aus, auf gruppenbezogene Vulnerabilitätsdefinitionen zu verzichten und sich statt dessen an bestimmten **Typen bzw. Formen der Vulnerabilität** (types of vulnerability) zu orientieren. Dies bekräftigen auch Poland und Birt (2018, S. 383), die gruppenbezogenen Vulnerabilitätsdefinitionen das Risiko von Stereotypisierung benachteiligter Personen anstatt der Verbesserung ihrer Lebenslage unterstellen. Ähnlich sieht es der *Council for International Organizations of Medical Sciences*, der in den *International Ethical Guidelines for Health-related Research Involving Humans* (2016) den generalisierten Umgang mit Vulnerabilität kritisiert. Vulnerabilität sei kein generelles Merkmal von Personen, sondern ein **kontextuelles Merkmal** (von Forschungssituationen), für das es der Entwicklung geeigneter Gegenstrategien bedarf.[32] Angesichts dieser Diskussion entstanden verschiedene Ansätze, die einzelne **Formen der Vulnerabilität** zusammenstellen und sie voneinander abgrenzen. Während sich z. B. die Europäische Alzheimer Gesellschaft (2011, S. 87) auf sechs Typen von Vulnerabilität bezieht, die durch die *National Bioethics Advisory Commission* (2001) vorgeschlagen wurden – hierzu zählen: „cognitive or communicative vulnerability, institutional vulnerability, deferential vulnerability, medical vulnerability, economic vulnerability and social vulnerability" (ebenda) – unterscheiden Monteverde und Kesselring (2012, S. 150) gar sieben Typen der Vulnerabilität:

- **Kognitive Vulnerabilität**, z. B. bei eingeschränkter Urteilsfähigkeit
- **Situative Vulnerabilität**, z. B. in Notfallsituationen
- **Institutionelle Vulnerabilität**, z. B. bei Bewohner*innen stationärer Einrichtungen, die dem Einfluss Dritter unterliegen
- **Autoritätsbezogene Vulnerabilität**, z. B. bei Personen, die auf fremde Hilfe angewiesen sind
- **Medizinische Vulnerabilität**, z. B. bei Patienten, für die wirksame Therapien fehlen
- **Ökonomische Vulnerabilität**, z. B. bei Menschen in Einkommensarmut

---

[32]Trotz dessen werden in der Richtlinie mit der Nr. 13 u. a. Menschen mit eingeschränkter Einwilligungsfähigkeit und Menschen, die in institutionellen Kontexten leben, z. B. in Pflegeeinrichtungen, als besonders vulnerabel betrachtet. Diese Art der Vulnerabilität kann dadurch bedingt sein, dass Bewohner*innen einem besonderen Druck ausgesetzt sein können, wenn sie sich der Teilnahme an einer bestimmten Untersuchung entziehen oder verweigern. Darauf machen z. B. Rodgers und Neville (2007) aufmerksam, die auf verschiedene – auch wenig sichtbare – Formen der Einschränkung von personaler Autonomie in stationären Pflegeeinrichtungen hinweisen.

- **Soziale Vulnerabilität**, z. B. bei Personen, die mehrfacher Benachteiligung ausgesetzt sind.

Betrachtet man die Situation von Menschen mit Demenz, so lassen sich Studienteilnehmer*innen ggf. mehreren Vulnerabilitätstypen bzw. -formen zuordnen. Nicht selten stellen sie daher eine Gruppe mit mehrfacher Vulnerabilität dar. Trotz dessen sind die daraus erwachsenden Risiken einzelfallbezogen zu prüfen und im Zusammenhang mit dem Nutzen einer Studienbeteiligung abzuwägen, um z. B. zu verhindern, dass Studienteilnehmer*innen aufgrund ökonomischer Gründe, aus der Hoffnung auf eine Heilung oder aufgrund des Drucks bzw. der suggestiven Einwirkung anderer Personen der Studienteilnahme zustimmen. Zudem gilt es vulnerabilitätsfördernde Kontexte und Situationen zu erkennen und zu vermeiden sowie Lösungen dafür zu entwickeln, wie mit den aus der Beteiligung resultierenden Vulnerabilitätsrisiken umgegangen werden soll. In partizipativen technikbezogenen Projekten kann Vulnerabilität die Folge eines bestimmten Kontextes (z. B. Durchführung von Interviews in einer unangenehmen oder stressvollen Situation), eines bestimmten Zeitpunktes (z. B. Durchführung von Fokusgruppen an einem unpassenden Tag) oder einer benachteiligend erlebten Kompetenzungleichheit (z. B. technikbezogenes Wissen) sein. In der gemeinsamen Forschung mit Menschen mit Demenz ist es daher relevant, Beteiligungsprozesse gemeinsam zu reflektieren und keinesfalls auf die Beteiligung von Menschen mit Demenz aufgrund ihrer Vulnerabilität zu verzichten. Ein generalisierter Ausschluss Betroffener aus technikbezogener Forschung wäre vielmehr eine weitere Barriere zur gesellschaftlichen Teilhabe und ein Risiko, die Vulnerabilität der Zielgruppe zusätzlich zu verstärken.

Im Zusammenhang mit der Diskussion um Vulnerabilität steht auch die Tätigkeit von Ethikkommissionen, die in Abhängigkeit von rechtlichen, programmbezogenen oder anderen Kriterien für bestimmte Begutachtungszwecke eingebunden werden. Aufgrund der thematischen Nähe vieler Technikprojekte zum Feld der pflegerischen oder gesundheitlichen Versorgung dominiert dort ebenfalls ein biomedizinisch orientiertes Ethikverständnis, das aus der Sicht von Hoonaard (2018) insbesondere qualitative Forschung negativ tangiert. Durch vielfach fixe konzeptionelle bzw. theoretische Vulnerabilitätsvorstellungen wird der Zugang zu bestimmten Personengruppen stark erschwert, so dass Ethikkommissionen eine Rolle als Gatekeeper übernehmen. Hoonaard (ebenda) spricht in diesem Zusammenhang gar von einem „Ethik-Regime", das die „klassische" informierte Einwilligung zum zentralen Instrument und zur wichtigsten Voraussetzung der Forschungsteilnahme erhebt und vielen Personengruppen dadurch die Teilnahme an Forschung erschwert. Da sie dadurch aus der Forschung ausgeschlossen werden, führe diese Tendenz langfristig dazu, dass bestimmte Zielgruppen weniger Aufmerksamkeit durch Forschende erfahren. Angelehnt an diese kritische Analyse stellen sich für technikbezogene partizipative Vorhaben mit Menschen mit Demenz daher verschiedene – ggf. auch mit Ethikkommissionen – zu klärende Fragen:

- *Vulnerabilitätsverständnis und „Vulnerabilitätsdiagnose":* Welches theoretische Verständnis von Vulnerabilität soll leitend sein? Wie kann ein solches in interdisziplinären Kontexten entwickelt werden? Welche Teilnehmer*innen gelten als vulnerabel und warum?
- *Vulnerabilität und informierte Einwilligung:* Welche Relevanz hat die informierte Einwilligung – unter besonderer Betrachtung von Partizipation?
- *Vulnerabilität als Folge von Forschungsbeteiligung:* Wie können vulnerabilitätsfördernde Situationen und Aktivitäten erkannt und vermieden werden? Welche Strategien werden entwickelt, um die Verstärkung von Vulnerabilität zu vermeiden? Wie kann der Nutzen der Forschungsbeteiligung gefördert werden?
- *Vulnerabilität als Kommunikationsgegenstand und Folge von Kommunikation:* Wie kann und soll über Vulnerabilität kommuniziert werden? Welche Rolle spielen dabei die öffentliche Kommunikation über das Projekt sowie der Projekttransfer?

Zusammenfassend betrachtet, stellt partizipative Forschung mit Menschen mit Demenz grundsätzlich einen Balanceakt zwischen dem Schutz vor Situationen, die zu Vulnerabilität führen können, sowie dem *Recht auf Teilhabe* dar.

3.2.2 Herstellung eines sicheren Arbeitskontextes

3.2.2.1 Sicherer Kommunikations- und Interaktionsraum

Bergold und Thomas (2012) weisen darauf hin, dass partizipative Forschung – unabhängig von den beteiligten Zielgruppen und Forschungsthemen – der Herstellung eines sicheren Kommunikations- und Interaktionsraumes bedarf. Die Gestaltung derartiger Kontexte bildet erst die Voraussetzung dafür, dass vor allem Stakeholder, die zu gesellschaftlich benachteiligten Gruppen gehören, die Bereitschaft entwickeln, ihr spezifisches Expert*innenwissen mit Anderen zu teilen. Der Zugang zu solch spezifischem Erfahrungswissen bildet wiederum den besonderen Wert partizipativer Forschung. Die Bereitschaft das als eher privat verstandene

Wissen zu teilen, setzt jedoch eine Offenheit voraus, die üblicherweise innerhalb persönlicher informeller Beziehungen entsteht. Ein sicherer Kommunikations- und Interaktionsraum muss daher die Voraussetzungen für diese Art der Offenheit schaffen, wobei sie nicht manipulativ hergestellt, sondern durch Vertrauen gebildet werden müssen. Dies gilt in besonderer Weise für Menschen mit Demenz. Aus den Erfahrungen bisheriger Forschung kann entnommen werden, dass die Herstellung eines solchen sicheren Kommunikations- und Interaktionsraumes nicht nur eine der zentralsten Voraussetzungen für die Zusammenarbeit mit Co-Forschenden mit Demenz bildet, sondern dass an seine Herstellung viele sehr unterschiedliche Anforderungen gestellt werden (Digby et al. 2016; Hellström et al. 2007; Nygard 2006; Rodgers 2017; van Baalen et al. 2011). Die Sicherheit partizipativer Arbeitskontexte ist daher grundsätzlich als **mehrdimensional** zu betrachten. Sie bezieht sich immer auf mehrere Elemente wie Kommunikation, Situation, zwischenmenschliche Beziehungen, räumliche Gegebenheiten, Rollenverständnis und Zugang zu Informationen.

In den meisten Technikentwicklungsprojekten wird das herangezogene **Sicherheitsverständnis** jedoch nicht explizit definiert. Theoretische Diskurse zur Sicherheit weisen allerdings auf viele Bedeutungen des Begriffes hin, die das Konstrukt als subjektive Empfindung, als Kontrolle, als Vorhersagbarkeit und Planbarkeit bis hin zur Handlungssicherheit definieren. Nach Kaufmann (2015, S. 22f) lassen sich mindestens fünf verschiedene Bedeutungen von Sicherheit unterscheiden: Schutz, Zuverlässigkeit, Gewissheit, Sicherheitsgefühl und Gefahrlosigkeit (vgl. dazu auch Rampp 2014, S. 51, Daase 2010; Blinkert 2015). Aus Sicht partizipativer Forschung mit Menschen mit Demenz sind alle Facetten des Begriffes relevant und machen einen wichtigen Teil der Qualität der Zusammenarbeit aus. Während die verschiedenen Facetten des Sicherheitsbegriffes grundsätzlich auch in der Zusammenarbeit mit anderen Beteiligten wichtig sind, gewinnen sie bei Menschen mit Demenz eine besondere Bedeutung. Diese gründet alleine dar auf, dass Menschen mit Demenz vom individuellen Verlust der Sicherheit durch ihre Erkrankung in besonderer Weise betroffen sind. Durch den progressiven Fortschritt ihrer Symptome entschwindet ihnen die im Lebensverlauf hergestellte biographische Gewissheit. Die Dynamik der Demenz führt zum Verlust der Kontrolle über eigene Gedanken und Erinnerungen, über die Umwelt und Sprache, über das Gedächtnis und das individuelle Selbst, d. h. Dinge, die „erschaffen" wurden, um auch eine gewisse Selbstsicherheit zu erlangen. Die daraus entstehende Vulnerabilität ruft daher nach einer besonderen Vertrauensgrundlage, zumal die biografisch hergestellte (Selbst-)Sicherheit in der Regel nicht mehr erlangt werden kann. Waite et al. (2019) sprechen in diesem Zusammenhang von **ontologischer als auch interpersonaler Sicherheit**, die nicht nur auf guten Beziehungen und einer guten Kommunikation zwischen professionellen und Co-Forschenden beruht, sondern zugleich einer Sicherheit, die darin besteht, im Einklang mit dem Selbst sowie der eigenen Diagnose zu sein.

Ein zu erschaffender Kommunikations- und Interaktionsraum für partizipative Forschung mit Menschen mit Demenz sollte ebenfalls weitere Merkmale umfassen, wie z. B. Offenheit, Vertrauen, Sanktionsfreiheit, möglichst hohe Gleichheit der Entscheidungsmacht sowie Freiheit von dem Risiko, zum Objekt von (Be-)Wertungen zu werden (u. a. Digby et al. 2016). Bergold und Thomas (2012) betonen dabei, dass es sich keinesfalls um einen konfliktfreien Raum handeln muss, sondern vielmehr um einen, in dem Konflikte in einer sicheren Umgebung angesprochen und diskutiert werden können. Nach Hellström et al. (2007) gehört zum sicheren Kommunikationskontext die Gewissheit, dass für einen gut gesorgt wird. Im Rahmen von Interviews bedeutet dies beispielsweise, dass sich Menschen mit Demenz auf die kontinuierliche Unterstützung bzw. Begleitung durch Interviewer*innen verlassen können, dass sie an allen entscheidenden Punkten eines Gespräches an wichtige, bereits mitgeteilte Inhalte, an die aktuelle Fragestellung sowie weitere Aspekte, wie den Anlass der Befragung, erinnert werden. Schließlich umfasst die hier angesprochene Gewissheit auch den Zweck und persönlichen Sinn der Beteiligung: Menschen mit Demenz brauchen die Zuversicht, dass die Beteiligung in ihrem eigenen Interesse geschieht und sie durch ihr Engagement einen persönlichen Sinnzuwachs erfahren, z. B. die gemeinsamen Aktivitäten mit dem Gefühl verlassen, etwas Wichtiges geleistet zu haben.

Dabei ist ein sicherer Kommunikations- und Interaktionsraum weniger als stabiler Zustand, sondern als ein dynamisches Gleichgewicht zu verstehen, das in jeder Phase eines partizipativen Vorhabens – teilweise neu – hergestellt werden muss. In Anlehnung an Wicks und Reason (2009) unterscheiden Bergold und Thomas (2012) drei Phasen eines partizipativen Prozesses: a) die Inklusionsphase, b) die Kontrollphase und c) die Intimitätsphase. Der Austausch individuell relevanten Erfahrungswissens gelingt dabei selten zu Beginn eines Vorhabens, sondern ist das Ergebnis eines reflexiven und mit dem Wandel der eigenen Rolle verbundenen Prozesses. Mit jeder neuen Phase kommt es zudem zu neuen Anforderungen, die aus der Notwendigkeit der Bearbeitung bereits thematisierter oder neu aufgekommener Differenzen erwachsen. Zu den „Begleitthemen" einer jeden Phase gehören daher nicht nur aufgabenbezogene oder organisatorische, sondern vor allem auch emotionale Aspekte. Ein sicherer Kommunikations- und Interaktionsraum ist somit immer das Ergebnis multidimensionaler Aushandlungsprozesse, in denen die Beziehungen der Teilnehmer*innen untereinander, die Möglichkeiten des emotionalen Ausdrucks sowie die Priorisierung von Themen und Organisationsschritten verhandelt werden müssen. Menschen mit Demenz dürfen dabei keinesfalls als passive „Zuschauer*innen" derartiger Verhandlungsprozesse verstanden werden, sondern müssen als aktive Akteure in sie eingebunden werden. Dies bedarf allerdings einer Erweiterung von Frei- und Mitteilungsräumen, in denen sich Co-Forschende mit Demenz selbst ausprobieren und frei – d. h. auch unabhängig von bestehenden Konventionen – kommunizieren können.

3.2.2.2 Erweiterung des Mitteilungsraumes

Die Erweiterung von Mitteilungsmöglichkeiten stellt eine zentrale Voraussetzung der Kommunikation und Interaktion mit Menschen mit Demenz dar. Dies bedeutet auch, dass bei der konkreten Ausgestaltung von Forschungs- und Partizipationsmethoden die Ressourcen der Teilnehmer*innen leitend sein sollen und nicht ausschließlich die präskriptiven Planungen eines Vorhabens. Gewählte Formen der Kommunikation sollten nach den Möglichkeiten der Teilnehmer*innen gestaltet werden, damit sie sich auf eine Art äußern können, die ihren individuellen Bedürfnissen entspricht. Digby et al. (2016, S. 1159) fordern zudem, dass es bei der Gestaltung von Kommunikation mit Menschen mit Demenz nicht nur darauf ankommt, ein spezifisches – eher technisch verstandenes – Wissen anzuwenden, sondern ein **spezifisches Verständnis von Intersubjektivität** zu entwickeln. Ausgehend von der Theorie des kommunikativen Handelns nach Habermas formulieren sie bestimmte Anforderungen an die Gestaltung kommunikativer Situation mit Menschen mit Demenz. Entscheidend dabei ist das Gefühl der Sicherheit auf Seiten aller Teilnehmer*innen, insbesondere jener mit Demenz, sowie ein bestimmtes Rollen- und Kommunikationsverständnis der Forschenden. Letzteres zeichnet sich durch Achtsamkeit, Respekt, eine gewisse Zurückhaltung in der Kommunikation, grundsätzliche Offenheit für die Themen des Gegenübers sowie die Fähigkeit aus, die Perspektive der Teilnehmer*innen aufzunehmen, sie zu spiegeln und sie mitzuentwickeln. Svanström und Sundler (2013) gehen noch weiter, indem sie von Forschenden gar die Bereitschaft fordern, bedingungslos alle Inhalte aufzunehmen, die Menschen mit Demenz berichten wollen. Es ist das gemeinsame Gespräch, das wichtig sei, und keinesfalls die Prioritäten der Forschung oder der Forschenden. Erweiterung von Mitteilungsräumen besteht daher nicht nur in der Nutzung verschiedener Techniken und Methoden zur Anpassung der Kommunikation, sondern in der grundsätzlichen Öffnung von Forschungsinteressen gegenüber den Themen der Betroffenen. Demnach gehe es in erster Linie um die Person mit Demenz sowie das, was sie mitteilen möchte. Svanström und Sundler (2013) fordern, dass Forschende gerade diese Art der Kommunikation unterstützen, indem sie Teilnehmer*innen signalisieren, dass alles, was sie mitteilen, relevant und wertvoll ist. Erst durch diese Art der Kommunikation sei es möglich, genuine Interessen der Betroffenen zu berücksichtigen.

3.2.2.3 Erweiterung von Frei- und Experimentierräumen

Eng verbunden mit der Erweiterung von Mitteilungsmöglichkeiten ist die Erweiterung von Frei- und Experimentierräumen. Dies setzt flexible Forschungsdesigns voraus, die genügend Freiräume für neue Erfahrungen zulassen. Partizipation von Menschen mit Demenz lässt sich dabei gerade durch **Offenheit** stark beeinflussen, die im Prozess der Technikentwicklung verschiedene Arbeitsschritte betreffen kann:

- *Grundsätzliche Offenheit von Technikentwicklungszielen*: Viele Technikentwicklungsprojekte zeichnen sich durch den Einsatz verschiedener Beteiligungsformen aus, sind allerdings im Sinne von Arnstein (1969) keinesfalls als partizipativ zu betrachten. Im Rahmen der bisherigen technikbezogenen Forschung findet sich jedenfalls kein Vorhaben, das der höchsten Stufe der Partizipation nach Arnstein (ebenda) entspricht. Ein ähnliches Bild zeigt sich aus Sicht des Co-Designs, in dem Co-Designer*innen mit Demenz die Prioritäten der Forschung grundsätzlich bestimmen sollten, insbesondere dann, wenn durch sie ihre Lebensqualität tangiert wird (Rodgers 2017). Trotz dessen ging damit in der bisherigen Forschungspraxis keine Offenheit für Forschungsziele einher. Aufgrund förderbezogener Rahmenbedingungen gelang es aktuellen Vorhaben jedenfalls nicht, ihr Forschungsdesign ganzheitlich partizipativ zu gestalten. Während die Realisierung einer solchen Beteiligung im Augenblick eher als künftige gesellschafts- und förderpolitische Aufgabe betrachtet werden muss, besteht eine Vielzahl von Projekten, die bestimmte Phasen des Vorhabens, z. B. die Evaluation, partnerschaftlich durchführten. Zusammenfassend betrachtet, spiegelt sich Offenheit als leitendes Prinzip bis heute kaum in den übergeordneten Zielen der Vorhaben, sondern findet eher punktuell Anwendung, z. B. in einzelnen Schritten der Projekte. Zur Förderung von Partizipation ist es daher bedeutsam, den Grad der Zieloffenheit zu reflektieren, bestehende Spiel- bzw. Ermessensspielräume im Rahmen bestehender Forschungsprogramme auszuschöpfen und Offenheit als relevante Voraussetzung von Beteiligung zu akzeptieren.
- *Offenheit für zu erfassende Outcomes*: Neben den Forschungszielen zeichnet sich partizipative Forschung durch gemeinsame Definition von Outcomes aus. Geht es um die Überprüfung von Projektzielen, sollten Menschen mit Demenz in die Definition und Operationalisierung von Outcomes aktiv eingebunden werden.
- *Freier Experimentierraum mit Mock-Ups und Prototypen*: Offenheit in der Technikentwicklung kann ebenfalls dadurch gefördert werden, dass Menschen mit Demenz entwickelte Artefakte über längere Zeiträume hinweg prüfen können.

Damit ist allerdings keine formale Evaluation gemeint, sondern die Möglichkeit, Objekte frei und ohne zeitliche bzw. inhaltliche Zwänge im Alltag anwenden zu können. Erst wenn die Teilnehmer*innen die Möglichkeit haben, mit den Objekten so umzugehen wie sie möchten, können neue Formen der Nutzung bzw. des Nutzens erkannt werden.

3.2.2.4 Vermittlung von Wohlbefinden, Selbstsicherheit und Kontrolle

Auf die besondere Relevanz einer persönlichen Vertrauensbeziehung als Voraussetzung von Forschung mit Menschen mit Demenz wurde bereits an anderer Stelle hingewiesen (Abschnitt 3.1.5.1.2). Neben dieser spielen im Kontext partizipativer Forschung auch weitere Aspekte eine besondere Rolle. Ausgehend von der systematischen Auswertung von ca. 80 Evaluationsstudien mit Menschen mit Demenz in der gesundheitlichen und pflegerischen Versorgung betonen van Baalen et al. (2011), dass zu einem sicheren Kommunikations- und Interaktionskontext die **Sorge für physisches und psychisches Wohlbefinden** gehören. Auch wenn nicht erwartet werden kann, dass hohes emotionales Wohlbefinden jeden Schritt partizipativer Forschung begleitet, sollten alle Aktivitäten mit einem Mindestmaß an Wohlbefinden verbunden sein (Rodgers 2017). Wohlbefinden ist vor allem durch eine wertschätzende Kommunikation, angenehme und entspannte Atmosphäre, Sympathie, Augenkontakt – aber auch Offenheit, Aufmerksamkeit, aktives Zuhören sowie Interesse an den mitgeteilten Inhalten herstellbar (Nygard 2006). Da Menschen mit Demenz zu ihrem Wohlbefinden nicht immer selbst Auskunft geben können, sollten Forschende auf nonverbale Signale achten und sich der emotionalen Bedeutung bestimmter Begriffe und Handlungen bewusst sein (van Baalen et al. 2011). Schließlich gehören zum Wohlbefinden auch die körperliche Verfassung der Teilnehmer*innen sowie die Beachtung von Einschränkungen des Sehens, des Hörens oder der Mobilität, die während gemeinsamer Aktivitäten kompensiert werden müssen. Entwicklung von Wohlbefinden ist vor allem für hochaltrige und vielfach erkrankte Teilnehmer*innen häufig nur dann möglich, wenn der Zugang zum Forschungsgegenstand möglichst barrierearm gestaltet wird und sie an den Aktivitäten teilhaben können, trotz körperlicher Einschränkungen bzw. Einbußen.

Wesentlich für einen sicheren Arbeitskontext ist zudem, dass Menschen mit Demenz größtmögliche **Kontrolle über ihre Beteiligung** erhalten. Hierzu gehört die Kontrolle über die Orte, an denen Aktivitäten stattfinden, über die zeitliche Gestaltung der jeweiligen Aufgaben sowie über die Formen der Beteiligung. In diesem Zusammenhang macht Rodgers (ebenda) auf ein Phänomen aufmerksam,

dass er als „dementia time" bezeichnet. Damit ist nicht nur die Wahrung individueller Kontrolle aus Sicht der Beteiligten gemeint, sondern die Verantwortung
der Forschenden, die optimalsten Rahmenbedingungen für die Zusammenarbeit
herauszufinden. Forscher*innen sollten Menschen mit Demenz nicht nur danach
fragen, *ob* sie an einem Vorhaben teilnehmen möchten, sondern vor allem danach,
wie sie teilnehmen möchten. Gleichzeitig sollten sie aufmerksam für erfolgreiche Formen der Zusammenarbeit sein, sie den Teilnehmer*innen jedoch nicht
auferlegen, sondern ihre Wirkungen beobachten und reflektieren. Ein weiteres
Element von Kontrolle stellt die zeitbezogene Selbstbestimmung dar. Zeitliche Souveränität der Teilnehmer*innen bedarf der Berücksichtigung zusätzlicher
Zeitressourcen. Dies bedeutet, dass sowohl Vor- und Nachbereitung von Sitzungen als auch die Gesamtkoordination mehr Zeit bedürfen als bei Vorhaben, in
denen Erwachsene ohne kognitive Einschränkungen teilnehmen (Rodgers 2017).
Dazu zählt auch die Situation, dass Menschen mit Demenz „gute" und „schlechte"
Tage haben, was bei der Gestaltung partizipativer Arbeit zu beachten ist (Grönvall und Kyng 2011, S. 192). Zeitsouveränität im Sinne von Kontrolle bedeutet
daher, dass Beteiligte entscheiden können, an welchen Tagen sie an der Forschung
teilnehmen, ohne einen Ausschluss befürchten zu müssen.

Einen weiteren Aspekt der Kontrolle bildet die **personale Kontinuität der
Ansprechpartner*innen** . Für Menschen mit Demenz ist es besonders wichtig,
während der gesamten Projektlaufzeit eine bzw. mehrere gleichbleibende Part-
ner*innen zu haben, zu denen eine persönliche Beziehung aufgebaut werden
kann. Für die konkrete Umsetzung der Projekte bedeutet dies, dass Sitzungen
immer von den gleichen Personen geleitet werden sollten. Finden Fokusgruppen oder Interviews statt, sollten sie durch das gleiche Interviewer*innenteam
durchgeführt werden. Bisherige Erfahrungen aus Vorhaben mit wechselnden
Ansprechpartner*innen weisen darauf hin, dass dies eine besondere Barriere für
den Aufbau einer tragfähigen Kooperation darstellt. Eine Beziehung und das mit
ihr verbundene Vertrauen müssen im Zweifel neu aufgebaut werden, was zu
Reibungsverlusten führen kann.

Selbstsicherheit, Kontrolle und Wohlbefinden beinhalten auch den **Schutz vor
Benachteiligung oder Exklusion**. Damit sind nicht nur – häufig ungewollt eingeleitete – Disempowermentprozesse (vgl. dazu auch Abschnitt 3.2.4) gemeint,
sondern auch der mögliche Ausschluss aus einer Gruppe bzw. einem Vorhaben, wenn nachlassende Kompetenzen zur Einschränkung der aktiven Beteiligung
führen. Menschen mit Demenz scheuen eine längerfristige Bindung an Projekte, wenn sie Angst vor einer möglichen „Ausmusterung" haben. Eine an
Leistung orientierte Auswahl bzw. Exklusion der Teilnehmer*innen erschwert
daher nicht nur die Forschungsteilnahme; sie steht auch im Widerspruch zur

Förderung gruppendynamischer Entwicklungsprozesse und untergräbt die Möglichkeit für Empowerment, das zu zentralen Leitzielen partizipativer Forschung gehört. Partizipation in einem Forschungsvorhaben sollte daher immer zur Förderung von Solidarität unter den Teilnehmer*innen führen. Litherland (2015, S. 15) weist darauf hin, dass es wichtig ist, Gruppendiskussionen, Workshops und Projektsitzungen so zu gestalten, dass möglichst alle Teilnehmer*innen an ihnen mitwirken können. Führt das Fortschreiten einer Demenz dazu, dass eine aktive Beteiligung nicht mehr gelingt, sollten Betroffene alternative Aufgaben wahrnehmen oder mindestens an jenem Teil der Gruppensitzungen partizipieren können, der für die Förderung des sozialen Austausches vorgesehen ist. Das Nachlassen der Fähigkeiten zur aktiven Beteiligung darf keinesfalls als Misserfolg oder gezielter Ausschluss erlebt werden. Ein sicherer Kommunikations- und Interaktionsraum zeichnet sich daher grundsätzlich durch Angstfreiheit vor Exklusion und Stigmatisierung aus, insbesondere für jene Teilnehmer*innen, bei denen eine nachlassende Kognition die selbständige Durchführung bestimmter Aufgaben nicht mehr erlaubt. Partizipative Vorhaben mit Menschen mit Demenz sollten bereits in der Planungsphase konkrete Strategien entwickeln, die dazu beitragen, Ausschlüsse zu verhindern, d.h alternative Wege der Beteiligung vorsehen, soziale Teilhabe berücksichtigen und Gelegenheiten der Mitwirkung für jene Teilnehmer*innen entwickeln, die aufgrund des Fortschritts ihrer Erkrankung nicht mehr in der Lage sind, am Projekt aktiv zu partizipieren.

3.2.2.5 Erhöhung von Selbst- und Handlungssicherheit

Neben der Vermittlung von Kontrolle spielt auch die Gewährleistung von Selbst- und Handlungssicherheit eine wichtige Rolle. In gemeinsamen Vorhaben mit Menschen mit Demenz ist es besonders wichtig, die Handlungssicherheit der Beteiligten zu erhöhen unter besonderer Beachtung demenzspezifischer Veränderungen. Aus der bisherigen Forschung lässt sich eine Reihe von Aspekten benennen, die einen Beitrag zur Erhöhung von Handlungssicherheit für Menschen mit Demenz leisten. Dazu gehören u. a. die Schaffung möglichst hoher **Transparenz bezüglich der Rollenerwartungen und Aufgaben,** die bedarfsspezifische Aufbereitung projektbezogener Informationen, die begleitende Dokumentation gemeinsamer Prozesse und Ergebnisse sowie die kontinuierliche Unterstützung bei der Orientierung.

Selbst- und Handlungssicherheit hängen im Rahmen technikbezogener Forschung von der Klarheit der **eigenen Rolle** sowie der **Transparenz von Regeln,** nach denen gearbeitet wird, ab. Insbesondere für Menschen mit Demenz ist es wichtig zu wissen, was die Ziele der gemeinsamen Arbeit sind, welche Rolle sie als Personen in den verschiedenen Aufgabenkontexten spielen und welche Gründe sie zu ihrer Teilnahme bewogen haben. Die Klarheit über diese Aspekte muss nicht nur gemeinsam erarbeitet, sondern immer wieder hergestellt bzw. erinnert werden (z. B. durch den *ongoing consent*). Hinsichtlich einzunehmender Rollen weisen Bergold und Thomas (2012) darauf hin, dass sie keinesfalls statisch seien und gerade in partizipativen Projekten einem Wandel unterliegen, der nicht nur das Selbstverständnis der beteiligten Wissenschaftler*innen, sondern auch das der beteiligten Menschen mit Demenz betrifft. Gerade sog. weltliche Co-Forschende betrachten ihre Rolle zu Beginn eines Projektes mit Unsicherheit, Misstrauen und Angst. Während sie sich zunächst häufig als „Outsider" sehen, verändert sich ihr Rollenverständnis unter günstigen Rahmenbedingungen zum Positiven hin, so dass sie im besten Fall mehr Selbstvertauen, Selbstwirksamkeit und ggf. auch ein Gefühl der Zugehörigkeit entwickeln. Litherland (2015, S. 15) machen darauf aufmerksam, dass im Rahmen gemeinsamer Forschung mit Menschen mit Demenz nicht nur über das eigene Rollenverständnis, sondern insbesondere auch über **Gruppen(kommunikations-)regeln** diskutiert werden sollte. Vom Vorteil ist zudem, wenn die Gruppe ihre eigenen Kommunikationsregeln beschließt, sie dokumentiert und sie in nachfolgenden Sitzungen gemeinsam aufruft bzw. an sie erinnert.

Ein typisches Symptom demenzieller Erkrankungen stellt die Beeinträchtigung der Merkfähigkeit dar. Dies bedeutet, dass Menschen mit Demenz bereits zu Beginn ihrer Erkrankung neue Informationen, wie z. B. Vereinbarungen oder die Inhalte vorausgegangener Projektsitzungen, vergessen. Um partizipative Projekte – trotz kognitiver Einbußen der Beteiligten – zu unterstützen, bedarf es der kontinuierlichen Verwendung von **Gedächtnisstützen**. Daraus erwachsen zusätzliche Aufgaben für Wissenschaftler*innen, die darin bestehen, die Ergebnisse durchgeführter Sitzungen und abgeschlossener Projektphasen in möglichst einfacher und schnell abrufbarer Form zu dokumentieren. Gemeint sind damit weniger die in der Forschung üblichen Protokolle, sondern Dokumentationsformen, die der Förderung der Erinnerungsfähigkeit von Co-Forschenden mit Demenz dienen (z. B. Kurzprotokolle, Memos, Film- bzw. Videoaufnahmen, Fotodokumentationen oder andere Formen visueller Ergebnisdarstellung). Visualisierung und Vergegenständlichung, die eine Verständigung auch ohne Sprache ermöglichen, bilden dabei zwei Leitprinzipien, die sich bei derartigen Dokumentationen als besonders hilfreich erwiesen haben. Für deren Anfertigung und konkrete Nutzung sollten Wissenschaftler*innen zusätzliche Zeitressourcen einplanen (Lindsay et al. 2012). Der Einsatz dieser Materialien unterstützt nicht nur die Kontinuität des gemeinsamen Arbeitens, sondern dient der Herstellung von Transparenz und Orientierung.

Kreative Formen der Visualisierung sind vor allem in jener Phase der Technikentwicklung erforderlich, in der sich kurze Iterationsphasen kontinuierlich abwechseln. So wird in vielen Projekten grundsätzlich an mehreren Ideen gleichzeitig gearbeitet: Im weiteren Projektverlauf werden einige Ideen verworfen, während andere in eine intensivere Bearbeitung münden. Bei den damit verbundenen Iterationen ist die kontinuierliche Begleitung durch Co-Forschende sehr wichtig. Ihre Unterstützung dient nicht nur der Herausarbeitung der Funktionen einer neuen Technik, sondern auch der ästhetischen Gestaltung. In der Zusammenarbeit mit Menschen mit Demenz hat sich die Verwendung sog. „halbfertiger" Objekte (z. B. „design objects", „story-boards" oder Papierprototypen) – das sog. „rapid prototyping" – als besonders hilfreich herausgestellt. Die Kreationen dienen der Konkretisierung sowie Vergegenständlichung eines Konzeptes. Da abstrakte Ideen aus der Sicht von Menschen mit Demenz kaum nachvollzogen werden können, stellt die konkrete Arbeit an Objekten einen wichtigen Baustein des iterativen Entwicklungsprozesses dar. Bei modularen, d. h. aus mehreren Elementen bestehenden Systemen, sollten einzelne Module zuerst einzeln erarbeitet werden, bevor sie in ihrer Gesamtheit getestet werden (Orpwood et al. 2005). Lindsay et al. (2012) weisen darauf hin, dass die Abstände zwischen einzelnen Sitzungen möglichst kurz gehalten werden müssen. Zudem ist es wichtig, den jeweiligen Fortschritt klar zu kommunizieren, so dass Teilnehmer*innen mit Demenz die Umsetzung ihrer eigenen Ideen aus den Vorschlägen vergangener Sitzungen nachvollziehen können. „Rapid Prototyping" kann auch die Wahrnehmung von Selbstwirksamkeit und damit die Motivation für weitere Zusammenarbeit fördern, vorausgesetzt, dass die Iterationssitzungen eine klare **Feedbackstruktur** aufweisen. Orpwood et al. (2005, S. 162f) betonen, dass sowohl der Input zur Erinnerungsunterstützung als auch konkrete Arbeitsanweisungen kurz und eindeutig sein müssen. Ähnliche Prinzipien gelten für die Gestaltung von Schnittstellen: Besteht eine große Auswahl an Bedienmöglichkeiten, kann dies für Menschen mit Demenz verwirrend sein. Eindeutige Feedbacks sind ebenfalls bei der Testung verschiedener Gerätefunktionen wichtig. Teilnehmer*innen sollten bei allen Aufgaben eine transparente Rückmeldung erhalten, auch dann, wenn diese erfolgreich gelöst wurden.

Als ein weiteres Prinzip in der Forschung mit Menschen mit Demenz gelten **Wiederholungen.** Sie sind nicht nur bei der Durchführung von Interviews (Nygard 2006), sondern auch in der Gestaltung von Sitzungen mit Menschen mit Demenz zentral (Wu 2004). Ihre Aufgabe besteht in der Unterstützung von Erinnerung, Orientierung und schließlich auch von Rollen- und Handlungssicherheit. Aufgrund eingeschränkter Merkfähigkeit sind Menschen mit Demenz bereits nach kurzer Zeit kaum in der Lage, die Inhalte gemeinsamer Sitzungen als auch die

Fragestellung, an der gearbeitet wird, zu erinnern. Innerhalb der Arbeitstreffen bedarf es daher kontinuierlich wiederkehrender Zeitfenster, in denen Beteiligte regelmäßig an wichtige Aspekte erinnert werden. Auch verschiedene Formen der Visualisierung können genutzt werden, um Co-Forschende an die aktuelle Aufgabe und den Forschungskontext zu erinnern. Der bewusste Einbau von Wiederholungen fördert die Möglichkeit, sich der Inhalte zu vergewissern und die Verständigung zu unterstützen. So können auch die von Menschen mit Demenz eingebrachten Inhalte wiederholt werden, um daraufhin weitere Details zu der geteilten Information zu erfragen oder weitere Themen einzubauen. Ein gewisses Maß an Wiederholung schafft zudem die Möglichkeit die Validität und Reliabilität der Aussagen Betroffener zu überprüfen. Indem über relevante Themen nicht nur einmal, sondern mehrmals gesprochen wird, kann ein vollständiges Bild der Perspektive der Beteiligten entstehen. Durch mehrmalige Bearbeitung von Themen erhalten Wissenschaftler*innen einen breiteren Einblick in die Erfahrungswelt von Menschen mit Demenz, der ggf. erst eine zuverlässige Interpretation einzelner Aussagen ermöglicht. Gemeinsames Forschen mit Betroffenen sollte daher grundsätzlich nicht auf einmaligen oder punktuellen Kontakten, sondern immer auf mehreren Sitzungen basieren, selbst dann, wenn es sich um eine Querschnittsstudie handelt. Machen Menschen mit Demenz von Wiederholungen gebrauch, sollten diese keinesfalls unterdrückt, sondern im Hinblick auf ihre Ursachen analysiert werden. Wiederholungen können ein Hinweis darauf sein, dass sich Menschen mit Demenz in bestimmten Aspekten nicht richtig verstanden fühlen; sie können aber auch ein Zeichen für die besondere Relevanz eines Themas sein. Denkbar ist zudem, dass Teilnehmer*innen zu Wiederholungen neigen, wenn sie verschiedene Aspekte eines und des gleichen Themas benennen wollen, mangels passender Begriffe jedoch bei den ihnen bekannten Worten bleiben (Nygard 2006).

3.2.2.6 Räumliche Kontextbedingungen

Ein sicherer Arbeitskontext hängt ebenfalls von räumlichen Gegebenheiten ab. Der Beachtung und Gestaltung räumlicher Merkmale kommt in der partizipativen Forschung mit Menschen mit Demenz daher eine besondere Bedeutung zu. Erkenntnisse aus bisherigen Projekten weisen darauf hin, dass die spezifischen Eigenschaften des räumlichen Kontextes, in dem Co-Forschung und Entwicklung stattfinden, die Zusammenarbeit fördern, sie aber gleichzeitig auch behindern können. Das gewählte Setting wirkt sich demnach auf die Beziehung zwischen den beteiligten Akteuren, auf ihr Rollenverständnis in der jeweiligen Situation sowie auf die Mensch-Technik-Interaktion aus. Die spezifische Konstellation räumlicher Aspekte kann daher die Ergebnisse der Forschung bzw. Entwicklung wesentlich beeinflussen. Vor diesem Hintergrund sollte die Wahl der räumlichen Umgebung im Hinblick auf ihren unterstützenden Charakter für den partizipativen Prozess getroffen werden. Zudem ist es wichtig, dass auch die Wirkungen der räumlichen Umgebung zum Gegenstand begleitender Reflexion gemacht werden.

Widmet man sich den bisherigen Erkenntnissen aus partizipativen Projekten mit Menschen mit Demenz, so kann aus ihnen zunächst eine Reihe von Merkmalen abgeleitet werden, die eine besonders **förderliche Rolle** auf diese Art der Forschung haben. Demnach gilt es als hilfreich, wenn Sitzungen an gleichen Orten stattfinden, wenn Räumlichkeiten für alle Teilnehmer*innen – auch Personen mit körperlichen Einschränkungen – gut zu erreichen sind und sie Teil eines Kontextes sind, dessen symbolische Bedeutung nicht als stigmatisierend wahrgenommen wird. Die Kontinuität der Orte unterstützt die Wiedererkennbarkeit, die durch gleich bleibende Ausstattung, gleiche Verlaufsstrukturen sowie gleiche Ansprechpartner*innen zusätzlich gefördert werden kann. Der symbolische Charakter der Räume sollte im besten Falle neutral sein, so dass er die Kommunikation bzw. die Beziehung zwischen Forschenden und Menschen mit Demenz nicht unnötig beeinträchtigt bzw. sie ungünstig verzerrt. Der Veranstaltungsort, z. B. für Workshops oder andere Formen der gemeinsamen Arbeit, sollte zudem eine ruhige und entspannte Atmosphäre ausstrahlen bzw. sie unterstützen. Im besten Falle bietet er genügend Rückzugsmöglichkeiten für Menschen mit Demenz und ihre Angehörigen sowie eine Ausstattung, die es erlaubt, Getränke und Kleinigkeiten zum Essen anzubieten. Durch Wiedererkennbarkeit, Integration von Hilfe und Unterstützung sowie Förderung positiver Assoziationen soll ein Gefühl der Sicherheit und des Wohlbefindens geschaffen werden.

Während viele der genannten Empfehlungen nicht nur für die Zusammenarbeit mit Menschen mit Demenz, sondern ebenso für die Forschung insgesamt gelten, übernimmt die räumliche Umgebung in technikbezogener Forschung mit Menschen mit Demenz jedoch eine Reihe zusätzlicher Funktionen, indem sie z. B. bestimmte demenzspezifische Veränderungen kompensieren kann. Hierzu zählt u. a. die **Erinnerungsfunktion**. Digby et al. (2016), die mehrere Befragungen von Menschen mit Demenz im Krankenhaus durchgeführt haben, machen z. B. darauf aufmerksam, dass der beste Befragungskontext das Patientenzimmer war, vorausgesetzt, dass sich dort keine andere Person befand. Die typischen Geräusche und Gerüche bildeten eine permanente Erinnerungsfolie, vor deren Hintergrund sich die Befragten ihrer eigenen Rolle während des gesamten Gespräches bewusst waren. So wird eine im Techniklabor durchgeführte Sitzung die Co-Forschenden mit Demenz an ihre jeweilige Aufgabe stärker erinnern als ein Treffen, das z. B. im privaten Haushalt oder in einem Pflegeheim stattfindet. Dringt Forschung in den privaten Wohnbereich von Menschen mit Demenz ein, besteht ein höheres

Risiko für Rollendiffusionen – sowohl im Hinblick auf die eigene als auch die Rolle der beteiligten Wissenschaftler*innen. Während ein an Technik erinnerndes Setting an den Zweck der aktuellen Tätigkeit und die eigene Rolle in diesem Kontext unmittelbar anknüpft, unterstützen bekannte Alltagskontexte (z. B. das eigene Zuhause) diese Erinnerung nur bedingt.

Kann ein „fremder" räumlicher Kontext hilfreich sein, weil er die Erinnerung an die ausgeübte Rolle (z. B. als Co-Forschender, als befragte Person) wachhält, wohnt ihm zugleich das Risiko inne, das **Wohlbefinden** einzuschränken. Als „unbekannt" wahrgenommene Kontexte beeinträchtigen das Wohlbefinden von Menschen mit Demenz, da sie möglicherweise das Erleben von Unsicherheit fördern, während bekannte Settings das Gefühl von Sicherheit wecken. Diese Beispiele zeigen, dass es bei der Wahl und Gestaltung räumlicher Umgebung einer differenzierten Abwägung bedarf. Im Einzelfall kann es jedoch zielführender sein, von allgemeingültigen Empfehlungen, die u. a. besonders ruhige sowie sicher und vertraut wirkende Orte favorisieren, abzuweichen und eine Umgebung zu wählen, die das Erinnerungsvermögen der Beteiligten besonders gut unterstützt. Die Aufgabe mitwirkender Wissenschaftler*innen besteht demnach nicht nur in der Abwägung der jeweiligen Vor- und Nachteile der spezifischen räumlichen Kontexte, sondern nach Möglichkeit auch in der entsprechenden Gestaltung des Settings, so dass es die ausbleibende Erinnerungsfunktion unterstützt bzw. das Wohlbefinden und Sicherheitsgefühl der Teilnehmer*innen fördert.

Die Passung des jeweiligen Ortes zum Forschungsgegenstand, den methodischen und inhaltlichen Zielen der in Frage stehenden Arbeitsschritte, der Art der neuen Technologie und ihrem künftigen Einsatzbereich hebt der Begriff der **ökologischen Validität** der Ergebnisse hervor. Eriksson (2016) weist in diesem Zusammenhang auf die **Phänomenologie der situativen Erfahrung** hin und ihre Bedeutung für die ökologische Validität sowie für die Übertragbarkeit von gewonnenen (kontextualisierten) Erkenntnissen auf andere Kontexte. Wie bestimmte Technologien wahrgenommen, gedeutet und bewertet werden, kann von dem räumlichen Kontext, in dem z. B. eine Mensch-Technik-Interaktion (z. B. die Testung eines Gerätes) stattfindet, abhängig sein. Konkret bedeutet dies, dass Menschen bestimmte Technologien unter den Bedingungen eines Techniklabors anders testen und bewerten als unter den Bedingungen ihrer privaten Häuslichkeit. Erkenntnisse, die in der Mensch-Technik-Interaktion innerhalb bestimmter Kontexte gewonnen wurden, können auf andere Kontexte nicht unmittelbar übertragen werden. Vielmehr muss es auch darum gehen, bestehende Differenzen zwischen den verschiedenen Settings einzuschätzen und sie bei der Gestaltung räumlicher Bedingungen zu berücksichtigen. Der Begriff der ökologischen Validität geht davon aus, dass Räume niemals objektiv bzw. neutral sein können, sondern sie immer schon mit Wertungen, sozialen Aspekten (z. B. der eigenen Identität) und subjektiven Bedeutungen angereichert und mit bestimmten Praktiken assoziiert sind. Dies hat nicht nur Konsequenzen für die Herstellung von Sicherheit als wesentlichem Kontextmerkmal in der partizipativen Forschung mit Menschen mit Demenz, sondern auch für die Übertragbarkeit der Erkenntnisse auf andere Settings, z. B. den Alltag von Menschen mit Demenz. Eine räumlich-situative Erfahrung stellt grundsätzlich eine soziale Erfahrung dar, die gerade bei Menschen mit Demenz nicht voraussetzungslos auf andere Kontexte übertragen werden darf. Dies gilt nicht nur für Forschungserkenntnisse, sondern ebenso für erworbene Technikkompetenzen: Der Erfolg von Lernprozessen, z. B. im Umgang mit einer Technologie, ist grundsätzlich kontextabhängig, so dass die Kompetenzvermittlung im besten Fall im gleichen Setting stattfinden sollte, in dem bestimmte Technologien künftig zur Anwendung kommen sollen (Eriksson 2016, S. 7f).

Der räumliche Kontext spielt in der partizipativen Technikentwicklung auch deshalb eine wichtige Rolle, weil er aufgrund bestimmter Symboliken das **Machtverhältnis** zwischen Wissenschaftler*innen und Co-Forschenden hervorheben kann. Das konkrete Setting, in dem bestimmte Schritte eines Projektes stattfinden, weist den Beteiligten in der Regel verschiedene **Rollen** zu und wirkt sich dadurch auf ihr Verhalten aus (Nygard 2006). Finden Befragungen oder Tests in der Häuslichkeit von Menschen mit Demenz statt, nehmen Co-Forschende eine Gastgeber*innenrolle ein, während andere Teilnehmer*innen, z. B. Wissenschaftler*innen, die Rolle des Gastes innehaben. Finden Befragungen dagegen in einer Einrichtung, z. B. einem Krankenhaus statt, befinden sich Befragte in der Patient*innenrolle, während sie in einer stationären Pflege die Rolle der Bewohner*innen einnehmen. In Abhängigkeit vom gewählten Setting kommt auch professionell Forschenden eine spezifische Rolle zu. Während eine Sitzung im Techniklabor den Wissenschaftler*innen eine Gastgeber*innen- und zugleich eine (Technik-)Expert*innenenrolle zuweist, kann diese Rolle bei Sitzungen in Altenheimen oder privaten Wohnkontexten deutlich weniger dominant sein, z. B. deshalb, weil Co-Forschende mit Demenz über mehr kontextbezogenes Wissen verfügen. Wesentlich dabei ist, dass die zugewiesenen Rollen mit bestimmten Erwartungen verknüpft sind, dass sie das Verhalten und die Kommunikation der Beteiligten beeinflussen und zugleich ein bestimmtes Machtverhältnis spiegeln. Ob die Darstellung der eigenen Person gegenüber den Interviewer*innen, der Grad der Selbstbestimmtheit in der Kommunikation, die Bereitschaft zur Mitteilung privater Informationen sowie das Streben nach bzw. der Verzicht auf Eigeninitiative – die genannten Aspekte sind nicht nur für den Aufbau einer Beziehung relevant, sondern ebenfalls für die Bewertung von Technologien und den Umgang mit Ihnen.

Da in der partizipativen Forschung **Machtgleichheit und Kommunikation auf Augenhöhe** jedoch als zentrale Voraussetzungen gelungener Zusammenarbeit gelten, stellt sich die Frage, wie stark der jeweilige Kontext, der mit bestimmten Bedeutungen aufgeladen ist, auf dieses Machtverhältnis einwirkt und wie diese Einwirkung sinnvoll ausgeglichen werden kann. Ergebnisse partizipativer Forschung mit Menschen mit Demenz machen diesbezüglich darauf aufmerksam, dass an Orten, die die Symbolik der Machtbalance negativ beeinflussen (z. B. in wissenschaftliche Einrichtungen) besondere Vorkehrungen zu treffen sind, die dazu dienen, die Position der Co-Forschenden zu stärken (Digby et al. 2016). Dazu zählen Maßnahmen, die sowohl vor als auch während der eigentlichen Co-Forschung aufgegriffen werden können, insbesondere Maßnahmen, die der Ermächtigung der Teilnehmer*innen mit Demenz dienen. Selbst dort, wo Menschen mit Demenz sich am sichersten fühlen, d. h. in der **eigenen Wohnung**, bedarf es spezifischer Vorkehrungen, die dem Empowerment Betroffener dienen. So schreiben z. B. Evans und Collier (2017, S. 18), dass bei Technologien, die in der eigenen Häuslichkeit verwendet werden sollten, das eigene Zuhause der Menschen mit Demenz der beste Interviewort sei. Dies betrifft vor allem die Validität der Ergebnisse. Die Autorinnen (ebenda), die zur Nutzung von elektronischen Kalendern mit Menschen mit Demenz und ihren Angehörigen forschten, betonen zugleich, dass der private Kontext dann zum Nachteil geraten kann, wenn die Interviewer*innen als Fremde wahrgenommen werden. Daher sei es z. B. wichtig, Menschen mit Demenz mehrmals aufzusuchen, bevor ein Interview durchgeführt wird. Die Herstellung einer vertrauensvollen Beziehung stellt daher auch aus dieser Perspektive eine mindestens genauso wichtige Bedingung für ein gelungenes Interview dar wie die Wahl des geeigneten Befragungsortes. Trotz des vertrauten Charakters gilt es zu bedenken, dass professionell Forschende grundsätzlich immer als Fremde in den **Privatraum** der Co-Forschenden eindringen. So betont Murphy (2007, S. 221), dass es nicht Menschen mit Demenz seien, die eigeninitiativ einen Zugang zur Welt der Wissenschaft suchten, sondern professionelle Wissenschaftler*innen, die in die Welt der Betroffenen eindringen und ihre täglichen Routinen unterbrechen. Da das Eindringen in die private Welt der Betroffenen grundsätzlich einen Eingriff in die Privatheit darstellen kann, muss Forschung immer auch einem unmittelbar wahrgenommenen Nutzen für Beteiligte haben. Beteiligung dürfe niemals ein Selbstzweck sein, so dass das Eindringen in den Privatraum von Menschen mit Demenz nur mit der Stärkung ihrer eigenen Interessen legitimiert werden kann (Murphy 2007, S. 222). Wird wiederum neue Technik in situ eingesetzt, kommt der Begleitung der Prozesse eine wichtige Rolle zu. So weisen Novitzky et al. (2015, S. 41) darauf hin, dass bereits die Installation neuer Technologien ein sensibler Prozess ist, in dem

Wissenschaftler*innen (z. B. Technikentwickler*innen) eine Mediatorenrolle einnehmen müssen. Unter der Betrachtung der spezifischen Situation der Beteiligten sind sie Vermittler*innen zwischen der „Welt der Technik" und der „Welt der Betroffenen". Als „Übersetzer*innen" zwischen diesen beiden Welten müssen sie Verständnis für die Situation der Betroffenen entwickeln, in der Lage sein komplexe Zusammenhänge einfach zu erklären, Vertrauen aufzubauen, Sorgen und Befürchtungen der Beteiligten anzunehmen und es vermeiden, Situation herzustellen, in denen Teilnehmer*innen mit Ängsten und Unsicherheiten konfrontiert werden (van Hoof et al. 2011). Diese Überlegungen verdeutlichen somit, dass die Wahl von Räumlichkeiten einen wichtigen Baustein sicherer Kontextgestaltung darstellt, Räume jedoch nicht per se als besser oder schlechter geeignet betrachtet werden dürfen, sondern immer im Gesamtkontext der Forschung und Settinggestaltung gesehen und gestaltet werden müssen.

3.2.3 Dialoggestaltung und Kommunikation

3.2.3.1 Beziehungsgestaltung und Kooperation

Die **Beziehung** zwischen Menschen mit Demenz und Forschenden bzw. weiteren Stakeholdern stellt ein relevantes Element gelungener – nicht nur partizipativer – Forschung dar. Die gelingende Gestaltung dieser Beziehung kann sogar als zentrale Voraussetzung jeglicher Kooperation mit Menschen mit Demenz betrachtet werden. Ausgehend von bisherigen Erfahrungen in der Demenz- und Technikforschung weist die bisherige Literatur auf verschiedene Aspekte hin, die bei der Beziehungsgestaltung leitend sein sollten. Nach Wißmann (2017, S. 20) gehört dazu die **Kooperation auf Augenhöhe,** ohne die eine Forschungspartizipation von Menschen mit Demenz nicht gelingen kann. Dies bedeutet, dass Co-Forschende mit Demenz als gleichwertige Partner*innen eingebunden werden und auf gleicher Basis wie andere Beteiligte im Projekt agieren können. Voraussetzung dafür ist, dass das **Machtgefälle** zwischen Betroffenen und anderen Stakeholdergruppen nach Möglichkeit aufgehoben wird und deren **Lebensweltexpertise** im Technikentwicklungsprozess den gleichen Stellenwert erhält wie die Fachexpertise anderer Beteiligter. Da im Alltag jedoch ein Machtgefälle zwischen Menschen mit Demenz und Professionellen existiert, ist es notwendig, dass vor allem Wissenschaftler*innen ihren Machtvorsprung so weit wie möglich hinterfragen und das Expert*innenwissen der Betroffenen als eine zentrale Komponente des projektbezogenen Wissens verstehen. Carey (2010, S. 9) warnt allerdings davor anzunehmen, dass es in der Beziehung zwischen Wissenschaftler*innen und Angehörigen sog. marginalisierter Gruppen zu einem echten und dauerhaften Machtausgleich kommen kann. In der gemeinsamen Arbeit muss es vielmehr darum gehen, zu einem **Machtverzicht auf Zeit** zu gelangen, der für gelungene Partizipation essenziell ist. Der Aufbau einer auf Augenhöhe beruhenden Beziehung ist jedoch nicht voraussetzungslos. Sowohl aus partizipativer Technik- als auch Demenzforschung werden dafür verschiedene Randbedingungen genannt. Dazu gehört u. a. die Erkenntnis, dass es in der partizipativen Forschung mit Menschen mit Demenz notwendig ist, wesentlich mehr Zeit für die Beziehungsgestaltung einzuplanen als es für andere Arten der Forschung üblich ist (Nygard 2006; Murphy 2007; Lindsay et al. 2012). Konkret bedeutet dies, dass Anpassungen von Forschungsmethoden und -designs sowie die Gestaltung räumlicher Gegebenheiten nur dann wirkungsvoll sein können, wenn die Beziehung zwischen Menschen mit Demenz und anderen Beteiligten „stimmt".

Eine wesentliche Voraussetzung dafür stellt **Empathie** dar. Nach Wright und McCarthy (2001, zit. in Lindsay et al. 2012, S. 522) lassen sich drei Aspekte benennen, die für die Entwicklung einer empathischen Beziehung zwischen Wissenschaftler*innen und Co-Forschenden wichtig sind: a) Wissen bzw. Kenntnisse im Hinblick auf Bedürfnisse der Co-Forschenden, b) eine positiv gestimmte Sicht bzw. Einstellung gegenüber Co-Forschenden sowie c) besondere Sensibilität gegenüber emotionalen Erfahrungen innerhalb der Co-Forschung. Newell et al. (2011) betonen zudem, dass eine auf Empathie beruhende Beziehung nicht entstehen kann, wenn sich Technikentwickler*innen und Betroffene ausschließlich in Workshops bzw. in Arbeitstreffen begegnen. Es bedarf vielmehr persönlicher Begegnungen jenseits des Projektsettings, in denen es darum geht, die Beteiligten als Menschen – und nicht als Studienteilnehmer*innen – zu erlebenf. Nach McKeown et al. (2010) kann diese Art der Begegnung erst dann stattfinden, wenn Co-Forschende auf der Basis von Reziprozität in soziale und nicht zwingend projektbezogene Aktivitäten eingebunden werden. Diese Art der Begegnung macht es möglich, tatsächliche Bedürfnisse von Co-Forschenden mit Demenz zu erkennen. Derartige Erfahrungen sind vor allem dann wichtig, wenn die Bedürfnisse der Co-Forschenden in Konflikt zu den programmatischen Zielen der Technikentwicklung, wie z. B. dem Streben nach Innovation, geraten (können). Auch Lindsay et al. (2012) betonen, dass nicht nur Wissen über Demenzen, sondern auch persönliche Erfahrungen mit Menschen mit Demenz wichtig sind, um zu einer echten Kooperation zu gelangen. Dabei sollten sie nicht erst am Ende eines Projektes, sondern bereits zu Beginn der Forschung gesammelt werden, damit sie im Technikentwicklungsprozess wirksam werden können.[33] Es reicht zudem nicht aus, wenn nur ein Teil der Projektbeteiligten über Erfahrungen im Beziehungsaufbau mit Menschen mit Demenz verfügt. Astell et al. (2009a) betonen vielmehr, dass alle Projektteilnehmer*innen solche Erfahrungen benötigen. So wurden beispielsweise im Projekt CIRCA (*The Computer Interactive Reminiscence and Conversation Aid*) alle Mitglieder des wissenschaftlichen Teams ermuntert, Zeit mit Menschen mit Demenz zu verbringen, sei es im Kontext des Projektes oder auf freiwilliger Basis, z. B. durch die Kooperation mit entsprechenden Einrichtungen und Diensten. Rodgers (2017) betont darüber hinaus, dass es in Bezug auf Empathie nicht ausreichend sei, sich „nur" an jenen theoretischen Ansätzen zu orientieren, die Empathie zum Gegenstand von Methoden der Technikentwicklung machen, z. B. *empathic design* (ED) (Koskinen und Batterbee 2003), *empathetic design* (Nevell et al. 2011) oder *empathy probes* (Mattelmäki und Battarbee 2002). Neben der Anwendung derartiger Ansätze und Methoden gehe es vielmehr darum, Empathie selbst zu entwickeln und sie im Entwicklungsprozess wirksam werden zu lassen.

Partizipative Forschung mit Menschen mit Demenz setzt nicht nur Empathie voraus, sondern erfordert ebenfalls, dass Wissenschaftler*innen eine **eigene Position zur Demenz und zu Menschen mit Demenz** entwickeln, ihre bestehende Position aber auch reflektieren (vgl. Abschnitt 3.2.7.2). Eine ethisch fundierte und reflektierte Haltung kann allerdings nicht alleine durch Fachwissen, z. B. über Demenzen, entstehen, sondern beruht auf der authentischen Auseinandersetzung mit der subjektiven Erfahrung und Perspektive von Menschen Demenz. Die reflektierte Befassung mit der subjektiven Welt der Betroffenen kann als zentraler Schlüssel für die Forschung mit ihnen betrachtet werden. Erst der reflexive Umgang mit Betroffenen ermöglicht eine echte Partnerschaft, die wiederum als wesentliche Voraussetzung der Entwicklung von Technologien betrachtet werden kann (Astell et al. 2009a). Eine auf Empathie beruhende Beziehung stellt darüber hinaus – gerade in Technikentwicklungsprojekten – eine wichtige Grundlage der Motivation von Co-Forschenden zur längerfristigen Zusammenarbeit dar. Vor allem in Projektphasen, in denen die Beschäftigung mit Technologie als besonders herausfordernd erlebt wird, bedarf es guter Beziehungen sowie positiver Erinnerungen an gemeinsame Lernprozesse bzw. gemeinsam verbrachte Zeit, da sie für Co-Forschende mit Demenz als eine der wichtigsten Quellen der Motivation zur Aufrechterhaltung der Zusammenarbeit gelten (Hakobyan et al. 2015, S. 88).

---

[33]Vgl. dazu beispielhaft das Projekt KITE („Keeping in Touch Everyday"), in dem assistive Technologien für Unabhängigkeit außerhalb des eigenen Wohnbereiches entwickelt wurden (Robinson et al. 2009).

Genügend Zeit für gegenseitiges Kennenlernen, Sympathie, Toleranz und Humor bilden weitere Elemente, die eine positive Beziehungsgestaltung unterstützen können (Hellström et al. 2007; Rodgers 2017). Ängste, Unsicherheiten, Ressentiments oder stereotype Vorstellungen über Menschen mit Demenz stellen dagegen Barrieren für den Beziehungsaufbau und schließlich auch für die Projektentwicklung dar (Lindsay et al. 2012; Nygard 2006; Hellström et al. 2007).

3.2.3.2 Kommunikation, Kognition und Sprache

Zur Kommunikation mit Menschen mit Demenz liegt inzwischen viel Literatur vor, so dass es im Rahmen dieses Kapitels keinesfalls darum gehen soll, die bestehende Vielfalt wiederzugeben. Vielmehr sollen ausgewählte Erfahrungen hervorgehoben werden, die im Rahmen partizipativer und meist technikbezogener Forschung entstanden sind. Vorab sei allerdings angemerkt, dass die Auseinandersetzung mit „nutzergerechter" Kommunikation eine **projektbegleitende Aufgabe** darstellen muss, die u. a. dem dynamischen Charakter demenzieller Erkrankungen geschuldet ist. Nehmen beispielsweise Menschen mit beginnender Demenz an Projekten teil, so sind es in der Regel Wortfindungsprobleme, mit denen Forschende bei der Gestaltung der sprachlichen Kommunikation konfrontiert werden können. Im Verlauf der Demenz verändert sich die Sprache zunehmend, was dazu führt, dass bestehende Kommunikationsstrategien an neue Gegebenheiten angepasst werden müssen. Im mittleren Stadium der Erkrankung nehmen z. B. Wortneubildungen zu, so dass die Aufgabe der Wissenschaftler*innen häufig darin besteht, der Bedeutung der Sprache nachzugehen. Mit zunehmender Schwere der Demenz schwindet die gesprochene Sprache sukzessive, was zur Verlagerung der Verständigung auf die nonverbale Ebene führt. Da die analoge Kommunikation in der Regel eine gute Beziehung voraussetzt, stellt die Beziehungsgestaltung auch aus diesem Grund einen bedeutsamen Aspekt der Kommunikation mit Menschen mit Demenz dar.

Sprache und Kognition bilden aus Sicht vieler Projekte typische Barrieren in der Zusammenarbeit mit Menschen mit Demenz. Aufgrund der Komplexität von Technikentwicklungsprozessen berichten Forschende vielfach von Unsicherheiten und Problemen, geeignete (auch lösbare) Aufgaben zu konzipieren und sie von jenen abzugrenzen, die lediglich zur Überforderung und Frustration führen. In technikbezogenen Vorhaben finden sich viele Beispiele für Aufgaben, die sowohl seitens der Co-Forschenden als auch der Wissenschaftler*innen als besonders herausfordernd erlebt wurden. Dazu zählen vor allem Arbeitsschritte, die mit **kriterienbasierten Entscheidungen, Abstraktionen** oder mit der **kontinuierlichen Arbeit an einer Aufgabe** verbunden sind. So berichten Hendriks et al. (2014), dass Menschen mit Demenz besonders herausgefordert waren, sobald es um abstrakte Gedankengänge ging. Die Erfahrungen mit MAP-it (Schepers 2013), einer Methode, mit deren Hilfe eine Rekonstruktion des eigenen Alltags auf einer Flipchart vorgenommen wird, um eine potenzielle Unterstützung von außen, z. B. durch Technik, ausfindig zu machen, zeigen, dass gedankliche Arbeit mit „virtuellen Lösungen" besonders problematisch war. Als herausfordernd und frustrierend erlebten Co-Forschende ebenfalls Situationen, in denen sie bestimmte Entscheidungen treffen mussten, z. B. bezüglich der Farbgestaltung eines Objektes (Hendriks et al. 2014, S. 34). Sobald mit Entscheidungen auch Extrapolationen in die Zukunft verbunden waren, z. B. im Hinblick auf potenzielle Nützlichkeit von Technik, fiel es den Teilnehmer*innnen schwer, eine individuelle Wahl zu treffen. Standen in den jeweiligen Sitzungen nahe Angehörige zur Verfügung, verließen sich die Teilnehmer*innen schnell auf deren Meinung bzw. reagierten passiv und ließen sich für eine individuelle Entscheidung nur schwer motivieren. Als besonders herausfordernd erweis sich für Co-Forschende mit Demenz auch die kontinuierliche Befolgung von Aufgaben – sowohl im Verlauf einer Sitzung als auch über mehrere Sitzungen hinweg. In Technikentwicklungsprojekten, die für die Gestaltung der Kommunikation keine zeitlichen Ressourcen vorgesehen haben, führte die wiederholte Kommunikation gemeinsamer Aufgaben in der Regel zu Verzögerungen des Entwicklungsprozesses, was auch durch beteiligte Wissenschaftler*innen als Frustration erlebt wurde.

Angesichts dieser Erfahrungen taucht häufig die Frage auf, bis wann Menschen mit Demenz grundsätzlich – z. B. im Rahmen eines Interviews – eingebunden werden können. Als zentrales Kriterium wird in diesem Zusammenhang häufig die **kognitive Leistungsfähigkeit** betrachtet. Ergebnisse aus pflege- bzw. gesundheitsbezogener partizipativer (Evaluations-)Forschung mit Menschen mit Demenz zeigen allerdings, dass die kognitive Leistungsfähigkeit – gemessen z. B. mithilfe des MMST – nicht per se als geeignetes Bewertungskriterium der Befragbarkeit herangezogen werden kann (van Baalen et al. 2011). Die Annahme eines allgemeinen Zusammenhangs zwischen Kognition und Befragbarkeit erweist sich nicht nur als irreführend; sie entzieht sich in den meisten technikbezogenen Vorhaben auch der praktischen Überprüfbarkeit, da der kognitive Status der Beteiligten in der Regel nicht bekannt ist. Als angemessen gilt eher die Frage, zu welchen Themen Menschen mit Demenz generell befragt werden können. In einer von Feinberg und Whitlach (2001) durchgeführten Studie konnte gezeigt werden, dass Menschen mit leichter bis mittelschwerer Demenz (mit einem MMST-Score zwischen 13 und 26) sehr gut in der Lage waren, ihre Wünsche und individuelle Präferenzen zu benennen, Angaben zu ihrer soziodemografischen Situation zu machen und sich an Entscheidungen zu beteiligen – jedenfalls bei Themen, die durch sie als subjektiv bedeutsam wahrgenommen wurden. Angaben zu wichtigen

Lebensbereichen zu machen und sich zur eigenen subjektiven Lebensqualität zu äußern, gelingt Menschen mit Demenz ebenfalls bis zum mittleren Stadium der Erkrankung. Darauf weisen u. a. Logsdon et al. (2002) hin, die Menschen mit leichter bis mittelschwerer Demenz (MMST-Score zwischen 11 bis 29) bezüglich ihrer eigenen Lebensqualität befragten. Eine Bestätigung dafür findet sich bei Mozley et al. (1999), die beobachten konnten, dass fast 80 % der Befragten mit Demenz und einem MMST-Score größer als 10 zu verschiedenen Aspekten ihrer Lebensqualität befragt werden konnten. Dabei stellten die Forscher*innen fest, dass die Befragbarkeit der Teilnehmer*innen von zwei Messbereichen des MMST besonders stark abhängig war – der Aufmerksamkeit und der Orientierung im Raum. Bei der Gestaltung partizipativer Forschung mit Menschen mit Demenz sollten Forschende daher besondere Unterstützung leisten, sobald die dahinter steckenden Kognitionsbereiche wichtig sind. Neben der Kognition wird häufig auch die (fehlende) **Krankheitseinsicht** als entscheidendes Kriterium partizipativer Technikentwicklung betrachtet. Brod et al. (1999) warnten allerdings schon früh davor, die Krankheitseinsicht als Kriterium der Validität heranzuziehen. Handelt es sich um emotional relevante Aspekte, könnten Menschen mit Demenz diese auch dann valide einschätzen, wenn sie die Veränderung ihrer eigenen Kognition nicht wahrnehmen.

Zusammenfassend betrachtet, weisen bisherige Forschungserfahrungen darauf hin, dass Menschen mit Demenz mindestens bis zum mittleren Stadium der Erkrankung in partizipative Technikentwicklung eingebunden werden können, unter der Maßgabe, dass anstehende Arbeitsaufgaben eine entsprechende Anpassung erfahren und eine angemessene Unterstützung zur Verfügung steht. Daher gehört – neben der Gestaltung der Kommunikation – auch die **Anpassung der Aufgaben** sowie deren dauerhafte Weiterentwicklung – verbunden mit einer begleitenden Reflexion der mit ihnen verbundenen Anforderungen – zu wichtigen Erfolgsfaktoren partizipativer Projekte mit Menschen mit Demenz. Viele in der Technikentwicklung verwendeten Methoden enthalten Denkschritte, die für Menschen mit Demenz schwer lösbar sind. Dazu zählen etwa Aufgaben, die aus mehreren, meist aufeinander aufbauenden Teilschritten bestehen, sowie Aufgaben, deren Lösung die Heranziehung verschiedener Vergleichskriterien erfordert. Da die Veränderung der Kognition bei Demenz bereits zu Beginn der Erkrankung dazu führen kann, dass komplexe Entscheidungssituationen ohne externe Unterstützung nicht eigenständig gelöst werden können, müssen komplexe Aufgaben in mehrere Einzelschritte aufgeteilt und nach Bedarf durch Fachpersonen begleitet werden. Einer solchen Begleitung bedarf es ebenfalls bei der Entscheidungsfindung, sei es bei extern-geleiteten (z. B. Wahl zwischen zwei Alternativen) oder intern-geleiteten (Bezug zu individuellen Präferenzen) Kriterien (Walther und

Riepe 2014). Je abstrakter die Aufgabe oder der betrachtete Gegenstandsbereich, umso höher der erforderliche Unterstützungsbedarf. Handelt es sich dagegen um Alltagsentscheidungen, die meist auf der Grundlage lebenslanger Präferenzen und Werte getroffen werden, fällt es Menschen mit Demenz – vor allem in früheren Phasen der Erkrankung – leicht, entsprechende Entscheidungen selbständig zu treffen. Stehen neue, bisher nicht existierende Technologien im Fokus der Betrachtung, sind verschiedene kognitive Transferleistungen zu bewältigen, die Menschen mit kognitiven Einschränkungen als besonders anspruchsvoll erleben können. Darauf weisen a.a. Newell und Gregor (2000, S. 41) hin, indem sie festhalten: „Users are not very good at explicitly stating what they need of a technology which does not yet exist" (S. 41). Konkret bedeutet dies, dass gerade der Schritt von der Thematisierung nicht erfüllter (Alltags-)Bedürfnisse bis hin zur Wahl einer bestimmten Technologie einer sorgfältigen Unterstützung bedarf, bei der sowohl kognitive als auch kommunikationsbezogene Aspekte berücksichtigt werden müssen. Für partizipative Technikentwicklungsprojekte mit Menschen mit Demenz kann das bedeuten, dass im Einzelfall eine kontinuierliche **fachliche Begleitung** bei der Gestaltung von Aufgaben notwendig ist, die auch die Notwendigkeit kontinuierlicher Anpassung an den Erkrankungsstatus berücksichtigt.

Besondere Anforderungen an die Kommunikation und die Aufgabengestaltung erwachsen dann, wenn es sich um eine gemischte Gruppe handelt in dem Sinne, dass sich Co-Forschende mit Demenz in **unterschiedlichen Stadien der Erkrankung** befinden. Starke interindividuelle Unterschiede in Kognition und Sprache machen dann die Entwicklung mehrerer verschiedener Kommunikationsstrategien erforderlich, da gemeinsame Mitteilungen ggf. nur von einem Teil der Teilnehmer*innen verstanden werden können. So berichten z. B. Hendriks et al. (2014), dass die Berücksichtigung individueller Anforderungen an Kommunikation zusätzliche Zeit erfordert, da auch laufende Projektergebnisse für die Teilnehmer*innen unterschiedlich aufbereitet und kommuniziert werden müssen. Vor diesem Hintergrund sind die Ziele der Zusammenarbeit und die zur Verfügung stehenden Ressourcen zu prüfen, bevor über die Homogenität bzw. Heterogenität einer Gruppe entschieden wird. Allerdings spielen nicht nur projektbezogene Ressourcen eine wichtige Rolle, sondern vor allem die Ziele der Forschung, für die bestimmte Formen der Beteiligung relevant sind. In technikorientierter Forschung liegen Erfahrungen mit verschiedenen Graden der (Gruppen-)Variabilität vor. Besonders positive Erfahrungen werden allerdings dann berichtet, wenn die Zusammensetzung der Teilnehmer*innen den spezifischen Zielen der Forschung entspricht. So zeigte sich z. B. im Projekt KITE (Robinson et al. 2009), dass die Gruppenhomogenität dann besonders förderlich war, wenn eine freie und offene

Äußerung von Wünschen, Bedürfnissen, Sorgen und Befürchtungen von hoher Relevanz war. Heterogene Gruppen können wiederum dann wichtig sein, wenn der Diversität ein besonderer Stellenwert zukommt, z. B. die Anpassung einer Technologie an unterschiedliche Kompetenzgrade erforderlich ist.

Die Gestaltung der Interaktion und der Kommunikation mit Menschen mit Demenz unterscheidet sich ebenfalls in Abhängigkeit davon, welche Form der Beteiligung konzeptionell verfolgt wird und welche Rolle Wissenschaftler*innen in der **Interaktion mit Beteiligten** einnehmen. Bechtold und Sotoudeh (2008) machen darauf aufmerksam, dass die Durchführung von Marktanalyen, von Nutzer*innentests, von Nutzer*innenbedürfniserhebungen oder ethnografischen Studien jeweils andere Anforderungen an die Kommunikationskompetenzen der Forschenden stellt. Während es im Rahmen von Marktanalysen, in denen u. a. Konsumbedürfnisse und -präferenzen künftiger Nutzer*innen erfasst werden, häufig nur um eine entsprechende Anpassung bestehender Methoden an die Kommunikationskompetenzen der Befragten geht, stellt die Konzipierung von Nutzer*innentests bereits höhere Anforderungen an die Forschenden dar. Hier geht es nicht nur darum, die Funktionsweise von Prototypen verständlich zu vermitteln, sondern auch die Rückmeldungen der Teilnehmer*innen aufzunehmen und umzusetzen. Dazu zählt auch die Aufgabe, die Botschaften der Teilnehmer*innen zu notieren und zu „übersetzen". Die Durchführung von Nutzer*innentests erfordert zudem beidseitige Interaktionsbereitschaft.

Andere Herausforderungen an die Gestaltung der Kommunikation entstehen wiederum dann, wenn Forschende am Alltag der Studienteilnehmer*innen unmittelbar partizipieren, z. B. an Hospitationen oder ethnographischen Studien teilnehmen. Je länger und intensiver die Interaktion mit Menschen mit Demenz, umso wahrscheinlicher ist es, dass eine gezielte Vorbereitung erforderlich wird. Viele Studien weisen daher auf die Notwendigkeit des Erwerbs spezifischer **Fachkenntnisse und Kompetenzen** hin, bevor in einen Dialog mit Menschen mit Demenz getreten wird. Ihr Fehlen beeinträchtigt den Dialog und die Interaktion mit Menschen mit Demenz (Eggenberger et al. 2013). Digby et al. (2016, S. 1157) gehen davon aus, dass die häufig in Zweifel gestellte Validität von Daten aus Befragungen von Menschen mit Demenz dem Problem geschuldet ist, dass die meisten Professionellen – Wissenschaftler*innen inbegriffen – über keine oder nur geringe Kompetenzen in der Kommunikation mit Menschen mit Demenz verfügen. Auch das Wissen um Kommunikationsbedürfnisse bei Demenz ist vielen Professionellen nicht bekannt.

Aus technikorientierter und partizipativer Forschung mit Menschen mit Demenz wird zudem auf die Relevanz von **Fach- und Methodenkompetenzen** sowie **Sozial- und Subjektkompetenzen** hingewiesen. So gehen van Baalen et al. (2011) davon aus, dass fehlendes Fachwissen über ein Leben mit Demenz einer der häufigsten Gründe dafür ist, dass Forschende Menschen mit Demenz missverstehen. Kommunikationsprobleme resultierten vor allem aus der fehlenden Kompetenz professionell Forschender Studienteilnehmer*innen mit Demenz „richtig" zuzuhören. Die Ergebnisse des Reviews, das sich der Auswertung partizipativer Evaluationsstudien mit Menschen mit Demenz widmet, zeigen ebenfalls, dass sich Menschen mit Demenz an kürzeren Gesprächen sehr gut beteiligen können, während sie aber bei längeren Dialogen einer gezielten Unterstützung bedürfen. Twiddy et al. (2013, S. 13f) betonen, dass Forschende ihr (Fach-)Wissen als auch ihre Kommunikationskompetenzen vor allem dann kritisch prüfen sollten, wenn sie mit Menschen mit Demenz in der stationären Pflege in Kontakt treten. Neben spezifischen Kommunikationsfähigkeiten bedarf es hier ebenfalls der Kenntnis geeigneter Kommunikationswege, die zu den Bewohner*innen erst über sog. Gatekeeper führen. Nach Nygard (2006) sind – neben geeignetem Fachwissen – auch besondere Subjektkompetenzen gefragt, zu denen sich bestimmte individuelle Bereitschaften gesellen. Die Durchführung von Gesprächen mit Menschen mit Demenz erfordert von Forschenden vor allem ein hohes Maß an **Flexibilität** und die **Bereitschaft zur Improvisation.** Es ist wichtig, dass Forschende den Befragten nicht nur folgen *können*, sondern auch folgen *wollen*, denn die Forschung mit Menschen mit Demenz birgt eine Reihe von Herausforderungen, für die keine standardisierten Lösungen zur Verfügung stehen (Beuscher und Grando 2009, S. 8ff). Der Umgang mit unerwarteten – auch emotionalen – Reaktionen, unbeantworteten Fragen und Verständigungsproblemen gehört u. a. in den Kanon derartiger Herausforderungen, die Wissenschaftler*innen akzeptieren und mittragen müssen (Digby et al. 2016, S. 1159). Die Gestaltung der Kommunikation mit Menschen mit Demenz stellt daher immer eine individuelle Angelegenheit dar, für die es zwar viele Empfehlungen (Cantley et al. 2005; Beuscher und Grando 2009), aber keine festen Regeln gibt.

Moore und Hollett (2003) betonen, dass ein wertschätzender Umgang miteinander und Kommunikation auf Augenhöhe auch die Sprache einbeziehen muss. Unterschiede in Sprachkompetenzen dürften kein Hinderungsgrund für gleichberechtigte Kommunikation sein. Da vor allem **gemeinsame Sprache** als ein Instrument zur Herstellung von Gleichheit betrachtet wird (Digby et al. 2016), plädieren viele Wissenschaftler*innen – gerade in technikorientierten Projekten – für die Entwicklung einer gemeinsamen Sprache. So berichten z. B. Lindsay et al. (2012, S. 523), dass in den Sitzungen des KITE-Projektes bei der Beschreibung von Technikmerkmalen nur jene Begriffe verwendet wurden, die von den Teilnehmer*innen zuvor selbst eingebracht wurden. Auf diese Weise entstand ein gemeinsamer sprachlicher Bezugsrahmen, der für die Kommunikation in den Sitzungen leitend war und kontinuierlich erweitert wurde. Sprachliche

Barrieren sind gerade in technikorientierten Projekten verbreitet, da hier Laien-Forschende auf eine komplexe und ihnen unbekannte Fachsprache treffen. Eisma et al. (2004) berichten aus eigenen Projekten, dass es vor allem Fachexpert*innen schwer fällt, auf Fachsprache zu verzichten und stattdessen einfache Sprache zu verwenden. In diesem Zusammenhang betont Rodgers (2017), dass es nicht ausreichend sei, Sprache „nur" zu vereinfachen. Da Sprache immer auch Ausdruck der angebotenen Beziehung und einer darin verankerten Rolle ist, sollte Sprache grundsätzlich einladend und unterstützend sein. Sie soll Empathie, Toleranz, Verständnis und Respekt vermitteln und keinesfalls den Eindruck erwecken, dass Co-Forschende eine Verpflichtung zur Studienteilnahme hätten. Eine unterstützende Sprache darf gleichzeitig nicht offensiv oder patronisierend sein, sondern das Gefühl einer Partnerschaft unter gleichgestellten Expert*innen vermitteln (Madden et al. 2014). Patronisierende Interviewstile fördern bzw. verstärken dagegen ungleiche Machtpositionen. Dies verdeutlicht, dass Verständigungsprobleme nicht nur Folge ungleicher Machtpositionen sein können, sondern dass sie ggf. auch Instrument zur Zementierung ungleicher Machtverhältnisse sind.

Trotz der Relevanz sprachlicher Kommunikation muss der Stellenwert von Sprache als Medium der Kommunikation mit Menschen mit Demenz in gewisser Weise **relativiert** werden. Da verbale Mitteilungsmöglichkeiten über den Verlauf der Erkrankung zurückgehen, braucht es einer besonderen Sensibilität für Wege der Verständigung, die ohne gesprochene Sprache auskommen. Span et al. (2016, S. 171) betonen, dass es in der Regel um die Entwicklung alternativer Formen der Kommunikation geht, die in kreativer Weise erprobt werden müssen. Verbale Kommunikation darf daher nicht als einzige Möglichkeit der Mitteilung betrachtet werden, sondern bedarf einer Ergänzung um weitere Formen (z. B. mithilfe von Bildern, Videos, kleinen Geschichten, Objekten) (Hendriks et al. 2013). Dies betrifft nicht nur die Mitteilungen von Wissenschaftler*innen, sondern auch die der Co-Forschenden mit Demenz, die grundsätzlich verschiedene Mitteilungsoptionen erhalten sollten. Bei der Gestaltung von Kommunikation fordert z. B. Orpwood et al. (2004) die gezielte Entwicklung von Feedbackmöglichkeiten, die ohne Sprache auskommen, insbesondere ab dem mittleren Stadium der Demenz. Dabei müssen weitere Einschränkungen, z. B. des Sehens oder Hörens, berücksichtigt werden.

Zusammenfassend betrachtet, bilden Dialoggestaltung und Kommunikation zwei Bausteine partizipativer Forschung, die insbesondere in der Zusammenarbeit mit Menschen mit Demenz einer besonderen Planung und begleitenden Reflexion bedürfen. In Abhängigkeit von den im Projekt vorhandenen Kompetenzen kann es wichtig sein, dass externe Fachexpertise zur Gestaltung der Kommunikation in das Konsortium integriert wird oder dass sich Projektbeteiligte einer Schulung zur Kommunikation bei Demenz unterziehen. Ein gelingender Umgang mit Kommunikation impliziert zudem, dass Sprache als Machtinstrument kritisch reflektiert wird. Da die Entwicklung neuer Technologien eine für Laien-Forschende besonders abstrakte Aufgabe darstellt, muss ein sensibler und kritischer Umgang mit Fachsprache – gerade in diesem Feld – als eine wichtige Randbedingung erfolgreicher Zusammenarbeit verstanden werden.

3.2.4   Kompetenzentwicklung und Empowerment

3.2.4.1 Empowerment und Disempowerment

Kompetenzentwicklung (*Capacity Building*) und Befähigung (*Empowerment*) stellen aus Sicht zentraler partizipativer Ansätze, z. B. des *Community-based Participatory Research-* oder des *Co-Design-Ansatzes*, grundlegende Elemente partizipativer Forschung dar (von Unger 2012). Gemeinsame Lernprozesse und der Erwerb spezifischer Kompetenzen gelten zudem als zentraler Schlüssel zum Empowerment. Aus technikorientierter Forschung und Entwicklung liegen bisher nur wenige Erkenntnisse zu der Frage vor, wie Empowerment im Sinne individueller und/oder kollektiver (Selbst-)Befähigung und Ermächtigung konkret gefördert werden kann. Im Gegenzug dazu lassen sich in Technikentwicklungsprojekten viele Anhaltspunkte dazu finden, wo Risiken für Disempowerment bestehen und wie deren Vermeidung gelingen kann. Dies wird insbesondere an Reflektionen sichtbar, die auf mögliche Risiken für Disempowerment hinweisen. Vor diesem Hintergrund wird der Schwerpunkt des Kapitels auf der Analyse möglicher Disempowerment-Risiken liegen. Im ersten Schritt soll allerdings die Förderung von Empowerment als Prozess beschrieben werden (vgl. dazu auch Abschnitt 2.1.1.2).

Aus Sicht des *Co-Design-Ansatzes* stehen Prozesse des Empowerment vor allem im Zusammenhang mit der sich wandelnden **Rolle der Co-Forschenden**. Ein Wandel von Laien-Forschenden zu gleichberechtigten Expert*innen geschieht jedoch nicht gleich zu Beginn eines Vorhabens, sondern muss als ein längerer und dynamischer Prozess verstanden werden, dessen Ergebnis durch die Co-Designer*innen als individueller Nutzen der Beteiligung wahrgenommen wird (Melles et al. 2011). Die Prozesshaftigkeit dieses Geschehens bedeutet für Menschen mit Demenz, dass sie sich in einen Transformationsprozess begeben (müssen), in dem sie eine der Wissenschaft untergeordnete Position schrittweise verlassen und die Rolle der Expert*innen ihrer eigenen Lebenslage einnehmen. Dazu bedarf es einer komplementären Veränderung auf Seiten der beteiligten Wissenschaftler*innen, die ihr Selbstverständnis als dominierende Expert*innen aufgeben und in die Rolle der **Unterstützer*innen** von **Co-Design-Prozessen** wechseln. Eine zentrale Bedeutung kommt in diesem Kontext den ungleichen Machtpositionen der beteiligten Akteure zu (Bond 2011, S. 39). Da Menschen mit Demenz innerhalb von Projektkonsortien meist die schwächste Position innehaben, besteht die Voraussetzung für Empowerment häufig erst darin, den Teilnehmer*innen zu mehr Macht zu verhelfen. Um bestehende Machtungleichheiten jedoch nicht ungewollt zu reproduzieren, ist es wichtig Beteiligungsbarrieren explizit zu beobachten. Die Intention des Vorgehens liegt weniger im Streben nach idealistischen Vorstellungen eines Machtausgleichs, sondern in der Suche nach Möglichkeiten zur Beseitigung bestehender Beteiligungshindernisse. So betonen etwa Digby et al. (2016, S. 1158): „A complete absence of manipulation and domination would produce an idealised form of intersubjectivity in which each party could freely speak and be heard. This is unlikely to be completely possible, but striving to attain equality between communicators is a worthy aim".

Betrachtet man bisherige technikorientierte Projekte, so fällt zunächst auf, dass Aspekte des Empowerments – sofern sie durch die Beteiligung von Menschen mit Demenz angestrebt werden – keiner **konzeptionellen Grundlage** noch einer **theoretischen Perspektive von Empowerment** folgen. Werden Aspekte des Empowerments in Form vermuteter Wirkungen partizipativer Forschung erwähnt – wobei sie in Technikentwicklungsprojekten häufig als positive Nebeneffekte gemeinsamer Arbeit verstanden warden – liegt ihr Fokus meist auf personalem Empowerment; eine Differenzierung verschiedener Empowermentformen – sei es als Ergebnis von Evaluationen oder theoretischer Annahmen – findet nicht statt. Da Evaluationen von Partizipation in technikorientierten Projekten spärlich sind, lassen sich auf deren Grundlage auch keine systematischen Erkenntnisse zur Entwicklung theoretischer Modelle gewinnen. Als eine der wenigen Ausnahmen kann das Projekt LEARNERS (*Learning, Evaluation, Action & Reflection for New technologies, Empowerment and Rural Sustainability*) erwähnt werden, das sich mit der partizipativen Implementierung von IKT in zwei ländlichen Kommunen in Australien befasste (Lennie 2005). Ein in diesem Projekt entwickeltes Empowerment-Modell ging von vier Dimensionen von Empowerment aus: 1) soziales Empowerment, 2) politisches Empowerment, 3) psychologisches Empowerment sowie 4) technologisches Empowerment. Als Ergebnis ihrer partizipativen Evaluation konnte die Autorin (Lennie 2005) zeigen, dass es auf den o. g. Dimensionen von Empowerment gleichzeitig zu Prozessen des Disempowerment gekommen ist (vgl. Info-Box 3.13). Dies bedeutet, dass es im Rahmen von Technikimplementierungsprojekten nicht nur um die Erfassung **erwartbarer und positiver**, sondern grundsätzlich auch um die Erfassung **unerwarteter und negativer Wirkungen** gehen muss.

Dimensionen von Empowerment	Dimensionen von Disempowerment
Soziales Empowerment, z. B. Erwerb neuen Wissens, neues Verständnis für bestehende Probleme, Gewinn neuer Fähigkeiten, Bildung neuer sozialer Kontakte, Vernetzung	*Soziales Disempowerment*, z. B. Lücken beim Erwerb notwendigen Wissens, kein ausreichender Überblick über das Gesamtprojekt (u. a. aufgrund der Komplexität des Vorhabens), Probleme mit unverständlicher Fachsprache, fehlender Konsens bei Projektzielen, Frustration aufgrund des Ausbleibens kurzfristiger Ergebnisse
Politisches Empowerment, z. B. Teilnahme an Politikgestaltung, neue Möglichkeiten der Einflusnahme auf eigenes Leben und Leben in der Gemeinschaft, Vernetzung und Lobbying, Veränderung von Stereotypen über bestimmte Personengruppen	*Politisches Disempowerment*, z. B. Fehlen individueller Einflussmöglichkeiten auf Projekt und seine Ergebnisse, auf wenige Beteiligte verteilte "Kontrolle" über das Projekt, fehlender Einfluss auf die Projektagenda, geschlossene und vor dem Projekt bestehende Netzwerke ausgewählter Beteiligter
Psychologisches Empowerment, z. B. Selbstvertrauen und Selbstwertgefühl, Wertschätzung und Respekt, Motivation und Interesse, Ausdruck der eigenen Person durch konkretes Tun, Zugehörigkeitsgefühl, Wohlbefinden	*Psychologisches Diesempowerment*, z. B. fehlende Gleichwertigkeit und Wertschätzung für eingebrachtes Engagement, fehlendes Vertrauen in die Tragfähigkeit projektbezogener Kontakte
Technologisches Empowerment, z. B. Kenntnisse über IKT, Verständnis von IKT, Zugang zu hochwertigen Technologien, Vertrauen in die Nutzung von IKT	*Technologisches Disempowerment*, z. B. Frustration aufgrund technischer Probleme, fehlendes Selbstvertrauen bzw. Fehlende Kenntnisse im Umgang mit IKT, lückenhaftes Training im Umgang mit IKT

Info-Box 3.13: Verschiedene Dimensionen von Empowerment und Disempowerment (inkl. ausgewählter Teilaspekte) am Beispiel von Technikimplementierung – Ergebnisse einer partizipativen Evaluationsstudie (Lennie 2005).[34]

---

[34]Die verschiedenen Teilaspekte von Empowerment sind das Ergebnis theoretischer Analyse; die dargestellten Teilaspekte von Disempowerment sind Ergebnis einer empirischen (partizipativen) Evaluationsstudie.

Widmet man sich der Auseinandersetzung mit **unbeabsichtigtem Disempowerment,** so lässt sich in technikorientierter Forschung ein Diskurs über jene **Risiken** beobachten, die in der Forschungsbeteiligung selbst begründet sein können. Bei den **Ursachen und Formen von Disempowerment** werden aber auch die Besonderheit der Gruppe von Menschen mit Demenz sowie der Forschungsgegenstand, d.h Entwicklung von Technik, als zentral betrachtet. Wie in jeglicher Art der Forschung – insbesondere *über* Menschen mit Demenz – besteht auch in technikorientierten Projekten das **Risiko der Entpersonalisierung** – und zwar unabhängig vom Gegenstand der Forschung. Befassen sich Forschende mit einer bestimmten Zielgruppe, konstruieren sie gleichsam ihre Besonderheit. Da alle Formen der Klassifizierung, Standardisierung und gruppenbezogenen Anpassung – z. B. von Forschungsmethoden – dazu führen, eine Gruppe als Konstrukt zu „erschaffen", besteht auch in technikorientierter Forschung die Gefahr, dass soziale Konstruktionsprozesse zur Stereotypisierung und schließlich zur Stigmatisierung der beteiligten Personen führen. Weil Menschen mit Demenz ihr Besonders- bzw. Anderssein jedoch als gesellschaftliche Ausgrenzung erleben, kann auch Technikentwicklung unbeabsichtigt zum Disempowerment beitragen, indem sie negative Fremdbilder in neue Technologien transferiert. Forschende sollten sich daher des Risikos der Entpersonalisierung bewusst sein – sowohl in der Entwicklung als auch dem Transfer ihrer Forschungsergebnisse – und ausgehend vom Person-zentrierten Ansatz (Kitwood 2013) das Person-Sein von Menschen mit Demenz in allen Schritten der Technikentwicklung beachten. Eine partnerschaftliche Beteiligung von Menschen mit Demenz in Forschung unter der Wahrung ihrer Autonomie, Würde und Identität stellt daher eine wichtige Voraussetzung dafür dar, dass Empowermentprozesse wirksam werden können.

Ein Risiko für Disempowerment besteht auch dann, wenn Wissenschaftler*innen ihre Zielgruppe **vorschnell als Teil einer Gruppe** *der* **Menschen mit Demenz betrachten,** ohne zu berücksichtigen, ob sie selbst und ggf. ihre Angehörigen die Diagnose angenommen oder die Erkrankung als Teil ihres Lebens oder Schicksals akzeptiert haben. Viele Studien weisen darauf hin, dass die Akzeptanz der Diagnose ein langer Prozess ist, an den sich eine Phase der Auseinandersetzung mit der Thematisierung der Erkrankung gegenüber Dritten und der Öffentlichkeit anschließt. Der damit verbundene Bewältigungsprozess wird häufig auch als ein Übergang zu einer neuen Identität betrachtet, an dessen Ende die demenzassoziierten Veränderungen einen Teil des eigenen Selbst bilden. Der Identitätswandel geschieht schwankend und ist für Betroffene mit der Akzeptanz von Verlusten verbunden (Steeman et al. 2006, 2007; Clare 2003; MacQuarrie 2005). Stimmen Betroffene der Teilnahme an einem Forschungsvorhaben zu, in dem die Auswahl der Zielgruppe u. a. durch Begriffe wie Demenz eindeutig

kommuniziert wird, so kann dies durch den Wunsch nach einer Auseinandersetzung mit der eigenen Erkrankung oder aber durch wahrgenommene Solidarität
mit anderen Betroffenen begründet sein. Trotz dessen ist es für Forschende nicht
immer erkennbar, in welcher Phase des Bewältigungsprozesses sich (potenzielle)
Studienteilnehmer*innen bzw. -interessierte befinden und ob sie über ihre Erkrankung sprechen wollen. Um unbeabsichtigte Entwertung oder Stigmatisierung zu
vermeiden, muss daher im Projekt eine Sprache gefunden werden, die es erlaubt,
über Demenz nichtstigmatisierend zu kommunizieren. Selbst dann, wenn Menschen mit Demenz ihre Diagnose akzeptiert haben, folgt daraus nicht unmittelbar
der Wunsch sich über diese zu definieren. Um Co-Forschende nicht ständig mit
ihrer Erkrankung zu konfrontieren, kann es vorteilhaft sein, das Wort „Demenz"
nur dann zu verwenden, wenn sie es selbst einbringen (Steeman et al. 2007).
Die Auseinandersetzung mit der Erkrankung kann allerdings nur als ein Angebot
verstanden werden. Sie muss folglich so gestaltet sein, dass Co-Forschende grundsätzlich die Möglichkeit haben, das Angebot abzulehnen. Da eine Verschleierung
der Diagnose allerdings auch keine befriedigende Option darstellt, weil sie eine
auf Authentizität beruhende Beziehung behindert, ist die Schaffung einer offenen und wertschätzenden Atmosphäre wichtig, die es Co-Forschenden ermöglicht
über ihr Erleben zu berichten (Steeman et al. 2007, S. 122ff). Zentral bei der
Gestaltung der Kommunikation ist das Bedürfnis nach **(Selbst-)Wertschätzung**,
insbesondere in frühen Phasen der Erkrankung. Hier schwanken Betroffene in
der Regel zwischen dem Erleben von Wertschätzung und Wertlosigkeit, wobei
dem Bemühen um ein positives Selbst- und Fremdbild eine zentrale strategische
Bedeutung gegen das Erleben von Wertlosigkeit zukommt. Der Nutzen partizipativer Forschung mit Menschen mit Demenz kann daher darin bestehen, den
Prozess der Diagnosebewältigung zu unterstützen, selbst dann, wenn Beteiligte
keine ärztlich bestätigte Diagnose haben.

Mögliche Risiken für Disempowerment liegen ebenfalls in den **Widersprüchen zwischen ungleichen Machtpositionen** bzw. grundverschiedenen **Perspektiven** professionell Forschender und Co-Designer*innen und den „Gleichheits-
idealen" der partizipativen Forschung. Insbesondere die fehlende Auseinandersetzung mit den Widersprüchen kann zum Risiko für Disempowerment werden. So
betreiben Wissenschaftler*innen ihre Forschung aus einer Expert*innenposition
heraus, in der sie selten als Privatpersonen, sondern als Professionelle agieren. Forschungsprojekte – auch wenn sie partizipativ ausgerichtet sind – bilden
grundsätzlich einen Teil ihrer beruflichen Karriere, in der es um professionelle
Entwicklung und die Festigung ihrer eigenen wissenschaftlichen Position, u. a.
durch Drittmittel oder Publikationen, geht. Weil Menschen mit Demenz in diesem Kontext grundsätzlich durch die „Brille" der Forschenden betrachtet werden,

nehmen sie eher den Platz als Beforschte ein (Bond 2011). Auch dann, wenn Sie in Forschungsprojekten partizipativ aktiv werden, ergibt sich deren Position nicht aus professionellen Bestrebungen, sondern aus ihrer privaten Situation heraus. Daraus resultieren unterschiedliche Interessen und Loyalitäten, die mit ethischen Konflikten einhergehen können. Wichtig ist, dass die damit verbundenen **Ambivalenzen** in technikbezogener Forschung und Entwicklung nicht ausgeblendet, sondern gezielt aufgegriffen und reflektiert werden. Eine besondere Bedeutung kommt in diesem Zusammenhang auch der Auseinandersetzung mit der eigenen **Verantwortung gegenüber der beteiligten Gruppe** zu. Eine Frage, mit der sich Wissenschaftler*innen daher befassen müssen, ist die nach der eigenen Rolle bei der Vertretung der Interessen von Menschen mit Demenz. Um Empowermentprozesse zu unterstützen, sollten Menschen mit Demenz keinesfalls zum schlichten Forschungsgegenstand und damit zum Objekt der Forschung werden, sondern als Subjekte, Individuen und Partner*innen verstanden und so auch nach außen, z. B. bei Veranstaltungen oder Publikationen, präsentiert werden.

Die Ursache von Disempowerment sehen Lindsay et al. (2012) allerdings auch in der Ungleichheit der Kommunikationspositionen, die im **Forschungsgegenstand**, d. h. der Entwicklung neuer Technologien, begründet sind. Da technikbezogenes Wissen und Können eine Fachexpertise darstellt, die Menschen mit Demenz innerhalb laufender Projekte nicht erwerben können, besteht zwischen Wissenschaftler*innen und Co-Forschenden ein Wissensgefälle, das durch ein hohes Maß an Vertrauen kompensiert werden muss. Die Dominanz technischer Expertise wird dann zum Risiko, wenn neue Technologien unter Zeitdruck entwickelt werden, so dass der Entwicklungsprozess in seiner Ganzheit von Menschen mit Demenz nicht nachvollzogen werden kann. Lindsay et al. (2012) schlagen daher vor, die Kommunikation innerhalb gemeinsamer Sitzungen systematisch zu dokumentieren und inhaltsanalytisch auszuwerten, um mögliche Disempowermentprozesse – zumindest nachträglich – erkennen zu können. Orpwood et al. (2005) machen darauf aufmerksam, dass das Risiko für Disempowerment auch dann sorgfältig geprüft werden muss, wenn Menschen mit Demenz in sehr frühe Phasen der Technikentwicklung einbezogen werden und mit Artefakten konfrontiert werden, die nicht vollständig funktionsfähig sind. In derartigen Situationen können die Motivation und der Selbstwert der Beteiligten leiden, da sie die fehlende Funktionsfähigkeit ggf. mit eigener Kompetenzlosigkeit attribuieren. Wallace et al. (2010) berichten, dass in komplexen Entscheidungssituationen Menschen mit Demenz häufig Zweifel an der Richtigkeit der eigenen Meinung hatten, da sie fürchteten, etwas falsch machen zu können. Gleichzeitig empfanden Menschen mit Demenz Scham, wenn sie Fehler machten. Eine als unüberbrückbar wahrgenommene Machtposition verbunden mit dem Fehlen einer vertrauensvollen

Beziehung kann ebenfalls soziale Erwünschtheit begünstigen und infolgedessen den Forschungs- und Entwicklungsprozess nachhaltig beeinträchtigen.

Die Ungleichheit der Positionen zwischen Wissenschaftler*innen und Co-Forschenden mit Demenz besteht nicht nur im Zugang zu fachspezifischer Expertise, z. B. zu Kenntnissen der Software-Entwicklung, sondern auch in der alltagsrelevanten **Technikkompetenz bzw. digital literacy.** Um diese Ungleichheit zu entschärfen, plädiert z. B. die Aktionsforschung dafür, im Zuge von *Capacity-Building*-Prozessen Co-Forschende zu gleichberechtigten Forschenden zu qualifizieren. In technikorientierter Forschung stellt sich allerdings häufig die praktische Frage, wie ein alltagsrelevantes Know-How projektbegleitend vermittelt werden kann. Einen konkreten Ansatz dazu beschreiben u. a. Müller et al. (2017). Anhand ausgewählter Beispiele zeigen sie, wie im Projekt „Cognitive Village" in sog. Aneignungscafés Kompetenzen im Umgang mit neuen Medien (Smartwatch, Tablet PC, Smartphone usw.) an ältere Menschen vermittelt wurden. Da sich die Fachsprache als Kommunikationsbarriere herausstellte, entstand als Ergebnis der Kollaboration eine gemeinsame „Vokabelliste", die von den Beteiligten vorgeschlagen wurde. Zu diesem Projekt sei anzumerken, dass es sich nicht explizit an Menschen mit Demenz richtete. Es wäre daher zu prüfen, ob bzw. wie entsprechende Kompetenzen auch an Menschen mit Demenz – unter Berücksichtigung bisheriger Erkenntnisse (Chan et al. 2016; Malinowskiy et al. 2018; Rosenberg und Nygard 2014) – vermittelt werden könnten. Ein ähnliches Vorgehen erprobten auch Eisma et al. (2004), die nicht nur Kompetenzen zur Nutzung bestimmter Technologien, sondern auch entsprechendes Fachvokabular vermittelten. Im Rahmen des Projektes UTOPIA (*Usable Technology for Older People – Inclusive and Appropriate*) führte das Team projektbegleitend sog. praktische Sitzungen durch, in denen Beteiligte die Möglichkeit hatten, nicht nur bestimmte Geräte konkret zu nutzen, sondern im Kontext der unmittelbaren Nutzung auch bestimmte Begriffe zu erlernen. Diese Sitzungen, die sich durch einen sehr hohen Anteil praktischer Erprobung auszeichneten, dienten dazu, die Funktionsfähigkeit ausgewählter Technologien auf einem möglichst einfachen Wege zu präsentieren. Das wissenschaftliche Team setzte diese Sitzungen allerdings nicht nur zur Wissens- und Kompetenzvermittlung ein, sondern auch zum Erwerb neuer Erkenntnisse. Durch die gemeinsame Erschließung der verschiedenen Geräte achtete das Forschungsteam auf besondere Nutzungsbarrieren, auf spontan geäußerte Gedanken zur Verbesserung der jeweiligen Technik und besondere Herausforderungen in der praktischen Bedienbarkeit. Nach Eisma et al. (2004) führten diese Sitzungen nicht nur zu einem besseren Verständnis der Funktionsweise von Technik, sondern auch zur Verbesserung der Kommunikation über sie. Die praktische Herangehensweise erwies sich als erfolgreicher im Vergleich zur Präsentationen der Technik in einem Vortrag. Darüber hinaus schuf die gemeinsame Nutzung von Geräten die Möglichkeit, die Unterschiede zwischen den berichteten Erfahrungen im Umgang mit Technik sowie dem tatsächlichen Verhalten zu beobachten. Die direkte Nutzung der Artefakte führte zudem zu einer positiveren Einstellung gegenüber der Technik sowie der Forschung.

Schließlich kann ein Disempowerment auch eingeleitet werden, wenn Teilnehmer*innen mit bestimmten Aufgaben überfordert sind, ohne dass notwendige Unterstützung zur Verfügung steht. Das Risiko für **Überforderung** ergibt sich bei Menschen mit Demenz nicht ausschließlich aus Aktivitäten, die mit kognitiven oder sprachlichen Anforderungen verbunden sind. Auch kreative Aufgaben, die häufig in gestalterische Prozesse eingebettet sind, können für Menschen mit Demenz eine komplexe Herausforderung darstellen, z. B. weil räumliches Orientierungsvermögen eingeschränkt ist. Selbst das Arbeiten mit bestimmten Werkstoffen wie Papier, kann als herausfordernd erlebt werden, wenn dafür besondere feinmotorische Fähigkeiten erforderlich sind. Schließlich bleibt zu beachten, dass Menschen mit Demenz alleine aufgrund ihres hohen Alters an weiteren Einschränkungen leiden können, u. a. der Beeinträchtigung des Sehens oder Hörens. Aufgaben, die in typischen Designprozessen empfohlen werden, sollten daher auf ihre Eignung im Hinblick auf die Zusammenarbeit mit hochaltrigen Menschen bzw. Menschen mit Demenz geprüft werden.

Trotz vieler Analysen möglicher Disempowermentrisiken sowie einer bereits länger bestehenden Tradition partizipativer Technikentwicklung, ist wenig darüber bekannt, wie Co-Forschende die Beteiligung selbst erleben. Auch hinsichtlich des Nutzens der Forschungspartizipation für die Teilnehmer*innen liegen kaum fundierte Erkenntnisse vor, insbesondere dann, wenn Menschen mit Demenz die Zielgruppe der Technikentwicklung bilden (vgl. Kapitel 4). Es fehlt vor allem an Erkenntnissen darüber, ob partizipative Technikentwicklung einen Beitrag zum Empowerment der Beteiligten leisten kann. Daher fordern u. a. Span et al. (2016, S. 170ff), dass Wissenschaftler*innen die Co-Forschenden während bzw. nach der Beendigung ihres Engagements befragen, z. B. wie sie die Beteiligung inkl. ihrer konkreten Umsetzung wahrgenommen haben. Wie die hier dargestellten Ergebnisse zeigen, sind zwar die Bedingungen eines zufriedenstellenden Engagements bekannt, welche Potenziale jedoch Technikentwicklung für die Einleitung oder Stärkung von Ermächtigungsprozessen leisten kann inkl. der dafür geeigneten Wege, bleibt eine offene Frage, die grundsätzlich einer weiteren Erforschung bedarf.

3.2.4.2 Kompetenzentwicklung

Die Vermittlung von Technikkompetenzen bildet in technikbezogenen Projekten einen Teil sog. *Capacity-Building-Prozesse*. Wie oben bereits dargestellt, liegen zur Vermittlung der damit bezeichneten Kompetenzen bereits einige Erfahrungen aus partizipativer Technikentwicklung vor.[35] Wenig ist jedoch darüber bekannt, wie Menschen mit Demenz in diese Prozesse eingebunden werden können. Dabei bleibt stets zu beachten, dass gerade diese Zielgruppe äußerst selten entsprechende Voraussetzungen mitbringt, die für eine selbständige Wahrnehmung der Co-Forschenden-Rolle wichtig sind, wie z. B. sprachliche Ausdrucksfähigkeit oder umfassende Lernmöglichkeiten. Partizipative Projekte, die Menschen mit Demenz in Capacity-Building-Prozesse aktiv einbeziehen, finden daher grundsätzlich unter erschwerten Bedingungen statt. Trotz der Beobachtung, dass verfügbares Technikwissen und Technikbereitschaft als entscheidende Kriterien der Selbstakquise in technikorientierten Projekten wirken, wie z. B. Müller et al. (2017) betonen, kann nicht erwartet werden, dass die Vermittlung neuer und die Aufrechterhaltung bestehender Technikkompetenzen auf keine Barrieren trifft. Da im partizipativen Entwurf ein bestimmtes Niveau von Aktivität und Agency notwendig ist, um gleichberechtigte Zusammenarbeit zu gewährleisten (Hendriks et al. 2014), muss daher der Aufbau neuer Kompetenzen als ein projektbegleitender Prozess verstanden werden. Darüber hinaus kann es sinnvoll sein, **in Capacity-Building auch andere Gruppen einzubeziehen**, z. B. Angehörige, die den Entwicklungsprozess begleiten, unterstützen und stabilisieren können.

Neben Technikkompetenzen stellt die Vermittlung von Fähigkeiten zur **Vertretung eigener Interessen** einen weiteren Teil von Capacity-Building dar. Über die gezielte Vermittlung derartiger Kompetenzen ist aus bisherigen Technikentwicklungsprojekten ebenfalls wenig bekannt. Berichte aus einigen Vorhaben weisen jedoch darauf hin, dass fehlende Technikkompetenzen das Machtgefälle zwischen Menschen mit Demenz und anderen Beteiligten zusätzlich verschärfen. Entstehen dadurch Zugangsbarrieren zum projektbezogenen Wissen, kann dies negative Folgen für das Projekt haben. So zeigen z. B. Grönvall und Kyng (2013), wie das Fehlen derartiger Kompetenzen zu nachhaltigen Kommunikationsproblemen führt, vor allem dann, wenn sie auf ein intransparentes Wissensmanagement, u. a. aufgrund hierarchischer Rollenverständnisse der Konsortialteilnehmer*innen, treffen. Im Rahmen des o. g. Vorhabens waren professionelle Stakeholder

---

[35] Nicht erwähnt wurde in diesem Zusammenhang die Vielfalt der verschiedenen Bildungsprojekte, in denen Technikkompetenzen an ältere Menschen vermittelt werden. Ob als intergenerative Projekte oder Senior*innenprojekte – zur Vermittlung von IKT-Kenntnissen kann in der Gerontologie auf eine reichhaltige Tradition rekurriert werden, die hier nicht in Gänze ausgeführt werden kann.

aus der Anwendungspraxis nicht bereit, den beteiligten Laien-Forschenden alle relevanten Informationen zur Verfügung zu stellen, so dass beteiligte Wissenschaftler*innen eine kompensierende Rolle übernahmen. Der unterbrochene Informationsfluss behinderte die Laien-Co-Forschenden allerdings daran, die erwartete Expert*innenrolle anzunehmen und ihre eigenen Ansichten zu artikulieren. Während es ihnen im Rahmen einer homogenen Gruppe gelang, eigene Interessen darzustellen, zögerten sie, sobald Vertreter*innen der Anwendungspraxis anwesend waren. Dies zeigt, dass Empowerment und Capacity-Building nur dann erfolgreich sein können, wenn sie durch alle Stakeholder getragen und akzeptiert werden.

Der Erwerb von Kompetenzen, die der Selbstermächtigung dienen, stellt den generalisierten Nutzen dar, den Co-Forschende aus partizipativer Forschung theoretisch schöpfen (sollten).[36] Lernzuwachs bzw. -gewinn soll daher – aus Sicht sozialwissenschaftlicher Partizipationstheorien – das wichtigste Motiv für die Forschungsbeteiligung sein. Gerade in technikorientierten Projekten mit Menschen mit Demenz ist jedoch der aus neuem Wissen oder neuen Kompetenzen resultierende Nutzen ungleich verteilt. So betonen u. a. Hendriks et al. (2014), dass Technikentwickler*innen im Rahmen partizipativer Projekte sehr viel mehr über Menschen mit Demenz erfahren, als diese über Technikentwicklung lernen können. Die initiierten Lernprozesse beruhen häufig nicht auf Gleichwertigkeit, da Co-Forschende keine gleich hohe Verwertung des erworbenen Wissens erwarten können. Die ungleiche Position der Beteiligten lässt sich daher trotz partizipativer Lernprozesse in keinem Schritt eines Projektes gänzlich aufheben. Selbst dann, wenn ungleiche Verwertungsmöglichkeiten erworbener Kompetenzen akzeptiert werden, ist es aus empirischer Sicht weitgehend unklar, worin der spezifische Nutzen für Menschen mit Demenz besteht. Da es bei gemeinsam entwickelten Prototypen zudem ungewiss ist, ob sie auf dem Markt erworben werden können, besteht selten die Gelegenheit, Kompetenzen im Umgang mit bestimmten Technologien auf den Alltag oder andere Artefakte zu übertragen. *Capacity-Building* in der partizipativen Forschung mit Menschen mit Demenz sollte daher nicht nur über Technikkompetenzen definiert werden, sondern muss über diese hinausgehen und z. B. Kompetenzen vermitteln, die der Vertretung eigener Interessen dienen (vgl. Kapitel 4).

Die o. g. Kompetenz sowie der Mut, eigene Anliegen zu vertreten, dürfen allerdings nicht nur als Nutzenarten verstanden werden, die sich jenseits des partizipativen Projektes artikulieren (z. B. im Alltag, in der Kommune), sondern als

---

[36]Zu empirischen Erkenntnissen dazu vgl. Abschnitt 4.1.4.

eine genuine Voraussetzung von Forschungspartizipation selbst. Auf die unmittelbare Relevanz derartiger Kompetenzen weisen z. B. Lindsay et al. (2012) hin, die in der eigenen Forschung beobachteten, wie das Angewiesensein auf stellvertretende Interessenvertretung durch andere als entmündigend erlebt wurde. So fühlten sich im Rahmen des genannten Vorhabens insbesondere die beteiligten Wissenschaftler*innen aufgerufen, die Position der beteiligten Menschen mit Demenz gegenüber anderen Stakeholdergruppen zu vertreten. Eine solche Situation ist in großen Konsortialprojekten nicht unüblich, da dort teilweise konträre Interessen verhandelt werden müssen. Die Beobachtungen zeigen allerdings, dass diese Art der stellvertretenden Interessenvertretung durch die Beteiligten mit Demenz als **Entmachtung** erlebt wurde, vor allem dann, wenn eine Artikulation ihrer Interessen stattfand, ohne dass Menschen mit Demenz sie selbst in die Diskussion eingebracht haben. Eine Verschärfung des Entmachtungsgefühls ist zudem denkbar, wenn die Bedürfnisse der Laien-Forschenden fälschlich wiedergegeben werden oder die Interessensvertretung nicht explizit eingefordert wurde. Die dadurch eingeleitete Fremdbestimmung – auch wenn sie unbeabsichtigt geschah – führte im o.g. Projekt zu Missverständnissen zwischen den beteiligten Gruppen sowie zur Beeinträchtigung der Beziehungsqualität. Über eine ähnliche Situation berichten Grönvall und Kyng (2013). Auch hier ermächtigten sich Mitglieder des wissenschaftlichen Teams der Aufgabe, die Interessen der als vulnerabel geltenden Co-Forschenden (es handelte sich um ältere Patient*innen) gegenüber dem Projektkonsortium zu vertreten. Dies führte zu verschiedenen Missverständnissen im Konsortialteam, zumal dadurch eine Dynamik entstand, die in einem konkurrenzähnlichen Wettbewerb darum mündete, welche Stakeholdergruppe die Interessen der „schwächsten" Projektteilnehmer am besten vertreten kann.

Die Beispiele verdeutlichen, dass es in partizipativen Technikentwicklungsprojekten entsprechender Ressourcen für *Capacity-Building*-Prozesse bedarf, in denen Menschen mit Demenz lernen, ihre Interessen eigenständig zu vertreten. Rodgers (2017) weist allerdings auf interindividuell unterschiedliche Zeitbedarfe für die Wahrnehmung dieser Aufgabe hin. Für eine echte Interessensartikulation müssen zudem Bedingungen geschaffen werden, unter denen es Menschen mit Demenz gelingen kann, ihre eigene Perspektive ohne Einschränkungen einzubringen (Lindsay et al. 2012). Nach Rodgers (2017) gehört dazu die Aufmerksamkeit für individuelle Entscheidungskriterien bzw. Präferenzen, konsequente Einbindung der Co-Forschenden in alle Iterationen, die Dokumentation getroffener Entscheidungen und Arbeitsschritte sowie die begleitende Aufbereitung des gemeinsam erarbeiteten Wissens. Trotz dessen, dass die eigenständige Vertretung eigener Interessen selbst als prioritärer Weg betrachtet wird, sind Situationen denkbar, in denen eine stellvertretende Interessensvertretung wichtig wird. Lindsay et al. (2012) berichten, dass eine solche dann als weniger problematisch erlebt wurde, wenn der Aufbau einer vertrauensvollen Beziehung ein relevanter Teil des gesamten Entwicklungsprozesses war. Ermächtigung ist daher nicht nur auf einem bestimmten Wege zu erreichen, sondern muss als ein multidimensionaler Prozess verstanden werden, in dem *Capacity-Building* sowie Beziehungs- und Rollengestaltung wichtige Elemente bilden.

Eine weitere Art der Kompetenzen, die innerhalb partizipativer Vorhaben vermittelt werden, bilden **Forschungskompetenzen**. So entwickelten und erprobten Thoft et al. (2018) einen Ansatz, nach dem Co-Forschende mit beginnender Demenz eine eigene qualitative Studie (von der Entwicklung der Forschungsfrage bis zur Auswertung der Daten) in kleinen Gruppen selbständig durchführten. Projektbegleitend fand ein Training statt, der die Teilnehmer*innen auf die einzelnen Schritte des Forschungsprozesses vorbereitete. Die Konstellation von Forschen und Lernen war so konzipiert, dass die Co-Forschenden das neu erworbene Wissen unmittelbar anwenden konnten und nicht etwa auf etwas vorbereitet wurden, das sie zu einem späteren Zeitpunkt anwenden musste. Thoft et al. (2018) weisen darauf hin, dass die Sequenzierung von Vorbereitung und unmittelbarer Anwendung entscheidend für den Erfolg des Projektes war und selbst längere Pausen zwischen Lern- und Umsetzungsphasen hinderlich waren, da sie dazu führten, dass sich Menschen mit Demenz an einen Teil der Informationen nicht mehr erinnerten. Die Autor*innen (ebenda, S. 5) machen darauf aufmerksam, dass die Durchführung entsprechender Qualifizierungstrainings jedoch eine besondere Herausforderung darstellt, zumal kaum konzeptionelle Vorarbeiten sowie fundierte Erfahrungen mit der Vermittlung derartiger Kompetenzen an Menschen mit Demenz vorliegen.

Der Erwerb von Kompetenzen zur Vertretung eigener Interessen sowie von Forschungskompetenzen wird zwar als erwünschte Wirkung partizipativer Forschung betrachtet, steht jedoch im gewissen **Spannungsverhältnis** zu der im Rahmen von Co-Forschung eingenommenen Position sowie der Frage nach den gesellschaftlich-politischen Interessen, die vor allem durch Co-Forschende vertreten werden (sollen). Dieses Spannungsverhältnis wird vor allem in jenen Vorhaben deutlich, in denen sich Menschen mit Demenz, die über besondere Erfahrungen verfügen (zu denen z. B. auch Forschungserfahrungen zählen können), für die Vertretung der Interessen anderer Betroffener einsetzen. Das mehrmalige freiwillige Engagement an Forschungsprojekten, insbesondere dann, wenn es im Auftrag einer Organisation stattfindet und ggf. auch finanziell oder ideell unterstützt wird, erhöht zwar das Kompetenzniveau der Teilnehmer*innen und kann sogar zu einer neuen Form der „Karriere" führen. Es birgt allerdings auch Risiken, auf die

z. B. Baldwin et al. (2018) anhand partizipativer Studien, die am Ansatz des „Patient and Public Involvement" orientiert sind, hinweisen. So kann vor allem die professionelle Organisation von Beteiligungsstrukturen und –prozessen zu einem Konflikt zwischen einem (semiprofessionellen) Kompetenzzuwachs und der durch Alltagswissen gekennzeichneten Position als Laien-Forschende führen. Viele Co-Forschende erleben es als besondere Herausforderung, an Forschung beteiligt zu sein, ohne über spezifische Forschungskompetenzen zu verfügen. Ein Zugang zum professionellen Wissen in diesem Bereich führt dann zwar zur „Lösung" des Dilemmas, gerät jedoch gleichzeitig in Konflikt zur Rolle der Co-Forschenden als Laien-Forschende (S. 807). So wird gerade von Laien-Forschenden erwartet, dass ihr Engagement in der partizipativen Forschung nicht auf professionellem Wissen, sondern auf ihrem Erfahrungs- und Alltagswissen beruht. Die Herstellung eines ausgewogenen Verhältnisses zwischen dem richtigen Maß an professioneller Kompetenz und den verbleibenden Spielräumen für die Ausübung der Rolle als Laien-Forschende erwies sich als eines der kritischen Themen in partizipativer Forschung. Daher sollte es bei der Vermittlung professioneller Forschungskompetenzen immer auch darum gehen, zu einem geeigneten „Matching" der Kompetenzen und Perspektiven zu kommen.

So weisen bereits Collins und Evans (2002) auf die Relevanz einer sorgfältigen Überlegung im Hinblick auf die Art der **Expertise hin, die seitens der Co-Forschenden eingebracht** werden soll (vgl. Abschnitt 2.1.5.2). Bei der Beteiligung von Menschen mit Demenz stellt sich die Frage, ob es ihr Erfahrungswissen – im Sinne der erlebten Erfahrung – als Person mit Demenz sei, die sie einbringen sollen, oder ob jenes Wissen zählt, das sie als semiprofessionelle Expert*innen erworben haben. So versuchen Collins und Evans (2002) die verschiedenen Arten der Expertise und Erfahrung zu sortieren um Transparenz darüber zu schaffen, welche Expertise und Erfahrung genauer angefragt wird. Schließlich ist es wichtig zu klären, auf welche Art der Expertise sich Co-Forschende berufen, wenn sie sich für „die" Interessen „der Menschen mit Demenz" in der Forschung engagieren. Nach Charlesworth (2018) stellt weniger die Vermittlung von Forschungskompetenzen das zentrale Ziel von Ermächtigungsprozessen dar, sondern eher die Vermittlung der **Kompetenz zum Widerspruch**, zum Aufzeigen von Brüchen und Ambivalenzen der Forschung. Die damit verbundenen Kompetenzen wären auch jene, die im Rahmen partizipativer Forschung mit Menschen mit Demenz gefördert werden sollten. Daher sollte es in der Zusammenarbeit mit Co-Forschenden mit Demenz weniger darum gehen, sie zu semiprofessionellen Forschenden zu machen und an allen Schritten des Forschungsprozesses zu beteiligen, sondern sie bei der Vermittlung jener Kompetenzen zu unterstützen, die ihnen ein aktives Zuhören, ein Reflektieren und ein Hinterfragen ermöglichen. Die Fähigkeit, Konflikte und Widersprüche zu erkennen und sie zu benennen, gehört aus der Sicht von Charlesworth (2018) zu den zentralen Kompetenzen von Menschen mit Demenz, in denen sie gefördert werden sollten.

Die Diskussion um die Vermittlung „geeigneter" Kompetenzen knüpft schlussendlich an grundlegende Prämissen von Partizipation an. Die Frage nach der Art der Qualifizierung von Co-Forschenden ist unmittelbar mit bestimmten Vorstellungen über deren Aufgaben verbunden Selbst im Rahmen der verschiedenen theoretischen Ansätze besteht nicht immer Einvernehmen darüber, was unter Partizipation in optimaler Weise verstanden werden soll, wie z. B. Corrado et al. (2019) am Beispiel der Partizipativen Aktionsforschung mit älteren Menschen feststellen. Während Aktionsforschung für einige Forschende bedeutet, dass Partizipation die Beteiligung „vom Anfang an" meint und alle Stufen eines Forschungsvorhabens umfasst, gehen andere Akteure davon aus, dass Partizipation älterer Menschen auch darin bestehen kann, lediglich die Ziele der Forschung festzulegen, während die genuine Forschungs- und Entwicklungsarbeit die Aufgabe professioneller Wissenschaftler*innen sei (Corrado et al. 2019). Die Diskussion, die weniger aus der Technikentwicklung heraus, sondern der Gesundheits- und Versorgungsforschung betrieben wird, verdeutlicht, dass **Kompetenzentwicklung verschiedenen Zielen dienen kann**: Sie kann dazu dienen, die Generierung von Erkenntnis selbst nachvollziehen und gestalten zu können; sie kann allerdings auch dazu dienen, zu reflektieren und entscheiden zu können. In partizipativen Vorhaben bedarf es daher nach Möglichkeit einer klaren Entscheidung über die Ziele der Partizipation und der mit Ihnen verbundenen Aufgaben, bevor die Frage nach dem Kompetenzaufbau beantwortet wird.

Abschließend sei darauf hingewiesen, dass die Debatte um einzubringendes und zu erwerbendes Wissen durch Co-Forschende auf die damit verbundenen **Ausschlussrisiken** hinweist. So heben z. B. Littlechild et al. (2015) hervor, dass es einen Zusammenhang zwischen den spezifischen Erwartungen an die Art des aktiven Engagements, den Kompetenzen der Beteiligten und der Zusammenstellung der Gruppen gibt. Zu vermeiden wäre daher eine Dynamik, die dazu führt, dass die Beteiligung zur Stärkung und zum Empowerment ausschließlich jener Beteiligten beiträgt, die die höchsten **Erwartungen an die Beteiligung** stellen, weil sie ggf. höhere Kompetenzen einbringen oder aufbauen können. Die Kehrseite einer solchen Dynamik bestünde darin, dass derartige Vorhaben zugleich zum Disempowerment jener Personengruppen beisteuern können, die die geringsten Erwartungen an die Beteiligung stellen, weil sie ggf. die notwendigen Kompetenzen nicht (mehr) erwerben können. Daher ist der Zusammenhang zwischen dem Rollenverständnis der Co-Forschenden, ihren Aufgaben und Kompetenzen zu beachten und angesichts der Besonderheiten von Technikentwicklungsprojekten begleitend zu reflektieren.

3.2.5 Zusammenarbeit mit Proxies

Die Entwicklung von Technologien für Menschen mit Demenz ist in den meisten Fällen in eine mehr oder weniger enge Kooperation mit Proxies eingebunden. Sie sind nicht nur Gatekeeper beim Zugang zu Betroffenen (vgl. Abschnitt 3.1.1.2.5 und 3.1.2.1.4), sondern häufig auch die Zielgruppe der zu entwickelnden Technologien. Sie können von einer Technologie unmittelbar profitieren, z. B. bei Tele-Care-Anwendungen, oder durch sie mittelbar tangiert sein, indem sie z. B. die Bedienung assistiver Technologien übernehmen oder deren Integration in den Alltag begleiten. In Abhängigkeit von den jeweiligen Funktionen neuer Technik ist es daher wichtig, Proxies in den Entwicklungsprozess direkt einzubeziehen. Von besonderer Relevanz ist die Mitwirkung naher Angehöriger, wenn Co-Forschende mit Demenz auf ihre Unterstützung im Alltag angewiesen sind sowie dann, wenn die Partizipation über längere Zeiträume hinweg geplant ist. Aufgrund des progredienten Charakters demenzieller Erkrankungen stellt die Einbindung naher Angehöriger als Begleitpersonen nicht selten die wichtigste Voraussetzung für die Forschungsbeteiligung von Menschen mit Demenz dar (Orpwood et al. 2005).

Neben der teilweise unerlässlichen Rolle als Unterstützer*innen in der Forschungspartizipation, sind nahe Angehörige zugleich eine zentrale Zielgruppe der zu entwickelnden Technologien. Deren Akzeptanz sowohl im Hinblick auf den Prozess der Entwicklung als auch dessen Ergebnisse ist mindestens genauso wichtig wie die Akzeptanz der Menschen mit Demenz. Obwohl nahe Angehörige bereits in viele Technikentwicklungsprojekte einbezogen wurden – dort jedoch häufig zum Zweck der Interessensvertretung von Betroffenen – weisen u. a. Giger und Markward (2011) darauf hin, dass deren Rolle im Vergleich verschiedener Technologien und Zielgruppen bisher nicht systematisch erforscht wurde. Vorliegende Erfahrungen aus technikorientierter Forschung und Entwicklung liefern jedoch einige Erkenntnisse, aus denen sich sowohl Chancen als auch Risiken einer Beteiligung von Proxies ableiten lassen. Zugleich muss festgehalten werden, dass es innerhalb von Pflege-Dyaden und Pflege-Triaden[37] zu Interessenskonflikten kommen kann, auf die z. B. Jenkins und Draper (2015) im Kontext der Robotik

---

[37]Während unter dem Begriff der Pflege-Dyade eine Pflegebeziehung zwischen einer pflegebedürftigen und einer pflegenden Person verstanden wird, wobei es bei der pflegenden Person meist um nahe Angehörige geht, wird unter einer Pflege-Triade das Verhältnis zwischen

aufmerksam machen. Die Dynamik innerhalb der Pflege-Dyade bzw. der Pflege-Triade bedarf jedenfalls einer sorgfältigen Analyse, bevor die Einbeziehung der verschieden Personengruppen in den Entwicklungsprozess geschieht.

3.2.5.1 (Pflegende) Angehörige

Die pflegerische Versorgungssituation in Deutschland zeichnet sich dadurch aus, dass Pflege zum überwiegenden Teil von nahen Angehörigen übernommen wird (u. a. Statistisches Bundesamt 2018). Aufgrund individueller, infrastruktureller und finanzieller Aspekte werden Pflege und Betreuung – auch bei Menschen mit Demenz – von Angehörigen direkt durchgeführt oder mit Unterstützung professioneller ambulanter Dienste geteilt. Vor diesem Hintergrund sind informell Pflegende häufig die ersten Personen, die bei möglicher Forschungsbeteiligung von Menschen mit Demenz kontaktiert werden. Selbst dann, wenn zur Zielgruppe eines Projektes Bewohner*innen stationärer Pflegeeinrichtungen gehören, gelten nahe Angehörige als wichtige Kooperationspartner*innen – entweder, weil sie der Forschungsbeteiligung zustimmen müssen oder weil sie als zentraler „Kommunikationskanal" zu Betroffenen fungieren. Handelt es sich um Menschen mit fortgeschrittener Demenz, stellen nahe Angehörige jene Personen dar, die den Betroffenen meist am längsten kennen. Vor diesem Hintergrund sind sie häufig die zuverlässige Informationsquelle über Erkrante, wenn sich diese nicht mehr mitteilen können. Stehen nahe Angehörige der Entwicklung neuer Technologien offen gegenüber, können sie für die Forschung **sehr hilfreich** sein, u. a. in folgenden Bereichen:

- **Unterstützung bei der Kommunikation**: Pflegende Angehörige können für Menschen mit Demenz eine Art „**Übersetzer*innen-Rolle**" übernehmen, indem sie komplexe Inhalte nachvollziehbar erklären. Eine ähnliche Rolle können sie gegenüber Forschenden einnehmen, indem sie Mitteilungen von Menschen mit Demenz, die schwer zu verstehen sind, erklären.
- **Vermittlung von Sicherheit und Vertrauen**: Die Anwesenheit naher Angehöriger während Projektsitzungen, Interviews oder Fokusgruppen kann damit einhergehen, dass sich Menschen mit Demenz sicher und gut aufgehoben fühlen. Dies kann besonders wichtig sein, wenn die Projektbeteiligung mit Aktivitäten verbunden ist, die in einer unbekannten Umgebung stattfinden. Die Gegenwart vertrauter Personen kann dazu beitragen, dass Co-Forschende mit Demenz entspannter sind und sich den Diskussionen stärker öffnen können.

---

einer pflegebedürftigen Person, einer informell pflegenden Person und einer professionell pflegenden Person verstanden.

- **Biographie-Expertise**: Ist nahen Angehörigen die Biografie des Menschen mit Demenz vertraut, kann der Rückgriff auf biografisches Wissen zur Erklärung bestimmter Verhaltensweisen und Äußerungen bzw. der Aufklärung bestimmter Phänomene dienen, die ohne eine solche Expertise verborgen bleiben würden.
- **Motivationscoach**: Nahe Angehörige können ebenfalls unterstützend sein, indem sie projektbegleitend zum Erhalt der Teilnahmemotivation beitragen. Sponselee et al. (2008) machen darauf aufmerksam, dass Angehörige in dieser Funktion signifikant erfolgreicher sind als alle anderen Stakeholder – Wissenschaftler*innen mit eingeschlossen. Zudem haben nahe Angehörige einen starken Einfluss auf subjektive Kriterien der Akzeptanz von Technik bei Menschen mit Demenz und können deren Bereitschaft zur Nutzung neuer Technologien positiv beeinflussen (Lauriks et al. 2010).

Ergebnisse vieler Technikentwicklungsprojekte mit Menschen mit Demenz weisen darauf hin, dass die Integration von informell Pflegenden in den Forschungsprozess besonders förderlich sein kann, sofern sie zur Verfügung stehen. Von wesentlicher Bedeutung ist daher die Kenntnis zentraler Merkmale dieser Personengruppe bzw. ihrer Lebenssituation. Erhebungen, die sich diesen Merkmalen zuwenden, zeigen, dass es in der Regel (Ehe-)Partner*innen oder (Schwieger-)Kinder sind, die Pflege in Deutschland übernehmen (TNS Infratest 2017). Pflegende Angehörige befinden sich meist in der Lebensmitte (zwischen 30 und 60 Jahren), sind allerdings nicht selten auch deutlich älter. Erhebungen, die auf den Daten des Sozioökonomischen Panels beruhen, zeigen, dass ca. ein Fünftel aller pflegenden Angehörigen zwischen 60 und 70 Jahren und ein weiteres Fünftel gar über 70 Jahre alt ist. Pflegende Angehörige befinden sich daher meist selbst im höheren Alter (ebenda, S. 7). Deren Einbeziehung in Forschung setzt daher die Kenntnis ihrer Lebenssituation voraus, die meist durch eigene Beeinträchtigung, hohe Belastung oder Probleme in der Vereinbarkeit von Pflege, eigener Erwerbstätigkeit und anderen familialen Aufgaben geprägt ist (Neubert et al. 2020).

Die mehrdimensionale Belastung stellt einen der Gründe dar, warum die Einbeziehung von Angehörigen nicht nur Vorteile, sondern auch gewisse **Risiken** bergen kann. Für partizipative Forschung lassen sich insbesondere folgende Nachteile benennen:

- **Einschränkung der Autonomie**: Pflegende können die Autonomie von Menschen mit Demenz einschränken, indem sie ihnen den Zugang zur Teilnahme an Forschung (z. B. aus mangelndem Eigeninteresse, aufgrund eigener Belastung, aus Schutz- und Sicherheitserwägungen) verwehren oder – im Gegensatz dazu – Betroffene zur Teilnahme überreden (z. B. aus eigenem Interesse). Zu den Aufgaben von Wissenschaftler*innen gehört daher auch ein kritischer Blick auf die Rolle der Pflegenden, falls die Autonomie von Menschen mit Demenz nicht beachtet wird. Droht beispielsweise die Gefahr, dass Angehörige oder andere Helfer*innen Menschen mit Demenz zur Teilnahme zwingen, kann es wichtig sein, den Willen der Betroffenen in einem separaten Gespräch zu erheben. Wird der Zugang zu Betroffenen dagegen trotz eines offensichtlichen Interesses an Forschungspartizipation verwehrt, können Wissenschaftler*innen versuchen Proxies gezielt für die Teilnahme zu gewinnen, indem ihnen z. B. besondere Unterstützung angeboten wird.

- **Definitionsmacht**: In einer Pflegebeziehung zeichnet sich die Position der Pflegenden in der Regel durch einen Machtvorsprung aus. Handelt es sich um die Pflege von Menschen mit Demenz, beanspruchen Angehörige nicht selten eine gewisse Deutungshoheit über die Gesamtsituation, in die sich Betroffene aufgrund gefühlter Abhängigkeit fügen. Vor diesem Hintergrund sollte grundsätzlich erwogen werden, ob Pflegende in Interviews, Workshops oder Fokusgruppen unmittelbar einbezogen werden oder ob es angemessener erscheint, getrennte Wege der Datenerhebung vorzusehen. Nicht alle Pflegedyaden zeichnen sich durch eine harmonische Beziehung aus. Ungelöste Konflikte aus der Vergangenheit, Belastung aufgrund von Vereinbarkeitsproblemen, Schwierigkeiten im Umgang mit der Diagnose sowie ungleiche Machtpositionen können dazu führen, dass Pflegende die Aussagen der Betroffenen in Frage stellen oder ihren Sinn bezweifeln. Gegenseitige Abhängigkeiten (z. B. finanzieller Art), das Hadern mit der eigenen Diagnose oder Angst vor Pflegebedürftigkeit können wiederum dazu führen, dass Menschen mit Demenz den Aussagen der Pflegenden widersprechen (Bödecker 2015, S. 152f, Alzheimer Europe 2011, S. 35). Wissenschaftler*innen geraten angesichts derartiger Konflikte nicht selten in eine Moderator*innenrolle, in der sie unbeabsichtigt zwischen zwei konträren Positionen vermitteln. Es kann dabei auch zu Versuchen der Instrumentalisierung kommen, bei denen Wissenschaftler*innen gebeten werden, den „uneinsichtigen" Anderen von etwas zu überzeugen. Es bedarf daher eines hohen Maßes an Sensibilität in der Kommunikation mit Pflegedyaden sowie einer durchgehenden Reflexion der eigenen Rolle. Für Forschende sollte es dabei wichtig sein, ihre Unabhängigkeit zu wahren und im Falle verschärfter Konflikte auf Möglichkeiten der Beratung, Therapie und weiterer Unterstützung hinweisen. Darüber hinaus kann es bereits bei der Planung der informierten Einwilligung als auch der Projektteilnahme wichtig sein, Phasen

vorzusehen, in denen Pflegende und Betroffene gemeinsamen Aktivitäten nachgehen, als auch solche, in denen sie getrennt in einer Gruppe Gleichgesinnter
arbeiten.

Widmet man sich den Einstellungen pflegender Angehöriger von Menschen mit
Demenz zur Unterstützung durch Technik, so kann keinesfalls von einer einheitlichen Gruppe gesprochen werden. In einer Studie von Rialle et al. (2008), in
der 270 Angehörige von Menschen mit Demenz befragt wurden, zeigte sich,
dass sie vielmehr gegensätzliche **Einstellungen** und Wünsche bezüglich technischer Unterstützung hatten. Die Ergebnisse deuten auf zwei unterschiedliche
Cluster hin: Während sich im ersten Cluster Angehörige befanden, die eine offene
und positive Einstellung gegenüber technischer Unterstützung in der Pflege hatten, lehnte die zweite Gruppe der Angehörigen technische Unterstützung für ihre
erkrankten Angehörigen wie für sich selbst ab. Klare Tendenzen waren auch nicht
bei den Präferenzen für einzelne Technologien erkennbar. So lassen sich zwar
Technologien benennen, die bei den befragten Angehörigen auf größere Zustimmung stießen (Tracking, Videofonie), es bestanden allerdings auch hier große
Unterschiede, die zum Teil vom Geschlecht und Alter der Pflegenden abhängig
waren. Aufgrund der hohen Variabilität der Einstellungen folgern Rialle et al.
(2008), dass es den „durchschnittlichen Angehörigen" nicht gibt. Vielmehr zeigen sich gegensätzliche Präferenzen hinsichtlich technischer Unterstützung, die
zum einen ein hohes Interesse an solchen Hilfen, zum anderen jedoch eine starke
Ablehnung von Technik spiegeln.

In einer von Rosenberg et al. (2012) durchgeführten Studie zeigte sich
wiederum, dass die Bereitschaft zur Adaptation assistiver Technologien vom
Selbstbild der pflegenden Angehörigen sowie ihrem Bild der an Demenz Erkrankten abhängig war. Selbst- wie Fremdbilder standen ebenfalls im Zusammenhang
mit subjektiv wahrgenommenen Erwartungen an die eigene Rolle als Pflegende.
Viele Angehörige gaben an, dass der soziale Druck von ihnen „erwarte", dass
sie sich an neue Technologien anpassten bzw. den Umgang mit ihnen beherrsch-
ten. Die am Ansatz der Grounded Theory orientierte Untersuchung zeigte zwar
eine grundsätzlich positive Einstellung der Angehörigen zur Nutzung innovativer Technologien, weist jedoch zugleich auf gegensätzliche Interessen zwischen
Angehörigen und Menschen mit Demenz hin. Pflegende bzw. nahe Angehörige
zeigten vor allem ein hohes Interesse an jenen Technologien, die für Sicherheit
der Betroffenen sorgten und waren teilweise bereit, sowohl die eigene Privatheit
als auch die des Gegenübers einzuschränken, um die Sicherheit von Menschen
mit Demenz zu erhöhen. Rosenberg et al. (2012) weisen zudem darauf hin, dass
wichtige Bezugspersonen („*the significant other*") eine zentrale Bedeutung in

der (nachhaltigen) Nutzung assistiver Technologien im Alltag haben. Sie sind als entscheidende Stakeholder bei der Gestaltung von Implementierungsprozessen zu betrachten, da es von ihrem Engagement, ihrer Motivation, ihren Kompetenzen und ihrer Gesundheit abhängig ist, ob die Integration von Technik in den Pflegealltag gelingt.

Auf die besondere **Rolle pflegender Angehöriger** weisen auch Holthe et al. (2017, S. 6) hin. Die qualitative Studie, in der Menschen mit beginnender Demenz und ihre pflegenden Angehörigen mehrere Monate lang (zwischen 3 Wochen und 18 Monaten) begleitet wurden, verdeutlicht, dass mit der Einführung neuer Technologien die Bedeutung naher Angehöriger eine neue Dimension erhält. *„The committed caregiver"* (ebenda) umschreibt das Bild eines betreuenden Angehörigen, der neue Verpflichtungen, zusätzliche Entscheidungskompetenzen, aber auch neue Zwänge erfährt. Seine Aufgaben umfassen die Unterstützung von Menschen mit Demenz bei der Nutzung assistiver Technologien als auch „Serviceleistungen", die der Sorge um die Funktionsfähigkeit von Technik dienen. Daraus erwachsen spezifische Verpflichtungen, wie die Verantwortung für systematische Nachrüstung, Aktualisierung und ggf. auch Reparatur der Technik. Zu diesen Aufgaben gesellen sich begleitende Trainings von Menschen mit Demenz im Umgang mit neuen Geräten, die Einübung neuer Alltagsroutinen sowie die Beobachtung des Zusammenspiels zwischen den sich verändernden Kompetenzen sowie den Anforderungen an die Bedienbarkeit der Technik. Schließlich geraten Angehörige in die Situation, zusätzliche Entscheidungen treffen zu müssen, z. B. hinsichtlich der Nutzung bzw. Nichtnutzung einer Technologie, der Lösung ethischer Konflikte, der Erprobung neuer Strategien bzw. dem „richtigen" Moment für die Deinstallation „unnützer" Technik. Auf die Bedeutung der Leistungen sozialer Netzwerke im Zusammenhang mit der Implementierung und Nutzung neuer Technologien weisen ebenfalls Lorenzen Huber et al. (2017) hin, die feststellen, dass der Einzug von IKT in private Haushalte zur Entwicklung neuer Aufgaben und Familienrollen führte. So entstand in vielen Familien die Rolle eines sog. *„Family-Technologist"*, die meist einem Mitglied der erweiterten Familie, nicht selten jüngeren Angehörigen, zugewiesen wird. Aufgrund fehlender Alternativen kann die Rolle des „Technikkümmerers" jedoch schnell zur neuen Aufgabe pflegender Angehöriger werden, mit der neue Zwänge und Belastungen verbunden sein können (Adler und Mehta 2014, S. VII).

Das Gelingen dieser neuen, gleichzeitig aber auch als belastend wahrgenommenen Aufgabe, hängt aus Sicht der Angehörigen von bestimmten **Rahmenbedingungen** ab, die sich verschiedenen Clustern zuordnen lassen:

- **Bedarfsgerechte Information:** Wichtig ist, dass Informationen über hilfreiche Technologien zum richtigen Zeitpunkt zur Verfügung gestellt werden. Eine verfrühte Information sei ebenso wenig sinnvoll wie eine zu spät erfolgte Vermittlung, z. B. in einem Stadium der Demenz, in dem ein Einsatz von Technik nicht mehr als sinnvoll erachtet wird.
- **Vermeidung von Wartezeiten:** Handelt es sich um Technologien, die durch bestimmte Dienste vermittelt werden, sollte die Wartezeit beim Erhalt oder bei der Reparatur eines Gerätes möglichst gering sein, damit die Unterstützung durch Technik eine kontinuierliche Versorgung leisten kann und eingespielte Routinen nicht permanent unterbrochen werden müssen.
- **Integrierbarkeit in den Alltag:** Von besonderer Relevanz ist, dass Technologien sowohl Menschen mit Demenz als auch ihre Angehörigen im Alltag unterstützen und ihnen ein selbstbestimmtes Leben ermöglichen. Bei Technologien, die der Förderung von Selbstbestimmung, Freizeitgestaltung oder Mobilität von Menschen mit Demenz dienen, ist es zum Teil erforderlich, dass Betroffene sie selber bedienen können.
- **Nutzen-Kosten-Verhältnis:** Technologien werden nicht per se als be- oder entlastend empfunden. Ihr Nutzen hängt vielmehr von ihrer problemlosen Integrierbarkeit in Alltagsroutinen ab. Müssen Technologien aufgegeben werden, z. B. aufgrund nachlassender Kognition, eines Urlaubs oder eines Krankenhausaufenthaltes, kann es zur Umkehr des Kosten-Nutzen-Verhältnisses kommen. Eine mit viel Mühe implementierte Technologie kann allerdings auch zur Belastung im Alltag werden, z. B. wenn sie veränderte Routinen nicht mehr sinnvoll unterstützt.
- **Nützlichkeit assistiver Technologien:** Die Implementierung neuer Technologien wird als sinnvoll empfunden, wenn sie den Alltag von Menschen mit Demenz einfacher und sicherer macht. Dies kann einen positiven Einfluss auf die Beziehungsqualität innerhalb der Pflegedyade haben. Die Akzeptanz assistiver Technik hängt von derartigen „Erfolgen" ab. Als Hindernis erweisen sich Geräte, die eine hohe Komplexität der Bedienbarkeit aufweisen sowie eine Vielzahl von Arbeitsschritten erfordern, bis sie reibungslos funktionierten. Die Nützlichkeit von Technik bemisst sich aus Sicht der Angehörigen daher am Ausmaß notwendiger Investitionen (z. B. Engagement, Zeit), an den Möglichkeiten der selbständigen Bedienung der Geräte durch Menschen mit Demenz sowie dem Vorhandensein struktureller Rahmenbedingungen für den Einsatz der Technik im Alltag.

Aus diesen Clustern lassen sich erste Erwartungen an technische Anwendungen aus Sicht pflegender Angehöriger von Menschen mit Demenz entnehmen. Wie

Rialle et al. (2008) allerdings betonen, besteht aufgrund unzureichender Erkenntnisse hinsichtlich des Nutzens unterschiedlicher Technologien keine gesicherte Grundlage für Beratung in diesem Feld. Ebenfalls mangelt es an Forschung zu den gegensätzlichen Einstellungen von Pflegepersonen, die neue Technologien entweder mit einem hohen Nutzen verbinden oder sie grundsätzlich ablehnen. Da Angehörige eine entscheidende Rolle bei der Nutzung assistiver Technik im Alltag spielen, plädieren z. B. Rosenberg et al. (2012) dafür, diese Gruppe bei der Entwicklung neuer Technologien für Menschen mit Demenz grundsätzlich immer einzubeziehen. Technologien sollten zudem so beschaffen sein, dass sie nicht nur Bedürfnisse von Menschen mit Demenz, sondern immer auch die der Angehörigen ansprechen.

3.2.5.2 Differenzen zwischen Proxies und Menschen mit Demenz

Typisch für bisherige partizipative Technikentwicklung ist die Einbeziehung verschiedener Stakeholder. Dies geschieht vor allem in der ersten Projektphase, in der die Komplexität eines definierten Bedarfs oder Problems umrissen und aus verschiedenen Perspektiven betrachtet werden soll. Die Intention dieses Vorgehens folgt der Logik, dass es dabei zu einem **möglichst vollständigen Bild einer Bedarfssituation** kommt und die einbezogenen Personen jeweils unterschiedliche Beiträge dazu leisten. Neben pflegenden Angehörigen kommen auch sog. „Fachexpert*innen" zum Einsatz, z. B. Ärzt*innen, Pflegekräfte oder Vertreter*innen therapeutischer Berufe. Da sich die Versorgungssettings von Menschen mit Demenz durch Multiprofessionalität auszeichnen, erscheint diese Art des Vorgehens nachvollziehbar. Die sich daraus ergebenden Schwierigkeiten erwachsen jedoch daraus, dass unterschiedliche Stakeholder zu **unterschiedlichen Arten der „Problemdiagnose" und Bedarfsbeschreibung** gelangen. ÄrztInnen, Pflegefachkräfte und Angehörige – Sie alle haben eine eigene, spezifische Sichtweise auf das, was als „Problem" gilt. Dies führt in Technikentwicklungsprojekten zu Widersprüchen, die ein Schwinden von Eindeutigkeit befördern, während die Entwicklung technischer Lösungen gerade einer klaren und eindeutigen Beschreibung von Funktionen bedarf. Die Einbeziehung verschiedener Fachvertreter*innen birgt daher nicht nur Potenziale, sondern auch Risiken, die sich aus der **Vielfalt professioneller Sichtweisen** auf ein (gutes) Leben mit Demenz ergeben (vgl. Wan et al. 2016). Die damit einhergehende Gefahr liegt zudem in der Versuchung, die Deutungshoheit über die Problembeschreibung jener Gruppe zu überlassen, die sich innerhalb eines Konsortiums das meiste Gehör verschafft. Wünsche von Menschen mit Demenz geraten in derartigen Konstellationen unweigerlich in den Hintergrund.

Differenzen in der Betrachtung von Alltagsbedarfen von Menschen mit Demenz bestehen nicht nur zwischen verschiedenen Proxy-Gruppen, sondern ebenfalls zwischen Betroffenen und beteiligten Stakeholdern. Darauf weisen Beispiele aus der Forschung hin. Menschen mit Demenz entwickeln häufig eine andere Deutung ihres Verhaltens als die soziale Umwelt. So zeigen Fokusgruppen im Projekt KITE, in denen es um die Entwicklung assistiver Technologien zur Verhinderung des sog. „Umherwanderns" ging (Robinson et al. 2007), dass die beteiligten Stakeholder die Ziele des Einsatzes einer solchen Technologie unterschiedlich werteten, weil sie das „Umherwandern" anders deuteten. Während professionelle Pflegekräfte das Postulat der Nichtschädigung als zentrales Motiv zur Entwicklung solcher Technologien betrachteten, stand für pflegende Angehörige die Wahrung der Lebensqualität und Unabhängigkeit Betroffener im Vordergrund der Betrachtung. Befragte Menschen mit Demenz nutzten den Begriff des Umherwanderns dagegen gar nicht, sondern betonten ihr Recht auf Bewegung, die ihrem Wohlbefinden diente und das Gefühl der Unabhängigkeit bestärkte, auch dann, wenn ihre Bewegung keinem konkreten Ziel folgte (ebenda, S. 397). Auf Unterschiede in den Prioritäten zur Nutzung von Informations- und Kommunikationstechnologien zwischen verschiedenen Personengruppen machen auch Teipel et al. (2016) aufmerksam. Die Ergebnisse ihres Review, in dem Vor- und Nachteile von IKT-Lösungen zur Förderung außerhäuslicher Mobilität von Menschen mit Demenz analysiert wurden, zeigen, dass unterschiedliche Stakeholder, wie Menschen mit Demenz, professionelle Pflegekräfte sowie Dienstleistungsanbieter, bei der Bewertung von IKT-Lösungen zum Teil ähnliche, zum Teil jedoch andere Kriterien anwenden. Zu den gemeinsamen Werten gehören z. B. Autonomie, Einverständnis, Würde, Privatheit, Lebensqualität, Respekt, Sicherheit und Wohlbefinden. Differenzen bestanden wiederum dahingehend, indem bestimmte Wertvorstellungen als „typisch" für einzelne Gruppen galten. Bei Menschen mit Demenz gehören dazu etwa die Hilfe in Notsituationen, Freiheit, Menschenrechte sowie Unabhängigkeit und Vertrauen. Für Pflegende sind es Interdependenz (z. B. miteinander Verbunden sein), Inklusion, Partizipation, Zufriedenheit in der Pflegebeziehung, Entlastung (Sorgenfreiheit) und Schutz vor Gefahren. Anbieter von Pflegedienstleistungen betonten dagegen Aspekte wie Änderbarkeit, Kosten, Machbarkeit, Pflegequalität und Erinnerungsfunktionen (Teipel et al. 2016, S. 697).

Die genannten Differenzen sind nicht nur Ergebnis unterschiedlicher (teilweise professioneller) Positionen und Interessen, sondern können u. a. aus Unkenntnis tatsächlicher Wünsche der Betroffenen herrühren. Geht es um **Einstellungen zur Technik**, so merken z. B. Sjölinder et al. (2016) an, dass Fachpflegekräfte

– insbesondere in der stationären Pflege – häufig nicht wissen, welche Einstellungen Pflegeheimbewohner*innen zur technischen Unterstützung und zum Einsatz bestimmter Technologien haben. Ausgehend von den Ergebnissen einer eigenen Studie, die in der stationären Pflege durchgeführt wurde, merken sie an, dass beim Fachpersonal häufig Informationen darüber fehlen, wie stark sich Bewohner*innen in der Vergangenheit mit Technik befassten, welche Sicht sie auf den Einsatz von Technik in der Pflege und Assistenz haben und welche Bereitschaft sie zur Beteiligung an technikorientierter Forschung entwickeln würden.[38] Geht es beispielsweise um die Ermittlung des Interesses an Forschungsbeteiligung, können Informationslücken dazu führen, dass Bewohner*innen ein pauschales Technikdesinteresse „attestiert" wird, mit dem sie von Forschungsteilnahme abgehalten werden. Umgekehrt kann ein starkes Eigeninteresse von Einrichtungen oder Angehörigen dazu führen, dass Menschen mit Demenz Bedürfnisse zugeschrieben werden, die von ihrem eigenen Selbstverständnis abweichen. Betroffenen kann dadurch ein Technikinteresse unterstellt werden, auch dann, wenn sie eine Teilnahme an entsprechenden Projekten nicht wünschen (Hendriks et al. 2014; Lindsay et al. 2012).

Schließlich dürfen professionelle Pflegekräfte als auch Angehörige nicht in jedem Fall als „beste Vertreter*innen" der Betroffenenperspektive verstanden werden. McKeown (2017, S. 3) kritisiert daher die Praxis der stellvertretenden Einbeziehung von Pflegenden mit den Worten: „This is a highly valuable process and can provide researchers into insights they may never have considered. However, questions do need to be asked about the constitution of these groups: Is it people with dementia or is it carers who have the dominant voice? Clearly, carers need a voice and their perspectives are essential but more work is required so that people with dementia have their views heard and separated out from those who care for them." Vor dem Hintergrund sog. „**caregiver bias**" ist vor allem bei Angehörigen schwer zu unterscheiden, ob geschilderte Meinungen die Sicht von Menschen mit Demenz wiedergeben oder vielmehr Ausdruck eigener Belastung sind (Lindsay et al. 2012; Orpwood et al. 2008; Cohene und Baecker 2005). So weist eine Reihe von Studien darauf hin, dass pflegebedingte Belastung und depressive Verstimmung der Angehörigen ihre (Fremd-)Urteile zur Lebensqualität von Menschen mit Demenz beeinflussen (Conde-Sala et al. 2009, 2010; Vogel et al. 2006; Hurt et al. 2008). Auch van Baalen et al. (2011) machen

---

[38]Um die Zusammenarbeit während des Projektes zu verbessern, führten die Autor*innen eine spezifische Sitzung für Pflegekräfte durch, in der sie lernten, Einstellungen zum Einsatz von Technik zu erkennen und gleichzeitig die Gelegenheit hatten, die eigene Rolle reflektieren zu können.

in ihrem Review darauf aufmerksam, dass Proxy-Personen häufig Schwierigkeiten in der Unterscheidung zwischen ihren eigenen Anliegen und den Interessen bzw. Wünschen von Menschen mit Demenz haben. Wie gut z. B. nahe Angehörige die Perspektive von Menschen mit Demenz vertreten können, hängt nicht nur von der Art der betrachteten Frage (z. B. dem Grad ihrer Objektivität), sondern von einer Reihe weiterer Faktoren ab, z. B. der Art und Qualität der Beziehung zwischen beiden Personen, dem Umfang gemeinsam verbrachter Zeit, dem Wohlbefinden der Angehörigen sowie dem Grad ihrer eigenen Beeinträchtigung und Belastung. Neben pflegebedingter Belastung spielt **die Dynamik in der Beziehung** zwischen Pflegenden und Gepflegten eine wichtige Rolle, da sie durch gemeinsame Biographie, Erinnerungen und emotionale Verstrickungen geprägt sein kann (Wißmann 2017, S. 28). So fällt es Angehörigen in der Regel schwer, die Veränderungen am anderen zu akzeptieren. Das Bild der Person aus der Vergangenheit kann als Kontrastfolie sehr präsent sein und dazu führen, dass angenommene Wünsche von Menschen mit Demenz an diesem Bild ausgerichtet werden. Sollen nahe Angehörige beispielsweise in der Explorationsphase eines Projektes als Biografie-Expert*innen einbezogen werden, kann dies zu verschiedenen Problemen führen:

- **Orientierung an vergangenen Identitäten**: Menschliche Identität befindet sich grundsätzlich im Wandel. Dies gilt auch für Menschen mit Demenz. Aufgrund von Persönlichkeitsveränderungen kommen Angehörige häufig zu der Auffassung, Erkrankte seien nicht mehr sie selbst. Dies kann dazu führen, dass sie an vergangenen Identitäten festhalten und bei Angaben zu den Wünschen Betroffener auf diese zurückgreifen. Da neue Technologien jedoch im Hier und Jetzt eingesetzt werden, kann sich eine solche Orientierung als hinderlich für die Gestaltung von Technik erweisen.
- **Übernahme einer prioritären Deutungshoheit**: Aufgrund nachlassender Erinnerung an Vergangenes sehen sich nahe Angehörige häufig in der Verantwortung, die „verzerrte" Sicht der Betroffenen „zurechtzurücken". Dies kann dazu führen, dass sie die Deutungshoheit in der Darstellung gemeinsamer Erlebnisse übernehmen, was Menschen mit Demenz in ihren Mitteilungsmöglichkeiten zusätzlich einschränken kann. Die auf retrospektiver Identität beruhende Darstellung kann eine verzerrende Wirkung haben, insbesondere auf die zu entwickelnde Technik. Da diese in der Gegenwart genutzt werden soll, muss ihre Entwicklung den gegenwärtigen Identitätsentwürfen der Menschen mit Demenz entsprechen, vor allem dann, wenn sie diese eigenständig verwenden sollen.

Ein kritischer Stellenwert kommt den aus diskrepanten Biografiedeutungen resultierenden Verzerrungen dann zu, wenn die Perspektive naher Angehöriger oder anderer Personen zum Zweck der **Validierung** herangezogen wird. Unter Validierung wird in der qualitativen Forschung die Gewinnung von Daten aus unterschiedlichen Quellen verstanden. Als Beispiel gilt die sog. Triangulation, die dazu dient, Informationen zu einem Thema durch den Zugang zu verschiedenen Quellen anzureichern und gewonnene Daten so zu verdichten, dass sie nach Möglichkeit ein vollständiges Bild ergeben. Diese Art der Datenvalidierung kann im Fall von Menschen mit Demenz problematisch sein. So weist Nygard (2006) darauf hin, dass verschiedene Datenquellen weniger der Validierung einer und der gleichen Perspektive dienen als vielmehr der Abbildung gänzlich unterschiedlicher Perspektiven, die teilweise miteinander unvereinbar sein können. Für Außenstehende bestehen dabei nur begrenzte Möglichkeiten, den Grad einer authentischen Vertretung der Interessen und Meinungen von Menschen mit Demenz durch Proxies zu überprüfen. Daher wäre darüber nachzudenken, bei welchen *Themen* oder zu welchen *Zeitpunkten* Menschen mit Demenz durch Proxies vertreten werden sollen. Diese Wahlmöglichkeiten bestehen allerdings nur so lange, wie sich Menschen mit Demenz eigenständig mitteilen können. Sind Forschende auf Aussagen Dritter zwingend angewiesen, bietet es sich an, Probleme und Konflikte (z. B. ethische Konflikte) mit Proxy-Personen gemeinsam zu reflektieren.

3.2.5.3 Ethische Konflikte in der Proxy-Rolle

Grundsätzlich kommen Proxies, insbesondere pflegende Angehörige und professionelle Pflegekräfte, mit Forschung in unterschiedlicher Weise in Berührung. In Abhängigkeit von der Rolle, die sie dort einnehmen, sind sie mit unterschiedlichen **ethischen Herausforderungen** konfrontiert. Ausgehend von der Systematisierung ethischer Konflikte für Pflegende nach Monteverde und Kesselring (2012, S. 142), lassen sich für die Teilnahme an Technikentwicklungsprojekten einige Beispiele benennen, die in Abhängigkeit von der Art der Beteiligung unterschiedliche Formen annehmen können:

- Nehmen Pflegende an Forschungsprojekten **direkt, d.h im eigenen Interesse teil**, können sie ethische Konflikte dann erfahren, wenn ihr Engagement bzw. ihre forschungsbedingte Teilnahme mit anderen Rollen konfligiert und sie mit der Durchsetzung eigener Bedürfnisse in Konflikt zu den Erwartungen anderer Personen, z. B. die der Pflegebedürftigen, geraten. Derartige Konflikte können in jeder Phase technikbezogener Forschung auftreten, u. a. auch während der informierten Einwilligung. Risiken für ethische Herausforderungen entstehen zudem mit jeder Aktivität, die Pflegende in ihrer Rolle als Interessensvertreter*innen von Betroffenen wahrnehmen. Neben dem Konflikt zwischen Fürsorge, Schutz und Sicherheit auf der einen sowie Wahrung von Autonomie, Unabhängigkeit und Selbstbestimmung auf der anderen Seite kann es auch zu Entscheidungszwängen zwischen Sicherheit und Privatheit oder Würde und Wahrhaftigkeit kommen. Schließlich sind Konflikte auch denkbar, wenn die eigene Belastung in Widerspruch zu dem Wunsch nach mehr Teilhabe steht, der seitens der zu pflegenden Person geäußert wird.

- Eine andere Art ethischer Konflikte kann dann entstehen, wenn Pflegende **mittelbar-direkt in Forschung eingebunden** sind, z. B. wenn sie als Vertreter*innen einer Einrichtung oder formellen Gruppe (u. a. Selbsthilfegruppe) daran teilnehmen. Durch die mittelbar-direkte Einbindung können Rollen- sowie Loyalitätskonflikte entstehen, z. B. wenn sie erfahren, dass Pflegebedürftige gegen ihren Willen an der Forschung teilnehmen, wenn sie Schaden erleiden oder sie über die Ziele der Studie unzureichend informiert wurden. Rollenkonflikte sind ebenfalls denkbar, wenn Pflegende in ihrer Rolle als studienbegleite Zeug*innen von Interessenskonflikten werden oder sie in Situationen geraten, in denen sie zwischen Interessen von Einrichtungen und Interessen von Mitgliedern in schwachen Positionen abwägen müssen.
- Risiken für ethische Konflikte bestehen auch dann, wenn Pflegende **indirekt von Forschung tangiert sind**, z. B. wenn sie die Durchführung von Forschung in der eigenen Einrichtung unterstützen oder Ressourcen der Einrichtung dafür zur Verfügung stellen, wenn sie sich an der Beschaffung von Forschungsmitteln (z. B. durch Mitwirkung an Forschungsanträgen) beteiligen, sie Forschungsergebnisse in die Pflege transferieren und neue Erkenntnisse vermitteln, z. B. im Rahmen von Aus-, Fort- und Weiterbildung. Hier können Interessenskonflikte zwischen sozialer bzw. professionsbezogener Verantwortung, der Freiheit von Forschung und den Interessen ausgewählter Stakeholder, z. B. einbezogener Industriepartner*innen, entstehen. Weitere Konflikte sind denkbar, wenn zwischen den kurz-, mittel- und langfristigen Wirkungen der Forschung abgewogen werden muss. Schließlich können Dilemmata auch dann entstehen, wenn:
- Interessen der Forschungsförderung (z. B. der Politik), der beteiligten Einrichtungen (z. B. ein Wohlfahrtsverband) und persönliche Interessen in Widerspruch geraten
- es unklar ist, wie mit gewonnenen Daten umgegangen werden soll bzw. wem sie primär gehören (den Studienteilnehmer*innen, der Forschungseinrichtung, den Praxispartner*innen)

• es gegensätzliche Interessen bei der Interpretation, der Dissemination und dem Transfer der gewonnenen Daten gibt.

In Abhängigkeit von der jeweiligen Rolle, die Pflegende als Proxy-Personen wahrnehmen, können ethische Konflikte und Herausforderungen zu verschiedenen Formen der Belastung führen, die nachhaltige Folgen für Pflegebeziehungen, Arbeitszufriedenheit, Beschäftigungssicherheit und eigene Identität haben können. Darüber hinaus wirken Pflegende bei Technikprojekten an Entwicklungen mit, deren Folgen und Tragweite sie zum Zeitpunkt ihres Engagements nicht abschätzen können. Da Pflegende keine starke Machtposition bei der gesellschaftlichen Durchsetzung von Forschungsinteressen und technischen Innovationen haben, können sie ihren eigenen Beitrag zur Veränderung der Qualität künftiger Pflege kaum bewerten. So argumentieren viele Beobachter*innen, dass technischer Fortschritt im Bereich der intelligenten assistiven Technologien zu einer Verschlechterung der Versorgung führen kann. Viele Akteure beklagen zudem, dass Technik durch ihre fehlende Nutzer*innenfreundlichkeit mehr Belastung als Nutzen generiert. Darüber hinaus führt die Integration von pflegebedürftigen Menschen in Technikentwicklungsprojekte, deren Ergebnisse ggf. die eigene Versorgung verschlechtern könnten, zu einer Reihe ethischer Dilemmata, deren Tragweite Pflegende auf der politischen Ebene kaum durchschauen können. Die Mitwirkung an technikbezogener Forschung kann für Pflegende daher auch dann zur ethischen Herausforderung werden, wenn sie ihre eigene Rolle im Forschungssystem nicht einschätzen können und wenig Möglichkeiten sehen, der Gefahr einer möglichen Instrumentalisierung wirkungsvoll gegenüberzutreten.

3.2.5.4 Gestaltung der Zusammenarbeit zwischen Proxies und Menschen mit Demenz

Die vorliegenden Erfahrungen aus der Integration von Proxy-Personen in Technikentwicklung verdeutlichen, dass die Moderation der Zusammenarbeit zwischen Menschen mit Demenz und ihren (potenziellen) Interessensvertreter*innen als eine aktive Gestaltungsaufgabe verstanden werden muss. Grundsätzlich ist die Art der Einbindung von Proxy-Personen von der Rolle abhängig, die sie in der Forschung wahrnehmen, aber auch von der neuen Technik sowie den vorhandenen Ressourcen beteiligter Menschen mit Demenz. In den meisten Vorhaben sind Proxy-Personen von der zu entwickelnden Technologie zumindest mittelbar tangiert, so dass sie grundsätzlich als künftige (Mit-)Nutzer*innen dieser Neuentwicklung verstanden werden müssen. In jenen Vorhaben, in denen es ausschließlich um die Entwicklung von Technik für Menschen mit Demenz geht, treten Proxy-Personen häufig als Vertreter*innen deren Interessen auf. Im Rahmen dieses Kapitels stehen diese beiden Arten von Vorhaben im Vordergrund, wobei es um konkrete Maßnahmen geht, mit deren Hilfe das Zusammenspiel zwischen Proxy-Personen und Menschen mit Demenz aktiv gestaltet werden kann.[39]

Die Notwendigkeit einer aktiven Gestaltung der Kooperation zwischen Menschen mit Demenz und Proxy-Personen, wobei es sich dabei meist um nahe Angehörige handelt, entsteht bereits während der **informierten Einwilligung**. Die daraus erwachsende Aufgabe dient dem Ziel, beide Seiten in gebotener Weise in den Entscheidungsprozess einzubeziehen oder Wege der *gemeinsamen Entscheidungsfindung* zu entwickeln. Dieser Prozess kann sich als besondere Herausforderung darstellen, da Menschen mit Demenz in Entscheidungsprozesse nicht immer gleichberechtigt einbezogen werden. Dies bestätigen u. a. Ergebnisse eines systematischen Review zum sog. *„shared decision-making"*, wonach Menschen mit Demenz selbst jene Entscheidungen, die ihre eigene Versorgung betreffen (z. B. im Hinblick auf Medikation, Wohnen, Umzug in eine stationäre Pflege), selten selbstbestimmt treffen können (Miller et al. 2014). In den meisten Fällen entscheiden darüber nahe Angehörige, die sich verschiedener Praktiken des Umgangs mit dem Willen der Betroffenen (freie Entscheidung, Konsultationen, Einengung bestehender Wahlmöglichkeiten, Pseudo-Autonomie) bedienen (Miller et al. 2014, S. 1144f). Besonders aufschlussreich für die Gestaltung der Kooperation zwischen Menschen mit Demenz und ihren Proxy-Personen sind Studien, in denen Angehörige sog. Stellvertreter*innen-Entscheidungen trafen, d. h. im Namen der Betroffenen handelten. Die Ergebnisse zeigen, dass Angehörige den Wunsch der Betroffenen nach Autonomie, Selbstbestimmung und freier Entscheidungsfindung regelmäßig unterschätzten. Aus der Studie wird aber zugleich ersichtlich, dass Menschen mit Demenz durchaus in der Lage sind selbst zu bestimmen, wer sie bei konkreten Entscheidungen am besten unterstützen oder eine Entscheidung für sie übernehmen kann. Auch wenn sich im Rahmen des genannten Review keine der Studien mit der Entscheidungsfindung hinsichtlich der Nutzung von Technik befasste, sind die Erkenntnisse von hoher Relevanz, da sie darauf verweisen, dass auch nahe Angehörige nicht grundsätzlich und in jeder Situation die Perspektive von Menschen mit Demenz in valider Form übernehmen können.

Proxy-Personen sind zudem nicht grundsätzlich in der Lage, die forschungsbedingte Belastung von Menschen mit Demenz, die Nutzung einer neuen Technologie im Alltag oder die Dauer der Übernahme dieser Lösung **vorherzusagen**. Bei Entscheidungen, die der Einwilligung dienen, kann es z. B. zur Überschätzung

---

[39]Unberücksichtigt bleiben hier Vorhaben, in denen lediglich Proxy-Personen die Zielgruppe der Technikentwicklung bilden.

möglicher Belastung, die Betroffene durch die Teilnahme an einer Studie erfahren, kommen, während es bei der Adaption neuer Technik im Alltag systematisch zu Unterschätzung der Kompetenzen Betroffener kommt. Auf das erstgenannte Risiko weisen Span et al. (2016, S. 167f) hin, die in einer Studie zur Entwicklung eines webbasierten Tools zur Unterstützung gemeinsamer Entscheidungsfindung zwischen Menschen mit Demenz, ihren Angehörigen und Case-Manager*innen zeigen, dass Proxy- Personen (Angehörige und Professionelle) eine hohe Belastung durch kognitive Herausforderung sowie durch den Zugang zu bestimmten Informationen, z. B. bezüglich der Diagnose, voraussagten. Während der Beteiligung reagierten die Teilnehmer*innen mit Demenz zwar auch emotional auf die Veränderung ihrer Diagnose, waren jedoch gleichzeitig erleichtert, über ihre Situation und ihre eigene Bewältigung sprechen zu können. In den von Brereton et al. (2015) durchgeführten Fallstudien konnten Proxies wiederum wesentlich zur Initiierung des Projektes beitragen, z. B. die Voraussetzungen für das Vorhaben benennen sowie eine realistische Einschätzung der zu erreichenden Ziele treffen. Sie waren allerdings kaum in der Lage, zuverlässige Aussagen über die Nutzung ausgereifter Prototypen (z. B. hinsichtlich der Art und Häufigkeit der Nutzung) zu machen und überschätzen in der Regel die Dauer der Adaptation technischer Lösungen.

Eine zentrale Frage, die sich in der Entwicklung von Technik für Menschen mit Demenz gewöhnlich stellt, betrifft den **Zeitpunkt der Einbindung von Proxy-Personen in den Gesamtentwicklungsprozess**. Blickt man auf die Erfahrungen aus bisherigen Projekten, so lassen sich daraus gegensätzliche Empfehlungen entnehmen. Während einige Expert*innen eine Einbeziehung von Proxy-Personen (z. B. naher Angehöriger) vom Anfang an fordern (z. B. Orpwood et al. 2005), weisen andere auf Risiken einer unreflektierten Integration hin. So betonen u. a. Brereton et al. (2015), dass Proxies in der partizipativen Forschung auch störend sein können, z. B. wenn sie ihre „Stellvertreter*innenrolle" nicht mehr reflektieren, wenn das Ausbleiben einer kritischen Reflexion ihrer Rolle dazu führt, dass die von ihnen abhängige Person ihre Präferenzen nicht mehr äußern kann, wenn die soziale Umwelt die „stellvertretende" Meinung mehr beachtet als die Meinung der Betroffenen und sich diese Prozesse verfestigen. In solchen Situationen führe die Integration von Proxies lediglich zur Fortführung einer machtungleichen Kommunikation und Interaktion und zur Entwicklung von technischen Lösungen, die seitens der Menschen mit Demenz nicht gewollt sind. In der Gesamtschau verschiedener Empfehlungen wird daher deutlich, dass die Einbeziehung von Proxy-Personen keiner generalisierten Logik folgen kann, sondern einer differenzierten Betrachtung relevanter Kontextbedingungen, der Einsatzbereiche der zu entwickelnden Technik sowie der Möglichkeiten und Grenzen der Beteiligung von

Menschen mit Demenz bedarf. Die Einbindung von Proxy-Personen setzt darüber hinaus eine begleitende Reflexion methodischer und ethischer Aspekte voraus, die mit der jeweiligen Rolle der genannten Stakeholder verknüpft ist. Zudem erfordert sie die Planung verschiedener Schritte, die zur Vermeidung möglicher Verzerrungen und/oder Einschränkungen bei der Selbstbestimmung von Menschen mit Demenz führen können.

Proxy-Personen wurden bereits im ersten großen europäischen Projekt, das sich der Technikentwicklung für und mit Menschen mit Demenz widmete – dem Projekt ENABLE – in die Forschung eingebunden. Bemerkenswert war, dass sie vom Anfang an, d. h. bereits in den ersten Projektphasen – d. h. bei der Problemdefinition und der Analyse der Nutzer*innenbedürfnisse, eingebunden waren. Als Forschungsmethoden dienten hier Fokusgruppen (mit nahen Angehörigen und Fachpflegekräften) sowie schriftliche Befragungen (pflegender Angehöriger). Eine Befragung – in diesem Fall jedoch mündlich – wurde auch mit Menschen mit Demenz durchgeführt (Orpwood et al. 2005, S. 159). Eine wiederholte Beteiligung von Proxy-Personen fand zum späteren Zeitpunkt statt. Als besonders erfolgreich erwies sich u. a. die Durchführung gemischter Fokusgruppen mit pflegenden Angehörigen und professionellen Pflegekräften, in denen das Design von Prototypen in einem bereits reifen Stadium diskutiert wurde (Orpwood et al. 2004, S. 273). Während hier die Feinabstimmung der Prototypenmerkmale im Mittelpunkt des Interesses stand, nutzten die Entwickler*innen sie auch zur Validierung der Schlüsselmerkmale der Prototypen, um so den bisherigen Entwicklungsprozess abzusichern. Im Hinblick auf die **Aktivitäten der ersten Projektphase** zeigten sich jedoch Differenzen zu den Angaben von Menschen mit Demenz. Sie bestanden sowohl bei der Beschreibung als auch der Auswahl relevanter „Problembereiche" für einen (erwünschten) Einsatz von Technik. Ihre Ursachen lagen vor allem in unterschiedlichen Sichtweisen auf die betrachtete Situation und ihre potenzielle Lösung. Während sich die Angehörigen bei der Suche nach technischen Lösungen auf ihre eigenen Probleme in der Pflege und Betreuung stützten, betonten Menschen mit Demenz wiederum ihre persönlichen Bedürfnisse. Dabei nannten Angehörige häufiger Aspekte der Sicherheit und des Schutzes als wichtige Problembereiche, während sich Menschen mit Demenz stärker auf Aspekte bezogen, in denen sie direkte Einbußen ihrer Lebensqualität erlebten. Dazu gehörte sehr häufig die Interaktion mit der Umwelt und anderen Personen (Orpwood et al. 2005, S. 159).

Dieses Beispiel zeigt, dass Vorhaben, die verschiedene Stakeholder in die ersten Projektphasen einbinden, Ideen für sehr unterschiedliche technische Lösungen erhalten und keineswegs davon ausgehen können, dass die Beteiligten zu einer gemeinsamen Lösung gelangen. Handelt es sich um Projekte, in denen etwa ein multimodales Assistenzsystem entstehen soll, können unterschiedliche Bedürfnisse in der Entwicklung entsprechender Komponenten münden. Projekte mit begrenzten Ressourcen können unterschiedliche Stakeholder jedoch erst dann vom Anfang an integrieren, wenn sie nachgelagerte Arbeitsschritte vorsehen, die der Begleitung von Kompromissbildungs- bzw. Aushandlungsprozessen dienen. Stellt die Erarbeitung nur einer einzigen Lösung einen entscheidenden (Zwischen-)Schritt zur Technikentwicklung dar, ohne dass notwendige Aushandlungsprozesse zwischen den Stakeholdern eingeplant wurden, kann dies vor allem die beteiligten Wissenschaftler*innen vor ethische bzw. Loyalitätskonflikte stellen. McKeown et al. (2015) machen dies am Beispiel des sog. *Life Story Books* deutlich, in dem biografische Informationen zur Unterstützung gemeinsamer Kommunikation zwischen Menschen mit Demenz und ihren Angehörigen aufbereitet wurden. Da sich jedoch die erzählten Geschichten der Menschen mit Demenz von denen ihrer Angehörigen teilweise deutlich unterschieden, stellte sich die Frage, wie aus den erzählten Lebensgeschichten eine gemeinsame sog. „shared story" konzipiert werden kann. Neben methodischen Aspekten, die McKeown et al. (2015) in diesem Vorhaben so lösten, dass die von Menschen mit Demenz erzählten Geschichten mit den Geschichten der Angehörigen anreicherten, haben derartige Arbeitsschritte ethische Implikationen, die zudem mit dem Handeln der beteiligen Wissenschaftler*innen verbunden sind. Für sie stellt sich häufig die Frage nach dem „richtigen" Verhalten in einer mögliche Konflikte provozierenden Situation. Während es aus methodischer Sicht in derartigen Situationen nicht um die Suche nach der „wahren" Geschichte gehen kann, sondern um die Akzeptanz der Verschiedenheit subjektiver Perspektiven, auch dann, wenn Menschen bestimmte Erlebnisse teilen, bedarf es unter ethischen Gesichtspunkten der Einsicht, dass Forschung in erster Linie **divergenzvermeidend**, zumindest **nicht divergenzverstärkend** sein sollte. Dies bedeutet, dass Forschung durch die Erhebung persönlicher Informationen die Beziehung zwischen Menschen mit Demenz und ihren Angehörigen oder Fachkräften nicht belasten darf. Die Entwicklung sog. „shared stories", d. h. integrierter Perspektiven, in denen sich beide Beteiligte wiederfinden, kann dabei eine Lösung sein. Lassen sich erzählte Geschichten nicht in eine gemeinsame Geschichte integrieren, müssen Forschende ggf. eine Moderator*innenrolle übernehmen. Damit sollte allerdings nicht das Erzwingen eines Konsenses verbunden sein, sondern ein Dialog, in dem die Unterschiedlichkeit verschiedener Perspektiven auf eine Weise anerkannt wird, die es den Beteiligten ermöglicht, sie zu akzeptieren.

Neben inhaltlichen Differenzen spielt auch die Berücksichtigung mehrdimensionaler Machtungleichheiten zwischen Menschen mit Demenz und Proxy-Personen eine wichtige Rolle. Die Suche nach „shared stories" darf daher nicht auf eine Weise aufgelöst werden, in der Deutungen von Menschen mit Demenz zugunsten eines Konsens es hinterfragt werden. Vielmehr sollten auch Widersprüche Anlässe dazu sein, die Kommunikation zwischen Betroffenen und Proxy-Personen zu unterstützen. Erfahrungen aus dem Projekt CIRCA (Astell et al. 2009 a) weisen darauf hin, dass gemeinsame Sitzungen dann eine positive Wirkung hatten, wenn in ihnen die **Interaktion bzw. Kommunikation** zwischen beiden Personen der Pflege-Dyade gezielt unterstützt wurde. Die explizite Förderung positiv erlebter Interaktionen, in denen beide Partner*innen gleichberechtigt miteinander kommunizieren konnten, führte nicht nur zur Erhöhung des beidseitigen Wohlbefindens, sondern hatte ebenfalls positive Effekte auf den partizipativen Prozess und trug nachhaltig zur Verbesserung der Pflegesituation bei. Als eine relevante Aufgabe in diesem Zusammenhang gilt daher die Herstellung von Situationen, in denen gemeinsame Aktivitäten zwischen Menschen mit Demenz und ihren Angehörigen besonders gefördert werden.

Neben der gezielten Förderung der Kommunikation können partizipative Technikentwicklungsprojekte dazu genutzt werden, verschiedenen Stakeholdern die Gelegenheit zur Reflexion der eigenen Situation oder Rolle zu geben. Sjölinder et al. (2016) fordern gar, dass – sobald Proxy-Personen in die Forschung eingebunden werden – explizite **Gelegenheiten** geschaffen werden sollen, die **der Reflexion ihrer Rolle** dienen. Für diese Aufgabe kann ein eigener Projektmeilenstein vorgesehen oder aber ein spezifischer Arbeitsschritt entwickelt werden. Ein relevanter Baustein derartiger Arbeitsschritte kann die gezielte Auseinandersetzung mit der Fremdwahrnehmung des Gegenübers sein, so dass sich z. B. Proxies mit ihrer Wahrnehmung befassen können. Zeit für Reflexion sollte auch für Menschen mit Demenz eingeplant werden, u. a. als konkrete Gelegenheiten zur Auseinandersetzung mit ihrer eigenen Situation und Krankheitsbewältigung (Span et al. 2016). Dies impliziert, dass Technikentwicklungsprojekte, die verschiedene Proxy-Personen einbinden, **sowohl gemeinsame als auch getrennte Sitzungen einplanen** sollten. Handelt es sich z. B. um pflegende Angehörige, so sollte in Sitzungen nicht nur die Entwicklung von Technik, sondern ebenfalls die Erkennung und Vermeidung von Konflikten thematisiert werden, insbesondere jener, die im Zusammenhang mit der Entwicklung einer Technik sichtbar geworden sind, sowie jener, die im Zusammenhang mit den Folgen ihrer Anwendung entstehen können (Lindsay et al. 2012).

Nicht nur die Durchführung getrennter Sitzungen mit Proxy-Personen, sondern auch die **Durchführung gemeinsamer Sitzungen** muss als eine aktive Gestaltungsaufgabe verstanden werden. Lindsay et al. (2012) weisen darauf hin, dass vor allem in Sitzungen mit Menschen mit Demenz und ihren Angehörigen darauf geachtet werden muss, dass Angehörige die Diskussion nicht dominieren. Die

Sorge um gleichberechtigte und selbstbestimmte Kommunikation betrifft ebenfalls Situationen, in denen Menschen mit Demenz und ihre Angehörigen im **Tandem** arbeiten. Hendriks et al. (2013) machen darauf aufmerksam, dass dies die kontinuierliche Entwicklung von Objekten vor methodische Probleme stellen kann, wenn Angehörige in einer tandemorientierten Testung von Prototypen die Rolle des*der Anleiter*in übernehmen. In derartigen Situationen kann *usability* der technischen Lösungen nicht eindeutig auf die Möglichkeiten der Betroffenen zurückgeführt werden, sondern ein Ergebnis einer (ggf. verzerrten) Kooperation zwischen dem*der Betroffenen und dem*der Angehörigen sein. Geht es z. B. um die Entwicklung von Technologien, die in erster Linie durch Menschen mit Demenz genutzt werden sollen, kann es sinnvoll sein, sie in Einzelsettings (u. a. auch durch individuelles Entwerfen) oder in homogenen Gruppen durchzuführen, um „schwächere" Mitglieder nicht unter Druck zu setzen. Die so gewonnenen Zwischenergebnisse könnten dann in regelmäßigen Abständen mit Angehörigen abgestimmt werden.

Neben der Frage nach dem geeigneten Zeitpunkt der Integration von Proxy-Personen sowie verschiedenen Formen der Gestaltung von Kommunikation und Kooperation, stellt sich häufig die Frage, in welche **Stufen des Technikentwicklungsprozesses** Menschen mit Demenz einbezogen werden sollen und in welche auch Proxy-Personen stellvertretend eingebunden werden können. Im Kontext der Entwicklung von Technik wird diese Frage häufig dann aufgeworfen, wenn ein als langwierig und mühevoll empfundener iterativer Prozess zur besonderen Belastung von Menschen mit Demenz führen kann. So beobachteten z. B. Sjölinder et al. (2016), dass vor allem hochaltrige Heimbewohner*innen besser dann einbezogen werden konnten, wenn die Prototype einen Entwicklungsstand erreicht haben, aus dem sich ihre konkrete Anwendung bzw. ihr Einsatz im Alltag erschließen ließ. Aufgrund der Notwendigkeit abstrakter Diskussionen in den ersten Projektphasen erlebten die Älteren sie als eine besondere kognitive Herausforderung. Als komplex gilt auch die Entwicklung von **Nutzer*innenschnittstellen**. Werden sie in verschiedenen Iterationen unabhängig von funktionalen Prototypen getestet, kann dies als ermüdend und frustrierend erlebt werden. Orpwood et al. (2004, S. 271) empfehlen für diese Aufgabe die Zusammenarbeit mit betreuenden Angehörigen oder professionellen Fachpflegekräften. Ähnlich argumentieren auch Span et al. (2014a, b), die zeigen, dass die Einbindung von Proxy-Personen (in diesem Fall handelte es sich um Wissenschaftler*innen und Case-Manager*innen) sinnvoll sein kann, um Zwischenergebnisse eines Entwicklungsprozesses zu validieren. Als Proxy-Personen können ggf. auch freiwillig engagierte ältere Menschen gewonnen werden, die in keiner persönlichen Beziehung zu eingebundenen

Menschen mit Demenz stehen, aus einer semi-professionellen Sicht jedoch Erfahrungen in der Betreuung von Menschen mit Demenz haben. Da sie in der Regel mit Betroffenen biografisch nicht verstrickt sind, können sie ergänzend in die Prüfung von Nutzer*innenfreundlichkeit eingebunden werden (Orpwood et al. 2005).

Die Auseinandersetzung mit der Gestaltung der Kooperation zwischen Menschen mit Demenz und Proxy-Personen im Rahmen partizipativer Forschung sollte nicht nur methodische, ethische und organisatorische Aspekte ansprechen, sondern auch die **gesellschaftliche bzw. soziale Seite dieser Partizipation** betrachten. So muss die Beteiligung von Menschen mit Demenz an Technikentwicklung sowie die Wirkung ihrer Beteiligung grundsätzlich als Ergebnis der Mitwirkung anderer Stakeholder betrachtet werden. Sowohl der Akt der Teilnahme, die Art der Zusammenarbeit als auch einzelne Beiträge hängen im Wesentlichen davon ab, auf welcher (Erwartungs-)Grundlage Menschen mit Demenz einbezogen werden: auf der Grundlage ihrer Erkrankung, ihrer Vulnerabilität oder ihrer Ressourcen. Neue Technologien, die in der Interaktion mit Proxy-Personen und Menschen mit Demenz entwickelt werden, sind immer auch das Ergebnis dieser Interdependenzen, bergen aber gleichzeitig Chancen für deren Veränderung bzw. deren Wandel. In der Veränderung dieser Interdependenzen verbirgt sich die transformative Kraft der Technikentwicklung, die gleichzeitig die Möglichkeit für ein Empowerment von Menschen mit Demenz bietet, da hier die Gelegenheit besteht, dass sie ihre eigene Rolle ein Stück weit selbst gestalten und durch Technik festigen. Span et al. (2016, S. 170) befassen sich mit der Rolle von Proxy-Personen in diesem Transformationsprozess und fordern, dass sowohl Angehörige als auch Professionelle nur dann in diesen aufgenommen werden sollen, wenn sie Menschen mit Demenz als „sozial lebendig" betrachten und sie aufgrund ihrer Erkrankung nicht exkludieren. Die Beteiligung von Proxy-Personen, die Menschen mit Demenz das Person-Sein absprechen, stellt daher ein Risiko für Empowerment dar. Für eine Forschung, die sich der Förderung gesellschaftlicher Teilhabe von Menschen mit Demenz verpflichtet fühlt, bedeutet dies, dass es nicht ausreichend ist, Möglichkeiten für Forschungspartizipation zu schaffen, sondern innerhalb der Projekte geeignete Möglichkeiten für Reziprozität zu generieren. Dies kann als ein wesentlicher Beitrag zum **Empowerment** von Menschen mit Demenz betrachtet werden.

Auf die transformative Kraft der Technikentwicklung aus gestalterischer Sicht weisen ebenfalls Brereton et al. (2014) hin. Aus deren Sicht führt die Überbewertung von Kontextfaktoren im Design zu Logiken eines sog. „**compensatory design**", d. h. eines Entwicklungsprozesses, in dem die Kompensation fehlender Kompetenzen, Funktionen oder Fähigkeiten eine zentrale Rolle erhält. Die

Entwicklung von Technik, deren primäre Aufgabe in der Kompensation von „Verlusten" liegt, entspringt der Sicht der sozialen Umwelt auf Menschen mit Demenz, die einer bestimmten Norm nicht (mehr) entsprechen. Als ein Gegenmodell entwickeln Brereton et al. (2014) das **„design in use"** bzw. des **„design after design"**, dessen zentrale Idee darin besteht, die eigentlichen Zielgruppen technischer Lösungen – trotz ihrer Einschränkungen – direkt in den Entwicklungsprozess einzubeziehen. In der Gestaltung neuer Technologien dürfe es keinesfalls darum gehen, eine gesellschaftliche Praxis zu fördern, die Menschen mit Einschränkungen als „fehlerbehaftete" Wesen „zementiert", sondern durch die gestalterische Entwicklung eine soziale Welt zu fördern, die geistige, körperliche und emotionale Differenz akzeptiert (Brereton et al. 2015, S. 6). Als wesentliche Ursache für die Entwicklung neuer Technologien, die ihren Schwerpunkt auf Kompensation von Differenz legen, betrachten Brereton et al. (2014, 2015) vor allem die im Rahmen der ersten Phase – der Analysephase – etablierte Ethnographie, die zur Überbewertung von Kontextfaktoren (z. B. der sozialen Umwelt) und zur Unterbewertung von Interessen, Präferenzen und Wünschen jener Menschen führt, die auf eine Unterstützung durch ihre Kontexte angewiesen sind. Daher sollten vor allem sog. vulnerable Nutzer*innen in Designprozesse direkt eingebunden werden (vgl. Info-Box 3.14).

Ansatz des „design after design":

Der von Brereton et al. (2015) entwickelte Ansatz des „design after design" geht auf das theoretische Modell zur Beteiligung von Proxy-Personen nach Scaife et al. (1997) zurück und basiert auf fünf Prinzipien:

1) In der Zusammenarbeit mit sog. vulnerablen Zielgruppen ist es entscheidend, **Betroffene** in die Entwicklung konkreter Prototypen so früh wie möglich **direkt einzubeziehen**. Entscheidend dabei ist die Schaffung **geeigneter Gelegenheiten und Optionen für Feedback**. Das Feedback sollte nicht nur befragungsbasiert sein, sondern ebenfalls die Ergebnisse direkter Techniknutzung enthalten (handlungsbasiert sein).

2) Rückmeldungen der Teilnehmer*innen sollten sich nicht nur auf Merkmale der zu entwickelnden Technik sowie Aspekte der Mensch-Technik-Interaktion beziehen, sondern explizit auch **Merkmale der tatsächlichen und potenziellen Nutzung vor dem Hintergrund sozialer Beziehungen und sozialer Teilhabe** umfassen. Die Frage, wie ein Prototyp

soziales Verhalten bzw. Interaktion verändert, sollte ein fester Analysebestandteil vor, während und nach der Entwicklung von Prototypen sein.

3) Sog. vulnerable Personengruppen müssen geeignete Möglichkeiten des Feedbacks erhalten, und zwar unabhängig von Proxy-Personen. Je **konkreter die Rückmeldung** gestaltet werden kann, umso besser die Chance, dass Beteiligte darauf reagieren können. Dafür bedarf es sog. „working prototypes", mit denen unmittelbar gearbeitet werden kann.

4) Proxy-Person sollten in der Entwicklung von Technik grundsätzlich als Mitglieder sozialer Netzwerke betrachtet werden, für die eine technische Lösung ebenfalls entwickelt wird. Deren Integration in den Gestaltungsprozess muss ihnen die **Möglichkeit zur Reflexion** und ggf. zur Veränderung der eigenen Rolle geben. Technologien sollten jedoch so gestaltet sein, dass sie ihren Nutzer*innen den **Ausdruck ihres eigenen, freien Willens** ermöglichen.

5) Soziale Teilhabe, der Austausch mit anderen Menschen sowie „Freude an der Sache" sind **zentrale Motive zur Teilnahme** an Forschungs- und Entwicklungsprojekten. Dies wird seitens der Proxies nicht immer erkannt.

Info-Box 3.14: Zentrale Prinzipien des „design after design" nach Brereton et al. (2015).

In der Zusammenschau kann festgehalten werden, dass widersprüchliche Empfehlungen in der Technikentwicklung auch im Zusammenhang mit der unterschiedlichen gesellschaftlichen Bedeutung von Technik stehen. Zum einen soll Technik und deren Entwicklung die (möglichst reibungslose) **Integration** in einen bestehenden sozialen – aber auch gesamtgesellschaftlichen – Werte-Kontext fördern, zum anderen soll **Technikentwicklung als Intervention** zur Änderung gesellschaftlicher Verhältnisse dienen. Während z. B. Orpwood et al. (2004) die Frage nach dem „Erfolg" neuer Technologien mit deren möglichst reibungsloser Integrierbarkeit in bestehende Versorgungskontexte begründen, betonen z. B. Brereton et al. (2015), dass der „Erfolg" neuer Technologien darin bestehe, die Selbstbestimmung ihrer Nutzer*innen zu entfalten, auch wenn dies längerfristige soziale Transformationsprozesse erforderlich macht. In Abhängigkeit von den o. g. Funktionen von Technik wird auch die Rolle von Proxy-Personen unterschiedlich gesehen. So werden sie einerseits als wichtige Informationsträger*innen betrachtet, deren Handlungsstrategien eine zentrale Orientierungsgrundlage für die Entwicklung von Technik bilden sollen (Orpwood et al. 2004); andererseits können sie wichtig sein, um den gesellschaftlichen Wandel durch Technik zu begleiten. Dies verdeutlicht, dass die Einbindung von Proxy-Personen in die Technikentwicklung verschiedene Funktionen erfüllen kann, die auch gesellschaftliche Transformationsprozesse berühren.

3.2.5.5 Dyadische Interviews

Eine besondere Form der Zusammenarbeit mit Proxy-Personen bildet die Durchführung **dyadischer Interviews**. Dyadische bzw. Paar-Interviews können als gemeinsame, getrennte oder gemischte (d. h. aus einem gemeinsamen und einem getrennten Teil bestehende) Befragungen durchgeführt werden. Um sich der Merkmale dieser besonderen Erhebungsmethode zu vergewissern, verortet Lowton (2018, S. 134) gemeinsam durchgeführte dyadische Interviews zwischen einem Einzelinterview und einer kleinen Fokusgruppe. Typisch für diese Form der Interviews ist, dass sie die Eigenschaften beider Datenerhebungsformen vereinen: Während die Interaktion zwischen zwei gemeinsam befragten Personen ein Aspekt ist, der eine Fokusgruppe auszeichnet, stellt die Möglichkeit der Herstellung eines hohen Grades der Intimität (und damit Interviewtiefe) ein Ziel dar, das in der Regel nur für Einzelinterviews gilt. In der Zusammenarbeit mit Menschen mit Demenz handelt es sich häufig um nahe bzw. pflegende Angehörige, die sich als Teilnehmer*innen dyadischer Interviews anbieten. Deren Einbeziehung kann dann besonders wichtig sein, wenn es um Technologien geht, die im privaten Haushalt zum Einsatz kommen und die von zwei Personen – ggf. auch gemeinsam – genutzt werden sollen. Die Form des dyadischen Interviews ist allerdings nicht gleichzusetzen mit einer Interviewsituation, in der Angehörige Menschen mit Demenz im Rahmen eines Einzelinterviews lediglich unterstützen. Die Notwendigkeit einer derartigen Unterstützung nimmt aufgrund des Fortschritts der Erkrankung zwar zu; ein unterstütztes Interview unterscheidet sich jedoch von dyadischen Interviews dadurch, dass Proxy-Personen hier keine expliziten Teilnehmer*innen der Befragung sind. Die Zielgruppe dyadischer Interviews bilden dagegen Paare, so dass Interviews von Menschen mit Demenz, die mit Unterstützung naher Angehöriger durchgeführt werden, als gesonderte Konstellation betrachtet werden müssen.

Werden im Rahmen einer Studie sog. Pflegedyaden adressiert, so stellt sich die Frage, ob dyadische Interviews zusammen und/oder getrennt durchgeführt werden sollen. Lowton (2018, S. 136ff) beschreibt einige **Kriterien**, die für eine solche Entscheidung hilfreich sein können. Im Hinblick auf die **Dynamik** gemeinsam durchgeführter Interviews gilt zu beachten, dass Paare hier nicht nur mit der Aufgabe befasst sind, ein bestimmtes Bild der eigenen Person sowie ein Bild als Paar gegenüber den Interviewer*innen zu entwickeln, sondern auch ein Bild der eigenen Person gegenüber dem*der eigenen Partner*in zu konstruieren. Für den*die Interviewer*in besteht daher spätestens während der Datenanalyse die Aufgabe, die verschiedenen Positionierungen zu erkennen. Die Durchführung gemeinsamer Interviews wirft zudem andere **organisatorische Fragen** auf: Während die gemeinsame Befragung die Anwesenheit von zwei Personen zu einem gemeinsamen Zeitpunkt erfordert, beanspruchen getrennt durchgeführte Befragungen unterschiedliche Zeitfenster (außer wenn beide Gespräche zeitgleich, allerdings durch unterschiedliche Interviewer*innen durchgeführt werden).

Entscheidender als die praktisch-organisatorischen Aspekte ist jedoch die Frage nach der **Perspektive**, die für die anstehende Forschung von Bedeutung ist. Während getrennt durchgeführte Interviews *zwei verschiedene Perspektiven auf eine Dyade* werfen, eröffnen gemeinsame Interviews die Möglichkeit eines tieferen Einblicks in die *Konstruktion einer gemeinsamen Narration*. Handelt es sich um getrennt durchgeführte Befragungen, spielt die **Reihenfolge der Interviews** eine wichtige Rolle. So kann es z. B. relevant sein, dass die Inhalte eines der beiden Interviews vorliegen, bevor das Gespräch mit dem*der zweiten Partner*in beginnt. Die Verfügbarkeit über bestimmte Informationen kann allerdings auch eine verzerrende Wirkung haben, da sie die Aufmerksamkeit des*der Interviewer*in oder die Erwartungen der befragten Person beeinflusst. Neben der Festlegung der Reihenfolge der Interviews, bedarf es einer Entscheidung über die **Auswertung bzw. Analyse** des gewonnenen Datenmaterials, d. h. die Beantwortung der Frage, ob eine Zusammenführung getrennt durchgeführter Befragungen ansteht oder die zwei Gespräche als unabhängige Narrationen (d. h. zwei unterschiedliche Perspektiven auf ein Thema) betrachtet werden sollen. Diese Entscheidung wird vor allem dann wichtig, wenn zwei konfligierende Perspektiven aufeinandertreffen. Eine in diesem Zusammenhang sensible Frage bezieht sich zudem darauf, wie die Ergebnisse derartiger Befragungen publiziert werden sollen. Von besonderer Relevanz ist, dass Wissenschaftler*innen einen einvernehmlichen Weg der **Dissemination** finden, der die Beteiligten in ihrer Privatheit nicht verletzt.

Die Art der Durchführung dyadischer Interviews zeichnet sich durch unterschiedliche methodische, organisatorisch-praktische als auch ethische Aspekte aus. **Typische Merkmale gemeinsamer dyadischer Interviews** sind die gemeinsame Wissensproduktion, ein spezifischer Umgang mit sozialer Erwünschtheit und die besonderen Auswirkungen der Beziehungsqualität auf die Ergebnisse.

So kommt es in Paar-Interviews grundsätzlich zu einer Co-Produktion von Wissen, das durch die verschiedenen Perspektiven der Beteiligten, ihre Interaktion in der Befragungssituation sowie ihre individuelle als auch paarbezogene Darstellung entsteht (Mellor et al. 2013). Das gemeinsame Erzählen von Geschichten führt zu einer anderen Art des Wissens, das sich von jener Art des Wissens unterscheidet, die durch zwei Einzelinterviews zustande kommt. Bei der Entwicklung neuer Technologien, bei denen es in der Regel um einen möglichst hohen Grad der Eindeutigkeit geht, kann dies zu Problemen führen, vor allem dann, wenn es zu gegensätzlichen oder konfliktiven Narrationen kommt. Dennoch ist es wichtig, dass es trotz des Wunsches nach Eindeutigkeit nicht einer – wie immer gearteten – „Wahrheit" gefolgt wird in dem Glauben, dass es diese nur zu „entdecken" gilt. Vielmehr ist es wichtig anzuerkennen, dass gewonnene Daten immer auch ein Ergebnis des Kontextes sind, in dem sie erhoben wurden. Für die Planung von Befragungen ist es daher entscheidend, ob die Befragung getrennt oder gemeinsam durchgeführt wurde.

Neben der gemeinsam hergestellten Narration stellt sich in einem Paar-Interview auch das **Phänomen der sozialen Erwünschtheit** anders dar. So besteht höhere Wahrscheinlichkeit dafür, dass die Teilnehmer*innen über Dinge berichten, die nicht nur gegenüber dem*der Interviewer*in, sondern auch gegenüber ihrem*ihrer Partner*in als erwünscht gelten. Darüber hinaus bergen Paar-Interviews verschiedene Arten von Fallstricken, die zu **ethischen Konflikten** oder **methodisch fragwürdigen Ergebnissen** führen können. Eine besondere Herausforderung besteht dann, wenn ungleiche Machtverhältnisse zu ungleichen Arten der aktiven Teilnahme (z. B. bezüglich der Quantität und/oder Qualität der Mitteilungen) führen. So ist es denkbar, dass sich eine Person der Position eines „offiziellen Kanals" des Paares ermächtigt, um vermeintlich gemeinsame Meinungen beider Seiten kundzutun. Neben ethischen Implikationen kann eine solche Situation allerdings auch methodische Folgen haben. Problematisch ist dabei, dass sie kein einfaches Urteil bezüglich der Reliabilität derartiger Aussagen erlaubt. So kann eine für beide Seiten mitgeteilte Meinung das Ergebnis eines langen partnerschaftlichen Aushandlungsprozesses sein, das den aktuellen Konsens reliabel spiegelt. Denkbar ist es jedoch auch, dass sich Teilnehmer*innen mit einer schwächeren Position der Meinung starker Positionen unterwerfen, ohne sie durch eigene Perspektiven zu ergänzen.

Zu möglichen Fallstricken gehört ebenfalls eine gewisse **Rollenumkehr**, in der sich einer*eine der Partner*innen der Rolle des*der Interviewer*in ermächtigt und in dieser nicht nur neue Themen ins Gespräch einbringt, sondern auch den*die eigene*n Partner*in mit bestimmten Fragen konfrontiert. Ermächtigen sich nahe Angehörige von Menschen mit Demenz dieser Rolle, kann dies im

Sinne einer „Übersetzer*innen-„ oder „Brückenbauerfunktion" produktiv sein, vor allem dann, wenn sie sich als „Fürsprecher*innen" Betroffener erleben oder eine unterstützende Rolle einnehmen. Unterstützung bei der sinngemäßen Wiederholung von Fragen oder die Zusammenfassung der Perspektive Betroffener an passender Stelle sind Beispiele für einen konstruktiven Umgang mit der Proxy-Rolle (Morgan et al. 2013). Aufgrund einer meist machtvollen Position pflegender Angehörige besteht bei Menschen mit Demenz jedoch das Risiko in eine entmächtigende Situation zu geraten, indem Angehörige ausschließlich im eigenen Interesse handeln, die Rolle der impliziten Interviewlenkung benachteiligend einsetzen und den Interviewfluss in eine Richtung lenken, die Menschen mit Demenz ggf. nicht gewählt hätten. Als exkludierend kann auch das Sprechen *über* die Erkrankung wirken, wenn Betroffene dies als Eingriff in ihre Privatsphäre erleben, ihre eigenen Interessen jedoch nicht selbständig vertreten können. Eine Rollenumkehr kann aber auch seitens der Befragten mit Demenz initiiert werden, indem sie ihre Angehörigen im Gespräch darum bitten, die an sie gerichteten Fragen zu beantworten. Bei der Planung von Befragungen sollte daher die Art der Interviews zum Gegenstand gemeinsamer Klärung gemacht werden, so dass es für beide Seiten ersichtlich ist, ob es sich um die Befragung von Menschen mit Demenz oder um die explizite Befragung einer Dyade handelt (Digby et al. 2016).

Eine weitere Herausforderung bei Paar-Interviews entsteht in Situationen, in denen einer*eine der Befragten mehr Raum für **Offenheit oder Intimität** zulässt als es den Wünschen des*der zweiten Partner*in entspricht. Dies kann durch das Einbringen von Themen geschehen, die die Grenzen zur Privatheit der anderen Person verletzen. Dazu gehören etwa Themen, die als „Geheimnisse" oder „Tabu-Themen" wahrgenommen werden, oder Themen, die eine gewünschte (Selbst-)Darstellung des*der Partner*in trüben können. Ein Paar-Interview kann daher auch Vulnerabilität herstellen oder verstärken, indem bestimmten Aspekten ein Öffentlichkeitscharakter verliehen wird, der seitens des Gegenübers als Verletzung erlebt wird. Nicht zuletzt können im Rahmen gemeinsamer dyadischer Interviews neue Konflikte entstehen bzw. alte virulent werden, z. B. durch Thematisierung von Differenzen, deren öffentliche Darstellung nur von einer Seite gewünscht ist. Gesprächssituationen, die zur gemeinsamen Narration einladen, bergen daher grundsätzlich das Risiko der Aktualisierung von Unstimmigkeiten, die Interviewer*innen in eine ethisch problematische Situation bringen können. Wissenschaftler*innen sollten sich derartiger Herausforderungen bewusst sein – allerdings auch berücksichtigen, dass die Zulassung von Intimität als Chance verstanden werden kann, die neue Möglichkeiten einer tieferen Analyse zulässt.

Was zeichnet dagegen **getrennt durchgeführte dyadischer Interviews** aus? Der wesentliche Unterschied besteht darin, dass es zu keiner gemeinsamen Narration kommt, sondern zur Darstellung von zwei verschiedenen Perspektiven, was sowohl Chancen als auch Risiken bergen kann. Die Durchführung getrennter Befragungen kann aus methodischer sowie ethischer Sicht sinnvoll sein, wenn es um die Herstellung von Privatheit geht und mindestens auf einer Seite der Wunsch besteht, bestimmte Themen ausschließlich mit dem*der Interviewer*in zu teilen. Privatheit bzw. Intimität sind allerdings sehr voraussetzungsvoll und nur dann möglich, wenn absolutes Vertrauen vorliegt und die Teilnehmer*innen sich sicher sein können, dass der*die Partner*in diese Informationen nicht erfährt. Ein weiterer Grund für getrennte Interviews liegt dann vor, wenn die Sorge besteht, dass eine Person die andere dominieren könnte oder es zu Konflikten aufgrund unterschiedlicher Bedürfnisse der (Selbst-)Präsentation kommt. Innerhalb einer Pflegedyade von Menschen mit Demenz und ihren Angehörigen entstehen in der Regel unterschiedliche Belastungen und damit unterschiedliche Mitteilungsbedürfnisse. Sie erwachsen nicht selten aus dem Wandel von einer Paar- zu einer Pflegebeziehung (Franke 2006). Da sie für beide Seiten als belastend gelten, tendieren Pflegedyaden dazu, sie aus Rücksicht und angenommenem Schutzbedürfnis des anderen nicht zu benennen. Mit der Initiierung getrennter Interviews eröffnen Wissenschaftler*innen daher die Chance, individuell relevante Themen anzusprechen. Sie gehen damit aber auch das Risiko ein, dass Studienteilnehmer*innen das Gefühl des Misstrauens entwickeln, da ihnen die Kontrolle über ihre „Geheimnisse" entzogen wird. Die Voraussetzung dafür stellt daher die Zusicherung und Einhaltung absoluten Vertrauens dar sowie die Vermeidung sog. Informationsketten, d.h. dass die Inhalte eines davor geführten Gespräches das nachfolgende Gespräch nicht beeinflussen (Lowton 2018).

Werden **Paare sowohl getrennt als auch zusammen befragt,** entstehen unterschiedliche Arten der Erzählung: Zwei getrennte und eine gemeinsame Narration. Methodische und ethische Folgen können hier vor allem aus der Reihenfolge der Gespräche entstehen (Lowton 2018, S. 142f). So ist es denkbar, dass in einer gemeinsamen Befragung, die auf zwei getrennt geführte Interviews folgt, sowohl Wissenschaftler*innen als auch Befragte die Inhalte von den getrennt geführten Gesprächen nicht gänzlich ausblenden können und bestimmte Themen, die in den Einzelinterviews angesprochen wurden, das nachfolgende Paar-Interview dominieren. Wird das gemeinsame Interview wiederum vorweggeführt, kann es dazu kommen, dass Befragte in den nachfolgenden Interviews unsicher sind, weil sie nicht wissen, wie sich der*die Partner*in im getrennten Interview zu gemeinsam genannten Aspekten positioniert oder weil sie sich verpflichtet fühlen, der gemeinsam konstruierten Narration, z. B. im Sinne von Kontinuität, folgen zu müssen. Aus den genannten Gründen sollte die Reihenfolge der dyadischen Interviews nicht nach pragmatischen, sondern nach methodischen und ethischen Gesichtspunkten festlegt und reflektiert werden.

Trotz der oben genannten Probleme kann die **Gewinnung von Paaren** für Forschung eine **lohnenswerte Akquisestrategie** darstellen, die dazu führen kann, dass Menschen mit Demenz, zu denen der Zugang erschwert ist, für Technikentwicklungsprojekte einfacher gewonnen werden können. Die Akquise von Paaren geht zwar mit dem Risiko einher, dass durch den vorzeitigen Ausstieg einer Person eine ganze Dyade die Studie verlässt. Durch den einfacheren Zugang zu Angehörigen kann dies jedoch häufig kompensiert werden. Die Durchführung von Interviews – ob gemeinsam und/oder getrennt – sollte Bestandteil der informierten Einwilligung sein. Die Aufgabe des Aufklärungsteils besteht hier u. a. darin, den Teilnehmer*innen die Ziele der gemeinsamen und/oder getrennten Gespräche zu erläutern. Forschende sollten im besten Falle den Zeitpunkt der informierten Einwilligung nutzen, um mögliche Bedenken zu erfragen und sie – falls möglich – zu entkräften. Ist es im Rahmen einer Studie nicht entscheidend, welche Form dyadischer Interviews durchgeführt wird, können Interessierte selbst gefragt werden, welche Form des Interviews sie favorisieren. Steht wiederum das Empowerment im Vordergrund eines Projektes, können dyadische Interviews einfacher dazu genutzt werden, eine Dyade zu empowern als getrennte Gespräche, in denen die Erarbeitung gemeinsamer Narrationen selten zufriedenstellend gelingt. Im Hinblick auf dyadische Interviews lässt sich zusammenfassend festhalten, dass sowohl die Art der methodischen und ethischen Anforderungen als auch die Risiken für Konflikte von der jeweiligen Kontextsituation, der aktuellen und vergangenen Beziehungsqualität sowie der spezifischen Forschungsfrage abhängig sind. Ein methodisches als auch ethisches Dilemma kann auch dann entstehen, wenn ein*e Partner*in am getrennten Interview teilnimmt, obwohl dies nicht abgestimmt war. Finden Befragungen im privaten Haushalt der Befragten statt, agieren Interviewer*innen grundsätzlich in einer Gast-Rolle, die es ihnen schwer macht, eine bestimmte Erwartung durchzusetzen. Verbindliche und wiederholte Absprachen bilden daher eine wesentliche Planungsgrundlage für alle Beteiligten, während Abweichungen von ihr – z. B. auf Wunsch eines*einer Partner*in – als absprachebedürftig verstanden werden müssen.

3.2.5.6 Gatekeeper als Unterstützer*innen von Interviews

Proxy-Personen bzw. Gatekeeper können nicht nur an dyadischen Interviews teilnehmen, sondern Menschen mit Demenz bei der Teilnahme an einer Befragung unterstützen. In einem solchen Fall sind Gatekeeper nicht die Zielgruppe der Datenerhebung, sondern – mehr oder weniger beteiligte – Dritte, die Menschen mit Demenz während ihrer Forschungsbeteiligung zur Seite stehen. Pratt (2002) weist darauf hin, dass Proxy-Personen vor allem bei der Herstellung eines sicheren Befragungskontextes behilflich sein können. Trotz aller Ambivalenzen, die mit dieser Art der Teilnahme verbunden sind, lassen sich verschiedene Aufgaben benennen, die vor allem bei einer längerfristigen Forschungspartizipation von Menschen mit Demenz wichtig sein können:

a) **Wächter*innen des Wohlbefindens beteiligter Menschen mit Demenz**: Da Gatekeeper bzw. Proxy-Personen die beteiligten Menschen mit Demenz häufig länger kennen als die Teilnehmer*innen eines Projektkonsortiums, verfügen sie über die Kompetenz, das Wohlbefinden der Betroffenen besser ein schätzen zu können. Eine unbeschwerte Teilnahme an verschiedenen Forschungsaktivitäten setzt bei Menschen mit Demenz das Gefühl der subjektiven Sicherheit und des physischen sowie psychischen Wohlbefindens voraus. Gatekeeper können hier eine Beobachter*innenrolle übernehmen, indem sie das Wohlbefinden der Co-Forschenden mit Demenz vor, während und nach einer spezifischen Aktivität beobachten. Sie können Wissenschaftler*innen eine Rückmeldung dazu geben, ob Co-Forschende mit Demenz zu bestimmten Aktivitäten bereit sind, ob ihr Wohlbefinden während der Aktivitäten gewährleistet ist und wie sie sich nach der Vollendung bestimmter Aktivitäten bzw. der Forschungsteilnahme gefühlt haben. Eine systematische Erhebung derartiger Daten kann darüber hinaus für die Planung nachfolgender Aktivitäten sowie für die begleitende Evaluation der Beteiligung und Erhebung ihrer Wirkungen auf Menschen mit Demenz wichtig sein. Dies zeigt, dass Proxy-Personen eine relevante Ressource in der Technikentwicklung darstellen können, so dass Pratt (2002, S. 167) dafür plädiert, Gatekeeper in die Forschung grundsätzlich einzubeziehen, zu ihnen jedoch zugleich eine vertrauensvolle und auf Fachlichkeit gründende Beziehung aufzubauen, für deren Pflege eigene Zeitfenster vorgesehen werden sollen.

b) **Passive oder aktive Unterstützung während der Interviews**: Besteht zwischen Gatekeepern und Menschen mit Demenz ein nachhaltiges Vertrauensverhältnis, können z. B. nahe Angehörige entweder durch ihre Anwesenheit oder aber durch aktive Intervention unterstützen. Menschen mit Demenz fällt die Entscheidung hinsichtlich der Teilnahme an bestimmten Forschungsaktivitäten häufig einfacher, wenn sie wissen, dass eine ihnen nahestehende Person sie nach Bedarf vertrauensvoll unterstützt. In bestimmten Situationen kann es wichtig sein, dass nahe Angehörige eine aktivere Rolle übernehmen, z. B. wenn sie Co-Forschende mit Demenz bei der Formulierung von Aussagen, bei der Suche nach passenden Antworten oder durch Erinnerung an relevante

Themen unterstützen. Ihre Rolle kann sogar noch weiter gehen, wenn sie z. B. im Namen der Co-Forschenden mit Demenz neue Themen in die Befragung einbringen oder bestimmte Fragen stellvertretend beantworten, vorausgesetzt, diese Art der Intervention ist erwünscht. Von besonderer Bedeutung ist in diesem Zusammenhang die Beobachtung, dass die Anwesenheit naher Angehöriger auch eine (zum Teil positiv) verzerrende Wirkung auf ein Interview haben kann. Aus diesem Grund sollte die Anwesenheit von Proxy-Personen im Vorfeld der Befragung sorgfältig überlegt sein und auf der Grundlage einer klaren und abgestimmten Rolle stattfinden. Findet die Forschungsbeteiligung über längere Zeiträume statt, empfiehlt Pratt (ebenda) mehrere Gespräche durchzuführen, u. a. auch Gespräche, an denen Menschen mit Demenz alleine teilnehmen. Eine weitere Alternative stellt die temporär begrenzte Anwesenheit naher Angehöriger dar. Ihre Teilnahme an Interviews kann vor allem zu Beginn der Gespräche sinnvoll sein und ggf. dann verzichtbar, sobald ein Vertrauensverhältnis zwischen Wissenschaftler*innen und Menschen mit Demenz aufgebaut wurde.

c) **Implizite Beratungserwartung**: Das Bedürfnis nach sozialer Teilhabe stellt ein wichtiges Motiv für die Teilnahme von Menschen mit Demenz an Forschung dar. Der Wunsch danach, Teil einer Gemeinschaft zu sein, dazuzugehören, sich mitteilen zu können und angehört zu werden besteht allerdings nicht nur bei Menschen mit Demenz, sondern auch bei ihren Angehörigen. Damit verbunden ist häufig auch der Wunsch, Fragen stellen zu dürfen, auf die sowohl Betroffene als auch Angehörige keine zufriedenstellenden Antworten gefunden haben bzw. die durch andere Professionelle (z. B. Ärzt*innen, Beratungspersonen) nicht in ausreichendem Maße beantwortet wurden. Durch den Kontakt zur Wissenschaft kann daher die Erwartung entstehen, entsprechende Antworten zu erhalten. Nicht selten beziehen sich solche Fragen auf Demenz, ihre Folgen – als auch Versorgungsmöglichkeiten. Der damit verbundene implizite Beratungsauftrag kann dabei in einen Widerspruch zu der Rolle als Wissenschaftler*in geraten. Auf die Ambiguität, die daraus erwachsen kann, weist u. a. Pratt (2002, S. 169ff) hin und rät dazu, derartigen Fragen keinesfalls auszuweichen, sondern sie ernst zu nehmen, allerdings nur im gewissen Rahmen zu beantworten. Da Wissenschaftler*innen über keinen Beratungsauftrag verfügen, können ausgewählte Fragen zwar auf der Grundlage eigener Expertise und Erfahrung beantwortet werden, bei anderen Fragen sollten sie dagegen auf professionelle Beratungsangebote hinweisen. Wird ein impliziter Beratungsauftrag zum Ausdruck gebracht, gilt zudem zu prüfen, ob sich Menschen mit Demenz an die Rolle der Wissenschaftler*innen erinnern oder ob es ggf. zur Verwechslung gekommen ist. Dabei kann es wichtig sein, die Ursachen derartiger Fragen herauszufinden und einen Weg der Kommunikation zu entwickeln, der nicht als Abweisung verstanden wird. Zeichnet sich der Bedarf an bestimmten Informationen in einem partizipativen Projekt frühzeitig ab, kann dies als Anlass für die Vermittlung spezifischer Kompetenzen gedeutet und in das Vorhaben integriert werden.

Für die partizipative Forschung mit Menschen mit Demenz können Proxy-Personen eine enorme Unterstützung sein, indem sie Co-Forschende begleiten und sie unterstützen. Für Wissenschaftler*innen bedeutet die Mitwirkung von Proxy-Personen, z. B. nahen Angehörigen, dass sie nicht nur positive, sondern ggf. auch nachteilige Folgen haben kann. Diese sollte bereits während der Planungen berücksichtigt werden und nach Möglichkeit während der informierten Einwilligung besprochen werden. Schließlich sollte die unterstützende Rolle von Proxy-Personen begleitend reflektiert werden, vor allem dann, wenn Menschen mit Demenz auf eine durchgehende Begleitung durch Angehörige angewiesen sind.

3.2.6 Kollaboration und Rollen im transdisziplinären und partizipativen Kontext

Partizipative Technikentwicklungsprojekte finden in der Regel unter der Beteiligung verschiedener Stakeholder statt, die nicht nur unterschiedlichen wissenschaftlichen Disziplinen, sondern auch verschiedenen Bereichen oder Sektoren angehören (vgl. Abschnitt 3.1.1). Der Anspruch von Technikentwicklungsprojekten besteht zudem darin, nicht nur partizipativ, sondern auch transdisziplinär und damit transsektoral zu sein. Probleme in der Zusammenarbeit ergeben sich daher nicht nur aus typischen Barrieren interdisziplinärer Kommunikation, sondern auch aus unterschiedlichen Verständnissen von Technik und ihren Aufgaben, aus differenten Rollenverwartungen sowie gegensätzlichen Interessen, die im Rahmen zeitlich begrenzter Projekte nicht immer überwunden werden können. Geht es um partizipative Vorhaben mit Menschen mit Demenz, wird eine Gruppe zu einem Teil des Konsortiums, deren Interessen entgegengesetzt sein können zu den Erwartungen anderer Stakeholder. Aus der Sicht der Projektorganisation stellt sich daher vielerorts die pragmatische Frage, *wie viel* und *welche Art* der Zusammenarbeit zwischen den verschiedenen Stakeholdern realisierbar ist, *innerhalb welcher Arbeitspakete* diese stattfinden soll und *wie mit der Moderation der Kommunikation* zwischen den verschiedenen Beteiligtengruppen umgegangen werden kann.

Der letztgenannte Aspekt tangiert unmittelbar die involvierten Wissenschaftler*innen, da ihnen häufig explizit oder implizit die Rolle der der Vermittler*innen zugewiesen wird.

Sind partizipative und transdisziplinäre Vorhaben bereits an sich mit einer Reihe von Herausforderungen konfrontiert, erhöht sich deren Konfliktpotenzial zusätzlich, wenn Menschen mit Demenz in den Entwicklungsprozess eingebunden werden. Aus Sicht professioneller Akteure kann die durch partizipative Elemente erzeugte „Langsamkeit" als Hindernis wahrgenommen werden und zugleich als ein Prinzip, das in Widerspruch zur innovations- und effizienzorientierten Handlungslogik professioneller Beteiligter steht. Für Wissenschaftler*innen erwächst daraus wiederum die Notwendigkeit, intervenierend oder kompensierend einzugreifen, vor allem dann, wenn ihnen die Konsortialführung eines Projektes unterliegt. Im Rahmen dieses Unterkapitels sollen daher die aus den besonderen Kooperationserwartungen resultierenden Konflikte aufgegriffen werden, wobei es keinesfalls um deren systematische Analyse, sondern eher beispielhafte Benennung geht, verbunden mit der Diskussion von Optionen, die als mögliche Lösungswege verstanden werden können.

3.2.6.1 Dialoggestaltung zwischen verschiedenen Stakeholdergruppen

Partizipative Forschung und Entwicklung stellt für viele Wissenschaftler*innen einen erstrebenswerten Ansatz dar, dessen kompromisslose Umsetzung jedoch gerade im Feld der Technikentwicklung verschiedene Schwierigkeiten bergen kann. Eine Reihe derartiger Probleme entsteht im Zusammenhang mit unterschiedlichen Interessen der beteiligten Akteure und den daraus resultierenden Folgen für die Zusammenarbeit und Kommunikation. Vor diesem Hintergrund ist es bei der Projektplanung und -durchführung sinnvoll darüber zu beraten, welche **Formen der Kommunikation** zwischen verschiedenen Stakeholdergruppen erforderlich oder erwünscht sind. Vergleichbar den verschiedenen Stufen der Partizipation (vgl. Abschnitt 2.1.2), lassen sich auch bei der Dialoggestaltung mehrere Stufen unterscheiden, die jeweils eine spezifische Qualität von Kommunikation hervorbringen. Sjölinder et al. (2016, S. 95) zeigen auf, welche unterschiedlichen Abstufungen bzw. Grade des kommunikativen Austausches zwischen den beteiligten Akteuren denkbar sind, wobei sie vor allem auf externe Stakeholder fokussieren. In Anbetracht von Qualität und Intensität unterscheiden sie insgesamt sechs Stufen der Kommunikation bzw. Dialoggestaltung:

a) **Keine Kommunikation** (*no communication*), wenn zwischen den beteiligten Gruppen kein Austausch stattfindet.

b) **Konversation** (*conversation*), wenn zwischen beteiligten Stakeholdern ein persönlicher Austausch von Informationen gegeben ist.

c) Eine **gemeinsame Sicht** (*common view*) liegt dann vor, wenn ein gemeinsames Problemverständnis erarbeitet wurde, was in der Regel auf Konsensbildung und gemeinsamer Übereinkunft basiert.

d) **Koordination** (*coordination*) stellt eine weitere Stufe der Kommunikation dar, die sich durch gemeinsame Strukturen (z. B. gemeinsame Regeln, Prozesse oder Vorgaben) zur Entwicklung gemeinsamer Interessen auszeichnet.

e) **Kooperation** (*cooperation*) ist dann gegeben, wenn Aktivitäten stattfinden, die über die Grenzen der eigenen Organisation hinausgehen.

f) **Kollaboration** (*collaboration*) findet schließlich dann statt, wenn der Dialog gemeinschaftlich und gleichberechtigt organisiert wird.

Wie oben bereits erwähnt, werden an technikbezogene Projekte nicht nur hohe Erwartungen im Hinblick auf Partizipation und Kommunikation, sondern auch im Hinblick auf **Inter- bzw. Transdisziplinarität** gestellt. Deren hoher Stellenwert wird häufig damit begründet, dass die Entwicklung innovativer Technologien, die gesellschaftlich transformativ wirken sollen, eine transdisziplinäre Zusammenarbeit voraussetzen (Boger et al. 2017, S. 480f). Der Ansatz der Transdisziplinarität unterscheidet sich jedoch von dem Ansatz der Inter- oder Multidisziplinarität. So beziehen sich alle drei Begriffe auf die Zusammenarbeit zwischen verschiedenen wissenschaftlichen Disziplinen, sie unterscheiden sich jedoch im Umfang des geteilten Wissens und der Art, wie dieses angewandt wird. Von **Multidisziplinarität** wird dann gesprochen, wenn das für ein Vorhaben notwendige Wissen aus verschiedenen Disziplinen und Kontexten entstammt. Der Wissenstransfer bleibt aber in der Regel unidirektional, d. h. das Wissen einer Disziplin fließt nicht in andere Disziplinen hinein. Vielmehr fließt disziplinspezifisches Wissen in bestimmte Bausteine eines Vorhabens und bleibt dort als solches klar erkennbar. So leisten Vertreter*innen verschiedener Disziplinen zwar aus ihrer jeweiligen Sicht eigenständige Beiträge zum Gesamtgelingen des Vorhabens, verwerten ihre Erkenntnisse aber nach ihrer eigenen Denklogik. Es entsteht dadurch kein neues gemeinsames Wissen, sondern unterschiedliche Wissensarten, die in den beteiligten Disziplinen weiter diskutiert werden. Der Ansatz der **Interdisziplinarität** geht einen Schritt weiter. So zeichnen sich interdisziplinäre Formen der Zusammenarbeit durch einen bidirektionalen Wissenstransfer aus. Demnach bringen Vertreter*innen der beteiligten Disziplinen ihr Wissen in das Projekt ein und erwerben ebenfalls Wissen aus anderen beteiligten Disziplinen. Noch weiter geht der Ansatz der **Transdisziplinarität**. In dieser Form der Zusammenarbeit geht es nicht alleine um gegenseitiges Lernen, sondern um die produktive Transformation des gemeinsamen Wissens. Konkret bedeutet dies, dass es zu einer Integration des aus beteiligten Disziplinen gewonnen Wissens in neue Theorien, Modelle, Konzepte, Methoden und Sprache kommt (vgl. Info-Box 2.1, Kapitel 2). Kollaboration unter den Bedingungen von Transdisziplinarität birgt daher weitere Anforderungen, die einer besonderen Betrachtung bedürfen.

In ihrem Konzept zur Evaluation transdisziplinärer Vorhaben benennen Boger et al. (2017, S. 484f) vier Prinzipien, die für die **Gestaltung der Beziehungen in transdisziplinären Vorhaben** von besonderer Relevanz sind:

a) Entwicklung eines projektbegleitenden, intersektoralen und nutzerorientierten **Engagements**, was bedeutet, dass gemeinsames Wissen immer auf der Grundlage einer im Sinne der Nutzer*innen sinnvollen Interaktion zwischen verschiedenen Stakeholdern geschieht, und zwar in allen Phasen des Vorhabens.

b) Infragestellung gewohnter Forschungsroutinen und tradierter Formen der Zusammenarbeit sowie Schaffung einer **Haltung von Gleichberechtigung** unter allen Projektteilnehmer*innen.

c) Förderung von Vertrauen und Respekt sowie einer Zusammenarbeit, die sich durch Aufgeschlossenheit, Geduld, Entgegenkommen und Konsensbildung auszeichnet, verbunden mit projektbegleitender Suche nach einer **Balance** zwischen individuellen Interessen und dem Projektwohl.

d) Hohes Niveau der **Toleranz**, des Miteinanders und der Resilienz zur Förderung eines offenen Austausches und Dialogs, trotz der Unterschiedlichkeit verschiedener Standpunkte und Positionen.

Multi-, Inter- und Transdisziplinarität umfassen mehr als Kommunikation, sie fokussieren auf gemeinsame Verständigung, gemeinsame Sprache, gemeinsames Wissen und gemeinsames Engagement. Kollaboration stellt nach Boger et al. (2017) die Voraussetzung von Transdisziplinarität dar. Da es in der transdisziplinären Forschung weniger um konkurrierende Durchsetzung disziplinärer und sektoraler Interessen, sondern um Bildung, Gestaltung und Partizipation am gemeinsam geschaffenen Wissen geht, weist das Vorgehen in transdisziplinären Projekten auch Züge partizipativer Forschung auf. Durch diese Spezifika verfügen transdisziplinäre Vorhaben über die Voraussetzungen, transformative Veränderungen einleiten zu können. Die Voraussetzung dafür bildet die Gestaltung geteilter Innovations- und Handlungsstrategien sowie die Entwicklung von Prinzipien, Leitlinien oder Rahmenmodellen, die alle Beteiligten darin unterstützen, transdisziplinäre Kollaboration zu initiieren und aufrechtzuerhalten.

3.2.6.2 Interessen beteiligter Akteure

Kollaboration – als Ausdruck von Partizipation und Transdisziplinarität – stellt aus Sicht der meisten Partizipationsansätze zwar die angestrebte Stufe der Kommunikation dar, ist jedoch in der Praxis auf allen Ebenen der Kommunikation und zwischen allen beteiligten Akteuren nicht immer herstellbar. Aufgrund widersprüchlicher Interessen der Beteiligten stellt sich daher häufig die Frage, *welche* Stakeholder an *welchen* Projektschritten teilnehmen, *welche* Schritte sie bestimmen und *welche* Stufe der Kommunikation dafür erforderlich ist. In Abhängigkeit von den realisierten Graden der Beteiligung ist es denkbar, dass einige Vorhaben dem Prädikat „partizipativ" und „transdisziplinär" nicht gänzlich genügen, z. B. dann, wenn ausgewählte Co-Forschendengruppen an Entscheidungen nicht gleichberechtigt teilnehmen können (Bergold und Thomas 2010, 2012). Ein gemeinsames Leitverständnis von Partizipation sowie die Bereitschaft zu Kompromissen stellen daher wesentliche Voraussetzungen für Kollaboration dar.

Erfahrungen aus durchgeführten Vorhaben zeigen, dass es zwischen verschiedenen Akteursgruppen nicht immer zur Koordination und Kooperation, geschweige denn zur Kollaboration kommt. Viele Studien weisen auf schwer bewältigbare Interessenskonflikte zwischen beteiligten Akteuren hin, die im Rahmen projektorientierter (und damit zeitlich begrenzter) Vorhaben keinem Anreiz zur Konsensbildung unterliegen. Am Beispiel der Entwicklung eines GPS-Tracking-Systems zeigen Wan et al. (2016), welche Hindernisse in der Kooperation zwischen stationären Pflegeeinrichtungen, Akutkrankenhäusern, Industriepartner*innen und beteiligen Laien-Forschenden entstehen können. Der Schwerpunkt ihrer eigenen Analyse von Kooperationsproblemen liegt auf dem Konflikt zwischen Wissenschaftler*innen und dem einbezogenen Industriepartner, einem Softwareunternehmen, dessen Unternehmensphilosophie im Widerspruch zu partizipativ orientierter Entwicklung stand. Wan et al. (2016) weisen dabei auf mehrere unterschiedliche Probleme in der Zusammenarbeit hin, die auch auf andere Vorhaben übertragen werden können:

- **Unterschiedliche Ziele und Interessen**: Das Interesse von Wissenschaftler*innen liegt darin, methodisch-methodologische Kompetenzen in ein Vorhaben einzubringen, während es den Industriepartner*innen an einer möglichst schnellen bzw. reibungslosen Entwicklung und Vermarktung eines Produktes gelegen ist. Während Forscher*innen die Weiterentwicklung ihrer Reputation (u. a. aufgrund der kompetenten Anwendung methodologischer Ansätze) anstreben, sind Industriepartner*innen an einer schnellstmöglichen Produktentwicklung interessiert.

- **Ideologische Differenzen bezüglich der „richtigen" Softwareentwicklung:** Widersprüche können aus entgegengesetzten paradigmatischen Verständnissen einer optimalen Technikentwicklung als Prozess resultieren. Während Industriepartner*innen nicht selten Entscheidungen im Sinne von Top-Down-Prozessen gestalten, orientiert sich partizipative Forschung an Bottom-up-Entscheidungen. Dieser Konflikt spiegelt die Gegensätzlichkeit zwischen hierarchisch orientierten Strukturen in Unternehmen und offenen partizipativen Vorgehensweisen, die auf anderen Vorstellungen guter Arbeit beruhen.

- **Entgegengesetzte Erwartungen an die Definition von Nutzer*innenanforderungen:** Partizipative Forschung versteht sich grundsätzlich als ein offener Prozess, der dann an Grenzen stößt, wenn seitens der Industriepartner*innen fixe, verbindliche und unveränderliche Vorgaben benötigt werden. Für die Projektorganisation stellt sich daher die Frage, durch wen, zu welchem Zeitpunkt, auf welchen Wegen und mit welcher Verbindlichkeit Nutzer*innenanforderungen definiert werden und ob Industriepartner*innen in diesen Prozess unmittelbar eingebunden werden sollen.

- **Unterschiedliche Erwartungen an Erkenntnisgewinnung:** Partizipatives Entwickeln muss als ein dynamischer Prozess verstanden werden, der sich häufig qualitativer Methoden bedient. Die hohe Flexibilität dieser Methoden ist dafür verantwortlich, dass sie in der Forschung mit Menschen mit Demenz besonders häufig zur Anwendung kommen. Die daraus erwachsende Evidenz der Erkenntnisse hat jedoch eine andere Qualität als jene, die mithilfe quantitativer Methoden gewonnen wird. Differenzen können dann entstehen, wenn gegensätzliche Vorstellungen von der Richtigkeit empirischer Erkenntnisgewinnung bestehen. So wird den aus qualitativer Forschung entstehenden Erkenntnissen häufig nur anekdotische Evidenz zugeschrieben, während eine gewisse Zuverlässigkeit erst den aus quantitativer Forschung resultierenden Erkenntnissen attestiert wird.

- **Differenzen bezüglich der geeigneten Stufe der Kommunikation:** Aus Sicht der Wissenschaft sollten vor allem anerkannte Gütekriterien das Forschungsdesign eines Vorhabens bestimmen. An ihm orientiert sich auch die Kommunikation, die allerdings misslingen kann, wenn fehlende Anerkennung gewonnener Erkenntnisse die Verbindlichkeit gemeinsamer Absprachen beeinträchtigt. Derartige Differenzen können dazu führen, dass die Kommunikation zwischen den beteiligten Akteuren zwar aufrechterhalten wird, ihre Ergebnisse jedoch als weitgehend unverbindlich gehandhabt werden, vor allem dann, wenn die nach Marktprinzipien arbeitenden Industriepartner*innen an einem besonders effizienten Prozess interessiert sind. Dies kann zur Entwicklung von

Technologien führen, die den Nutzer*innenerwartungen nicht entsprechen und später eine geringe Nachfrage nach sich ziehen.

Interessensunterschiede und -widersprüche bestehen nicht nur zwischen Wissenschaftler*innen und anderen Stakeholdern, wie den Industriepartner*innen, sondern auch zwischen den Akteuren einer und der gleichen Gruppe. Dies zeigen beispielhaft Grönvall und Kyng (2011, S. 193f). An dem durch die Autoren geschilderten Vorhaben nahmen verschiedene Stakeholder teil: Mitglieder des Managements aus Krankenhäusern, Physiotherapeut*innen, ältere geriatrische Patient*innen sowie Wissenschaftler*innen. Alle beteiligten Gruppen brachten andere Interessen in das Projekt ein. Während die Interessen der professionellen Stakeholder jedoch intragruppenbezogen homogen waren, bestanden heterogene Interessen in der Gruppe der Laien-Forschenden. Dies führte dazu, dass gerade potenzielle Nutzer*innen ihre Interessen nicht kollektiv (d. h. als Gruppe) vertreten konnten. Zudem führte dies zu Unklarheit im nutzerzentrierten Ansatz, dessen Legitimation in Frage gestellt werden konnte.

Unterschiede in den Interessen können schließlich auch zwischen jenen Stakeholdern beobachtet werden, die häufig als Proxy-Personen für Menschen mit Demenz herangezogen werden: nahen Angehörigen und Fachpflegekräften. Darauf machen Hastall et al. (2014) anhand qualitativer Interviews mit pflegenden Angehörigen von Menschen mit Demenz und professionellen Fachkräften aus der stationären Pflege aufmerksam. Die Ziele der Befragung lagen in der Ermittlung von Einstellungen der beiden Gruppen zum Einsatz von IKT in der Pflege von Menschen mit Demenz. Während es nur geringe Unterschiede bei den erwarteten Barrieren des Einsatzes von IKT gab, zeigten sich große Unterschiede bei den erwarteten Vorteilen als auch den erwünschten Funktionen von Technik. So erwarteten zwar beide Gruppen zeitliche Rationalisierungseffekte. Die Professionellen versprachen sich durch den Einsatz von IKT jedoch substantielle Zeitersparnisse, während sich die Angehörigen dadurch mehr Freiräume für die Gestaltung ihres Privatlebens erhofften. Geht es um die Funktionen von Technologien im Hinblick auf die Verbesserung von Pflege, so erwarten hier Professionelle grundsätzlich die Unterstützung ihrer eigenen professionellen Tätigkeit, z. B. bei der Dokumentation und Kommunikation. Nahe Angehörige erwarten dagegen andere Funktionen, wie Entlastung, Entspannung, Motivation oder Entertainment. Die Ergebnisse deuten darauf hin, dass es im Hinblick auf neue Technologien seitens der beiden Gruppen Differenzen gibt, die sich aus der eigenen Rolle und den eigenen Aufgaben im Pflegeprozess ergeben. Während Professionelle die Entlastung und Unterstützung in ihrem Arbeitsalltag verorten, wünschen sich pflegende Angehörige Entlastung, um mehr Zeit für sich selbst zu haben.

Aufgrund der dargestellten Interessenskonflikte ist es notwendig, über geeignete **Lösungsmöglichkeiten** nachzudenken. Wan et al. (2016) sehen Ansätze dafür auf verschiedenen Ebenen. Einer davon betrifft die bisherige **Förderstrategie**, die voraussetzt, dass ein Konsortium bereits vor Beginn eines Vorhabens besteht. Eine gemeinsam entwickelte oder unterzeichnete Skizze nimmt dabei die Form eines Vertrages an, in dem die Arbeitsschritte und Ergebnisse grob festgehalten sind. Die zu erwartenden Ergebnisse bilden dabei die Handlungsgrundlage der beteiligten Akteure, die angesichts begrenzter Zeitressourcen zu individuellen Wegen der „Vertragseinhaltung" greifen. Partizipative Forschung, die vor allem die Bedürfnisse von Menschen mit Demenz in den Mittelpunkt stellt, bedarf jedoch einer anderen Förderstrategie, vor allem einer, die genügend Flexibilität für die Forschungs-, Entwicklungs- und Gestaltungsprozesse zulässt. Mögliche Schritte der Flexibilisierung wären nach Wan et al. (ebenda) u. a. die Flexibilisierung der zeitlichen Gestaltung bestimmter Meilensteine sowie die Trennung der explorativen Phase von der Konzeptentwicklung bzw. der technischen Umsetzung. Damit verbunden wäre eine deutlich später stattfindende Einbindung von Industriepartner*innen, deren Auswahl in Abhängigkeit von den Ergebnissen der explorativen Phase vorgenommen werden könnte. Neben Bemühungen um Flexibilisierung bedarf es weiterer Lösungsansätze, die vor allem Industriepartner*innen dazu bewegen, die **Verbindlichkeit der aus partizipativer Forschung fließenden Erkenntnisse** anzuerkennen. Da es für partizipative Vorhaben eine besondere Herausforderung darstellt, Industriepartner*innen zu gewinnen, die bereit sind, mehrere Iterationen zu akzeptieren, könnte die Selbstverpflichtung zum partizipativen Vorgehen zum Gegenstandsbereich von Kooperationsverträgen gemacht werden.

Einen Lösungsansatz für den **präventiven Ausschluss von Interessenskonflikten**, die zur Einschränkungen der Kommunikation führen, diskutieren Grönvall und Kyng (2011). Eine Möglichkeit dafür sehen sie in der Vorwegnahme der Auseinandersetzung mit gruppenspezifischen Interessen, indem diese bereits vor bzw. während der Antragstellung thematisiert werden. Während potenzielle Differenzen zwischen den Interessen professioneller Stakeholdergruppen bereits vor Abschluss von Forschungsanträgen konsentiert werden können, stellt die Beteiligung von Laien-Forschenden an der Antragstellung eine große organisatorische Barriere dar. Als ein möglicher Weg kann hier die Einbindung von Proxy-Personen gesehen werden. Aus Sicht der beiden Forscher*innen stellt dieser jedoch keinen zufriedenstellenden Ersatz für die direkte Integration von älteren Menschen und künftigen Nutzer*innen der zu entwickelnden Technologie dar.

Nach Wan et al. (2016) lassen sich Kommunikationsprobleme in transdisziplinären Technikentwicklungsprojekten nicht nur durch widersprüchliche Interessen beteiligter Akteure erklären, sondern auch durch **unterschiedliche Vorstellungen von Verantwortung** für ein gemeinsames Vorhaben, u. a. für die eigens entwickelten Prototypen. Dies wird am Beispiel sog. „after sale"-Services sichtbar, d. h. an Serviceangeboten, die der Vermittlung von Kompetenzen im Umgang mit entwickelten Technologien oder der damit verbundenen Beratung dienen. Die Entwicklung eines nutzerorientierten Engagements beschränkt sich häufig auf die Dauer eines Vorhabens und schwindet, wenn keine gesonderten Mittel dafür (mehr) zur Verfügung stehen. Daher stellt die Entwicklung einer am Gedanken der Partizipation und Transdisziplinarität orientierten Haltung eine zentrale Aufgabe derartiger Projekte dar, die nach Möglichkeit auch dann eine Wirkkraft entfalten kann, wenn das Vorhaben abgeschlossen ist.

3.2.6.3 Rolle der Wissenschaft

Eine mit besonderen Erwartungen an inter- bzw. transdisziplinäre Kollaboration einhergehende partizipative Forschung erfordert ein hohes Maß an Wissen, Erfahrung und Methodenkompetenz. Dies ist wichtig, da in derartigen Vorhaben verschiedene Arten des Wissens aufeinandertreffen. Neben wissenschaftlichem Wissen und Expert*innenwissen (z. B. die Technik betreffend) gesellt sich das Alltags- und Erfahrungswissen der Laien-Forschenden hinzu, so dass sich in derartigen Konstellationen meist der Bedarf nach kompetenten „Vermittler*innen" oder „Übersetzer*innen" stellt. Aufgrund vorhandener Wissensdifferenzen kann sich auch die Bewältigung verschiedener Herausforderungen als mühsam und damit besonders frustrierend erweisen, was zu verschiedenen Folgekonflikten führen kann. Neben der Übersetzungsfunktion bedarf es daher auch moderierender Elemente, die von einer Moderation bis hin zur Mediation reichen können. Obwohl im Rahmen partizipativer Forschung die beteiligten Wissenschaftler*innen auf Augenhöhe mit anderen Beteiligten arbeiten sollen, werden an sie häufig höhere Erwartungen im Hinblick auf Kompetenzvermittlung, Moderation und Mediation gestellt. Übernehmen Wissenschaftler*innen die Konsortialführung eines Projektes, sehen sie sich zudem häufig mit der (Gesamt-)Verantwortung für dessen Gelingen konfrontiert. Angesichts dieser Gegebenheiten ist ein besonders hohes Maß an Reflexion, aber auch begleitender Kommunikation hinsichtlich der eigenen Position und Rolle erforderlich. Daher werden im letzten Abschnitt dieses Kapitels verschiedene Möglichkeiten im Umgang mit – teilweise widersprüchlichen – Erwartungen an die diese Rolle dargestellt und diskutiert.

Will man die in partizipativer und transdisziplinärer Technikentwicklung aufkommenden Erwartungen an Wissenschaftler*innen zusammenfassen, so kann zuallererst die **kollaborationsstiftende Rolle** herausgestellt werden. Da Wissenschaftler*innen im Konsortialgefüge nicht selten eine objektive und damit neutrale Position zugeschrieben wird, folgt daraus die Erwartung, den gemeinsamen Dialog zu stiften und „Überzeugungsarbeit" für dessen Vorteile zu leisten. Nach Rodgers (2017, S. 6) geht es dabei um die Initiierung und Förderung einer symbolischen Kollaboration, worunter der Autor eine unterstützende Beziehung zwischen Menschen verschiedener und teilweise unterschiedlicher Gruppen versteht. Diese, vor allem aus Sicht des Co-Design-Ansatzes relevante Art der Zusammenarbeit kann jedoch nur dann entstehen und wachsen, wenn die Beiträge aller Teilnehmer*innen gegenseitige Wertschätzung erfahren und alle Beteiligten einen gleichberechtigten Beitrag zur Projektagenda leisten (können und dürfen). Die Rolle der Wissenschaftler*innen besteht zugleich darin, die aus den eigenen Aktivitäten erwachsende Dominanz stets zu reflektieren und sie hinsichtlich potenzieller Machtungleichheiten zu hinterfragen. In diesem Zusammenhang weisen Sanders und Stappers (2008) auch auf die Risiken einer solch hohen Erwartung hin, da eine auf Gegenseitigkeit und gleiche Machtverteilung beruhende „Symbiose" zwischen Wissenschaft und anderen Teilnehmenden schnell misslingen kann, z. B. angesichts fehlender Konsensbereitschaft anderer Akteure. Bergold und Thomas (2012) machen ebenfalls darauf aufmerksam, dass Forschende im Rahmen partizipativer Vorhaben eine andere Rolle einnehmen als jene, die ihnen in „üblichen" Forschungsprojekten zugewiesen wird. In partizipativen Projekten verlassen sie ihre durch Objektivität, Neutralität und Distanzherstellung gekennzeichnete Position zugunsten einer reflexiven Subjektivität. Sie sind vielmehr Partner*innen, Ermöglicher*innen oder Moderator*innen. Dabei müssen sie stets darauf bedacht sein, zwischen der Stiftung von Partizipation und der Stiftung von Kollaboration zu unterscheiden und auch in der Lage sein, beides miteinander zu vereinbaren.

Auch die **Vermittler*innen-Rolle** gehört zu den häufigsten Rollen, mit denen Wissenschaftler*innen in partizipativen und inter- bzw. transdisziplinären Technikentwicklungsvorhaben konfrontiert werden. Ihre Notwendigkeit ergibt sich dann, wenn zwischen verschiedenen Handlungslogiken disziplinspezifischer Verortung oder verschiedenen Interessen der beteiligten Stakeholder vermittelt werden muss. Sjölinder et al. (2016, S. 94) sehen Forschende als das „Scharnier einer vierfachen Helix", d. h. mit einer Position assoziiert, in der sie zwischen den Interessen von mindestens vier verschiedenen Systemen (und zugleich verschiedenen Systemebenen) vermitteln: Zwischen den Interessen der Wissenschaft, den Interessen des Marktes, den Interessen der Laien-Forschenden sowie den Interessen sozialer bzw. pflegerischer Einrichtungen. Die Vermittler*innen-Rolle, die in vielen Fällen auch mit „Übersetzungsleistungen" verbunden ist, erfordert ein hohes

Maß an Erfahrung und Kompetenz. Damit Wissenschaftler*innen sie erfolgreich ausüben können, bedarf es multidisziplinärer Teams, die zugleich über Erfahrungen aus verschiedenen Handlungsfeldern und -kontexten verfügen, um die Perspektiven der beteiligten Akteure zu verstehen. Einen besonderen Vorteil dürften dabei Personen haben, die nicht nur die Perspektive eines einzigen Handlungsfeldes, sondern Perspektiven verschiedener Felder kennen und so eine „Dolmetscher*innen-Funktion" wahrnehmen können.

In partizipativen Technikentwicklungsprojekten mit Menschen mit Demenz ist es ebenfalls relevant, dass **demenzspezifische Expertise** im Konsortium vorliegt. In vielen Technikentwicklungsprojekten bildet sie einen Teil der Expertise der beteiligten Anwendungspartner*innen und spiegelt daher eine bestimmte disziplinspezifische (z. B. Medizin, Pflegewissenschaft) und professionsbezogene Perspektive wieder. In einigen Fällen bestehen sogar verschiedene demenzspezifische Expertisen, die in ein und das gleiche Vorhaben einfließen. Auch wenn eine Perspektivvielfalt auf das Leben mit Demenz grundsätzlich vorteilhaft ist, bedarf es häufig der Klärung der Frage, wer die **nutzerbezogene Perspektive** der Menschen mit Demenz – neben den Betroffenen selbst – vertritt. Der Grundtenor partizipativer und transdisziplinärer Forschung liegt auf der Betonung, dass es die Aufgabe der Wissenschaft sei, sich als Interessensvertreterin der Betroffenen zu verstehen. Trotz dessen, dass das Groß partizipativ Forschender dem grundsätzlich zustimmen würde, bedarf dieser Aspekt einer besonderen Reflexion. Die oben formulierte Frage ist keinesfalls trivial, da sie im Zweifel auch die Identität bzw. das Selbstverständnis der eigenen Rolle als Wissenschaftler*in tangiert. So weist Wißmann (2017, S. 20) darauf hin, dass sich Wissenschaftler*innen in erster Linie als Vertreter*innen wissenschaftlicher Methodologie verstehen. Übernehmen sie die „*advocacy*" für Menschen mit Demenz, so stellt sich die Frage, wie sie mit Konflikten zwischen „methodischer Korrektheit" und den Interessen Betroffener umgehen. Das an dieser Stelle vorhandene Konfliktpotenzial erhöht sich noch zusätzlich, wenn – neben Menschen mit Demenz – auch pflegende Angehörige zu den Nutzer*innen einer Technik gehören.

Selbst dann, wenn sich Wissenschaftler*innen zur Vertretung der Interessen von Menschen mit Demenz bekennen, bleibt zu fragen, auf welchen Wegen sie dieser *advocacy* nachgehen. Eine in diesem Zusammenhang zu betrachtende Frage ist etwa die, ob sie die Interessen Betroffener „nur" projektintern, d. h. nach innen, oder etwa auch nach außen, d. h. gegenüber der Öffentlichkeit, vertreten. So kann die Schaffung eines angemessenen Kommunikationsraums nach innen zur Selbstermächtigung (Empowerment) Betroffener beitragen; allerdings schafft erst die externe Kommunikation die Voraussetzung dafür, dass der Beitrag der Co-Forschenden mit Demenz auch gesamtgesellschaftlich wahrgenommen wird.

Die transformative Wirkung einer Technologie und deren Entwicklung kann dann besonders positiv sein, wenn sie dabei verhilft, das (bisher negative) Bild der Menschen mit Demenz zu verändern. Eine *advocacy* für Menschen mit Demenz bedeutet daher nicht nur, dass ihre Interessen innerhalb der Projekte beachtet werden, sondern dass ihre **Interessen auch nach außen vertreten** werden. Trotz aller „guten Absichten" bedarf dieses Unterfangen jedoch einer hohen Sensibilität, damit wohl gemeinte Einmischung nicht in Kolonialisierung der Welt der Betroffenen und ihrer Familien mündet oder zu einer subtilen Form der Unterdrückung wird (Carey 2010, S. 9). Interessensvertretung darf zudem keinesfalls in patronisierende Kommunikation oder Bevormundung umschlagen oder dazu führen, die marginalisierte Position von Menschen mit Demenz zu stabilisieren. Visse et al. (2012, S. 160f) fordern daher, dass sich Wissenschaftler*innen ihrer hohen Verantwortung für diese Rolle bewusst sind und sie immer wieder aufs Neue klären.

Während die oben genannten Beispiele verschiedene Rollen, die Wissenschaftler*innen gewöhnlich zugeschrieben werden – inklusive der mit ihnen einhergehenden Ambivalenzen – aufgreifen, muss davon ausgegangen werden, dass diese **Rollen keinesfalls statisch, sondern dynamisch** sind und einer kontinuierlichen Veränderung unterliegen. Heeg (1996, in Bergold und Thomas 2012) beschreibt den Rollenwandel von Wissenschaftler*innen in partizipativer Forschung daher auch als einen Prozess der Beziehungsentwicklung. Zunächst treten Wissenschaftler*innen in die aufzubauende Beziehung als „Fremde" ein, werden im Laufe gemeinsamer Arbeit zu „Mobilisierer*innen", übernehmen zunehmend die Rolle von „Service- und Informationsvermittler*innen", um nach längerer Zeit in die Rolle der Unterstützer*innen („patrons") zu schlüpfen. Schließlich – im Fall gelingender Kollaboration – werden sie zu Mentor*innen. Nach Bergolt und Thomas (2012) ist der dynamische Rollenwandel jedoch nicht selbstverständlich, sondern an eine Reihe verschiedener Voraussetzungen gebunden. Dazu zählen u. a. Vertrauen, Empathie, emotionales Engagement und die Zulassung von Nähe. Darüber hinaus birgt die gemeinsame Beziehungsentwicklung auch kritische Momente, z. B. die (Wieder-)Herstellung einer Balance zwischen Nähe und Distanz, insbesondere dann, wenn Co-Forschende belastende oder sensible Informationen in die gemeinsame Arbeit einbringen. Damit eine (beidseitig zu tragende) Beziehungsentwicklung gelingt, müssen sich Wissenschaftler*innen auf Co-Forschende als Personen einlassen und bereit sein, ein hohes Maß an Authentizität an den Tag zu legen. **Flexibilität und Reflexivität** stellen daher wichtige An- und zugleich Herausforderungen partizipativer Forschung dar (Bergold und Thomas 2012).

Vor dem Hintergrund der verschiedenen Arten von Anforderungen muss darauf hingewiesen werden, dass partizipative Vorhaben keinesfalls konfliktfrei verlaufen, sondern das Potenzial für viele Arten von Konflikten bergen. Hier stellt sich die Aufgabe zu lernen, **Konflikte gemeinsam auszutragen** und sie im Rahmen bestehender Möglichkeiten zu lösen. Dafür bedarf es geeigneter Kommunikationsräume, die im Rahmen partizipativer Vorhaben nicht nur zeitlich, sondern auch räumlich und konzeptionell vorgesehen bzw. eingeplant werden. Neben den oben diskutierten Arten projektinterner Maßnahmen lassen sich auch professionelle Formen der Moderation, Beratung, Mediation oder Supervision denken. Die bereits bei der Projektplanung stattfindende Berücksichtigung derartiger Instrumente kann sinnvoll sein, vor allem dann, wenn die sich abzeichnende Komplexität eines Vorhabens das Aufkommen derartiger Konflikte wahrscheinlich macht.

3.2.7 Projektbegleitende Reflexion

3.2.7.1 Reflexion der eigenen Rolle in der partizipativen Forschung

Flexibilität und Reflexivität hinsichtlich der eigenen Rolle und deren projektbegleitender Veränderung stellen nicht nur für die beteiligten Wissenschaftler*innen, sondern auch für alle weiteren Stakeholder eine besondere Herausforderung in partizipativer Forschung dar. Für die Auseinandersetzung mit der eigenen Rolle bedarf es daher spezifischer **Freiräume, die der Selbstreflexion dienen** und die bereits bei der Projektplanung vorgesehen werden können. Sie können projektbegleitend sein und an laufende Entscheidungsprozesse anknüpfen oder aber in Form spezifischer Meilensteine eingeplant werden. In partizipativer Forschung ist es vornehmlich die eigene Rolle, die aufgrund spezifischer Lernprozesse zum Gegenstand von Reflexion wird. Nach Borg et al. (2012) kann sich Reflexion innerhalb kollaborativer Forschung jedoch auch auf weitere Aspekte beziehen, so dass mindestens zwei relevante Formen der Reflexivität[40] unterschieden werden müssen: **personale und epistemologische Reflexivität.** Während sich die erste Form der Reflexivität auf persönliche Einstellungen, Überzeugungen, Werte und Normen, die kollaborative Arbeitsprozesse beeinflussen können, bezieht, umfasst die zweite Form die kritische Auseinandersetzung mit

---

[40]Während sich der Begriff *Reflexion* meist auf eine bestimmte Tätigkeit bezieht, z. B. kritisch prüfendes und vergleichendes Nachdenken über die eigene Person oder das eigene Verhalten, wird unter *Reflexivität* „in der Alltagssprache die Fähigkeit des Menschen, das eigene Denken und Handeln zum Gegenstand des Nachdenkens zu machen" verstanden (Forster 2014, S. 589). Reflexivität gilt aber auch als zentrales Grundprinzip qualitativer Forschung.

gewonnenen Erkenntnissen unter der Berücksichtigung von Möglichkeiten und Grenzen methodologisch-methodischer Aspekte. In der von Bergold und Thomas (2012) vorgelegten Publikation werden sogar vier relevante Formen der Reflexion innerhalb partizipativer Forschung genannt:

a) *Reflexion personaler und biographischer Merkmale und Dispositionen:* Die Übernahme neuer Rollen sowie die Gestaltung des Umgangs mit persönlich bedeutsamen Themen tangieren häufig bestimmte Aspekte der Person und ihrer Biographie. Ungewohnte und unsichere Rollenerwartungen können auch negative emotionale Reaktionen der Teilnehmer*innen provozieren. Kommt es etwa zu Konflikten, können sie zur Störung oder gar Gefährdung der Kollaboration führen. Partizipative Projekte müssen solche Reaktionen ernst nehmen und geeignete Räume für die Auseinandersetzung mit ihnen schaffen, sei es durch interne (z. B. in einem Workshop) oder externe (z. B. durch Supervision) Maßnahmen. Beteiligte Stakeholder brauchen dafür eine sichere Arbeitsumgebung, in der sie sich mit ihren biographischen Erfahrungen nach Bedarf auseinandersetzen und deren Bedeutung für das Projekt reflektieren können.

b) *Reflexion sozialer Beziehungen zwischen Forschenden und Co-Forschenden:* Neue Rollenanforderungen auf der einen Seite sowie widersprüchliche Interessen auf der anderen Seite (inkl. der daraus resultierenden Intrarollenkonflikte) können zu Spannungen zwischen einzelnen Teilnehmer*innen sowie zwischen den Akteursgruppen führen (vgl. Abschnitt 3.2.6). Daher muss partizipative Forschung genügend Raum für projektbegleitende Auseinandersetzung mit den Beziehungen zwischen den beteiligten Akteuren bieten.

c) *Reflexion der sozialstrukturellen Verortung der Thematik des Projektes:* Ein schneller technologischer Wandel und die mit ihm verbundenen Umwandlungs- und Ausgrenzungsprozesse gehören zu jenen Aspekten, die mit der Entwicklung neuer Technologien verbunden sind. Aus Sicht von Menschen mit Demenz gesellen sich negative Bilder vom Alter in den Kanon jener Aspekte, die mit der sozialstrukturellen Verortung des Themas verbunden sind. Eine dem Empowerment dienliche partizipative Technikentwicklung muss derartige soziale bzw. gesellschaftliche Strukturen hinterfragen. Daher bedarf es gerade in der Technikentwicklung einer kritischen Reflexion der eigenen Position, z. B. im Hinblick auf mögliche Reproduzierbarkeit bzw. Vertiefung sozialer Ungleichheit.

d) *Reflexion des Forschungsprozesses:* Diese Form der Reflexion betrifft den Forschungsprozess inkl. einzelner Arbeitsschritte und Entscheidungen. Um diese Form der Reflexion zu unterstützen, können bestimmte Formate, wie z. B. Workshops, Werkstätten oder Tagebücher eingeführt werden. Auch bestimmte Formen der Dokumentation, z. B. bezüglich gemeinsamer Abstimmungen, können hilfreich sein, um das Zustandekommen von Entscheidungen in späteren Projektphasen nachvollziehen zu können. Die Reflexion des Forschungsprozesses sollte vor allem dann nicht vernachlässigt werden, wenn sich das Projektgeschehen auf die Lösung von Interessens- oder anderen Konflikten zu verlagern droht und die genuine Projektarbeit in den Hintergrund gerät.

Die Reflexion der eigenen Rolle in der partizipativen Forschung ist zudem besonders wichtig, da gerade in der Technikentwicklung mit Menschen mit Demenz verschiedene Arten der **Ungewissheit bzw. Unsicherheit** virulent werden. Dazu zählt zum einen die **Ungewissheit bezüglich der zu erwartenden Projektergebnisse.** Auf diese Art der Ungewissheit weist z. B. Tobiasson (2010) hin, die in einer kleinen Studie mit Menschen mit beginnender Demenz ein Wii-Spiel modifizierte (u. a. die Konsole). Vor dem Hintergrund der Anwendung des *Participatory Design* beobachtete die Autorin, dass die Ergebnisse des Vorhabens für sie als Wissenschaftlerin über längere Zeit des Projektes ungewiss blieben. Mit der genannten Ungewissheit müssen jedoch nicht nur Wissenschaftler*innen, sondern auch alle beteiligten Projektteilnehmer*innen umgehen. Dabei gilt es einerseits die Ungewissheit auszuhalten, andererseits ist es wichtig, Reaktionen von Ungeduld zu vermeiden, da sie gerade in der Zusammenarbeit mit Menschen mit Demenz negative Folgen haben könnten.

Tobiasson (2010) weist in diesem Zusammenhang auf eine weitere Form der **Ungewissheit hin, die aus der unsicheren Umsetzung von Projektergebnissen nach der Beendigung eines Projektes** resultiert. Unabhängig von der möglichen Belastung, die durch die Beendigung aufgebauter Kooperationsbeziehungen entsteht, können Wissenschaftler*innen als auch Projektteilnehmer*innen die fehlende Nachhaltigkeit eines Vorhabens als belastend erleben. Die Ungewissheit darüber, was mit den erarbeiteten Ergebnissen geschieht, kann sich daher negativ auf das Engagement während des Projektes auswirken. Wird ein erfolgreich durchgeführtes Projekt nach dem Ausscheiden von Wissenschaftler*innen nicht mehr fortgeführt, kann dies zum Erleben von Verlust führen, was wiederum negative Folgen für die Entwicklung künftigen Engagements haben kann.

Auf eine weitere Form der Ungewissheit machen Littlechild et al. (2015) aufmerksam. Es handelt sich dabei um die **Verunsicherung bezüglich der eigenen professionellen Rolle als Wissenschaftler*in** , die daraus resultiert, dass in der kollaborativen Zusammenarbeit mit Menschen mit Demenz konsensuelle Gütekriterien empirischer Forschung einer gewissen Anpassung bedürfen. So besteht in der – vor allem empirisch verstandenen – Wissenschaft ein grundsätzliches Einvernehmen darüber, dass Methodenkenntnis und -treue ein zentrales Gut und

Merkmal guter wissenschaftlicher Arbeit bilden. Demnach basiert das Selbstverständnis von Wissenschaftler*innen darauf, dass die Qualität der eigenen Arbeit vor allem an der Umsetzung einer möglichst hohen methodologisch-methodischen Güte gemessen wird. In der Kollaboration mit Menschen mit Demenz lassen sich jedoch häufig die als „Standards" definierten Erwartungen nicht immer zufriedenstellend erfüllen. Die daraus resultierende Unsicherheit tangiert daher direkt das Rollenverständnis beteiligter Wissenschaftler*innen. Littlechild et al. (2015) beschreiben diese Form der Unsicherheit anhand einer Studie, in der Menschen mit Demenz als Co-Interviewer*innen einbezogen wurden. Ein zentrales Element der Studie waren Befragungen von Menschen mit Demenz und ihren Angehörigen, die durch Co-Forschende mit Demenz – im Tandem mit Wissenschaftler*innen – durchgeführt wurden. Littlechild et al. (2015) beobachteten dabei, dass die Interviewer*innen mit Demenz einen sehr direkten und viel stärker an alltäglicher Konversation orientierten Interviewstil entwickelten, der aus Sicht der beteiligten Wissenschaftler*innen den Regeln guter wissenschaftlicher Praxis nicht entsprach. Darüber hinaus ließen sich die Co-Forschenden viel stärker auf neue Themen ein und veränderten dadurch regelmäßig den Fokus der Befragung. Im Verlauf der Zusammenarbeit passten sich die Wissenschaftler*innen dem neuen Stil zwar an, erlebten dadurch aber eine Verunsicherung ihrer professionellen Rolle.

3.2.7.2 Reflexion der Haltung zur Demenz

Wie oben bereits ausgeführt (vgl. Abschnitt 3.2.1), stellt die Auseinandersetzung mit Vulnerabilität eine zentrale Anforderung an Forschung mit Menschen mit Demenz dar. In der partizipativen Technikentwicklung sind damit nicht nur forschungsmethodische und ethische, sondern insbesondere auch konzeptionelle Fragen verbunden. In der Zusammenarbeit mit Menschen mit Demenz bedarf es jedoch keinesfalls nur der Reflexion von Vulnerabilität bzw. der Entwicklung konzeptioneller Lösungen für den Umgang mit Erkrankungen, sondern auch der Reflexion der eigenen Haltung zur Demenz. Zur Grundlage einer guten Forschung mit Menschen mit Demenz gehört nach Pratt (2002, S. 177ff) vor allem eine **reflexive Praxis**. Sie umfasst nicht nur die Reflexion der eigenen Rolle als Wissenschaftler*in (vgl. Abschnitt 3.2.7.1), sondern auch die Reflexion der eigenen Position zur Demenz. Erst die Auseinandersetzung mit der eigenen Haltung erlaubt die Erkenntnis über den Einfluss eigener Werte und Normen auf die Zusammenarbeit, die Beziehungsgestaltung und schließlich auf das Ergebnis der Forschung. Eine entsprechende Reflexion ist zudem wichtig, um eigene Stereotype, die innerhalb der Forschung wirksam werden können, zu erkennen

(Waite et al. 2019, S. 9 von 11). Reflexive Praxis kann allerdings kaum gelingen, wenn Wissenschaftler*innen alleine bzw. isoliert arbeiten, sondern entwickelt sich erst im Dialog mit Betroffenen. Daher beinhaltet partizipative Technikentwicklung mit Menschen mit Demenz immer auch Momente einer potenziellen Transformation, indem ein neuer Blick auf Demenz und Technik entwickelt und gesellschaftlich wirksam werden kann. Die Reflexion der Haltung zur Demenz sollte daher als zwingender Bestandteil von Technikentwicklungsprojekten mit oder für Menschen mit Demenz betrachtet werden.

Die genannte Art der Reflexion ist von zentraler Relevanz, da deren Ergebnisse nicht nur ein wirkmächtiges Element der gesellschaftlichen Sicht auf Demenz sind, sondern auch die Ergebnisse eines Projektes „im Kleinen" beeinflussen. Dazu zählen etwa die Ergebnisse verschiedener empirischer Erhebungen, die im Rahmen eines Technikentwicklungsvorhabens notwendig sind. Wie stark die Haltung der Forschenden u. a. die Ergebnisse von Interviews mit Menschen mit Demenz beeinflussen kann, verdeutlichen z. B. Steeman et al. (2007). Die Forscher*innen befassten sich mit dem Erleben der Demenz aus Sicht von Betroffenen und führten dazu qualitative Interviews durch. Die Befragten befanden sich im frühen Stadium der Demenz. Dabei zeigte sich, dass sie zunächst ausschließlich ein positives Bild des (Er-)Lebens mit Demenz schilderten. Daraufhin änderten die Wissenschaftler*innen ihre Interviewstrategie und machten die Beobachtung, dass ihre eigene Haltung eine entscheidende Rolle bei der Selbstdarstellung der Befragten spielte. So schilderten Menschen mit Demenz ihr Erleben dann als besonders positiv, wenn sie davon ausgingen, dass die Interviewer*innen das (Er-)Leben mit einer Demenz ausschließlich als einen durch negatives Erleben dominierten Prozess betrachteten. Eine wenig empathische und zugleich wenig authentische Haltung verbunden mit einer negativen Einstellung gegenüber der Demenz provozierte die positiv verzerrte Selbstdarstellung der Befragten. Erst nachdem die Interviewer*innen eine offene Haltung gegenüber der Demenz signalisierten und akzeptierten, dass ein Leben mit Demenz auch mit positiven Aspekten verbunden sein kann, kam es zu einer differenzierten Erzählung durch die Befragten. Die Beiträge wurden detailreicher und enthielten sowohl positive als auch negative Aspekte des Lebens mit Demenz.

Hendriks et al. (2014) weisen darauf hin, dass eine Reflexion der Haltung zur Demenz auch deshalb von enormer Bedeutung sei, weil sie entscheidend dafür ist, wie stark die in partizipativer Forschung zugelassene Nähe und Zusammenarbeit als Belastung erlebt wird. Dabei kann die enge Kooperation sowohl bei Wissenschaftler*innen als auch bei Co-Forschenden mit Demenz zu verschiedenen Formen der erlebten **Belastung** führen. Betrachtet man die Erfahrungen aus der

Forschung mit Menschen mit Demenz, so liegen gewisse Erkenntnisse zur (potenziellen) Belastung von Co-Forschenden mit Demenz vor (vgl. Abschnitt 4.1.6); vergleichsweise wenig ist jedoch über die Belastung von Wissenschaftler*innen, insbesondere Technikentwickler*innen bekannt. Je enger jedoch die Beziehung zu Co-Forschenden mit Demenz, umso größer das Risiko für **emotionale Belastung**. So berichten Hendriks et al. (2015, S. 77) aus einem Co-Design-Projekt, dass sich junge Technikentwickler*innen durch eine enge Zusammenarbeit mit Betroffenen emotional belastet fühlten, insbesondere aufgrund der wahrgenommenen Ohnmacht die Situation der Beteiligten nicht ändern zu können. Hier kann der Zugang zur **professionellen Beratung** oder **Supervision** ein relevanter Begleitbaustein partizipativer Vorhaben sein (Pratt 2002, S. 178f). Ein sicherer und vor negativen Folgen schützender Kommunikations- und Interaktionsraum sollte daher keinesfalls nur für Co-Forschende mit Demenz, sondern auch für andere Stakeholder bestehen. Pratt (ebenda) empfiehlt in diesem Zusammenhang die eigene Belastung sowie den Umgang mit ihr, z. B. im Rahmen von Interviews, zu dokumentieren, d. h. das eigene positive als auch negative Erleben nach der Durchführung von Interviews zu notieren. Derartige **Notizen** können als Grundlage derr emotionalen Auseinandersetzung mit dem Schicksal von Menschen mit Demenz dienen und zugleich den Blick für den Einfluss der Person der Interviewer*innen auf die Beziehung und ggf. die Ergebnisse von Interviews richten. Notizen können aber auch als Grundlage zur Entwicklung von Strategien im Umgang mit emotional belastenden Situationen dienen. Pratt (ebenda) weist darauf hin, dass sich Wissenschaftler*innen der emotionalen Belastung in bestimmten Situationen nicht entziehen können, da sie während der Interviews grundsätzlich „emotional präsent" sein müssen. Angesichts dieser Anforderung kann es in der partizipativen Forschung mit Menschen mit Demenz weniger darum gehen, jegliche Belastung vermeiden zu wollen, sondern darum, die Bewältigung der eigenen emotionalen Reaktion aktiv zu gestalten. Für die Erhebung von Daten mit Menschen mit Demenz sollte daher gelten, dass in sog. **Feldnotizen** nicht nur Informationen notiert werden, die im Zusammenhang mit dem Forschungsthema stehen, sondern grundsätzlich auch Notizen zum eigenen Erleben der Situation anzufertigen. Diese könnten ggf. auch zur Grundlage von **Supervision** gemacht werden, wobei die Zielsetzung von Supervision nicht nur in der Bewältigung emotionaler Belastung der Wissenschaftler*innen, sondern auch der Entwicklung von Strategien im Umgang mit „schwierigen" Situationen oder Personen in besonders benachteiligten Lebenslagen dienen sollte. Für Wissenschaftler*innen ist es daher grundsätzlich wichtig, das Erkrankungsbild zu kennen sowie nach Bedarf auch den Zugang zu einer professionellen Beratung (ggf. auch im Team) oder gar Supervision zu haben.

Die partizipative Entwicklung von Technologien mit Menschen mit Demenz bedeutet für Wissenschaftler*innen, dass sie nicht nur mit Fragen der Vulnerabilität, sondern auch mit typischen Themen des hohen Alters, u. a. mit Fragen der Endlichkeit, konfrontiert werden. Die aus derartiger Konfrontation erwachsenden Belastungen sind für viele Technikentwickler*innen unbekannt, da sie häufig nicht zum Gegenstand der bisherigen Arbeit gehörten. Für die Auseinandersetzung mit derartigen Aspekten muss daher ein geeigneter Raum zur Verfügung stehen. Eine andere Form der Belastung kann ggf. dann entstehen, wenn Technikentwicklung in der Kooperation mit stationären Pflegeeinrichtungen geschieht und Wissenschaftler*innen in ihrer Arbeit mit den Herausforderungen des Pflegealltags konfrontiert werden. Luff et al. (2011) machen darauf aufmerksam, dass dadurch auch Einblicke in die „Schattenseiten" der Pflege möglich sind, die Wissenschaftler*innen in eine „ohnmächtige" Beobachter*innenposition bringen können sowie in Konfliktsituationen, die ggf. mit der ethisch-moralischen Verantwortung verbunden sind zu entscheiden, ob es einer Intervention bedarf. Nach Luff et al. (ebenda) gehören dazu folgende Situationen:

- Wenn Wissenschaftler*innen einen Einblick in schlechte oder gefährliche Pflege erhalten
- Wenn Wissenschaftler*innen mit Bewohner*innen konfrontiert werden, die unter großen Schmerzen leiden
- Wenn Wissenschaftler*innen in Gesprächen Erfahrungen über negative Ereignisse im Kontext der Pflege machen
- Wenn Wissenschaftler*innen zum ersten Mal mit demenziellen Erkrankungen, insbesondere in fortgeschrittenen Stadien, konfrontiert werden
- Wenn Wissenschaftler*innen Zeugen eines Unfalls, einer Verletzung oder der Gewalt in der Pflege werden.

Diese keinesfalls als abschließend zu betrachtende Darstellung zeigt, dass Technikentwicklungsprojekte mit Menschen mit Demenz eine entsprechende Kooperation mit Fachexpert*innen benötigen, um im Zweifel auch Beratung oder Supervision in Anspruch nehmen zu können. Aus den o. g. Gründen kann es wichtig sein, eine Fachexpertise in das Vorhaben zu integrieren oder bestimmte Arten der Kooperation bereits bei der Projektplanung vorzusehen. Eine besondere Bedeutung kommt dieser Fachexpertise auch deshalb zu, weil eine **Reflexion der Haltung zur Demenz** nicht nur als Aufgabe der Wissenschaftler*innen, sondern auch als Aufgabe anderer **Skaleholder** verstanden werden muss. Für diese Art der Reflexion lassen sich verschiedene Gründe aufzeigen, von denen einige etwas genauer betrachtet werden sollen.

Eine besondere Notwendigkeit der Reflexion der Haltung zur Demenz resultiert aus der Gefahr eines Disempowerment (vgl. Abschnitt 3.2.4.1), das bereits dadurch entstehen kann, dass Menschen mit Demenz als eine eigene soziale Kategorie betrachtet werden und ihr „Anderssein" zum Gesprächs- oder Forschungsgegenstand wird. Neben der **Konstruktion von Andersartigkeit** entsteht das Risiko von **Stereotypisierung**, das alleine daraus erwächst, wenn nach „typischen" Bedürfnissen oder Präferenzen von Menschen mit Demenz gefragt oder geforscht wird. Generalisierungen, Typisierungen oder Verallgemeinerungen sind häufig das Ziel empirischer Forschung, was aber zu kollektiven Konstruktion von **(Fremd-)Bildern** führen kann. Um mit Wißmann (2017) zu sprechen, umfasst Demenz „ein extrem weites Spektrum an Situationen, Zuständen, Ausprägungen und Verläufen (…). Und auch ein extrem breites Spektrum an Personen mit ihren ganz speziellen Weisen, mit ihrer Situation umzugehen." (S. 22). Daher lassen sich Erfahrungen des Lebens mit einer Demenz nicht grundsätzlich auf eine Gleichheit subjektiver Erlebensweisen zurückführen. Vielmehr gilt es die Vielfalt individueller Erfahrungen zu berücksichtigen, auch wenn es in der Forschung häufig darum geht, nach einer gemeinsamen Schnittmenge zu suchen.

In der partizipativen Technikentwicklung mit Menschen mit Demenz bestehen verschiedene Anlässe für derartige Risiken. Auf ein besonderes Problem, das im Zusammenhang mit dem Ansatz des UCD steht, weist z. B. Erikson (2016) hin. Dieses sieht die Autorin darin, dass die hier häufig verwendeten ISO Standards, z. B. der Standard *Human-centered design processes for interactive systems* und der Standard *Usability,* keine Spezifizierung auf bestimmte „Nutzer" vornehmen. Die Anforderungen an *Usability* bleiben daher abstrakt, was dazu führt, dass „der Nutzer" anhand sozialer Kategorien, wie z. B. Alter, definiert wird. Der Rückgriff auf soziale Kategorien erscheint zum einen plausibel, weil aus ihnen bestimmte Bedürfnisse abgeleitet werden können. **Kategorisierungsprozesse** führen aber zugleich zu Fremdbildern, die Selbststereotypisierungsprozesse einleiten und bis hin zur Stigmatisierung reichen können. Neben den damit einhergehenden methodischen Schwierigkeiten konzentriert sich die Definition „der" Nutzer*innen und deren Bedürfnisse meist auf deren „Probleme", was eine verzerrende Wirkung insofern entfaltet, dass nur jene Personen in ein Sample aufgenommen werden, die dem konstruierten Fremdbild entsprechen. Spezifische Fremdbilder können dabei zur Reaktivierung stereotyper Bilder von Demenz führen und bestimmte Dynamiken fördern, die wiederum die Ergebnisse der gemeinsamen Forschung verzerren. Werden „dem Nutzer" etwa lediglich negative Attribute zugeschrieben, kann es dazu kommen, dass sich Co-Forschende von diesen Fremdbildern abgrenzen wollen, indem sie ein besonders positives Bild der eigenen Person herausstellen.

In der Entwicklung von Technik *für und mit* Menschen mit Demenz bestehen viele Gefahren eines unbeabsichtigten Disempowerment, zu dem auch die Diskussion über die Relevanz bestimmter Merkmale der Demenz für das Technikkonzept gehört. Sobald die Erkrankung und deren Merkmale den Technikentwurf bestimmen, geht es in allen Phasen der Technikentwicklung – vom ersten Konzept bis zur Evaluation von Prototypen – um die Auseinandersetzung mit Merkmalen der Demenz. Daraus erwächst das Risiko, dass sämtliche Beiträge der Co-Forschenden unter dem Primat ihrer Erkrankung wahrgenommen werden. Was Ausdruck der Demenz – und was Ausdruck der Individualität und Persönlichkeit einer Person – ist, lässt sich im Kontext der Forschung nicht immer klar voneinander trennen. Persönliche Präferenzen, Vorlieben oder Gewohnheiten können dadurch schnell als Symptom der Erkrankung interpretiert werden. Fehlende Kenntnisse und Erfahrungen befördern zudem vorschnelle **Generalisierungen** und führen zudem zu der Annahme, dass persönliche Präferenzen einer kleinen Personengruppe auch den Präferenzen anderer Menschen mit Demenz entsprechen, weil deren Ursprung in der Erkrankung vermutet wird. Diese vorschnelle Generalisierung steht jedoch im Widerspruch zu der großen Heterogenität der Menschen mit Demenz, die innerhalb von Technikentwicklungsprojekten immer reflektiert werden muss (Lindsay et al. 2012).

3.2.7.3 Reflexion der Haltung zur Technik

Nicht zuletzt kommt – neben der Reflexion der eigenen Rolle als Wissenschaftler*in und der eigenen Haltung zur Demenz – der **Reflexion der eigenen Haltung zur Technik** eine wichtige Bedeutung zu. In Technikentwicklungsprojekten *für* und *mit* Menschen mit Demenz sind in der Regel zwei Arten der Legitimation des eigenen Tuns eng miteinander verwoben: Begründungen dafür, *was Technik grundsätzlich leisten soll* bzw. warum die Förderung des technischen Fortschritts relevant ist, sowie Begründungen für die *Rolle, die der Technik im Alter und bei Demenz* zukommt bzw. zukommen soll. Während die erstgenannte Begründung auf Annahmen einer allgemeinen Wertigkeit von Technik bzw. des technischen Fortschritts beruht, basiert die zweitgenannte Begründung häufig auf individuellen und gesellschaftlichen Vorstellungen von Gesundheit und Krankheit, von Normalität und Abweichung sowie Autonomie und Verantwortung. Altersbilder, -stereotype und -vorurteile ebenso wie kulturelle Bilder von Demenz erweitern den Deutungsrahmen, in dem projektspezifische Wertvorstellungen von Technik entstehen. Generelle Annahmen über den Sinn des technischen Fortschritts erfahren in Technikentwicklungsprojekten für oder mit Menschen mit Demenz daher immer eine zusätzliche Akzentuierung, die z. B. mit normativen Vorstellungen von Demenz sowie eines „richtigen" Umgangs mit ihr assoziiert ist – ob auf Mikroebene sozialer Beziehungen, Mesoebene institutioneller Kontexte oder Makroebene der Gesellschaft. Da beide Aspekte häufig eng miteinander verwoben sind, sollten beide zum Gegenstand projektbegleitender Reflexion gemacht werden.

Um dem nachzukommen, sollten Wissenschaftler*innen als auch andere Projektteilnehmer*innen die Frage nach der **Zweckbestimmung von Technik im Allgemeinen** und der **Zweckbestimmung von Technik für Menschen mit Demenz** im Speziellen immer wieder aufwerfen und neu beantworten.[41] Ohne in diesem Unterkapitel auf die Grundlagen der Techniksoziologie und -philosophie, insbesondere der Technikethik, in Gänze eingehen zu wollen, sollen ausgewählte Aspekte (inkl. empirischer Forschungsergebnisse) der techniksoziologischen und -philosophischen Diskussion angesprochen werden. Herausgegriffen werden dabei Gedankengänge, die eine projektbegleitende Reflexion der eigenen Haltung zur Technik unterstützen können.

3.2.7.3.1 Zweckbestimmung und Nutzen von Technik und Technisierungsprozessen

Entwicklung neuer Technologien für Menschen mit Demenz – auch wenn dies partizipativ geschieht – stellt unweigerlich einen weiteren Schritt zur Technisierung ihrer Lebenswelten dar. Daher müssen Technikentwicklungsprojekte eine Antwort darauf geben, warum es der Entwicklung neuer Technologien bedarf und warum sie die Förderung des technologischen Fortschritts unterstützen. Auf der Suche nach einer solchen Antwort beziehen sich viele Akteure auf (forschungs-)programmatische Kriterien oder auf bestimmte **Nutzenvorstellungen von Technik**, die in der Regel auch individuellen als auch kollektiven Legitimationen von Technisierungsprozessen zugrunde liegen. Der Blick in Diskurse, die im Zuge der Debatten um AAL-Technologien entstanden sind und innerhalb aktueller Debatten zur digitalen Transformation fortgeführt werden, lässt sehr unterschiedliche, den jeweiligen Legitimationsdiskursen innewohnende Nutzenvorstellungen erkennen. Ein besonders exponierter Stellenwert kommt hier vor allem dem ökonomischen (z.B utilitaristischen) und dem medizinischen Nutzen zu. Zu diesen beiden – eher funktional verstandenen – Nutzenvorstellungen gesellen sich aber auch hedonistisch-sinnliche (z. B. Wohlbefinden), symbolische (z. B. Ästhetik) und subjektive (z. B. Identitätsentwicklung) Nutzenannahmen, die ihre eigene Zweckbestimmtheit von Technik spiegeln und die häufig zusätzlich

---

[41] Eine mögliche Reflexionsgrundlage dafür stellt die Publikation von Ammicht Quinn et al. (2015) dar.

zum ökonomischen Nutzenverständnis genannt werden. Technikentwicklungsprojekte sollten sich jedenfalls des eigenen Nutzenverständnisses bewusst sein, dieses benennen und ggf. prüfen, welche Konflikte zwischen verschiedenen explizit geäußerten und ggf. implizit wirksam werdenden Nutzenvorstellungen entstehen können.

Aus der Perspektive einer möglichen Nutzenanalyse betrachtet, könnte in Technikentwicklungsprojekten jedoch nicht nur der *verwendete Nutzenbegriff* benannt und reflektiert werden, sondern auch die verschiedenen Arten bzw. Formen des Nutzens, z. B. in der Unterscheidung zwischen dem sog. *Grund-* und *Zusatznutzen*. Ersterer (d. h. der **Grundnutzen**) entsteht vor allem durch den instrumentellen Einsatz bzw. Wert von Technik und ergibt sich in erster Linie aus ihrer **Gebrauchsfunktion**, die der Deckung von Bedarfen und der Erfüllung von Bedürfnissen dient. Der **instrumentelle Wert** der jeweiligen Technik, der mit ihrer (Haupt-)Funktion in der Regel eng verbunden ist, steht meist im Vordergrund der Legitimation für deren Entwicklung oder Nutzung. Nach van de Poel (2012) ist der instrumentelle Wert einer Technologie allerdings nicht nur von sog. extrinsischen Werten, wie der Zweckbestimmung einer Technik, sondern auch den sog. intrinsischen Werten, d. h. den inhärenten Eigenschaften einer Technik, abhängig. Aus der Sicht der Moralphilosophie sind intrinsische Werte „Selbstwerte, die um ihrer selbst willen wertvoll sind" (ebenda, S. 133), während instrumentelle Werte zur Erreichung anderer Werte dienen. Van de Poel (2013, S. 135f) zählt zu den wichtigsten intrinsischen Werten im technologischen Kontext die technologische Begeisterung, die Effektivität und Effizienz, aber auch das menschliche Wohlbefinden.[42]

Eng verbunden mit verschiedenen Wertvorstellungen von Technologien ist nicht nur der Grundnutzen, sondern auch der sog. **Zusatznutzen**, mit dem in der Regel ein nichtmaterieller, symbolischer Nutzen verstanden wird. In Abhängigkeit von der jeweiligen Disziplin verbergen sich hinter diesem Begriff sehr unterschiedliche Nutzenvorstellungen. Während aus ökonomischer Sicht der Zusatznutzen als ein subjektiver, intrinsischer Wert eines Konsumgutes verstanden

---

[42] Welche Werte zu intrinsischen, welche dagegen zu extrinsischen Werten zählen, ist abhängig von der jeweiligen theoretischen Perspektive. Die Unterscheidung zwischen internen und externen Werten wird auch in den Ethikkodizes für Ingenieure getroffen. Zu internen Werten von Technik zählen demnach u. a. Funktionsfähigkeit, Wirtschaftlichkeit, Wohlstand, Sicherheit, Gesundheit, Umweltqualität, Persönlichkeitsentfaltung und Gesellschaftsqualität – aber auch Verlässlichkeit, Robustheit, Wartungsfreundlichkeit, Kompatibilität, Qualität und Rationalität. Die Hervorhebung bestimmter Werte steht auch im Mittelpunkt einiger gestalterischer Ansätze, z. B. des von Friedmann (Friedmann et al. 2006) entwickelten Ansatzes des Value Sensitive Design, der insgesamt zwölf Werte benennt, die für Informations- und Kommunikationstechnologien besonders wichtig sind.

wird, der zu den „erweiterten" Eigenschaften von Gütern, z. B. Identitätsbildung, Prestige oder Distinktion, beiträgt (u. a. Scherhorn 1994), geht die Moralphilosophie davon aus, dass der symbolische Nutzen Ausdruck eines terminalen Wertes (z. B. menschliches Wohlbefinden) ist, der einer Technologie „innewohnt" (van de Poel 2012). Überlegungen über die mit Technik verbundenen Werte knüpfen dabei an die zentrale Frage nach der **Neutralität versus Nicht-Neutralität von Technik** an. Während einige Akteure davon ausgehen, dass es sich „bei Technologie lediglich um ein neutrales Mittel zum Erreichen eines bestimmten Zwecks handelt, das zum Vor- und Nachteil genutzt werden kann", gehen andere davon aus, dass sich ihr Wert sowohl aus ihr selbst, z. B. ihrer zentralen Gebrauchsfunktion, als aus ihrer Nutzung ergibt (van de Poel 2013, S. 134). Dass diese Unterscheidung nicht ganz trivial ist, wird daran erkennbar, dass von der gewählten Präferenz abhängig ist, wem u. a. negative Auswirkungen einer Technologie zugeschrieben werden: den technischen Geräten selbst (bzw. ihrer Gestaltung) oder dem Verhalten der Nutzer*innen. Die Vorstellung einer grundsätzlichen Neutralität von Technik würde zu der Annahe verleiten, dass nur die Art der Nutzung eines Gerätes zu unerwünschten Folgen führen kann, während das Gerät an sich neutral sei. Dagegen argumentiert z. B. Ammicht Quinn (2014, S. 35), indem sie schreibt: „Damit Technik und technologische Forschung und Entwicklung überhaupt zum Gegenstand ethischer Reflexion werden kann, ist ein Technikverständnis notwendig, das sowohl die Eigengesetzlichkeit als auch die Neutralität von Technik in Frage stellt."

Während moralphilosophische Ansätze technischen Artefakten verschiedene Werte zuschreiben, gehen kultursoziologische Ansätze von der Konstruktion bestimmter Bedeutungen von Technik aus. So argumentiert Pelizäus-Hoffmeister (2013, S. 294ff) in Anlehnung an das Modell der Handlungsorientierung nach Hörning (1988), dass die Nutzung bzw. der Einsatz von Technik weniger mit ihrer Funktionalität, sondern ihren – auch teilweise kulturell geprägten – Bedeutungen verbunden ist. Bedeutung erlangt eine Technik sowohl durch kulturelle Herstellungsprozesse als auch durch den Umgang der Nutzer*innen mit ihr. Handelt es sich beispielsweise um eine Technologie, die der Überwachung von Menschen mit Demenz dient, spiegelt sie zwar die besondere Relevanz von Überwachung – z. B. im Sinne von Kontrolle – wieder, erlangt ihre Bedeutung aber vor allem in der Art und Weise, wie z. B. nahe Angehörige oder Fachpflegekräfte sie nutzen. Von den Überlegungen von Hörning (1988) ausgehend, weist Pelizäus-Hoffmeister (2013, S. 294ff) darauf hin, dass sich im Hinblick auf Technik verschiedene Formen der Handlungsorientierung unterscheiden lassen:

a) Die **Kontrollorientierung**, die den instrumentellen Wert von Technik spiegelt und sich darin zeigt, dass Menschen sie zur besseren, schnelleren oder einfacheren (Umwelt-)Kontrolle und der Erreichung eigener Ziele einsetzen bzw. besitzen (können).

b) Die **ästhetisch-expressive Handlungsorientierung**, die den Einsatz von Technik zur Förderung des Wohlgefühls oder als Ausdruck eigener Identität spiegelt.

c) Die **kognitive Handlungsorientierung**, die daran erkennbar ist, dass Menschen mit der Nutzung von Technik den Erwerb oder die Erweiterung eigener Kompetenzen vornehmen.

d) Die **kommunikative Handlungsorientierung**, die das Ziel von Technik darin sucht, Teil eines Kommunikationssystems zu sein und sich als Teilnehmer in von Kommunikationsprozessen zu erfahren.

e) Die **soziale Handlungsorientierung**, die Pelizäus-Hoffmeister (2013, S. 299) ergänzend hinzufügt und die aus ihrer Sicht wirksam wird, sobald Technik zur Erfüllung sozialer Bedürfnisse eingesetzt wird.

Alle genannten Formen der Handlungsorientierung finden sich auch in der bisherigen Technikentwicklung *für* und *mit* Menschen mit Demenz wieder. Die in einer Vielzahl von Projekten entwickelten Technologien fokussieren häufig nicht nur eine, sondern gleich mehrere Handlungsorientierungen gleichzeitig. Die Entwicklungen der vergangenen Jahre verdeutlichen allerdings auch, dass vor allem **krankheitsbedingte Einschränkungen und deren Kompensation** die (Gebrauchs-)Funktion der bisher entwickelten Technologien stark bestimmen. Hervorzustechen scheint hier vor allem der hohe Stellenwert der **Selbständigkeit,** deren Erhalt oder Wiederherstellung zum häufigsten Ziel technischer Innovationen wurde. Die Unterstützung selbständiger Lebensführung, sei es in den Aktivitäten des täglichen Lebens (z. B. der Selbstpflege) oder den instrumentellen Aktivitäten des täglichen Lebens (z. B. bei der Organisation von Terminen) resp. in konkreten Bereichen wie Haushaltsführung, gesundheitliche Versorgung oder Mobilität, steht häufig an der Spitze der Begründungen, die für die Entwicklung einer Technologie angeführt werden. Dies bestätigen u. a. Ienca et al. (2017), die im Rahmen eines systematischen Review zeigen, dass die meisten für Menschen mit Demenz entwickelten Technologien und Anwendungen die Selbständigkeit, z. B. in den Aktivitäten des täglichen Lebens oder der Mobilität, unterstützen (sollen). Unter den Technologien überwiegen multimodale AAL-Systeme, die meist eine multifunktionale Unterstützung bieten. Die gezielte Kompensation von Kognition taucht bereits an zweiter Stelle auf (ebenda, S. 1334f).

Zusammenfassend betrachtet, legt Technikentwicklung für Menschen mit Demenz ihren Fokus weniger auf zentrale terminale Werte, wie z. B. die Förderung der Autonomie, sondern adressiert krankheitsbedingte Veränderungen, die als unerwünscht gelten. Das dahinterstehende technologische Versprechen suggeriert zwar mehr Kontrolle über die Erkrankung, leidet jedoch bisher am ungünstigen Kosten-Nutzen-Verhältnis. Neue Technologien generieren auch nicht immer einen (als erstrebenswert wahrgenommenen) Zusatznutzen, sondern sind eher mit materiellen (z. B. Erwerb) wie symbolischen Kosten (z. B. Stigmatisierung) verbunden. Selbst für die Einlösung des Grundnutzens fehlt es in vielen Fällen an begründeter Evidenz. Das dadurch hergestellte defizitorientierte Bild von Menschen mit Demenz erfährt zudem eine besonders negative Akzentuierung, indem es in den Kontext schrumpfender gesellschaftlicher Versorgungspotenziale gesetzt wird. Dies monieren u. a. Blackman et al. (2016, S. 11ff), die sich im Anschluss an ihr umfassendes Review zur vorhandenen Technologien für Menschen mit kognitiven Einschränkungen mit der (kritischen) Analyse der aktuellen Diskurse zum Thema Alter und Technik befassen. Die Notwendigkeit der Entwicklung assistiver Technologien folgt in der Regel der Logik eines neoliberalen biomedizinischen Diskurses, der gepaart mit dem Diskurs um den demografischen Wandel eine Art Notsituation suggeriert, in der innovative Technologien als Lösung (des gesellschaftlichen „Altersproblems") präsentiert werden. Dieser Logik folgend, werden Bedürfnisse älterer Menschen mit Defiziten gleichgesetzt oder mit Verlusterfahrungen, Einsamkeit, Isolation oder Abhängigkeit assoziiert. Bezogen auf Menschen mit Demenz verbinden sich derartige Legitimierungsdiskurse mit funktional-ökonomischen Nutzenvorstellungen, die bestimmte Merkmale der Erkrankung in besonderer Weise hervorheben und sie damit zum zentralen Eigenwert bestimmter Technologien erklären. Als ein Beispiel derartiger Begründungen kann die im Projekt CIRCA hervorgehobene Metapher der „kognitiven Prothese" genannt werden. Das in diesem Projekt entwickelte Reminiszenzsystem für Menschen mit Demenz glich einer solchen Prothese, die als eine besondere Form der „Mensch-Computer-Partnerschaft" (Alm et al. 2004, S. 117) betrachtet wurde: sie „… should provide a compensatory strategy for people with a cognitive impairment that, when added to the user's environment, increases their ability to function effectively." (ebenda). Die Metapher der „cognitive prosthesis" entstand bereits in den 1960er Jahren (Engelbart 1963) und wurde als eine wichtige Funktion von Computern betrachtet (Gowans et al. 2003, S. 3). Die Übernahme dieses Denkmodells, das den intrinsischen Wert von Technik mit Defizitkompensation gleichsetzt, entwickelt im Zusammenhang mit Technologien für Menschen mit Demenz eine Symbolik, deren zentrales Risiko darin besteht, dass ein Leben mit Demenz als defizitär betrachtet wird.

Eine Reflexion des Nutzens und der Zweckbestimmung von Technik, die eine Analyse der dahinter stehenden Werte einbezieht und den Status ihrer empirischen Fundierung berücksichtigt, ist dabei aus mindestens zwei Gründen wichtig: Zum einen deshalb, weil Technik das **Risiko** birgt, benachteiligende, da ggf. ausschließlich an Merkmalen der Krankheit orientierte Werte zu vermitteln bzw. zu verfestigen; zum anderen deshalb, weil kollaborative Technikentwicklung als **Chance** für die Schaffung neuer (materialisierter) Werte und Handlungsorientierungen begriffen werden kann. Ausgehend von der kultursoziologischen Betrachtung der Handlungsorientierung nach Hörning (1988) kann davon ausgegangen werden, dass Bedeutungen, die Technologien innewohnen, nicht nur kollektiv, sondern auch individuell hergestellt werden können. Indem Menschen mit Demenz in die Entwicklung von Technik partizipativ eingebunden werden, können sie durch ihre Beiträge zur Entwicklung neuer inhärenter Werte von Technik, die ggf. auch kollektiv geteilt werden, sowie zur Herstellung eigener Bedeutungen, beitragen. Durch neue und ggf. individuelle Akzente besteht in solchen Projekten die Gelegenheit dafür, dass Teilnehmer*innen Einfluss auf Funktionen von Technik nehmen, den Grund- und Zusatznutzen bestimmen und darin ggf. auch individuelle Formen eines für sie selbst relevanten symbolischen Nutzens realisieren. Beteiligung an der Technikentwicklung kann zudem zur Veränderung von Nutzungsmustern führen, die im Fall ihrer kollektiven Ausübung auch zur Veränderung von Lebenslagen von Menschen mit Demenz beitragen können.

Um Chancen der Transformation ausschöpfen zu können, bedarf es jedoch einer gewissen Flexibilität, die Pelizäus-Hoffmeister (2013) auf mindestens zwei Dimensionen betrachtet: der **Bedeutungsdimension** und der **Handlungsdimension**. Beide Dimensionen sind aus Sicht der Autorin für die „institutionelle Dimension" von Technik wichtig, worunter sie „ein in das technische Gerät eingeschriebenes, zu realisierendes Handlungsmuster" (S. 134) versteht. In Anlehnung an Beck (1997, S. 169, in ebenda, S. 134) umfasst die Bedeutungsdimension verschiedene Arten von „Nutzungsanweisungen", z. B. kulturelle Orientierungen, implizite gesellschaftliche Erwartungen, usw. Diese Dimension kann in Form einer Anreiz- und/oder Sanktionsstruktur wirken, indem sie einer Technologie eine bestimmte Bedeutung und Relevanz (z. B. Technik ist für die eigene Selbständigkeit wichtig) verleiht, die zum Erwerb und zur Nutzung einer Technik motiviert. Dies kann wiederum zur Anpassung individueller Handlungen, Routinen und Verhaltensweisen an die „Funktionsweise" eines Gerätes führen. Die Bedeutungsdimension macht somit darauf aufmerksam, dass nicht nur die „materielle Gestalt" einer Technologie in den Alltag von Menschen eingreifen kann, sondern auch „weiche Faktoren", wie Werte, Normen und Erwartungen.[43] Auf die Notwendigkeiten einer Anpassung an die „materielle Gestalt" macht dagegen die Handlungsdimension aufmerksam. Wird von geringer Flexibilität von Technik gesprochen, sind in der Regel die mit einer Technik verbundenen „materiellen und institutionellen Nutzungsbedingungen" (Pelizäus-Hoffmeister 2013, S. 134) gemeint, die ein bestimmtes Handeln erzwingen, weil mit einem Gerät nur in einer bestimmten Art und Weise umgegangen werden kann. Besteht eine geringe Flexibilität auf beiden Dimensionen, sind Transformationsprozesse deutlich erschwert.

Da, wo sich Chancen auftun, bestehen allerdings auch Gefahren. Erschöpft sich die Integration von Menschen mit Demenz in die Entwicklung von Technik lediglich in der Förderung passiver Akzeptanz diskursiv fixierter Wertvorstellungen, droht die Gefahr einer wachsenden Abhängigkeit, des zunehmenden Kompetenzverlustes und der Ausgrenzung. Da, wo Ziele und die Zweckbestimmung von Technikentwicklung im Rahmen partizipativer Vorhaben reflektiert werden, ist daher sowohl nach der Werthaltigkeit (im Sinne der Nicht-Neutralität) von Technik als auch nach den daraus resultierenden materiellen wie immateriellen Kosten zu fragen. Gerade in der Zusammenarbeit mit Menschen mit Demenz ist es wichtig, sich den aus dem Einsatz von Technik resultierenden Ambivalenzen, Konflikten und unerwünschten Folgen nicht zu verschließen, sondern diese explizit zu berücksichtigen. Diesen widmet sich nun das nachfolgende Kapitel.

3.2.7.3.2 Positive, ambivalente und negative Folgen von Technisierung

Technische Entwicklung bzw. technischer Fortschritt galten historisch betrachtet als Wege zur Verbesserung menschlicher Lebensbedingungen, Handlungsoptionen und Freiheiten. Erst im 20. Jahrhundert entwickelte sich in der Wissenschaft eine Skepsis bezüglich der Frage, ob Technik grundsätzlich das menschliche Wohl verbessern kann (Brey 2012). Technik, vor allem in Form neuer und die Lebenswelt immer stärker durchdringender Technologien, wird heute grundsätzlich als ambivalent betrachtet und nicht nur mit positiven, sondern immer auch mit negativen Aspekten assoziiert. In Abhängigkeit davon, was unter Technik genauer verstanden wird, lassen **sich verschiedene Arten von Ambivalenzen** aufzeigen. Brey (ebenda, S. 29) macht auf einige dieser Ambivalenzen aufmerksam. Dazu zählt z. B. die Ambivalenz zwischen der Verbesserung von Lebens- und Arbeitsbedingungen sowie langfristig negativen Folgen für Natur und Gesellschaft. Nach Borgmann (1984) basiert jede erdenkliche Verbesserung der

---

[43]Nach Arntzen et al. (2016) kann sich die Bedeutungsdimension aber auch erst im Prozess der Nutzung von Technik entwickeln, so dass sie nicht zwingend präskriptiv wirken muss.

Lebensqualität durch Technik auf Ambiguitäten, da jeder Fortschritt immer mit dem Risiko der Zerstörung von Natur, der Zunahme von Abhängigkeit und einem weiteren Rückgang von Kontrolle – u. a. über den technischen Entwicklungsprozesses selbst – verbunden ist. Insbesondere die Verbindung von technologischem Fortschritt und einem steigenden Konsum von Waren wird als kritisch betrachtet, da er zum Verlust des Engagements für die natürliche Umwelt und für andere Menschen führt (Borgmann 1984).

Von gewissen Ambivalenzen ist auch die Debatte über Folgen zunehmender Technisierung für Menschen mit Demenz geprägt. Im Hinblick auf Technikfolgen lassen sich grundsätzlich **intendierte** sowie **nicht intendierte, erwünschte** und **nicht erwünschte, vorhersehbare** und **unvorhersehbare** sowie **Haupt-** und **Nebenfolgen** unterscheiden (Decker 2013, S. 34). Darüber hinaus sind Technikfolgen in Abhängigkeit davon zu differenzieren, ob sie einzelne Menschen und ihre unmittelbaren sozialen Beziehungen (Mikroebene) betreffen, ob sie bestimmte Institutionen und gesellschaftliche Bereiche (Mesoebene) tangieren oder ob sie auf der Ebene der Gesellschaft oder gar der gesamten Menschheit zu verorten sind. Im Kontext der Debatten um Technologien für Menschen mit Demenz können z. B. nicht intendierte, unerwünschte Folgen das unmittelbare Verhältnis zwischen Betroffenen und ihren Angehörigen betreffen. Der Rückgang persönlicher Kontakte aufgrund des Einsatzes von Überwachungstechnologien kann etwa zur Veränderung innerfamilialer Beziehungen führen, auf breiter Ebene eingesetzt, kann er aber auch das professionelle Verständnis von Pflege (z. B. mehr Kontrolle statt Beziehung) tangieren sowie das gesamtgesellschaftliche Verständnis vom „richtigen" Umgang mit Demenz formen. Dabei ist es nicht einfach, die Folgen einer neuen Technologie vorherzusagen oder sie bestimmten Personen, Institutionen oder einem konkreten Projekt zuzuschreiben (Veddar und Custers 2009). Je komplexer der Entwicklungs- und Implementierungsprozess, umso schwieriger ist es, ethische Bewertungen prospektiv vorzunehmen, was z. B. Sollie mit dem folgenden Zitat zum Ausdruck bringt: „The most important factors of uncertainty that surrounds technology development pertain to the unpredictable, unforseen, and unanticipated nature of complex technology development trajectories, that is from research and development to the subsequent user application and consequences of the artefacts. (…) To begin with, the examples indicate that, while technology is designed for specific purposes, it often ends up being used for completely different activities." (Sollie 2009, S. 146).

Nicht nur lange und auf mehrere Schultern verteilte Entwicklungs- und Implementationsprozesse, eine zum Zeitpunkt der Entwicklung ungewisse Art der Nutzung sowie nicht linear verlaufende Prozesse der Marktdiffusion machen eine Vorhersage von Technikfolgen schwierig. Darüber hinaus sind die Arten der Folgen und die Ausmaße ihrer Wirkung von vielen theoretischen Annahmen abhängig. Der Blick auf die Folgen von Technisierung sowie der Entwicklung spezifischer Technologien müssen daher immer auch im Lichte ihrer jeweiligen theoretischen Deutungen betrachtet werden. Schließlich sind Vorhersagen davon abhängig, was unter Technik verstanden wird. Da partizipative Technikentwicklung mit Menschen mit Demenz im Kontext spezifischer Technologien praktiziert wird – im Augenblick handelt es sich um Informations- und Kommunikationstechnologien, insbesondere intelligente digitale assistive Technologien – soll es in den nächsten Unterkapiteln um diese Technologien gehen. Da sich ein gesellschaftliches Interesse am technischen Fortschritt folglich nur vor dem Hintergrund legitimieren lässt, dass positive Folgen der Technik gegenüber negativen Effekten überwiegen, müssen auch letztere bekannt sein. Die geschilderten Folgen von Technologien spiegeln keinesfalls eine systematische Analyse wieder, sondern geben Einblick in die Debatte, die inzwischen auch durch einige empirische Erkenntnisse ergänzt werden kann.

3.2.7.3.3 Anforderungen an assistive Technologien für Menschen mit Demenz

Durch eine inzwischen beträchtliche Zahl technikbezogener Projekte für und mit Menschen mit Demenz liegen einige Erkenntnisse zu den Anforderungen an Technologien für Betroffene vor. Bei diesen muss allerdings hervorgehoben werden, dass sie nicht immer aus Befragungen oder der Beteiligung von Menschen mit Demenz herrühren. Das vorhandene Wissen über Anforderungen an Technik für Menschen mit Demenz basiert ebenfalls auf Beobachtungsstudien, Fremdberichten oder Proxy-Befragungen (Niemeijer et al. 2010). Viele der Erkenntnisse betreffen nicht nur die Technologien selbst, wie etwa ihre Funktionen, sondern auch Aspekte deren Nutzung bzw. Implementierung. Schließlich ist zu erwähnen, dass auch Erwartungen von Menschen mit Demenz an gute Technik teilweise große interindividuelle Unterschiede aufweisen. Anforderungen an gute Technik erwachsen keinesfalls nur aus jenen Bedarfen, die sich aus einer Demenz und ihren Folgen ergeben. Sie sind vielmehr immer auch Ergebnis einer individuellen Biografie und einer persönlichen Lebenslage, in der verschiedene Technologien eine prägende Rolle einnehmen und vor dem Hintergrund individueller Wertvorstellungen als hilfreich oder weniger hilfreich erlebt werden.

Trotz dessen adressieren die in den bisherigen Studien herausgearbeiteten Anforderungen an gute Technik für Menschen mit Demenz meist die **Kompensation** krankheitsassoziierter Veränderungen sowie Aspekte der **Nutzer*innenfreundlichkeit**, die angesichts kognitiver Veränderungen an den

Umgang mit neuen Technologien erwachsen.[44] Dem sich verändernden Kompetenzniveau bei Demenz steht jedoch die Beschaffenheit neuer Technologien gegenüber, deren gestiegene Komplexität inklusive der steigenden Options- bzw. Funktionsvielfalt als zunehmende Erschwernis für deren Nutzung verstanden werden muss und daher zum gesellschaftlich Ausschluss Betroffener führt. Dies berührt soziale und ethische Aspekte der **Entwicklung und Implementierung** von Technologien, die aus Sicht der Betroffenen und Proxy-Personen eine relevante Rolle spielen und insbesondere Fragen der Teilhabe, Bezahlbarkeit und Nachhaltigkeit betreffen (Bechtold und Sotoudeh 2008). Letztere sind vor allem mit der Implementierung neuer Technologien verbunden, müssen in der aktuellen Debatte um Technikentwicklung für und mit Menschen mit Demenz jedoch eher als unterrepräsentiert betrachtet werden.

In einigen Projekten sind – inzwischen gar recht umfassende – Sammlungen von Kriterien, Empfehlungen oder Leitlinien entstanden, die technische Lösungen für Menschen mit Demenz erfüllen sollen. Dabei betonen derartige Sammlungen teilweise sehr unterschiedliche Aspekte: Während einige ihren Schwerpunkt auf **technische Anforderungen** legen, gehen andere auf **ethische Aspekte** ein, während noch andere **gestalterische Aspekte** aufgreifen. Ein frühes Beispiel derartiger systematisch zusammengestellter Anforderungen, die auch ausgewählte Fragen der Ethik thematisieren, entstand im Projekt ENABLE (vgl. Info-Box Nr. 3.15). Während dort eine Kombination technisch-funktionaler, sozialer und ethischer Kriterien leitend war, betonen einige Kriterienkataloge eher ethische Aspekte bzw. legen ihren Schwerpunkt gleich auf konkrete Technologien und ihre Implementierung (vgl. Deutscher Ethikrat 2020). So liegen inzwischen einige Positionspapiere vor, die vor allem ausgewählte **ethische Prinzipien** sowie Entscheidungsleitlinien im Zusammenhang mit assistiven Technologien aufgreifen (u. a. Alzheimer Europe 2010, vgl. Info-Box Nr. 3.16). Nach Meiland et al. (2017, S. 9ff) besteht im Kontext der Technikentwicklung ein großer Bestand an Publikationen, die ethische Implikationen bzw. Konflikte im Zusammenhang mit dem Einsatz von Technik für Menschen mit Demenz adressieren, es mangelt allerdings an Publikationen, die konkrete **Lösungen** im Umgang mit ethischen Konflikten beschreiben oder adressieren. Darüber hinaus beziehen sich einige Publikationen auf die Lebensphase Alter und weniger auf die spezifische Lebenssituation

---

[44]So verweist eine Vielzahl von Studien auf Schwierigkeiten im Umgang mit neuen, unvertrauten Technologien (vgl. Rosenberg et al. 2009; Malinowsky et al. 2010; Nygard und Starkhammar 2007) und Schnittstellen, z. B. den inzwischen üblich gewordenen Icons (Joshi und Brathen 2016, S. 61). Selbst die selbständige Nutzung vertrauter Geräte, z. B. des Telefons, fällt Menschen mit fortschreitender Demenz schwer (Nygard und Starkhammar 2003).

von Menschen mit Demenz (vgl. Ammicht Quinn et al. 2015; Manzeschke et al. 2013).

Anforderungen an Technik für Menschen mit Demenz:
Das Projekt ENABLE war das erste europäische Projekt, das sich der Entwicklung assistiver Technologien für Menschen mit Demenz widmete. Obwohl es sich dabei um kein partizipatives Vorhaben im engeren Sinne handelte, wurden Betroffene in den Entwicklungsprozess konsequent eingebunden. Nach den gesammelten Erfahrungen dieses Projektes zeichnen sich Technologien für Menschen mit Demenz in optimaler Weise durch folgende Anforderungen aus:
- Sie vermitteln den Nutzer*innen ein Gefühl der Unabhängigkeit
- Sie unterstützen die Nutzer*innen bei der Entscheidungsfindung
- Sie verbessern die Lebensqualität der Nutzer*innen
- Sie unterstützen vorhandene Kompetenzen und betonen nicht den Kompetenzverlust
- Sie wirken nicht stigmatisierend und fördern ein kompetenzorientiertes Selbstbild der Nutzer*innen
- Sie erinnern Nutzer*innen an bekannte Lösungen
- Sie sind effektiv durch sichtbare und durchgehend verfügbare Information.

Info-Box Nr. 3.15: Anforderungen an Technik für Menschen mit Demenz (Bjorneby et al. 1999).

Betrachtet man bisherige ethische Leitlinien oder Rahmenkonzepte für assistive Technologien für Menschen mit Demenz, so muss betont werden, dass sie je nach disziplinspezifischer Perspektive unterschiedliche ethische Ansätze heranziehen. Nach Meiland et al. (2017) beruhen derartige Positionierungen am häufigsten auf Prinzipien der biomedizinischen Ethik, gefolgt von Ansätzen der Pflegeethik und der Menschenrechtsethik. Aus Sicht der Europäischen Alzheimer Gesellschaft (Alzheimer Europe 2010, S. 93ff) bedarf es dabei nicht nur der Berücksichtigung eines einzigen, sondern verschiedener paradigmatischer Ansätze, um etwa den Entscheidungen *für* oder *gegen* den Einsatz assistiver Technologien gerecht werden zu können (vgl. Info-Box Nr. 3.16).

Rahmenmodell für den Umgang mit assistiver Technik bei Menschen mit Demenz:

Die Europäische Alzheimer-Gesellschaft schlägt ein Rahmenmodell für den Umgang mit assistiven Technologien bei Menschen mit Demenz vor. Demnach sollten ethische Entscheidungen im Zusammenhang mit dem Einsatz assistiver Technologien *für* oder *durch* Menschen mit Demenz an fünf zentralen Leitgedanken ausgerichtet werden:

- Dem holistischen Verständnis von Demenz als einer Behinderung
- Der Wahrnehmung von Menschen mit Demenz als (ganze) Person
- Dem Bewusstsein ethischer Konflikte und Dilemmata
- Der Betrachtung von Interessen und des Wohlbefindens der Person mit Demenz
- Der Beachtung ethischer Prinzipien, unterschiedlicher Perspektiven und Paradigmata.

Info-Box Nr. 3.16: Rahmenmodell zur Unterstützung ethischer Entscheidungen für den Einsatz assistiver Technologien für und durch Menschen mit Demenz (Alzheimer Europe 2010, S. 93ff).

Die verschiedenen Beispiele verdeutlichen, dass in der aktuellen Debatte vor allem die Perspektive des*der Nutzer*in bzw. des Individuums leitend ist. Konkrete Anforderungen adressieren vor allem die Mikroperspektive, in der allerdings auch Auswirkungen auf soziale Beziehungen angesprochen werden. Ethische bzw. soziale Standards für die Meso- und Makroebene wurden bisher – jedenfalls ausgehend von Technologien für Menschen mit Demenz – nur vereinzelt und meist mit Bezug zu bestimmten Technologien (meist im Kontext der Pflege) entwickelt. So enthalten auch Ansätze der verantwortungsvollen Forschung und Entwicklung bestimmte Leitlinien, die als soziale "Standards" verstanden werden können. In aller Konsequenz bleiben sie jedoch für die konkrete Anwendung zu abstrakt. Anregungen für die Entwicklung von Anforderungen an gute Technik für Menschen mit Demenz, die auch einen größeren sozialen Kontext berücksichtigen, können bestimmten gestalterischen Ansätzen entnommen werden. Ausgehend vom Ansatz des Value Sensitive Design sowie dem Gedankengut des *"socially responsible design"* entwickelten z. B. Melles et al. (2011, S. 149) einen Kriterienkatalog für die Entwicklung technischer Produkte, der u. a. Aspekte sozialer Nachhaltigkeit berücksichtigt (vgl. Info-Box Nr. 3.17).

Leitfragen des socially resposible design:

Im Rahmen theoretischer Überlegungen für einen pragmatischen Ansatz eines *"socially responsible design"* entwickelten Melles et al. (2011) insgesamt sieben Leitprinzipien, die sich nicht nur auf die Entwicklung von Technik, sondern auch auf deren Implementierung beziehen. Die Leitprinzipien haben die Form von Fragen, an denen betrachtete Artefakte reflektiert werden können:

- **Bedarfe & Adressat*innen:** Werden Innovationen durch einzelne Personen oder eine Community benötigt?
- **Kulturspezifische Passung:** Ist das Design angemessen in Relation zum kulturellen Kontext?
- **Erschwinglichkeit:** Ist das Produkt für potenzielle Nutzer*innen erschwinglich?
- **Fortschritt:** Führt die Nutzung des Produktes zum Erwerb neuer Kompetenzen bzw. zur positiven Entwicklung von Personen und Regionen?
- **Lokale Kontrolle:** Kann die Innovation durch Nutzer*innen bzw. lokale Organisationen verstanden, kontrolliert und nachhaltig eingesetzt werden?
- **Nutzer*innenfreundlichkeit:** Ist das Produkt flexibel und anpassbar an sich verändernde Gegebenheiten?
- **Empowerment:** Ermöglicht die Innovation einzelnen Nutzer*innen oder einer Community die Entwicklung individueller Lösungen bzw. Lösungswege?
- **(Un-)Abhängigkeit:** Fördert das Produkt (Un-)Abhängigkeit unter Berücksichtigung verschiedener Formen möglicher Abhängigkeit (z. B. finanzielle, technische, materielle, handwerkliche, lieferantenbezogene, soziale)?

Info-Box Nr. 3.17: Leitfragen des *"socially responsible design"* nach Melles et al. (2011).

Der kurze Überblick verdeutlicht, dass bisher verschiedene Erfahrungen in der Entwicklung von (mehr oder weniger systematischen) Anforderungen an „gute" Technik für Menschen mit Demenz vorliegen. Trotz gewisser Risiken derartiger Kriteriensammlungen, die z. B. darin bestehen, ein vorschnelles Handeln in der Entwicklung neuer Technologien zu befördern, können sie als Reflexionsgrundlage zur Strukturierung der eigenen Positionierung zur Technik dienen. Eine derartige Positionierung kann allerdings nicht als ein einmaliger und rasch zu vollbringender Schritt betrachtet werden, sondern als ein Prozess, der alle Schritte der Technikentwicklung und -modifikation bis hin zu ihrer Implementierung begleiten muss. Daher werden im Rahmen der nachfolgenden Unterkapitel überblicksartig einige konkrete Anforderungen als auch Risiken diskutiert, die mit dem Einsatz assistiver Technologien assoziiert werden.

3.2.7.3.3.1 Selbstbestimmung, Selbständigkeit und Unabhängigkeit

Die Förderung von Selbstbestimmung, Selbständigkeit und Unabhängigkeit stellt eine wichtige Zielsetzung assistiver Technologien dar. Auch wenn alle drei Begriffe in gewisser Weise miteinander verwandt sind, verbergen sich hinter ihnen große Unterschiede. Während **Selbstbestimmung** im Sinne der Entscheidungsautonomie die eigenständige Bildung und (Möglichkeit zur) Durchsetzung eigener Präferenzen meint, bezieht sich **Selbständigkeit** auf die Autarkie, d. h. die eigenständige Umsetzung eigener Präferenzen (u. a. Collopy 1988). **Unabhängigkeit** betont wiederum die Freiheit von der Einflussnahme und der Unterstützung(snotwendigkeit) anderer Menschen. Ausgehend von der theoretischen Vorstellung technikimmanenter Werte muss Selbständigkeit daher als ein instrumenteller Wert betrachtet werden, der von absoluten Werten, wie z. B. der Selbstbestimmung, abzugrenzen ist. Selbständigkeit und Unabhängigkeit stellen jedoch mögliche Wege dar, Selbstbestimmung zu erlangen.

Geht es um assistive Technologien für Menschen mit Demenz, so steht in der Regel die **Unabhängigkeit** von der Versorgung durch Dritte im Fokus der Betrachtung. Dabei gilt es allerdings zu berücksichtigen, dass Menschen nicht nur ein unterschiedlich stark ausgeprägtes Bedürfnis nach Unabhängigkeit haben, sondern unter dieser auch unterschiedliche Dinge verstehen. So unterscheidet Sixsmith (1986) **drei unterschiedliche Vorstellungen von Unabhängigkeit,** die er aus Befragungen älterer Menschen entnimmt: (a) Unabhängigkeit als Selbständigkeit in der Selbstversorgung, (b) Unabhängigkeit als Freiheit in der Umsetzung eigener Ziele und Aktivitäten sowie (c) Unabhängigkeit im Sinne des Nichtangewiesenseins auf die Hilfe anderer Menschen. Assistive Technologien fokussieren vor allem auf die erste, allenfalls noch die dritte Form der Unabhängigkeit, während sie die zweite Formen vernachlässigen. Betrachtet man das *erstgenannte Verständnis von – eher funktional definierter – Unabhängigkeit,* so spielt es nach Befragungsergebnissen auch für Menschen mit Demenz eine wichtige Rolle (Mynatt und Rogers 2001). Eine besondere Relevanz scheint dieser Form der Unabhängigkeit dann zuzukommen, wenn ein umfasser Verlust von Selbständigkeit den Verbleib in der eigenen Häuslichkeit zu gefährden droht. Dabei weisen Peek et al. (2012) darauf hin, dass ältere Menschen dennoch keine einheitliche Erwartung an diese Form der Unabhängigkeit haben. Da Selbständigkeit in der Selbstversorgung auch biographisch hergestellt wird, muss angenommen werden, dass Menschen – auch mit Demenz – sehr individuelle Vorstellungen davon entwickeln, welche Form der Selbständigkeit sie mithilfe assistiver Technologien erlangen wollen.

Trotz kritischer Perspektiven auf die (ökonomisch wie politisch motivierte) Instrumentalisierung eines möglichst langen Verbleibs in der eigenen Wohnung trotz Hilfe- und Pflegebedürftigkeit (Neven 2015), wurde das Altwerden in der eigenen Häuslichkeit wiederholt als wichtiger Wunsch älterer Menschen identifiziert (Rothgang & Müller, 2019, S. 106). Dass die Nutzung assistiver Technologien das Gefühl der Unabhängigkeit unterstützen kann, zeigten bereits Ergebnisse des Projektes ENABLE (u. a. Cahill et al. 2007a). Inwiefern assistive Technologien jedoch (im Sinne nachgewiesener Evidenz) zu einem längeren Verbleib in der Häuslichkeit beitragen können, blieb bisher offen (Lorenz et al. 2017; Carretero 2015). So zeigen etwa Ienca et al. (2017) in einer Auswertung von 571 Studien zu assistiven Technologien, die zumeist dem Erhalt der Selbständigkeit dienten, dass nur in der Hälfte der Fälle eine Validierung der Technologien mit den jeweiligen Zielgruppen durchgeführt wurde, während in nur 1,1 % aller Studien (d. h. in 3 Fällen) ein Forschungsdesign mit Randomisierung und mindestens einer Kontrollgruppe zur Anwendung kam.

Auf das Fehlen von Wirkungsnachweisen mit hoher wissenschaftlicher Güte bei assistiven Technologien weisen auch Lutze et al. (2019) hin. Die meisten untersuchten Technologien befinden sich zudem im Forschungsstadium, so dass die Übertragbarkeit der Ergebnisse auf den realen Alltag kaum möglich ist. Peek et al. (2017) unterstreichen zudem die unterschiedlichen Verständnisse der Unabhängigkeit bei älteren Menschen, so dass die Nutzung allgemeiner subjektiver Outcomes problematisch sein kann. Schließlich ist Unabhängigkeit nur dann realisierbar, wenn eine Passung zwischen den mit der Nutzung einer Technologie verbundenen Anforderungen (z. B. an die Interaktion) und den Kompetenzen der Nutzer*innen gegeben ist (Rogers und Fisk 2010, S. 649). Da es an dieser Schnittstelle jedoch häufig zu einem Missverhältnis kommt, während die zunehmende Komplexität neuer Technologien sogar zu steigenden Anforderungen an deren Bedienbarkeit führt, entwickelt sich der Wunsch nach Selbständigkeit – gerade bei Menschen mit Demenz – möglicherweise zu einem Ziel, das mithilfe von Technik nur begrenzt erfüllt werden kann. In gewissen Fällen können assistive Technologien sogar zur **Beeinträchtigung der Selbständigkeit** führen. So betonen einige Forschende, dass die Nutzung assistiver bzw. Smart Home-Technologien nicht selten zu steigender Inaktivität verleitet (Portet et al. 2013;

Maguire et al. 2011). Indem technische Unterstützung einen passiven Lebensstil unterstützt, kann sie dazu beitragen, dass Menschen ihre Beweglichkeit und darauf folgend ihre Mobilität einbüßen.

Während der erste von Sixsmith (1986) erfasste Begriff der Unabhängigkeit den Erhalt (seltener dagegen den Zugewinn) von Kompetenzen, die der Selbstversorgung dienen, betont, stellt die *zweitgenannte Form der Unabhängigkeit* (d. h. Unabhängigkeit als Freiheit in der Umsetzung eigener Ziele und Aktivitäten) eine besondere Voraussetzung für Selbstbestimmung dar. Nach Godwin (2012, S. 129) stellt diese Form der Autonomie sowohl für ältere Menschen, ihre Angehörigen als auch professionell Pflegende – direkt nach der Zuverlässigkeit – das zentrale Kriterium zur ethischen Bewertung assistiver Technologien dar (Godwin 2012, S. 129). Von wesentlicher Bedeutung für dessen Erfüllung sind jedoch weitere Merkmale assistiver Technologien sowie die (autonomiefördernden) Formen ihrer realen Nutzung. Zu den nootwendigen Eigenschaften von Technologien zählt u. a. eine gewisse Flexibilität bzw. Anpassbarkeit an individuelle Bedürfnisse. Sie betrifft nicht nur die Funktionen der Technik, sondern auch ihre Ästhetik (Lindsay et al. 2012, S. 526). Ein Autonomiegewinn in dem hier genannten Sinne ist zudem erst dann erzielbar, wenn individuelle Bedürfnisse über die Ziele der konkreten Nutzung von Technik „entscheiden" (Rosenberg und Nygard 2011, S. 149f).

Unabhängigkeit im Sinne der Freiheit von Hilfe und Unterstützung Anderer stellt die *dritte o. g. Form der Unabhängigkeit* dar. Verbunden mit der Förderung von Selbständigkeit dient sie häufig dazu, häusliche und professionelle Pflege zu entlasten und dadurch Ressourcenersparnisse im Versorgungssystem zu generieren. Assistive Technologien können diese Form der Unabhängigkeit fördern, sie aber gleichzeitig auch behindern (was auch für die zwei anderen Formen der Unabhängigkeit gilt). Analysen aus der Praxis weisen jedenfalls darauf hin, dass der Einsatz innovativer Technologien meist zu widersprüchlichen und ambivalent erlebten Wirkungen führt. Während neue digitale Werkzeuge die Unabhängigkeit einerseits erhöhen können, schaffen sie gleichzeitig **neue Formen der Abhängigkeit,** z. B. die Abhängigkeit von Angehörigen, von Service-Anbietern oder anderen Dienstleistern, ohne die eine Integration neuer Technologien in den Alltag kaum gelingen kann. Da Menschen mit Demenz nicht in der Lage sind, die Installation, Pflege und Wartung technischer Systeme selbst zu übernehmen, werden sie aufgrund der Nutzung neuer Technologien von der Hilfe Dritter abhängig. Bei autonomen Systemen kann technisch geförderte Unabhängigkeit wiederum mit gewisser Entmündigung erkauft sein und zur Entstehung neuer Wertekonflikte beitragen.

Ähnliche Ergebnisse werden aus Studien berichtet, in denen neue Technologien die Aufgabe haben, pflegende Angehörige oder professionelle Pflegekräfte von Menschen mit Demenz zu entlasten (vgl. Niemeijer et al. 2014). Auch hier zeigt sich, dass assistive Technologien verschiedene Formen der Unabhängigkeit fördern können, sie aber gleichzeitig **neue Abhängigkeiten** schaffen, die von Menschen mit Demenz und ihren Angehörigen als Kontrollverlust erlebt werden können. Ein reflektierter Umgang mit Unabhängigkeit bedeutet daher, dass sie ganzheitlich betrachtet werden muss. Da sich Evaluationsstudien in der Regel jedoch ausschließlich auf die erstgenannte Form der Unabhängigkeit beziehen, lassen sie außer Acht, dass ein Zuwachs an Selbständigkeit in der Selbstversorgung die Abhängigkeit von technischer Infrastruktur und der Unterstützung anderer Menschen (meist handelt es sich dabei um Familienangehörige, vgl. Lorenzen Huber et al. 2017) voraussetzt. Wie Portet et al. (2013) betonen, kann die Nutzung bestimmter Technologien sogar zu einer Gefahr für Leben und Gesundheit werden, wenn lebenswichtige Geräte ihre Funktionsfähigkeit plötzlich aufgeben, sei es aufgrund fehlender Energiezufuhr (wie z. B. bei Batteriebetriebenen Geräten) oder Störungen der Internetverbindung. Da die Technisierung des Alltags für Menschen mit Demenz zudem mit der Zunahme von Komplexität, dem Risiko des Kontrollverlustes, neuen Abhängigkeiten sowie der Notwendigkeit der Entwicklung neuer Bewältigungsstrategien einhergeht, bedarf deren Entwicklung und Nutzung einer besonderen Legitimation, die über ökonomische Nutzenbewertungen hinausgeht und individuelle sowie kollektive Kosten mit einbezieht.

Auf eine besondere Problematik, die im Zusammenhang mit der öffentlich geführten Debatte um die Bedeutung der Selbständigkeit und Unabhängigkeit im Alter steht, macht Agich (2003) aufmerksam. Ausgehend von der Suche nach einem **für das hohe Alter geeigneten Autonomiebegriff** konstatiert er, dass das Dilemma, mit dem ältere Menschen konfrontiert werden, weniger im Schwinden ihrer tatsächlichen Kräfte (z. B. zur Selbstversorgung), sondern der starken Assoziation des ihnen zugeschriebenen Wertes (als Person) mit Autarkie besteht. Erst durch die diskursive Logik, nach der sie als Person über das Schwinden ihrer Kräfte definiert werden, führt der Verlust der Selbständigkeit zum Erleben von Entwertung bzw. plötzlicher Wertlosigkeit. Ähnlich verhält es sich mit Kompetenzen zur individuellen Wahlentscheidung. In einer durch Unabhängigkeit, Individualität und Selbstbestimmung geprägten Gesellschaft kommt der Entwicklung und Durchsetzung individueller Präferenzen ein hoher Stellenwert zu, ungeachtet dessen, ob sie zu positiven Ergebnissen für den einzelnen und die Gemeinschaft führen. So führt Agich aus: „... autonomy has come to be defined primarily in terms of a concept of human persons as rational, independent agents and decision makers, who are assumed to be competent... (and, d.A.) insulated by a fabric of rights that protects them from the intrusive and coercive influence of the state or other individuals" (Agich 2003, S. 9f). Technische Entwicklungen folgen gewöhnlich der Logik dieses Autonomieverständnisses, nach dem Abhängigkeit als Makel und nicht etwa Ausdruck grundsätzlicher menschlicher Interdependenz verstanden wird.

Diese Argumentation verdeutlicht, warum assistive Technologien aus Sicht ihrer Nutzer*innen als stigmatisierend betrachtet werden. Sie sind verkörperte Symbole ihrer eigenen Abhängigkeit und stellen den Verlust an Autarkie öffentlich dar. Der hohe Stellenwert von Unabhängigkeit wird dabei als kulturelles Ideal kaum hinterfragt, sondern durch die zunehmende Technisierung gar noch verstärkt. Da die Unterstützung von Selbständigkeit und Unabhängigkeit bei fast allen assistiven Technologien für Menschen mit Demenz betont wird, gilt es in technikorientierten Projekten die Frage(n) nach der dahinterstehenden Motivation zu stellen und zu beantworten. Von besonderer Relevanz sind dabei die Risiken, die aus bestimmten Autonomieverständnissen herrühren. Indem sie Menschen mit Demenz ein neoliberales Autonomieverständnis aufoktroyieren oder sie zu neuen Formen der Bewältigung zwingen, können assistive Technologien sie zu einer Form der Unabhängigkeit bewegen, die mit neuen Zwängen und Unsicherheiten verbunden ist (Daniel et al. 2009; Wiegerling 2013; Mort et al. 2013).

Abschließend soll auf einen Aspekt hingewiesen werden, dem in der Diskussion um Autonomie und Selbstbestimmung von Menschen mit Demenz ein besonderer Stellenwert zukommt – die **Bewegungsfreiheit**. Eine wichtige Rolle kommt in diesem Zusammenhang sog. **Überwachungstechnologien** zu, wie z. B. GPS-gestützten Geräten, die eine Verbindung von Bewegungsfreiheit mit Sicherheit gewährleisten sollen. Trotz des Fehlens längsschnittlicher Studien dazu (Øderud et al. 2013), weisen einige Untersuchungen darauf hin, dass GPS-gestützte Systeme die Bewegungsfreiheit von Menschen mit leichter Demenz positiv beeinflussen können. Sie führen jedoch gleichzeitig dazu, den Grad der wahrgenommenen Fremdkontrolle zu erhöhen (Pot et al. 2012). Dabei sind Prozesse der Technikaneignung in diesem Feld keinesfalls „Ideologie-neutral". Wie Aceros et al. (2015) im Rahmen einer ethnographischen Studie zeigen, geschieht im Prozess der Nutzung einer Technologie die Übertragung bestimmter Aufgaben, Weisungen, Kompetenzen und Zuständigkeiten sowohl an den sie nutzenden Menschen als auch die Maschine. Ausgehend vom Konzept sog. „*scripts*" (Akrich und Latour 1992) beobachteten die Forscher*innen, wie die in die Technologie eingeschriebenen Werte in Form bestimmter Verhaltensweisen weitergegeben werden. Dabei vermitteln Technologien gleichzeitig ein bestimmtes Bild der Nutzer*innen, das sich in der Interaktion mit dem jeweiligen Gerät konstituiert. Technikaneignung geht demnach grundsätzlich mit bestimmten Formen der „Aneignungsarbeit" einher, zu der die Vermittlung bestimmter Altersbilder und Identitäten genauso gehört wie die (Neu-)Definition von Grenzen, die wiederum Fragen der Freiheit und Selbstbestimmung berühren. Bewegungsfreiheit, die durch technische Unterstützung ermöglicht wird, schafft daher eine Form der Unabhängigkeit, die mit neuen und nicht immer frei wählbaren Sichten auf das Selbst verbunden ist.

Nach Niemeijer et al. (2010) lassen sich im Zusammenhang mit dem Einsatz von Überwachungstechnologien auch weitere Risiken benennen, zu denen u. a. Eingriffe in Autonomie, Würde und Privatheit sowie Förderung von Stigmatisierung gehören. Trotz dieser Risiken gilt zu beachten, dass der Einsatz derartiger Technologien immer auch im Kontext einer bestimmten Situation und Beziehung betrachtet werden muss. Sowohl positive als auch negative Wirkungen auf Selbstbestimmung sind demnach davon abhängig, wie Fürsorgepflicht und Recht auf Unversehrtheit innerhalb einer informellen oder professionellen Pflegebeziehung ausgelegt werden. Aus Sicht der stationären Pflege von Menschen mit fortgeschrittener Demenz hängt ein Zugewinn von Autonomie u. a. davon ab, ob der konzeptionelle Rahmen der Implementierung von Technologien eher der Logik einer „*risk-policy*" oder einer „*autonomy-policy*" (Niemeijer et al. 2010, S. 1139) folgt. Darüber hinaus stellen Niemeijer et al. (2015) fest, dass die alleinige Erweiterung der Bewegungsfreiheit (z. B. Ersatz geschlossener Stationen durch Überwachung mit GPS-Geräten) für Menschen mit fortgeschrittener Demenz noch keinen Gewinn an Autonomie bedeuten muss. Ob Freiheiten, die z. B. aus einem erweiterten Bewegungsradius resultieren, genutzt werden, hängt von den Möglichkeiten ab, gewonnene Freiräume nach eigenen Wünschen nutzen zu können. Ein Zugewinn an Bewegungsfreiheit führt daher keinesfalls automatisch zur Erweiterung von Möglichkeiten einer als sinnvoll wahrgenommenen Zeit. Dazu bedarf es in der Regel menschlicher Unterstützung, auf die Menschen mit Demenz bei der Realisierung von Unabhängigkeit zurückgreifen können.

3.2.7.3.3.2 Kontrolle, Paternalismus und Abhängigkeit

Kontrolle, Paternalismus und neue Formen der Abhängigkeit weisen enge Bezüge zur Selbstbestimmung, Selbständigkeit und Unabhängigkeit auf. Während die zweitgenannte Art der Werte bzw. Ziele die intendierten und erwünschten Folgen assistiver Technik markiert, zählen die erstgenannten Aspekte zu den nicht intendierten und unerwünschten Folgen des Einsatzes von Technik. Auch wenn externe Kontrolle eine Art subjektiver Sicherheit bedingen kann, erwarten Menschen mit Demenz, dass technische Systeme keine Kontrolle über ihr Leben ausüben (Orpwood et al. 2004). Dabei lassen sich verschiedene **Formen der Kontrolle** unterscheiden, die durch assistive Technologien ausgeübt werden können. Dazu gehört z. B. die Kontrolle im Sinne der Normierung individueller Alltagsroutinen oder die Ausübung autonomer Funktionen, ggf. auch ohne Einverständnis der Nutzer*innen (Orpwood et al. 2004). Zaad und Ben Allouch (2008) erwähnen zudem die Kontrolle durch Dritte, die den Einsatz assistiver Technologien betreuen oder ihre Funktionsfähigkeit überwachen. Schließlich weist Körtner (2016) auf jene Form der Kontrolle hin, die durch autonome, selbst lernende und intervenierende Systeme ausgeübt wird und die zu neuen Formen der Überwachung führen kann.

Die **Zunahme externer Kontrolle** und der **Verlust individueller Kontrollierbarkeit** gehören zu den zentralen (Neben-)Folgen des Einsatzes assistiver Technologien für Menschen mit Demenz. Ausgehend von Ansätzen des Nutzerzentrierten Designs unterscheiden daher Zaad und Ben Allouch (2008) zwischen dem Leitprinzip der *„user centeredness"* und dem der *„user controllability"*. Während sich die Entwicklung assistiver Technologien bei bestimmten Zielgruppen zwar am Gedankengut des Nutzerzentrierten Designs orientiert, indem Technologien *mit und für* Menschen mit Demenz entwickelt werden, vernachlässigt sie jedoch häufig Aspekte der Kontrollierbarkeit von Technik. Infolgedessen muss der Einsatz und die Bedienung technischer Systeme durch Dritte, z. B. pflegende Angehörige oder Pflegekräfte, übernommen werden. Angesichts dieser Widersprüchlichkeit stellt sich die Frage nach dem*der *tatsächlichen Nutzer*in* eines Systems sowie danach, ob Nutzerzentrierte Ansätze die Kontrollierbarkeit von Technik durch Nutzer*innen immer voraussetzen müssen bzw. können.

Einen sensiblen Aspekt im Zusammenhang mit der Nutzung assistiver Technologien durch Menschen mit Demenz stellt die Kontrollierbarkeit der Geräte bzw. des Systems dar. Aufgrund eines raschen technologischen Wandels, einer zunehmenden Komplexität der Technik sowie einer Entwicklung zur Multifunktionsfähigkeit der Geräte schwinden Möglichkeiten der **Durchschaubarkeit** neuer digitaler Technologien. Für Menschen mit Demenz ist nicht nur der Weg zur Nachvollziehbarkeit der (technischen) Funktionsweisen assistiver Technik erschwert, sondern auch die Möglichkeiten die Nutzung der Technik im Alltag selbständig zu beherrschen. Angesichts dieser Situation fühlen sich Menschen mit Demenz durch assistive Systeme häufig kontrolliert, anstatt dass sie diese selbst kontrollieren oder **beherrschen** können (Kosta et al. 2010). Je fortgeschrittener die Erkrankung, umso stärker der erlebte Kontrollverlust.

Dabei kann der Kontrollverlust davon abhängig sein, wie stark ein technisches System auf die Interaktion mit dem*der Nutzer*in angewiesen ist bzw. über welchen Grad der Selbststeuerung oder Autonomie es verfügt. Assistive Technologien, die eine starke **Interaktion** mit dem*der Nutzer*in voraussetzen, stellen in der Regel verschiedene Möglichkeiten der Kontrolle zur Verfügung, erfordern jedoch zugleich Fähigkeiten, die der Ausübung der Kontrolle dienen.

So berichten z. B. Hoof et al. (2011), dass Systeme, die den*die Nutzer*in sowie andere Personen durch Alarmsignale über Gefahren informieren, eine Möglichkeit der Validierung einer Gefahrensituation vorsehen, bevor weitere Personen in die Lösung der Notsituation eingebunden werden. In einem solchen Fall wird von den Nutzer*innen erwartet, dass sie die Richtigkeit des Alarms bestätigen. Verlieren Menschen mit Demenz die Fähigkeit, das Gerät zu bedienen, führt dies zu Situation des Ausgeliefertseins gegenüber einer als selbständig agierend wahrgenommenen Technik.

Eine andere Form des Kontrollverlustes kann sich einstellen, wenn Menschen mit Demenz durch **autonome Systeme**, die Informationen an Dritte weiterleiten oder ihnen bestimmte Aktivitäten abnehmen, überwacht werden. Dazu zählen z. B. Systeme, die nicht nur an bestimmte Aktivitäten erinnern, sondern diese teilweise selbst übernehmen. In diesem Zusammenhang lassen sich z. B. sensorgestützte Abschaltmechanismen für den Herd oder den Wasserhahn nennen, deren autonome Funktionsweise dazu führen kann, dass Menschen mit Demenz die Annahme entwickeln können, die genutzten Geräte seien nicht (mehr) funktionsfähig. Eine stark kontrollierende Funktion haben derartige Systeme dann, wenn Menschen mit Demenz in den Prozess nicht eingreifen können und keine Möglichkeit besteht, die Funktion der Geräte rückgängig zu machen. Eine weitere Option technischer Autonomie stellen selbstlernende Systeme dar, die sich aus der Sicht von Menschen mit Demenz verselbständigen und ein Risiko für ihre Autonomie darstellen können (Novitzky et al. 2015, S. 30). Nach Martin et al. (2010) kann diese Form der Kontrolle zu neuen Formen des **Paternalismus** führen. Ein paternalistischer Einsatz von Technologien kann dabei verschiedene Ursachen haben. Dazu zählen etwa die Überprotektion und Überbehütung oder ein rigider Einsatz von Technik, der auch aus Unkenntnis oder Zeitmangel erfolgen kann.

Rigide Formen des Technikeinsatzes verbunden mit unreflektierter Nutzung autonomer Systeme erhalten dann eine besondere Ausprägung, wenn sie mit Robotik verbunden werden. So macht etwa Eftring (2016) darauf aufmerksam, dass die Rolle, die Roboter im Alltag älterer Menschen einnehmen sollen, die situativen Kontexte, die kulturellen Aspekte, die Alltagsgewohnheiten, die Kompetenzen sowie Kenntnisse der Nutzer berücksichtigen muss. Erfolgt der Einsatz etwa, ohne dass die Gesamtsituation beachtet und reflektiert wird, kann dies zur **Degradierung** der Nutzer führen (Eftring 2016, S. 280). Paternalismus – verbunden mit negativen Einstellungen gegenüber älteren Menschen – kann wiederum mit der **Infantilisierung** Hochaltriger verbunden sein und mit nachhaltigen Risiken für die subjektive Würde, für den Selbstwert und die Identität einhergehen (Körtner 2016, S. 304). Daher argumentieren Orpwood et al. (2004), dass die

Übernahme autonomer Funktionen zwar möglich sein sollte, sie muss jedoch auf Einverständnis der Nutzer*innen stoßen. Autonome Funktionen dürfen zudem die Freiheit der Betroffenen nicht einschränken (Orpwood 2005) und keinesfalls das Gefühl vermitteln, die Kontrolle über das Gerät zu verlieren (Körtner 2016). Im Zusammenhang mit Robotik bedarf es zudem grundsätzlich einer Veto-Funktion, d. h. der Möglichkeit, einen Roboter in seiner Aktivität aufzuhalten (Decker 2012). Kontrollierbarkeit von technischen Geräten lässt sich ebenfalls dadurch erhöhen, dass alle Geräte und Funktionen abschaltbar sind. Wichtig ist dabei, dass die dafür vorgesehene Schnittstelle für Menschen mit Demenz sichtbar und als solche eindeutig identifizierbar ist (Pelizäus-Hoffmeister 2013).

Trotz der bisher entwickelten Lösungen zur Förderung von Kontrollierbarkeit zeigt sich an dieser Stelle ein **Dilemma** zwischen den Anforderungen an die Interaktion mit der Technik und den nachlassenden kognitiven Reserven bei Demenz. Um neue Formen der Kontrolle durch Technik zu vermeiden, wachsen üblicherweise die Anforderungen an die Bedienung und Steuerung eines Systems bzw. an die Interaktion mit ihm. Je höher wiederum das Ausmaß erforderlicher Interaktion mit der Maschine, umso höher das Risiko für mögliche Schnittstellenprobleme und damit für Einschränkungen der Nutzer*innenfreundlichkeit. Betrachtet man die letztere, so dürfte sie bei Menschen mit Demenz jedenfalls höher sein, wenn Betroffene mit dem System möglichst wenig interagieren müssen. Angesichts dieses Dilemmas dürfte es kaum ausreichend sein, (teil-)autonome oder unerwünschte Funktionen unterbrechen zu können, sondern eine Unterstützung für die Bedienung des Systems zu erhalten. Rogers und Fisk (2010, S. 649) schlagen daher vor, dass assistive Technologien eine solche Aufgabe zusätzlich übernehmen sollten. Sie sollten die Nutzer*innen zur Interaktion mit dem System befähigen und sie dabei begleiten. Der integrierte *„technology coach"* (ebenda) sollte dabei über übliche Feedback-Funktionen hinausgehen und über nachvollziehbare sowie verständliche Anweisungen zur Nutzung des Systems verfügen. Von besonderer Relevanz wäre allerdings, dass auch Menschen mit Demenz den Anweisungen folgen können.

Diese sog „befähigenden" Technologien stellen eine konzeptionelle Möglichkeit dar, um das Risiko des Kontrollverlustes zu vermeiden. So betonen etwa Giese und von Gleich (2015, S. 262), dass Technologien „nicht nur etwaige „Mängel" ausgleichen, sondern (…) die Selbstbestimmung und Erweiterung der Fähigkeiten der Menschen unterstützen" sollten. Dieser Anspruch verbirgt sich in Technologien, die als **„attentive Technologien"** bezeichnet werden (ebenda). Ausgehend von den Arbeiten des Projektes *AttenTech* entstand ein Leitkonzept, das die Entwicklung derartiger Technologien unterstützen soll. Dabei wird der Begriff „attentiv" mit Adjektiven wie achtsam, befähigend und kooperativ umschrieben.

Da attentive Technologien grundsätzlich zur Erweiterung menschlicher Fähigkeiten dienen sollen, werden sie auch als „Technologien mit Bildungsauftrag" bezeichnet. Bei der Entwicklung dieser Technologien soll nicht nur die Motivation zur Minimierung von Risiken im Vordergrund stehen (z. B. Entmündigung, Passivierung, Einschränkung), sondern die Förderung von Aktivierung, Teilhabe oder der Erweiterung individueller Freiheitsgrade (ebenda, S. 262). Im Mittelpunkt des Konzeptes steht die Unterscheidung zwischen zwei zentralen Merkmalen von Technik: ihrem Werkzeugcharakter und ihrer Attentivität. Während sich der Werkzeugcharakter auf den Aspekt der Führung und Bestimmung durch das Subjekt bezieht, stellt Attentivität die „soziale Zweckbestimmtheit" von Technik dar. Digitale, vernetzte und ambiente Technologien haben ihren Werkzeugcharakter – zumindest zum Teil – eingebüßt. Trotz dessen ist es erwünscht, dass sie sich den Nutzer*innen unterordnen, ihnen gegenüber „aufmerksam" sind und Anregungen vermitteln, ohne „übergriffig" oder „paternalistisch" zu sein. Das Idealbild der Interaktion mit attentiver Technik soll von Kooperation und „Mitproduktivität" geprägt sein, in der die Führung jedoch immer den Nutzer*innen überlassen wird.

Das Konzept der attentiven Technologien macht darauf aufmerksam, dass Befähigung zur Nutzung, u. a. Bedienung und damit der Kontrolle assistiver Technik gerade für Menschen mit Demenz einer Konkretisierung bedarf. Die Weiterentwicklung von Sprachassistenz zeigt jedenfalls, dass durch deren Verbindung mit der Entwicklung entsprechender Feedbackfunktionen ein Zugewinn von Kontrolle über ein System umgesetzt werden könnte. Trotz vieler Möglichkeiten für weitere technische Entwicklung bleibt jedoch zu prüfen, wie assistive Technik das Bedürfnis nach mehr (Alltags-)Kontrolle unterstützen kann, ohne neue Abhängigkeiten zu initiieren.

3.2.7.3.3.3 Privatheit, Aufdringlichkeit und Würde

Die Zunahme externer Kontrolle, der Verlust individueller Kontrollierbarkeit sowie das Risiko paternalistischer Eingriffe weisen nicht nur auf mögliche Einschränkungen der Selbstbestimmung, Selbständigkeit und Unabhängigkeit hin, sondern stehen auch im Zusammenhang mit Aspekten der Privatheit, der Aufdringlichkeit und der Würde. So können etwa autonome Aktivitäten datenbasierter Systeme als Eingriffe in die Privatheit verstanden werden, stark sichtbare technische Geräte als invasiv wahrgenommen werden und digital übermittelte Information an Dritte zur Verletzung subjektiver Würde führen. Verletzungen der Privatheit und der Würde sowie ein hoher Grad der Aufdringlichkeit gelten u. a. als Folgen verschiedener Formen der (invasiven) Kontrolle. Die den Begriffen der Privatheit, der Aufdringlichkeit und der Würde zugrunde liegenden theoretischen Vorstellungen gehen jedoch über Aspekte der Kontrolle hinaus. Sie umfassen in der Regel ein breiteres Spektrum weiterer Merkmale und bilden damit theoretische Konstrukte mit mehrdimensionalem Charakter. Aus diesem Grund werden sie in Rahmen dieses spezifischen Kapitels etwas umfassender diskutiert. Nach Novitzky et al. (2015, S. 41) gilt die Wahrung von Privatheit als ein wichtiges Merkmal assistiver Technik und – neben Schutz und Sicherheit – als eine der wichtigsten Anforderungen an AAL-Technologien für Menschen mit Demenz. Aus bisherigen Erfahrungen mit dem Einsatz assistiver Technologien zeigt sich jedoch, dass ältere Menschen **Privatheit** keinesfalls einheitlich definieren. Zudem treffen sie unterschiedliche Bewertungen des Risikos der Verletzung von Privatheit. Einige Studien deuten darauf hin, dass Privatheit im Kontext der Anwendung assistiver Technologien als etwas Abstraktes wahrgenommen wird, das ohne die praktische Erfahrung mit einer bestimmten Technik kaum beschrieben bzw. eingeschätzt werden kann. Auch nehmen ältere Menschen die Risiken der Verletzung von Privatheit selten prospektiv wahr, sondern erkennen sie erst während der Techniknutzung. Die Kompetenzen zur Beschreibung, Erkennung und Bewertung von Eingriffen in die Privatheit erwerben ältere Menschen in der Regel erst retrospektiv, nachdem sie bestimmte Technologien lange genug im Alltag eingesetzt haben (Lorenzen Huber et al. 2011). Da die Wahrung von Privatheit in Konflikt zu anderen Werten geraten kann, wird deren Verletzung auch nicht immer eindeutig als negativ, sondern eher als ambivalent erlebt. Dabei stellt die Ambivalenz zwischen der Wahrung von Privatheit und der Zulassung von Eingriffen in die Privatsphäre nicht den einzigen ethischen Konflikt dar, der aus dem Einsatz assistiver Technologien folgt. Zu den weiteren ethischen Konflikten zählen der Konflikt zwischen Autonomie und Sicherheit sowie der Konflikt zwischen dem (besten) Interesse der eigenen Person und dem (besten) Interesse anderer Menschen (Boström et al. 2013). Die Besonderheit von Privatheit besteht jedoch darin, dass deren individuelle Wichtigkeit häufig erst im Prozess der Implementierung bestimmter Technologien erkannt wird, was dazu führt, dass ältere Menschen trotz der Zustimmung zum Einsatz bestimmter Geräte ihr Verhalten ändern um ihre Privatheit zu schützen (Gerling et al. 2016).

Nach Koch (2014) besteht der „Kern des **Privatheitsbegriffs**" in der „Zugänglichkeit anderer Personen zu eigenen Lebensbereichen" (S. 125). Unter den genannten „Lebensbereichen" können sich verschiedene Dinge verbergen, z. B. bestimmte Orte, wie die eigene Wohnung, „soziale Sphären mit bestimmten Formen der Interaktion, die eigene Person, Informationen über die eigene Person, Kommunikation oder Eigentum" (ebenda, S. 128). Im Rahmen der Forschung zur Privatheit im Kontext assistiver Monitoring-Technologien für ältere Menschen erarbeiteten Lorenzen Huber et al. (2011) ein **Rahmenmodell der Privatheit**, das durch die Analyse zentraler Alter(n)stheorien sowie durch qualitative Studien entstand. Darin unterscheiden sie verschiedene Verständnisse von Privatheit sowie abgeleitete Rechte, die in konkrete Anforderungen an Monitoring-Technologien umgewandelt werden können (Lorenzen Huber et al. 2013, vgl. Info-Box Nr. 3.18).

Verschiedene Verständnisse von Privatheit		Rechte, die aus einem bestimmten Verständnis von Privatheit folgen
Schutz der Privatsphäre vor unerwünschten Eingriffen anderer Menschen	→	Recht auf Verborgenheit
Durchführung individuell relevanter Aktivitäten ohne ungewollte Eingriffe Dritter	→	Recht auf Autonomie
Informationelle Selbstbestimmung	→	Recht auf informationelle Selbstbestimmung
Schutz der eigenen physisch-räumlichen Umwelt	→	Recht auf Kontrolle der eigenen physisch-räumlichen Umwelt
Kontrolle über datenbasierte Informationen zur eigenen Person	→	Recht auf Korrektur datenbasierter Informationen zur eigenen Person

Info-Box Nr. 3.18: Rahmenmodell der Privatheit beim Einsatz von Monitoring-Technologien nach Lorenzen Huber et al. (2011, 2013; eigene Darstellung).

Trotz der im Rahmenmodell erarbeiteten Gemeinsamkeiten bestehen große interindividuelle Unterschiede, wie ältere Menschen Privatheit wahrnehmen und wie sie deren Einschränkungen bewerten. Als Ursache dieser Unterschiede wird eine Reihe verschiedener Aspekte betrachtet, u. a. die wahrgenommene **Nützlichkeit** der jeweiligen Technologie. Je höher der Grad wahrgenommener Nützlichkeit, umso weniger werden Technologien hinsichtlich der Einschränkungen von Privatheit hinterfragt. In der von Lorenzen Huber et al. (2011) durchgeführten Studie waren Befragte sogar bereit, einen Teil ihrer informationellen Selbstbestimmung aufzugeben und Eingriffe in Privatheit zuzulassen, solange eine Technologie einen manifesten Nutzen für sie hatte. Das Kriterium, an dem sich der Verzicht auf Privatheit bemaß, war die Aufrechterhaltung oder der Zugewinn wahrgenommener Autonomie in anderen wichtigen Lebensbereichen. Technologien wurden zudem eher als nützlich empfunden, wenn Befragte sich selbst zum gewissen Ausmaß als **vulnerabel** betrachteten. Wahrgenommene Nütz-lichkeit stellte zudem den wichtigsten Einflussfaktor auf die **Akzeptanz** dar, die sogar wichtiger war als erlebte Privatheit. Der individuelle Stellenwert von Privat-heit und die Bewertung bestimmter technologischer Eingriffe als Verletzungen der Privatheit sind beim Einsatz von Monitoring-Technologien zudem von der **Art der erfassten Aktivität** und deren Sensitivität, der **Granularität** (Verdichtungsgrad) der Daten sowie der **Person des*der Datenempfänger*in** abhängig. Relevant für ältere Menschen ist vor allem die Art der Aktivitäten, die dem Monitoring unter-liegen, die Frage wie genau diese erkennbar sind und wer den Zugang zu der Dauerbeobachtung bzw. den Daten hat. Je sensibler die übertragene Information und je höher der Auflösungsgrad der Daten, umso größer die Wahrscheinlichkeit dafür, dass Menschen dies als eine Verletzung ihrer Privatheit erleben.

Trotz der Bereitschaft, Eingriffe in die Privatsphäre zu akzeptieren, solange der Einsatz assistiver Technik zu mehr Autonomie in wichtigen Lebensbereichen führt, besteht seitens älterer Menschen ein hoher Anspruch an die **Kontrolle übertragener Daten**. So ließen sich zwar große interindividuelle Unterschiede bezüglich der für das Monitoring zugelassenen Aktivitäten beobachten, es war den Befragten aber wichtig, dass sie die **Art der geteilten Information** als auch die jeweiligen **Datenempfänger*innen** selbst bestimmten. Dabei gingen Befragte sehr individuell mit der Auswahl von Personen vor, die bestimmte – teilweise auch sensible – Informationen erhalten konnten bzw. durften (Lorenzen Huber et al. 2011, 2013). Aus Befragungen von Menschen mit Demenz berichten zudem Lindsay et al. (2012), dass Privatheit von der wahrgenommenen **Qualität der Beziehung** moderiert wird. So konnte beobachtet werden, dass z. B. Ortungssys-teme dann als weniger negativ erlebt wurden, wenn eine Ortung ausschließlich durch vertraute Personen möglich war. Ergebnisse der Forschung zeigen auch ein **erweitertes Verständnis der Privatheit** älterer Menschen, das nicht nur die eigene, sondern auch die Privatheit des*der Datenempfänger*in inkludiert. Mit technisch unterstützten Eingriffen in die eigene Privatsphäre sahen die Befrag-ten auch die Privatheit ihrer nahen Angehörigen verletzt, die für die Kontrolle empfangener Daten zuständig waren. Dabei fürchteten sie, ihre sorgenden Ange-hörigen auch in der Selbstbestimmung zu verletzen, indem sie ihnen nicht nur Informationen über sensible Aktivitäten, sondern auch einen großen Umfang zu kontrollierender Daten anvertrauten. Die Sorge um eine dadurch verursachte Verschlechterung der Beziehung belastete sie sogar mehr als das Risiko der Verletzung der eigenen Privatheit (Lorenzen Huber et al. 2013, S. 452).

Zusammenfassend betrachtet zeigt sich, dass ältere Menschen als auch Men-schen mit Demenz kein Interesse daran haben, passive Objekte der (Fremd-)Beobachtung zu sein, sondern gerade dort, wo es um Monitoring geht, eine aktive und gestaltende Rolle einnehmen wollen. Darüber hinaus lässt sich kein einheitliches Muster bei der Wahrnehmung von Privatheit beobachten. Vielmehr scheinen individuelle Vorstellungen von Privatheit und ihrer Verletzung an den jeweiligen Kontext gebunden zu sein. Vor diesem Hintergrund umschreiben Lorenzen Huber et al. (2011, S. 246) Privatheit als „**kontextuelle Integrität**", was bedeutet, dass Privatheit das Ergebnis der Einbettung in ein komplexes Gefüge ist, das aus der Quantität und Qualität sozialer Beziehungen, dem Wirken der eingesetzten Technik sowie den rechtlichen Rahmenbedingungen zum Einsatz assistiver Technik besteht. Bei der Bewältigung ethisch-moralischer Konflikte, zu denen auch der als ambivalent erlebte Widerspruch zwischen Privatheitsschutz und -eingriff gehört, streben ältere Menschen nach der Aufrechterhaltung ihres Selbstwertgefühls, verbunden mit dem Wunsch nach Kontrolle über das eigene Leben (Boström et al. 2013). Der Umgang mit Privatheit berührt daher grundsätzlich immer auch Fragen der Kontrollierbarkeit, insbesondere dort, wo es um die Kontrolle des als privat definierten Raumes geht.

Neben der Diskussion um Privatheit – z. B. aus gerontologischer und ethischer Sicht – spielt auch die **Aufdringlichkeit bzw. Invasivität** von Technik eine zentrale Rolle. In der Diskussion um assistive Technologien stellt sich häufig die Frage, wie invasiv oder aufdringlich Technologien sein dürfen, um das Gefühl der Privatheit oder der Würde nicht zu verletzten. Dabei muss festgehalten werden, dass es keine konsensuelle Definition von technisch verstandener Aufdringlichkeit gibt. Viele Autor*innen verweisen dabei auf das Rahmenmodell von Hensel et al. (2006), in dem zwischen dem Begriff der *obtrusiveness* und dem damit verwandten Begriff der *intrusiveness* unterschieden wird. Eine Technologie wird dann als *obtrusiv* bezeichnet, wenn sie als auffällig, störend oder penetrant wahrgenommen wird. Als *intrusiv* gilt sie wiederum dann, wenn sie invasiv ist, in die Privatsphäre eingreift und die Souveränität einer Person in Frage stellt. Hensel et al. (2006) integrieren beide Begriffe in einen gemeinsamen **Ansatz der *obtrusiveness***[45], der aus acht Dimensionen besteht und Parallelen zur Privatheit als auch anderen Werten, wie Würde oder Nutzer*innenfreundlichkeit (usability), aufweist (vgl. Info-Box Nr. 3.19). Aufdringlichkeit wird dabei grundsätzlich als ein subjektives Konstrukt verstanden, das allerdings komplexe Folgen in verschiedenen Bereichen haben kann.[46] Als aufdringlich gilt eine Technologie dann, wenn sie eine unerwünschte und zugleich besonders sichtbare und störende Wirkung ausübt. Bestimmten Geräten wird allerdings ein besonders hohes Risiko

---

[45] Angesichts des Fehlens einer eindeutigen deutschen Übersetzung wird hier von Aufdringlichkeit gesprochen.

[46] Konkrete Beispiele dazu finden sich bei Blasco et al. (2019).

für Aufdringlichkeit zugeschrieben. Dazu zählen z. B. Kamerasysteme (Demiris et al. 2004) oder tragbare Alarmsysteme (Faucounau et al. 2009). Technologien können zudem mehrere Dimensionen gleichzeitig tangieren, so dass kumulierte Wirkungen möglich sind.

Rahmenmodell der Aufdringlichkeit nach Hensel et al. (2006):
Nach Hensel et al. (2006) wird technisch bedingte Aufdringlichkeit (*obtrusiveness*) als ein mehrdimensionales Konstrukt verstanden, das aus insgesamt acht Dimensionen besteht:

1) Die **Physische Dimension** (*physical dimension*): Sie umfasst die aufdringliche Wirkung physischer Merkmale von Technologien auf Nutzer*innen oder ihre Wohnumgebung, z.B. Beeinträchtigung des Wohlbefindens durch Geräusche, durch räumliche Einschränkungen oder die Störung der ästhetischen Wahrnehmung der Wohnung.

2) Fehlende **Benutzer*innenfreundlichkeit** (*usability dimension*): Sie umfasst aufdringliche Effekte, die im Zusammenhang mit der Bedienung von Geräten oder Anwendungen stehen, z.b. erhöhte Anforderungen an die Bedienung einer Technik oder hoher Zeitaufwand beim Erlernen des Umgangs mit ihr.

3) Die **Privatheitsdimension** (*privacy dimension*): Sie steht im Zusammenhang mit Eingriffen in die Privatsphäre, z.B. durch Einschränkungen der informationellen Selbstbestimmung oder durch die Überschreitung räumlich definierter Grenzen.

4) Die **Funktionsdimension** (*function dimension*): Sie umfasst Aspekte, die auf mangelnder Funktionsfähigkeit der Technologie beruhen, z.B. fehlende Zuverlässigkeit, Fehlfunktionen oder Einschränkungen bei der außerhäuslichen Nutzung.

5) Die **Interaktionsdimension** (*human interaction dimension*): Sie bezieht sich auf jene Formen der Aufdringlichkeit, die zu negativen Auswirkungen auf zwischenmenschliche Beziehungen führen, z.B. Ersatz persönlicher Kontakte durch Technik oder technisch induzierte Verdrängung menschlicher Unterstützung.

6) Die **Selbstkonzeptdimension** (*self-concept dimension*): Diese Art der Aufdringlichkeit beeinträchtigt das Selbstbild der Nutzer*innen bzw. vermittelt ein Fremdbild, das als unerwünscht gilt, z.B. durch symbolische Hervorhebung von Abhängigkeit und Kompetenzverlust oder

durch verschiedene Formen der Sonderbehandlung, die von besonderer Fürsorge bis hin zur Stigmatisierung reichen können.

7) **Routinen und Gewohnheiten** (*routine dimension*): Aufdringlichkeit kann sich dadurch manifestieren, dass sie bestehende Routinen, Tagesabläufe oder Rituale stört oder Techniknutzer*innen dazu zwingt, bestehende Routinen aufzugeben und neue Routinen zu entwickeln.

8) Die **Nachhaltigkeitsdimension** (*sustainability dimension*): Unter dieser Dimension verbergen sich Aspekte, die mit der künftigen Nutzung der Technologie zusammenhängen oder bestimmte Aspekte der Lebenslage tangieren, z.B. fehlende Erschwinglichkeit, Beeinträchtigung künftiger Bedürfnisse oder Konflikte zu anderen Bedürfnissen.

Info-Box Nr. 3.19: Rahmenmodell der Aufdringlichkeit nach Hensel et al. (2006).

Aufdringlichkeit scheint, ähnlich wie Privatheit, auch auf den verschiedenen Dimensionen interindividuell unterschiedlich wahrgenommen zu werden. Für die Privatheitsdimension hebt Fisk (1997) insgesamt sieben Aspekte hervor, die den invasiven und damit privatheitsverletzenden Charakter (*intrusiveness*) einer Technologie bestimmen. Dazu zählen bisherige Erfahrungen der Nutzer*innen, Einstellungen anderer Menschen, Sichtbarkeit der Technik, Symbolkraft der Verkaufsstrategie, Kontrolle, Ausmaß notwendiger Interaktion mit der Technik und sog. kompensatorische Effekte. Diese Faktoren spielen eine entscheidende Rolle bei der Wahrnehmung technisch geförderter Eingriffe in die Privatheit und beeinflussen zugleich die Akzeptanz einer Technologie. Die einzelnen Dimensionen der Aufdringlichkeit werden zudem unterschiedlich bewertet, u. a. in Abhängigkeit von der Rolle oder Position, die befragte Akteure einnehmen. Bei der Versorgung von Menschen mit Demenz ist es entscheidend, ob Betroffene, ihre Angehörigen oder etwa Pflegekräfte die Relevanz von Privatheit – auch in Relation zu anderen Zielen des Einsatzes von Technik – bewerten. Als Beispiel kann die Studie von Øderud et al. (2013) angeführt werden, in der die Nutzung von GPS-gestützten Ortungssystemen durch Menschen mit Demenz untersucht wurde. In den Befragungen waren Fachpflegekräfte diejenigen, die das Risiko der Verletzung von Privatheit am stärksten hervorhoben, während Angehörige dem Erhalt von Sicherheit mehr Bedeutung zumaßen als etwa der Wahrung von Privatheit. Gemeinsamkeiten zwischen Angehörigen und Professionellen bestanden allerdings in der Interpretation der durch das GPS-System wiedergewonnenen Eigenständigkeit der Menschen mit Demenz bei der Pflege sozialer Kontakte, bei der sie den Einsatz des GPS-Systems als einen Zugewinn an Würde interpretierten. Für Menschen mit Demenz war es wiederum wichtig, in die Entscheidungen hinsichtlich der Nutzung des Gerätes einbezogen und so in der Selbstbestimmung geachtet zu werden.

Im Zusammenhang mit dem invasiven Charakter assistiver Technologien stehen auch unterschiedliche **Formen der Präsenz**. Das Phänomen der Präsenz bezieht sich auf die häufig als diffus wahrgenommene Überwachung, die sowohl positiv als auch negativ erlebt werden kann. Während einige Personen diese Art der Präsenz als Gewissheit von Fürsorge wahrnehmen, kann sie in bestimmten Fällen als Eingriff in die Privatheit, als totale Kontrolle bis hin zur Verletzung der **subjektiven Würde** verstanden werden (Eftring 2016, S. 280). Der letztgenannte Aspekt ist insofern wichtig, da mit ihm nachhaltige Auswirkungen auf das Selbst verbunden sein können, z. B. wenn sich Menschen durch den Einsatz invasiver Technologien in ihrer psychischen Integrität nachhaltig verletzt fühlen. Betrachtet man theoretische Ansätze der **Würde**, so zeigt sich, dass dieser Begriff mit unterschiedlichen Bedeutungen belegt wird (Mattson und Clark 2011). In Abhängigkeit davon in welchem disziplinspezifischen Zusammenhang Würde betrachtet wird, erfährt sie eine andere Akzentuierung. **Selbstwert und Selbstachtung** gelten allerdings häufig als wichtige Kennzeichen einer „intakten" Würde, auch bei Menschen mit Demenz (Anderberg et al. 2007; Tranvag et al. 2013). Theoretische Ansätze, die dem Konstrukt der Würde im hohen Alter gewidmet sind, umfassen in der Regel mehrere Dimensionen, zu denen auch die **Wahrung personaler Identität und Integrität** gehören (vgl. Nordenfelt 2004). Der invasive Charakter bestimmter Technologien kann gerade diese Art der Würde tangieren, z. B. wenn es zu einer systematischen oder institutionalisierten Missachtung der Privatheit, die als Erniedrigung und Entpersonalisierung erlebt wird, kommt. Sharkey und Sharkey (2012a, S. 283f) machen auf dieses Risiko vor allem bei der Überwachung von Menschen mit Demenz aufmerksam. So muss ihnen die Präsenz des Einblickes Dritter nicht immer bewusst sein, selbst dann, wenn sie der Dauerbeobachtung zugestimmt haben. Werden Menschen mit Demenz in Kontexten beobachtet, in denen sie sich in Sicherheit wähnen, kann das nachträgliche Erkennen dieser Situation als besonders verletzend und entmachtend erlebt werden.

Neben einer wenig kontrollierbaren Präsenz, die *ohne* eindeutige Sichtbarkeit technisch hergestellter Überwachung auskommt, kann allerdings gerade die besondere *Sichtbarkeit* von Technik als aufdringlich oder invasiv erlebt werden. Als fremd wahrgenommene Technik kann auf eine besonders machtvolle Weise störend wirken, indem sie den Charakter der persönlichen und als privat verstandenen Wohn- oder Lebenswelt verändert. So wird der private Wohnraum in der Regel mit einer individuellen, sehr persönlichen und symbolisch-biographisch geprägten Bedeutung belegt und als vertrauter Ort des Geschütztseins, der Gemütlichkeit oder der Erinnerungen wahrgenommen (Dekkers 2009). Kontrolle durch Präsenz kann zur Beeinträchtigung der subjektiven Sicherheit, zu Gefühlen der Vulnerabilität oder Verunsicherung führen, obwohl assistive Technik bekanntlich nach Herstellung von mehr Sicherheit strebt. Das Eindringen einer rationalen und mit spezifischen Assoziationen verbundenen Technik kann den symbolischen Wert der eigenen Häuslichkeit in Frage stellen (Hofmann 2012) und den Charakter des Wohnens verändern, indem die Symbolik des Privaten durch eine Krankenhaussymbolik überlagert, verfremdet oder ersetzt wird. Am Beispiel der Implementierung von Tele-Care-Systemen schreiben daher Mort et al. (2011, S. 21): „Telecare systems run the risk of turning homes into „institutions‟" und fordern, dass Menschen über dieses Phänomen ausdrücklich aufgeklärt werden müssen. Diese spezifische Form der physischen Dimension der Aufdringlichkeit ist vielen Menschen – auch zum Zeitpunkt einer Beratung – häufig nicht präsent und wird erst dann virulent, wenn sich bestimmte Technologien bereits in der Häuslichkeit befinden (Daniel et al. 2009). Da gerade hochaltrige (häufig nicht Technik-affine) Menschen, die zur Zielgruppe assistiver Technologien zählen, mit ihnen wenig vertraut sind, kann die Veränderung der symbolischen Bedeutung des Wohnens für sie zum besonderen Problem werden, vor allem dann, wenn als dominant wahrgenommene Geräte auch als unästhetisch bis stigmatisierend erlebt werden.

Eine technische Antwort auf die physische Dimension der Aufdringlichkeit kann das sog. *„ubiquitous computing"* sein, das auf der „Vision allgegenwärtiger Datenverarbeitung und Nutzung informatischer Systeme" beruht (Wiegerling 2013, S. 374). Ergänzt durch das Prinzip der **Embeddedness**, d. h. der Einbettung von digitalen Technologien in gewöhnliche Gegenstände des Alltags, ist es möglich, dass Technik hinter der Fassade von Wohnungsgegenständen und -ausstattung bis hin zu ihrer vollständigen Unkenntlichkeit verschwindet. Eine perfekt in die Wohnumgebung integrierte und nicht (mehr) sichtbare Technik kann allerdings auch zum Problem werden, da „keine Schnittstelle und keine Widerständigkeit" mehr wahrnehmbar wäre (ebenda, S. 375). Eine durch vollkommene Unsichtbarkeit gekennzeichnete Technik ist nicht mehr wahrnehmbar, nicht „wirklich" und daher weniger kontrollierbar. Wird ein „System anstelle des Handlungssubjektes zum Träger von Handlungen", kann dies „auch zu einer Schwächung der personalen Identität führen" (ebenda). Ubiquitäre Systeme zeichnen sich zudem dadurch aus, dass sie Menschen auf spezifische Weise vom direkten Einwirken auf sie ausschließen. Indem sie die Entwicklung von Kompetenzen im Umgang mit der Technik nicht erfordern, verhindern sie zugleich den

Aufbau von Kompetenzen zur Auflehnung gegen sie. In einer Umgebung, in der die „Wirklichkeit" von Technik schwer zu erkennen ist, stehen gerade Menschen mit Demenz vor einer besonderen Herausforderung. Der Einsatz von *ubiquitous computing* birgt daher das Risiko paternalistischer Effekte, während ihr Einsatz „eine Gratwanderung zwischen Entlastung und Entmündigung" darstellt (ebenda, S. 377). Von besonderer Relevanz ist daher die Einhaltung bestimmter Kriterien, zu denen die Erkennbarkeit der Schnittstelle, die Schaffung von Eingriffsmöglichkeiten in das System, der Erhalt der Privatsphäre und der Selbstbestimmung sowie die Eröffnung neuer Handlungsmöglichkeiten gehört (Wiegerling 2011).

Sichtbarkeit und Kontrolle tangieren nicht nur die Privatheitsdimension, sondern auch die **Selbstkonzeptdimension** des Ansatzes nach Hensel et al. (2006). Dazu gehört auch die stigmatisierende Wirkung assistiver Technologien bzw. die Angst davor, die zu den am häufigsten genannten Aspekten im Kontext der Nutzung assistiver Technik gehört (Novitzky et al. 2015, S. 31). Das Risiko der **Stigmatisierung** betrifft nicht nur jene Geräte, die in der eigenen Wohnung verwendet werden, sondern gerade auch jene, die der Unterstützung außerhäuslicher Mobilität dienen. Assistive Technologien können aufgrund ihrer Sichtbarkeit den Selbstwert ihrer Nutzer*innen beeinträchtigen, indem sie sie an bestehende Einschränkungen erinnern. Ein stigmatisierender Charakter von Technik kann zudem soziale Isolation bedingen oder verstärken. Da bestimmte Geräte die Hilfebedürftigkeit ihrer Nutzer*innen öffentlich machen, können sie als Kommunikationsbarriere fungieren. Ein Risiko für Stigmatisierung besteht auch dann, wenn fehlende Ästhetik der Geräte die Entwicklung einer positiven Einstellung zu einer Technologie verhindert (Lindsay et al. 2012, S. 527). Schließlich können auch besonders intrusive Technologien, wie z. B. Robotik, als stigmatisierend erlebt werden (Wu et al. 2012; Ray et al. 2008). Ob Technologien den Selbstwert von Menschen beeinträchtigen, hängt jedoch von einer Reihe weiterer Aspekte ab. Dazu gehören nicht nur die physischen Merkmale und die Funktionen einer Technologie, sondern auch, wie kompetent sich Menschen im Umgang mit ihnen erleben. So führen vertraute Technologien auch dann nicht zur Beeinträchtigung des Selbstwertes, wenn Menschen Probleme im Umgang mit ihnen haben (Pelizäus-Hoffmeister 2013). Erst wenn technische Systeme die Kompetenz ihrer Nutzer*innen in Frage stellen, können sie eine selbstwertmindernde Wirkung entfalten. Wesentlich dabei ist auch die wahrgenommene Kontrolle: Wird die Funktionsweise einer Technologie als nicht nachvollziehbar wahrgenommen, kann sie das Gefühl des Kontrollverlustes fördern. Nach Fisk (1997) spielt zudem die soziale Umwelt eine wichtige Rolle, d. h. ihre Einstellungen, die teilweise auch den öffentlichen Umgang mit Hilfs- und Pflegebedürftigkeit sowie Demenz spiegeln. In sozialen Kontexten, in denen Demenz als Stigma betrachtet wird, führt die

Nutzung unterstützender Technologien eher zur Stigmatisierung als in Kontexten, in denen etwa die Nutzung assistiver Technik als Zeichen des Fortschritts wahrgenommen wird. Als typisches Beispiel gelten in diesem Zusammenhang etwa Ortungssysteme, die aus Sicht vieler Nutzer*innen weniger als Risiko für die Verletzung der Privatsphäre und Autonomie, sondern als eine Unterstützung bei der Mobilität und Unabhängigkeit wahrgenommen werden. Entscheidend ist jedoch, dass sie als Nutzer*innen der Geräte nicht erkannt werden (Lindsay et al. 2012).

Obwohl Hensel et al. (2006) dem Konzept der Aufdringlichkeit einen subjektiven Charakter zuschreiben, können einige Dimensionen als stärker objektivierbar betrachtet werden. Dazu dürfte insbesondere die **Funktionsfähigkeit** der Technik zählen, bei der die **Zuverlässigkeit** besonders hervorgehoben werden darf. Zuverlässigkeit bzw. Reliabilität wird als wichtige Wertidee von Technik betrachtet (van de Poel 2013, S. 135) und Verlässlichkeit von Mensch-Technik-Interaktion als eine wichtige Form technisch hergestellter Sicherheit (Kaufmann 1972, S. 67ff). Die **Fehlertoleranz** gilt zudem als eines der zentralen Prinzipien des *Universal Design*. Demnach sollten technische Artefakte nicht nur zuverlässig, sondern so intelligent sein, dass sie riskante Nutzungsmuster erkennen und vermeiden können (Boman et al. 2012, S. 360). Nach Daniel et al. (2009) wird Zuverlässigkeit gerade aus Sicht älterer und auf Unterstützung angewiesener Menschen als eine der wichtigsten Eigenschaften von Technik betrachtet. Ihr Fehlen stellt gerade Menschen mit Demenz vor besondere Herausforderungen, da sie die (Nicht-)Funktionalität assistiver Technologien nicht überschauen können (Hattink et al. 2014; Meiland et al. 2010). Mit zunehmendem Fortschritt einer Demenz steigen die Ansprüche an die Zuverlässigkeit von Technik; Zuverlässigkeit und das Vertrauen in sie bilden wiederum aus der Sicht von Menschen mit Demenz die grundlegende Prädisposition dafür, dass ihr Einsatz überhaupt einen gewünschten Nutzen generieren kann (Arntzen et al. 2016, S. 655). So zeigte sich in der qualitativen Studie von Petersson et al. (2012, S. 804 f), dass ein Alltag mit unzuverlässiger Technologie, in die ältere Menschen kein Vertrauen aufbauen konnten, deutlich negativer bewertet wurde als ein Alltag ohne technische Unterstützung. Nach Balta-Ozkan et al. (2013) muss fehlende Zuverlässigkeit zudem als zentrale Barriere für den Erwerb, die Nutzung und die Akzeptanz innovativer Smart-Home-Technologien betrachtet werden, während nach Wilson et al. (2015, S. 469) im Hinblick auf die technologische Weiterentwicklung und Optimierung von Smart-Home-Technologien die Förderung funktionaler Zuverlässigkeit eines der wichtigsten technischen Entwicklungsziele aus Nutzer*innensicht darstellt.

Fehlende Zuverlässigkeit führt nicht nur im Kontext individueller, sondern auch in der professionellen Versorgung zu besonderen Problemen. Aus den Erfahrungen der Studie von Engström et al. (2009) führt fehlende Zuverlässigkeit zum erhöhten Mehraufwand bei der Implementierung neuer Technologien, von dem mehrere Stakeholdergruppen betroffen sein können. Die Entwicklung angemessener Bewältigungs- und kompensatorischer Strategien im Umgang mit fehlender Zuverlässigkeit neuer Technik stellt daher eine eigene Art von Herausforderung dar, die mit neuen Technologien einhergehen kann. Probleme bei der Reliabilität assistiver Technik umfassen in der Regel nicht nur sog. *reaktive Funktionen* (z. B. bei der Sturzerkennung, der Erkennung von Risiken im Haushalt), sondern auch sog. *prospektiven Funktionen*, die durch datenbasiertes Monitoring zur Erkennung oder Vorhersage von Risiken beitragen sollen. Auch wenn das Ausmaß fehlender Zuverlässigkeit im Rahmen vorliegender Evaluationsstudien heute möglicherweise überschätzt wird, da Evaluationsstudien Menschen mit Demenz meist in frühen Stadien der technischen Entwicklung einbeziehen (d. h. in einer Phase, in der die zu entwickelnden Geräte noch nicht voll funktionsfähig sind, vgl. King und Dwan 2017), bedarf dieser Aspekt einer besonderen Berücksichtigung bei Technologien für Menschen mit Demenz, auch deshalb, weil hohe Drop-out-Quoten in Studien häufig mit fehlender Zuverlässigkeit von Technik zusammenhängen (Pot et al. 2012).

Die geschilderten Ergebnisse zeigen, dass sich hinter den Bemühungen um den Schutz der Privatheit und Würde sowie Schutz vor Aufdringlichkeit unterschiedliche Konstrukte verbergen, die in Abhängigkeit von der theoretischen Position auch Gemeinsamkeiten aufweisen können. Zudem wird ersichtlich, dass die Einschätzung der mit dem Einsatz von Technik einhergehenden Risiken grundsätzlich von individuellen Kriterien abhängig ist und die Wirkungen technischer Anwendungen nicht unabhängig von ihrer kontextuellen Einbettung verstanden werden können. Nichtsdestotrotz sind mit dem Einsatz bestimmter Technologien grundsätzlich auch konkrete Risiken verbunden, so dass sie in der Entwicklung neuer Technik mit Menschen mit Demenz reflektiert werden müssen, ggf. auch dann, wenn Beteiligte deren Tragweite – z. B. aufgrund fehlender Erfahrung – nicht überschauen können.

3.2.7.3.3.4 Integrierbarkeit und Flexibilität

Nach Hensel et al. (2006) kann sich technisch bedingte Aufdringlichkeit auch darin äußern, dass sie bestehende Routinen, Tagesabläufe oder Rituale stört und Techniknutzer*innen dazu zwingt, Gewohntes aufzugeben und Neues zu erlernen. Diese Dimension der Aufdringlichkeit steht im Zusammenhang mit der **Integrierbarkeit** assistiver Technologien in bestehende Alltags- bzw. Interaktionsstrukturen. Nach Pelizäus-Hoffmeister (2013) bezieht sich dieser Aspekt auf die strukturierende oder entstrukturierende Wirkung von Technik – eine Merkmalsdimension, auf der sich grundsätzlich jede Technologie beschreiben lässt.

Demnach sind Technologien dann **entstrukturierend**, wenn sie bestimmte Handlungsabläufe unterbrechen bzw. zu deren Auflösung beitragen. Diese Art der Wirkung von Technik darf keinesfalls nur als negativ bewertet werden, denn der Eingriff in bestehende Routinen schafft auch Möglichkeiten für neues Handeln. Indem Technologien die Änderung bestehender Praktiken erzwingen, entfalten sie transformative Kräfte, z. B. für neue Formen der Interaktion und Kommunikation sowie neue Wege zur Gestaltung sozialer Beziehungen.[47] Trotz dessen erhöht sich dadurch das Risiko für (zumindest temporär begrenzte) Verunsicherung und Desorientierung, die nachteilig wirken kann, wenn keine Möglichkeiten zur Entwicklung neuer Routinen bestehen. Denn entstrukturierend wirkende Technologien schaffen zwar neue **Gestaltungsoptionen**, verbinden sie aber zugleich mit **Gestaltungszwängen,** indem sie den sie nutzenden Menschen entsprechende Kompetenzen zur Entwicklung neuer Strukturen, z. B. Tagesabläufe, abverlangen (Pelizäus-Hoffmeister 2013).

Das von Hensel et al. (2006) entwickelte Konzept der Aufdringlichkeit mit seiner auf Routinen gerichteten Dimension legt den Fokus auf die Integrierbarkeit in bestehende Aktivitäten bzw. Handlungsabläufe. Fragen der Integrierbarkeit assistiver Technologien gehen aber über die Integration in gewohnte Aktivitäten hinaus und können auch weitere Formen strukturbezogener Integration betreffen. So machen etwa Balta-Ozkan et al. (2013, S. 365f) am Beispiel von Smart-Home-Technologien darauf aufmerksam, dass sich diese nicht nur in bestehende Aktivitätsmuster, sondern auch in die **physikalische Umgebung** integrieren müssen, ohne dass Wohnräume den identitätsstiftenden Charakter, den sie in der Regel haben, verlieren. Schließlich betonen Wan et al. (2016), dass sich Technologien auch in **soziale Rollen** fügen müssen. Die Integrierbarkeit neuer Technik kann demnach besser gelingen, wenn sie akzeptierte Praktiken unterstützt und ein Rollengefüge fördert, das von allen Beteiligten geteilt und getragen wird. Diese Beispiele zeigen, dass Formen der Integrierbarkeit ihren Fokus nicht ausschließlich auf Aktivitäten legen müssen und die Integration von Technik in andere Strukturen ebenso wichtig sein kann.

Während die *strukturunterstützende* Rolle von Technik das Bestehende (z. B. im Sinne von Aktivitätsmustern) zu bewahren hilft, eröffnet die *entstrukturierende* Wirkung neue Handlungsoptionen, verleitet zum Erwerb neuer Kompetenzen und schafft Räume als auch Zwänge zur Entwicklung neuer Fähigkeiten. Für Menschen mit Demenz kann die entstrukturierende Wirkung von Technik allerdings

---

[47] Auch wenn im Hinblick auf assistive Technologien meist die Integrierbarkeit von Technik in bestehende Strukturen gefordert wird, zeigen gerade die Anätze des *Participatory Design* und des *Co-Design* eindrücklich, wie die transformative Kraft neuer Technologien zur Änderung bestehender Praktiken genutzt werden kann (vgl. Abschnitt 2.2.2.2).

zur Belastung führen, z. B. wenn sie gewohnte Strukturen, die der Orientierung dienen, aufgeben müssen. So zeigten z. B. Lindsay et al. (2012, S. 527), dass neue Technik durch Menschen mit Demenz vor allem dann negativ bewertet wurde, wenn sie gewohnte Tagesabläufe unterbrach und eingespielte Handlungsmuster an sie angepasst werden mussten. Da feste Gewohnheiten und Alltagsroutinen für Menschen mit Demenz eine zentrale Orientierungsfunktion übernehmen, sollten neue Technologien bestehende Strategien der Alltagsgestaltung unterstützen, als dass sie zum Erwerb neuer Kompetenzen zwingen. Während der Erwerb neuer Fähigkeiten für andere Zielgruppen ein erstrebenswertes Ziel der Beschäftigung mit neuen Technologien darstellen kann, müssen Anforderungen zum Neulernen bei Menschen mit Demenz als Kriterium möglicher Exklusion betrachtet werden. Je fortgeschrittener die Demenz, umso wichtiger die Erfordernis, dass der Einsatz von Technik den Betroffenen kein Neulernen abfordert (Orpwood et al. 2004).

Neben der Integrierbarkeit in bestehende Strukturen, spielt bei Menschen mit Demenz auch die **Flexibilität** von Technik eine wichtige Rolle. Je flexibler eine Technologie in unterschiedliche Anwendungen überführt werden kann, umso höher der Grad ihrer Integrierbarkeit in sehr individuelle Kontexte. Bei Menschen mit Demenz steigt die Anforderung an Flexibilität insofern, als sich technische Lösungen an die **Dynamik der jeweiligen Situation** anpassen müssen. Die Dynamik bei einer Demenz zeichnet sich wiederum durch zwei zentrale Dimensionen aus: Die *Dynamik des Krankheitsverlaufs*, die als Prozess mit mehreren Phasen verstanden werden muss und die zum Kompetenzwandel (z. B. im Umgang mit Sprache) und zur Veränderung weiterer Merkmale der Person (z. B. Motivation) führen kann. Zu ihr gesellt sich eine *zweite Dynamik*, die weniger dem längerfristigen Krankheitsprozess als vielmehr kurzfristigen Schwankungen des Zustandes der betrachteten Menschen geschuldet ist. „Eine demenzielle Veränderung ist nicht durch einen mehr oder weniger gleichbleibenden Bewusstseinszustand und einen konstanten Status kognitiver Leistungen gekennzeichnet. Kognitive Fehl- und Höchstleistungen wechseln sich stattdessen permanent ab", so das Demenz Support Zentrum Stuttgart (2017, S. 4) in einer Stellungnahme zum Einsatz virtueller Welten bei Menschen mit Demenz. Assistive Technologien sind angesichts dieser beiden Dynamiken nur dann sinnvoll, wenn sie an die langfristige Entwicklung der Erkrankung als auch an kurzfristige Schwankungen des Zustandes sowie an interindividuell bestehende Differenzen zwischen einzelnen Menschen flexibel angepasst werden können.

Der dynamische Verlauf demenzieller Erkrankungen führt dazu, dass verschiedene Funktionen von Technik in den jeweiligen **Phasen der Erkrankung** unterschiedliche Relevanz haben können. Bestimmte Geräte, die zu Beginn einer Demenz hilfreich sind, z. B. Systeme mit Erinnerungsfunktionen oder Geräte zur Unterstützung selbständiger Mobilität, können sich im Verlauf demenzieller Veränderungen als weniger nützlich erweisen. So zeigen Wan et al. (2016) am Beispiel eines GPS-Tracking-Systems, dass sich die Anforderungen an das System als auch seine Nutzung mit dem Fortschritt einer Demenz verändern. Gleichzeitig fand in dieser Studie eine Veränderung des Verständnisses zentraler Werte wie Autonomie, Privatheit und Selbstbestimmung statt, so dass der Einsatz der Technik in der sich wandelnden Situation unter Berücksichtigung der individuellen Versorgungssituation stets neu verhandelt werden musste. Flexible Anpassbarkeit an sich wandelnde situative Bedingungen stellt auch nach Orpwood et al. (2004) ein wichtiges Merkmal assistiver Technik für Menschen mit Demenz dar. Handelt es sich um Geräte mit mehreren Funktionen, so ist es wichtig, dass deren Bedienbarkeit den Nutzer*innen bereits bekannt ist, während neue Funktionen zum Teil unsichtbar sein können. In fortgeschrittenen Stadien der Demenz ist die vollständige Integration in bestehende Routinen von besonderer Relevanz, so dass Teillösungen alleine nicht ausreichend sind (Rosenberg und Nygard 2011, S. 149).

Unabhängig vom Verlauf der Erkrankung ist der Einsatz von Technik daher immer auch Teil einer sozialen (Versorgungs-)Situation. So bedarf die Bedienung der Geräte als auch deren Integration in bestehende Strukturen stets der Unterstützung durch andere Menschen. Die Implementierung neuer Technik tangiert daher nicht nur die Routinen von Menschen mit Demenz, sondern auch die Routinen ihrer nahen Angehörigen, Freunde oder anderer Netzwerkpartner*innen. Forschung zu Implementierungsstrategien von Technik in Haushalten von Menschen mit Demenz zeigt, dass Technologien gerade dann als sinnvoll wahrgenommen werden, wenn sie in die gewohnten Alltagspraktiken und bestehenden Strategien einer Pflegedyade passen (Arntzen et al. 2016). Private **Versorgungsnetzwerke** müssen zudem immer als individuelle Kontexte verstanden werden, in denen sich im Zuge einer Demenz ein Wandel zentraler Werte in Abhängigkeit von individuellen, familialen oder institutionellen Deutungen vollzieht (Wan et al. 2016).

Angesichts der beschriebenen Dynamiken inkl. ihrer interindividuellen Differenzen, die nicht ausschließlich der Erkrankung geschuldet sind, ist ersichtlich, warum es für die Entwicklung von Technik für Menschen mit Demenz meist keiner allgemeingültigen Empfehlungen zur Gestaltung der Geräte geben kann (ebenda). In der Forschung lassen sich deshalb nicht selten gegensätzliche Empfehlungen finden, wie am Beispiel des Umgangs mit Komplexität technischer Anwendungen beobachtet werden kann. Während einige Autor*innen für Menschen mit Demenz eine rigorose Vereinfachung und Reduktion von Komplexität für erforderlich erachten (vgl. Wallace et al. 2010), plädieren andere für multiple Funktionalitäten und komplexe Systeme (Zaad und Ben Allouch 2008). Aufgrund der mit einer Demenz einhergehenden Dynamiken besteht allerdings Konsens, dass assistive Technologien, insbesondere in privaten Haushalten, einer begleitenden Evaluation bedürfen, in deren Rahmen der Nutzen immer wieder überprüft werden muss (Alvin et al. 2007). Dabei sind nicht nur die erforderlichen Merkmale von Technik stets aufs Neue zu definieren, sondern auch die ethischen Aspekte des Einsatzes kontinuierlich zu prüfen, wie Godwin (2012) schreibt: „Dementia is „a moving target": possible technological solutions need to be constantly re-evaluated" (S. 124). Viele Beispiele sprechen daher gegen die pauschale **Standardisierung** aller Funktionen, wie ein prägnantes Beispiel des Einsatzes eines Telemonitoring-Systems mit älteren Menschen zeigt (Scanaill et al. 2006). In dem untersuchten Telemonitoringsystem zur Prüfung der Gesundheitssituation fand eine vollstandardisierte Erhebung statt, ohne dass die Teilnehmer*innen die Möglichkeit hatten, Angaben eigenständig einzubringen. Dies führte dazu, dass sich die Teilnehmer*innen zunehmend auf das System verließen, ihre eigenen Beobachtungen ignorierten und auch plötzliche Änderungen des Gesundheitszustandes unabhängig von den dafür vorgesehenen Zeitfenstern nicht meldeten in der Erwartung, das System würde diese erkennen, was jedoch in der Folge zu gesundheitlichen Risiken führte.

Technische Artefakte, die sich an wandelnde Situationen anpassen können, stellen heute meist Anwendungen dar, die entweder im Hinblick auf bekannte und sich in einem bestimmten Umfang verändernde Bedürfnisse entwickelt wurden, oder Technologien, die sich an neue Situationen eigenständig anpassen können. Das Gegenteil von Standardisierung stellen daher intelligente Systeme dar, die auch als „**ambient intelligence**" (AmI) bezeichnet werden und die in der Lage sind, relevante Merkmale der Umwelt oder des Verhaltens zu erkennen und auf deren Grundlage eigenständig zu agieren. „AmI environmnts are able to interpret the state of the environment they are integrated in; they can represent information and knowledge associated with the environment; model, simualte and represent virtual entities (agents) in the environment; plan desicions; and plan and execute actions." (Leitner 2015, S. 17). Diese Aufzählung verdeutlicht allerdings, dass es beim Einsatz von Ambient Intelligence verschiedene ethische Herausforderungen gibt. Einen anderen Ansatz stellen modular zusammengesetzte Systeme dar, bei denen sich potenzielle Nutzer*innen entscheiden können, welche Module und Funktionen sie nutzen und auf welche sie – auch zugunsten anderer Geräte – verzichten (Bechtold und Sotoudeh 2008). Für die Integrierbarkeit und flexible Anpassung technischer Anwendungen stellt gerade die Entwicklung Künstlicher Intelligenz (KI) neue Möglichkeiten dar, die jedoch im Hinblick auf die bereits oben genannten ethischen Anforderungen, wie z. B. Selbstbestimmung, Kontrollierbarkeit usw. neu reflektiert werden müssten.

Der Einblick in Herausforderungen, die mit der Integrierbarkeit und Flexibilität technischer Anwendungen verbunden sind, verdeutlicht, dass es sich dabei um eine teils widersprüchliche Anforderung handelt, die auch mit unterschiedlichen individuellen Präferenzen verbunden sein kann. An der transformativen Kraft von Technik wird zudem sichtbar, dass die fehlende Integrierbarkeit in bestehende Strukturen auch mit gezielter Veränderungsabsicht verbunden sein kann. Die Entwicklung neuer Nutzungsmuster kann demnach zu einem neuen Selbst- und Rollenverständnis führen, was allerdings mit einer anfänglichen Verunsicherung verbunden sein kann. In der Entwicklung neuer Technik mit Menschen mit Demenz sollten die Möglichkeiten – die bewahrende als auch die entstrukturierende Rolle – von Technik daher reflektiert werden mit dem Ziel, selbst bei Technologien mit bewahrendem Charakter über Chancen der Transformation nachzudenken, z. B. solche, die weniger die Funktion als die Ästhetik von Technik betreffen.

3.2.7.3.3.5 Ersatz persönlicher Nähe, Entfremdung, Isolation

Intelligente assistive Technologien verfügen grundsätzlich über das Potenzial, menschliche Unterstützung zu ersetzen. Das Spektrum substituierbarer Tätigkeiten nahm in den letzten Jahren kontinuierlich zu und umfasst heute nicht nur physische Aufgaben, wie z. B. das Anreichen von Essen sowie Tragen und Heben von Gegenständen, sondern geht über diese Tätigkeiten ausdrücklich hinaus. Intelligente Monitoring-Systeme können den Alltag überwachen (z. B. auf Grundlage sensorgestützter Daten), in diesen eingreifen oder Entscheidungen für Interventionen vorbereiten. Intelligente Assistenten sind zudem in der Lage soziale und emotionale Bedürfnisse nach Kommunikation, Austausch, Zuwendung und Reziprozität zu adressieren. Ob in Form sozialer und emotiver Robotik, Companion-Technologien oder anderen Formen intelligenter (Sprach-)Assistenz – das Spektrum interaktiver Systeme, die zwischenmenschliche Kommunikation auf Grundlage von Daten simulieren können, wächst stetig.

Motiviert durch den demografischen Wandel und seine Folgen (vgl. Braeseke et al. 2017; BMG 2017) wird insbesondere auch die Pflege – ob informell oder professionell – als wichtiges Handlungsfeld derartiger Entwicklungen betrachtet. Negative Veränderungen sozialer Beziehungen stellen daher gerade in diesem Bereich ein gefürchtetes Risiko des Einsatzes neuer Technologien dar (Sharkey und Sharkey 2012a, S. 284). Nach Hofmann (2012) gründet diese Gefahr vor allem auf dem Potenzial assistiver Systeme, persönliche Nähe durch technische Präsenz und Kontrolle zu ersetzen. In der Forschung werden deshalb verschiedene Folgen des Einsatzes assistiver Systeme auf die Quantität (z. B. Rückgang persönlicher Begegnungen) und Qualität (z. B. Entfremdung, Entpersonalisierung, Täuschung) sozialer Beziehungen diskutiert. Dabei stehen bestimmte Risiken im Zusammenhang mit konkreten Nutzungsformen ausgewählter Technologien (Deutscher Ethikrat 2020). Sind die kurzfristigen Folgen des Einsatzes verschiedener Technologien häufiger bekannt, weil sie im Rahmen einiger Evaluationsstudien untersucht wurden (Lutze et al. 2019), gelten vor allem langfristige Folgen assistiver Technik als schwer einschätzbar. Dazu gehört u. a. die gesellschaftliche Veränderung von Sorge-Arbeit, deren Stellenwert durch den Einsatz intelligenter AAL-Technologien nachhaltig verändert werden könnte.

In der Debatte um den Einsatz assistiver Technologien **in der Pflege** bedarf es zunächst der Unterscheidung zwischen verschiedenen Analyseebenen. Eine dieser Ebenen umfasst die **Mikroebene**, d. h. die Ebene zwischenmenschlicher Beziehungen, die sowohl in der informellen als auch professionellen Pflege von besonderer Relevanz ist. Dabei gilt **Pflege** – unabhängig von ihren verschiedenen Verständnissen – als Tätigkeit, die durch ein hohes Maß an sozialer Interaktion getragen wird (z. B. Bowers et al. 2001). Aus Sicht professioneller Pflegekräfte hängt die Qualität ihrer Arbeit maßgeblich von der Güte der **Pflegebeziehung** ab, die in der Arbeit mit älteren Menschen durch authentische zwischenmenschliche Kommunikation und persönliche Präsenz bestimmt wird. Letztere hat gerade bei Menschen mit Demenz eine besondere Relevanz, da es bei ihnen weniger darauf ankommt, nur *„zu einem Zweck* da zu sein", sondern *„mit jemandem da* zu sein" (Sävenstedt et al. 2006). Assistive Technologien wirken sich aus Sicht professioneller Pflege vor allem auf das Spannungsverhältnis zwischen Oberflächlichkeit und Echtheit aus, weil sie dazu verleiten, die Nähe und Intimität einer Face-to-Face-Kommunikation durch technisch unterstützte Kommunikation zu ersetzen (ebenda). Zu den langfristigen Folgen einer solchen Pflege gehören **Entfremdung, Depersonalisierung oder gar Dehumanisierung**. Letzteres entwickelt sich nach Sävenstedt et al. (2006) vor allem dann, wenn die Nutzung von Technologien dazu verleitet, Bedürfnisse pflegebedürftiger Menschen nicht mehr reflektieren zu müssen, weil deren Bewertung etwa durch Monitoring-Technologien übernommen wird. Ist eine ganzheitliche, an individuellen Bedürfnissen ausgerichtete Pflege erschwert, während ein Teil pflegerischer Verantwortung an technische Assistenz delegiert wird, besteht das Risiko, zum Objekt der Versorgung zu werden

(Sharkey und Sharkey 2012a; von Stösser 2011)[48]. Das Ergebnis kann eine entmenschlichte Pflege sein, die zur systematischen Verletzung subjektiver Würde führt (Clark 2010).

Das Eingreifen assistiver Technologien in Pflegebeziehungen wirkt nicht nur auf der Mikro-, sondern auch auf der **Mesoebene**, d. h. der Ebene institutioneller Arbeitsprozesse und Rollendefinitionen. Die Verlagerung der Aufgabenschwerpunkte von Beziehungsgestaltung zur Datenkontrolle verändert die Rolle von Pflegenden sowie den Blick auf Pflegebedürftige, die möglicherweise zu „virtuellen Nutzer*innen" werden, bei denen es lediglich darauf ankomme ihre Daten richtig zu verwalten (Vallor 2011). Derartige Entwicklungen bergen allerdings nicht nur Gefahren für Pflegebedürftige, sondern stellen auch ein Risiko **für das professionelle Selbstverständnis der Fachkräfte** dar. Obwohl assistive Technik aus Sicht vieler Akteure zuallererst der Unterstützung von organisatorischen Arbeitsaufgaben und der Professionalisierung der Pflege dienen soll, kann die Substitution zentraler Pflegetätigkeiten zur Dequalifizierung und langfristig zur Deprofessionalisierung führen (Becka et al. 2017). Die aus dem Einsatz assistiver Technologien erwachsenden Konflikte dürfen daher nicht nur aus philosophisch-anthropologischer Sicht betrachtet werden, indem z. B. ihre Folgen für Pflegebedürftige analysiert werden (vgl. Remmers 2015), sondern auch aus Sicht von Professionalisierungsdebatten, in denen eine Verlagerung von Interaktionsarbeit zum Technik- und Datenmanagement als langfristige Folge des Einsatzes assistiver Systeme befürchtet wird (vgl. Hülsken-Giesler 2016).

Diese Darstellungen verdeutlichen, dass technisierte Pflege die Lebens- und Pflegequalität von Menschen, die auf Pflege und Betreuung angewiesen sind, merklich beeinträchtigen kann. Nach Lorenzen Huber et al. (2013) teilen auch **ältere Menschen** jene Sorgen, die aus Sicht der professionellen Pflege genannt werden. Zentral ist dabei die Sorge, dass **Technologien menschlichen Kontakt substituieren könnten**. Ein solches Risiko besteht z. B. beim Einsatz von Monitoring-Technologien, die primär der Erhöhung objektiver wie subjektiver Sicherheit von Pflegenden dienen, die jedoch zugleich die Notwendigkeit persönlicher oder telefonischer Kontakte reduzieren. Bei alleine lebenden älteren Menschen kann dies etwa zur Verstärkung von Isolation, aber auch zur Verschlechterung des subjektiven Wohlbefindens führen. In den von Lorenzen Huber et al. (2011, S. 241) durchgeführten Studien zeigt sich u. a., dass älteren Menschen die Aufrechterhaltung der Beziehung zu Angehörigen meistens wichtiger ist als

---

[48]Für den englischen Begriff „objectification" fehlt es an einer geeigneten deutschen Übersetzung; Objektwerdung, Vergegenständlichung oder Entmenschlichung stellen mögliche Annäherungen an die Bedeutung des Begriffes dar.

die Unterstützung durch Technik, auch dann, wenn ihr Einsatz zu mehr Unabhängigkeit führt. So gaben ältere Befragte am Beispiel einer Erinnerungshilfe für die Einnahme von Medikamenten an, dass ihnen diese Art der Unterstützung zwar zu mehr Selbständigkeit verhilft, jedoch keinen adäquaten Ersatz für ein aufmerksames Nachfragen nach der eigenen Gesundheit oder dem Wohlbefinden bietet.

Neben der Gefahr des Wegfalls direkter Kontakte werden aus Sicht älterer Menschen zwei weitere Aspekte genannt, die im Zusammenhang mit dem Einsatz von Monitoring-Technologien stehen: Die Belastung pflegender Angehöriger sowie die Abhängigkeit von anderen Menschen. Die hier betrachteten Technologien werden von älteren Menschen dann als nachteilig wahrgenommen, wenn der Umgang mit ihnen zu einer **zusätzlichen Belastung für Angehörige** führt (Peek et al. 2017). Deren Zunahme erwarten sie etwa durch einen ständig zu überwachenden und wachsenden Datenfluss, durch zusätzliche Aufgaben der Angehörigen bei der Aneignung von Technik und durch beidseitige Verletzung der Privatheit. Trotz dessen stimmen ältere Menschen der Nutzung derartiger Technologien zu, sobald Unterstützungspersonen den Wunsch nach deren Implementierung äußern (Lorenzen Huber et al. 2011, S. 241). In solchen Fällen besteht jedoch die Sorge, dass komplexe technische Systeme eher zur Erhöhung der **Abhängigkeit von der Hilfe und Unterstützung anderer** führen, z. B. wenn ältere Nutzer*innen auf Information und Unterstützung bei der Bedienung von Technik angewiesen sind. Eine Verschlechterung sozialer Beziehungen durch den Einsatz komplexer technischer Systeme könnte dann die direkte Folge ihrer Nutzung sein (Lorenzen Humer et al. 2013).

Die Analyse sozialer Folgen steht allerdings selten im Fokus der Evaluation assistiver (Monitoring-)Technologien. Vielmehr scheinen sie meist im Lichte von mehr **Selbständigkeit und Unabhängigkeit** älterer Menschen diskutiert zu werden. Geht es dagegen um **Teilhabe**, liegt der Fokus meist auf Informations- und Kommunikationstechnologien (IuKT), die als geeignetes Mittel zur Unterstützung der Verbindung zu anderen Menschen betrachtet werden. Dabei verfügen IKT ohne Zweifel über vielfältige Potenziale, z. B. zur Unterstützung sozialer Vernetzung, zum Erhalt sozialer Kontakte, zur Anbindung an bestehende Versorgungsstrukturen (z. B. Beratung) oder zur Unterstützung von Pflegearrangements. Neben der Förderung gemeinschaftlicher Teilhabe können IKT auch zur gesellschaftlichen Teilhabe beitragen, indem sie außerhäusliche Mobilität, neue Zugänge zur Bildung und Kultur, ehrenamtliches Engagement oder Teilnahme an Schulungen ermöglichen bzw. erleichtern können (Lutze et al. 2019, S. 62f). In den Debatten um den Nutzen derartiger Technologien spielte vor allem ihr Potenzial zur **Verringerung sozialer Isolation und Einsamkeit** eine wichtige

Rolle. Angesichts zunehmender Singularisierung im Alter verband sich damit die Hoffnung, dass sie vor allem zur Aufrechterhaltung sozialer Kontakte beitragen können. Ergebnisse bisheriger Forschung weisen allerdings darauf hin, dass eine solche Wirkung den Technologien nicht pauschal unterstellt werden darf. Ob die Implementierung von IKT zur Verringerung sozialer Isolation und Einsamkeit oder zur Verbesserung sozialer Beziehungen führt, hängt von einer Vielzahl weiterer Faktoren ab, u. a. davon, ob der Einsatz bestimmter technischer Anwendungen für diesen Zweck geeignet ist. So konnten Hoof et al. (2011) am Beispiel der Videotelefonie einen solchen Effekt nicht beobachten. Soziale Isolation und Einsamkeit bedürfen daher zunächst einer sorgfältigen Ursachenanalyse, bevor die Einführung von IKT in Betracht gezogen wird. Dabei gilt zu bedenken, dass für alleine lebende ältere Menschen haushaltsnahe Dienstleister*innen oder Pflegekräfte nicht selten die einzigen regelmäßigen Kontaktpersonen sind, die sie im Alltag sehen. Der Ersatz dieser Kontakte durch IK-Technologien könnte daher zum Verlust sinnstiftender Alltagskommunikation und damit zur weiteren Verstärkung von Isolation und Einsamkeit führen (Sharkey und Sharkey 2012a, S. 284). Nach Essén (2008) sollte die Nutzung assistiver Monitoring-Technologien daher – unabhängig von ihrem Einsatzbereich – grundsätzlich daran bewertet werden, ob sie – neben ihrem Beitrag zur Selbstbestimmung – auch zur Förderung von Reziprozität und zur Aufrechterhaltung sozialer Beziehungen beiträgt (Essén 2008).

Widmet man sich den Chancen von IKT im Hinblick auf Teilhabe, so tragen sie zu deren Verbesserung dann bei, wenn mit deren Hilfe *zusätzliche Wege der Kommunikation* erschlossen werden. Ihr Einsatz erscheint auch dort sinnvoll, wo sie dabei helfen können, bestehende Kontakte zu intensivieren oder auszuweiten bzw. neue Kommunikationsräume zu eröffnen. Durch ihr Potenzial zur Substitution persönlicher Kommunikation bergen sie jedoch zugleich das Risiko, aus einer (Pflege-)Beziehung dissoziiert zu werden. Dies betrifft vor allem **Menschen mit Demenz.** Dabei sind persönliche Anwesenheit und Unterstützung gerade bei Menschen mit kognitiven Einschränkungen besonders wichtig, denn nur so können Möglichkeiten nonverbaler Kommunikation ausgeschöpft (z. B. durch Berührung) oder Schwierigkeiten in der Kommunikation erkannt und kompensiert werden. Blick- und Körperkontakt spielen gerade in der Kommunikation mit Menschen mit Demenz eine wichtige Rolle. Persönliche Anwesenheit trägt zudem zur Vermeidung von Angst und Unruhe bei (Sävenstedt et al. 2006). Da IKT die Kommunikation auf die verbale Ebene verlagern, führt dies zunächst zum Verlust einer wichtigen Informations- und Verständigungsquelle. Von besonderer Bedeutung ist es daher, dass Menschen mit Demenz bei fernmündlicher Kommunikation mit Personen sprechen, die ihre Situation gut kennen bzw. mit Menschen, die durch Betroffene gut (er-)kannt werden können (ebenda, S. 19f). Werden IKT nicht als ergänzende, sondern als Hauptelemente der Kommunikation verwendet, drohen verschiedene **Formen der Verfremdung**, die zur Veränderungen der Kommunikation und langfristig zur Beeinträchtigung der Beziehung führen können. Als eine Form der Verfremdung gilt die **Verschiebung von Kommunikations- und Beziehungsinhalten**. Da Menschen mit Demenz bei der Nutzung assistiver Technologien meist auf Unterstützung Dritter angewiesen sind, werden Fragen der Nutzung und Aneignung unweigerlich zum Kommunikationsgegenstand und damit zum Gestaltungsinstrument einer Beziehung. Relevante Gesprächsthemen können dadurch in den Hintergrund geraten, während die Funktionsfähigkeit der Technik und ihre Integration in den Alltag zu einem dominanten Thema der Kommunikation werden. Schließlich leidet technisch vermittelte Kommunikation darunter, dass sie nur einen Teil des Lebens- oder Gesamtkontextes einer Person berücksichtigt. Finden Gespräche nur fernmündlich, z. B. über Telekommunikation statt, kommt es zur Ausblendung **kontextueller Lebensbedingungen**. Aktuelle Studien machen zudem darauf aufmerksam, dass soziale Kontakte eine protektive Funktion bei der Alzheimer Demenz haben (Saczynski et al. 2006). Die Reduktion unmittelbarer sozialer Präsenz kann daher auch zur Beschleunigung kognitiver Beeinträchtigung führen.

Die Diskussion um die Relevanz von AAL-Technologien sowie die politisch motivierte Förderung von Digitalisierung im Kontext pflegerischer Versorgung finden nicht primär vor dem Hintergrund der Interessen von Pflegebedürftigen statt, sondern entspringen einer politischen Begründungslogik, in der die Förderung wirtschaftlicher Interessen vermeintlich im Einklang mit pflegepolitischen Zielen steht. Aufgrund des bestehenden **Kostendrucks** auf der einen Seite sowie der seit Jahren wachsenden **Versorgungslücke** aufgrund fehlender Pflegekräfte erscheint die Implementierung assistiver Technologien eine reizvolle Lösung zu sein. Diese Legitimation, mit der vor allem technische Entwicklungen gefördert werden, folgt daher unweigerlich der Logik der Kompensation menschlicher durch technische Unterstützung, indem Technik als Ersatz für fehlendes Personal (auch in der Zukunft) betrachtet wird. Verschärft wird diese Begründungslogik durch die starke Hervorhebung der Belastung pflegender Angehöriger, was zu dem vorschnellen und unreflektierten Schluss führen kann, dass die Unterstützung durch Technik ausschließlich zur Entlastung führen kann (Vallor 2011). Da ein möglichst langer Verbleib in der Häuslichkeit – auch mit Pflegebedarf und Demenz – gerade in Deutschland als Leitprinzip der pflegerischen Versorgung fungiert, besteht das Risiko, dass bereits in sozialer Isolation lebende Menschen zur Nutzung von Technologien gedrängt werden mit der Folge, dass der Verbleib in der eigenen Wohnung nur unter neuen Formen der Zwangsisolation gelingen wird.

Eine unter diesen Bedingungen stattfindende Implementierung assistiver Technologien kann nicht nur zu Einbußen der Pflege- und Lebensqualität Betroffener führen, sondern eine nachhaltige gesamtgesellschaftliche Veränderung von Pflege- und Sorgearbeit bewirken. Damit wäre die **Makroebene** tangiert, d. h. die gesamtgesellschaftliche Ebene, in der auch Pflege und Sorge ihren festen Platz haben. Durch den Einsatz assistiver, vor allem auf Überwachung und Kontrolle ausgelegten Technikn, kann es dazu kommen, dass die auf zwischenmenschlichen Aushandlungsprozessen beruhenden Aufgaben zu technisch zu lösenden Aufgaben werden. Menschliche Hilfe wird als ersetzbar betrachtet, was zu gesellschaftlicher Abwertung **menschlicher Pflege- und Sorgearbeit** führen kann (Sharkey und Sharkey 2012a). Die damit einhergehende Abwertung kann auch jene betreffen, die Hilfe- und Pflegehandlungen anbieten, z. B. Angehörige und Pflegekräfte. Geschieht Betreuung und Pflege ausschließlich aus der Ferne, z. B. mithilfe von Tele-Care, wird sie nicht nur in ihrem Beziehungsaspekt, sondern selbst in ihren Beaufsichtigungselementen schwer greifbar und damit unsichtbar. Dazu schreiben etwa Mort et al. (2011, S. 24): „… tele-care is critically dependent on human interactions, the emotional labour that takes place between carers, cared for, and in telecare monitoring centres. There is a danger that these human interactions and sociotechnical relationships become invisible to commissioners and policymakers in search of technological "solutions"." Da technische Unterstützung **instrumentelle Ziele und Werte**, z. B. Effektivität und Produktivität, betont, wird Pflege als Teil der Versorgung weniger als relationales Element menschlicher Beziehungen, sondern als ein rational zu lösendes Versorgungsproblem betrachtet. Dies erhöht nicht nur das Risiko der Instrumentalisierung pflegerischer Handlungen, sondern trägt auch zum Verlust relationaler Aspekte bei. Werte wie Bewältigung und Hoffnung, Sinnerleben und Nähe sowie Akzeptanz menschlicher Schwäche können durch technische Unterstützung in befriedigender Weise nicht hergestellt werden. Positive Wirkungen von Pflegetätigkeit, wie z. B. Sinngebung oder Reziprozität, geraten dadurch möglicherweise aus dem Blick.

Eine Technisierung der Pflege nach dem Prinzip der Wirtschaftlichkeit birgt daher das Risiko einer unmenschlichen, rationalisierten Versorgung, die einer „maschinellen Abfertigung" gleicht und mit einer **gesamtgesellschaftlichen Abwertung von Pflege** einhergehen kann (von Stösser 2011). Die Verbindung von Ökonomisierung und Technisierung schafft daher einen riskanten Rahmen, der die Gefahr birgt, dass sich Pflege vom Ideal der Beziehungs- und Kommunikationsarbeit entfernt, während Effektivität und Produktivität ihr neues Leitbild bestimmen. Setzen sich assistive Technologien als Möglichkeiten der Förderung von Selbständigkeit auf dem Markt durch, stellt sich zudem die Frage, wer den Zugang zu ihnen bekommt. Hier stehen Aspekte der Finanzierung, Bezahlbarkeit und Zugangsgerechtigkeit im Vordergrund, die zugleich neue Fragen nach Qualität der durch assistive Technologien erbrachten Leistungen sowie nach der Haftung – vor allem im Zusammenhang mit (teil-)autonom agierenden Technologien – aufwerfen. Trotz bestehender Potenziale birgt der Einsatz assistiver Technologien daher vielfältige Risiken, die verschiedene Ebenen tangieren und die zum Ersatz persönlicher Beziehungen, zur Entfremdung und Isolation führen können. In der Entwicklung von Technik sind diese Risiken daher zu berücksichtigen und zu reflektieren. Aus dem Grundverständnis partizipativer Forschung heraus betrachtet, sollte die Entwicklung technischer Lösungen keinesfalls als der einzig mögliche Weg betrachtet werden, sondern als ein Weg unter vielen. Dessen Chancen dürfen keinesfalls zur Entwertung menschlicher Sorgearbeit führen, so dass Technikentwicklung auch die Diskurse, in die sie eingebettet ist, reflektieren muss.

3.2.7.3.3.6 Simulation, Täuschung und Manipulation

Simulation, Täuschung und Manipulation bilden ein Cluster weiterer Risiken, die im Zusammenhang mit dem Einsatz intelligenter Technologien bei Menschen mit Demenz diskutiert werden. Diese Risiken werden vor allem bestimmten Technologien zugeschrieben, zu denen etwa soziale bzw. emotive Robotik sowie virtuelle bzw. sog. Schein-Welten zählen. Deren Integration in die Alltagswelt von Menschen mit Demenz kann vor allem das Risiko der Manipulation oder Täuschung erhöhen. Während sich sog. Schein-Elemente in der Regel auf die Nachbildung materieller Umgebungs- oder Umweltmerkmale beschränken, zeichnen sich Artefakte aus dem Bereich der sozialen bzw. emotiven Robotik durch interaktive Elemente aus, die eine Simulation sozialer Interaktion vornehmen. Schließlich haftet einigen Artefakten ein anthropomorpher Charakter an, der sie in die Nähe des Lebendigen rückt und daher gerade bei Menschen mit Demenz zu besonderen Formen der Täuschung führen kann. Obwohl sich sog. Schein-Elemente (die nicht zwingend technischer Natur sein müssen) hinsichtlich der Ziele ihres Einsatzes sowie des Gegenstandsbereiches der Simulation von jenen der sozialen Robotik unterscheiden, werden beide Arten von Technikanwendung gemeinsam besprochen, da sie die virtuellen Charakteristika einer mit ihnen verbundenen Intervention teilen.

Sowohl soziale Robotik als auch Schein-Welten werden üblicherweise nicht zu Technologien gezählt, die als assistive oder AAL-Technik bezeichnet werden, da sie über typische Funktionen von Assistenz hinausgehen. Indem sie soziale Bedürfnisse adressieren, was vor allem die soziale Robotik betrifft, weichen sie von funktional verstandener (technischer) Assistenz ab, die ihre Legitimation meist aus der Unterstützung oder Kompensation bestimmter (Alltags-)Funktionen schöpft. Diese wage Abgrenzung ist gleichzeitig ein Indiz für die Probleme, die bei dem Versuch entstehen, die betrachteten Technologien einer expliziten Klassifikation unterziehen zu wollen. Die Ursache dieser Schwierigkeit liegt vor allem darin begründet, dass Bezeichnungen der hier betrachteten Technik nicht der Logik grundständiger Technologieentwicklung (im Sinne von Grundlagentechnologien) folgen, sondern der Logik ihrer (kontextspezifischen) **Anwendung** und **Förderung** geschuldet sind. Die Abgrenzung zwischen Smart Home, AAL, assistiven Technologien oder ähnlichen Artefakten fällt auch deshalb schwer, weil sie flexibel, beliebig erweiterbar und an verschiedene Umgebungen und Kontexte anpassbar sind. Trotz dessen werden diese beiden Formen technologischer Anwendung angesprochen, obwohl sie – konzeptionell betrachtet – über die Funktionen typischer AAL-Technologien hinausgehen.[49]

Als besonders prominent kann die **soziale Robotik** betrachtet werden, die insofern eine besondere Kategorie technologischer Artefakte darstellt, da sie pro- und interaktive Züge aufweist und damit den Charakter eines individuellen Wesens simuliert. Dazu zählen „autonome" bzw. proaktive Interaktionselemente, Emotionszustände, Verhaltensweisen, die etwa Bedürfnisse simulieren können, sowie reaktive Muster, die auf bestimmte Handlungen des Gegenübers folgen. Weil soziale Roboter vortäuschen, soziale Beziehungen (autonom) aufzunehmen und sie zu gestalten, werden sie auch als „relational artifacts" (Turkle 2006) bzw. als „subject simulating machines" (Scholtz 2008) bezeichnet. Auch **virtuelle oder Schein- (Um-)Welten** stellen Simulationen der Realität dar, indem sie Orte, Situationen oder die Vergangenheit nachbilden. Während sie – mehr oder weniger schein-authentisch – Konstellationen konkreter, vergegenständlichter, materialisierter Umgebungen schaffen und auf bestimmte Aktivitäten, Erinnerungen, Emotionen oder Assoziationen hinsteuern, ist es bei sozialer Robotik vor allem die (soziale) Interaktion, die den Kern der technischen Intervention bildet. Typisch für interaktive, emotive, soziale oder therapeutische Robotik ist vor allem, dass die Artefakte in der Lage sind, eine Interaktion zu simulieren und sie zu beeinflussen. Dies unterscheidet sie etwa von der Service-Robotik, die interaktive Elemente zwar integriert, sich in der Regel jedoch auf die Erfüllung von Dienstleistungen beschränkt. Artefakte der sozialen Robotik sind allerdings in vielerlei Hinsicht erweiterbar. Neben der Lernfähigkeit, mit der sie ihr Verhalten an ihr Gegenüber anpassen können, besteht die Möglichkeit sie um weitere Service-, Monitoring-

---

[49]Zum Ansatz der Systematisierung verschiedener robotischer Technologien im Bereich der Pflege vgl. Sharkey und Sharkey (2012b).

und Datenerfassungsfunktionen zu ergänzen. Grundsätzlich können sie durch eine breite Palette assistiver Funktionen angereichert werden. In Abhängigkeit von den Zielen ihres sozialen Charakters haben sich in der Forschung verschiedene Konzepte etabliert, die jedoch als höchst dynamisch betrachtet werden müssen. Als Beispiel kann das Konzept des sog. „social commitment robot" (Mordoch et al. 2013) angeführt werden oder etwa die von Biundo et al. (2016) entwickelte Vision der „Companion-Technology", die dank künstlicher Intelligenz in der Lage sein soll, ihre Funktionen an jede Person individuell anzupassen.

In der Diskussion um die **praktische Relevanz** und die Einsatzbereiche sozialer Robotik lassen sich nicht nur verschiedene theoretische Positionen, sondern auch unterschiedliche professionelle und methodologische Standpunkte beobachten. Sozial- und verhaltenswissenschaftliche Studien auf der einen Seite sowie ethische Analysen auf der anderen Seite gelangen dabei teilweise zu gegensätzlichen Ergebnissen, die auf den ersten Blick als widersprüchlich wahrgenommen werden können. Die Differenzen in der Erkenntnislage beruhen meist auf unterschiedlichen disziplinspezifischen Perspektiven, den gewählten theoretischen Ansätzen oder – bei empirischen Studien – der gewählten Methodologie und dem Forschungsdesign. Ergebnisse theoretisch geführter ethischer Analysen geraten dabei häufig in Widerspruch zu Ergebnissen verhaltenswissenschaftlicher Forschung, die weniger an der Begründung ethischer Legitimation, sondern der empirischen Erfassung ausgewählter Wirkungen der genannten Technologien interessiert sind (Evidenz). Vermengt werden die Ergebnisse zudem durch Aspekte professionstheoretischer und –ethischer Debatten, die z. B. die Anwendung der hier diskutierten Technologien im Kontext guter Pflege betrachten (u. a. Hülsken-Giesler 2016).

Aus der Sicht der Philosophie lassen sich nach Misselhorn et al. (2013) im Zusammenhang mit sozialer Robotik und ihren mannigfaltigen Simulations-, Täuschungs- bzw. Manipulationsmöglichkeiten fünf verschiedene Aspekte unterscheiden, die in eine **ethische Analyse** bzw. Reflexion aufgenommen werden sollten: 1) Die Auseinandersetzung mit dem subjektiven Wohlbefinden, das durch den Einsatz sozialer Robotik generiert werden kann, 2) die Bedeutung der Interaktion, die durch soziale Robotik initiiert wird in Abhängigkeit von der Art ihres Einsatzes und den vorhandenen Reflexionsfähigkeiten, 3) die Analyse des möglichen Eingriffs in die Autonomie bzw. deren Förderung, 4) die Analyse möglicher Verletzungen der Würde sowie 5) der Einfluss der Technik auf den Selbstwert bzw. die Förderung des Selbstrespekts. Trotz einer Reihe von Evaluationsstudien, die positive Wirkungen sozialer Robotik aufzeigen (vgl. Kachoui et al. 2017), betonen Misselhorn et al. (2013), dass Menschen ihre Interaktionen keinesfalls nur instrumentell planen, indem sie ihr emotionales **Wohlbefinden** in den Mittelpunkt stellen. Ein Engagement in sozialen Beziehungen geschieht nicht alleine aus dem Streben nach Wohlbefinden, sondern folgt einer Vielfalt verschiedener – auch altruistischer – Motive. Daher muss auch die Frage nach dem Wesen der Mensch-Roboter-Interaktion aufgeworfen werden.

Schließlich ist es entscheidend, ob durch den Einsatz sozialer Robotik die **Selbstbestimmung** von Menschen mit Demenz unterstützt oder beeinträchtigt wird, wobei es ebenfalls darauf ankommt, ob sich Menschen mit Demenz auf eine Täuschung willentlich einlassen können. Einer differenzierten Betrachtung bedarf ebenfalls die **Würde und der Selbstrespekt** der Menschen, die allerdings nicht unabhängig von der gesellschaftlichen Sicht auf robotische Anwendungen in der Pflege betrachtet werden können. Während Misselhorn et al. (2013) die zentralen Stränge einer ethischen Analyse am Beispiel der Roboterrobe Paro entwickeln, stellt etwa Graf-Wäspe (2016) bei der ethischen Analyse von Schein-Elementen die Unterscheidung zwischen den Handlungen selbst bzw. ihren Gründen (deontologische Perspektive) sowie deren Folgen (utilitaristische Sicht) in den Vordergrund der ethischen Betrachtung. Die (moralische) Richtigkeit der Nutzung derartiger Technologie kann demnach anhand der Gründe ihres Einsatzes oder aber anhand ihrer positiven und negativen Wirkungen bewertet werden.

Während das **utilitaristische Argument**, d. h. die Folgen für das Wohl der Personen, in den philosophischen Überlegungen nur eine von mehreren Analysedimensionen bildet, stellt diese Sicht den zentralen Anker dar, wenn in der empirischen (meist verhaltenswissenschaftlich orientierten) Forschung über soziale Robotik oder Schein-Elemente diskutiert wird. Von besonderer Bedeutung sind vor allem deren Wirkungen auf Wohlbefinden, Kommunikation, Kontrollerleben, Stimmung usw. (Kachoui et al. 2017; Góngora Alonso et al. 2019). Alle diese Aspekte werden in der Regel unter dem Begriff der **Lebensqualität** zusammengefasst, mit dem ein übergreifender, holistisch betrachteter „Nutzen" des Einsatzes dieser Technologien verstanden wird. Untersuchungen mit verschiedenen interaktiven Objekten (wobei hier das Groß bisheriger Untersuchungen auf der Roboterrobbe Paro beruht) weisen jedenfalls darauf hin, dass in Abhängigkeit von der Art ihres Einsatzes positive Effekte auf emotionales Wohlbefinden verzeichnet werden können (Klein 2011; Shibata und Wada 2011; Mordoch et al. 2013). Dabei spielt der Kontext der jeweiligen Intervention eine zentrale Rolle, aber auch die Freiwilligkeit und die professionelle Begleitung einer solchen Interaktion (Jøranson et al. 2016; Roger et al. 2012). Als kritisch gilt jedoch, dass viele Studien in diesem Feld den anerkannten Kriterien für den Nachweis von Evidenz nicht genügen (Bemelmans et al. 2012). Darüber hinaus zeigt sich, dass ein nicht unerheblicher Teil älterer Menschen die Interaktion mit sozialer Robotik ablehnt (Wu et al. 2012), so dass hinsichtlich ihres Einsatzes kaum allgemein-gültige Empfehlungen getroffen werden können; zumal die positiven Wirkungen nur auf Erfahrungen mit jenen Personen beruhen, die der Teilnahme an einer robotischen Studie zugestimmt haben.

Der Einsatz sozialer Robotik oder die Nutzung von Schein-Elementen betref-fen daher auch Fragen der **Selbstbestimmung** und des Willens, der im Kontext der jeweiligen Technikintervention konkret zum Ausdruck gebracht werden kann. Nach Misselhorn (2009) müssen dabei mindestens zwei Voraussetzungen für Selbstbestimmung unterschieden werden: Die Möglichkeit der Einwilligung zur Teilnahme an einer robotischen oder virtuellen Technikintervention sowie eine zweite Möglichkeit, die auf der freien Entscheidung beruht, sich auf die „Realität" einer Simulation einzulassen. Während die erstgenannte Form der Selbstbestim-mung – gerade bei Menschen mit Demenz – mit allen Unwägbarkeiten betrachtet werden muss, die bereits bei der informierten Einwilligung diskutiert wurden, hängt die zweitgenannte Form der Selbstbestimmung von den Kompetenz der Beteiligten ab, derartige Entscheidungen treffen bzw. reflektieren zu können. Nach Misselhorn (2009) bedarf es zudem einer weiteren Unterscheidung zwischen der **bewussten Einlassung auf eine Imagination** (vergleichbar dem Sich-Einlassen auf einen fiktiven Romancharakter) und **dem Glauben an die reale Existenz einer Imagination.** Eine (positive oder negative) emotionale Reaktion auf soziale Robotik (emotionale reaktive Dimension) darf etwa nicht per se als Indiz für den Glauben an die Intentionalität der Aktionen eines Artefaktes (subjektiv-wissensbezogene Dimension) betrachtet werden. Während emotionale Reaktionen gegenüber sozialer Robotik der Ausdruck einer Entscheidung sein können, sich auf die Interaktion mit der Maschine einzulassen, kann der Glaube an den rea-len Charakter eines Artefaktes entweder das Ergebnis einer weiteren bewussten Entscheidung oder aber das Ergebnis einer Täuschung sein. Der Einsatz sozia-ler Robotik wäre demnach nur dann zu rechtfertigen, wenn sich ältere Menschen auf die Mensch-Maschine-Interaktion freiwillig einlassen und sich auch für die Täuschung willentlich entscheiden (können).

In der Betreuung von Menschen mit Demenz muss allerdings die Frage gestat-tet sein, ob Betroffene diese Art der Reflexion bzw. Differenzierung vornehmen können und in der Lage sind, sich selbstbestimmt *für eine Imagination* zu entschei-den, wohlwissend, dass sich hinter dem proaktiven Verhalten eines Artefaktes kein „Wahrheitsanspruch" eines lebendigen Wesens verbirgt. Da der kognitive Status bei einer Demenz keine grundsätzliche Stabilität aufweist, sondern sich dadurch auszeichnet, dass sich kognitive Höchstleistungen mit kognitiven Beein-trächtigungen stets abwechseln, besteht das Risiko, dass es zu einer Täuschung kommt, in deren Folge ein „Betrogenwerden entschlüsselt wird (…) [was, d.A.] in der Konsequenz zu Wut, Frustration, Resignation und einer gesteigerten Verwirrtheit führen kann" (Demenz Support Stuttgart 2017, S. 4). So argumentiert Graf-Wäspe (2016) für sog. Schein-Elemente, dass Menschen mit Demenz eine (absichtliche) Irreführung bzw. Täuschung akzeptieren würden, wenn sie nicht entlarvt werden würde und der Einsatz der Technik ihrem eigenen Interesse dienen würde. Angesichts des nicht repräsentativen Charakters der zitierten Befragung und somit der fehlenden Generalisierbarkeit der Ergebnisse (die von der Autorin zitierten Aussagen machten Menschen mit Demenz, die urteilsfähig waren) stellt sich allerdings die Frage der Übertragbarkeit auf andere Personen, z. B. Menschen mit einer fortgeschrittenen Demenz.

Bei der Betrachtung der **Einwilligung** zur Teilnahme an Interaktionen mit sozialer Robotik (z. B. im Rahmen der Forschung) wird jedenfalls ersichtlich, dass nicht alle Menschen die Mitwirkung an derartigen Studien wünschen und die Interaktion mit robotischen – insbesondere humanoiden – Objekten ablehnen, auch dann, wenn sie sich nur zeitlich begrenzt darauf einlassen sollten (Moyle et al. 2016). In der von Wu et al. (2012) durchgeführten Studie nannten Teilnehmer*innen von Fokusgruppen vor allem fehlenden Respekt und Stigmatisierungsbefürchtungen, die sie mit sozialer Robotik assoziierten. Lassen sich Menschen mit Demenz auf die Interaktion mit robotischen Artefakten ein und bringen ihnen ggf. bestimmte Emotionen entgegen, kann dies als **emotionale Instrumentalisierung bzw. Manipulation** betrachtet werden. Es ist vor allem die entlarvte Täuschung, die als Kränkung wahrgenommen wird (Graf-Wäspe 2016; Wu et al. 2012). Da soziale Roboter ihrerseits selbst Aktionen und Emotionen simulieren, signalisieren sie ihrem Gegenüber etwas, was nicht echt ist. Einen Menschen dazu zu bewegen, mit derartigen Objekten in Interaktion zu treten, kann folglich als **Respektlosigkeit** erlebt werden. Ein fehlender **Selbstrespekt** kann die Folge sein, wobei er nicht nur auf der Zumutung einer Manipulation gründen muss, sondern auch auf der Zumutung einer Entmenschlichung, die durch den Kontakt mit Robotern erfahren werden kann. Selbst dann, wenn Teilnehmer*innen – explizit auch Menschen mit Demenz – für eine Interaktion mit robotischen Objekten gewonnen werden konnten – spiegelt dies nicht zwingend ihre Zustimmung gegenüber dieser Art von Interventionen wieder (Jøranson et al. 2016). Können ältere Menschen etwa explizit *zwischen* menschlichem Kontakt *oder* der Nutzung sozialer Robotik wählen, erhalten menschliche Kontakte die meiste Aufmerksamkeit (Kramer et al. 2009). Daher stellt sich die Frage, ob alternative Möglichkeiten zur sozialen Robotik oder Schein-Elementen bestehen und welchen Stellenwert aktuelle als auch vergangene (d. h. biografische) Willensbekundungen bei robotischen oder virtuellen Technikinterventionen erhalten sollen.

Auf das Risiko einer emotionalen Täuschung, die auch als Betrug wahrgenommen werden kann, macht z. B. Coeckelberg (2012) aufmerksam. Während emotionale Täuschungen, die in sozialen Beziehungen vorkommen, in der Regel kontextabhängig sind, stellen robotische Interventionen **systematische Täuschungsversuche** dar, die sich nicht nur auf deren Zielgruppe, sondern ebenfalls auf die **Betrachter*innen** und die **Täuschenden** auswirken können. So können sich Betrachter*innen einer solchen Situation durch symbolische Übertragung in der eigenen Würde (als Mensch) verletzt fühlen. Sind wiederum Pflegende und Betreuende regelmäßig mit Täuschungs- und Inszenierungsstrategien befasst, kann dies dazu führen, dass sich die Beziehung zu der betroffenen Person „im Sinne einer Verdinglichung verändert: das Verhältnis zu einer Person wird immer mehr ein Objektverhältnis, die Person immer stärker als „anders", „abweichend" gesetzt und der Umgang mit ihr aus den ansonsten geltenden Normen herausgenommen. (…) Augenhöhe, Aufrichtigkeit und Echtheit (…) werden einem Sonderblick auf dieses Gegenüber weichen. Damit ist ein Einfallstor dafür geschaffen, dass manipulative Techniken zum Standard werden." (Demenz Support Stuttgart 2017, S. 5).

Die potenzielle Folge systematischer Täuschung ist nicht nur der Verlust des **Selbstrespekts**, sondern auch die Förderung eines bestimmten Leitbildes von Pflege und Sorge, das gepaart mit Argumenten der Wirtschaftlichkeit zur nachhaltigen Abwertung des hohen Alters und der Demenz führen kann. Angesichts dieser ethischen Herausforderungen und Bedenken muss die Reflexion in der Entwicklung innovativer Technologien auch die gesamtgesellschaftlichen Folgen für Pflege und die in ihr stattfindende soziale Interaktion beachten. Da soziale Roboter nicht – z. B. im Sinne von Gehlen – die Funktion haben, instinktive und organische Schwächen des Menschen auszugleichen, sondern „Dinge mit uns tun" (Turkle 2006, S. 1), werfen sie nicht nur Fragen des Selbstrespekts, sondern auch der **menschlichen Identität** auf.

Darüber hinaus bedarf es gerade angesichts der anthropomorphisierenden Robotik einer Reflexion über die **Wertigkeit des Lebendigen** – im Gegensatz zum Maschinellen oder Nicht-Lebendigen (Turkle 2006). Es sind zentrale Fragen nach dem Goldstandard des Seins, des Mensch-Seins, sowie dem intrinsischen Wert des Lebendigen, die angesichts sozialer Robotik neu beantwortet werden müssen (Turkle 2006, S. 3). Bezogen auf das Wesen sozialer Interaktionen argumentieren z. B. Sparrow und Sparrow (2006), dass die Interaktion mit einem sozialen Roboter niemals in eine soziale Beziehung münden kann.

Dies liege an der Unmöglichkeit der **Reziprozität**, die nur auf der Grundlage eines freien Willens, einer gegenseitigen Verantwortung und Individualität entstehen kann. Da maschinelle Wesen über keine willentliche Reziprozität verfügen, sind es vor allem Beherrschung und **Kontrolle**, die in der Interaktion mit einem Roboter ausgeübt und ausgelebt werden können. Da gerade Menschen mit Demenz permanent in Situationen eines Kontrollverlustes geraten, könnte darüber nachgedacht werden, ob unter den Bedingungen des Einsatzes solcher Artefakte ein Zugewinn an Kontrolle resultieren könnte – sicherlich nur dann, wenn Betroffene in der Lage sind, sich *gegen* eine robotische Interaktion zu entscheiden und es ihnen kognitiv möglich ist, sich selbstbestimmt auf eine (Selbst-)Täuschung einzulassen. Auch das **Bedürfnis, für jemanden sorgen** zu können, wird in diesem Zusammenhang gelegentlich angeführt (Misselhorn et al. 2013, S. 128). Folgt daraus ein Zugewinn an Wohlbefinden, stellt sich die Frage, ob – auch anthropologisch betrachtet – Menschen ihre sozialen Interaktionen lediglich für ein gutes Gefühl instrumentalisieren oder nach einem authentischen Erleben von Emotionen (weil aus den „richtigen" Gründen) streben. Eine manifeste Gefahr ist durch den Einsatz sozialer Robotik vor allem dann zu erwarten, wenn beabsichtigt wird, echte soziale Interaktion durch sie zu ersetzen (Misselhorn et al. 2013).

Wirkungen partizipativer Technikentwicklung mit Menschen mit Demenz

Nach der Diskussion der theoretischen Grundlagen, der bisherigen Erfahrungen und der Anforderungen an partizipative Technikentwicklung mit Menschen mit Demenz gebührt zum Abschluss eine Antwort darauf, was die Beteiligung Betroffener – vor allem empirisch betrachtet – bewirkt. Im Rahmen dieses Kapitels soll der Blick daher auf Erkenntnisse gelegt werden, die sich auf Folgen, Wirkungen oder den Nutzen der Partizipation von Menschen mit Demenz an technikorientierter Forschung beziehen. Bei dem Versuch, eine Antwort auf die oben formulierte Frage zu geben, geht es jedoch weniger um die Überprüfung *bestimmter Arten* von Wirkung, sondern um die *Suche* nach empirisch fundierten Erkenntnissen hinsichtlich des besonderen Nutzens partizipativer Vorhaben. Im Gegensatz zu den bisherigen kritischen Debatten im Feld assistiver oder AAL-Technik, in denen es häufig um die Rekonstruktion verschiedene Folgen transformativer Technisierungsprozesse geht, z. B. um die soziale Konstruktion eines „erwünschten Nutzers" oder eines „guten Alterns" (Wilson et al. 2015; Endter 2018), aber auch um Kritik an instrumenteller Akzeptanzförderung von Technik durch Beteiligung (Hagen et al. 2018), will dieses Kapitel den Blick auf die Vielfalt möglicher Wirkungen partizipativer Forschung richten. Wird über Wirkungen, Folgen oder Effekte im Kontext von AAL und assistiven Technologien gesprochen, stehen meist die (erwünschten oder unerwünschten) *Wirkungen der entwickelten Technik* im Mittelpunkt des Interesses. *Auswirkungen der Beteiligung bzw. der Partizipation* an der Entwicklung von Technik – z. B. auf Co-Forschende – wurden bisher wenig thematisiert. Das Kapitel geht derartigen Erkenntnissen nach und fragt, welche Vor- und Nachteile bzw. welche positiven und negativen Folgen der Beteiligung von Menschen mit Demenz an der Entwicklung von Technik bestehen.

Wie oben bereits erwähnt, stellt die Erforschung der Wirkungen partizipativer Technikentwicklung ein „junges" und wenig bearbeitetes Forschungsfeld dar.

© Der/die Autor(en), exklusiv lizenziert durch Springer Fachmedien Wiesbaden GmbH, ein Teil von Springer Nature 2021
M. Weidekamp-Maicher, *Menschen mit Demenz in der partizipativen Entwicklung von Technik*, https://doi.org/10.1007/978-3-658-33381-2_4

Systematische Erkenntnisse über die Beteiligung von Menschen mit Demenz an solchen Projekten liegen nicht vor. Und auch über die konkreten Wirkungen, Folgen und Effekte der Partizipation von Betroffenen ist nur wenig bekannt. Will man die aktuelle Situation umreißen, so lässt sie sich am ehesten durch eine hohe Diskrepanz zwischen den gut beschriebenen und „ambitionierten" theoretischen Zielen der Beteiligung auf der einen Seite sowie dem fehlenden Wissen über deren Nutzen auf der anderen Seite beschreiben. Während sich in den entsprechenden Forschungsprogrammen sowie in einer Reihe theoretischer Publikationen viele positiv formulierte legitimatorische Begründungen finden, die *für eine Beteiligung* potenzieller Endnutzer*innen von Technik an deren Entwicklung sprechen, stehen ihnen Berichte aus Projekten gegenüber, die vor allem unerwartete, negative Folgen der Beteiligung hervorheben. Gerade aus der direkten Einbeziehung von Menschen mit Demenz in die Entwicklung von Technik werden viele Schwierigkeiten, Probleme oder Herausforderungen berichtet. Betonen die theoretischen Debatten die besondere Relevanz der Beteiligung inkl. ihrer Vorteile, scheint in der Forschungspraxis die Wahrnehmung von Nachteilen zu überwiegen. Begleitende oder retrospektive Evaluationen der Beteiligung wurden allerdings – im Gegensatz zu anderen Forschungsbereichen, z. B. der partizipativen Gesundheitsforschung – nur äußerst selten durchgeführt.

Vor diesem Hintergrund stützt sich dieses Kapitel nicht nur auf Erkenntnisse aus der Technikentwicklung, sondern auch auf Erkenntnisse anderer Studien, um sie im Sinne der Potenziale *für* die Technikentwicklung nutzbar zu machen. Die aus anderen Forschungsbereichen stammenden Erfahrungen können somit als **strukturierte Anregungen** verstanden werden, um über die Ziele partizipativer Forschung mit Menschen mit Demenz – und zwar nicht nur im Dienste der Technik und ihrer Entwicklung, sondern vor allem im Sinne der Förderung gesellschaftlicher Teilhabe und Inklusion – nachzudenken. In den bisherigen Technikvorhaben kommt der Einbindung von Co-Forschenden meist eine instrumentelle Bedeutung zu: Deren Mitwirkung soll vor allem der Entwicklung nützlicher und markttauglicher Produkte dienen. Die Entscheidung für nutzerzentrierte Technikentwicklung folgt demnach der Logik der Optimierung von Technik, die den Bedürfnissen und Erwartungen potenzieller Nutzer*innen entsprechen soll. Dass Beteiligung an der Technikentwicklung auch der Verbesserung der Situation von Menschen mit Demenz dienen kann, wird in Technisierungsprojekten bisher nicht in den Blick genommen. Bei der Heranziehung von Erfahrungen aus anderen Forschungsfeldern soll es daher auch um die Erweiterung der Perspektive in der Weise gehen, dass **Technikentwicklung** weniger als *Ziel*, sondern als **Instrument oder Methode zur Verbesserung der gesellschaftlichen Position von Menschen mit Demenz** betrachtet wird.

4.1   Wirkungen partizipativer Forschung

Wie im Kapitel 2 bereits dargestellt, bestehen in verschiedenen wissenschaftlichen Disziplinen unterschiedliche Theorien partizipativer Forschung. Diese theoretischen Ansätze definieren meist die Ziele von Partizipation und treffen Annahmen darüber, was mit bestimmten Formen der Beteiligung konkret erreicht werden soll (vgl. auch Abschnitt 3.1.4.2). Dazu gehört z. B. die Frage danach, wer von der Beteiligung profitieren soll, was als Erfolg der Beteiligung zu verstehen ist und welche Kriterien herangezogen werden sollen, um diesen Erfolg zu bewerten (Ray 2007, S. 73). Die empirische Prüfung derartiger Annahmen, z. B. ob die mit Partizipation verbundenen Ziele erreicht und damit theoretisch postulierte Annahmen aufrechterhalten werden können, sind Gegenstand der hier adressierten Fragen.

Aus interventionstheoretischer Sicht könnte nicht nur Bürger*innenbeteiligung insgesamt, sondern auch jede Form der Forschungspartizipation als eine Art **komplexe Intervention** betrachtet werden, die Auswirkungen auf die Beteiligten, auf die involvierten Institutionen sowie auf die Gesellschaft als Ganzes bzw. ihre Teilbereiche hat. Die Erfassung derartiger Auswirkungen kann innerhalb partizipativer Vorhaben selbst erfolgen; sie kann aber auch zum Gegenstand weiterer Projekte werden. Eine von den einzelnen Technikentwicklungsvorhaben unabhängige Erforschung der Folgen von Partizipation kann vor allem dann sinnvoll sein, wenn etwa langfristige – und damit über die Dauer eines einzelnen Vorhabens hinausgehende – Folgen von Beteiligung von Interesse sind. Auch die vergleichende Analyse der Wirkungen von Partizipation könnte zum Gegenstand von Evaluationen werden. Diese Beispiele verdeutlichen jedenfalls, dass systematische Evaluationen der Folgen partizipativer Forschung wichtig sind, jedoch nicht immer im Rahmen einzelner partizipativer Vorhaben zufriedenstellend umgesetzt werden können. Von ebenso großer Bedeutung sind theoretische Modelle, die (mögliche) Auswirkungen partizipativer Forschung – auch über spezifische theoretische Partizipationsansätze hinaus – systematisieren, um sie einer empirischen Erfassung von Folgen der Partizipation zugänglich zu machen.

Ausgehend von der Perspektive derartiger Modelle muss zunächst darauf hingewiesen werden, dass die Auswirkungen partizipativer Forschung grundsätzlich sehr umfassend und auf verschiedenen Ebenen, d. h. **der Mirko-, Meso- als auch Makroebene** angesiedelt sein können. Aus der Perspektive einzelner Technikentwicklungsprojekte ist es naheliegend, dass für sie nicht alle Wirkungen von unmittelbarem Interesse sind. In der Regel stehen für sie vor allem solche Wirkungen im Vordergrund, die sich auf die Beteiligten, z. B. auf Wissenschaftler*innen und Co-Forschende, oder auf den Forschungsprozess beziehen. Auch die Frage danach, *wie* die Beteiligung von Co-Forschenden das Ergebnis der gemeinsamen Arbeit beeinflusst, steht an der Spitze der Erkenntniswünsche.[1] Wirkungen von Forschungspartizipation auf andere Bereiche geraten dabei schnell in den Hintergrund.

Die geschilderten Desiderata spiegeln sich u. a. im wissenschaftlichen Diskurs über die Beteiligung von Bürger*innen an Forschung. Hier fällt z. B. auf, dass neben theoretischen Ansätzen, die bestimmte Wirkungen postulieren, kaum Ansätze vorhanden sind, die auf empirischer Basis (d. h. auf der Grundlage von Studien, die Wirkungen der Forschungspartizipation tatsächlich erfasst haben) entstanden sind. Eine der wenigen Ausnahmen stellt das von Staley (2009) entwickelte Rahmenmodell dar, das aus einer umfassenden Literaturanalyse partizipativer Studien entstanden ist. Die von der Autorin herangezogenen Studien entstammen allerdings nicht der technikbezogenen Forschung, sondern der partizipativen Gesundheits- und Versorgungsforschung. Die einbezogenen Studien orientierten sich meist am Ansatz des „Patient and Public Involvement" (PPI). Auch standen hier nicht explizit ältere Menschen oder Menschen mit Demenz im Vordergrund der Betrachtung, sondern verschiedene Zielgruppen inkl. der breiten Öffentlichkeit. Die anhand der einbezogenen Studien ermittelten Formen der Evidenz führen zur Entwicklung eines mehrdimensionalen Rahmenmodells, das auf eine Weise formalisiert wurde, die eine Übertragbarkeit auf andere Forschungsgebiete möglich macht (vgl. Info-Box Nr. 4.1).

Zentrale Wirkungsdimensionen der Bürger*innen- und Patient*innenbeteiligung an Forschung (Staley 2009):

a) Forschungsagenda (z. B. durch Einfluss auf Forschungsthemen und -programme)

b) Methodisches Vorgehen bzw. Forschungsdesign (z. B. durch Einfluss auf Datenerfassung und –analyse bzw. Dissemination)

c) Forschungsethik (z. B. durch Einflussnahme auf den Prozess der informierten Einwilligung)

d) Beteiligte bzw. Co-Forschende (z. B. durch den Erwerb neuen Wissens, persönliche (Weiter-)Entwicklung, aber auch Belastung oder Frustration)

e) Wissenschaftler*innen (z. B. Zunahme von Reflexionskompetenz, aber auch Machtverlust oder Veränderung von Arbeitspraktiken)

---

[1] Was jedoch nicht heißt, dass der Frage empirisch nachgegangen wird.

f) Beforschte bzw. Zielgruppen(n) der Forschung (z. B. positive Rollen-
   modelle, emotionale Unterstützung)
g) Gemeinschaft bzw. Allgemeinheit (z. B. Zunahme von Vertrauen in
   Forschung, mehr Akzeptanz von Forschung)
h) Organisationen (z. B. Zunahme von Sichtbarkeit und Reputation)
i) Transfer, Implementierung und Verwertung (z. B. Verbesserung von
   Serviceleistungen)
Info-Box Nr. 4.1: Zentrale Dimensionen des Rahmenmodells zu Wirkungen partizipativer Forschung unter besonderer Betrachtung von PPI-
Forschung (Staley 2009).

Neben der Suche nach *gemeinsamen Wirkungsdimensionen* partizipativer Projekte kommt ebenfalls die Frage auf, **ob partizipative Vorhaben in ihrer Summe
eher Vorteile oder eher Nachteile generieren.** Auch dieser Frage widmen sich
einige Publikationen. Dazu zählt u. a. das von Brett et al. (2010) durchgeführte
systematische Review, in dem positive als auch negative Wirkungen von Forschungsbeteiligung auf der Grundlage von ca. 90 Studien erfasst und analysiert
wurden. Die einbezogenen Studien entstammen ebenfalls der gesundheitlichen
und pflegerischen Versorgungsforschung und sind am Ansatz des PPI orientiert.
Zu den Zielen der Analyse gehört nicht nur die systematische Zusammenstellung von Wirkungen partizipativer Forschung, sondern auch ein Vergleich
der verschiedenen theoretisch-methodischen Ansätze, auf deren Grundlage die
Beteiligung realisiert wurde. Die Ergebnisse zeigen eine Reihe positiver Wirkungen, die trotz unerwünschter Nebenwirkungen eindeutig *für* die Fortführung
von Bürger*innenbeteiligung an Forschung sprechen (Brett et al. 2010). Alleine
der Blick auf die Wirkungen der Bürger*innenbeteiligung **auf die einzelnen
Projekte** macht auf viele positive Aspekte aufmerksam. So war es in vielen
Projekten z. B. möglich, dass Co-Forschende bereits in der Anfangsphase der
Arbeit dazu beitragen konnten, wichtige Forschungsthemen zu identifizieren. Sie
beteiligten sich mit relevanten Beiträgen an der Priorisierung von Forschungsthemen und unterstützten die Vorhaben, indem sie kritische Rückmeldungen
aus der Sicht als Nutzer*innen gaben. Co-Forschende wirkten ebenfalls an der
Gestaltung von Erhebungsinstrumenten und der Akquise von Studienteilnehmer*innen mit, womit sie einen unmittelbaren Beitrag zur Verbesserung von
Rücklaufquoten leisteten. Beteiligte Bürger*innen trugen auch dazu bei, dass
Wissenschaftler*innen ein tieferes Verständnis der Lebenslagen und Probleme
konkreter Nutzer*innengruppen erwarben. Sie leisteten zudem relevante Beiträge

zur Datenanalyse und Dissemination, indem sie die Interpretation von Daten aus Sicht der Nutzer*innen übernahmen und an der Entwicklung nutzerorientierter Formate der Dissemination von Forschungsergebnissen mitwirkten. Die Beteiligung von Bürger*innen hatte damit auch unmittelbare Auswirkungen auf den Transfer und die Implementierung der Ergebnisse. Indem die Dissemination auf eine nutzerzentrierte Art und Weise erfolgte, war sie wirkungsvoller als in Projekten, in denen z. B. nur die Wissenschaft vom Ergebnistransfer profitierte. Die Beteiligung von Bürger*innen führte zudem zur Erhöhung der Reputation und Glaubwürdigkeit von Forschung auf lokaler Ebene, erhöhte das Bewusstsein für die Wichtigkeit von Forschung und verhalf dabei, deren „reale" Effekte (z. B. durch Änderungen der Praxis) sichtbar zu machen. Trotz einer Reihe von Nachteilen, die im Rahmen dieses umfassenden Reviews ebenfalls zusammengetragen wurden, heben Brett et al. (2010, S. 15 ff) drei zentrale Wirkungsbereiche hervor: die stärkere Ausrichtung von Forschungsthemen an den Bedarfen der Nutzer*innen, die Verbesserung der Qualität von Forschung (z. B. im Sinne von Rücklaufquoten) sowie die Verbesserung der Beziehungen zwischen Wissenschaftler*innen und den Vertreter*innen der Community. Selbst wenn die Beteiligung von Bürger*innen mit einer Reihe von Hindernissen und Barrieren verbunden war, entsteht in der Versorgungsforschung jedenfalls der Eindruck, dass die positiven Seiten überwiegen.

Ob beteiligende Elemente erwünschte Wirkungen entfalten können, hängt nicht nur von den theoretisch generierten und in den jeweiligen Vorhaben umgesetzten Zielen der Projekte, sondern auch von den konkreten Formen der Beteiligung und ihrer praktischen Umsetzung ab. Auch prozessbezogene Merkmale, wie z. B. die Gestaltung der projektinternen Kommunikation oder der Kompetenzvermittlung an Co-Forschende, können entscheidend sein und die Einleitung von Transformationsprozessen bestimmen. Schließlich dürfte auch das individuelle Engagement der beteiligten Stakeholder die eingeleiteten Veränderungsprozesse und deren Nachhaltigkeit prägen, zumal gerade die auf gesellschaftliche Transformationsprozesse hin orientierte partizipative Forschung eines Engagements auch nach der Beendigung eines zeitlich begrenzten Vorhabens bedarf. Die empirisch zu fassenden Wirkungen partizipativer Forschung sind daher nicht nur von der methodisch definierten Güte der Beteiligung abhängig, sondern auch von dem jeweiligen Verständnis von Partizipation, das schlussendlich zu verschiedenen Formen des bürgerschaftlichen Engagements führt. Mit Blick auf die Quellen der aktuellen Erkenntnisse über Wirkungen von Forschungspartizipation, bei denen es sich meist um Metaanalysen oder Reviews handelt, muss konstatiert werden, dass sie nur so gut sein können wie die Erfassung der Einzelwirkungen in den konkreten Projekten. Die größten Lücken liegen nach Brett et al. (2010)

im „Nachweis" der Evidenz beteiligender Elemente. So weisen viele Vorhaben zwar auf positive Wirkungen der Beteiligung hin, betrachten diese jedoch eher als zufällig und keinesfalls als systematisch ermittelte Erkenntnis. Nicht zuletzt hängt der Erkenntnisstand zu den Wirkungen partizipativer Forschung von der Berichterstattung ab (vgl. Brett et al. 2019). Werden bestimmte Aspekte wie Kompetenzzuwachs, Empowerment, Einleitung von Transformationsprozessen usw. nur als beiläufige Ergebnisse partizipativer Forschung verstanden und im Rahmen von Publikationen und der Öffentlichkeitsarbeit kaum kommuniziert, kann dies zur schwindenden Wahrnehmung der Relevanz von Forschungsbeteiligung führen.

4.2 Probleme und Ambivalenzen der Evaluation partizipativer Forschung

Vergleichende Analysen oder **formale Evaluationen** von Forschungsbeteiligung stellen grundsätzlich ein kritisches Unterfangen dar. Vor allem aus Sicht emanzipatorischer Ansätze, in denen Prozesse der Reflexion als zentrales Begleitelement der gemeinsamen Forschung und Aktion gelten, muss formale Evaluation von Partizipation wie ein Widerspruch erscheinen. Weil die Treibkraft für diese Art der Forschung – theoretisch betrachtet – in der eigenen, meist intrinsischen Motivation der Beteiligten liegt, wirkt die Idee einer formalen – und ggf. extern durchgeführten – Evaluation eher befremdlich, insbesondere dann, wenn individuelle Formen der Beteiligung im Fokus der Betrachtung stehen. Trotz dieser zunächst als widersprüchlich erscheinenden Vorstellung dürften formale Evaluationen in gewissen Konstellationen jedoch berechtigt sein, z. B. wenn die Einbeziehung von Laien-Forschenden eher durch Konsultation denn Beteiligung geschieht oder wenn es um die Untersuchung langfristiger gesellschaftlicher Folgen partizipativer Forschung geht. Haben Studienteilnehmer*innen kein Entscheidungsrecht, z. B. weil sie in beratender Funktion tätig sind, können Evaluationen u. a. die Wirkmächtigkeit von Forschungsberatung im Vergleich zu anderen Formen der Beteiligung untersuchen. Wird die gesamtgesellschaftliche Förderung von Bürger*innenbeteiligung an Forschung als Weg zur Initiierung eines „nutzerzentrierten" Wandels von Forschung verstanden, können Evaluationen dazu beitragen, entsprechende Fragen nach der Güte dieses Wandels zu beantworten.

Trotz vieler Gründe, die *für* formale Evaluationen von Forschungsbeteiligung sprechen, muss die Frage erlaubt sein, ob Wirkungen partizipativer Forschung im Sinne von Outcomes überhaupt sinnvoll erfasst und vergleichend ausgewertet werden können (und sollen). So beruhen partizipative Projekte meist auf differierenden Verständnissen von Partizipation, was nicht nur unterschiedliche Machtkonstellationen, sondern auch unterschiedliche „Entscheidungsregime" bedingt. Kollaborative Forschung, die auf gleicher Machtposition von professioneller und Laien-Forschung beruht, sowie Forschung, in der Bürger*innen die Kontrolle über das gesamte Vorhaben übernehmen, verfügt grundsätzlich über andere Voraussetzungen zur Umsetzung bestimmter Ideen als etwa Vorhaben, in denen Bürger*innen über die Ergebnisse gelegentlich nur informiert werden. Der Zugang zu Entscheidungsmacht dürfte zudem ein anderes Maß an Engagement generieren als jene Formen der Kooperation, in denen die Umsetzung eingebrachter Ideen als ungewiss betrachtet werden muss. Vergleichende Evaluationen sind daher sinnvoll, wenn sie unter besonderer Beachtung verschiedener Formen bzw. Grade der Beteiligung durchgeführt werden.

Die Wirkungen kollaborativer bzw. Co-Forschung hängen zudem von einer Reihe weiterer Faktoren ab, zu denen sowohl das Ausmaß als auch die Güte der gemeinsamen Kommunikation und Reflexion gehören dürfte. Partizipative Vorhaben sind grundsätzlich durch eine hohe Dynamik geprägt, die jedoch unterschiedlich ist und nicht nur mit den Projektzielen, sondern auch dem Engagement der involvierten Stakeholder zusammenhängen dürfte. Darüber hinaus ist der Stellenwert gemeinsamer Aktionen von unterschiedlicher Wichtigkeit, was dazu führt, dass Projekte grundsätzlich ein anderes Potenzial zur Entfaltung gesellschaftlicher Veränderungen haben. Obwohl der „Erfolg" von Projekten zuallererst an der Umsetzung der geplanten Projektziele festgemacht werden müsste, unterscheiden sich partizipative Vorhaben darin, wie stark sie bestimmte Auswirkungen auf Co-Forschende (z. B. den Kompetenzerwerb) oder die Initiierung bestimmter Transformationsprozesse betonen. Während es beispielsweise in der Aktionsforschung gerade um die Initialisierung gesellschaftlicher Transformationsprozesse geht und die Organisation gegenseitiger Lernprozesse ein wesentlicher Baustein gemeinsamer Arbeit ist, dient die Einbindung von Patient*innen in manchem Projekt der Gesundheitsforschung lediglich der Unterstützung der Teilnehmer*innenakquise. Bildet die Erhöhung des persönlichen Nutzens der Beteiligten durch Kompetenzaufbau, gemeinsame Aktionen und kollektive Ermächtigungsprozesse ein entscheidendes Ziel der gemeinsamen Arbeit, verfügen Projekte über deutlich größere Potenziale zur Entfaltung erwünschter Wirkungen als Vorhaben, in denen derartige Wirkungen „nur" als positive Nebeneffekte gemeinsamer Forschung betrachtet werden. Systematische Begleitevaluationen stehen daher im gewissen **Widerspruch** zum dynamischen Charakter der Beteiligung, deren Formen sehr individuell und auf die Bedarfe des jeweiligen Projektes „zugeschnitten" sind. Die Erhebung gleicher Outcomes in partizipativen Projekten würde wiederum unterstellen, dass die geschilderten Prozesse sowie das methodische Vorgehen – zumindest in groben Zügen – vergleichbar sind. Vor dem Hintergrund der individuellen Gestaltung vieler Beteiligungsformen dürfte dies auf partizipative Forschung jedoch äußerst selten zutreffen. Selbst Vorhaben, die auf gleichen theoretischen Grundlagen beruhen, können aufgrund eines sehr spezifischen Zuschnitts ihrer Beteiligungsformen zu vollkommen anderen Wirkungen gelangen.

Neben den als eher fundamental zu betrachtenden Abwägungen ob der Sinnhaftigkeit formaler Evaluationen von Forschungspartizipation, lässt sich eine Reihe weiterer methodisch-methodologischer Probleme in diesem Kontext benennen. Nach Baldwin et al. (2018, S. 807) besteht in partizipativen Projekten grundsätzlich das Risiko einer **zum positiven Pol hin verzerrten Evaluation**, in der die Wirkungen von Beteiligung als besonders vorteilhaft dargestellt werden. Gründe dafür sind der meist summative Charakter der Evaluationen und infolgedessen die Berücksichtigung jener Stakeholder, die das Projekt bis zum Abschluss begleiten. Co-Forschende, die ein Vorhaben vorzeitig verlassen, werden in Evaluationen dagegen selten berücksichtigt. Die fehlenden Möglichkeiten differenzierter Datenerfassung führen zur selektiven Berichterstattung, die teilweise dadurch verstärkt wird, dass in die Evaluationen ausschließlich beteiligte Wissenschaftler*innen einbezogen werden. So stellen z. B. Baldwin et al. (2018)[2] fest, dass gerade negative Folgen und besondere Herausforderungen partizipativer Forschung deutlich häufiger in Studien genannt wurden, in denen die Evaluation durch externe Akteure vorgenommen wurde. Dies zeigt, dass Evaluationen partizipativer Forschung ggf. selbst zum Gegenstand von Forschung gemacht werden müssten.

Ein weiteres Problem, das aktuell im Zusammenhang mit der am Ansatz des *Patient and Public Involvement* (Charlesworth 2018) sowie des *Responsible Research and Innovation* (Bogner et al. 2018) orientierten Forschung diskutiert wird, allerdings ein wiederkehrendes Thema partizipativer Forschung – und neuerdings auch der Debatten um Evaluation von Forschungspartizipation – bildet, kreist um die Frage, *wer* die Interessen einer bestimmten Personengruppe am besten repräsentieren kann bzw. soll, vorausgesetzt, dass diese kollektiv ähnlich oder – im Gegensatz dazu – möglichst divergent sein sollen (vgl. Martin 2008). Ein damit verbundenes Dilemma, das gerade in Projekten mit älteren Menschen sichtbar ist, besteht u. a. darin, dass unter den engagierten Laien-Forschenden jene überwiegen, die sich in einer eher privilegierten Position befinden (Arbeitskreis

---

[2]Diese Beobachtung steht im Widerspruch zu den Berichten aus partizipativer Technikentwicklung mit Menschen mit Demenz, in denen eher die Probleme der Beteiligung herausgestellt werden.

Kritische Gerontologie der DGGG und Aner 2016; Kollewe 2015). Am Beispiel
zunehmender Forschungsbeteiligung von Menschen mit Demenz macht Charlesworth (2018) darauf aufmerksam, dass es auch bei dieser Personengruppe zu
ähnlichen Selektionsprozessen kommt. So seien es vor allem jüngere Menschen
in frühen Stadien der Erkrankung, die eine führende Rolle in diesem Kontext
übernehmen. Darüber hinaus wird (gerade im Rahmen der PPI-Forschung) ein
Trend erkennbar, der daraus entsteht, dass Möglichkeiten der Forschungsbeteiligung durch einige Beteiligte als eine Art „zweite Karriere" verstanden werden.
Die öffentlich sichtbare und politisch geförderte Organisation der Beteiligung
führt zur Entwicklung einer Art „Partizipationsindustrie" (Bogner et al. 2018,
S. 115). Die Zunahme öffentlicher Aufmerksamkeit gegenüber Betroffenen und
ihren Angehörigen trägt wiederum zu gewissen Selektionsprozessen in dem Sinne
bei, dass gerade Menschen mit hoher Bildung, guten Sprachkompetenzen und
guter Versorgung besonders häufig an Forschungsentscheidungen partizipieren
und dort eine Art „Quasi-Proxy-Gruppe" bilden. Angesichts der hohen Diversität
unter Menschen mit Demenz stellt sich jedoch die Frage, ob diese Prozesse der
(Selbst-)Selektion zur angemessenen Vertretung der Interessen *aller* Menschen
mit Demenz führen. Eng verknüpft damit ist zudem jene Form der Erfahrung
oder Expertise, die sog. Laien – d. h. Menschen mit Demenz – in die Co-
Forschung einbringen sollen (Collins und Evans 2002). Es dürfte ohne Zweifel
die besondere Erfahrung eines Lebens mit einer Demenz sein, die Betroffene
für partizipative Projekte „qualifiziert". Trotz der Tatsache, dass diese Erfahrung von *allen* Menschen mit Demenz geteilt wird, muss davon ausgegangen
werden, dass das *Erleben einer Demenz* nicht nur durch individuell-persönliche
Faktoren bestimmt wird, sondern zugleich von der jeweiligen Ressourcensituation abhängig ist (vgl. Abschnitt 3.1.1.2.7). Das Eintreten für *die* Interessen *der*
Menschen mit Demenz kann daher nicht nur zu einem ethischen, sondern auch
zu einem methodischen Problem werden, das auf die Evaluation beteiligender
Elemente übertragen werden kann. In ihr muss u. a. reflektiert werden, ob Beteiligte, die durch Selbstselektion gewonnen wurden, auch für die Interessen anderer
Menschen mit Demenz sprechen können. Nicht zuletzt stellt sich die Frage, in
welchem Ausmaß Gatekeeper oder kooperierende Einrichtungen, die z. B. an der
Kompetenzvermittlung mitwirken, die Interessen der Beteiligten beeinflussen, so
dass Evaluationen in gewisser Weise durch deren Einflussnahme verzerrt sind.

Schließlich vermitteln Evaluationen möglicherweise insofern ein verzerrtes
Bild von Forschungsbeteiligung, weil sie durch das retrospektive Vorgehen **keinen
Zugang zur Erfassung begleitender Konflikte** haben. Ob Machtkonflikte oder
Meinungsverschiedenheiten hinsichtlich des „richtigen" Vorgehens – erkennbar

wird am Ende eher das, was alle Beteiligten – unter den jeweils herrschenden Macht- und Entscheidungskonstellationen – bereit waren, als Konsens zu akzeptieren. Nach Charlesworth (2018, S. 1066 f) stellt das Streben nach Konsens daher eines der ungelösten Probleme partizipativer Forschung dar. Eine „zwanghafte" Suche nach gemeinsamen Lösungen kann dazu führen, dass alternative Meinungen ausgeschlossen werden, oder sich eine Mehrheit über eine Minderheit hinwegsetzt. Im Zusammenhang mit der Reflexion der Rolle von Laien-Forschenden plädiert die Autorin deshalb für das Prinzip der am Widerspruch oder der Falsifikation angelehnten Evidenzsuche (sog. *disconfirmatory evidence*). Die damit verbundene Rolle von Co-Forschenden bestünde demnach im Einbringen kritischer Aspekte und dem Aufzeigen von Konflikten, anstelle der Einbindung in einen Prozess der Konsensbildung. *Disconfirmatory evidence* besteht demnach eher im Aufzeigen von Widersprüchen anstatt dem Streben nach Annäherung. Erst die Beschäftigung mit Widersprüchen kann dazu führen, dass es zur weiteren Differenzierung und zur Entwicklung neuer Hypothesen kommt, was die Weiterentwicklung der Forschung möglicherweise stärker befördern kann als die Suche nach Konsens.

Nicht zuletzt muss darauf hingewiesen werden, dass **Wirkungen von Forschungsbeteiligung** nicht zwangsweise einheitlich, sondern auch **widersprüchlich** sein können. Diese Widersprüchlichkeit kann sich auf der zeitlichen Dimension (z. B. zwischen kurz-, mittel- und langfristigen Wirkungen) sowie der Dimension gesellschaftlicher Stratifizierung (z. B. Mikro-, Meso- und Makro-Ebene) ergeben. Selbst auf der gleichen Ebene kann partizipative Forschung zu gegensätzlichen Entwicklungen führen. Dies betonen z. B. Barnes and Walker (1998), die davon ausgehen, dass Empowerment auf einer Dimension der Lebenslage eines Menschen nicht zwingend zum Empowerment auf allen Dimensionen der Lebenslage führen muss. Partizipative Forschung, die sich gegen strukturelle Machungleichheit wendet, kann daher auch zur persönlichen Unzufriedenheit der Beteiligten führen, weil sie die Abhängigkeitsverhältnisse ihrer eigenen Lebenslage besser erkennen können. Der aufklärerische Charakter partizipativer Vorhaben, der darin besteht, konfliktive Interessen anzusprechen und einen Raum für deren Analyse und Bearbeitung zu schaffen, kann kurzfristig auch als belastend erlebt werden, bis die Beteiligten erste Strategien zur Bewältigung und Veränderung ihrer Lebenssituation finden. Wie oben bereits erwähnt, kann partizipative Forschung zu gegensätzlichen Wirkungen auf verschiedenen Ebenen führen, während erwünschte Veränderungen zum Teil erst nach langer Zeit sichtbar werden. Daraus erwachsen verschiedene Fragen, u. a. nach dem richtigen Zeitpunkt der Erfassung mehrdimensionaler Wirkung partizipativer Vorhaben, nach geeigneten Outcomes sowie ihrer Messung. Fällt dabei der Blick auf die Ebene der Beteiligten, so muss auch hier konstatiert werden, dass politisches

Empowerment nicht zwingend mit der Verbesserung in anderen wünschenswerten Outcomes, z. B. der Lebenszufriedenheit, einhergehen muss. Ermächtigung kann auch mit einer subjektiven Belastung durch mehr Verantwortungsübernahme und steigende Anforderungen an individuelle Kompetenzen verbunden sein. Dies macht z. B. Liamputtong am Beispiel von Empowerment deutlich, dessen Wirkungen nicht nur schwer zu operationalisieren und zu messen sind, sondern in ihrer Widersprüchlichkeit und Ambivalenz akzeptiert werden müssen: „Thus, empowerment is a complicated and abstruse concept. Often, it is not easy for researchers to determine clearly if it has actually occurred or not." (Liamputtong 2015, S. 10).

Betrachtet man Wirkungen partizipativer Forschung, kann es allerdings nicht nur darum gehen, erwünsche, positive Wirkungen zu erfassen. Vielmehr müssen auch unerwünschte, **negative Wirkungen** von Forschungsbeteiligung in den Blick genommen werden. Ausgehend von partizipativen Ansätzen aus sozialwissenschaftlicher Sicht spielen hier etwa Prozesse des psychologischen und politischen **Empowerments** eine wichtige Rolle (Herriger 2020). So sehr es darum gehen sollte, auch in der Technikentwicklung zur Förderung des psychologischen und politischen Empowerments zu gelangen, bleibt nicht ausgeschlossen, dass in konkreten Projekten ein Empowerment einiger Personen mit dem Disempowerment anderer Teilnehmer*innen einhergeht, z. B. wenn Macht weniger als sozial und kooperativ, d. h. im Sinne von „*power to*" und „*power with*" (Lennie 2005, S. 399), sondern im Sinne von Dominanz und Kontrolle verstanden wird. Die Reflexion von Machtstrukturen – sowohl innerhalb als auch außerhalb eines Projektes – stellt daher nicht nur einen wichtigen Aspekt projektbegleitender Reflexion dar, sondern sollte auch zum Gegenstand von Evaluation partizipativer Forschung gemacht werden.

Diese Beispiele verdeutlichen, dass vergleichende Evaluationen von Forschungspartizipation – vor allem dann, wenn sie die Wirkungen unterschiedlicher Partizipationsprojekte vergleichen wollen – vor einer Reihe methodischer und methodologischer Herausforderungen stehen. Trotz aller Bedenken können sie allerdings sehr hilfreich sein, vor allem dann, wenn sie den Blick auf die Vielfalt der Wirkungen legen und es ihnen gelingt, auch langfristige – nicht nur auf der Mikroebene, sondern auch auf der Meso- und der Makroebene liegenden – Wirkungen zu erfassen. Da viele partizipative Vorhaben ihr Vorgehen auch auf der Ebene der Initiierung von Wandel und Transformation konzeptionieren, wären ggf. auch Fragen der Nachhaltigkeit eines durch partizipative Forschung eingeleiteten Wandels von hohem Interesse. Die empirisch erfasste Änderung ausgewählte Aspekte sollte jedoch wahrnehmbar und damit auch messbar sein. Sie messbar zu machen, wäre jedenfalls Ziel der Wirkungserfassung partizipativer Forschung. Sie aus Sicht der Co-Forschenden als real zu erleben, stellt wiederum einen relevanten Faktor der Zufriedenheit mit der eigenen Beteiligung dar (vgl. Corrado et al. 2019). Von hoher Relevanz wären daher auch theoretische Arbeiten, die sich der Verzahnung zwischen den verschiedenen Arten der Wirkungen auf verschiedenen Ebenen widmen. Trotz alledem bedarf es auch der Auseinandersetzung mit den fundamentalen Fragen und Dilemmata partizipativer Forschung, die gerade angesichts zunehmender Evaluationen (insbesondere im Bereich der PPI-Forschung) aufflammen. Es reicht daher nicht aus, die besonderen Vorteile der Beteiligung von Bürger*innen und der Öffentlichkeit (PPI) an Forschung hervorzuheben: Auch deren Nachteile sind dringend zu analysieren.

Schließlich bedarf es einer Diskussion über das geeignete forschungsmethodische Vorgehen bzw. über das geeignete **Evaluationsverständnis**. Nach Hornbostel (2016, S. 2) ist „Evaluation (…) die systematische Untersuchung des Nutzen oder Wertes eines Gegenstandes". Dabei können Evaluationsgegenstände sehr verschieden sein – etwa „Programme, Projekte, Produkte, Maßnahmen, Leistungen, Organisationen, Politik, Technologien oder Forschung" (ebenda). Ebenfalls können Evaluationen verschiedene Funktionen haben: a) die *Erkenntnisfunktion*, die sich auf Informationen über die Beschaffenheit, Wirkungen oder Effizienz bezieht, b) die *Kontrollfunktion*, die der Überprüfung bestimmter Werte, z. B. der Projektziele, gewidmet ist, c) die *Dialogfunktion*, die z. B. der Unterstützung fachlicher Kommunikation über bestimmte Gegenstände dient, d) die *Legitimationsfunktion*, die sich meist auf die Rechenschaftslegung konzentriert, e) die *Evidenzfunktion*, die der Generierung von fundierten oder evidenzbasierten Handlungsempfehlungen oder Entscheidungen dienen soll, sowie f) die *Öffentlichkeitsfunktion*, die den Schwerpunkt auf die externe Kommunikation bestimmter Inhalte legt (Hornbostel 2016). Obwohl das damit umrissene Verständnis der Evaluation keine Aussage über die notwendige Zahl der verfolgten Funktionen, noch über die Methoden, mit deren Hilfe sie umgesetzt werden sollen, macht, zielt es eher auf formale oder summative Evaluationen ab. Geht es um Wirkungen der Beteiligung an Forschung, sollten jedoch auch partizipative Evaluationen zum Einsatz kommen. Die Funktionen partizipativer Evaluationen unterscheiden sich dabei von traditionellen Evaluationsformen dahingehend, dass sie ähnliche Ziele verfolgen wie partizipative Forschung selbst. Dazu zählt aus sozialwissenschaftlicher Sicht z. B. die Förderung von Empowerment und Capacity-Building (etwa auf Mikro-, Meso- oder Makroebene) sowie die Veränderung realer Verhältnisse (Lennie 2005). **Partizipative Evaluationsansätze** sind jedoch

heute – ähnlich wie partizipative Forschung insgesamt – keinesfalls einheitlich.[3]
Alleine in den Sozialwissenschaften lassen sich sehr unterschiedliche Vorstellungen partizipativer Evaluationen aufzeigen (Häseler-Bestmann 2019). Deren Einsatz ist vor allem dort wichtig, wo typische Formen einer formativen oder summativen Evaluation zu kurz greifen bzw. wo eine im Sinne der quantitativen Forschung verstandene Evidenzerfassung nicht geeignet ist. Typisch dafür sind Kontexte, die durch eine hohe Komplexität der in Frage stehenden Veränderungen, etwa aufgrund der Mehrdimensionalität und Mehrdirektionalität verschiedener Wirkungszusammenhänge, gekennzeichnet sind, bzw. Forschungsprojekte, die sich durch ein stark iteratives Vorgehen auszeichnen. Als Beispiel können hier Implementationsstudien für neue Technologien genannt werden. Auch dann, wenn der Transfer gewonnener Erkenntnisse aus der Evaluation während eines laufenden Projektes umgesetzt werden soll, spricht dies für partizipative Evaluation. Komplexe Fragestellungen bedürfen zudem eines anderen **Evidenzverständnisses** als z. B. Evaluationsfragen, die von klaren Kausalzusammenhängen ausgehen können.[4] Zusammenfassend betrachtet, kann die hier angesprochene Diskussion über verschiedene Evaluationsverständnisse keinesfalls als abgeschlossen gelten. Widmet man sich der Evaluation der Beteiligung von Menschen mit Demenz an der Entwicklung von Technik, so muss wiederum festgehalten werden, dass sie bisher noch nicht einmal begann. Daher stellt die nachfolgende Beschäftigung mit den Wirkungen partizipativer Forschung mit Menschen mit Demenz einen Beitrag dar, dessen Weiterentwicklung dringend wünschenswert wäre.

4.3 Wirkungen partizipativer Forschung mit Menschen mit Demenz

Betrachtet man partizipative Technikentwicklungsprojekte mit Menschen mit Demenz, so muss zunächst konstatiert werden, dass der Stand empirisch generierter Erkenntnisse über Wirkungen der Beteiligung der Co-Forschenden als stark lückenhaft bezeichnet werden muss. Wird in der Fachliteratur über empirisch erfasste Wirkungen von Beteiligung berichtet, so zeigt sich, dass deren Erhebung meist keinem theoretischen Modell folgte, noch durch den Einsatz empirischer Forschungsmethoden geschah. Auch die Sicht der Co-Forschenden

---

[3] Als Beispiel kann hier das Konzept der *praxisbasierten Evidenz* eingebracht werden (Häseler-Bestmann 2019).

[4] Für ein allererstes Verständnis partizipativer Evaluationen eignet sich z. B. die sog. Community Toolbox des *Center for Community Health and Development* an der *University of Kansas*. https://ctb.ku.edu/en/table-of-contents/evaluate/evaluation/participatory-evaluation/main.

findet darin selten ihren Ausdruck. Kommt es zur Erhebung von Erwartungen an Forschungspartizipation oder zur Erhebung der Zufriedenheit mit den Formen, Methoden oder Ergebnissen der Beteiligung, so dienen die Erkenntnisse meist der internen Prozessgestaltung und werden selten zum Gegenstand theoretischer oder methodischer Diskussionen, geschweige denn der Publikationstätigkeit. Die meisten Studien geben exemplarische Einblicke in den Prozess der Beteiligung, während nur äußerst wenige Studien vorliegen, die konkrete Angaben zu den Wirkungen der Beteiligung machten. Werden Vorhaben betrachtet, in denen es zur Erfassung der Wirkungen von Beteiligung kam, war das methodische Vorgehen an qualitativer Forschung orientiert. Die meisten Erhebungen folgten jedoch keinem spezifischen methodologischen Ansatz, sondern fanden eher „ad hoc", z. B. während einzelner Projektsitzungen, statt. Die Berichterstattung über die Wirkungen von Beteiligung ist in der Regel stark selektiv. Werden Wirkungen bestimmter Formen der Beteiligung präsentiert, geschieht dies in Form einzelner Beispiele. Dabei sind die Darstellungen weder systematisch in dem Sinne, dass sie alle relevanten Wirkungsarten benennen, noch analysieren sie die Beobachtungen in angemessener Tiefe bzw. mit kritischem Blick auf die Wirkmächtigkeit der Kontextbedingungen und Machtverhältnisse. Bei der Darstellung der Ergebnisse der Beteiligung kommt es häufig zu Problematisierungen oder zur Reflexion von Barrieren bzw. negativen Folgen partizipativer Forschung, während positive Wirkungen der Partizipation eher unsichtbar bleiben. Als besonders herausfordernd werden dabei die organisatorischen Aspekte partizipativer Forschung dargestellt. Dadurch entsteht vielfach der Eindruck, dass die Beteiligung von Menschen mit Demenz die Forschung eher behindert anstatt sie zu fördern. Wissenslücken bestehen allerdings nicht nur in der partizipativen Technikentwicklung, sondern ebenso in der partizipativen Forschung mit Menschen mit Demenz im Allgemeinen. Dies bestätigen Bethell et al. (2018), die sich mit der Analyse von **Wirkungen und Barrieren der Forschungspartizipation von Menschen mit Demenz und ihrer nahen Versorgungspersonen** befassten. Von den 54 Publikationen, die in das Review aufgenommen wurden, war die Mehrheit der Publikationen jüngeren Datums, d. h. erschien nach dem Jahr 2010. Trotz einiger weniger quantitativer Angaben, wobei die qualitativen Ergebnisse überwogen, gibt die Mehrzahl der Studien allenfalls vereinzelte Einblicke in die Wirkungen von Forschungspartizipation. Zu einer ähnlichen Bewertung kommen Backhouse et al. (2016, S. 343), die sich mit der kollaborativen Forschung mit Pflegeheimbewohner*innen befassen. Im Anschluss an die Analysen ihrer Reviewstudie merken sie an, dass es anhand vieler Publikationen kaum erkennbar wird, ob Beteiligung überhaupt stattgefunden hat. Vor dem Hintergrund des erschwerten Zugangs zum Feld wurde die Teilnahme der Pflegeheimbewohner*innen zum Teil bereits als

Erfolg gewertet. In den dazugehörigen Veröffentlichungen steht meist die Darstellungen der Ergebnisse im Vordergrund, während das methodische Vorgehen und die Formen der Einflussnahme auf die Ergebnisse vielfach nur rudimentär beschrieben werden. Dadurch ist es nicht möglich, die Wirkungen der Projekte in Abhängigkeit vom methodischen Ansatz zu vergleichen. Aufgrund fehlender formaler Evaluation der partizipativen Studien stellt dies eine zusätzliche Schwierigkeit für jene Personen dar, die an den bisherigen Erfahrungen zum Zweck einer besseren Gestaltung von Beteiligungsprozessen interessiert sind. Zusammenfassend betrachtet, können aus technikorientierten Vorhaben, aber auch aus anderweitigen partizipativen Projekten mit Menschen mit Demenz nur äußerst selektive Erkenntnisse über Wirkungen der Partizipation entnommen werden. Da es an systematischen Erhebungen mangelt, muss deren Evidenz zudem eher als anekdotisch denn als fundiert bewertet werden.

Angesichts der o. g. Desiderata richtet sich der Blick dieses Kapitels zwar auf vorliegende Erkenntnisse aus Studien zur Technikentwicklung mit Menschen mit Demenz, erweitert die Analyseperspektive jedoch auf Erfahrungen aus anderen Forschungsbereichen. Dadurch soll herausgearbeitet werden, was über die Wirkungen der Beteiligung von Menschen mit Demenz in anderen Forschungsfeldern bekannt ist, um zu prüfen, ob diese Erkenntnisse auf die Entwicklung von Technik übertragen werden können. Da ausgewählte Herausforderungen der gemeinsamen Forschung mit Menschen mit Demenz bereits an anderer Stelle ausführlich beschrieben und diskutiert wurden (vgl. Abschnitt 3.2), liegt der Hauptfokus dieses Kapitels auf Beiträgen zu wünschenswerten, d. h. positiven Wirkungen der Forschungsbeteiligung. Darüber hinaus wird der Schwerpunkt der Darstellung auf den Wirkungen auf Co-Forschende liegen. Wie oben bereits geschildert, kann sich Forschungspartizipation auf verschiedene Bereiche und Ebenen auswirken. Entscheiden sich Forschende für ein partizipatives Vorgehen, legitimieren sie ihre Wahl meist mit mehreren Wirkungsformen bzw. -arten. Nach Swarbrick et al. (2016, S. 6) sollte die Förderung partizipativer Forschung jedoch in erster Linie unter dem Aspekt der Relevanz für die beteiligten Menschen bewertet werden. Ziel von Partizipation – auch von Forschungspartizipation – ist in erster Linie die *Förderung von Co-Forschenden*, z. B. durch Empowerment, und nicht etwa die *Förderung von Forschung* durch Betroffenenpartizipation. Diesem Ziel folgend, sollen andere Wirkungsdimensionen nicht gänzlich ausgeblendet werden, bilden hier jedoch eine ergänzende Perspektive, die an einer anderen Stelle vertieft werden müsste.

4.3.1   Wirkungen partizipativer Forschung auf Co-Forschende mit Demenz

Widmet man sich den **Wirkungen partizipativer Forschung mit Menschen mit Demenz in der Technikentwicklung**, so entsteht zunächst der Eindruck, dass deren Einbeziehung zuallererst der effektiven Entwicklung der jeweiligen Technologie dienlich sein soll. Sichtbar wird diese Logik an vielen Projektevaluationen, in denen es in aller Regel um die Bewertung der entwickelten Prototypen (z. B. unter Aspekten der Usability oder Akzeptanz) oder der verschiedenen Schritte des Forschungsprozesses geht. Äußerst selten werden dagegen **Wirkungen der Teilnahme auf Beteiligte**, z. B. im Hinblick auf Empowerment, gemeinsame Lernprozesse, Demokratisierung oder gesellschaftliche Veränderungen erfasst (Bossen et al. 2012). Richtet man den Blick auf unerwünschte Wirkungen der Beteiligung, so werden meist Herausforderungen genannt, die in der Mehrzahl die praktische Umsetzung partizipativer Vorhaben betreffen, z. B. bei der Akquise der Teilnehmer*innen, durch zeitliche Verzögerungen oder hohe Drop-out-Raten. Da Menschen mit Demenz in den meisten Vorhaben nicht als gleichberechtigte Partner*innen einbezogen werden und es im Rahmen partizipativer Technikentwicklung keine gemeinsamen (theoretischen) Vorstellungen über die Quellen der Motivation der Co-Forschenden gibt, werden positive Wirkungen auf Beteiligte (z. B. im Hinblick auf den persönlichen Nutzen, den Co-Forschende durch die Beteiligung wahrnehmen) allenfalls sporadisch erfasst (Span et al. 2013; Bossen et al. 2012). Die Beschäftigung mit den Wirkungen der Beteiligung bildet schließlich keinen konsensuellen Arbeitsschritt von Technikentwicklungsprojekten (vgl. Abschnitt 3.1.4). Im Vordergrund der letzten Phasen eines solchen Projektes steht die *Evaluation der Technik* (z. B. meist im Alltag der Betroffenen) und keinesfalls die *Evaluation der Wirkungen der Beteiligung*, z. B. auf die Beteiligten selbst oder auf andere Bereiche. Trotz dessen erfolgt die Legitimation der partizipativen Forschung mit der Annahme einer Vielzahl positiver Wirkungen, die jedoch äußerst selten, z. B. in Form von Vorher-Nachher- oder retrospektiven Befragungen, zum Thema der Projekte gemacht werden.

Im Rahmen der Reflexion eines partizipativen Projektes, in dem ein Web-Tool zur gemeinsamen Entscheidungsfindung für Menschen mit Demenz, ihre Angehörigen und Case-Manager entwickelt wurde, betonen Span et al. (2016, S. 167 f), dass die Studienteilnahme für Betroffene eine Belastung darstellte, weil sie immer wieder mit kognitiven Herausforderungen, mit ihrer Erkrankung und ihrer schwindenden Alltagsautonomie konfrontiert wurden. Die psychische Belastung entstand auch deshalb, weil die Kontinuität der Arbeit an dem Web-Tool den Co-Forschenden den Fortschritt ihrer Erkrankung stetig vor Augen führte. Die Ergebnisse der anschließenden Befragung (ebenda) bestätigten diese Beobachtung, machten jedoch zugleich deutlich, dass der Grad der Belastung deutlich geringer war als von den Wissenschaftler*innen zunächst erwartet. So berichteten Co-Forschende mit Demenz, dass sie auf die Verschlechterung ihrer Situation zwar emotional reagierten, die Auseinandersetzung mit der Erkrankung, z. B. in den begleitenden Gesprächen, dennoch als äußerst wichtig empfanden. Daher nutzten sie die im Projekt bestehenden Gesprächsmöglichkeiten, um ihr emotionales Empfinden zu thematisieren und ihre Gefühle zum Ausdruck zu bringen.

Die von Span et al. (2016) vorgelegten Ergebnisse fügen sich nicht nur in den Kanon vieler Beobachtungen aus partizipativer Technikentwicklung, sondern spiegeln die Erkenntnisse der partizipativen Gesundheitsforschung wieder, die den **Beitrag zur Bewältigung** einer Erkrankung als Motiv zur Teilnahme an partizipativen Projekten und zugleich als eines ihrer wichtigsten Ergebnisse betrachtet. Dies bestätigen u. a. Ergebnisse einer von Ashcroft et al. (2015) durchgeführten Mixed-Methods-Studie, an der 140 Menschen mit verschiedenen Erkrankungen (u. a. auch neurodegenerativen Erkrankungen) sowie deren Angehörige teilgenommen haben. Die Befragten gehörten zu ehrenamtlich Engagierten, die sich an Projekten des *National Institute for Health Research* (NIHR) im Rahmen der PPI-Forschung beteiligten. Die Auswertung des qualitativen Teils der Befragung, der dem Zusammenhang zwischen der Motivation zur Teilnahme und den erlebten Wirkungen auf Beteiligte gewidmet war, bestätigte diese Beobachtung. So war erkennbar, dass die **Verbesserung der Einstellung zur eigenen Erkrankung** und zu der eigenen Situation (im Sinne von Krise) eine der wichtigsten Wirkungsdimensionen bildete. Die Befragten gaben an, dass sie durch ihr Engagement ihrer schwierigen Situation etwas Positives abgewinnen konnten, durch den Austausch mit anderen Betroffenen und die Peer-to-Peer-Unterstützung neue Wege im Umgang mit ihrer Situation fanden und sich als Teil einer „bewältigenden" Gemeinschaft begreifen konnten. Durch den Austausch mit Expert*innen vertieften sie zudem ihr Wissen über die Erkrankung, was sie als zusätzliche Bewältigungsressource nutzten. Die Ergebnisse zeigen, dass sie damit eine **Transformation von Sinn** vollzogen, indem sie ihrer bis Dato ausschließlich als negativ wahrgenommenen Erkrankung einen neuen Sinn verleihen konnten.

Nach Thoft et al. (2018) kann das Engagement in einer Co-Forschungsgruppe ähnliche Effekte entfalten wie die Teilnahme an einer Selbsthilfegruppe. Die Wissenschaftler*innen gehen davon aus, dass partizipative Forschung nicht nur zur Transformation von Sinn, sondern auch zu **rehabilitativen Wirkungen** beitragen kann. Nach der Durchführung eines partizipativen Projektes mit 12 Menschen mit beginnender Demenz, das der Entwicklung eines konzeptionellen Modells der

Partizipation gewidmet war, betonen Thoft et al. (2018), dass derartige Wirkungen auch dann möglich sind, wenn das Vorhaben nicht explizit der Rehabilitation, sondern anderen Themen gewidmet ist. Voraussetzung für den positiven Effekt ist, dass Menschen mit Demenz die Möglichkeit erhalten, sich in einem geschützten Raum mit ihrer Erkrankung zu befassen. Auch technikorientierte Forschung und Entwicklung kann derartige Reflexionsräume bieten, indem sie die Kommunikation über Demenz zulässt und sie sensibel begleitet. Die Möglichkeit, mit anderen Betroffenen über die eigene Situation sprechen zu können – und zwar in einem nichtstigmatisierenden und nichtdiskriminierenden Kontext – kann für Co-Forschende mit Demenz als Gelegenheit zur Reflexion der eigenen Situation wahrgenommen werden (Dewing 2002). Nach Thoft et al. (2018) führt dies zur Akzeptanz der Erkrankung und fördert zugleich die Wahrnehmung von Hoffnung und Kontrolle, indem neue Bewältigungsoptionen erfahrbar und spezifische Bewältigungsstrategien erlernt werden können. Die beteiligten Menschen mit Demenz gaben daher an, auf das Leben mit einer Demenz besser vorbereitet zu sein. Wichtig war jedoch, dass Co-Forschende eine Art Peer-to-Peer-Beratung sowie gegenseitige emotionale Unterstützung erfahren konnten.

Positive Wirkungen eines Engagements in Forschungsprojekten bestehen nicht nur bei Personen mit bestimmten Erkrankungen, sondern auch bei älteren Menschen, die nicht in ihrer Rolle als Patient*innen angesprochen wurden. Nach Ashcroft et al. (2015) zählen dazu **bestimmte psychologische Aspekte**, wie z. B. die Stärkung des Selbstwertes und des Selbstvertrauens sowie die höhere Akzeptanz von Herausforderungen. Dies bestätigen auch Ergebnisse einer systematischen Reviewstudie von Baldwin et al. (2018), in der die Wirkungen kollaborativer Forschung mit älteren Menschen ausgewertet wurden. Die insgesamt neun einbezogenen Studien zeigen, dass – neben der Zunahme von Selbstvertrauen – auch Freude, Zufriedenheit und das Gefühl etwas Wertvolles geleistet zu haben, als wichtige Ergebnisse festgehalten werden konnten. Positive Wirkungen zeigen sich ebenfalls im Hinblick auf **soziale Aspekte.** Neben der Erfahrung von **Reziprozität**, womit das Gefühl verbunden war, etwas Wertvolles zurückgeben zu können, wurde auch das Erleben von Wertschätzung und Anerkennung herausgestellt. Darüber hinaus lassen sich – neben subjektiv erfassten Faktoren – auch objektive Aspekte benennen, zu denen u. a. der Aufbau neuer sozialer Beziehungen und Kontakte (u. a. zu anderen Co-Forschenden, zu Wissenschaftler*innen sowie anderen Menschen aus der Kommune) gehörte (Baldwin et al. 2018; Ashcroft et al. 2015). Schließlich konnten Wirkungen beobachtet werden, die Beteiligte im Sinne **kognitiver Anregung bzw. Aktivität** und des Erwerbs neuer **Kompetenzen und Interessen** deuteten. Neben der Entwicklung konkreter Kompetenzen und Fähigkeiten, wurde die Möglichkeit der

Auseinandersetzung mit bisherigen Annahmen und Vorurteilen, persönliche Weiterentwicklung (im Sinne des personellen Wachstums) und die Entwicklung neuer
Aktivitäten als zentral herausgestellt (Baldwin et al. 2018, S. 805f). Als bemerkenswert kann zudem hervorgehoben werden, dass die positiven Auswirkungen
der Beteiligung auf die eigene Person für einige Co-Forschende wichtiger waren
als die Projektziele bzw. die erzielten Ergebnisse (Baldwin et al. 2018).

Zu ähnlichen Erkenntnissen gelangen **partizipative Studien, die ausschließ-
lich mit Menschen mit Demenz** durchgeführt wurden. Dies betrifft u. a. die
psychologischen Aspekte, wie z. B. das Gefühl gebraucht zu werden sowie das
Erleben von Anerkennung und Wertschätzung. Letzteres zu erleben, stellt für
Menschen mit Demenz ein hohes Gut dar, da es das Selbstwertgefühl stärkt
und die Bereitschaft zur Akzeptanz der eigenen Situation fördert (Barnett 2000;
Tanner 2012; Rodgers 2017). Auf eine Reihe **sozialer Aspekte** als Ergebnis der
Forschungspartizipation weisen wiederum Litherland et al. (2018) hin. In retrospektiven Interviews mit einer Gruppe von Menschen mit Demenz und ihren
Angehörigen, die sich an der Durchführung der Studie IDEAL (*Improving the
Experience of Dementia and Enhancing Active Life*) beteiligten, konnte eine Reihe
derartiger Wirkungen aufgezeigt werden. Die Beteiligten berichteten, dass für sie
die Möglichkeit der (Mit-)Entwicklung und der Zugehörigkeit zu einem Team
wichtig waren. Gerade die zweitgenannte Erfahrung, d. h. Mitglied eines Teams
zu sein, in dem individuelle Beiträge respektiert und wertgeschätzt werden, in
dem Vertrauen herrscht und ein Gefühl der Sicherheit und Geborgenheit entwickelt werden kann, bildeten ein wichtiges Ergebnis der Beteiligung. Auch die
Entstehung einer **Gruppenidentität** wurde als wichtiges Ergebnis der gemeinsamen Arbeit betrachtet. Litherland et al. (2018) betonen jedoch, dass derartige
Wirkungen nicht voraussetzungslos sind. Vielmehr sei es wichtig, dass es dem
Co-Forschungsteam gelingt, ein „Ort" der *sozialen Gemeinschaft* zu sein, die
mehr als eine *Interessensgemeinschaft* ist. Konkret bedeutet dies, dass es nicht
nur darum gehen darf, an einer als sinnvoll wahrgenommenen Aufgabe zu arbeiteten, sondern dass es zur Bildung positiver Beziehungen innerhalb der Gruppe der
Co-Forschenden sowie zwischen Co-Forschenden und Wissenschaftler*innen
kommen muss. Auch das Gefühl der Verbundenheit mit der Forschung war eine
wesentliche Erfahrung der Beteiligung. Entscheidend für deren Konstitution war
wiederum nicht nur regelmäßiger Kontakt, sondern vor allem das Gefühl, als
Partner*in wahrgenommen zu werden – und nicht etwa als eine „außerhalb der
Forschung" stehende Person, die „zusätzliche", weil nicht zwingend notwendige
Aufgaben wahrnimmt. Dies bestätigen auch die Ergebnisse der durch Littlechild
et al. (2015) durchgeführten Evaluation, in der Co-Forschende mit Demenz vor
allem die Kontakte außerhalb der „Welt der Demenz" als wichtig empfanden. Sie

gaben ihnen das Gefühl, ein „selbstverständlicher Teil der Welt" zu sein und halfen ihnen dabei, bestimmte Stereotype abzulegen. Wesentlich war dabei, dass für die Nachhaltigkeit der Kontakte durch Anschlusstätigkeiten gesorgt war, so dass die Beendigung des Projektes keinesfalls mit der Beendigung des Engagements verbunden war.

Im Zusammenhang mit der Co-Forschung mit Menschen mit Demenz stellt sich häufiger die Frage, ob sie durch ihr Engagement einen ähnlichen Nutzen generieren können wie andere Personengruppen, oder ob Menschen mit Demenz durch ihre Beteiligung eine spezifische Art von Nutzen – im Sinne **spezifischer Wirkungen** – erfahren. Partizipative Studien, die ausschließlich mit Menschen mit Demenz durchgeführt wurden, scheinen diese Annahme zu bestätigen. Einen häufig genannten Aspekt stellt in diesem Zusammenhang die Auseinandersetzung mit bzw. der Aufbau einer **neuen Identität** dar. So macht u. a. Dewing (2002) darauf aufmerksam, dass Menschen mit Demenz aufgrund ihrer Erfahrungen, die gegenüber anderen Menschen kaum vermittelbar sind, häufig nicht ernst genommen werden. Dadurch fühlen sie sich missverstanden und in ihrem Erleben chronisch missachtet. In partizipativen Projekten, die Raum für die Darstellung des eigenen Erlebens schaffen, besteht die Gelegenheit, dass Betroffene mit anderen Menschen über ihr Erleben sprechen und dadurch eine Bestätigung ihrer Gefühle erfahren. Als Person wahrgenommen zu werden, die ein Recht auf die Anerkennung der Realität der eigenen persönlichen Erfahrung hat, stellt für die meisten Menschen eine selbstverständliche Situation dar. Für Menschen mit Demenz ist es jedoch eine seltene Erfahrung (Dewing 2002). Dabei stellt die Bestätigung des eigenen Erlebens als authentisch und die Anerkennung als (ganze) Person die Voraussetzung für die Entwicklung einer als positiv wahrgenommenen Identität dar (Kitwood 1995). Partizipative Projekte, die entsprechende Reflexionsräume schaffen, bilden daher potenzielle Orte zur Bildung einer eigenen, neuen Identität. Tanner (2012) macht zudem darauf aufmerksam, dass Menschen mit Demenz nicht nur strukturierte Gelegenheiten brauchen sich *als Personen, welche die Erfahrung des Lebens mit einer Demenz* teilen, authentisch zu erleben, sondern ebensolche Gelegenheiten brauchen, sich in ihrem neuen *Selbst*verständnis *positiv zu erleben*. Dies zeigt sich in der Studie von Tanner (2012), in der Co-Forschende mit Demenz als Interviewer*innen fungierten und daher viele Gelegenheiten hatten, ihre Rolle – als Forschende *mit Demenz* – zu erproben und durch die entgegengebrachte Anerkennung einen positiven Blick auf die eigene Identität zu entwickeln. Im Verlauf der kollaborativen Forschung stieg nicht nur ihr Selbstwert, sondern auch ihre Selbstakzeptanz. Sie konnten sich selbst als Menschen *mit einer Demenz* – auch mit den damit verbundenen

Verlusterfahrungen – besser annehmen, aber gleichzeitig auch eine neue Identität – und zwar als *Personen mit einer Demenz* – entwickeln.

Diese Besonderheit, d. h. sich als Mensch mit einer Demenz anzunehmen, zu akzeptieren und einen neuen Blick auf die eigene Person zu entwickeln, zeigt sich auch in der Studie von McConnell et al. (2019). In diesem Projekt, an dem insgesamt neun Menschen mit beginnender Demenz teilnahmen, stand die Entwicklung einer Definition von Empowerment im Vordergrund der gemeinsamen Arbeit. Eine zentrale Aufgabe der Co-Forschenden war die systematische Entwicklung eines mehrdimensionalen theoretischen Begriffes von Empowerment – aus Sicht von Menschen mit Demenz. Der zentrale Nutzen dieses partizipativen Projektes, das auch Familienangehörige der Beteiligten integrierte, ging über die Entwicklung einer spezifischen Identität hinaus und umfasste ebenfalls die **Minimierung des persönlichen und herangetragenen Stigmas**. In der abschließenden Reflexion halten die Autoren entsprechend fest: „it could be argued that knowledge transfer in the form of awareness raising has the potential for all PWD, including their families to become more confident and empowered to speak openly about living with dementia and help diminish personal and perceived stigma" (McConnell et al. 2019, S. 9). Der **Wissenstransfer** führte zu mehr **Selbstbewusstsein**, mehr **Selbstvertrauen** und zur **Selbstermächtigung**. Indem die Beteiligten lernten offen über ihr Leben mit Demenz zu sprechen, fanden sie Wege zur Überwindung eines Stigmas, das zwar gesellschaftlich vermittelt, schlussendlich aber auch persönlich internalisiert war.

Der von McConnell et al. (2019) dargestellte Prozess zur Überwindung von Stigmata kann als ein wichtiger Schritt auf dem Weg zur Entwicklung einer neuen Identität betrachtet werden. Menschen mit Demenz werden dabei mit vielen Hürden konfrontiert, zu denen nicht nur die Bewältigung der Folgen der Erkrankung, sondern auch die Auseinandersetzung mit der negativen Sicht der sozialen Umwelt gehört. Demenz wird nach wie vor als Makel wahrgenommen, der nicht nur die eigene Identität, sondern auch das Personsein in existentieller Weise erschüttern kann. Die Entwicklung einer neuen Identität setzt daher die **Sicherung des Person-Sein** voraus, bedeutet allerdings keinesfalls, dass es nur um die Übernahme bisheriger Identitätsanteile geht. Vielmehr stellt die Entwicklung einer neuen Identität einen komplexen Prozess dar, der sich in der Auseinandersetzung zwischen der Bewahrung bestehender und der Entwicklung neuer Identitätsanteile vollzieht. Darüber hinaus bedarf es bestimmter Gelegenheiten zur Bestätigung des positiven Selbst. In der von Littlechild et al. (2015) durchgeführten Studie gaben Co-Forschende in der Evaluation eines partizipativen Projektes an, dass die „Erprobung" der „Demenz-Identität" im öffentlichen Raum hilfreich war, um sich z. B. mit den eigenen als auch fremden Erwartungen auseinandersetzen zu können. Wird die Transformation von Sinn daher als eine generalisierte Wirkung partizipativer Studien bei Menschen mit lebensbedrohlichen Erkrankungen betrachtet, die auch bei Menschen mit Demenz eine wichtige Rolle spielt, dürfte die **Transformation der Identität** ein spezifisches Potenzial darstellen, das als positive Wirkung partizipativer Forschung mit Menschen mit Demenz generiert werden kann. Die Entwicklung einer positiven Sicht auf die eigene Person, verbunden mit dem Ablegen einer vorurteilsbehafteten Sicht auf das Selbst, stellen zentrale Voraussetzungen des geschilderten Prozesses dar (Litherland et al. 2918).

Die Übernahme einer Rolle als Co-Forschende*r und die Entwicklung einer **Gruppenidentität** können diesen Prozess wesentlich erleichtern (Litherland et al. 2018). Daran knüpfen Arbeiten von Clare et al. (2008, vgl. auch Clare 2003) an, in deren Mittelpunkt die Herausbildung von **sozialer bzw. kollektiver Identität** unter besonderer Betrachtung eines Lebens mit Demenz steht. Dass die Herausbildung einer als positiv wahrgenommenen Identität gelingen kann, beobachteten Clare et al. (2008) in einer explorativen zweijährigen internet-basierten Studie mit Menschen im frühen Stadium der Demenz, die an einem Netzwerk mit dem Namen „*Dementia Advocacy and Support International*" (DASNI) teilnahmen. Eine begleitende qualitative Evaluation befasste sich mit den Wirkungen der Partizipation auf das Selbstkonzept der Betroffenen. Die Ergebnisse zeigen, dass die Teilnehmenden eine Art kollektive Widerstandsfähigkeit herausbildeten, indem sie sich den Herausforderungen des Umgangs mit der Diagnose gemeinsam stellten. Die sich im Zuge dessen entwickelten Selbstbilder, die auch Ausdruck einer gemeinschaftlichen Identität waren, zeichneten sich vor allem durch Selbstwirksamkeit und das Erleben von Lebenssinn aus. Die Teilnehmer*innen glaubten daran, dass ein Leben *mit* einer Demenz eine eigenständige Wertigkeit besitzt und sie auch mit der Erkrankung etwas Wichtiges leisten können. Wesentlich für diese Form der **Selbstermächtigung** war, dass die Co-Forschenden an der Artikulation eigener Interessen als Kollektiv aktiv mitwirkten, sich dabei gegenseitig unterstützten und eine gezielte Hilfe für die Ausführung dieser Aufgaben erhielten (vgl. Info-Box Nr. 4.2). Aus Sicht von Clare et al. (2008) bilden diese Aspekte daher zwingende Voraussetzungen jeglicher partizipativer Forschung mit Menschen mit Demenz.

Förderung von Empowerment am Beispiel des Projektes DEEP:
Was Empowerment im Sinne der Selbstermächtigung für Menschen mit Demenz bedeuten bzw. bewirken kann, zeigt exemplarisch das Projekt

„Dementia Engagement and Empowerment Project" (DEEP), ein in Groß-britannien durchgeführtes Netzwerkprojekt, das der Stärkung der Interessen von Menschen mit Demenz in Politik und Gesellschaft diente (Litherland 2015). Aus dem Projekt wird eine Reihe positiver Wirkungen berichtet. Dazu zählen (ebenda, S. 14 f):

- Die Entstehung eines nachhaltigen Solidaritätsgefühls, begleitet von Vertrauensbildung, Stärkung des Selbstwertes und Förderung von Empo-werment
- Positive Einflüsse der Gruppenaktivitäten auf Gesundheit und Wohlbe-finden
- Schaffung von Gelegenheitsstrukturen, in denen Menschen mit Demenz etwas „zurückgeben" bzw. der Gesellschaft etwas „hinterlassen" können (Generativität, Reziprozität)
- Verbesserung von Unterstützungsstrukturen, indem jene Services geför-dert werden, die Menschen mit Demenz am meisten brauchen
- Einbeziehung des einmaligen und spezifischen Erfahrungswissens von Menschen mit Demenz
- Gemeinsames Engagement für die Veränderung von Stereotypen und Vorurteilen
- Die Schaffung einer gesellschaftlich als sinnvoll und wertvoll wahrge-nommenen Rolle bzw. Aufgabe für Menschen mit Demenz.

Info-Box Nr. 4.2: Selbstermächtigung und andere Wirkungen partizipa-tiver Forschung, dargestellt am Beispiel des Projektes DEEP (Litherland 2015).

Zusammenfassend betrachtet, zeigt sich, dass Co-Forschende eine Reihe **emanzipatorischer Wirkungen** aus der Forschungsbeteiligung generieren kön-nen. Die – meist neueren Studien – bestätigen jedenfalls, dass partizipative Forschung über das Potenzial verfügt, **Empowerment-Prozesse zu unterstützen.** Nach Ashcroft et al. (2015) bieten partizipative Projekte gerade für Menschen mit chronischen und nicht heilbaren Erkrankungen die Chance, Bewältigungs-kompetenzen zu erwerben und neue Bewältigungsstrategien zu entwickeln. Sie geben den Beteiligten die Gelegenheit, eine neue Lebensperspektive aufzubauen bzw. zu entfalten. Das Erleben von Selbstwirksamkeit und die Erkenntnis, der erkrankungsbedingten Situation nicht in allen Dingen ausgeliefert zu sein, gel-ten dabei als zentrale psychologische Effekte der Beteiligung (ebenda). Wie

Thoft et al. (2018) jedoch feststellen, besteht die Voraussetzung derartiger Transformationen darin, dass Wissenschaftler*innen sowie andere Stakeholder die gemeinsame Arbeit *nicht* unter der Maßgabe vorhandener Stereotype bzw. Vorurteile gestalten und bestehende Stigmata reproduzieren bzw. weitergeben. Aus diesen Gründen weisen auch Span et al. (2016) darauf hin, dass die positiven Wirkungen kollaborativer Forschung mit Menschen mit Demenz von der entsprechenden **Positionierung aller anderen Beteiligten** abhängig sind. Ob es durch die Beteiligung an Forschung gelingt, zum Empowerment beizutragen, hängt daher wesentlich davon ab, welche **Formen der Anrufung** Menschen mit Demenz im Kontext des Projektes erfahren. Eine relevante Aufgabe partizipativer Vorhaben besteht somit in der Förderung von Rollen, die einen Identitätswandel ermöglichen, ohne dass konkrete Identitätsangebote vorgegeben werden. Wie Steeman et al. (2007) betonen, dürfen Menschen mit Demenz nicht als passive „Patient*innen", sondern als **aktive Akteure der Konstruktion ihres Selbst- und Fremdbildes** betrachtet werden. Viele Betroffene entwickeln **identitäts- und selbstwertschützende Strategien**, die dazu führen, dass eine differenzierte Weiterentwicklung ihrer Identität behindert wird, z. B. weil keine Gelegenheiten für eine authentische Auseinandersetzung mit der eigenen Person und dem Selbst bestehen. Zudem ist zu bedenken, dass sowohl das eingebrachte Engagement als auch die Art der Beiträge von Menschen mit Demenz von der (Erwartungs-)Grundlage abhängig sind, auf der sie als Personen einbezogen werden: auf der Grundlage ihrer Stärken, ihrer Vulnerabilität, ihre Schwächen oder schlichtweg ihrer Erkrankung. Werden Menschen mit Demenz vornehmlich auf der Grundlage ihrer Verluste wahrgenommen, dürfte dies den Abwehrprozess eher verstärken. Von besonderer Relevanz ist daher die Gestaltung von Reflexionsräumen, welche die Entwicklung differenzierter Identitätsentwürfe zulassen, die jedoch keinesfalls nur durch die Erkrankung bestimmt werden. Schließlich können sich die oben geschilderten Wirkungen nur einstellen, wenn die Zusammenarbeit mit Menschen mit Demenz auf **partnerschaftlicher Basis** stattfindet. In diesem Zusammenhang spielt auch die Machtkonstellation in den Projekten eine entscheidende Rolle. Die Transformation von Sinn und Identität hat demnach nur eine Chance auf Erfolg, wenn sie von allen Stakeholdern getragen wird, wozu ausdrücklich auch sog. Gatekeeper und Proxy-Personen gehören. Die Thematisierung von Interdependenzen zwischen den beteiligten Stakeholdern und den bestehenden Machtverhältnissen sollte daher nicht nur zum Gegenstand der projektinternen Kommunikation gemacht werden (McConnell et al. 2019), sondern auch zum Gegenstand der Evaluation partizipativer Projekte.

Der Einblick in theoretische und empirische Erkenntnisse hinsichtlich der Wirkungen von Forschungspartizipation auf Menschen mit Demenz verdeutlicht, dass partizipative Forschung viele Potenziale zur Generierung eines positiven Nutzens für Beteiligte hat. Es gilt jedoch zugleich die Devise, dass sich diese (erwünschten) Wirkungen in der Forschungspraxis – ob als Haupt- oder Nebeneffekt von Beteiligung – keinesfalls „von alleine" einstellen, sondern einer gezielten Förderung und reflektierten Ausgestaltung bedürfen. Sie können sich zudem nur unter entsprechenden Rahmenbedingungen entfalten, zu denen nicht nur organisatorisch-finanzielle, sondern auch theoretisch-konzeptionelle Rahmenbedingungen zählen. Da die Wahrscheinlichkeit, dass Co-Forschende mit Demenz von vielen technischen Anwendungen, an deren Entwicklung und Gestaltung sie unmittelbar mitwirken, nicht profitieren werden, sollte die Frage des persönlichen Nutzens nicht nur diskutiert, sondern auch projektbegleitend reflektiert werden. Nicht zuletzt bedarf es aber auch der expliziten Erfassung des Nutzens und daher der kritischen Überprüfung, ob erwünschte Wirkungen, die sich zum Teil auch in den Beteiligungsmotiven der Co-Forschenden spiegeln, erreicht werden konnten. Nach Swarbrick et al. (2016) sollte dabei das Empowerment von Co-Forschenden mit Demenz entscheidend für die Definition der Ziele, die Gestaltung der Zusammenarbeit und schließlich die Erhebung der Wirkungen der Beteiligung sein. Dies setzt nicht nur eine entsprechende Ausrichtung der Projekte an Empowerment-Zielen voraus, sondern macht die Entwicklung konzeptioneller Modelle erforderlich, mit deren Hilfe Empowerment erfasst werden kann.

Abschließend soll auf ausgewählte Grenzen der dargestellten Studien hingewiesen werden. Als ein wichtiger Aspekt gilt die **Motivation** und die Bereitschaft der Co-Forschenden, sich mit ihrer Erkrankung bzw. der durch sie geschaffenen Lebenssituation zu befassen (Waite et al. 2019). Lehnen beteiligte Personen ihre Diagnose bzw. eine aktive Auseinandersetzung mit Demenz ab, lassen sich entsprechende Potenziale nicht bzw. nur im begrenzten Ausmaß fördern. Die Akzeptanz der Diagnose oder die Bereitschaft zur authentischen Kommunikation über die Erkrankung stellen daher wichtige Aspekte dar, deren Relevanz bereits bei der Teilnehmer*innenakquise beachtet werden sollte (vgl. Abschnitt 3.1.1). Darüber hinaus bedarf die Gestaltung entsprechender Reflexionsräume der sorgfältigen Prüfung der **Kompetenzen**, die für die Auseinandersetzung mit der eigenen Identität notwendig sind (Span et al. 2016). Die auf verschiedene Formen der Transformation gerichteten Wirkungen der Forschungspartizipation entstanden bisher meist in der Zusammenarbeit mit **Menschen mit beginnender Demenz**. Welche Wirkungen bei Menschen mit fortgeschrittener Demenz bestehen, bleibt aufgrund fehlender Forschung verborgen. Schließlich muss darauf hingewiesen werden, dass das Groß der geschilderten Ergebnisse aus Studien entstammt, die ihren Fokus nicht auf die Entwicklung von Technik gelegt haben. Ob die dargestellten Wirkungen auch in partizipativer Technikentwicklung erreicht werden können, bedarf einer gesonderten Untersuchung.

4.3.2 Wirkungen partizipativer Forschung mit Menschen mit Demenz auf andere Bereiche

Wie in der Einleitung dieses Kapitels bereits dargestellt, kann sich partizipative Forschung auf verschiedene Bereiche auswirken: auf die beteiligten Personen (z. B. Co-Forschende), auf das Projekt und dessen Ergebnisse (z. B. die entwickelte Technik), auf die an der Forschung mitwirkenden Institutionen (z. B. die Forschungseinrichtungen) oder auf gesellschaftliche Zusammenhänge (z. B. das gesellschaftliche Bild von Demenz). Während sich das vorherige Unterkapitel den Wirkungen auf Co-Forschende mit Demenz widmete, werden in diesem Unterkapitel ausgewählte Erkenntnisse über die Wirkungen auf andere Bereiche geschildert. Dabei verfolgt auch dieses Kapitel keinen Anspruch auf eine vollständige Darstellung, sondern stellt einige Erkenntnisse exemplarisch heraus.

Blickt man retrospektiv auf die theoretischen Ansätze partizipativer Forschung (vgl. Kapitel 2), so zeichnet sich gerade diese Art der Forschung dadurch aus, dass sie **gesellschaftliche Veränderungen** anstoßen will. Die spezifische Verbindung von Forschung *und* Aktion stellt zwar keine immanente Leitidee eines jeden partizipativen Ansatzes dar. In den politisch bzw. demokratisch orientierten Ansätzen kommt der Aktion jedoch eine zentrale Bedeutung zu. Viele Ansätze, z. B. *Participatory Design* oder *Participatory Action Research*, sind gar ohne die Initialisierung von Veränderungs- bzw. Transformationsprozessen nicht denkbar. Deren theoretische Annahmen unterstellen, dass es durch partizipative Projekte zur Einleitung von Veränderungsprozessen kommt, wobei die beteiligten Akteure es ebenfalls als ihre Aufgabe betrachten sollten, entsprechende Schritte anzubahnen. Während gesellschaftliche Wandlungsprozesse aus gestalterischer Sicht vor allem durch die Technik selbst und die mit deren Nutzung verbundenen Praktiken eingeleitet werden sollen, werden soziale Transformationsprozesse aus sozialwissenschaftlicher Sicht durch Aktion, gemeinsames Lernen, Kompetenzaufbau und Empowerment gefördert. Zu den wichtigsten Potenzialen partizipativer Forschung mit Menschen mit Demenz – unabhängig vom konkreten Thema – gehört nach Mann und Hung (2008) die **Modifikation gesellschaftlicher und institutioneller Bilder von Demenz**. Co-Forschung kann in diesem Verständnis gar als eine Art soziale Intervention zur Veränderung von Stereotypen und Vorurteilen gegenüber Menschen mit Demenz betrachtet werden. Die Veränderung von Selbst- und Fremdbildern kann dabei im Vordergrund eines Projektes stehen, wie z. B. in einem zweijährigen Projekt von O'Sullivan et al. (2014) mit 11 Menschen mit Demenz und ihren Angehörigen. Eine Transformation von Selbst- und Fremd-bildern kann aber auch in Projekte mit anderen thematischen Bezügen, z. B. der Entwicklung von Technik, eingebettet sein. Ein entsprechender Wandel kann durch neue Praktiken, durch Aktion – aber auch durch den Einstellungswandel der beteiligten Stakeholder – eingeleitet werden, z. B. durch professionelle Akteure, die im Rahmen partizipativer Projekte die Interessen bestimmter Einrichtungen vertreten. Rodgers (2017) weist aus der Befragung professioneller Akteure eines nichttechnischen partizipativen Projektes darauf hin, dass ein Wandel institutio-neller Praktiken durch Lernprozesse und den Erwerb neuer Kompetenzen initiiert werden kann. Der Erwerb einer bestimmten Haltung zur Demenz sowie das Erlernen konkreter methodischer Verfahren zur Förderung der Beteiligung von Menschen mit Demenz können durch die beteiligten Professionellen als Anreize zur **Veränderung der einrichtungsinternen Kultur** wahrgenommen werden. Die Voraussetzung dafür ist, dass nicht nur Co-Forschende mit Demenz, sondern auch andere Stakeholder in die gemeinsamen Lern- und Reflexionsprozesse einbezogen werden. Die Transformation gesellschaftlicher oder institutioneller Demenzbilder geschieht jedoch keinesfalls von alleine, sondern bedarf spezifischer Maßnah-men (z. B. Schulungen) (Mann und Hung 2008). Ob ein Transfer partizipativer Praktiken nach der Beendigung eines Projektes in die beteiligten Einrichtungen tatsächlich stattgefunden hat, kann wiederum zum Gegenstand von Evaluationen partizipativer Projekte gemacht werden.

Neben der Einleitung neuer Praktiken und Entstigmatisierungsprozesse werden auf gesellschaftlicher Ebene viele weitere Wirkungen partizipativer Technikent-wicklung diskutiert. Dazu gehört u. a. die **Entschärfung von Technikkonflikten**. Sind Folgen des Einsatzes von Technik nicht bekannt, so kann dies zu Technik-konflikten führen. Sie können durch *Wertdifferenzen* (evaluative Konflikte), durch unterschiedliche *moralische Bewertungen* (normative Konflikte), durch Unter-schiede in *emotionalen Bewertungen* (affektive Konflikte) sowie durch gegen-sätzliche *Begründungen und Erwartungen* (Wissenskonflikte) bedingt sein (Renn 2013, S. 74). Partizipative Technikentwicklung wird daher als eine mögliche Maßnahme verstanden, entsprechende Konflikte zu vermeiden oder gemein-same Konsenslösungen auszuhandeln. Obwohl dies auf den ersten Blick als eine wünschenswerte (empirisch jedoch kaum untersuchte) Wirkung von Nut-zer*innenbeteiligung betrachtet wird, stellt sich jedoch die Frage, inwiefern es dabei zu einer Verantwortungsverschiebung auf Co-Forschende kommt. Die Mit-wirkung von Menschen mit Demenz an innovativer Technik könnte dazu führen, dass ihnen eine (Mit-)Verantwortung für Forschungsprozesse und -ergebnisse zugeschrieben wird, deren Reichweite sie nicht überblicken können.[5] Auch wenn Ethik die Interessen bestimmter Personengruppen, sofern sie überhaupt einheitlich sein können, nicht ersetzen und daher keinesfalls „als (preisgünstige) Alternative zu Verfahren der demokratischen oder partizipatorischen Technikgestaltung" beterachtet werden kann (Nagenborg 2014b, S. 247), bedarf es vor allem bei ambivalent bewerteten Technologien – zusätzlich zur Beteiligung potenzieller Nutzer*innen – einer unabhängigen ethischen Evaluation. So kann das Engagement von Laien-Forschenden nicht mit der Verantwortungsübernahme für die Ergebnisse komplexer Technikentwicklungsprozesse verwechselt werden. Dient die Beteiligung an Forschung der Förderung von Selbstbestimmung, gesellschaftlicher Teilhabe und Empowerment, ist dem gegenüber nichts einzuwenden. Problematisch wird es allerdings dann, wenn die Ziele der Beteiligung unklar sind und Menschen mit Demenz zu „Mitspieler*innen" eines intransparenten Prozesses werden, dessen Ergebnisse sie nicht vorhersehen können. Vor diesem Hintergrund ist es relevant, Interessierte über die Ziele des Vorhabens während der Akquise und der informierten Einwilligung wie auch während des Projektes zu informieren. Aus dem genannten Grund ist auch vor einem einfachen und ausschließlich als positiv wahrgenommenen Verständnis von Partizipation zu warnen. Beteiligung an Forschung muss als ein verantwortungsvoller und aktiv zu gestaltender Prozess verstanden werden, in dem jegliche Form der Instrumentalisierung dringend vermieden werden muss.

Während gesamtgesellschaftliche Wirkungen partizipativer Technikentwicklung mit Menschen mit Demenz aufgrund ihrer Komplexität nicht einfach zu erfassen sind, u. a weil derartige Veränderungen keinesfalls durch ein einzelnes Vorhaben bewirkt werden können und für die Erfassung der damit verbundenen Prozesse eine längere Beobachtungszeit notwendig ist, erscheint es aus der Sicht einzelner Projekte häufig lohnenswerter, den Einfluss verschiedener Formen der Beteiligung auf den **Forschungsprozess und dessen Ergebnisse** zu untersuchen. In der aktuellen Situation liegen dazu keine systematischen Erkenntnisse aus Technikentwicklungsprojekten mit Menschen mit Demenz vor. Allerdings berichten einige Studien aus dem Bereich der PPI-Forschung sowie einige Co-Design-Studien über positive Ergebnisse. So zeigen z. B. Baldwin et al.

---

[5]Dieses Risiko besteht nicht nur bei Menschen mit Demenz, sondern entsteht immer dann, wenn Laien-Forschende in die Entwicklung von Innovationen eingebunden werden, deren Konsequenzen (noch) nicht bekannt sind. Innovationen mit unbekannten Folgen gibt es nicht nur im Bereich der Technik, sondern auch in der gesundheitlichen Versorgung. Daher befasst sich auch die partizipative Gesundheitsforschung mit dem hier adressierten Problem (vgl. European Group on Ethics in Science and New Technologies 2015).

(2018, S. 806) in einem systematischen Review kollaborativer Studien mit älteren Menschen, dass das Engagement der Co-Forschenden eine Reihe positiver Wirkungen auf die Qualität der Forschung hatte. Demnach erleichterte die Beteiligung von Laien-Forschenden die Akquise von Studienteilnehmer*innen, half bei der Identifikation relevanter Forschungsthemen und führte zur Verbesserung der Datenqualität. So war das Datenmaterial deutlich reichhaltiger, weil der Vertrauensaufbau besser gelang. Die Co-Forschenden brachten zudem neue Perspektiven in die Datenanalyse ein und erhöhten den Wirkungsgrad des Praxistransfers, indem sie sich an der Implementierung der Ergebnisse beteiligten. Baldwin et al. (2018, S. 806) betonen daher, dass durch die partizipative Forschung neue Aspekte erarbeitet werden konnten und auch der Transfer in die Praxis – im Hinblick auf die Erreichbarkeit marginalisierter Personengruppen – besser gelang.

Während es in den von Baldwin et al. (ebenda) ausgewerteten Studien um die Zielgruppe älterer Menschen ging, haben Littlechild et al. (2015) in einem partizipativen Forschungsprojekt zur Weiterentwicklung kommunaler Versorgungsangebote gezielt Menschen im frühen Stadium der Demenz einbezogen. Die Evaluation der Beteiligung wurde mithilfe eines leitfadengestützten Fragebogens durchgeführt. An ihr nahmen nicht nur die Co-Forschenden mit Demenz, sondern auch beteiligte Wissenschaftler*innen teil. Dabei wurden beide Gruppen zu den wahrgenommenen Wirkungen ihres Engagements sowie ihrem wahrgenommenen Nutzen befragt. Die Ergebnisse (ebenda, S. 24) zeigen, dass Co-Forschende mit Demenz, die an Interviews mit anderen Betroffenen in Tandems mitwirkten, ihren Beitrag vor allem bei der Gestaltung einer möglichst angenehmen Atmosphäre sahen, so dass sich die Interviewpartner*innen wohl fühlten und bereit waren, sich gegenüber den Interviewer*innen zu öffnen. Co-Forschende mit Demenz unterstützten die Befragten bei der Kommunikation und waren zugleich in der Lage, sensible Fragen direkter und authentischer anzusprechen. Auch die Zugehörigkeit zu der gleichen Altersgruppe führte dazu, dass Befragte bereit waren über ihre Situation offen zu berichten. Aus der Sicht der mitwirkenden Wissenschaftler*innen waren die durch Co-Forschende mit Demenz geführten Interviews deutlich fokussierter. Kritisch war allerdings, dass dies zum Teil zu einer Eingrenzung der Interviewthemen führte. Einen besonders positiven Einfluss hatten die Co-Forschenden auf ältere Befragte mit Migrationshintergrund (allerdings nur bei gleichem Migrationshintergrund), indem sie deren Mitteilungsbereitschaft in positiver Weise beeinflussten. Positive Wirkungen auf den Forschungsprozess und die Ergebnisse berichten ebenfalls McConnell et al. (2019). Sie stellten vor allem fest, dass die Beteiligung von Menschen mit Demenz den Austausch zwischen Wissenschaftler*innen und Betroffenen vertiefte. Zugleich erhöhte die begleitende Validierung der erarbeiteten Ergebnisse durch Menschen mit Demenz die praktische Relevanz der Ergebnisse, was wiederum den Praxistransfer deutlich erleichterte.

Auch wenn die Erfassung der vielfältigen Wirkungen der partizipativen Technikentwicklung wichtig ist (Brereton et al. 2015), kann deren Evaluation kaum einem Projekt alleine zugemutet werden. Angesichts eines Mangels an konzeptionellen Arbeiten dürfte es zudem vielen Wissenschaftler*innen schwerfallen, entsprechende **Evaluationsdesigns** zu entwickeln. Daher befassten sich einige Wissenschaftler*innen mit Aspekten, deren Erfassung im Rahmen einer Evaluation partizipativer Projekte als sinnbringend und machbar erscheint. Nach den Erfahrungen der PPI-Forschung in Pflegeeinrichtungen gehören für Twiddy et al. (2013, S. 30) dazu folgende Aspekte: a) das Ausmaß des Engagements der Laien-Forschenden, b) Probleme während der Forschung, c) alle Veränderungen (z. B. im Forschungsdesign), die durch die Mitwirkung von Co-Forschenden zustandekommen, d) der Grad des Zugangs zu besonders schwer erreichbaren Personengruppen, e) der Erwerb von Wissen und Kompetenzen durch Co-Forschende, f) der Einstellungswandel bei Co-Forschenden sowie g) die Auswirkungen der Co-Forschung auf methodisches Vorgehen und den Wissenstransfer. Im Rahmen einer umfassenden Reflexion der Evaluation eines partizipativen Technikentwicklungsprojektes – allerdings mit jüngeren Menschen – weisen Bossen et al. (2012) darauf hin, dass es in der Evaluation keinesfalls nur um positive Wirkungen gehen kann. Dabei stellen sie nach den Erfahrungen ihrer qualitativen retrospektiven Interviewstudie eine Reihe ausgewählter Aspekte heraus. Dazu gehören: a) der Grad subjektiver Einflussnahme der Co-Forschenden auf das Projekt, b) positiv und negativ erlebte Situationen im Verlauf des Projektes, c) der persönliche Gewinn, den Co-Forschende durch die Beteiligung generieren konnten, d) Folgen des Projektes für die Lebenssituation der Co-Forschenden, e) der Erwerb neuer Kompetenzen, f) die Entwicklung neuer Perspektiven auf Technik sowie g) die Gesamtbewertung der Projektpartizipation (Bossen et al. 2012, S. 34). Nach der Auswertung der Ergebnisse stellen die Autor*innen drei Aspekte heraus, die zur Unzufriedenheit der Co-Forschenden führten und für Technikentwicklungsprojekte – unabhängig von den einbezogenen Stakeholdern – als entscheidend betrachtet werden konnten (Bossen et al. 2012, S. 37 ff):

a) **Konkurrenz bzw. Differenzen im Hinblick auf zentrale Projektziele:**
Da partizipative Forschung einen dynamischen Prozess darstellt, bedarf es einer begleitenden Vergewisserung hinsichtlich der Projektziele sowie einer Beschäftigung mit möglichen Zieldifferenzen und Konflikten.

b) **Klarheit bzw. Transparenz in der Zusammenarbeit**: Partizipative Forschung ist mit ständig wechselnden Aufgaben und Rollen verbunden. Daher bedarf es einer begleitenden Klärung von Rollen, Zuständigkeiten und Entscheidungskompetenzen.

c) **Konzeptionelles Verständnis von Technik:** Technikentwicklungsprojekte erarbeiten, z. B. (re-)konstruieren, immer ein bestimmtes Verständnis von Technik, das jedoch Laien-Forschenden nicht vertraut ist. Die begleitende Erfassung des Technikverständnisses sowie der Rolle bzw. Position von Technik im Projekt kann dabei nicht nur den Wandel des Technikverständnisses nachzeichnen, sondern auch zur Klärung oder Vermeidung potenzieller Konflikte beitragen.

Trotz der vorliegenden Empfehlungen für die Inhalte der Evaluation partizipativer Projekte ist deren Auswahl zunächst von den jeweiligen Projektzielen und dem gewählten Partizipationsverständnis abhängig. Daher schlagen Popay et al. (2014) für die Konzipierung von Evaluationen partizipativer Forschung ein Rahmenmodell vor, das eine erste Orientierung für die Planung von Evaluationsstudien bieten kann. Das im Projekt „*Public Involvement Impact Assessment Framework*" (PiiAF) entwickelte Modell[6] besteht aus fünf zentralen Elementen:

1) **Ziele und Werte der Beteiligung**, z. B. ethische und politische Wertvorstellungen, normativ gerahmte Zielvorstellungen, die sich an den geplanten Ergebnissen der Beteiligung festmachen lassen, oder solche, die sich auf den Prozess der Beteiligung beziehen

2) **Theoretisches Verständnis der Beteiligung**, z. B. Orientierung an konkreten theoretischen Positionen oder Formen der Beteiligung, u. a. Beratung, Kollaboration oder Kontrolle

3) **Thematischer bzw. disziplinspezifischer Fokus**, z. B. inhaltliche Schwerpunktsetzungen, Studien- und Forschungsdesigns

4) **Praktische Aspekte der Forschungsbeteiligung**, z. B. zeitlicher Umfang, Organisation und konkrete Durchführung

5) **Wirkungen der Beteiligung**, z. B. Arten und Zieldimensionen der zu erfassenden Wirkungen, kurzfristige und langfristige, positive und negative, erwartete und unerwartete Wirkungen.

---

[6]Das o. g. Denkmodell richtet sich in erster Linie an Wissenschaftler*innen, die sich der Evaluation eines partizipativen Projektes widmen wollen. Das PiiAF mit seinen vielen Ergebnissen versteht sich jedoch nicht als „Toolkit", d. h. als Sammlung verschiedener Evaluationsmethoden, sondern als ein Rahmenmodell, das die Entwicklung eines eigenen Evaluationsansatzes unterstützen soll (weitere Informationen unter: www.piiaf.org.uk).

Neben den inhaltlichen Aspekten der Evaluation stellt sich schließlich die Frage, wie Bausteine einer begleitenden Evaluation in den Prozess der Technikentwicklung sinnvoll integriert werden können. So können **begleitende Evaluationen** dazu beitragen, Erkenntnisse über bestimmte Wirkungen im Prozessverlauf zu gewinnen. Da retrospektive und im großen zeitlichen Abstand zu den konkreten Aktivitäten im Projekt stehenden Befragungen mit Menschen mit Demenz weniger effektiv sind, könnten die durch Astell et al. (2009a) beschriebenen Post-Session-Interviews als eine zum Zweck der Evaluation umgewandelte Erweiterung üblicher Projektsitzungen fungieren. Obwohl Astell et al. (ebenda) diese Interviews eher als Instrument zur Überprüfung der Situation einer befragten Person mit Demenz entwickelt haben, spricht nichts dagegen, derartige Befragungen auch in übliche Sitzungsstrukturen von Projekten einzubinden. Trotz der genannten Anregungen fehlt es in der aktuellen Situation jedoch an konkreten Erfahrungen hinsichtlich der Erfassung von Wirkungen partizipativer Technikentwicklung auf der Meso- und Makroebene. Die Weiterentwicklung theoretischer Evaluationsansätze sowie die Durchführung entsprechender Evaluationsstudien muss daher als eine wichtige Zukunftsaufgabe betrachtet werden.

4.4 Warum die Erforschung der Beteiligung wichtig bleibt

Wie oben bereits dargestellt, bestehen wenige und meist unsystematische Erkenntnisse zu den Wirkungen der Beteiligung von Menschen mit Demenz an Technikentwicklung. Auch das Wissen über relevante Beiträge von Menschen mit Demenz in partizipativen Vorhaben muss als lückenhaft betrachtet werden. Dies verwundert jedoch wenig, da die Beschäftigung mit den Wirkungen von Bürger*innenbeteiligung erst am Anfang einer systematischen Entwicklung steht. Es fehlt nicht nur an Beispielen guter Evaluationspraxis, sondern auch an theoretisch fundierten Rahmenmodellen, die zur Entwicklung geeigneter Evaluationsstudien herangezogen werden könnten. Dies gilt vor allem für *größere partizipative Evaluationen* von Technikentwicklungsprojekten mit Menschen mit Demenz, die heute noch nicht vorliegen. Auch wenn sich Evaluationen – alleine aufgrund der Unterschiedlichkeit möglicher Forschungsziele – an stark vorstrukturierten Modellen eher selten ausrichten dürften, kann die Orientierung an gemeinsamen Gütekriterien dagegen sinnvoll sein. Bethell et al. (2018) gehen davon aus, dass für die oben genannten Desiderata das Fehlen ebensolcher Standards verantwortlich ist. Die damit verbundene Erschwernis beim Vergleich der Beteiligung über verschiedene Projekte hinweg entzieht wiederum der Forschung eine wesentliche

Grundlage ihrer eigenen Weiterentwicklung. Eine Belebung der wissenschaftlichen Debatte über die Evaluation partizipativer Forschung könnte daher zur Entstehung gemeinsamer **Qualitätskriterien** führen, was partizipativen Projekten den Weg ebnen könnte, den Mehrwert ihrer Ergebnisse gegenüber Dritten besser darstellen zu können. Nicht zuletzt könnte durch Evaluationen auch die Frage beantwortet werden, ob die Beteiligung von Bürger*innen oder Laien-Forschenden zu besseren Ergebnissen führt als Forschung, die ohne Beteiligung auskommt. Auch wenn die Beantwortung einer solchen Frage viel differenzierter geschehen müsste als angedeutet, wäre damit eine Wissensbasis hergestellt, die dazu dienen könnte, Förderprogramme der partizipativen Technikentwicklung differenzierter zu gestalten.

Eine systematische Analyse der Effekte und Wirkungen partizipativer Forschung kann ebenfalls dazu beitragen, die **Qualität der Beteiligung inkl. ihrer relevanten Bedingungen** zu verbessern. Obwohl die Beteiligung sog. Nutzer*innen gerade bei der Technikentwicklung auf eine lange Tradition zurückblickt und in Deutschland politisch gewollt ist (BMFSFJ und BMG 2020),[7] konnte eine auf Partnerschaftlichkeit beruhende Zusammenarbeit zwischen Wissenschaftler*innen und Co-Forschenden unter den Bedingungen der bisherigen Forschungsprogramme kaum gelingen. Aufgrund fehlender Anreize und begrenzter Ressourcen dürfte es sich bei den bisher durchgeführten Projekten daher um verschiedene Formen der „Pseudopartizipation" gehandelt haben, d. h. um Arten der Einbindung, die lediglich dem Abschöpfen des Erfahrungswissens der Beteiligten dienten. Eine breite Diskussion über die Evaluation partizipativer Forschung könnte daher den Diskurs über die Vielfalt verschiedener Beteiligungsformen beleben und den transdisziplinären Austausch stärken, der angesichts der meist in multidisziplinären Teams stattfindenden Technikentwicklung wichtiger zu sein scheint denn je. Dies setzt allerdings voraus, dass mehr – und vor allem differenziertere – Erkenntnisse über die verschiedenen Wirkungen der Beteiligung – sei es auf die Teilnehmer*innen, die Forschungsergebnisse, die Wissenschaftler*innen, den Wissenstransfer oder auf institutionelle und gesamtgesellschaftliche Zusammenhänge – vorliegen. Dazu zählen Erkenntnisse über positive und negative, beabsichtigte und unbeabsichtigte, kurzfristige und langfristige Auswirkungen

---

[7]So heißt es etwa in der nationalen Demenzstrategie: „Das BMBF beabsichtigt weiterhin, Forschungs- und Entwicklungsprojekte zu unterstützen, deren Ziel es ist, durch Digitalisierung den Alltag für Menschen allgemein und im Besonderen für Menschen mit Demenz zu erleichtern und diese bei einem selbstständigen Leben in den eigenen vier Wänden zu unterstützen. Die Partizipation von Menschen mit Demenz in den geförderten Forschungs- und Entwicklungsprojekten ist dabei ein zentraler Bestandteil." (BMFSFJ und BMG 2020, S. 125).

sowie notwendige Rahmenbedingungen und Erfolgsfaktoren verschiedener Formen partizipativer Forschung. Einer Evaluation und Weiterentwicklung bedürfen zudem die verschiedenen Methoden der Beteiligung von Menschen mit Demenz im Hinblick auf ihre Möglichkeiten und Grenzen (Backhouse et al. 2016). Für die partizipative Technikentwicklung mit Menschen mit Demenz könnte zudem über verbindliche Rahmenbedingungen nachgedacht werden, die z. B. in Abhängigkeit vom Stadium der Erkrankung oder dem spezifischen Kontext klare Anforderungen an die Durchführung der Forschung stellen.

Schließlich sind Evaluationen partizipativer Forschung wichtig, um die bisherigen **Legitimationsannahmen**, die vor allem in der Förderung partizipativer Technikentwicklung adressiert wurden, so gut es geht zu überprüfen. So wird Technikentwicklungsprojekten, die mit Beteiligung künftiger Nutzer*innen durchgeführt werden, pauschal eine Reihe verschiedener Potenziale zugeschrieben. Dazu gehört – neben der Möglichkeit zur Entschärfung von Technikkonflikten – auch die Annahme, dass durch die Einbindung von Laien-Forschenden deren Selbstbestimmung gefördert wird. Gemeint ist damit, dass z. B. Menschen mit Demenz durch die Mitwirkung an der Gestaltung von Technik einen stärkeren Einfluss auf die Formen künftiger Lebenswelten nehmen können. Ob derartige Annahmen eingelöst wurden, blieb bisher jedoch offen. Unklar blieb vor allem, in welchem Ausmaß Co-Forschende die konkreten Ziele der Vorhaben bestimmen konnten. Durch die Evaluation partizipativer Projekte kann den expliziten und impliziten – und in einigen Fällen auch widersprüchlichen – Erwartungen an partizipative Technikentwicklung nachgegangen werden, um eine empirisch fundierte Wissensgrundlage für eine differenzierte Förderpolitik zu schaffen. In aller Konsequenz bedarf es vor allem einer Grundsatzdebatte über die Ziele der Forschungspartizipation sowie einer transparenten Darlegung von Wegen, wie sie erreicht und überprüft werden können. Die kritische Auseinandersetzung mit der politisch geförderten Beteiligung von Nutzer*innen an Forschung, z. B. in Großbritannien (vor allem im Zusammenhang mit der PPI-Forschung) und den USA (vor allem im Zusammenhang mit der kritischen Gerontologie), bilden dabei Erfahrungsanker, die in die Diskussion eingebracht werden können. Soll es schließlich zu mehr Beteiligung älterer Menschen oder Menschen mit Demenz an Forschung kommen, ist vor allem deren Instrumentalisierung zu vermeiden.

Nimmt man den wissenschaftlichen Betrieb selbst ins Visier, so muss festgehalten werden, dass die Durchführung „echter" partizipativer Forschung auch in der akademischen Welt nicht genügend Anerkennung erhält. Angesichts der vielfältigen Herausforderungen partizipativer Vorhaben, wie z. B. komplexe methodische und ethische Fragen, hoher Zeitaufwand und Ressourcenbedarf, fehlende Planbarkeit, Skepsis gegenüber der wissenschaftlichen Güte gewonnener

Erkenntnisse (Evidenz), dürften auch partizipative Evaluationen auf Schwierigkeiten treffen, vor allem dort, wo Ressourcensparsamkeit als ein zentrales Kriterium der Mittelvergabe gilt (Bergold und Thomas 2012). Corrado et al. (2019) betonen zudem, dass in einem Forschungsbetrieb, der schnelle akademische Karrieren einfordert, Projekte belohnt werden, die sich durch weniger intensive Formen der Kooperation mit der Praxis auszeichnen. Auch die auf quantifizierbaren Indikatoren beruhenden Bewertungen wissenschaftlicher Leistung blenden den Stellenwert intensiver Zusammenarbeit aus, was den Aufbau nachhaltiger kollaborativer Beziehungen erschwert, zumal gerade diese Formen der Kollaboration selten innerhalb strikter Zeitvorgaben funktionieren. Die mit einer wissenschaftlichen Karriere verbunden Zwänge geraten daher in Konflikt zur kollaborativen Forschung und bilden eine weitere Barriere zur echten Integration von Menschen mit Demenz in Forschung und Entwicklung.

Schließlich können Evaluationen auch bei der Beantwortung der Frage helfen, welchen Beitrag Menschen mit Demenz – und welchen z. B. sog. Gatekeeper oder Proxy-Personen – leisten können. Evaluationen können prüfen, wie sich verschiedene Forschungsschritte, z. B. Zusammenstellungen von Samples, auf die Ergebnisse auswirken. „Moving forward" – so McKeown (2017, S. 3) – „… a critical examination of the involvement of people with dementia within the entire research process deserves far more attention." Als besonders wichtig scheint die Beantwortung der Frage nach dem tatsächlichen Einfluss von Menschen mit Demenz auf die Forschungsagenda zu sein. Soll die Mitwirkung an Forschung als Beitrag zur Verbesserung gesellschaftlicher Teilhabe von Menschen mit Demenz verstanden werden, muss gefragt werden, wie viel Entscheidungsmacht ihnen schlussendlich bei der Bestimmung von Forschungsthemen zugemessen wird (Williamson 2012; Litherland 2015). Wie schwer dies zu gestalten ist, zeigt beispielhaft eine Initiative der *James Lind Alliance Dementia Priority Setting Partnership*,[8] die durch die Beteiligung von Menschen mit Demenz, von pflegenden Angehörigen, Professionellen und der Öffentlichkeit dazu beitragen wollte, zur Priorisierung ausgewählter Forschungsthemen und -fragen zu gelangen. Im Zuge

---

[8]Die Initiative entstand aus der Kooperation der Alzheimer Gesellschaft, der Universität Cambridge und der James Lind Alliance. Weitere Beispiele für die Einbindung von Menschen mit Demenz in die Forschungsförderung bilden Erfahrungen aus dem Projekt „Dementia Engagement and Empowerment Project" (DEEP) (Williamson 2012) sowie dem EU-Projekt SENSE-Cog, in dem sog. Research User Groups (RUGs) in die Forschung eingebunden wurden (Miah et al. 2018). Eine weitere Reflexion der verschiedenen Netzwerke bietet Bartlett (2014a, 2014b), die in den verschiedenen Forschungskontexten verschiedene Modi des Umgangs mit Demenz identifizieren konnte.

der Aktivitäten der Allianz fand eine umfassende Befragung statt, an der sich insgesamt 1.563 Personen beteiligt haben. Davon waren nur ca. **4 % Menschen mit
Demenz**, 76 % waren Angehörige von Menschen mit Demenz und 14,4 % waren
Professionelle (Kelly et al. 2015, S. 988). Dies verdeutlicht, dass die Förderung
von Partizipation nicht „von alleine" gelingt, sondern der Entwicklung entsprechender Strategien bedarf. Em Ende geht es daher um die entscheidende Frage,
ob „ Nutzer*innen" in der Rolle als **Freund, Feind oder Fetisch** eingebunden
werden (Cowden und Singh 2007).

Literatur

Aarhus, R., Grönvall, E., Kyng, M. (2010). Challenges in participation: Users and their roles in the development of home-based pervasive healthcare applications. Paper presented at the 4. international ICST conference on pervasive computing technologies for healthcare, 2010, Munich, Germany, 22–25 March. https://ieeexplore.ieee.org/abstract/document/548 2250. Zugriffen: 28.01.2021.

Aarts, M.P.J., Aries, M.B.C., Straathof, J. & van Hoof, J. (2015). Dynamic lighting systems in psychogeriatric care facilities in the Netherlands: a quantitative and qualitative analysis of stakeholders' responses and applied technology. *Indoor and Built Environment 24* (5), 617–630.

Acatech (Hrsg.) (2013). Technikwissenschaften. Erkennen – Gestalten – Verantworten. acatech IMPULS: München, Berlin. https://www.acatech.de/wp-content/uploads/2018/03/acatech_IMPULS_Technikwissenschaften_WEB_final.pdf. Zugegriffen: 28.01.2021.

Aceros, J. C., Pols, J. & Domenèch, M. (2015). Where is grandma? Home telecare, good aging and the domestication of later life. *Technological Forecasting and Social Change 93*, 102–111.

Adler, R. & Mehta, R. (2014). Catalyzing technology to support family caregiving. Bethesda, MD: The National Alliance for Caregiving. https://www.caregiving.org/wp-content/upl oads/2010/01/Catalyzing-Technology-to-Support-Family-Caregiving_FINAL.pdf. Zugegriffen: 28.12.2016.

Agich, G.J. (2003). *Dependence and Autonomy in Old Age. An Ethical Framework for Long-Term Care* (2. Aufl.) Cambridge: Cambridge University Press.

Akrich, M. & Latour, B. (1992). A summary of a conventient vocabulary for the Semiotics of humand and nonhuman assemblies. In W. Bijker & J. Law (Hrsg.), *Shaping technology / building society. Studies on Sociotechnical Change* (S. 259–264). Cambridge: MIT Press.

Albert, S. M., Castillo-Castanada, C., Jacobs, D. M., Sano, M., Bell, K., Merchant, C., Small, S. & Stern, Y. (1999). Proxy-reported quality of life in Alzheimer´s patients: comparison of clinical and population-based samples. *Journal of Mental Health & Aging 5 (1)*, 49–58.

Allett, N., Keightley, E. & Pickering, M. (2011). Using Self-Interviews to Research Memory. Real Life Methods, Sociology, University of Manchester. https://hummedia.manchester.

ac.uk/schools/soss/morgancentre/toolkits/16-toolkit-using-self-interviews.pdf. Zugegriffen: 11.03.2019.

Alm, N., Ellis, M., Astell, A., Dye, R., Gowans, G. & Campbell, J. (2004). A cognitive prosthesis and communication support for people with dementia. *Neuropsychological Rehabilitation*, 14 (1/2), 117–134.

Aloulou, H., Mokhtari, M., Tiberghien, T., Biswas, J., Phua, C., Lin, J. H. K. & Yap, P. (2013). Deployment of assistive living technology in a nursing home environment: methods and lessons learned. *BMC Medical Informatics and Decision Making 13, 42 (2013)*.

Altrichter, H. (2008). Die Debatte um Aktionsforschung in der deutschsprachigen Bildungsforschung – Geschichte und aktuelle Entwicklungen. In H. von Unger & M.T. Wright (Hrsg.), *An der Schnittstelle von Wissenschaft und Praxis: Dokumentation einer Tagung zu partizipativer Forschung in Public Health*. Berlin, 2008. Discussion Papers / Wissenschaftszentrum Berlin für Sozialforschung. https://nbn-resolving.de/urn:nbn:de:0168-ssoar-259306. Zugegriffen am: 28.01.2021.

Alvin, J., Krevers, B., Johansson, U., Josephsson, S., Haraldsson, U., Boström, C., Rosshagen, A. & Persson, J. (2007). Health economics and process evaluation of AT interventions for persons with dementia and their relatives – A suggested assessment model. *Technology and Disability*, 19 (2,3), 61–71.

Alzheimer Europe (2011). Ethics of dementia research. https://www.alzheimer-europe. org/Ethics/Ethical-issues-in-practice/2011-Ethics-of-dementia-research. Zugegriffen: 20.03.2017.

Alzheimer Europe (2010). The ethical issues linked to the use of assistive technology in dementia care. https://www.alzheimer-europe.org/Ethics/Ethical-issues-in-practice/2010-The-ethical-issues-linked-to-the-use-of-assistive-technology-in-dementia-care. Zugegriffen: 28.01.2021.

Alzheimer Europe (Hrsg.) (1999). *Handbuch der Betreuung und Pflege von Alzheimer-Patienten*. Stuttgart: Thieme.

Alzheimer's Association (2004). Research consent for cognitively impaired adults. Recommendations for institutional review boards and investigators. *Alzheimer´s Disease & Associated Disorders*, 18 (3), 171–175.

Alzheimer's Disease International (2014). *Participation in Dementia Trials and Studies: Challenges and Recommendations*. London, UK.

Alzheimer's Society UK (2018). 'We can make our research meaningful'. The impact of the Alzheimer's Society Research Network. Alzheimer's Society Research and Development. London. https://www.alzheimers.org.uk/sites/default/files/2018-04/Research%20Network%20Report%20low-res.pdf. Zugegriffen: 28.01.2021.

Ammicht Quinn, R. (2014). Sicherheitsethik. Eine Einführung. In R. Ammicht Quinn (Hrsg.), *Sicherheitsethik* (S. 15–47). Wiesbaden: Springer VS.

Ammicht Quinn, R., Beimborn, M., Kadi, S., Köberer, N., Mühleck, M., Spindler, M. & Tulatz, K. (2015). *Alter – Technik – Ethik. Ein Fragen- und Kriterienkatalog*. Internationales Zentrum für Ethik in den Wissenschaften, Universität Tübingen. https://publikationen. uni-tuebingen.de/xmlui/handle/10900/67526. Zugegriffen: 21.12.2017.

Anderberg, P. et al. (2007). Preserving dignity in caring for older adults: a concept analysis. *Journal of Advanced Nursing*, 59 (6), 635–643.

Andrew, S. (2006). The ethics of using dolls and soft toys in dementia care. *Nursing and Residential Care*, 8 (6), 419–421.

Antelius, E., Kiwi, M. & Strandroos, L. (2018). Ethnographic methods for understanding practices around dementia among culturally and linguistically diverse people. In J. Keady, Hydén, L.-Ch., Johnson, A. & Swarbrick, C. (Hrsg.), *Social Research Methods in Dementia Studies – Inclusion and Innovation* (S. 121–139). New York: Routledge.

Arbeitsgruppe Datenschutz und qualitative Sozialforschung (2014). Datenschutzrechtliche Anforderungen bei der Generierung und Archivierung qualitativer Interviewdaten. *RatSWD Working Paper Series*, 238.

Arbeitskreis Kritische Gerontologie der DGGG & Aner, K. (2016). Diskussionspapier Partizipation und partizipative Methoden in der Gerontologie. *Zeitschrift für Gerontologie und Geriatrie 49*, 143–147.

Árnason, V., Li, H. & Cong, Y. (2011). Informed consent. In R. Chadwick, H. ten Have & E. M. Meslin (Hrsg.), *The SAGE Handbook of Health Care Ethics* (S. 106–116). Los Angeles: SAGE.

Arnstein, S. (1969). A ladder of citizen participation. *Journal of the American Institute of Planers 4*, 216–224.

Arntzen, C., Holthe, T. & Jentoft, R. (2016). Tracing the successful incorporation of assistive technology into everyday life for younger people with dementia and family carers. *Dementia 15* (4), 646–662.

Ashcroft, J., Wykes, T., Taylor, J., Crowther, A. & Szmukler, G. (2015). Impact on the individual: what do patients and carers gain, lose and expect from being involved in research? *Journal of Mental Health 25* (1), 28–35. https://doi.org/10.3109/09638237.2015.1101424.

Astell, A.J., Bouranis, N., Hoey, J., Lindauer, A., Mihailidis, A., Nugent, Ch. & Robillard, J.M. (2019). Technology and Dementia: The Future is Now. *Dementia and Geriatric Cognitive Disorders 47* (3), 131–139. https://doi.org/10.1159/000497800: https://doi.org/10.1159/000497800.

Astell, A., Alm, N., Gowans, G., Ellis, M., Dye, R. & Vaughan, P. (2009 a). Involving older people with dementia and their carers in designing computer based support systems: some methodological considerations. *Universal Access in the Information Society 8*, 49–58.

Astell, A., Ellis, M., Alm, N., Dye, R., Gowans, G. & Campbell, J. (2009 b). Developing technology to meet psychosocial needs. *Journal of Dementia Care 17*, 36–38.

Astell, A. (2006). "Technology and personhood in dementia care", *Quality in Ageing and Older Adults 7* (1), 15–25.

Atkinson, J. M. (2007). *Advance directives in mental health: theory, practice and ethics.* Jessica Kingsley.

Austin, W. (2015). Addressing Ethical Issues in PR: The Primacy of Relationship. In G. Higginbottom & P. Liamputtong (Hrsg.), *Participatory Qualitative Research Methodologies in Health* (S. 22–39). London: SAGE.

Backhouse, T., Kenkmann, A., Lane, K., Penhale, B., Poland, F. & Killett, A. (2016). Older care-home residents as collaborators or advisors in research: a systematic review. *Age and Ageing 45*, 337–345.

Balcazar, F. E., Keys, Ch. B., Kaplan, D. L. & Suarez-Balcazar, Y. (1998). Participatory Action Research and People with Disabilities: Principles and Challenges. *Canadian Journal of Rehabilitation 12* (2), 105–112.

Baldwin, J.N., Napier, S., Neville, S. & Wright-St Clair, V.A. (2018). Impacts of older people's patient and public involvement in health and social care research: a systematic review. *Age and Ageing 47*, 801–809. https://doi.org/10.1093/ageing/afy092.

Balta-Ozkan, N., Davidson, R., Bicket, M. & Whitmarsh, L. (2013). Social barriers to the adoption of smart homes. *Energy Policy 63*, 363–374.

Bamford, C. & Bruce, E. (2002). Successes and challenges in using focus groups with older people with dementia. In H. Wilkinson (Hrsg.), *The Perspectives of People with dementia: Research Methods and Motivations*, (139–164). London: Jessica Kingsley.

Banks, S., Armstrong, A., Carter, K., Graham, H., Hayward, P., Henry, A., Holland, T., Holmes, C., Lee, A., McNulty, M., Moore, N., Nayling, N., Stokoe, N. & Strachan, A. (2013). Everyday ethics in community-based participatory research. *Contemporary Social Science 8* (3), 263–277.

Bannon, L.J. & Ehn, P. (2013). Design: Design matters in Participatory Design. In J. Simonsen & T. Robertson (Hrsg.), *Routledge International Handbook of Participatory Design* (S. 37–63). New York: Routledge.

Banse, G., Grunwald, A., König, W. & Ropohl, G. (Hrsg.) (2006). *Erkennen und Gestalten. Eine Theorie der Technikwissenschaften*. Berlin: edition sigma.

Barber, R., Boote, J. D., Parry, G. D., Cooper, S. L., Yeeles, P. & Cook, S. (2012). Can the impact of public involvement on research be evaluated? A mixed methods study. *Health Expectations 15*, 229–241.

Barnes, M. & Walker, A. (1998). Consumer versus empowerment: A principled approach to the involvement of older service users. *Policy & Politics 24* (4), 375–93.

Barnett, E. (2000). *Involving people with dementia in designing and delivering care: "I need to be me!"*. London: Jessica Kingsley Publishers.

Bartlett, H. & Martin, W. (2002). Ethical issues in dementia care research. In H. Wilkinson (Hrsg.), *The Perspectives of People with Dementia: Research Methods and Motivation* (S. 47–62). London: Jessica Kingsley.

Bartlett, R. (2014a). The emergent modes of dementia activism. *Ageing and Society 34* (4), 623–44.

Bartlett R. (2014b). Citizenship in action: the lived experiences of citizens with dementia who campaign for social change. *Disability and Society 29* (8), 1291–1304.

Bartlett, R. (2012). Modifying the diary interview method to research the lives of people with dementia. *Qualitative Health Research 22* (12), 1717–1726.

Bartlett, R. (2011). Using diaries in research with people with dementia. Real Life Methods, Sociology, University of Manchester. hummedia.manchester.ac.uk/schools/soss/morgancentre/toolkits/18-toolkit-using-diaries.pdf. Zugegriffen: 11.03.2019.

Beauchamp, T.L. & Childress, J.F. (2009). *Principles of biomedical ethics* (6. Aufl.). New York: Oxford University Press.

Bechtold, U. & Capari, L. (2019). Paternalistic rather than Assistive? Concepts and social attributions of older adults represented in Active Assisted Living technology project descriptions. *Gerontechnology 18* (4), 193–205.

Bechtold, U. & Sotoudeh, M. (2013). Assistive technologies: Their development from a technology assessment perspective. *Gerontechnology 11* (4), 521–533.

Bechtold, U. & Sotoudeh, M. (2008). Participative approaches for „technology and autonomous living". In K. Miesenberger (Hrsg.), *ICCHP 2008, Lecture Notes in Computer Science LNCS 5105* (S 78–81). Berlin: Springer.

Beck, S. (1997). *Umgang mit Technik. Kulturelle Praxen und kulturwissenschaftliche Forschungskonzepte*. Berlin: Akademie Verlag.

Beimborn, M., Kadi, S., Köberer, N., Mühleck, M. & Spindler, M. (2016). Focusing on the human: Interdisziplinary reflections on ageing and technology. In E. Domínguez-Rué & L. Nierling (Hrsg.), *Ageing and Technology. Perspectives from the Social Sciences* (S. 311–333). Bielefeld: Transkript.

Bemelmans, R., Gelderblom, G.J., Jonker, P. & de Witte, L. (2012). Socially assistive robots in elderly care: a systematic review into effects and effectiveness. *Journal of the American Medical Directors Association 13* (2), 114–120.

Beresford, P. (2019). Public participation in health and social care: exploring the co-production of knowledge. *Frontiers in Sociology 3:41.* https://doi.org/10.3389/fsoc.2018.00041

Beresford, P. (2002). User involvement in research and evaluation: liberation or regulation? *Social Policy and Society 1* (2), 95–105.

Beresford, P. & Croft, S. (2012). *User controlled research. Scoping review.* London: NIHR School of Social Care Research.

Berghmans, R.L.P. (1998), Advance directives for non-therapeutic dementia research: some ethical and policy considerations. *Journal of Medical Ethics 24*, 32–37.

Bergold, J. & Thomas, S. (2012). Participatory research methods: A methodological approach in motion. Forum: Qualitative Sozialforschung / Forum: *Qualitative Social Research 13* (1), Art. 30, https://nbn-resolving.de/urn:nbn:de:0114-fgs1201302. Zugegriffen: 28.01.2021.

Bergold, J. & Thomas, S. (2010). Partizipative Forschung. In G. Mey & K. Mruck (Hrsg.), *Handbuch Qualitative Forschung in der Psychologie* (S. 333–344). Wiesbaden: VS.

Bergum, V. & Dossetor, J. (2005). Relational ethics: The full meaning of respect. Hagerstown: University Publishing Group.

Bethell, J., Commisso, E., Rostad, H.M., Puts, M., Babineau, J., Grinbergs-Saull, A., Wighton, M.B., Hammel, J., Doyle, E., Nadeau, S. & McGilton, K.S. (2018). Patient engagement in research related to dementia: A scoping review. *Dementia 17* (8), 944–975.

Beuscher, L. & Grando, V. T. (2009). Challenges in conducting qualitative research with individuals with dementia. *Research in Gerontological Nursing 2* (1), 6–11.

Bielby, P. (2008). *Competence and Vulnerability in Biomedical Research.* Niederlande: Springer.

Birnbacher, D. (2012). Vulnerabilität und Patientenautonomie – Anmerkungen aus medizinethischer Sicht. *Medizinrecht 30*, 560–565.

Biundo, S., Höller, D., Schattenberg, B. & Bercher, P. (2016). Companion-technology: An overview. *Künstliche Intelligenz 30* (1), 11–20.

Bjerknes, G., Ehn, P. & Kyng, M. (1987). *Computers and Democracy – A Scandinavian Challenge.* Avebury, Farnham.

Björgvinsson, E. B. (2008). Open-ended participatory design as prototypical practice. *CoDesign 4* (2), 85–99.

Bjørneby, S., Topo, P., & Holthe, T. (Hrsg.). (1999). *TED. Technology, ethics and dementia. A guidebook on how to apply technology in dementia care.* Oslo: Norwegian Centre for Dementia Care, INFO-banken.

Blackman, S., Matlo, C., Bobrovitskiy, Ch., Waldoch, A., Lan Fang, M., Jackson, P., Mihailidis, A., Nygard, L., Astell, A. & Sixsmith, A. (2016). Ambient Assisted Living technologies for aging well: A scoping review. *Journal of Intelligent Systems 25* (1), 55–69.

Blair, T. & Minkler, M. (2009). Participatory action research with older adults: Key principles in practice. *The Gerontologist 49* (5), 651–662.

Blasco, S.A., Navarro Llobet, D. & Koumanakos, G. (2019). Obtrusiveness considerations of AAL-Environments. In V. Karkaletsis, S. Konstantopoulos, N.S. Voros, R. Annicchia-rico, M. Dagioglou & Ch. P. Antonopoulos (Hrsg.), *RADIO – Robots in Assisted Living. Unobtrusive, Efficient, Reliable and Modular Solutions of Independent Ageing* (S. 19–31). Cham: Springer International.

Blinkert, B. (2015). Drei Sicherheiten. Offene Methoden in der Sicherheitsforschung. Zur empirischen Kritik von Forschungsergebnissen. In P. Zoche, S. Kaufmann & H. Arnold (Hrsg.), *Sichere Zeiten? Gesellschaftliche Dimensionen der Sicherheitsforschung* (S. 46–65). Berlin: LIT-Verlag.

Bödecker, F. (2015). Wie forschen mit Menschen mit Demenz? Probleme, Lösungen und offene Fragen. In A. Schneider, D. Molnar, S. Link & M. Kötting (Hrsg.), *Forschung in der Sozialen Arbeit. Grundlagen Konzepte Perspektiven* (S. 151–164). Leverkusen: Barbara Budrich.

Böschen, S. & Pfersdorf, S. (2015). Epistemische Verantwortbarkeit. Responsible Research and Innovation und partizipative Forschungsprozesse. In A. Bogner, M. Decker & M. Sotoudeh (Hrsg.), Responsible Innovation. Neue Impulse für die Technikfolgenabschät-zung? (S. 287–298). Baden-Baden: Nomos.

Bødker, S. & Sundblad, Y. (2008). Usability and Interaction Design – new challenges for the Scandinavian tradition. *Behaviour and Information Technology 27* (4), 293–300.

Boehner, K., Vertesi, J., Sengers, P. & Dourish, P. (2007). How HCI interprets the probes. In Proceedings HCI 2007. *ACM Press*, 1077–1086.

Boger, J., Jackson, P., Mulvenna, M., Sixsmith, J., Sixsmith, A., Mihailidis, A., Kontos, P., Miller Polgar, J., Grigorovich, A. & Martin, S. (2017). Principles for fostering the transdisciplinary development of assistive technologies. *Disability and Rehabilitation: Assistive Technology 12* (5), 480–490.

Bogner, A., Bauer, A. & Fuchs, D. (2018). Partizipation als große Herausforderung. Neue Formen der Öffentlichkeitsbeteiligung im Kontext von ‚Responsible Research and Inno-vation'. In M. Decker, R. Lindner, S. Lingner, C. Scherz & M. Sotoudeh (Hrsg.), *"Grand Challenges" meistern – Der Beitrag der Technikfolgenabschätzung* (S. 109–119). Baden-Baden: Nomos.

Boman, I.-L., Rosenberg, L., Lundberg, S. & Nygard, L. (2012). First steps in designing a videophone for people with dementia: identification of users´ potentials and the require-ments of communication technology. *Disability and Rehabilitation: Assistive Technology 7* (5), 356–363.

Bond, J. (2011). Researching Dementia: Listening to people with dementia. In O. Dibelius & W. Maier (Hrsg.), *Versorgungsforschung für demenziell erkrankte Menschen* (S. 39–43). Stuttgart: Kohlhammer.

Bond, J. & Corner, L. (2001). Researching dementia: are there unique methodological challenges for health services research? *Ageing & Society 21*, 95–116.

Borg, M., Karlsson, B., Kim, H.S & McCormack, B. (2012). Opening up for many voices in knowledge construction. *Forum Qualitative Sozialforschung / Forum: Qualita-tive Social Research 13* (1), Art. 1, https://nbn-resolving.de/urn:nbn:de:0114-fqs120117. Zugegriffen: 28.01.2021.

Borgmann, A. (1984). *Technology and the Character of Contemporary Life: A Philosophical Inquiry*. Chicago: University of Chicago Press.

Bossen, C., Dindler, Ch. & Iversen, O.S. (2012). Impediments to user gains: Experiences from a critical participatory design project. Proceedings of the 12th Participatory Design Conference: Research Papers – Volume 1, 31–40. New York: ACM. https://doi.org/10.1145/2347635.2347641. Zugegriffen: 28.01.2021.

Bovens, M. (1998). The quest for responsibility: Accountability and citizenship in complex organisations. Cambridge: Cambridge University Press.

Bowers, B.J., Fibich, B. & Jacobson, N. (2001). Care-as-service, care-as-relating, care-as-comfort: understanding nursing home residents' definitions of quality. *Gerontologist 41*, 539–545.

Bradford Dementia Group (2008). The Bradford wellbeing profile. University of Bradford. www.bradford.ac.uk/acad/health/dementia. Zugegriffen: 11.03.2019.

Braeseke, G., Meyer-Rötz, S.H., Pflug, C. & Haaß, F. (2017). Digitalisierung in der ambulanten Pflege – Chancen und Hemmnisse. Abschlussbericht für das BMWi. IGES. Berlin.

Brandenburg, S., Schröder, F. & Minge, M. (2018). Methoden zum Umgang mit ethischen Aspekten in der partizipativen Erforschung und Entwicklung neuer Technologien. In R. Dachselt & G. Weber (Hrsg.), *Mensch und Computer 2018 – Workshopband*. Bonn: Gesellschaft für Informatik e. V. https://dl.gi.de/handle/20.500.12116/16885. Zugegriffen: 28.01.2021.

Brannelly, T. (2011). Sustaining citizenship: People with dementia and the phenomenon of social death. *Nursing Ethics 18* (5), 662–671.

Breden, T. M. & Vollmann, J. (2004). The cognitive based approach of capacity assessment in psychiatry: a philosophical critique oft the MacCAT-T. *Health Care Analysis 12* (4), 273–283.

Brender, J. (2006). *Handbook of Evaluation Methods for Health Informatics*. Burlington, MA: Elsevier Academic Press.

Brereton, M., Sitbon, L., Abdullah, M. H. L., Vanderberg, M. & Koplick, S. (2015). Design after design to bridge between people living with cognitive or sensory impairments, their friends and proxies. *CoDesign 11*(1), 4–20.

Brereton, M., Roe, P., Schroeter, R. & Lee Hong, A. (2014). Beyond ethnography: engagement and reciprocity as foundations for design research out here. In M. Jones, A. Schmidt, P. Palanque, T. Grossman (Hrsg.), Proceedings of the SIGCHI Conference on Human Factors in Computing Systems (S. 1183–1186). USA: ACM.

Brett, J., Staniszewska, S., Mockford, C., Seers, K., Herron-Marx, S. & Bayliss, H. (2010). The PIRICOM Study: A systematic review of the conceptualisation, measurement, impact and outcomes of patients and public involvement in health and social care research. *Royal College of Nursing*, University of Warwick.

Brey, P. (2012). Well-being in Philosophy, Psychology, and Economics. In P. Brey, A. Briggle & E. Spence (Hrsg.), *The good life in a technological age* (S. 15–34). New York: Routledge.

Brod, M., Stewart, A.L. & Sands, L. (1999). Conceptualization and measurement of quality of life in dementia. *Journal of Mental Health and Aging 5* (1), 7–19.

Brown, B., Weilenmann, A., McMillan, D. & Lampinen, A. (2016). Five provocations for ethical HCI research. In *Proceedings of the 2016 CHI Conference on Human Factors in Computing Systems* (S. 852–863). New York: ACM. https://doi.org/10.1145/2858036.2858313.

Brown, M., Tsai, A., Baurley, S., Koppe, T., Lawson, G., Martin, J., Coughlan, T., Elliott, M., Green, S. & Arunachalam, U. (2014). Using cultural probes to inform the design of assistive technologies. In M. Kurosu (Hrsg.), *Human-Computer-Interaction. Theories, Methods, and Tools* (S. 35–46). HCI 2014. Lecture Notes in Computer Science, Vol. 8510. Cham: Springer.

Bundesministerium für Arbeit und Soziales (BMAS) (2011). Unser Weg in eine inklusive Gesellschaft. Der Nationale Aktionsplan der Bundesrepublik zur Umsetzung der UN-Behindertenrechtskonvention. Rostock.

Bundesministerium für Familie, Senioren, Frauen und Jugend (BMFSFJ) & Bundesministerium für Gesundheit (BMG) (2020). Nationale Demenzstrategie. Berlin.

Bundesministerium für Gesundheit (BMG) (2017). ePflege. Informations- und Kommunikationstechnologie für die Pflege. Berlin.

Burrows, A. B., Mitchell, V. & Nicolle, C. (2015). Cultural probes and levels of creativity. In *Proceedings of Mobile HCI: 17th International Conference on Human-Computer-Interaction with Mobile Devices and Services Adjunct* (S. 920–923). Copenhagen, Denmark: ACM Digital Library.

Cahill, S., Begley, E., Faulkner, J. P. & Hagen, I. (2007). „It gives me a sense of independence" – Findings from Ireland on the use and usefulness of assistive technology for people with dementia. *Technology and Disability 19*, 133–142.

Campbell, S. & Ward, R. (2018). Video and observation data as a method to document practice and performances of gender in the dementia care-based hair salon. In J. Keady, Hydén, L.-Ch., Johnson, A. & Swarbrick, C. (Hrsg.), *Social Research Methods in Dementia Studies – Inclusion and Innovation* (S. 96–117). New York: Routledge.

Cantley, C., Woodhouse, J. & Smith, M. (2005). Listen to us: Involving people with dementia in planning and developing services. Dementia North, Northumbria University, Newcastle upon Tyne, UK. www.mentalhealthpromotion.net/resources/listen-to-us.pdf. Zugegriffen: 05.08.2019.

Capstick, A., Ludwin, K., Chatwin, J. & Walters, E. R. (2016). Participatory video and well-being in long-term care. *Journal of Dementia Care 24* (1), 26–29.

Carey, M. (2010). Should I stay or should I go? Practical, ethical and political challenges to "service user" participation within social work research. *Qualitative Social Work 10* (2), 224–243.

Cargo, M. & Mercer, S. L. (2008). The value and challenges of participatory research: Strengthening its practice. *Annual Review of Public Health 29*, 325–50.

Carmody, J., Traynor, E. & Marchetti, E. (2014). Barriers to qualitative dementia research: The elephant in the room. *Qualitative Health Research 25* (7), 1013–1019.

Carretero, S. (2015). *Mapping of effective technology-based services for independent living for older people at home.* Seville: Joint Research Center, Institute for Prospective Technological Studies, JRC Scientific and Technical Reports Series.

Carroll, J. M. & Rosson, M. B. (2007). Participatory design in community informatics. *Design Studies 28* (3), 243–261.

Carvalho, M.R. & Ribeirinho, C. (2019). Political Gerontology. In D. Gu & M.E. Dupre (Hrsg.), *Encyclopedia of Gerontology and Population Aging.* Springer Nature. https://doi.org/10.1007/978-3-319-69892-2_239-1.

Cavallo, F., Aquilano, M. & Arvati, M. (2015). An Ambient Assisted Living Approach in Designing Domiciliary Services Combined with Innovative Technologies for Patients With

Alzheimer's Disease: A Case Study. *American Journal of Alzheimer's Disease & Other Dementias 30* (1), 69–77.

Centre for Social Justice and Community Action (2011). Community-based participatory research: Ethical Challenges. Durham University, UK.

Cesta, A., Cortellessa, G., Rasconi, R., Pecora, F., Scopelliti, M. & Tiberio, L. (2011). Monitoring elderly people with the ROBOCARE domestic environment: Interaction synthesis and user evaluation. Computational Intelligence, 27 (1), 60–82.

Charlesworth, G. (2018). Public and patient involvement in dementia research: Time to reflect? *Dementia 17* (8), 1064–1067.

Clare, L. (2003). Managing threats to self: Awareness in early stage Alzheimer´s disease. *Social Science and Medicine 57* (6), 1017–1029.

Clare, L., Rowlands, J.M. & Quin, R. (2008). Collective strength. The impact of developing a shared social identity in early-stage dementia. *Dementia 7* (1), 9–30.

Clark, J. (2010). Defining the concept of dignity and developing a model to promote its use in practice. *Nursing Times 106* (20), 16–19.

Clark, P.A., Tucke, S.S. & Whitlatch, C.J. (2008). Consistency of information from persons with dementia: An analysis of differences by question type. *Dementia 7* (3), 341–358.

Clarke, Ch. L. & Keady, J. (2002). Getting down to brass tacks: A discussion of data collection. In H. Wilkinson (Hrsg.), *The Perspectives of People with Dementia: Research Methods and Motivations* (S. 25–46). London: Jessica Kingsley Publishers.

Clough, R., Green, B., Hawkes, B., Raymond, G. & Bright, L. (2006). *Older people as researchers. Evaluating a participative project.* London, UK: Joseph Rowntree Foundation.

Cochrane, A. L. (1972). *Effectiveness and Efficiency: Random Reflection on Health Services.* London: Oxford University Press.

Coeckelbergh, M. (2012). Care robots, virtual virtue, and the best possible life. In P. Brey, A. Briggle & E. Spence (Hrsg.), *The Good Life in a Technological Age* (S. 281–292). New York: Routledge.

Cohene, T. & Baecker, R. (2005). *Designing interactive Life Story Multimedia for a family affected by Alzheimer's disease: A case study.* Proceedings CHI 2005 EA, ACM Press.

Collins, H.M. & Evans, R. (2002). The third wave of science studies: studies of expertise and experience. *Social Studies of Science 32* (2), 235–96.

Collopy, B. J. (1988). Autonomy in long-term care: Some crucial distinctions. *The Gerontologist 28*, 10–17.

Compagna, D. (2018). Partizipation und Moderne: Nutzerorientierte Technikentwicklung als missverstandene Herausforderung. In H. Künemund & U. Fachinger (Hrsg.), *Alter und Technik – Sozialwissenschaftliche Befunde und Perspektiven* (S. 177–206). Wiesbaden: Springer VS.

Compagna, D. (2012). Lost in translation? The dilemma of alignment within participatory technology developments. *Poiesis & Praxis: International Journal of Ethics of Science and Technology Assessment 9* (1–2), 125–143.

Conde-Sala, J. L., Garre-Olmo, J., Turró-Garriga, O., Vilalta-Franch, J. & López-Pousa, S. (2010). Quality of life of patients with Alzheimer´s disease: differential perseptions between spouse and adult child caregivers. *Dementia and Geriatric Cognitive Disorders 29*, 97–108.

Conde-Sala, J. L., Garre-Olmo, J., Turró-Garriga, O., López-Pousa, S. & Vilalta-Franch, J. (2009). Factors related to perceived quality of life in patients with Alzheimer´s disease: the patient´s perception compared with that of caregivers. *International Journal of Geriatric Psychiatry 24*, 585–594.

Cook, A. (2002). Using video observation to include the experiences of people with dementia in research. In H. Wilkinson (Hrsg.), *The Perspectives of People with Dementia. Research Methods and Motivations* (S. 209–222). London: Jessica Kingsley Publishers.

Cook, A. (2003). Using video to include the experience of people with dementia in research. *Research Policy and Planning 21* (2), 23–32.

Corrado, A.M., Benjamin-Thomas, T.E., McGrath, C., Hand, C. & Laliberte Rudman, D. (2019). Participatory action research with older adults: a critical interpretive synthesis. *The Gerontologist*, gnz080, https://doi.org/10.1093/geront/gnz080.

Council for International Organizations of Medical Sciences (CIOMS) (2016). *International Ethical Guidelines for Health-related Research Involving Humans* (4. Aufl.). Genf.

Council of Europe (1997a). Convention for the Protection of Human Rights and Dignity of the Human Being with regard to the Application of Biology and Medicine: Convention on Human Rights and Biomedicine. Oviedo, 04.04.1997. European Treaty Series, No. 164. https://www.coe.int/en/web/conventions/full-list/-/conventions/webContent/857 4225. Zugegriffen: 20.03.2017.

Council of Europe (1997b). Übereinkommen zum Schutz der Menschenrechte und der Menschenwürde im Hinblick auf die Anwendung von Biologie und Medizin: Übereinkommen über Menschenrechte und Biomedizin. Oviedo, 04.04.1997. Sammlung Europäischer Verträge, Nr. 164. https://www.coe.int/en/web/conventions/full-list/-/conventions/webCon tent/8574225. Zugegriffen: 20.03.2017.

Cowdell, F. (2008). Engaging older people with dementia in research: Myth or possibility. *International Journal of Older People Nursing 3* (1), 29–34.

Cowden, S. & Singh, G. (2007). The 'User': Friend, foe or fetish? A critical exploration of user involvement in health and social care. *Critical Social Policy 27* (1), 5–23.

Craig, P., Dieppe, P., Macintyre, S., Michie, S., Nazareth, I. & Petticrew, M. (2008). *Developing and evaluating complex interventions: new guidance*. London: MRC.

Daase, Ch. (2010). Der erweiterte Sicherheitsbegriff. Working Paper 1/2010 des Projekts „Sicherheitskultur im Wandel". www.sicherheitskultur.org/fileadmin/files/WorkingPapers/ 01-Daase.pdf. Zugegriffen: 17.08.2016.

Daniel, K. M., Cason, C. L. & Ferrell, S. (2009). Emerging technologies to enhance the safety of older people in their homes. *Geriatric Nursing 30* (6), 384–389.

Davies, S. L., Goodman, C., Manthorpe, J., Smith, A., Carrick, N. & Iliffe, S. (2014). Enabling research in care homes: an evaluation of a national network of research ready care homes. BMC Medical Research Methodology, 14–47. https://doi.org/10.1186/1471.2288-14-47.

Davis, K. (2008). Informed Consent in Visual Research. Real Life Methods, Sociology, University of Manchester. hummedia.manchester.ac.uk/schools/soss/morgancentre /toolkits/2008-07-toolkit-visual-consent.pdf. Zugegriffen: 11.03.2019.

Day, K., Carreon, D. & Stump, C. (2000). The therapeutic design of environments for people with dementia: A review of the empirical research. *The Gerontologist 40* (4), 397–416.

Decker, M. (2013). Einleitung und Überblick. In A. Grundwald (Hrsg.), *Handbuch Technikethik* (S. 33–36). Stuttgart: J.B. Metzler.

Decker, M. (2012). Service robots in the mirror of reflective research. *Poiesis & Praxis 9*, 181–200. https://doi.org/10.1007/s10202-012-0111-8.

DeGEval – Gesellschaft für Evaluation e.V. (2016). *Standards für Evaluation. Erste Revision 2016*. Mainz-Kastel: Druckerei Zeidler.

Dekkers, W. (2009). On the notion of home and the goals of palliative care. *Theoretical Medicine and Bioethics 30* (5), 335–349.

Dementia Engagement and Empowerment Project (DEEP) (2014). Dementia words matter: Guidelines on language about dementia. www.dementiavoices.org.uk/wp-content/upl oads/2015/03/DEEP-Guide-Language.pdf. Zugegriffen: 04.03.2019.

Demenz Support Stuttgart (2017). Stellungnahme „Virtuelle Welten und Alltagswelt". www.demenz-support.de/Repository/Stellungnahme_Virtuelle_Welten_Dess_und_Kur atorium.pdf. Zugegriffen: 28.01.2021.

Demiris, G., Hensel, B.K., Skubic, M. & Rantz, M. (2008). Senior residents´ perceived need of and preferences for „smart home" sensor technologies. *International Journal of Technology Assessment in Health Care 24* (1), 120–124.

Department of Health (2006). Best Research for Best Health. London.

Deutsche Gesellschaft für Gerontologie und Geriatrie (DGGG), Deutsche Gesellschaft für Psychiatrie und Psychotherapie, Psychosomatik und Nervenheilkunde (DGPPN) & Deutsche Gesellschaft für Neurologie (DGN) (Hrsg.) (2020). *Einwilligung von Menschen mit Demenz in medizinische Maßnahmen. Interdisziplinäre S2k-Leitlinie für die medizinische Praxis* (AWMF-Leitlinie Registernummer 108–001). Stuttgart: Kohlhammer.

Deutscher Ethikrat (Hrsg.) (2020). *Robotik für gute Pflege*. Stellungnahme. Berlin.

Deutscher Ethikrat (Hrsg.) (2012). *Demenz und Selbstbestimmung*. Berlin.

Dewar, B.J. (2005). Beyond tokenistic involvement of older people in research – a framework for future development and understanding. *Journal of Clinical Nursing 2005, 14/s1*, 48–53.

Dewing, J. (2002). From ritual to relationship: A person-centred approach to consent in qualitative research with older people who have a dementia. *Dementia 1* (2), 157–170.

Dewing, J. (2007). Participatory research. A method for process consent with persons who have dementia. *Dementia 6* (1), 11–25.

Dewing, J. (2008). Process consent and research with older persons living with dementia. *Research Ethics Review 4* (2), 59–64.

Dibelius, O., Feldhaus-Plumi, E. & Piechotta-Henze, G. (2015) (Hrsg.), *Lebenswelten von Menschen mit Migrationserfahrung und Demenz*. Göttingen: Hogrefe.

Dickson-Swift, V., James, E. L., Kippen, S. & Liamputtong, P. (2006). Blurring boundaries in qualitative health research on sensitive topics. *Qualitative Health Research 16* (6), 853–871.

Digby, R., Lee, S. & Williams, A. (2016). Interviewing people with dementia in hospital: Recommendations for researchers. *Journal of Clinical Nursing 25* (7–8), 1156–1165.

Di Lorito, C., Birt, L., Poland, F., Csipke, E., Gove, D., Diaz-Ponce, A. & Orell, M. (2016). A synthesis of the evidence on peer research with potentially vulnerable adults: How this relates to dementia. *International Journal of Geriatric Psychiatry 32* (1), 58–67.

DIN EN ISO 9241–11 (2018). *Ergonomie der Mensch-System-Interaktion Teil 11: Anforderungen an die Gebrauchstauglichkeit, Leitsätze*. Berlin: Beuth.

DIN EN ISO 9241–110 (2020). *Ergonomie der Mensch-System-Interaktion Teil 110: Grundsätze der Dialoggestaltung*. Berlin: Beuth.

DIN EN ISO 9241–210 (2019). *Ergonomie der Mensch-System-Interaktion Teil 210: Prozess zur Gestaltung gebrauchstauglicher interaktiver Systeme*. Berlin: Beuth.

DIN EN ISO 9241–210 (2011). *Ergonomie der Mensch-System-Interaktion Teil 210: Prozess zur Gestaltung gebrauchstauglicher interaktiver Systeme*. Berlin: Beuth.

Donetto, S., Pierri, P., Tsianakas, V. & Robert, G. (2015). Experience-based Co-design and healthcare improvement: Realizing participatory design in the public sector. *The Design Journal 18* (2), 227–248.

Doyle, M. & Timonen, V. (2010). Lessons from a community-based participatory research project: Older people's and researchers' reflections. *Research on Aging 32* (2), 244–63.

Dworkin, R. (1986). Autonomy and the demented self. *Milbank Quarterly 64*, Suppl. 2, 4–16.

Ebel, T. & Meyermann, A. (2015). Hinweise zur Anonymisierung von quantitativen Daten. *Forschungsdaten Bildung informiert 3* (2015).

Edvardsson, D. & Nordvall, K. (2007). Lost in the present but confident of the past: Experiences of being in a psycho-geriatric unit as narrated by persons with dementia. *Journal of Clinical Nursing 17*, 597–607.

Eftring, H. & Frennert, S. (2016). Designing a social and assistive robot for seniors. *Zeitschrift für Gerontologie und Geriatrie 49* (4), 274–281.

Eggenberger, E., Heimerl, K. & Bennett, M. I. (2013). Communication skills training in dementia care: a systematic review of effectiveness, training content, and didactic methods in different care settings. *International Psychogeriatrics 25* (3), 345–358.

Ehn, P. (2013). Partizipation an Dingen des Designs. In C. Mareis, M. Held & G. Joost (Hrsg.), *Wer gestaltet die Gestaltung? Praxis, Theorie und Geschichte des partizipatorischen Designs* (S. 79–104). Bielefeld: transcript Verlag.

Ehn, P. (1993). Scandinavian design: on participation and skill. In D. Schuler & A. Namioka (Hrsg.), *Participatory design: principles and practices* (S. 41–77). Hillsdale, NJ: Lawrence Erlbaum.

Ehn, P. & Kyng, M. (1987). The Collective Resource Approach to Systems Design. In Bjerknes, G., Ehn, P., Kyng, M. (Hrsg.), *Computers and Democracy–a Scandinavian Challenge* (S. 17–58). Aldershot, UK: Avebury.

Ehn, P. & Sjögren, D. (1991). From system description to script for action. In J. Greenbaum & M. Kyng (Hrsg.), *Design at work: cooperative design of computer systems* (S. 241–268). Hillsdale, N.J.: Lawrence Erlbaum Associates.

Ehrenberg-Silies, S., Hering, M., Kurtze, H. & Bovenschulte, M. (2012). Technikfolgeabschätzung neu denken. *Working Paper des Instituts für Innovation und Technik (iit) 10*.

Eisma, R., Dickinson, A., Goodman, J., Syme, A., Tiwari, L. & Newell, A. F. (2004). Early user involvement in the development of information technology-related products for older people. *Universal Access in the Information Society 3* (2), 131–140.

Ellis, C. (2007). Telling secrets, revealing lives. Relational ethics in research with intimate others. *Qualitative Inquiry 13* (1), 3–29.

Elwyn, G., Frosch, D., Thomson, R., Joseph-Williams, N., Lloyd, A., Kinnersley, P., Cording, E., Tomson, D., Dodd, C., Rollnick, S., Edwards, A. & Barry, M. (2012). Shared decision making: A model for clinical practice. *Journal of General Internal Medicine 27* (10), 1361–1367.

Endter, C. (2018). How older people matter – Nutzer- und Nutzerinnenbeteiligung in AAL-Projekten. In H. Künemund & U. Fachinger (Hrsg.), *Alter und Technik – Sozialwissenschaftliche Befunde und Perspektiven* (S 207–225). Wiesbaden: Springer VS.

Engelbart, D.C. (1963). *A conceptual framework for the augmentation of man´s intellect. Vistas in Information Handling* (S. 1–13). Washington DC: Spartan Books.

Engström, M., Lindqvist, R., Ljunggren, B. & Carlsson, M. (2009). Staff members' perceptions of a ICT support package in dementia care during the process of implementation. *Journal of Nursing Management 17* (7), 781–789.

Engström, M., Lindqvist, R., Ljunggren, B. & Carlsson, M. (2006). Relatives' opinions of IT support, perceptions of irritations and life satisfaction in dementia care. *Journal of Telemedicine and Telecare 12*, 246–250.

Eriksson, Y. (2016). Technologically mature but with limited capabilities. In J. Zhou & G. Salvendy (Hrsg.), *Human Aspects of IT for the Aged Population. Design for Aging. Second International Conference, ITAP 2016, Part I "Designing for and with the Elderly"* (S. 3–12). Toronto, Canada: Springer.

Essén, A. (2008). The two facets of electronic care surveillance: An exploration of the views of older people who live with monitoring devices. *Social Science & Medicine 67*, 128–136.

Europäisches Institut Design für Alle in Deutschland e.V. (EDAD), Fürst Donnersmarck-Stiftung (Hrsg.) (2003). Europäisches Konzept für Zugänglichkeit. Berlin. www.fdst.de/w/files/pdf/eca_deutsch_internet.pdf. Zugegriffen: 03.07.2019.

European Group on Ethics in Science and New Technologies (2015). The ethical implications of new health technologies and citizen participation. In EU (Hrsg.), *Opinion of the European Group on Ethics in Science* (Nr. 29). Brüssel.

Evans, N. & Collier, L. (2017). An exploratory of the experience of using calendar reminders for people with dementia and family carers. *Dementia*, https://doi.org/10.1177/147139121 7734916.

Faucounau, V., Wu, Y.H., Boulay, M., Maestrutti, M., & Rigaud, A.S. (2009). Caregivers' requirements for in-home robotic agent for supporting community-living elderly subjects with cognitive impairment. *Technology and Health Care 17* (1), 33–40.

Faulkner, A. (2017). Survivor research and Mad Studies: the role and value of experiential knowledge in mental health research. *Disability & Society 34* (4), 500–520.

Feinberg, F.L. & Whitlach, C.J. (2001). Are persons with cognitive impairment able to state consistent choices? *The Gerontologist 41* (3), 374–382.

Fels, D. I. & Astell, A. J. (2011). Storytelling as a model of conversation for people with dementia and caregivers. *American Journal of Alzheimer's Disease and Other Dementias 26* (7), 535–541.

Fisk, J. D., Beattie, B. L. & Donnelly, M. (2007). Ethical considerations for decision making for treatment and research participation. *Alzheimer's and Dementia 3* (4), 411–417.

Fisk, M.J. (1997). Telecare equipment in the home. Issues of intrusiveness and control. *Journal of Telemedicine and Telecare 3* (1 suppl.), 30–32. https://doi.org/10.1258/135763397193 0274.

Flicker, S., Travers, R., Guta, A., McDonals, S. & Meagher, A. (2007). Ethical dilemmas in community-based participatory research: Recommendations for institutional review boards. *Journal of Urban Health 84* (4), 478–493.

Flicker, S., Roche, B. & Guta, A. (2010). *Peer Research in Action III: Ethical Issues.* Wellesley Institute, Toronto.

Forster E. (2014). Reflexivität. In C. Wulf & J. Zirfas (Hrsg.), *Handbuch Pädagogische Anthropologie* (S. 589–597). Wiesbaden: Springer VS.

Franke, L. (2006). Demenz in der Ehe. Über die verwirrende Gleichzeitigkeit von Ehe- und Pflegebeziehung. Eine Studie zur psychosozialen Beratung für Ehepartner von Menschen mit Demenz. Frankfurt a. M.: Mabuse.

Friedman, B., Kahn, P. & Borning, Al. (2006). Value sensitive design and information systems. In P. Zhang & D. Galletta (Hrsg.), *Human-Computer Interaction in Management Information Systems: Foundations* (S. 348–372). New York: Routledge.

Friedman, B., Lin, P. & Miller, J. K. (2005). Informed consent by design. In L. Cranor & S. Garfinkel (Hrsg.), *Designing Secure Systems that People Can Use* (S. 495–531). Cambridge, MA: O´Reilly & Associates.

Fritz, R. L., Corbett, C. L., Vandermause, R., & Cook, D. (2016). The Influence of Culture on Older Adults' Adoption of Smart Home Monitoring. *Journal of Gerontology 14* (3), 146–156.

Fudge, N., Wolfe, C. D. A. & McKevitt, C. (2007). Involving older people in health research. *Age and Ageing 36* (5), 492–500.

Gallagher, M. (2008). 'Power is not an evil': Rethinking power in participatory methods. *Children's Geographies 6* (2), 137–50.

Garand, L., Lingler, J. H., Conner, K. O. & Dew, M. A. (2009). Diagnostic labels, stigma, and participation in research related to dementia and mild cognitive impairment. *Research in Gerontological Nursing 2* (2), 112–121.

Gaver, B., Dunne, T. & Pacenti, E. (1999). Design: Cultural Probes. *Interactions 6* (1/2), 21–29.

Gehlen, A. (1986). *Anthropologische und sozialpsychologische Untersuchungen (Vol. 424).* Reinbek bei Hamburg: Rowohlt Taschenbuch-Verl.

Gerling, K., Hebesberger, D., Dondrup, C., Körtner, T. & Hanheide, M. (2016). Robot deployment in long-term care: Case study on using a mobile robot to suppoert physiotherapy. *Zeitschrift für Gerontologie und Geriatrie 49*, 288–297.

Gesellschaft für Informatik (GI) (2018). Die ethischen Leitlinien der Gesellschaft für Informatik e.V. https://gi.de/fileadmin/GI/Allgemein/PDF/GI_Ethische_Leitlinien_2018.pdf. Zugegriffen: 28.01.2021.

Gethmann, C. F. (2018). Theoretische und praktische Probleme transdisziplinärer Forschung angesichts kollektiver Handlungsprobleme von globaler Reichweite. In M. Decker, R. Lindner, S. Lingner, C. Scherz & M. Sotoudeh (Hrsg.): *"Grand Challenges" meistern – Der Beitrag der Technikfolgenabschätzung* (S. 19–40). Baden-Baden: Nomos.

Giaccardi, E. (2005). Metadesign as emergent design culture. *Leonardo 38* (4), 342–349.

Gianni, R. (2018). The discourse of responsibility. In: R. Gianni, J. Pearson & B. Reber (Hrsg.), *Responsible Research and Innovation – From Concepts to Practices* (S. 11–34). London: Routledge.

Giese, B. & von Gleich, A. (2015). Attentive Technologien. Ein Leitkonzept für robotische Technologien im häuslichen und pflegerischen Bereich. In A. Bogner, M. Decker & M. Sotoudeh (Hrsg.), *Responsible Innovation. Neue Impulse für die Technikfolgenabschätzung?* (S. 261–273). Baden-Baden: Nomos.

Giger, J. T. & Markward, M. (2011). The need to know caregiver perspectives toward using smart home technology. *Journal of Social Work in Disability & Rehabilitation 10* (2), 96–114.

Godwin, B. (2012). The ethical evaluation of assistive technology for practitioners: a checklist arising from a participatory study with people with dementia, family and professionals, *Journal of Assistive Technologies 6* (2), 123–135.

Goldsmith, M. (1996). *Hearing the voice of people with dementia*. London: Jessica Kingsley Publishers.

Góngora Alonso, S., Hamrioui, S., de la Torre Díez, I., Motta Cruz, E., López-Coronado, M. & Franco, M. (2019). Social robots for people with aging and dementia: A systematic review of literature. *Telemedicine and e-Health 25* (7), 533–540.

Gove, D., Diaz-Ponce, A., Georges, J., Moniz-Cook, E., Mountain, G., Chattat, R., Oksne-bjerg, L. & The European Working Group of People with Dementia (2018). Alzheimer Europe's position on involving people with dementia in research through PPI (patient and public involvement). *Aging & Mental Health 22* (6), 723–729.

Gowans, G., Campbell, J., Astell, A., Ellis, M., Alm, N. & Dye, R. (2003). Designing CIRCA: A Multimedia Conversational Aid for Reminiscence Intervention in Dementia Care Environments, In Proceedings of the 5th International Conference of the European Academy of Design, Barcelona. www.ub.edu/5ead/princip5.htm. Zugegriffen: 22.03.2019.

Graf-Wäspe, J. (2016). The Real Truman Show? Über die Legitimität von Schein-Elementen in der Betreuung von Menschen mit Demenz. *Ethik in der Medizin 28*, 5–9.

Gransche, B. & Manzeschke, A. (2020). Das geteilte Ganze. Einleitende Überlegungen zu einem Forschungsprogramm. In B. Gransche & A. Manzeschke (Hrsg.), *Das Geteilte Ganze. Horizonte Integrierter Forschung für künftige Mensch-Technik-Verhältnisse* (S. 1–33). Wiesbaden: Springer-VS.

Greenbaum, J. (1993). PD: a personal statement. *Communications of the ACM 36* (4), 47.

Gregor, P., Newell, A. F. & Zajicek, M. (2002). Designing for dynamic diversity – Interfaces for older people. In J. A. Jacko (Hrsg.), *ASSETS 2002. The 5th International ACM conference on Assistive Technologies*, Edinburgh, Scotland (S. 151–156). New York: ACM Press. https://dl.acm.org/doi/abs/10.1145/638249.638277. Zugegriffen: 28.01.2021.

Grönvall, E. & Kyng, M. (2011). *Beyond utopia: Reflections on participatory design in home-based healthcare with weak users.* Proc. of the 29th Annual European Conference on Cognitive Ergonomics, ACM, 189–196. https://dl.acm.org/doi/abs/10.1145/2074712.207 4750. Zugegriffen: 28.01.2021.

Grönvall, E. & Kyng, M. (2013). On participatory design of home-based healthcare. *Cognition, Technology & Work 15* (4), 389–401.

Grunwald, A. (2013). Einleitung und Überblick. In: A. Grundwald (Hrsg.), *Handbuch Technikethik* (S. 1–11). Stuttgart: J. B. Metzler.

Guba, E. G. & Lincoln, Y. S. (1989). *Fourth generation evaluation.* San Francisco. Jossey-Bass.

Gudowsky, N., Sotoudeh, M., Capari, L. & Bechtold, U. (2015). Ein Schritt vor der Innovation. Eine partizipative vorausschauende Studie zu selbstbestimmtem Leben im Alter. In A. Bogner, M. Decker & M. Sotoudeh (Hrsg.), *Responsible Innovation. Neue Impulse für die Technikfolgenabschätzung?* (S. 241–250). Baden-Baden: Nomos.

Guillemin, M. & Gillam, L. (2004). Ethics, reflexivity, and „ethically important moments" in research. *Qualitative Inquiry,* 261–280.

Haberstroh, J., Knebel, M. & Müller, T. (2017). Promotion of capacity to consent to medical treatment among persons with dementia by means of resource-oriented communication – The EmMa Project. In J. Gather, T. Henking, A. Nossek & J. Vollmann (Hrsg.), *Beneficial Coercion in Psychiatry? Foundations and Challenges* (S. 237–244). Münster: Mentis Verlag.

Haberstroh, J. & Müller, T. (2017). Einwilligungsfähigkeit bei Demenz: Interdisziplinäre Perspektiven. *Zeitschrift für Gerontologie und Geriatrie 50* (4), 298–303.

Haberstroh, J., & Oswald, F. (2014). Unterstützung von Autonomie bei medizinischen Entscheidungen von Menschen mit Demenz durch bessere Person-Umwelt-Passung? *Informationsdienst Altersfragen 4*, 16–24.

Häseler-Bestmann, S. (2019). Partizipative Evaluationsforschung. https://www.bpb.de/politik/extremismus/radikalisierungspraevention/293063/partizipative-evaluationsforschung. Zugegriffen: 10.11.2020.

Hagen, H., Nitschke, M., Schlindwein, D. & Goll, S. (2018). Akzeptanz als Problem, Partizipation als Lösung? In R. Weidner & A. Karafillidis (Hrsg.), *Technische Unterstützungssysteme, die die Menschen wirklich wollen. Technische Unterstützungssysteme, die die Menschen wirklich wollen* (Band zur dritten transdisziplinären Konferenz) (S. 127–137). Hamburg.

Hahn, J. & Seitz, S. B. (2015). „Die Partizipation rettet uns". Zum Verhältnis von RRI und Beteiligung. In A. Bogner, M. Decker & M. Sotoudeh (Hrsg.), *Responsible Innovation. Neue Impulse für die Technikfolgenabschätzung?* (S. 231–240). Baden-Baden: Nomos.

Haines, V., Mitchell, V., Cooper, C. & Maguire, M. (2007). Probing user values in the home environment within a technology driven Smart Home project. *Personal and Ubiquitous Computing 11* (5), 349–359.

Hakobyan, L., Lumsden, J. & O´Sullivan, D. (2015). Participatory design: How to engage older adults in participatory design activities. *International Journal of Mobile Human Computer Interaction 7* (3), 78–92.

Halskov, K. & Hansen, N.B. (2015). The diversity of participatory design research practice at PDC 2002–2012. *International Journal of Human-Computer Studies 74*, 81–92.

Hammerslay, M. (2018). Values in Social Research. In R. Iphofen & M. Tolich (Hrsg.), *The SAGE Handbook of Qualitative Research Ethics* (S. 24–34). London: SAGE.

Hanson, E., Magnusson, L., Arvidsson, H., Claesson, A., Keady, J. & Nolan, M. (2007). Working together with persons with early stage dementia and their family members to design a user-friendly technology-based support service. *Dementia 6* (3), 411–434.

Hattink, B. J. J., Meiland, F. J. M., Overmars-Marx, T., de Boer, M., Ebben, P. W. G., van Blanken, M., Verhaeghe, S., Stalpers-Croeze, I., Jedlitschka, A., Flick, S. E., van den Leeuw, J., Karkowski, I. & Dröes, R. M. (2014). The electronic personalizable Rosetta system for dementia care: Exploring the user-friendliness, usefulness and impact. *Disability and Rehabilitation: Assistive Technology 11* (1), 61–71.

Havinghurst, R. J. & Albrecht, R. (1953). *Older People*. New York, London, Toronto.

Hayes, G. R. (2011). The relationship of action research to human-computer interaction. *ACM Transitions of Computer-Human Interaction 18* (3), 1–20.

Heggestad, A. K. T., Nortvedt, P. & Slettebo, A. (2012). The importance of moral sensitivity when including persons with dementia in qualitative research. *Nursing Ethics 20* (1), 30–40.

Heite, E., Rüßler, H. & Stiel, J. (2015). Alter(n) und partizipative Quartiersentwicklung. Stolpersteine und Perspektiven für soziale Nachhaltigkeit. *Zeitschrift für Gerontologie und Geriatrie 48*, 415–425.

Hellström, I., Nolan, M., Nordenfelt, L. & Lundh, U. (2007). Ethical and methodological issues in interviewing persons with dementia. *Nursing Ethics 14* (5), 608–619.

Helmchen, H. (2015). *Forschung mit Menschen, die an Demenz erkrankt sind? Nervenarzt* (S. 1–8). https://doi.org/10.1007/s00115-015-4302-0.

Hendriks, N., Truyen, F. & Duval, E. (2013). Designing with dementia: Guidelines for participatory design together with persons with dementia. In Kotzé, P., Marsden, G., Lindgaard, G., Wesson, J. & Winckler, M. (Hrsg.), *Human-Computer-Interaction – INTERACT 2013* (S. 649–666). Berlin, Heildeberg: Springer.

Hendriks, N., Huybrechts, L., Wilkinson, A. & Slegers, K. (2014). Challenges in doing participatory design with people with dementia. Proceedings of the 13th Participatory Design Conference. Volume 2: Short Papers, Industry Cases, Workshop Descriptions, Doctoral Consortium Papers, and Keynote Abstracts 2014–10–06, S. 33–36. https://dl.acm.org/doi/10.1145/2347635.2347641. Zugegriffen: 28.01.2021.

Hendriks, N., Slegers, K. & Duysburgh, P. (2015). Codesign with people living with cognitive or sensory impairments: A case for method stories and uniqueness. *CoDesign 11* (1), 70–82.

Hensel, B. K., Demiris, G. & Courtney, K. L. (2006). Defining obtrusiveness in home telehealth technologies: A conceptual framework. *Journal of the American Medical Informatics Association 13* (4), 428–431.

Heron, J. (1996). Co-operative inquiry: Research into the human condition. London: SAGE.

Heron, J. & Reason, P. (2008). Extending epistemology within a co-operative inquiry. In P. Reason & H. Bradbury (Hrsg.), *The SAGE Handbook of Action Research: Participative Inquiry and Practice* (S. 366–380). London: SAGE.

Herriger, N. (2020). Empowerment in der Sozialen Arbeit: Eine Einführung. Stuttgart: Kohlhammer.

Hester, P. T. & Adams, K. M. (2013). Thinking systematically about complex systems. *Procedia Computer Science 20*, 312–317.

Higginbottom, G. & Liamputtong, P. (2015). What is participatory research? Why do it? In G. Higginbottom & P. Liamputtong (Hrsg.), *Participatory Qualitative Research Methodologies in Health* (S. 1–21). London: SAGE.

Higgins, P. (2013). Involving people with dementia in research. *Nursing Times 109* (28), 20–23.

Höhne, J., Linden, B., Seils, E. & Wiebel, A. (2014). Die Gastarbeiter. Geschichte und aktuelle soziale Lage. *WSI Report 16*. https://www.boeckler.de/pdf/p_wsi_report_16_2014.pdf. Zugegriffen: 28.01.2021.

Hörning, K. H. (1988). Technik im Alltag und die Widersprüche des Alltäglichen. In Joerges, Bernward (Hrsg.), *Technik im Alltag* (S. 51–94). Frankfurt/Main: Suhrkamp.

Hofmann, B. (2012). Ethical challenges with welfare technology: A review of the literature. *Science and Engineering Ethics 19* (2), 389–406.

Holcombe, S. (2010). The arrogance of ethnography: Managing anthropological research knowledge. *Australian Aboriginal Studies 2010/2*, 22–32.

Holm, S. (2001). Autonomy, authenticity, or best interest: Everyday decision-making and persons with dementia. *Medicine, Health Care and Philosophy 4* (2), 153–159.

Holstein, M.B. & Minkler, M. (2007). Critical gerontology: reflections for the 21st century. In M. Bernard & T. Scharf (Hrsg.), *Critical Perspectives on Ageing Societies* (S. 13–26). Bristol: Policy Press.

Holt, M. (2011). The limits of empathy: utopianism, absorption and theatricality in design. *The Design Journal 14* (2), 151–164.

Holthe, T., Jentoft, R., Arntzen, C. & Thorsen, K. (2017). Benefits and burdens: family caregivers' experiences of assistive technology (AT) in everyday life with persons with young-onset dementia (YOD). Disability and Rehabilitation: Assistive Technology, 2017, Sep 11:1–9, https://doi.org/10.1080/17483107.2017.1373151

Hornbostel, S. (2016). (Forschungs-)Evaluation. In D. Simon, A. Knie, S. Hornbostel & K. Zimmermann (Hrsg.), *Handbuch Wissenschaftspolitik* (S. 1–18). Wiesbaden: Springer VS.

Huber, S., Bejan, A., Radzey, B. & Hurtienne, J. (2019). *Proxemo or how to evaluate user experience for people with dementia.* Konferenzpapier, 2019 CHI Conference on Human Factors in Computing Systems (CHI EA 19), Glasgow. https://dl.acm.org/doi/abs/https://dl.acm.org/doi/abs/10.1145/3290607.3313018. Zugegriffen: 28.01.2021.

Hülsken-Giesler, M. (2016). Vorteile und Grenzen der Technisierung in der Pflege. In M. Dabrowski & J. Wolf (Hrsg.), *Menschenwürde und Gerechtigkeit in der Pflege* (S. 159–186). Paderborn: Schöningh.

Hughes, T. & Castro Romero, M. (2015). A processural consent methodology with people diagnosed with dementia. *Quality in Ageing ans Older Adults 16* (4), 222–234.

Hung, L., Phinney, A., Chaudhury, H., Rodney, P., Tabamo, J. & Bohl, D. (2017). "Little things matter!" Exploring the perspectives of patients with dementia about the hospital environment. *International Journal of Older People Nursing*, 12:e12153, https://doi.org/10.1111/opn.12153.

Hurst, S.A. (2008). Vulnerability in research and health care. Describing the elephant in the room? *Bioethics 22* (4), 191–202.

Hurt, C., Bhattacharyya, S., Burns, A., Camus, V. Liperoti, R., Marriott, A., Nobili, F., Robert, P., Tsolaki, M., Vellas, B., Verhey, F. & Byrne, E. J. (2008). Patient and caregiver perspectives of quality of life in dementia. *Dementia and Geriatric Cognitive Disorders 18* (2), 159–164.

Hydén, L.-Ch. (2013). Storytelling in dementia: Embodiment as a resource. *Dementia 12* (3), 359–367.

Hydén, L.-Ch., Swarbrick, C., Johnson, A. & Keady, J. (2018). Conclusion: Messages and futures in social research methods in dementia studies. In J. Keady, Hydén, L.-Ch., Johnson, A. & Swarbrick, C. (Hrsg.), *Social Research Methods in Dementia Studies – Inclusion and Innovation* (S. 222–224). New York: Routledge.

Ienca, M., Fabrice, J., Elger, B., Caon, M., Scoccia Pappagallo, A., Kressig, R.W. & Wangmo, T. (2017). Intelligent assistive technology for Alzheimer's disease and other dementias: A systematic review. *Journal of Alzheimer's Disease 56*, 1301–1340.

Jacelon, C.S. (2013). Older adults' participation in research. *Nurse Researcher 14* (4), 64–73.

Jamieson, M., Cullen, B., McGee-Lennon, M., Brewster, S. & Evans, J. J. (2014). The efficacy of cognitive prosthetic technology for people with memory impairments: A systematic review and meta-analysis. *Neuropsychological Rehabilitation 24* (3–4), 419–444.

Jasanoff, S. (2003). Technologies of humility: Citizen participation in governing science. *Minerva 41*, 223–244.

Jenkins, S. & Draper, H. (2015). Care, monitoring, and companionship: views on care robots from older people and their carers. *International Journal of Social Robotics 7* (5), 673–683.

Jiancaro, T., Jaglal, S. B. & Mihailidis, A. (2017). Technology, design and dementia: An exploratory survey of developers. *Disability and Rehabilitation: Assistive Technology 12* (6), 573–584.

Jongsma, K.R., van Bruchem-Visser, R.L., van de Vathorst, S. & Mattace Raso, F.U.S. (2016). Has dementia research lost its sense of reality? A descriptive analysis of eligibility criteria of Dutch dementia research protocols. *The Netherlands Journal of Medicine 74* (5), 201–9.

Jøranson, N., Pedersen, I., Mork Rokstad, A. M., Aamodt, G., Olsen, Ch. & Ihlebæk, C. (2016). Group activity with Paro in nursing homes: systematic investigation of behaviors in participants. *International Psychogeriatrics 28* (8), 1345–1354.

Joshi, S. G. & Brathen, H. (2016). Lowering the threshold: Reconnecting elderly users with assistive technology through tangible interfaces. In J. Zhou & G. Salvendy (Hrsg.), *Human Aspects of IT for the Aged Population. Design for Aging. Second International Conference, ITAP 2016, Part I "Designing for and with the Elderly"* (S. 52–63). Toronto, Canada: Springer.

Kachoui, R., Sedighadeli, S. & Abkenar, A.B. (2017). The role of socially assistive robots in elderly wellbeing: a systematic review. In P.L. Rau (Hrsg.), *Cross-Cultural Design. CCD 2017. Lecture Notes in Computer Science, vol. 10281* (S. 669–682). Springer, Cham. https://doi.org/10.1007/978-3-319-57931-3_54.

Kämper, E. (2016). Risiken sozialwissenschaftlicher Forschung? Forschungsethik, Datenschutz und Schutz von Persönlichkeitsrechten in den Sozial- und Verhaltenswissenschaften, RatSWD Working Paper Series, No. 255, https://hdl.handle.net/10419/129793. Zugegriffen: 28.01.2021.

Kaufmann, F.-X. (2015). Sicherheit als Wertidee, Handlungsmaxime und Leitbild von Systemen. In P. Zoche, S. Kaufmann & H. Arnold (Hrsg.), *Sichere Zeiten? Gesellschaftliche Dimensionen der Sicherheitsforschung* (S. 21–32). Berlin: LIT-Verlag.

Kara, H. (2018). Democratizing research in practice. In R. Iphofen & M. Tolich (Hrsg.), *The SAGE Handbook of Qualitative Research Ethics* (S. 103–113). London: SAGE.

Karaman, S., Benois-Pineau, J., Megret, R., Dovgalecs, V., Dartigues, J.F. & Gaestel, Y. (2010). Human daily activities indexing in videos from wearable cameras for monitoring of patients with dementia diseases. In *20. International Conference on Pattern Recognition (ICPS)* (S. 4113–4116). Istanbul.

Keady, J., Hydén, L.-Ch., Johnson, A. & Swarbrick, C. (2018). Introduction. In J. Keady, Hydén, L.-Ch., Johnson, A. & Swarbrick, C. (Hrsg.), *Social Research Methods in Dementia Studies – Inclusion and Innovation* (S. 1–7). New York: Routledge.

Kelly, J. (2019). Towards ethical principles for participatory design practice. *CoDesign: International Journal of CoCreation in Design and the Arts 15* (4), 329–344.

Kelly, S., Lafortune, L., Hart, N., Cowan, K., Fentons, M., Brayne, C. & Dementia Priority Setting Partnership (2015). Dementia priority setting partnership with the James Lind Alliance: using patient and public involvement and the evidence base to inform the research agenda. *Age and Ageing 44* (6), 985–993.

Kemmis, S., McTaggart, R. & Nixon, R. (2014). The Action Research Planner. Doing Critical Participatory Action Research. Singapur: Springer Science + Business Media.

Kensing, F. & Blomberg, J. (1998). Participatory Design: Issues and Concerns. *Computer Supported Cooperative Work 7*, 167–185.

Kenten, Ch. (2010). Narrating oneself: Reflections on the use of solicited diaries with diary interviews. *Qualitative Social Research Online 11* (2), Art. 16–May 2010. qualitative-research.net/index.php/fqs/article/view/1314/2989. Zugegriffen: 09.05.2017.

Kerssens, Ch., Kumar, R., Adams, A. E., Knott, C. C., Matalenas, L., Sanford, J. A. & Rogers, W. A. (2015). Personalized technology to support older adults with and without cognitive impairment living at home. *American Journal of Alzheimer's Disease and Other Dementias 30* (1), 85–97.

Killick J. (2001). "The best way to improve this place": gathering views informally. In: C. Murphy, J. Killick & K. Allan (Hrsg.), *Hearing the user's voice: Encouraging people with dementia to reflect on their experiences of services* (S. 6–9). Stirling: Dementia Services Development Centre.

Kim, S. Y. H. (2010). *Evaluation of capacity to consent to treatment and research.* New York: Oxford University Press.

Kindell, J., Keady, J., Sage, K. & Wilkinson, R. (2017). Everyday conversation in dementia: A review of the literature to inform research and practice. *International Journal of Language and Communication Disorders 52* (4), 392–406.

King, A. C. & Dwan, C. (2017). *Electronic memory aids for people with dementia experiencing prospective memory loss: A review of empirical studies.* Dementia, https://doi.org/10.1177/1471301217735180.

Kitwood, T. (2013). Demenz. *Der person-zentrierte Ansatz im Umgang mit verwirrten Menschen* (6. Aufl.) Bern: Hans Huber.

Kitwood, T. (1995). Exploring the ethics of dementia research: A response to Berghmans and Ter Meulen: A psychosocial perspective. *International Journal of Geriatric Psychiatry 10* (8), 655–657.

Klein, B. (2011). Anwendungsfelder der emotionalen Robotik- Erste Ergebnisse aus Lehrforschungsprojekten an der Fachhochschule Frankfurt am Main. In VDE (Hrsg.), *Konferenz: Ambient Assisted Living – AAL – 4. Deutscher Kongress: Demographischer Wandel – Assistenzsysteme aus der Forschung in den Markt* (S. 141–162). Berlin: HVDC-Verlag.

Klein, J.T. (2008). Evaluation of interdisciplinary and transdisciplinary research: A literature review. *American Journal of Preventive Medicine 35* (2), S116–S123.

Kleinsmann, M. & Valkenburg, R. (2008). Barriers and enablers for creating shared understanding in co-design projects. *Design Studies 29* (4), 369–386.

Klemperer, D. & Rosenwirth, M. (2005). *Shared Decision Making: Konzept, Voraussetzungen und politische Implikationen.* Bertelsmann Stiftung und Universität Bremen, Gütersloh.

Klie, T., Vollmann, J. & Pantel, J. (2014). Autonomie und Einwilligungsfähigkeit bei Demenz als interdisziplinäre Herausforderung für Forschung, Politik und klinische Praxis. *Informationsdienst Altersfragen 41* (4), 5–15.

Koch, H. (2014). Privatheit. In R. Ammicht Quinn (Hrsg.), *Sicherheitsethik* (S. 125–133). Wiesbaden: Springer VS.

Kökgiran, G. & Kökgiran, A.-L. (2014). *Alt Werden in Der Migration. In Handbuch Migrationsarbeit* (2. Aufl.) Wiesbaden: Springer VS.

Kollewe, C. (2020). Partizipative Altersforschung. In: K. Aner & U. Karl (Hrsg.), *Handbuch Soziale Arbeit und Alter* (S. 665–673). Wiesbaden: Springer Nature.

Kollewe, C. (2015). „Nothing about us without us"? – Partizipative Forschung und Beteiligungsformen alter Menschen am Beispiel Großbritannien. *Journal für Psychologie 23* (1), 193–2015.

Körtner, T. (2016). Ethical challenges in the use of social service robots for elderly people. *Zeitschrift für Gerontologie und Geriatrie 49*, 303–307.

Koskinen, I. & Batterbee, K. (2003). Introduction to User Experience and Empathic Design. In I. Koskinen, I., K. Battarbee, & M. Tuuli (Hrsg.), *Empathic Design: User Experience in Product Design* (S. 37–50). Helsinki: IT Press.

Kosta, E., Pitkänen, O., Niemelä, M. & Kaasinen, E. (2010). Mobile-centric ambient intelligence in health- and homecare – anticipating ethical and legal challenges. *Science and Engineering Ethics 16*, 303–323.

Kramer, S. C., Friedmann, E. & Bernstein, P.L. (2009). Comparison of the effect of human interaction, animal-assisted therapy, and AIBO-assisted therapy on long-term care residents with dementia. *Anthrozoös 22* (1), 43–57.

Krohne, K., Slettebo, A. & Bergland, A. (2011). Cognitive screening tests as experienced by older hospitalised patients: A qualitative study. *Scandinavian Journal of Caring Sciences 25* (4), 679–687.

Kucharski, A. & Merkel, S. (2018). *Partizipative Technikentwicklung von Gerontotechnologie. Ansätze für mehr Akzeptanz in der Zielgruppe.* Forschung Aktuell 06/2018, Institut Arbeit und Technik der Fachhochschule Gelsenkirchen.

Kuhnert, S. & Grimm, P. (2020). Die Zusammenarbeit von Industrie, Ethik und Wissenschaft im Forschungsverbund. Kommunikation – Integration – Innovation. In B. Gransche & A. Manzeschke (Hrsg.), *Das Geteilte Ganze. Horizonte Integrierter Forschung für künftige Mensch-Technik-Verhältnisse* (S. 241–261). Wiesbaden: Springer-VS.

Kümmel, A. & Haberstroh, J. (2011). Kommunikationsfähigkeit demenzkranker Menschen. In: J. Haberstroh & J. Pantel (Hrsg.), *Demenz psychosozial behandeln* (S. 269–280). Heidelberg: AKA.

Kullberg, A. & Odzakovic, E. (2018). Walking interviews as a research method with people living with dementia in their local community. In J. Keady, Hydén, L.-Ch., Johnson, A. & Swarbrick, C. (Hrsg.), *Social Research Methods in Dementia Studies – Inclusion and Innovation* (S. 23–37). New York: Routledge.

Kutschar, P., Weichbold, M. & Osterbrink, J. (2019). Effects of age and cognitive function on data quality of standardized surveys in nursing home populations. *BMC Geriatrics 19*:244, https://doi.org/10.1186/s12877-019-1258-0.

Largent, E.A., Karlawish, J. & Grill, J.D. (2018). Study partners: essential collaborators in discovering treatments of Alzheimer's disease. Alzheimer's Research & Therapy, 10, 101. https://doi.org/10.1186/s13195-018-0425-4.pdf. Zugegriffen: 28.01.2021.

Lauriks, S., Reinersmann, A., van der Roest, H. G., Meiland, F., Davies, R., Moelaert, F., Mulvenna, M. D., Nugent, C. D. & Dröes, R.-M. (2010). Review of ICT-based services for identified unmet needs in people with dementia. In M.D. Mulvenna & C.D. Nugent (Hrsg.), *Supporting people with dementia using pervasive health technologies* (S. 37–61). London: Springer.

Lawrence, V. P. J. (2014). Patient and Carer Views on Participating in clinical trials for prodromal Alzheimer's disease and mild cognitive impairment. *International Journal of Geriatric Psychiatry 29* (19), 22–31.

Lazar, J., Feng, J. H. & Hochheiser, H. (2010). *Research Methods in Human-Computer-Interaction.* Chichester, UK: Wiley.

Leamy, M. & Clough, R. (2006). *How older people became researchers. Training, guidance and practice in action.* Joseph Rowntree Foundation, London, UK.

Lee, J.-J. (2012). Against method: The portability of method in Human-Centered Design. Aalto University, Helsinki. https://aaltodoc.aalto.fi/handle/123456789/11461. Zugegriffen: 28.01.2021.

Leitner, G. (2015). *The future home is wise, not smart. A human-centric perspective on next generation domestic technologies.* Heidelberg: Springer.

Lenk, H. & Maring, M. (2017). Verantwortung in Technik und Wissenschaft. In L. Heidbrink, C. Langbehn & J. Loh (Hrsg.), *Handbuch Verantwortung* (S. 715–732). Wiesbaden: Springer VS.

Lennie, J. (2005). An evaluation capacity-building process for sustainable community IT initiatives: empowering and disempowering Impacts. *Evaluation 11* (4), 390–414.

Liamputtong, P. (2015). Engaging older people in participatory research. In G. Higginbottom & P. Liamputtong (Hrsg.), *Participatory Qualitative Research Methodologies in Health* (S. 90–108). SAGE. https://doi.org/10.4135/9781473919945.

Ligons, F. M., Mello-Thoms, C., Handler, S. M. Romagnoli, K. M. & Hochheiser, H. (2014). Assessing the impact of cognitive impairment on the usability of an electronic medication delivery unit in an assisted living population. *International Journal of Medical Informatics 83* (11), 841–848.

Lim, C. S. C. & Newell, A. F. (2017). User-sensitive inclusive design for technology in everyday life. In S. Kwon (Hrsg.), *Gerontechnology. Research, Practice, and Principles in the Field of Technology and Aging* (S. 157–179). New York: Springer.

Lindsay, S., Jackson, D., Ladha, C., Ladha, K., Brittain, K. & Olivier, P. (2012). Empathy, participatory design and people with dementia. In *Proceedings of the SIGCHI Conference on Human Factors in Computing Systems (CHI '12)*. Association for Computing Machinery, New York, NY, USA, 521–530. https://doi.org/10.1145/2207676.2207749.

Litherland, R. (2015). Developing a national user movement of people with dementia – Learning from the Dementia Engagement and Empowerment Project (DDEP). Joseph Rowntree Foundation, York. www.irf.org.uk/report/developing-national-user-movement-people-dementia. Zugegriffen: 04.03.2019.

Litherland, R., Burton, J., Cheeseman, M., Campbell, D., Hawkins, M., Hawkins, T., Oliver, K., Scott, D., Ward, J., Nelis, S.M., Quinn, C., Victor, Ch. & Clare, L. (2018). Reflections on PPI from the 'Action on LivingWell: Asking You' advisory network of people with dementia and carers as part of the IDEAL study. *Dementia 17* (8), 1035–1044.

Littlechild, R., Tanner, D. & Hall, K. (2015). Co-research with older people: Perspectives on impact. *Qualitative Social Work 14* (1), 18–35.

Logsdon, R. G., Gibbons, L. E., McCurry, S. M. & Teri, L. (2002). Assessing quality of life in older adults with cognitive impairment. *Psychosomatic Medicine 64*, 510–519.

Lorenz, K., Freddolino, P. P., Comas-Herrera, A., Knapp, M. & Damant, J. (2017). Technology-based tools and services for people with dementia and carers: Mapping technology onto the dementia care pathway. *Dementia.*https://doi.org/10.1177/147130121769 1617.

Lorenzen Huber, L., Watson, C., Roberto, K. A. & Walker, B. A. (2017). Aging in intra- and intergenerational contexts: The family technologist. In S. Kwon (Hrsg.), *Gerontechnology. Research, Practice, and Principles in the Field of Technology and Aging* (S. 57–89). New York: Springer.

Lorenzen Huber, L., Shankar, K., Caine, K., Connelly, K., Camp, L. J., Walker, B. A. & Borrero, L. (2013). How in-home technologies mediate caregiving relationships in later life. *International Journal of Human-Computer Interaction 29*, 441–455.

Lorenzen Huber, L., Boutain, M., Camp, L. J., Shankar, K. & Connelly, K. H. (2011). Privacy, technology, and aging: A proposed framework. *Ageing International 36* (2), 232–252.

Lowton, K. (2018). He said, she said, we said: Ethical issues in conducting dyadic interviews. In R. Iphofen & M. Tolich (Hrsg.), *The SAGE Handbook of Qualitative Research Ethics* (S. 133–147). London: SAGE.

Luff, R., Ferreira, Z. & Meyer, J. (2011). *Care homes.* NIHR School for Social Care Research, Methods Review 8. London.

Lupton, C., Peckham, S. & Taylor, P. (1998). Managing public involvement in healthcare purchasing. Buckingham: Open University Press.

Lutze, M., Glock, G., Stubbe, J. & Paulicke, D. (2019). Digitalisierung und Pflegebedürftigkeit – Nutzen und Potenziale von Assistenztechnologien. Schriftenreihe Modellprogramm zur Weiterentwicklung der Pflegeversicherung, Nr. 15 / 2019. GKV, Berlin.

Lyketsos, C. G., Gonzales-Salvador, T., Chin, J. J., Baker, A., Black, B. & Rabins, P. (2003). A follow-up study of change in quality of life among persons with dementia residing in a long-term care facility. *International Journal of Geriatric Psychiatry 18*, 275–281.

Lynn, J. D., Rondón-Sulbarán, J., Quinn, E., Ryan, A., McCormack, B. & Martin, S. (2017). A systematic review of electronic assistive technology within supporting living environments for people with dementia. *Dementia.* https://doi.org/10.1177/1471301217733649, 1–65.

MacQuarrie, C. R. (2005). Experiences in early stage Alzheimer's disease: Understanding the paradox of acceptance and denial. *Aging and Mental Health 9* (5), 430–441.

Madden, D., Cadet-James, Y., Atkinson, I. & Watkin Lui, F. (2014). Probes and prototypes: A participatory action research approach to codesign. *CoDesign 10* (1), 31–45.

Magnusson, L., Hanson, E. & Borg, M. (2004). A literature review study of Information and Communication Technology as a support for frail older people living at home and their family carers. *Technology and Disability 16*, 223–235.

Maguire, M., Nicolle, C., Marshall, R., Sims, R., Lawton, C., Peace, D. & Percival, J. (2011). A Study of User Needs for the 'Techno Kitchen'. In: Stephanidis C. (eds) *HCI International 2011 – Posters' Extended Abstracts. HCI 2011. Communications in Computer and Information Science, vol 174.* Springer, Berlin, Heidelberg. https://doi.org/10.1007/978-3-642-22095-1_14.

Malinowsky, C., Fallahpour, M., Lund, M. L., Nygard, L. & Kottorp, A. (2018). Skill clusters of ability to manage everyday technology among people with and without cognitive impairment, dementia and acquired brain injury. *Scandinavian Journal of Occupational Therapy 25* (2), 99–107.

Malinowsky, C., Almkvist, O., Kottorp, A. & Nygard, L. (2010). Ability to manage everyday technology: A comparison of persons with dementia or mild cognitive impairment. *Disability and Rehabilitation: Assistive Technology 5* (6), 462–469.

Manders-Huits, N. & van den Hoven, J. (2009). The need for a Value-Sensitive Design of communication infrastructures. In P. Sollie & M. Düwell (Hrsg.), *Evaluating New Technologies. Methodological Problems for the Ethical Assessment of Technology Developments* (S. 51–60). Springer.

Mann, J. & Hung, L. (2018). Co-research with people living with dementia for chance. *Action Research*, https://doi.org/10.1177/1476750318787005.

Manzeschke, A., Weber, K., Rother, E. & Fangerau, H. (2013). Ergebnisse der Studie „Ethische Fragen im Bereich Altersgerechter Assistenzsysteme". VDI + VDE Innovation + Technik GmbH.

Marasinghe, K. M., Lapitan, J. M. & Ross, A. (2015). Assistive Technologies for Ageing Populations in Six Low-Income and Middle-Income Countries: A Systematic Re-view." *BMJ Innovations 1* (4): 182–95. https://doi.org/10.1136/bmjinnov-2015-000065.

Mareis, C. (2013). Wer gestaltet die Gestaltung? Zur ambivalenten Verfassung von parti-zipatorischem Design. In C. Mareis, M. Held & G. Joost (Hrsg.), *Wer gestaltet die Gestaltung? Praxis, Theorie und Geschichte des partizipatorischen Designs* (S. 9–22). Bielefeld: transcript Verlag.

Martin, G.P. (2008). 'Ordinary people only': knowledge, representativeness, and the publics of public participation in healthcare. *Sociology of Health and Illness 30* (1), 35–54.

Martin S., Bengtsson J.E., Dröes RM. (2010) Assistive Technologies and Issues Relating to Privacy, Ethics and Security. In: M.D. Mulvenna & C. Nugent C. (Hrsg.), *Supporting People with Dementia Using Pervasive Health Technologies. Advanced Information and Knowledge Processing* (S. 63–76). London: Springer.

Martin, S., Bengtsson, J. E. & Dröes, R.-M. (2009). Assistive technologies and issues relating to privacy, ethics and security. In M. D. Mulvenna & C. D. Nugent (Hrsg.), *Supporting People with Dementia Using Pervasive Health Technologies* (S. 63–76). Heidelberg: Springer.

Martin, S., Augusto, J. C., McCullagh, P., Carswell, W., Zheng, H., Wang, H., Wallace, J. & Mulvenna, M. (2013). Participatory research to design a novel telehealth system to support the night-time needs of people with dementia: NOCTURNAL. *International Journal of Environmental Research and Public Health 10*, 6764–6782.

Mason, J. & Davies, K. (2009). Coming to our senses? A critical approach to sensory methodology. *Qualitative Research 9* (5), 587–603.

Mattelmäki, T. C. H. (2006). *Design Probes.* Publication Series of the University of Art and Design, Helsinki. Vaajakoski: Gummerus Printing.

Mattelmäki, T. C. H. (2005). Applying probes – from inspirational notes to collaborative insights. *CoDesign 1* (2), 83–102.

Mattelmäki, T. & Battarbee, K. (2002). Empathy Probes. In T. Binder, J. Gregory & I. Wagner (Hrsg.), *Proceedings of the Participatory Design Conference 2002* (S. 266–271). CPSR, Palo Alto CA.

Mattelmäki, T. C.H., Vaajakallio, K. & Koskinen, I. (2014). What happened to Empathic Design? *Design Issues 30* (1), 67–77.

Mattson, D.J. & Clark, S.G. (2011). Human dignity in concept and practice. *Policy Sciences 44*, 303–319.

Mayntz, R. (2015). Technikfolgenabschätzung – Herausforderungen und Grenzen. In A. Bogner, A. Decker & M. Sotoudeh (Hrsg.), *Responsible Innovation. Neue Impulse für die Technikfolgenabschätzung?* (S. 29–46). Baden-Baden: Nomos.

McConnell, T., Sturm, T., Stevenson, M., McCorry, N., Donnelly, M., Taylor, B.J. & Best, P. (2019). Co-producing a shared understanding and definition of empowerment with people with dementia. Research Involvement and Engagement (2019) 5:19, doi:https://doi.org/10.1186/s40900-019-0154-2.

McKeown, J. (2017). Researching with people with dementia. In P. Liamputtong (Hrsg.), *Handbook of Research Methods in Health Social Sciences* (S. 1–15). Singapore: Springer.

McKeown, J., Ryan, T., Ingleton, Ch. & Clarke, A. (2015). „You have to be mindful of whose story it is": The challenges of undertaking life story work with people with dementia and their family carers. *Dementia 14* (2), 238–256.

McKeown, J., Clarke, A., Ingleton, Ch. & Repper, J. (2010). Actively involving people with dementia in qualitative research. *Journal of Clinical Nursing 19*, 1935–1943.

McKillop, J. & Wilkinson, H. (2004). Make it easy on yourself! Advice on researchers from someone with dementia on being interviewed. *Dementia 3*, 117–125.

McTaggart, R. (1994). Participatory Action Research: issues in theory and practice. *Educational Action Research 2* (3), S. 313–337.

Medical Research Council (2007). *MRC Ethics Guide: Medical Research Involving Adults who cannot consent*. London: MRC.

Meiland, F., Innes, A., Mountain, G., Robinson, L., van der Roest, H., García-Casal, J. A., Gove, D., Thyrian, J. R., Evans, S., Dröes, R.-M., Kelly, F., Kurz, A., Casey, D., Szcześniak, D., Dening, T., Craven, M. P., Span, M., Felzmann, H., Tsolaki, M. & Franco-Martin, M. (2017). Technologies to support community-dwelling persons with dementia: A position paper on issues regarding development, usability, effectiveness and cost-effectiveness, deployment, and ethics. *JMIR Rehabilitation and Assistive Technologies 4* (1), e1. https://doi.org/10.2196/rehab.6376.

Meiland, F. J. M., Hattink, B. J. J., Overmars-Marx, T., de Boer, M. E., Jedlitschka, A., Ebben, P. W. G., Stalpers-Croeze, In I. N. W., Flick, S., van der Leeuw, J., Karkowski, I. P. & Dröes, R. M. (2014). Participation of end users in the design of assistive technology for people with mild to severe cognitive problems; the European Rosetta project. *International Psychogeriatrics 26* (5), 769–779.

Meiland, F. J. M., Reinersmann, A., Bergvall-Kareborn, B., Craig, D., Moelaert, F., Mulvenna, M. D., Nugent, C., Scully, T., Bengtsson, J. E. & Dröes, R. M. (2007). COGKNOW Development and evaluation of an ICT-device for people with mild dementia. *Studies in Health Technology and Informatics 127* (4), 166–177.

Meiland, F. J. M., Reinersmann, A., Sävenstedt, S., Bergvall-Käreborn, B., Hettinga, M., Craig, D., Andersson, A. L. & Bröes, R. M. (2010). User-participatory development of assistive technology for people with dementia – from needs to functional requirements. First results of the COGKNOW project. *Non-Pharmacological Therapies in Dementia 1* (1), 71–91.

Mellor, R. M., Slaymaker, E. & Cleland, J. (2013). Recognizing and overcoming challenges of couple interview research. Qualitative Health Research 23 (10), 1399–1407.

Miah, J., Dawes, P., Edwards, S., Leroi, I., Starling, B. & Parsons, S. (2019). Patient and public involvement in dementia research in the European Union: a scoping review. *BMC Geriatrics 19*:220. https://doi.org/10.1186/s12877-019-1217-9.

Miah, J., Dawes, P., Leroi, I., Parsons, S. & Starling, B. (2018). A protocol to evaluate the impact of involvement of older people with dementia and age-related hearing and/or vision impairment in a multi-site European research study. *Research Involvement and Engagement 4:44*. https://doi.org/10.1186/s40900-018-0128-9.

Miller, L. M., Whitlatch, C. & Lyons, K. (2014). Shared decision-making in dementia: a review of patient and family carer involvement. *Dementia 15* (5), 1141–1157.

Melles, G., de Vere, I. & Misic, V. (2011). Socially responsible design: Thinking beyond the triple bottom line to socially responsive and sustainable product design. *CoDesign 7* (3–4), 143–154.

Merkel, S. & Kucharski, A. (2019). Participatory design in gerontechnology: A systematic literature review. *The Gerontologist 59* (1), e16–e25, https://doi.org/10.1093/geront/gny034.

Meyermann, A. & Porzelt, M. (2017). Datenschutzrechtliche Anforderungen in der empirischen Bildungsforschung – eine Handreichung. *Forschungsdaten Bildung informiert, Nr. 6.*

Milne, S., Dickinson, A., Carmichael, A., Sloan, D., Eisma, R. & Gregor, P. (2005). Are guidelines enough? An introduction to designing Web sites accessible to older people. *IBM System Journal 44* (3), 557–572.

Minkler, M. & Wallerstein, N. (2008). *Community-based participatory research for health: From process to outcomes.* 2. Auflage. San Francisco: Jossey-Bass.

Misselhorn, C., Pompe, U. & Stapleton, M. (2013). Ethical considerations regarding the use of social robots in the fourth age. *The Journal of Gerontopsychology and Geriatric Psychiatry 26* (2), 121–133.

Misselhorn, C. (2009). Empathy and dyspathy with androids. Philiosophical, fictional and (neuro-)psychological perspectives. *Konturen 2,* 101–123.

Mitcham, C. & Briggle, A. (2012). Theorizing technology. In P. Brey, A. Briggle & E. Spence (Hrsg.), *The Good Life in a Technological Age* (S. 35–51). New York: Routledge.

Mitseva, A., Peterson, C. B., Karamberi, C., Oikonomou, L. C., Ballis, A. V., Giannakakos, C., & Dafoulas, G. E. (2012). *Gerontechnology: Providing a helping hand when caring for cognitively impaired older adults-intermediate results from a controlled study on the satisfaction and acceptance of informal caregivers.* Current Gerontology and Geriatrics Research. https://doi.org/10.1155/2012/401705.

Monteverde, S. & Kesselring, A. (2012). Forschung in der Pflege und Ethik. In S. Monteverde & A. Kesselring (Hrsg.), *Handbuch Pflegeethik* (S. 138–155). Stuttgart: Kohlhammer.

Moore, L. & Davis, B. (2002). Quilting narrative. Using repetitive techniques to help elderly communications. *Geriatric Nursing 23,* 262–266.

Moore, T. F. & Hollette, J. (2003). Giving voice to persons living with dementia: The researcher´s opportunities and challenges. *Nursing Science Quarterly 16* (2), 163–167.

Mordoch, E., Osterreicher, A., Guse, L., Roger, K. & Thompson, G. (2013). Use of social commitment robots in the care of elderly people with dementia: A literature review. *Maturitas 74,* 14– 20.

Morgan, D. L., Ataie, J., Carder, P. & Hoffman, K. (2013). Introducing dyadic interviews as a method for collecting qualitative data. *Qualitative Health Research 23* (9), 1276–1284.

Morgan, M. & Newell, A. F. (2007). Interface between two disciplines, the development of theatre as a research tool. In HCII 2007, Beijing, 22–27 Juli 2007, Lecture Notes in Computer Science 4550, vol. 1, pp. 184–193. Heidelberg: Springer. https://doi.org/10.1007/978-3-540-73105-4_21.

Moritz, Ch. (2018). "Well, it depends…": Die mannigfaltigen Formen der Videoanalyse in der Qualitativen Sozialforschung. Eine Annäherung. In Ch. Moritz & M. Corsten (Hrsg.), *Handbuch Qualitative Videoanalyse* (S. 3–38). Wiesbaden: Springer VS.

Moritz, Ch. & Corsten, M. (Hrsg.) (2018). *Handbuch Qualitative Videoanalyse.* Wiesbaden: Springer VS.

Mort, M., Roberts, C. & Callén, B. (2013). Ageing with telecare: Care or coercion in austerity? *Sociology of Health & Illness 35* (6), 799–812.

Mort, M., Roberts, C., Milligan, Ch., Domenech, M., Lopez Gomez, D., Callen, B., Willems, D., Pols, J., Moser, I. & Thygesen, H. (2011). EFORTT: Ethical Frameworks for Telecare technologies for older people at home, Project 217787, Deliverable 7: Final Research Report. lancaster.ac.uk/efortt/documents/Deliverable 7 Final Research report.pdf. Zugegriffen: 02.05.2018.

Moyle, W., Jones, C., Dwan, T. & Petrovich, T. (2018). Effectiveness of a Virtual Reality Forest on People with dementia: A mixed methods pilot study. *The Gerontologist 58* (3), 478–487.

Moyle, W., Jones, C., Sung, B., Bramble, M., O'Dwyer, S., Blumenstein, M. & Estivill-Castro, V. (2016). What Effect Does an Animal Robot Called CuDDler Have on the Engagement and Emotional Response of Older People with Dementia? A Pilot Feasibility Study. *International Journal of Social Robotics 8*, 145–156.

Mozley, C. G., Huxley, P., Sutcliffe, C., Bagley, H., Burns, A., Challis, D. & Cordingley, L. (1999). "Not knowing where I am doesn't mean I don't know what I like": Cognitive impairment and quality of life responses in elderly people. *International Journal of Geriatric Psychiatry 14*, 776–783.

Müller, C., Schorch, M., Struzek, D. & Neumann, M. (2017). Technology Probes als Mittel zur Unterstützung der Technik-Aneignung. In: M. Burghardt, R. Wimmer, C. Wolff & C. Womser-Hacker (Hrsg.), *Mensch und Computer 2017 – Workshopband*, Regensburg, Gesellschaft für Informatik.

Muir, S. (2008). Participant Produced Video: Giving participants camcorders as a social research method. Real Life Methods, Sociology, University of Manchester. hummedia.manchester.ac.uk/schools/soss/morgancentre/toolkits/2008–07-toolkit-camcorders.pdf. Zugegriffen: 11.03.2019.

Murphy, C. (2007). User involvement in evaluation. In A. Innes & L. McCabe (Hrsg.), *Evaluation in Dementia Care* (S. 214–229). London: Jessica Kingsley Publishers.

Murphy, K., Jordan, F., Hunter, A., Cooney, A. & Casey, D. (2015). Articulating the strategies for maximising the inclusion of people with dementia in qualitative research studies. *Dementia 14* (6), 800–824.

Murphy, J., Gray, C. M. & Cox, S. (2007). Communication and dementia. How Talking Mats can help people with dementia to express themselves. Joseph Rowntree Foundation, York. www.jrf.org.uk/sites/default/files/jrf/migrated/files/2128-talking-mats-dementia.pdf. Zugegriffen: 07.03 2019.

Murphy. J., Gray, C. M., van Achterberg, T., Wyke, S. & Cox, S. (2010). The effectiveness of the Talking Mats framework in helping people with dementia to express their views on well-being. *Dementia 9* (4), 454–472.

Myall, B. R., Hine, D. W., Marks, A. D. G., Thorsteinsson, E. B., Brechman-Toussaint, M. & Samuels, C. A. (2009). Assessing individual differences in perceived vulnerability in older adults. *Personality and Individual Differences 46*, 8–13.

Mynatt, E. D., & Rogers, W. A. (2001). Developing technology to support the functional independence of older adults. *Ageing International 27*(1), 24–41.

Nagenborg, M. (2014 a). Überwachungsdiskurse – Drei Beispiele und ihre Implikationen für die (Sicherheit-)Ethik. In R. Ammicht Quinn (Hrsg.), *Sicherheitsethik* (S. 211–224). Wiesbaden: Springer VS.

Nagenborg, M. (2014 b). Ethik als Partnerin in der Technikgestaltung. In R. Ammicht Quinn (Hrsg.), *Sicherheitsethik* (S. 241–252). Wiesbaden: Springer VS.

Namioka, A. & Schuler, D. (1990). *Participatory Design Conference Proceeding.* CPSR, Seattle, Washington.

Neubert, L., Gottschalk, S., König, H.-H. & Brettschneider, Ch. (2020). Vereinbarkeit von Pflege bei Demenz, Familie und Beruf. *Zeitschrift für Gerontologie und Geriatrie*, https://doi.org/10.1007/s00391-020-01764-9.

Neven, L. (2015). By any means? Questioning the link between gerontechnological innovation and older people's wish to live at home. *Technological Forecasting & Social Change 93*, 32–43.

NeumannConsult (2014). Entwicklung handlungsleitender Kriterien für KMU zur Berücksichtigung des Konzeptes Design für Alle in der Unternehmenspraxis. Studie im Auftrag des Bundesministeriums für Wirtschaft und Energie. Münster. https://www.bmwi.de/Redaktion/DE/Publikationen/Studien/entwicklung-handlungsleitender-kriterien-fuer-kmu-zur-beruecksichtigung-des-konzepts-design-fuer-alle.pdf?__blob=publicationFile&v=5. Zugegriffen: 03.07.2018.

Newell, A. F. & Gregor, P. (2000). User sensitive inclusive design in search of new paradigm. *Proceedings of CUU 2000*, First ACM Conference on Universal Usability, Washington, USA, 813–824.

Newell, A. F., Gregor, P., Morgan, M., Pullin, G. & Macaulay, C. (2011). User-sensitive inclusive design. *Universal Access in the Information Society 10* (3), 235–243.

Niemeijer, A. R., Depla, M., Frederiks, B. J. M. & Hertogh, C. M. P. M. (2015). The experiences of people with dementia and intellectual disabilities with surveillance technologies in residential care. *Nursing Ethics 22* (3), 307–320.

Niemeijer, A. R., Depla, M., Frederiks, B., Francke, A. L. & Hertogh, C. (2014). The Use of Surveillance Technology in Residential Facilities for People with Dementia or Intellectual Disabilities: A Study Among Nurses and Support Staff. *American Journal of Nursing 114* (12), 28–37.

Niemeijer, A. R., Frederiks, B. J. M., Riphagen, I. I., Legemaate, J., Eefsting, J. A. and Hertogh, C. M. P. M. (2010). Ethical and practical concerns of surveillance technologies in residential care for people with dementia or intellectual disabilities: an overview of the literature. *International Psychogeriatrics 22* (7), 1129–1142.

Nind, M. (2011). Participatory data analysis: A step too far? *Qualitative Research 11* (4), 349–363.

Nordenfelt, L. (2004). The varieties of dignity. *Health Care Analysis 12* (2), 69–81.

Novitzky, P., Smeaton, A. F., Chen, C., Irving, K., Jacquemard, T., O´Brolcháin, F., O´Mathúna, D. & Gordijn, B. (2015). A review of contemporary work on the ethics of ambient assisted living technologies for people with dementia. *Science and Engineering Ethics 21* (3), 707–765.

Nygard, L. (2006). How can we get access to the experiences of people with dementia? *Scandinavian Journal of Occupational Therapy 13* (2), 101–112.

Nygard, L. & Starkhammar, S. (2007). The use of everyday technology by people with dementia living alone: Mapping out the difficulties. *Aging & Mental Health 11* (2), 144–155.

Nygard, L. & Starkhammar, S. (2003). Telephone use among noninstitutionalized persons with dementia living alone: Mapping out difficulties and response strategies. *Scandinavian Journal of Caring Sciences 17* (3), 239–249.

Øderud, T., Landmark, B., Eriksen, S., Fossberg, A. B., Brors, K. F., Mandal, T. B. & Ausen, D. (2013). Exploring the use of GPS for locating persons with dementia. In P. Encarnação, L. Azevedo, G. J. Gelderblom, A. Newell & N.-E. Mathiassen (Hrsg.), *Assistive Technology: From Research to Practice* (S. 776–783). Amsterdam: IOS Press.

Östlund B. (2015) The Benefits of Involving Older People in the Design Process. In: J. Zhou & G. Salvendy (Hrsg.), *Human Aspects of IT for the Aged Population. Design for Aging. ITAP 2015. Lecture Notes in Computer Science*, Band 9193. Springer, Cham. https://doi.org/10.1007/978-3-319-20892-3_1.

Östlund, B. (2008). The Revival of Research Circles: Meeting the Needs of Modern Aging and the Third Age. *Educational Gerontology 34* (4), 255–266.

Older People´s Steering Group (2004). Older people shaping policy and practice. Joseph Rowntree Foundation, London, UK.

Orpwood, R., Bjorneby, S., Hagen, I., Maki, O., Faulkner, R. & Topo, P. (2004). User involvement in dementia product development. *Dementia 3* (3), 263–279.

Orpwood, R., Gibbs, C., Adlam, T., Faulkner, R. & Meegahawatte, D. (2005). The design of smart homes for people with dementia – user-interface aspects. *Universal Access in the Information Society 4*, 156–164.

Orpwood, R., Chadd, J., Howcroft, D., Sixsmith, A., Torrington, J., Gibson, G. & Chalfont, G. (2008). User-led design of technology to improve quality of life for people with dementia. In P. Langdon, J. Clarkson & P. Robinson (Hrsg.), *Designing Inclusive Futures* (S. 185–195). London: Springer.

O'Sullivan, G., Hocking, C. & Spence, D. (2014). Action research: Changing history for people living with dementia in New Zealand. *Action Research 12* (1), 19–35.

Palm, R., Jünger, S., Reuther, S., Schwab, C. G., Dichter, M. N., Holle, B. & Halek, M. (2016). People with dementia in nursing home research: a methodological review of the definition and identification of the study population. *BMC Geriatrics 16*, 78. https://doi.org/10.1186/s12877-016-0249-7.

Parke, B., Hunter, K. & Marck, P. (2015). A novel visual method for studying complex health transitions for older people living with dementia. *International Journal of Qualitative Methods 14* (4), 1–11.

Pearce, A., Clare, L. & Pistrang, N. (2002). Managing sense of self: Coping in the early stages of Alzheimer's disease. *Dementia 1* (2), 173–192.

Peek, S. T. M., Aarts, S. & Wouters, E. J. M. (2017). Can smart home technology deliver on the promise on independent living? In J. van Hoof, G. Demiris & E. J. M. Wouters (Hrsg.), *Handbook of Smart Homes, Health Care and Well-Being* (S. 203–2014). Springer.

Peek, S. T. M., Wouters, E. J. M., van Hoof, J. et al. (2012). Research on the sustained use of technology to support aging in place by community dwelling older adults. Paper presented at Ambient Assisted Living Forum Eindhoven September 2012. https://www.narcis.nl/publication/RecordID/oai:hbokennisbank.nl:sharekit_fontys%3Aoai%3Asurfsharekit.nl%3A73ffc2d9-a06d-479a-b997-6a64157084bc. Zugegriffen: 28.01.2021.

Peine, A., Faulkner, A., Jaeger, B. & Moors, E. (2015). Science, technology and the „grand challenge" of ageing – Understanding the socio-material constitution of later life. *Technological Forecasting and Social Change 93*, 1–9.

Peine, A. & Herrmann, A. M. (2012). The sources of use knowledge: Towards integrating the dynamics of technology use and design in the articulation of societal challenges. *Technological Forecasting & Social Change 79*, 1495–1512.

Peine, A., Rollwagen, I. & Neven, L. (2014). The rise of the „innosumer" – Rethinking older technology users. *Technological Forecasting & Social Change 82*, 199–2014.

Pelizäus-Hoffmeister, H. (2013). *Zur Bedeutung von Technik im Alltag Älterer – Theorie und Empirie aus soziologischer Perspektive.* Wiesbaden: Springer VS.

Perfect, D., Griffiths, A.W., Vasconcelos Da Silva, M., Lemos Dekker, N., McDermid, J. & Surr, C. (2019). Collecting self-report data with people with dementia: Benefits, challenges, and best-practice. *Dementia.* https://doi.org/10.1177/1471301219871168.

Petersson, I., Lilja, M. & Borell, L. (2012). To feel safe in everyday life at home – a study of older adults after home modifications. *Ageing & Society 32*, 791–811.

Poland, F. & Birt, L. (2018). Protecting and empowering research with the vulnerable older person. In R. Iphofen & M. Tolich (Hrsg.), *The SAGE Handbook of Qualitative Research Ethics* (S. 382–395). London: SAGE.

Popay, J. & Collins, M. (Hrsg.) und die PiiAF Study Group (2014). *The Public Involvement Impact Assessment Framework Guidance.* Universities of Lancaster, Liverpool and Exeter.

Portet, F., Vacher, M., Golanski, C., Roux, C. & Meillon, B. (2013). Design and evaluation of a smart home voice interface for the elderly — Acceptability and objection aspects. *Personal and Ubiquitous Computing 17*, 127–144.

Pot, A. M., Willemse, B. M. & Horjus, S. (2012). A pilot study on the use of tracking technology: Feasibility, acceptability, and benefits for people in early stages of dementia and their informal caregivers. *Aging & Mental Health 16* (1), 127–134.

Pratt, R. (2002). "Nobody´s ever asked me how I felt". In H. Wilkinson (Hrsg.), *The Perspectives of People with Dementia. Research Methods and Motivations* (S. 165–182). London: Jessica Kingsley Publishers.

Pripfl, J., Körtner, T., Batko-Klein, D., Hebesberger, D., Weninger, M. & Gisinger, C. (2016). Social service robots to support independent living. Experiences from a field trial. *Zeitschrift für Gerontologie und Geriatrie 49* (4), 282–287.

Rammert, W. (2007). *Technik – Handeln – Wissen. Zu einer pragmatistischen Technik- und Sozialtheorie.* Wiesbaden: Springer-VS.

Rampp, B. (2014). Zum Konzept der Sicherheit. In R. Ammicht Quinn (Hrsg.), *Sicherheitsethik* (S. 51–61). Wiesbaden: Springer VS.

Rat für Sozial- und WirtschaftsDaten (RatSWD) (2017). Forschungsethische Grundsätze und Prüfverfahren in den Sozial- und Wirtschaftswissenschaften. RatSWD Output 9, https://doi.org/10.17620/02671.1.

Ray, C., Mondada, F. & Siegwart, R. (2008). What do people expect from robots? In *Proceedings of the IEEE/RSJ International Conference on Intelligent Robots and Systems* (S. 3816–3821). Nice, France.

Ray, M. (2007). Redressing the balance? The participation of older people in research. In: M. Bernard & T. Scharf (Hrsg.), *Critical Perspectives on Ageing Societies* (S. 73–87). Bristol: Policy Press.

Reason, P. & Bradbury, H. (2012). *The SAGE Handbook of Action Research. Participative inquiry and practice.* London: Sage.

Rekha Devi, K., Sen, A. M. & Hemachandran, K. (2012). A working framework for the User-Centered Design approach and a survey of the available methods. *International Journal of Scientific and Research Publications 2* (4), 1–18.

Reid, C. & Frisby, W. (2008). Continuing the journey: Articulating dimensions of feminist participatory action research (FPAR). In P. Reason & H. Bradbury (Hrsg.), *The SAGE Handbook of Action Research* (S. 93–105). 2. Auflage. London: SAGE.

Reiterer, H. & Geyer, F. (2013). Mensch-Computer-Interaktion. In R. Kuhlen, W. Semar & D. Strauch, *Grundlagen der praktischen Information und Dokumentation* (S. 431–440). Berlin: de Gruyter.

Remmers, H. (2015). Natürlichkeit und Künstlichkeit. Zur Analyse und Bedeutung von Technik in der Pflege des Menschen. Technikfolgeabschätzung: *Theorie und Praxis 24* (2), 11–20.

Renn, O. (2013). Technikkonflikte. In A. Grundwald (Hrsg.), *Handbuch Technikethik* (S.72–76). Stuttgart: J.B. Metzler.

Resnick, B., Gruber-Baldini, A. L., Pretzer-Aboff, I., Galik, E., Custis Buie, V., Russ, K., Zimmerman, S. (2007). Reliability and Validity of the Evaluation to Sign Consent Measure. *The Gerontologist 47* (1), 69–77.

Rialle, V., Ollivet, C., Guigui, C. & Hervé, Ch. (2008). What do family caregivers of Alzheimer´s disease patients desire in Smart Home Technologies? *Methods of Information in Medicine 47* (1), 63–69.

Richards, N. (2011). Using Participatory Visual Methods. Real Life Methods, Sociology, University of Manchester. hummedia.manchester.ac.uk/schools/soss/morgancentre /toolkits/17-toolkit-participatory-visual-methods.pdf. Zugegriffen: 11.03.2019.

Robinson, L., Brittain, K., Lindsay, S., Jackson, D. & Olivier, P. (2009). Keeping In Touch Everyday (KITE) project: Developing assistive technologies with people with dementia and their carers to promote independence. *International Psychogeriatrics 21* (3), 494–502.

Robinson, L., Hutchings, D., Corner, L., Finch, T., Hughes, J., Brittain, K. & Bond, J. (2007). Balancing rights and risks: Conflicting perspectives in the management of wandering in dementia. *Health, Risk & Society 9* (4), 389–406.

Robinson, E. (2002). Should people with Alzheimer's disease take part in research? In H. Wilkinson (Hrsg.), *The Perspectives of People with Dementia: Research Methods and Motivations* (S. 101–107). London: Jessica Kingsley.

Rodgers, P. A. (2017). Co-design with people living with dementia. *CoDesign*, https://doi. org/10.1080/15710882.2017.1282527.

Rodgers, V. & Neville, S. (2007). Personal autonomy for older people living in residential care: an overview. *Nursing Praxis in New Zealand 23* (17), 29–36.

Rodgers, P. A. & Tennant, A. (2014). *Disrupting health and social care by design.* Proceedings of the 9. International Conference on Design & Emotion, Bogota, October 2014. https://nrl.northumbria.ac.uk/id/eprint/18478/1/DisruptingHealth&SocialCar ebyDesign-PublishedPaper.pdf. Zugegriffen: 28.01.2021.

Roger, K., Guse, L., Mordoch, E. & Osterreicher, A. (2012). Social commitment robots and dementia. *Canadian Journal of Aging 31* (1), 87–94.

Rogers, W. A. & Fisk, A. D. (2010). Toward a psychological science of advanced technology design for older adults. *Journal of Gerontology: Psychological Sciences 65 B* (6), 645–653.

Romero-Tejedor, F. & Jonas, W. (2010). Positionen zur Designwissenschaft. Kassel: Kassel University Press.

Rosenberg, L., Kottorp, A. & Nygard, L. (2012). Readiness for technology use with people with dementia: The perspectives of significant others. *Journal of Applied Gerontology 31* (4), 510–530.

Rosenberg, L., Kottorp, A., Winblad, B. & Nygard, L. (2009). Perceived difficulty in everyday technology use among older adults with or without cognitive deficits. *Scandinavian Journal of Occupational Therapy 16* (4), 216–226.

Rosenberg, L. & Nygard, L. (2014). Learning and using technology in intertwined processes: A study of people with mild cognitive impairment or Alzheimer's disease. *Dementia 13* (5), 662–677.

Rosenberg, L. & Nygard, L. (2011). Persons with dementia become users of assistive technology: A study of the process. *Dementia 11* (2), 135–154.

Rothgang, H. & Müller, R. (2019). Pflegereport 2019. Ambulantisierung der Pflege (BARMER). https://www.barmer.de/blob/215396/a68d16384f26a09f598f05c9be4ca76a/data/dl-barmer-pflegereport-2019.pdf. Zugegriffen: 28.01.2021.

Saczynski, J. S., Pfeier, L. A., Masaki, K., Korf, ESC, Laurin, D., White, L. & Launer, L. J. (2006). The effect of social engagement on incident dementia: the Honolulu-Asia Aging Study. *American Journal of Epidemiology 163*, 433–440.

Sävenstedt, S., Sandman, P. O. & Zingmark, K. (2006). The duality in using information and communication technology in elder care. *Journal of Advanced Nursing 56* (1), 17–25.

Sanders, E. B.-N. (2000). Generative tools for codesigning. In S. A. R. Svrivener, L. J. Ball & A. Woodcock (Hrsg.), *Collaborative design: proceedings of CoDesigning 2000* (S. 3–12). London: Springer.

Sanders, E. B.-N. & Stappers, P. J. (2008). Co-creation and the new landscape of design. *CoDesign 4* (1), 5–18.

Sanders, E. B.-N. & Stappers, P. J. (2014). Probes, Toolkits and Prototypes: Three approaches to Making in Co-Design. *CoDesign 10* (1), 5–14.

Savitch, N. & Zaphiris, P. (2007). Web site design for people with dementia. In S. Kurniawan & P. Zaphiris (Hrsg.), *Advances in Universal Web Design and Evaluation: Research, Trends and Opportunities* (S. 220–256). London: Idea Group Publishing.

Savitch, N., Zaphiris, P., Smith, M., Litherland, R., Aggarwal, N. & Potier, E. (2006). Involving people with dementia in the development of a discussion forum: A community-centred approach. In J. Clarkson, P. Langdon & P. Robinson (Hrsg.), *Designing Accessible Technology* (S. 237–247). London: Springer.

Scaife, M., Rogers, Y., Aldrich, F. & Davis, M. (1997). Designing for or designing with? Informant design for interactive learning environments. In *Proceedings of the ACM SIGCHI Conference on Human factors in computing systems* (S. 343–350). ACM, 1997.

Scanaill, C.N., Carew, S., Barralon, P., Noury, N., Lyons, D. & Lyons, G.M. (2006). A Review of Approaches to Mobility Telemonitoring of the Elderly in Their Living Environment. *Annals of Biomedical Engineering 34*, 547–563.

Schatz, T., Haberstroh, J., Bindel, K., Oswald, F., Pantel, J., Paulitsch, M., Konopik, N. & Knopf, M. (2017). Improving comprehension in written medical informed consent procedures. *The Journal of Gerontopsychology and Geriatric Psychiatry 30* (3), 97–108.

Schikhof, Y. & Mulder, I. (2008). Under watch and ward at night: design and evaluation of a remote monitoring system for dementia care. In A. Holzinger (Hrsg.), *USAB 2008 – Usability and HCI for Education and Work* (S. 475–486). LNCS 5298. Berlin: Springer-Verlag.

Schilling, I. & Gerhardus, A. (2017). Methods for involving older people in health research—A review of the literature. *International Journal of Environmental Research and Public Health 14*, 1476; doi:https://doi.org/10.3390/ijerph14121476.

Schilling, O. (2006). Development of life satisfaction in old age: another view of the „paradox". *Social Indicators Research 75*, 241–271.

Schmidt, L. I., Claßen, K. & Wahl, H.-W. (2017). Setting technology into context for mild to severe cognitive impairments in old age: Psychological perspectives. In S. Kwon (Hrsg.), *Gerontechnology. Research, Practice, and Principles in the Field of Technology and Aging* (S. 369–388). New York: Springer.

Schneider, C., Reich, S., Feichtenschlager, M., Willner, V. & Henneberger, S. (2015). *Selbstbestimmtes Leben trotz Demenz*. HMD, 52, 572–584.

Schneider, C., Willner, V., Feichtenschlager, M., Andrushevich, A. & Spiru, L. (2013). Collecting user requirements for electronic assistance for people with dementia: A case study in three countries. In E. Ammenwerth, A. Hörbst, D. Hayn & G. Schneider (Hrsg.), *Proceedings of the eHealth 2013*, May 23–24; Vienna, Austria. OCG; 2013.

Scholtz, C. P. (2008). Und täglich grüßt der Roboter. Analysen und Reflexionen des Alltags mit dem Roboterhund „Aibo". Volkskunde in Rheinland-Pfalz. *Informationen der Gesellschaft für Volkskunde in Rheinland-Pfalz 23*, 139–154.

Schorch, M., Müller, C. & Meurer, J. (2017). Cultural Probes: the best way to go for PD in sensitive research settings? A methodological reflexion. In M. Burghardt, R. Wimmer, C. Wolff & C. Womser-Hacker (Hrsg.), *Mensch und Computer 2017 – Workshopband*, 10.–13. September 2017, Regensburg.

Schüßler, N. & Schnell, M. W. (2014). Forschung mit demenzkranken Probanden. Zum forschungsethischen und rechtlichen Umgang mit diesen Personen. *Zeitschrift für Gerontologie und Geriatrie 47* (8), 686–691.

Schütz, H., Heinrichs, B., Fuchs, M. & Bauer, A. (2016). Informierte Einwilligung in der Demenzforschung. Eine qualitative Studie zum Informationsverständnis von Probanden. *Ethik in der Medizin 28*, 91–106.

Schulz, R., Wahl, H.-W., Matthews, J.T., De Vito Dabbs, A., Beach, S.R. & Czaja, S.J. (2015). Advancing the Aging and Technology Agenda in Gerontology. *The Gerontologist 55* (5), 724–734.

Scottish Dementia Working Group (2013). *Core principles for involving people with dementia in research. University of Edinburgh and the Scottish Dementia Working Group.* coreprinciplesdementia.wordpress.com. Zugegriffen: 31.12.2016.

Segalowitz, M. & Brereton, M. (2009). An examination of the knowledge barriers in participatory design and the prospects for embedded research. In Proceedings of the 21. Annual Conference of the Australian Computer-Human Interaction Special Interest Group: Design: Open 24/7 (OZCHI '09). Association for Computing Machinery, New York, NY, USA, 337–340. https://doi.org/10.1145/1738826.1738890.

Serrat, R., Scharf, T., Villar, F. & Gómez, C. (2020). Fifty-five years of research into older people's civic participation: recent trends, future directions. *The Gerontologist 60* (1), e38–e51.

Shanley, Ch., Leone, D., Santalucia, Y., Adams, J., Ferrerosa-Rojas, J. E., Kourouche, F., Gava, S. & Wu, Y. (2013). Qualitative research on dementia in ethnically diverse communities: Fieldwork challenges and opportunities. *American Journal of Alzheimer's Disease and Other Dementias 28* (3), 278–283.

Shibata, T. & Wada, K. (2011). Robot therapy: A new approach for mental healthcare of the elderly – a mini-review. *Gerontology 57*, 378–386.

Shakespeare, T. (2006). *Disability Rights and Wrongs.* London, Routledge.

Sharkey, N. & Sharkey, A. (2012 a). The eldercare factory. *Gerontology 58*, 282–288.

Sharkey, N. & Sharkey, A. (2012 b). Granny and the robots: ethical issues in robot care for the elderly. *Ethics and Information Technology 14* (1), 27–40.

Sherratt, C., Soteriou, T. & Evans, S. (2007). Ethical issues in social research involving people with dementia. *Dementia 6* (4), 463–479.

Shura, R., Siders, R. A. & Dannefe, D. (2011). Culture change in long-term care: Participatory action research and the role of the resident. *The Gerontologist 51* (2), 212–25.

Silverman, M. (2015). Filming in the home: A reflexive account of microethnographic data collection with family caregivers of older adults. *Qualitative Social Work 15* (4), 570–584.

Sixsmith, A. (2013). Technology and the challenge of aging. In A. Sixsmith & A. Gutman (Hrsg), *Technologies for active aging* (S. 7–25). New York: Springer.

Sixsmith, A. (1986). Independence and home in later life. In C. Phillipson, M. Bernard & P. Strang (Hrsg.), *Dependency and Interdependence in Old Age: Theoretical Perspectives and Policy Alternatives* (S. 338–348). London: Croom Helm.

Sjölinder, M., Scandurra, I., Nöu, A.A. & Kolkowska, E. (2016). To meet the needs of aging users and the prerequisites of innovators in the design process. In J. Zhou & G. Salvendy (Hrsg.), *Human Aspects of IT for the Aged Population. Design for Aging.* Second International Conference, ITAP 2016, Part I "Designing for and with the Elderly", Toronto, Canada, 17–22.2016, S. 92–104. Springer.

Slockum, N. (2003). *Participatory Methods Toolkit – A practitioner´s Manual.* King Baudouin Foundation, United Nations University.

Smebye, K. & Kirkevold, M. (2012). How do persons with dementia participate in decision making related to health and daily care? A multi-case study. *BMC Health Services 12* (1), 241.

Smith, R. Ch., Bossen, C. & Kanstrup, A.M. (2017). Participatory design in an era of participation. *CoDesign 13* (2), 65–69.

Sollie, P. (2009). On uncertainty in ethics and technology. In P. Sollie & M. Düwell (Hrsg.), *Evaluating New Technologies. Methodological Problems for the Ethical Assessment of Technology Developments* (S. 141–158). Springer.

Span, M., Hettinga, M., Groen-van de Ven, L., Jukema, J., Janssen, R., Vernooij-Dassen, M., Eefsting, J. & Smits, C. (2016). Participation of people with dementia in developing an interactive web tool. https://research.vu.nl/en/publications/developing-an-interactive-web-tool-to-facilitate-shared-decision-. Zugegriffen: 26.03.2018.

Span, M., Smits, C., Groen-van de Ven, L., Jukema, J., Hettinga, M., Cremers, A., Vernooij-Dassen, M. & Eefsting, J. (2014 a). Towards an interactive web tool that supports shared decision making in dementia: identifying user requirements. *International Journal on Advances in Life Sciences 6* (3+4), 338–349.

Span, M., Hettinga, M., Smits, C., Groen-van de Ven, L., Jukema, J., Vernooij-Dassen, M. & Eefsting, J. (2014 b). Developing a supportive tool to facilitate shared decision making in dementia. In *IARIA, eTELEMED 2014: The Sixth International Conference on eHealth, Telemedicine, and Social Medicine* (S. 253–256).

Span, M., Hettinga, M., Vernooij-Dassen, M., Eefsting, J. & Smits, C. (2013). Involving people with dementia in the development of supportive IT applications: A systematic review. *Ageing Research Reviews 12*, 535–551.

Sparrow, R. & Sparrow, L. (2006). In the Hands of Machines? The Future of Aged Care. *Minds and Machines 16*, 141–161.

Spinsante, S., Stara, V., Felici, E., Montanini, L., Raffaeli, L., Rossi, L. & Gambi, E. (2017). The human factor in the design of successful Ambient Assisted Living Technologies. In C. Dobre, C.X. Mavromoustakis, N. M. Garcia, R. I. Goleva & G. Mastorakis (Hrsg.), Ambient Assisted Living and Enhanced Living Environments. *Principles, Technologies and Control* (S. 61–89). Amsterdam: Elsevier.

Sponselee, A.-M., Schouten, B., Bouwhuis, D. & Willems, C. (2008). Smart home technology for the elderly: Perceptions of multidisziplinary stakeholders. In M. Mühlhäuser, A. Ferscha & E. Aitenbichler (Hrsg.), *Constructing ambient intelligence* (S. 314–326). Berlin: Springer.

Staley, K. (2009). *Exploring Impact: Public involvement in NHS, public health and social care research.* INVOLVE, Eastleigh.

Staniszewska, S., Brett, J., Simera, I., Seers, K., Mockford, C., Goodlad, S., Altman, D.G., Moher, D., Barber, R., Denegri, S., Entwistle, A., Littlejohns, P., Morris, C., Suleman, R., Thomas, V. & Tysall, C. (2017). GRIPP2 reporting checklists: tools to improve reporting of patient and public involvement in research. *Research Involvement and Engagement 3*:13. https://doi.org/10.1186/s40900-017-0062-2.

Staniszewska, S., Brett, J., Mockford, C. & Barber, R. (2011). The GRIPP checklist: strengthening the quality of patient and public involvement reporting in research. *International Journal of Technology Assessment in Health Care 27* (4), 391–399.

Statistisches Bundesamt (2019). *Statistisches Jahrbuch 2019.* Wiesbaden.

Statistisches Bundesamt (2018). *Pflegestatistik 2017. Pflege im Rahmen der Pflegeversicherung.* Wiesbaden.

Staudinger, U.M. (2000). Viele Gründe sprechen dagegen, und trotzdem geht es vielen Menschen gut: Das Paradox des subjektiven Wohlbefindens. *Psychologische Rundschau 51*, 185–197.

Steeman, E., Godderis, J., Grypdonck, M., De Bal, N. & Dierckx De Casterlé, B. (2007). Living with dementia from the perspective of older people: Is it a positive story? *Aging & Mental Health 11* (2), 119–130.

Steeman, E., Dierckx De Casterlé, B., Godderis, J. & Grypdonck, M. (2006). Living with early-stage dementia: A review of qualitative studies. *Journal of Advanced Nursing 54* (6), 722–738.

Steen, M. (2012). Virtues in participatory design: Cooperation, curiosity, creativity, empowerment and reflexivity. *Science and Engineering Ethics 19* (3), 945–962.

Steen, M. (2011). Tensions in human-centred design. *CoDesign 7* (1), 45–60.

Steen, M. (2008). The Fragility of Human-Centred Design. IOS Press, Amsterdam.

Stiftung Digitale Chancen & Telefonica Deutschland (2018). Leitfaden Digitale Kompetenzen für ältere Menschen. www.digitale-chancen.de/content/downloads/index.cfm/key.1553/sbild.2/lang.1. Zugegriffen: 27.11.2019.

Stilgoe, J., Owen, R. & MacNaghten, P. (2013). Developing a Framework for Responsible Innovation. *Research Policy 42* (9), 1568–1580.

Stocking, C., Hougham, G., Danner, D., Patterson, M., Whitehouse, P. & Sachs, G. (2006). Speaking of research advance directives: planning for future research participation. *Neurology 66* (9), 1361–1366.

Stoppe, G. & Maeck, L. (2011). Einwilligungsfähigkeit bei Demenzkranken. In O. Dibelius & W. Maier (Hrsg.), *Versorgungsforschung für demenziell erkrankte Menschen* (S. 151–155). Stuttgart: Kohlhammer.

Straßburger, G. (2014). Voraussetzungen auf der Mikro-, Meso- und Makroebene. In G. Straßburger & J. Rieger (Hrsg.), *Partizipation kompakt* (S. 52–73). Beltz Juventa, Weinheim.

Straßburger, G. & Rieger, J. (2014). Bedeutung und Formen der Partizipation – Das Modell der Partizipationspyramide. In G. Straßburger & J. Rieger (Hrsg.), *Partizipation kompakt* (S. 12–39). Beltz Juventa, Weinheim.

Sugihara, T., Fujinami, T., Phaal, R. & Ikawa, Y. (2015). A technology roadmap of assistive technologies for dementia care in Japan. *Dementia 14* (1), 80–103.

Svanström, R. & Sundler, A. J. (2013). Gradually losing one's foothold – a fragmented existence when living alone with dementia. *Dementia 14* (2), 145–163.

Swaffer, K. (2014). Dementia: Stigma, language, and dementia-friendly. *Dementia 13* (6), 709–716.

Swarbrick, C. & Open Doors (2018). Developing the Co-researcher Involvement and Engagement in Dementia model (COINED) – A co-operative inquiry. In J. Keady, Hydén, L.-Ch., Johnson, A. & Swarbrick, C. (Hrsg.), *Social Research Methods in Dementia Studies – Inclusion and Innovation* (S. 8–20). New York: Routledge.

Swarbrick, C.M., Open Doors, Scottish Dementia Working Group, EDUCATE, Davis, K. & Keady, J. (2016). *Visioning change: Co-producing a model of involvement and engagement in research (Innovative Practice)*. Dementia, 2016 Oct 16, https://doi.org/10.1177/147130 12166774559.

Tanner, D. (2012). Co-research with older people with dementia: Experience and reflections. *Journal of Mental Health 21* (3), 296–306.

Tartler, R. (1961). *Das Alter in der modernen Gesellschaft*. Stuttgart: Enke.

Taylor, J. S., DeMers, S. M., Vig, E. K. & Borson, S. (2012). The disappearing subject: Exclusion of people with cognitive impairment and dementia from geriatrics research. *Journal of American Geriatrics Society 60* (3), 692–697.

Teipel, S., Babiloni, C., Hoey, J., Kaye, J., Kirste, T. & Burmeister, O. K. (2016). Information and communication technology solutions for outdoor navigation in dementia. *Alzheimer's & Dementia 12*, 695–707.

Tezcan-Güntekin, H. (2015). Interkulturelle Perspektiven auf Demenz. In K. Gröning, B. Sander & R. von Kamen (Hrsg.), *Familiensensibles Entlassungsmanagement* (S. 233–249). Frankfurt am Main: Mabuse.

Thoft, D.S., Pyer, M., Horsbøl, A. & Parkes, J. (2018). The Balanced Participation Model: Sharing opportunities for giving people with early-stage dementia a voice in research. *Dementia*, https://doi.org/10.1177/1471301218820208.

Te Boekhorst, S., Depla, M. F., Francke, A. L., Twisk, J. W., Zwijsen, S. A. & Hertogh, C. M. (2013). Quality of life of nursing-home residents with dementia subject to surveillance technology versus physical restraints: An explorative study. *International Journal of Geriatric Psychiatry 28* (4), 356–363.

Tobiasson, H. (2010). Game over or play it again and again…participatory design approach within Special Housing. Linköping University, Institute of Technology. https://www.diva-portal.org/smash/get/diva2:291681/FULLTEXT02.pdf. Zugegriffen: 05.01.2018.

TNS Infratest Sozialforschung (2017). *Studie zur Wirkung des Pflege-Neuausrichtungs-Gesetzes (PNG) und des ersten Pflegestärkungsgesetzes (PSG I)*. München.

Tranvag, O., Petersen, K.A. & Naden, D. (2013). Dignity-preserving dementia care: A metasynthesis. *Nursing Ethics 20* (8), 861–880.

Tritter, J. Q. & McCallum, A. (2006). The snakes and ladders of user involvement: Moving beyond Arnstein. *Health Policy 76*, 156–168.

Tuma, R. (2017). *Videoprofis im Alltag. Die kommunikative Vielfalt der Videoanalyse.* Springer VS.

Tuma, R., Schnettler, B. & Knoblauch, H. (2013). *Videographie. Einführung in die interpretative Videoanalyse sozialer Situationen.* Wiesbaden: Springer VS.

Turkle, S. (2006). *A nascent robotics culture: New complicities for companionship.* AAAI Technical Report Series, July 2006, web.mit.edu/sturkle/www/pdfsforstwebpage/ST_Nascent Robotics Culture.pdf. Zugegriffen: 28.01.2021.

Twiddy, M., Muir, D. & Boote, J. on behalf of the PPI in Care Home Research Group (2013). *Public involvement in care home research. Workshop Report.* Yorkshire: NIHR Research Design Service.

University of Bradford (2005). Dementia Care Mapping Manual, 8. Auflage. University of Bradford.

Upton, D., Upton, P., Jones, T., Jutlla, K. & Brooker, D. (2011). *Evaluation of the impact of touch screen technology on people with dementia and their carers within care home settings.* University of Wocester. https://eprints.worc.ac.uk/2161/. Zugegriffen: 05.01.2019.

Vallor, S. (2011). Carebots and caregivers: Sustaining the ethical ideal of care in the twenty-first century. *Philosophy and Technology 24* (3), 251–268.

Van Asselt, M., Mellors, J., Rijkens-Klomp, N., Greeuw, S., Molendijk, K., Beers, P. and van Notten, P. (2001) *Building Blocks for Participation in Integrated Assessment: A review of participatory methods.* Maastricht: International Centre for Integrative Studies.

Van Baalen, A., Vingerhoets, A. J. J. M., Sixma, H. J. & de Lange, J. (2011). How to evaluate quality of care from the perspective of people with dementia: An overview of the literature. *Dementia 10* (1), 112–137.

Van de Poel, I. (2012). Can we design for well-being? In P. Brey, A. Briggle & E. Spence (Hrsg.), *The Good Life in a Technological Age* (S. 295–306). New York: Routledge.

Van de Poel, I. (2013). Werthaltigkeit der Technik. In A. Grunwald (Hrsg.), *Handbuch Technikethik.* (S. 133–137). Stuttgart, Weimar: J. B. Metzler.

Van de Poel, I. & Verbeek, P.-P. (2006). Ethics and Engineering Design. *Science, Technology und Human Values 31* (3), 223–236.

Van Gemert-Pijnen, J.E., Nijland, N., van Limburg, M., Ossebaard, H.C., Kelders, S.M., Eysenbach, G. & Seydel, E.R. (2011). A holistic framework to improve the uptake and impact of eHealth technologies. *Journal of Medical Internet Research 13* (4), e111.

Van Hoof, J., Kort, H. S. M., Rutten, P. G. S. & Duijnstee, M. S. H. (2011). Ageing-in-place with the use of ambient intelligence technology: perspectives of older users. *International Journal of Medical Informatics 80* (5), 310–331.

Van Schaik, P., Martyr, A., Blackman, T. J. & Robinson, J. (2008). Involving persons with dementia in the evaluation of outdoor environments. *CyberPsychology & Behavior 11* (4), 415–424.

Veddar, A. & Custers, B. (2009). Whose responsibility is it anyway? Dealing with the consequences of new technologies. In P. Sollie & M. Düwell (Hrsg.), Evaluating New Technologies. *Methodological Problems for the Ethical Assessment of Technology Developments* (S. 21–34). Springer.

VDI (2002). Ethische Grundsätze des Ingenieurberufs. VDI-Positionspapier. https://www. vdi.de/ueber-uns/presse/publikationen/details/ethische-grundsaetze-des-ingenieurberufs. Zugegriffen: 01.09.2020.

Verbeek, P.-P. (2009). The moral relevance of technological artifacts. In P. Sollie & M. Düwell (Hrsg.), *Evaluating New Technologies. Methodological Problems for the Ethical Assessment of Technology Developments* (S. 63–77). Dordrecht: Springer.

Vernooij-Dassen, M. J. F. J., Moniz-Cook, E. D., Woods, R. T., De Lepeleire, J., Leuschner, A., Zanetti, O., de Rotrou, J., Kenny, J., Franco, M., Peters, V. & Iliffe, S. (2005). Factors affecting timely recognition and diagnosis of dementia across Europe: From awareness to stigma. *International Journal of Geriatric Psychiatry 20*, 377–386.

Visse, M. A., Abma, T. A. & Widdershoven, G. A. M. (2012). Relational responsibilities in responsive evaluation. In M. A. Visse, T. A. Abma & G. A. M. Widdershoven (Hrsg.), Relational responsibilities in responsive evaluation. *Evaluation and Program Planning 35*, 97–104.

Vogel, A., Mortensen, E. L., Hasselbach, S. G., Andersen, B. B. & Waldemar, G. (2006). Patient versus informant reported quality of life in the earliest phases of Alzheimer's disease. *International Journal of Geriatric Psychiatry 21* (12), 1132–1138.

Volhard, T. (2015). Demenz. In D. Sturma & B. Heinrichs (Hrsg.), *Handbuch Bioethik* (S. 231–239). Stuttgart, Weimar: Verlag J.B. Metzler.

Vollmann, J., Bauer, A., Danker-Hopfe, H. & Helmchen, H. (2003). Competence of mentally ill patients: a comparative empirical study. *Psychological Medicine 33* (8), 1463–1471.

Vollmann, J., Kühl, K.-P., Tilmann, A., Hartung, H. D. & Helmchen, H. (2004). Einwilligungs-fähigkeit und neuropsychologische Einschränkungen bei dementen Patienten. *Nervenarzt 75* (1), 29–35.

Von Stösser, A. (2011). Roboter als Lösung für den Pflegenotstand? Ethische Fragen. *Archiv für Wissenschaft und Praxis der sozialen Arbeit 3*, 99–107.

Von Unger, H. (2014). *Partizipative Forschung: Einführung in die Forschungspraxis*. Springer VS.

Von Unger, H., Narimani, P. & M'Bayo, R. (2014). Einleitung. In: H. von Unger, P. Narimani & R. M'Bayo (Hrsg.), *Forschungsethik in der qualitativen Forschung. Reflexivität, Perspektiven, Positionen* (S. 1–14). Wiesbaden: Springer VS.

Von Unger, H. (2012). Partizipative Gesundheitsforschung: Wer partizipiert woran? *Forum: Qualitative Sozialforschung 13* (1), Art. 7. https://nbn-resolving.de/urn:nbn:de:0114-fqs 120176.

Von Freier, F. (2014). Informierte Zustimmung / Einwilligungserklärung. In Ch. Lenk, G. Duttge & H. Fangerau (Hrsg.), *Handbuch Ethik und Recht der Forschung am Menschen* (S. 177–185). Berlin, Heidelberg: Springer.

Von Kardorff, E. & Schönberger, Ch. (2010). Evaluationsforschung. In G. Mey & K. Mruck (Hrsg.), *Handbuch* (S. 367–381). Wiesbaden: VS.

Waite, J., Poland, F. & Charlesworth, G. (2019). Facilitators and barriers to co-research by people with dementia and academic researchers: Findings from a qualitative study. *Health Expectations 22* (4), 761–771.

Wallace, J., McCarthy, J., Wright, P. C. & Olivier, P. (2013). *Making design probes work.* CHI 2013, 27 April–2 Mai, 2013, Paris. ACM 2013.

Wallace, J., Mulvenna, M. D., Martin, S., Stephens, S., & Burns, W. (2010). ICT interface design for ageing people and people with dementia. In M. D. Mulvenna & C. D. Nugent (Hrsg.), *Supporting people with dementia using pervasive health technologies* (S. 165–188). London: Springer

Walther, B. & Riepe, M. (2014). Forschung am demenzkranken Patienten. In Ch. Lenk, G. Duttge & H. Fangerau (Hrsg.), *Handbuch Ethik und Recht der Forschung am Menschen* (S. 315–322). Berlin, Heidelberg: Springer.

Wan, L., Müller, C., Randall, D. & Wulf, V. (2016). Design of a GPS Monitoring System for Dementia Care and its Challenges in Academia-Industry Project. *ACM Transactions on Computer-Human Interaction 23* (5), Artikel 31.

Wang, G., Marradi, Ch., Albayrak, A. & van der Cammen, T.J.A. (2019). Co-designing with people with dementia: A scoping review of involving people with dementia in design research. *Maturitas 127*, 55–63.

Warburton, J., Bartlett, H., Carroll, M. & Kendig, H. (2009). Involving older people in community-based research: developing a guiding framework for researchers and community organisations. *Australasian Journal of Ageing 28* (1), 41–45.

Welie, J. V. & Welie, S. P. (2001). Patient decision making competence: Outlines of a conceptual analysis. *Medicine, Health Care, and Philosophy 4* (2), 127–138.

Werner, P. & Heinik, J. (2008). Stigma by association and Alzheimer's disease. Aging and Mental Health 12, 92–99.

Wherton, J., Sugarhood, P., Procter, R., Rouncefield, M., Dewsbury, G., Hinder, S. & Greenhalgh, T. (2012). *BMC Medical Research Methodology 12*:188. https://doi.org/10.1186/1471-2288-12-188.

Whitlatch, C.J., Feinberg L.F. & Tucke, S. (2005). Accuracy and consistency of responses from persons with cognitive impairment. *Dementia 4* (2), 171–183.

Whitlatch, J. & Menne, H. (2009). Don't forget about me. Decision making by people with dementia. *Journal of the American Society on Aging 33*, 66–71.

Wiegerling, K. (2013). Ubiquitous Computing. In A. Grunwald (Hrsg.), *Handbuch Technikethik* (S. 374–378). Stuttgart, Weimar: J. B. Metzler.

Wiegerling, K. (2011). *Philosophie intelligenter Welten.* München: Wilhelm Fink Verlag.

Wijma, E. M., Veerbeek, M. A., Prins, M., Pot, A. M. & Willemse, B. M. (2018). A virtual reality intervention to improve the understanding and empathy for people with dementia in informal caregivers: results of a pilot study. *Aging & Mental Health 22* (9), 1121–1129.

Wilkinson, H. (2002). Including people with dementia in research. Methods and motivations. In H. Wilkinson (Hrsg.), *The Perspectives of People with Demenzia. Research Methods and Motivations* (S. 9–24). London: Jessica Kingsley.

Williamson, T. (2012). *A stronger collective voice for people with dementia.* Joseph Rowntree Foundation, York, GB.

Wilson, Ch., Hargreaves, T. & Hauxwell-Baldwin, R. (2015). Smart homes and their users: a systematic analysis and key challenges. *Personal and Ubiquitous Computing 19*, 463–476.

Wilson, E., Kenny, A. & Dickson-Swift, V. (2018). Ethical Challenges in Community-Based Participatory Research: A Scoping Review. *Qualitative Health Research 28* (2), 189–199.

Winner, L. (1986). *The Whale and the Reactor. A Search for Limits in an Age of High Technology.* Chicago: Chicago Press.

Wintermans, M. C., Brankaert, R. G. A. & Lu, Y. (2017). *Together we do not forget: Co-designing with people living with dementia towards a design for social inclusion. Paper presented at Design Management Academy Conference 2017* (S. 1–16). Hong Kong, China.

Witham, G., Beddow, A. & Haigh, C. (2015). Reflections on access: Too vulnerable to research? *Journal of Research in Nursing 20* (1), 28–37.

Wißmann, P. (2017). Beteiligt werden, beteiligt sein, beteiligt bleiben – Ein Problemaufriss. In Demenz Support Stuttgart (Hrsg.), *Beteiligtsein von Menschen mit Demenz – Praxisbeispiele und Impulse* (S. 17–36). Frankfurt am Main: Mabuse-Verlag.

Wistow, G., Waddington, E. & Davey, V. (2011). *Involving older people in commissioning: More power to their elbow?* Joseph Rowntree Foundation, London, UK.

Woods, B., Arosio, F., Diaz, A., Gove, D., Holmerová, I., Kinnaird, L., Mátlová, M., Okkonen, E., Possenti, M., Roberts, J., Salmi, A., van den Buuse, S., Werkman, W. & Georges, J. (2019). Timely diagnosis of dementia? Family carers' experiences in 5 European countries. *International Journal of Geriatric Psychiatry 34* (1), 114–21.

World Health Organization (WHO) (2015). People-centred and integrated health services: an overview of the evidence. Interim Report.https://www.afro.who.int/sites/default/files/2017-07/who-global-strategy-on-pcihs_technical-document.pdf. Zugegriffen: 09.06.2020.

World Health Organisation (WHO) (2002). Active Ageing: A Policy Framework. https://apps.who.int/iris/bitstream/handle/10665/67215/WHO_NMH_NPH_02.8.pdf;jsessionid= A4FD26C865E4DBBBE29326B410814EAC?sequence=1. Zugegriffen: 14.10.2020.

World Medical Association (WMA) (2013a). *WMA Declaration of Helsinki – Ethical Principles for Medical Research Involving Human Subjects.* Fortalenza (Brasilien): 64. WMA-Generalversammlung.

World Medical Association (WMA) (2013b). *WMA Deklaration von Helsinki – Ethische Grundsätze für die medizinische Forschung am Menschen.* Fortalenza (Brasilien): 64. WMA-Generalversammlung. https://www.bundesaerztekammer.de/fileadmin/user_u pload/Deklaration_von_Helsinki_2013_DE.pdf. Zugegriffen: 20.03.2019.

Wozniak, D. (2010). *Adaptationsprozesse im Alter. Die Bedeutung individueller und infrastruktureller Ressourcen für das Wohlbefinden im hohen Alter.* Dissertation, Fakultät für Verhaltens- und Empirische Kulturwissenschaften, Ruprecht-Karls-Universität Heidelberg.

Wright, M. T., Block, M., Kilian, H. & Lemmen, K. (2013). Förderung von Qualitätsentwicklung durch Partizipative Gesundheitsforschung. *Prävention und Gesundheitsförderung 8* (3), 147–154.

Wright, M. T., Kilian, H., Block, M., von Unger, H., Brandes, S., Ziesemer, M., Gold, C. & Rosenbrock, R. (2015). Partizipative Qualitätsentwicklung: Zielgruppen in alle Phasen der Projektgestaltung einbeziehen. Gesundheitswesen 77 (Suppl. 1), S. 141–142.

Wright, M.T., von Unger, H. & Block, M. (2010). Partizipation der Zielgruppe in der Gesundheitsförderung. In M.T. Wright (Hrsg.), Partizipative Qualitätsentwicklung in der Gesundheitsförderung und Prävention (S. 35–52). Bern: Huber.

Wright, P.C. & McCarthy, J. (2004). *Technology as Experience.* New York: MIT Press.

Wu, Y.-H., Fassert, Ch. & Rigaud, A.-S. (2012). Designing robots for the elderly: Appearance issue and beyond. *Archives of Gerontology and Geriatrics 54,* 121–126.

Zaad, L. & Ben Allouch, S. (2008). The influence of control on the acceptance of Ambient Intelligence by elderly people: an explorative study. In E. Aarts, J.L. Crowley, B. de Ruyter, H. Gerhäuser, A. Pflaum, J. Schmidt & R. Wichert (Hrsg.), *Ambient Intelligence. Aml 2008. Lecture Notes in Computer Science, vol. 5355.* Springer: Heidelberg. https://doi.org/10.1007/978-3-540-89617-3_5.

Zentrale Ethikkommission zur Wahrung ethischer Grundsätze in der Medizin und ihren Grenzgebieten bei der Bundesärztekammer (1997). Stellungnahme der „Zentralen Ethikkommission" bei der Bundesärztekammer „Zum Schutz nicht-einwilligungsfähiger Personen in der medizinischen Forschung". *Deutsches Ärzteblatt 94* (15), A-1011–A-1012.

Ziegler, S. (2016). Robotik in der Pflege von Personen mit Demenz. In N. Burzan, R. Hitzler & H. Kirschner (Hrsg.), *Materielle Analysen* (S. 53–69). Wiesbaden: Springer VS.

Zimmerman, D. & Weider, D. L. (1977). Diary-interview method. *Urban Life 5* (4), 479–498.